U0529632

Joseph Stalin

斯大林传

戴隆斌／著

天地出版社 | TIANDI PRESS

图书在版编目（CIP）数据

斯大林传 / 戴隆斌著. —成都：天地出版社，
2017.10（2023年10月重印）
ISBN 978-7-5455-3202-9

Ⅰ.①斯… Ⅱ.①戴… Ⅲ.①斯大林（Stalin, Joseph Vissarionovich 1879-1953）– 传记 Ⅳ.①A741

中国版本图书馆CIP数据核字（2017）第253561号

SIDALIN ZHUAN
斯大林传

出 品 人	杨　政
作　　者	戴隆斌
责任编辑	陈文龙　李建波
封面设计	思想工社
封面图片	CFP
内文排版	尚上文化
责任印制	王学锋

出版发行	天地出版社
	（成都市锦江区三色路238号 邮政编码：610023）
	（北京市方庄芳群园3区3号 邮政编码：100078）
网　　址	http://www.tiandiph.com
电子邮箱	tianditg@163.com
经　　销	新华文轩出版传媒股份有限公司
印　　刷	河北鹏润印刷有限公司
版　　次	2018年1月第1版
印　　次	2023年10月第8次印刷
开　　本	710mm×1000mm　1/16
印　　张	39.5
字　　数	597千字
定　　价	68.00元
书　　号	ISBN 978-7-5455-3202-9

版权所有◆违者必究

咨询电话：（028）86361282（总编室）
购书热线：（010）67693207（营销中心）

如有印装错误，请与本社联系调换。

约瑟夫·维萨里昂诺维奇·斯大林

序

李宗禹

　　这是一部既严谨又通俗的传记，全方位地描述了斯大林在各个时期的革命活动。但这部传记与斯大林个人崇拜时期写成的《斯大林传略》和《联共（布）党史简明教程》等著作不同，也与那些全盘否定斯大林历史功绩的著述不同，作者力求用最新的材料和观点，剔除那些有意夸大斯大林功绩甚至歪曲历史事实的内容，客观公正地展现斯大林的一生，还历史以本来面目。

　　这项工作是不容易的，也是很有益的。实事求是地介绍斯大林的生平及其活动，有助于我们从理论上研究斯大林及其所开创的苏联社会主义模式（斯大林模式）问题。这个问题，如果从"二战"后苏南冲突算起，至今已争论了半个世纪。1956年苏共"二十大"，对斯大林及斯大林模式进行了一次重大冲击和批判，但是由于这次批判浪潮大多只涉及斯大林的个人品质和破坏法制的问题，并未深入触及斯大林模式的一些根本问题，因而谈不上突破斯大林模式。戈尔巴乔夫上台执政后在苏联实行"全面改革"，似乎是要彻底否定斯大林模式，而代之以别的什么社会主义模式，但改革却导致了庞大的苏东社会主义体系的彻底解体。

　　导致苏东剧变、苏联解体的原因是多方面的，教训也是多方面的。但是，我们认为，当前研究工作的着眼点应当是找出一些带根本性的原因。只有这样才能真正总结出国际共产主义的经验和教训，才能总结出世界上第一个社会主义国家苏联的社会主义遭到失败的原因。现在我国的许多研究工作者已经得出了一个共识：要总结社会主义运动的经验和教训，必须用科学态度研究斯大林时期创立的苏联社会主义模式，也就是说，必须研究和探讨对苏联、东欧以至世界产生了巨大影响的斯大林社会主义模式的历史、理论和实践，找出斯大林模式的主要特征及其症结之所在。

国内外的许多学者写过不少文章和论著，对斯大林模式进行了探讨。综观以前的研究，我认为斯大林模式至少具有以下五个方面的特征：

（1）在所有制方面，推行全盘国有化和集体化。国有化和集体化是斯大林模式的经济基础。国有化实质上是一种国家垄断制，即在工业、银行业、运输业、商业等一切领域，不分企业大小，不分经济命脉和非经济命脉，统统由国家实行垄断，收归国有；在农业方面，急风暴雨般地强制推行集体化，消灭了个体农民。正如《联共（布）党史简明教程》所说的，到1936年，苏联已完全消灭了私人工业，社会主义体系已在国民经济一切部门获得了胜利，建立了集体农民和国营农场，全部商品流转已集中到国家和合作社手中。总之，生产资料的公有制已在国民经济的各个部门确立起来了。这是斯大林宣布苏联建成了社会主义的经济基础的主要根据；而且按照斯大林对社会主义的理解，社会主义不能长期存在两种所有制形式，应该进一步将集体所有制变为国营农场，使全社会变成单一的全民所有制，这样就可以过渡到共产主义社会了。

（2）在经济体制方面，实行高度集权的决策机制、经济管理机制和严格的中央计划经济，完全排斥市场经济机制。国家直接占有全部生产资料，直接组织生产和分配。一切大小经济决策，均由国家统一决定。资金由国家统一划拨，物质由国家统一调拨。物价、服务收费、工资均由国家统一规定，甚至家庭和个人的消费实质上也纳入国家统一计划之内。中央的计划具有强制性、命令性，"计划就是法律"。各地区、各部门、各行业和各企业，都必须执行国家的统一计划。计划无所不包，资金来源、物质供应、生产数量和品种、销售等等，均由国家统一编制和规定指标，按部门或地区逐级下达。各经营单位的任务就是完成国家规定的指标，各生产单位只对上级下达的任务负责，至于产品是否符合市场需要，则与它们无关。

（3）国家强制、行政命令甚至暴力手段，是保证全社会各种经济机构、生产和管理部门能够切实运转的主要方法。这种方法是适应高度集权的经济体制而产生的，是这种体制合乎逻辑的结果。从苏联20世纪30年代强制推行工业化和农业集体化的实践中，我们可以清楚地看到这一点。

（4）采取"直接过渡"到社会主义的道路和方式。从20世纪20年代末起，斯大林中断了新经济政策的实施，回到军事共产主义时期的路线，并且向前发展了这条路线。"直接过渡"的方针要求优先发展重工业，急速实现超工业化的计划，并把农村变成为工业化提供资金和积累的源泉。因此，实行暴力剥夺农民的政策，绝对的集权制也应运而生。

（5）高度集权的政治体制。政治体制的高度集中是与经济体制的高度集中相适应的。国家权力高度集中于党的领导机构，而党的领导机构的权力又高度集中于党的领袖集团，领袖集团的权力又高度集中于斯大林个人手中。这是斯大林政治体制的最大特点。在这种体制下，以党代政，党直接插手管理国家事务，苏维埃和国家机关失去了相对独立性，权力机关的权力流于形式，党的最高领导层不仅成了全党的最高决策机关，而且实际上成了国家的最高决策机关。党内缺乏民主，导致社会缺乏民主，特别是党内和社会对党政领导人物缺乏有效的监督机制。党的领导人掌握了无限的权力，凌驾于党之上，逐渐在党内形成了个人集权制。在思想、文化领域，也实行严格的集中的控制，往往把学术问题、学派问题和政治问题混为一谈，乱贴政治标签，开展政治大批判，结果造成"万马齐喑"、舆论高度一律的局面。

斯大林模式的这些特点，无疑是与斯大林的理论构想联系在一起的。这些理论构想包括如下几个方面：

第一，"社会主义速成论"。在斯大林看来，在一个经济文化落后、小农占多数的国家，社会主义也可以加速建成。他认为，只要建立几种"制度"，社会主义问题也就基本解决了。在经济制度方面，没收资本家和地主的财产，使之变成国有财产，确立国家所有制，社会主义革命的目的也就达到了。在政治制度方面，推翻了资本家政权，摧毁了资产阶级的国家机器，把它交给苏维埃，社会主义高度民主也就实现了。在政权建设方面，只要不断加强无产阶级专政，使之存在于"从资本主义向共产主义过渡"的整个时期，社会主义就将成为不可战胜的了。在分配制度方面，只要宣布"不劳动者不得食"的原则，也就基本上实现了"各尽所能，按劳分配"。在斯大林看来，只要实现了上述标准，社会主义也就建成了。斯大林是这样想的，也是这样做的。到1936年，他就宣布苏联已基本上实现了社会主义。1939年又认为党的任务是"完成社会主义社会建设和从社会主义过渡到共产主义"。1952年宣布苏联的社会主义"建设任务已经完成"，已处在"从社会主义过渡到共产主义的时期"。

第二，"空地上创造经济形式论"。斯大林说："资产阶级革命通常是在较为现成的资本主义经济形式已经具备时开始发生的，这种形式在公开革命以前就已在封建社会内部生长并成熟了；无产阶级革命却是在现成的社会主义经济形式没有具备或几乎没有具备时开始发生的。"①"由于国内没有任何现成的社会主义经济的萌芽，苏维埃政权必须在所谓'空地上'创造新的社会主义的经济形式。"②而且他把创造社会主义经济形式说成是根据马克思主义生产关系一定要适合生产力性质这个经济规律来行事的。在斯大林看来，只要在"空地上"用行政手段、法律手段创造出了社会主义形式，变革了生产关系，实现了所有制方面的全盘公有化，就意味着社会主义的实现，也会使生产力得到充分发展。至于创造出的社会主义经济形式是不是符合生产力的发展水平，那是不需要加以考虑的。

第三，"阶级斗争日益尖锐化论"。这是斯大林从20世纪20年代末就逐渐形成的一种理论。斯大林认为，随着社会主义的发展，阶级斗争将会愈来愈尖锐化，或者说，社会主义愈是取得成就，阶级敌人的反抗就会采取愈加尖锐的形式。根据这种理论，斯大林把大量的人民内部矛盾和党内矛盾说成是敌我矛盾，到处抓"人民的敌人"，发动大规模的"大清洗"运动，制造了大量骇人听闻的

---

① 《斯大林全集》第8卷第21页。
② 《斯大林选集》下卷第542—543页。

冤假错案。在哲学、社会科学、文学艺术甚至自然科学等领域，接连不断地搞"大批判"运动，无端上纲上线，戴政治帽子，进行粗暴打击。凡此等等，至今仍然给人们留下难以忘却的印记，给社会主义造成了严重的后果。

第四，"行政手段万能论"。在斯大林看来，依靠行政手段可以解决国家社会生活各个方面的问题。因此，他把党政军大权牢牢地掌握在自己手里，依靠自己手中的无限权力指挥一切，决定一切。

总之，斯大林的社会主义模式有其鲜明的特征，它既不同于马克思恩格斯在理论上设想的社会主义模式，也不同于列宁晚年的设计和初步实践的社会主义模式。斯大林模式是一种独具特色的高度集权的国家社会主义模式。斯大林模式也可以说是由经济模式、政治模式和理论模式组成的三位一体的模式，是一个互相联系、相互制约的有机整体。经济模式是涵盖经济结构、经济体制和经济运行机制的整体。政治模式是涵盖党的领导制度、政治结构和政权运行机制的整体。理论模式是经济模式和政治模式的理论反映和指导思想。

斯大林模式是在特殊的历史条件下产生和形成的。不可否认，这一模式对苏联实现工业化、备战和发展科学技术等方面有过巨大的历史功绩。但是，从它运作了半个多世纪的整个历史来看，这一模式作为建设社会主义的模式是不成功的，因为它的整个运行机制和体制缺乏活力，缺乏生机，不能进行自我调节，制约了人民群众积极性的不断提高，阻碍了社会生产力的持续发展。因而它的失败也绝不是偶然的。

戴隆斌同志的《斯大林传》，文字流畅，结构严谨，观点明确。书中所引材料经过反复甄别，真实可靠。虽然是一部通俗性的传记，但文中贯穿着对斯大林模式形成、发展的阐述，字里行间浸透着作者对这一模式的理性思考。实际上，这也是作者多年来对这一问题积累材料、思考的成果。当然，为了便于一般读者阅读，作者不可能花很多笔墨从理论上对斯大林模式作详尽的描述。但是，读者从作者对斯大林一生的革命活动、斯大林的家庭及其性格描写中，会对斯大林个人、斯大林模式的形成与发展有一个比较正确、客观的认识和评价。我想，这本书的目的也就在于此。

目 录

第一章　风雨飘摇

库拉河畔话沧桑 2

神父之梦 6

初出茅庐 18

短暂的甜蜜 28

离别故土 32

崭露头角 48

极地的雪寒 55

第二章　在震撼世界的年代

对动荡的感悟 70

言过其实 79

历史的机遇 92

弹雨时节 98

第三章　变革与分歧

危机后的选择 126

总书记之路 133
　　树欲静而风不止 139
　　故乡的抗争 149
　　最后的遗愿 166
　　不幸而言中 175

第四章　拾级而上
　　暂时的沉寂 188
　　多数派的围攻 195
　　二重唱 204
　　无原则的联合 219
　　后遗症从这里开始 244

第五章　自上而下的革命
　　集体化：一个神话 276
　　繁荣的背后 293
　　和阿利卢耶娃在一起的日子 303
　　斯大林的危机 322
　　基洛夫死亡之谜 329
　　震惊世界的大审判 333
　　盲目的崇拜 370

第六章　纵横捭阖
　　烟幕下的交易 382
　　传统的扩张 395
　　暴风雨来临前 403
　　被逼到台角的拳击手 415

来自盟国的援助 436
　　渡过难关 445
　　历史的宠儿 454
　　挺进欧洲 462
　　从雅尔塔到波茨坦 468

第七章　斯大林晚年
　　恢复与重建 484
　　"日丹诺夫消毒水" 489
　　列宁格勒案件 497
　　从"蜜月"到对峙 501
　　"一边倒"的前前后后 516
　　晚年的"发现" 539
　　斯大林逝世 546

附录一　斯大林年谱 555
附录二　文献举要 607
后　记 613

第一章

风雨飘摇

库拉河畔话沧桑

距格鲁吉亚首府第比利斯76公里，有一座古老的小城，叫哥里。它位于库拉河一处的河谷之中，环绕一座小山，平平的山顶上立着一座堡垒，山脚下是一个小村庄。这里有远近闻名的葡萄园、果园和麦田。银光闪闪的库拉河，水很浅，静静地流着。这地方以美妙的葡萄酒和一座古教堂著称。它的酒是金黄色的，那座教堂是格鲁吉亚的古典建筑，里面有11世纪的壁画。哥里是古希腊人所说的科尔吉斯州的一部分。据希腊神话传说，忒萨利亚王子伊阿宋曾率领亚尔古的英雄们来这里寻找金羊毛。1879年12月9日（俄历，公历21日）[①]，斯大林就出生在这个风景秀丽而又富有传奇色彩的古城。

斯大林的父亲维萨里昂·伊万诺维奇·朱加施维里出身于第比利斯附近的迪迪－里洛村的一个农奴家庭。1861年沙皇亚历山大二世宣布废除农奴制后，维萨里昂一家才于3年后（格鲁吉亚农奴制的废除要比俄罗斯本土晚3年）获得自由。维萨里昂起初在阿德尔汉诺夫皮鞋厂当学徒，不久来到哥里，进了一家皮

---

① 本书中1918年2月14日前按俄历。关于斯大林的出生日期，还有不同的说法。据《苏共中央通报》1990年第11期的一篇文章说，哥里圣母升天大教堂的出生、死亡登记册上，记载斯大林的出生日期是1878年12月6日（公历18日），哥里教会学校在1894年6月颁发给他的毕业证书上写的出生日期也是1878年12月6日。沙皇警察部门的大部分有关斯大林的档案文件所载明的出生日期与上述日期也没有出入。1920年12月，斯大林在详细回答瑞典左派社会民主党人报《人民政治日报》的一份调查表时，亲自填写的出生日期是1878年。但之后，由斯大林助手们帮助填写的许多履历表却把出生日期写成了1879年12月9日。斯大林在世时其诞生纪念日也定在了这一天。究竟斯大林是哪一年出生的以及斯大林是不是有意更改自己的出生日期，现在仍是一个谜。

第一章 风雨飘摇

斯大林出生的哥里小城

鞋作坊做工。在这里，他结识了一位前农奴的女儿叶卡捷琳娜·格奥尔吉耶夫娜·格拉泽并同她结了婚。他们在哥里大教堂附近的一所破旧房子里安了家。他们的全部家当是一张小桌子、四条凳子、一个小碗橱、一面镜子、一只存放衣物的箱子和一张铺着草垫子的木板床。房子共有两个房间，主室大约15平方英尺，只有一个窗户，地板是用砖铺成的。另有一个用作厨房的凹形小间。

在这所房子里，叶卡捷琳娜生了四个孩子，但前三个孩子不幸夭亡，只有第四个孩子也是最后一个孩子活了下来。父母给他起名为约瑟夫·维萨里昂诺维奇·朱加施维里，但他的母亲总是疼爱地称他为"索索"。后来，索索自己改姓氏为斯大林[①]。

格鲁吉亚有一句俗话："每个皮鞋匠都是酒鬼。"斯大林的父亲也不例外。他

---

① "斯大林"在俄文中为"钢"的意思。

斯大林在哥里出生的房子

19世纪末的哥里大街

哥里那幢房子的室内布置

嗜酒如命，常常喝得酒醉醺醺，他那做皮鞋匠得来的微薄收入，大都用去喝酒了。喝醉酒的父亲性情变得更加暴烈，蛮不讲理，索索和母亲常常遭到毒打。索索也因此学会了使用心计，避免和喝醉酒的父亲照面。平白无故地挨打使索索变得越来越倔强，并也学会以暴力来保护自己和母亲。斯大林的女儿斯维特兰娜一次与父亲谈起他的童年时，父亲告诉她，在一个一家之主嗜酒成癖、半文盲的贫穷家庭里，打架、相骂是常事，为了保护母亲，他"有一天还将一把刀子朝老子身上扔了过去。老子于是大喊大叫去赶儿子，邻居把儿子藏了起来"。①

斯大林的父母

1885年，斯大林5岁时，父亲又回到了阿德尔汉诺夫皮鞋厂做工，虽然与家庭未断联系，但经济上对斯大林母子二人已无所接济。叶卡捷琳娜只得夜以继日地拼命干活，勉强养家糊口。她为富人家洗衣服、烤面包、彻夜加工服装，想方设法使自己的儿子免受饥寒。也就在这时，斯大林得了很重的天花，好不容易才活了下来，但脸上永远留下了明显的麻子，所以宪兵队后来在斯大林"特征"一栏里每次都写着："麻脸，有瘢痕。"

---

① 见斯维特兰娜·阿利卢耶娃《仅仅一年》，北京出版社1980年版，第329页。

家庭的不和，父亲那种残暴、毫无温暖可言的行为，给斯大林幼小的心灵留下了深深的印记。

神父之梦

斯大林的母亲是一位虔诚的教徒，但没有什么文化，仅能"马马虎虎写自己的名字"。她是个很有原则的女人，很固执，也很严厉，有时也揍自己的儿子，但与她的丈夫那种平白无故的揍不同，她的揍是出于母爱，她想让自己的儿子长大后出人头地。叶卡捷琳娜最大的愿望就是想让儿子将来能成为一名神父。在当时，做神父无疑是一个比较理想的职业选择，因为按规定，传教士可以结婚，掌管某个教区，进而可以步步高升，在替上帝效力的同时，可以享受到梦寐以求的安逸生活。

1888年，叶卡捷琳娜把儿子送进了哥里教会小学。除了学校当局每月发给贫困学生的三卢布助学金外，为了维持儿子的学业，她还设法在学校为教师们洗洗衣服、做清洁工，每月可挣得10卢布。但斯大林的父亲对此并不以为然。维萨里昂想让儿子继续走自己的路，将来也成为一名鞋匠。有一次竟然对妻子大嚷大叫："你想让我的儿子当上大主教吗？痴心妄想！我是个鞋匠，我的儿子也只能当个鞋匠，他不会比当鞋匠有更大的出息了！"[①] 维萨里昂真的去了学校，把儿子强行带走，并送进了阿德尔汉诺夫鞋厂当童工。叶卡捷琳娜不顾一切，到鞋厂把儿子领了出来，又送回了学校。1890年，维萨里昂在一次酗酒后的打架中被人用刀子捅死了。父亲的去世，对斯大林一家并未带来什么影响。据斯大林小学时的同窗好友约瑟夫·伊雷马什维里回忆说："父亲英年早逝，对儿子是完全无所谓的

[①] 卡明斯基、维列沙金《领袖的童年和少年时期》，载于《青年近卫军》杂志1939年第12期第44页。引文转引自姜长斌《历史的孤独》，中共中央党校出版社1994年版，第8页。

第一章 风雨飘摇

一年级同学合影（后排左四为斯大林）

事。被他称作父亲的这个人的死，没有使他失掉任何东西。"也就在10岁或11岁时，斯大林被马车撞倒，左臂肘关节受了重伤，伤口发炎溃烂，差点死掉。"我不知道当时是谁救了我。"斯大林后来说，"也许是由于我健康的体格或是那个乡下医生的膏药，总之我好了。"这就是斯大林告诉他妻子的姐姐安娜·阿利卢耶娃有关肘部不易弯曲和左臂较短的原因。安娜在1946年于莫斯科出版的《回忆录》中记述了此事。由于这点小小的残疾，斯大林在1917年初被宣布免服兵役。

从1888年9月至1894年7月，斯大林在哥里小学读了6年书。他通常是班里最优秀的学生之一，记忆力非凡，上课听讲时聚精会神，从不漏听一字一句，学习功课几乎不费什么劲，作业完成得干净利索。他在完成神学功课的同时，也读了不少其他方面的书，如格鲁吉亚作家达·乔恩卡泽的中篇小说《苏玛尔城堡》，还有恰夫恰瓦泽、阿·策烈铁里等格鲁吉亚作家的长诗和小说，但最使他感兴趣的是亚历山大·卡兹别吉写的一篇充满浪漫色彩的短篇小说《弑父》，它取材于1845年格鲁吉亚山民反对沙皇压迫的真实故事。小说的主人公是一位勇敢、机智、善于战胜任何困难的英雄柯巴，他拯救了一对年轻的恋人，为反对沙皇在高加索的总督沃龙佐夫伯爵的军队而进行战斗，最后杀死了叛徒吉尔戈拉……斯大林特别崇拜柯巴，"柯巴成了索索的偶像和理想的化身……对于索索

斯大林传

1894年的斯大林

来说，柯巴就是神，就是生命的全部真谛。他决心要成为第二个柯巴，成为像柯巴那样的斗士、英雄和著名人物。索索认为柯巴将在他身上复活。此后，索索就开始称自己为'柯巴'，并要求同学们也这样称呼他"。①

斯大林虽然体格瘦小，但很结实，强壮有力，是学校最优秀的摔跤手。他的老师和同学回忆说，斯大林天生机敏而任性，有着强烈的报仇心理。当一个最不受同学们欢迎的教师走过去之后，他就带头起哄，在这位老师背后吹口哨，说些讽刺挖苦的话。他有时候挑动同学们打架，当事情发展到要受处分时，他却几乎总是不被发觉。他总是能使那些听话的同学围着自己转，使他们按照他的指示去抱打不平。有一次学校的一位学监带领高年级学生去郊游，路上有一条较宽的溪流，斯大林第一个跳了过去，而学监因害怕落水，让一个学生把他背过去。斯大林对那个学生说："你是驴子吗？就是上帝我也不会让他骑我，更别说小小的学监了。"斯大林的这种"胆大妄为"和"足智多谋"自然赢得了同学的敬重，他也开始在同学们中间树立其"领袖"形象。

尽管如此，1894年6月，斯大林还是获取了全优文凭，轻松地考取了第比利斯正教中学，并获得了学校的奖学金。

第比利斯正教中学是一所奇怪的学校，看起来像座兵营，由严厉的教士严格地管理着。学校规定，学生必须日夜待在学校里，一律早7时起床，然后是晨祷、吃早点，上课到下午2时，下午3时进午餐，5时点名、晚祷，8时进晚餐，上自习，10时就寝。连节假日都要做三四个小时的祷告活动。学生只有得到特殊允许才可以外出一两个小时，但必须在下午5时校门关闭前返校。学生哪怕只是犯了小过失，也要在地下室的一间小黑屋子里关禁闭。学校不允许学生到非教会

---

① 卡明斯基、维列沙金《领袖的童年和少年时期》，载于《青年近卫军》杂志1939年第12期第38—39页。转引自姜长斌《历史的孤独》第10页。

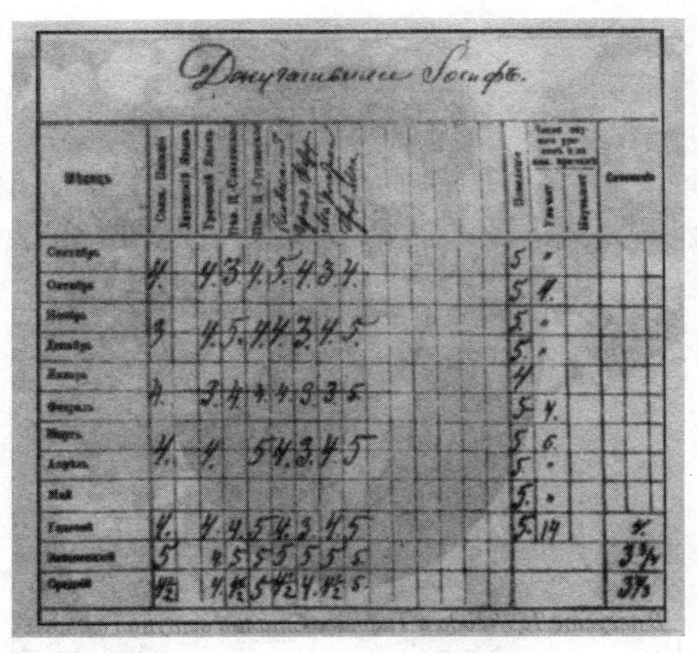

斯大林的成绩单

的图书馆去借书，只有经过修道士认可的作品才可阅读。修道士们经常侦查学生的思想和行为，搜查他们的行李，偷听他们的谈话，稍有怀疑，就向校长告发。而且学校也鼓励互相告密。对于穷困学生来说，学校生活尤其艰苦，因为二三十

19世纪末的第比利斯

斯大林传

个人挤在一间宿舍里。

伊雷马什维里回忆说:"学校生活既悲惨又单调,昼夜锁在兵营式的屋子里,我们感觉自己好像是囚犯,没有犯任何罪行,却必须在那儿待许多年。我们大家都很沮丧和忧郁……当青年人的气质偶尔表现出来时,就立刻受到教士和班长的压制。沙皇政府……禁止我们阅读格鲁吉亚文学和报纸……他们害怕我们受到我国自由独立的思想的鼓舞,担心我们年轻的灵魂会受到新的社会主义学说的感染。"[①]

1894年,斯大林考取了第比利斯正教中学

当时的第比利斯正教中学大楼

---

① 参见托洛茨基《斯大林评传》(上),北京三联书店资料室编印本1963年版,第26页。

第一章　风雨飘摇

斯大林入学以后，最初一两年留给老师的印象显然是一个用功听话的学生。第一年，他在全班名列第八名；第二年，名列第五名。他曾对新旧约全书产生过真正的兴趣，力求领会只有上帝才是无所不爱、无所不能和无所不知的思想。学校也开设数学、希腊语、拉丁语、俄罗斯文学和历史等课程，但这些并未使他的求知欲得到满足。入学后不久，斯大林就加入了一个秘密的自学小组，小组负责人由高年级同学捷甫达里阿尼担任。尽管学校有严厉的规章制度，但他们还是偷偷地把禁书带到学校里，在课外甚至在课堂上秘密阅读。当时，第比利斯有一个流动图书馆，斯大林就从这个图书馆里借书。他读的作品不仅有格鲁吉亚的诗歌，也有俄罗斯和西方的经典著作，如达尔文的《人类的起源及性的选择》、雨果的《海上劳工》和《九三年》、费尔巴哈的《基督教的本质》、斯宾诺莎的《伦理学》、果戈理的《死魂灵》、勒图努的《民族文学发展史》等。

这时的斯大林似乎变了一个人，他性格内向，举止谨慎。他的同学瓦诺·克茨霍韦利回忆道："这时索索同学的性格完全变了，童年的活泼好动成了过去的事。他少言寡语，似乎非常内向。他放弃了那些童年的幼稚活动，总是手不释卷地躲在角落里一人读书。"[1] 他讨厌同学们跟他开玩笑，动不动因此就大发雷霆。当年与斯大林一起在格鲁吉亚从事革命活动的战友谢尔戈·奥尔忠尼启则，有一次与斯大林的中学同学谈起斯大林的中学生活，这位中学同学对奥尔忠尼启则说："对柯巴简直开不得玩笑。这是一个古怪的格鲁吉亚人：他不懂得什么是玩笑，对那种并无恶意的话他竟然常常用拳头来回答。"[2] 在同学中就某一问题进行辩论时，斯大林是佼佼者，他比许多同学知道的东西多一些，能够顽强而巧妙地提出自己的论点，而且他渴望压人一头，绝不轻易地忍受别人超过自己。这一点也在别的方面表现了出来。他不甘只作为一名自学小组的成员。在参加以捷甫达里阿尼为首的自学小组后不久，他就自己另行组织了几个小组并自任领导人。

大约在1895—1896年期间，这时斯大林也就十六七岁，正是天真烂漫并富有想象力的年龄。他把自己的憧憬写成几首诗，发表在第比利斯文学杂志《伊维

---

[1] 转引自姜长斌《历史的孤独》第13页。
[2] 参见安·弗·安东诺夫-奥弗申柯《斯大林时代的谜案》第214页。

斯大林传

利亚》（格鲁吉亚的古称）上。其中的《致明月》，是一首热情奔放的抒情诗，歌颂为反抗外国压迫者而牺牲的格鲁吉亚烈士们。诗中写道：

> 你不知劳累一如既往，
> 巡行在乌云笼罩的大地上，
> 用你那银色的清辉，
> 把浓浓的黑雾驱散。
> 你的微笑是那么柔美，
> 你俯瞰的大地还在沉睡，
> 卡兹别克[①]的冰峰直插天外，
> 你的催眠曲叫它陶醉。
> 但是你要永远牢记，
> 有人虽然遭受压迫和毁灭，
> 却有着一腔强烈的希冀，
> 要与姆塔茨明达[②]一争高低。
> 你照亮黑沉沉的苍穹，
> 迸射出淡淡的光辉，
> 像以往那样优柔和婉，
> 映照故土的山山水水。
> 我向你敞开心扉，
> 我向你举起双臂，
> 我看到明月皎洁，
> 思潮重又起伏澎湃。

他早年的几首诗带有儿时的纯朴，具有强烈的民族主义精神。他在一首名为

---

① 卡兹别克，大高加索山脉中部的一段山名。
② 姆塔茨明达，大高加索山脉的主峰之一。

《早晨》的诗里写道:

> 玫瑰花蕾绽开了,
> 在紫罗兰旁依偎,
> 微风惊醒了铃兰,
> 花朵向青草低垂。
> 云雀飞得高过白云,
> 歌声在蓝天里飘荡,
> 树丛里夜莺啼声呖呖,
> 给孩子们把歌儿轻唱:
> "我的格鲁吉亚,愿你兴旺!
> 愿和平降临祖国大地上!
> 朋友们啊,要好好学习,
> 为我们的祖国增添荣光!"①

根据学校的记载,教士们只是在斯大林入学后的第三年才发觉,这位刻苦学习经文的好学生也在违反校规。1896年11月,学校助理学监穆拉霍夫斯基在学生品行登记簿上写道:

> 看来朱加施维里有一张廉价出租书刊的图书馆的借书证。今天,我没收了维克多·雨果写的《海上劳工》,在书里发现了那张图书馆的借书证。

校长格尔莫格尼斯在这个报告上批道:"罚他长期禁闭。上次我已经为雨果的《九三年》一书警告过他一次了。"

1897年3月,穆拉霍夫斯基又在品行登记簿上写了如下一段话:

---

① 参见中共中央编译局列宁斯大林著作编译室《斯大林研究》1995年第4辑第34—38页。

斯大林传

上午11时，我从约瑟夫·朱加施维里手里没收了勒图努写的《民族文学发展史》，这本书是他从廉价图书馆借的……当时朱加施维里正在礼拜堂楼梯处看这本书。这已是第十三次发现该学生阅读从廉价图书馆借来的书了。

这一次犯规离第一次仅仅4个月，这一次校长仍命令说："罚他长期禁闭，并给予严重警告。"[①]

在这一时期，斯大林虽然已失去了对东正教的信仰，但对于自己未来将走什么路，心里还是不很清楚。在当时，随着马克思主义传入俄国，俄国的社会民主主义运动发展很快，在全国各地涌现出了许多革命家，他们宣传马克思主义，要求推翻沙皇专制制度，进行社会革命。外高加索虽然处于俄国的南部边陲，但社会民主主义运动也还是在那里有所展开。1892年，"麦撒墨达西"社成立，它是第比利斯首批社会民主党小组之一，主要创始人是诺伊·饶尔丹尼亚、谢·齐赫泽、格·策列铁里和西尔维斯特尔·吉布拉泽。它所以取名为"麦撒墨达西"社（第三小组），是为了区别于"麦奥里达西"（第二小组，这是19世纪80年代曾领导格鲁吉亚知识界的一个进步的自由派组织）和"皮尔维里达西"（第一小组，曾受到格鲁吉亚贵族中开明人士的支持，19世纪60年代初就开始主张废除农奴制）。1903年，"麦撒墨达西"社成员集体加入了俄国社会民主工党。

斯大林是什么时候开始接触马克思主义、走上革命道路的呢？这个问题众说纷纭。据《斯大林全集》第1卷后面所附年表说："1895年，斯大林和当时被沙皇政府流放到南高加索一带的俄罗斯革命的马克思主义秘密小组建立了联系。"[②]1931年12月13日，斯大林在回答德国作家艾米尔·路德维希的问题时说："我不能说我从6岁起就已经倾向社会主义了，甚至也不是从10岁或者12岁。我参加革命运动是从15岁开始的，那时候我和当时居住在南高加索的俄罗斯马克思主义者的一些秘密小组发生了联系。这些小组对我有很大影响，使我对秘密

[①] 参见伊恩·格雷《斯大林——历史人物》，新华出版社1981年版，第25—26页；艾萨克·多依彻《斯大林政治传记》，四川人民出版社1982年版，第21—22页。

[②]《斯大林全集》第1卷第379页。

的马克思主义著作发生了兴趣。"①

但据一些学者考证，此说在时间方面不可全信。所说"流放到高加索一带的"或"居住在外高加索的"革命的马克思主义者，实际上指的是斯大林的同学瓦诺·克茨霍韦利的哥哥拉多·克茨霍韦利。拉多曾于1893年12月与第比利斯正教中学的同学举行反对大俄罗斯沙文主义的罢课，此次罢课导致87名学生被学校开除，拉多是其中之一。在被开除出后不久（1893年底或1894年春），拉多被驱逐出格鲁吉亚，到了基辅，在那里同一些社会主义者的秘密小组有了接触，1897年才潜回第比利斯，过着隐蔽的职业革命家生活，印刷、散发非法小册子和传单，并参加了"麦撒墨达西"社。通过瓦诺，斯大林才结识了拉多，并在拉多那里阅读过普列汉诺夫的著作。而斯大林是在拉多被驱逐出格鲁吉亚后几个月才考入正教中学的，考入中学时就快15岁的斯大林不可能接触马克思主义革命家。

但不管怎么说，斯大林后来同激进的职业革命家有所接触，并受到他们的影响。这些革命家中，除拉多外，还有西尔维斯特尔·吉布拉泽和萨沙·祖鲁启则等人。吉布拉泽是"麦撒墨达西"社的领导人之一，1885年由于袭击了曾说过格鲁吉亚语是"狗语"的第比利斯正教中学校长丘杰斯基而被流放到西伯利亚，从此走向了革命道路。祖鲁启则出身于贵族家庭，但投身了革命斗争，是"麦撒墨达西"社中一个颇有名望的文人，经常为格鲁吉亚两家大型报刊《犁沟报》和《伊比利亚》撰搞，大力宣传和普及马克思主义，写过一本马克思主义经济理论的通俗著作，但他于1905年6月患肺病去世。斯大林对他怀有感激之情，并在1927年时，要求把祖鲁启则的论文编辑成册出版，作为对他的纪念。

这些革命家的思想和活动，激发了斯大林对马克思主义的兴趣，使他也逐步走向革命道路。1898年8月，斯大林加入了"麦撒墨达西"社。他参加该社时，正值带有合法马克思主义色彩的温和派（多数派）和坚持马克思主义原则的左翼少数派激烈论战的阶段，斯大林加入了左翼少数派，不久便负责一个工人学习小组。他的任务是给一些烟草工人、泥瓦匠、鞋匠、织工、印刷工和马拉有轨车售

---

① 《斯大林全集》第13卷第100页。

斯大林传

票员讲授社会主义。每次集会都聚集在拥挤的窝棚里,房间里充满着刺鼻的马合烟气味和汗臭味。门外一个人放哨,以免遭到警察的袭击。给工人讲课,对这个年仅19岁的革命者来说,是一种新的尝试,因此他十分兴奋。但每次这样的集会后,他必须匆匆赶回学校,向教士进行解释,为自己长时间不在学校找借口,然后装成虔诚的样子,到教堂去同其他人一起进行祈祷。

既是一位革命者,又是中学学生,这种双重意义上的生活使斯大林处境很难堪。他决心摆脱这种处境。1899年5月29日,斯大林从第比利斯正教中学不辞而别,六七月间,学校以"无故不参加考试"且"原因不明"为由作出了将他开除的决定。但斯大林本人后来坚持说,他被开除是因为"宣传马克思主义",《斯大林全集》《斯大林传略》等出版物也都坚持此说。而斯大林的母亲1930年与美国记者H.R.尼克博克谈话时争辩说:"索索一直是个好孩子……他没有被开除。由于他身体不好,我才把他接回家的。他进中学时15岁,可身体像小伙子那么棒。可是,由于过分用功,他19岁时身体垮了。医生对我说他可能患了肺病,于是我把他从学校领走了。他不想离开学校,是我把他拖走的。我就只有这么一个儿子呀……"①

这段充满感情的诉说包含了一颗破碎心灵的自我安慰。曾几何时,叶卡捷琳娜梦想让儿子成为一名神父,可儿子中学没毕业就离开了学校,她的梦想永远地破灭了。除了对儿子的这一点点企盼,她一生没有太多的奢望,也没有什么嗜好,生活简朴。后来斯大林当上了苏联共产党的总书记,事业成功了,他曾力劝母亲搬到莫斯科去住,她也曾在克里姆林宫住过一段不长的时间,但她"蔑视他的成就,看不起热闹场中的喧嚣和世俗的荣华富贵",还是回到了她那熟悉的格鲁吉亚老家,过着那安静、没有排场的生活,当一个简朴、虔诚的老太婆。她晚年很孤独,她溺爱的儿子实际上已离开了她的生活。自从斯大林15岁离开家到第比利斯去上中学后,他每次回家看她的时间都很短。斯大林走上革命道路、功成名就以后,他虽然经常给母亲写信,但很少回家看母亲。在母亲临终前不久,

---

① 参见伊恩·格雷《斯大林——历史人物》第30页;路·费希尔《斯大林的生与死》,中国政法大学出版社1989年版,第5—6页。

第一章 风雨飘摇

斯大林母亲,1931年摄于第比利斯 　　斯大林和母亲（1935年）

斯大林回过一次家。她对儿子没能当上神父还耿耿于怀,她婉惜地对儿子说:"你没能当上神父,真可惜!"[①]1936年,叶卡捷琳娜带着这个遗憾在格鲁吉亚去世,终年80岁。

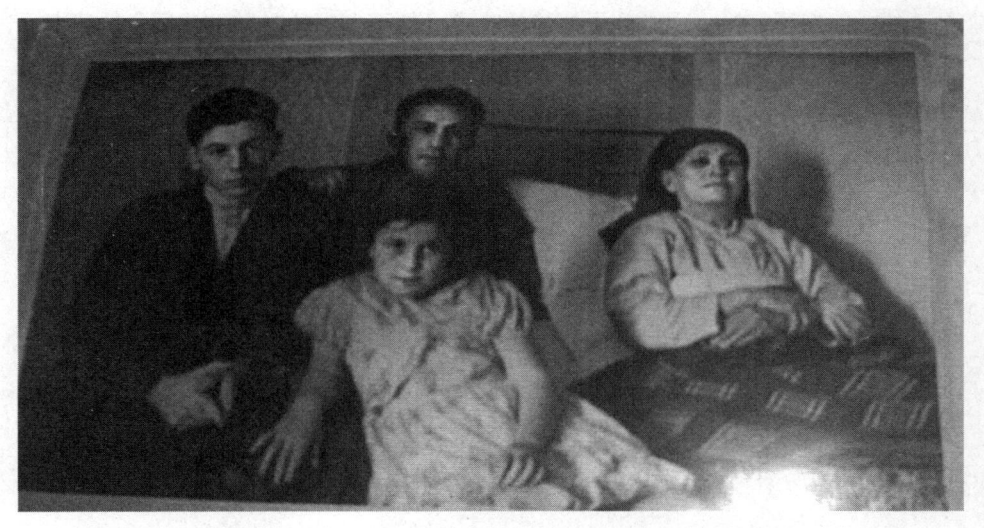

斯大林母亲和她的孙辈们（左起：瓦西里、斯维特兰娜、雅科夫）在一起（1936年）

---

① 参见斯维特兰娜·阿利卢耶娃《致友人的二十封信》第124页。

初出茅庐

1899年5月，斯大林离开第比利斯正教中学，这一年都在四处游荡，既没找到工作，又没有固定的住处，生活无着。他到哥里同他的母亲待了一些时候，后来又返回了第比利斯。靠着朋友的帮助，断断续续地给一些富家子弟教课，挣得一点点钱勉强度日。一直到这一年年底，他才找到了一份较为固定的职业，在第比利斯天文台当职员。尽管这份工作的薪水也很微薄，但他有生以来第一次有了自己的一间房子，第一次尝到了清静的味道。他不上班的时候，就玩命地读书。他的房间没有什么陈设，十分简朴，但桌子上总是堆着厚厚的书和小册子，其中有很多普列汉诺夫和列宁的著作。

1900年"五一节"快到了，斯大林和其他一些人忙于准备节日的活动。"五一节"在当时的格鲁吉亚是非法的，从来没有搞过庆祝活动。他们准备在这里举行第一次示威集会。在指定的4月23日，四五百名工人集合于远离警察视线的第比利斯远郊盐湖。示威者高举自制的马克思和恩格斯的画像和用俄文、格鲁吉亚文、亚美尼亚文写的革命标语。斯大林和其他几个人在集会上发表演讲，声称1901年的"五一节"示威游行将在第比利斯市内举行。最后，集会者唱完《马赛曲》就匆忙解散了。8月，他还同吉布拉泽等人酝酿发动一次铁路工人罢工，但没有成功。就在这一年的夏天，列宁的朋友、《火星报》的拥护者维克多·库尔纳托夫斯基从流放地回来后抵达第比利斯，斯大林很快就结识了他，并与之建立了联系。

自被正教中学开除到1900年的这段时间，是斯大林思想和政治生涯发展中一个很重要的阶段。在此期间，继俄国社会民主工党于1898年在明斯克成立[①]之

[①] 1898年3月，俄国社会民主工党第一次代表大会虽然宣告成立党，但没有制定出党纲和党章，选出的中央委员会成员多数很快被沙皇政府逮捕，实际上未建成党。列宁因流放也未出席此次大会。

后，列宁等人又于1900年12月在莱比锡创办《火星报》，批判否认工人阶级需要有独立政党的经济派，为建党做思想上和组织上进一步的准备。《火星报》编辑部派出许多特派员和代表，在俄国秘密地同地方小组建立联系并帮助建立地方组织。在第比利斯，年轻的社会主义者很快就把自己称为"火星派"，斯大林也是其中之一。正是在这种国内政治浪潮的冲击中，在列宁、普列汉诺夫等火星报人的思想熏陶下，斯大林逐步成为了列宁学说的追随者。斯

1900年的斯大林

大林自己1924年1月28日在克里姆林军校学员晚会上发表演说时也说："当我知道列宁从19世纪90年代末，特别是从1901年以后，在《火星报》出版以后的革命活动的时候，我就深信列宁是一个非凡的人物。当时在我看来，他不是我们党的一个普通的领导者，而是我们党的实际创造人……当我拿列宁和我们党的其他领导者比较的时候，我总觉得列宁的战友普列汉诺夫、马尔托夫、阿克雪里罗得等人都远不如列宁，列宁和他们比较起来不单是一个领导者，而且是一个最高典型的领导者，是一只山鹰……这个印象……深深地印入了我的心灵。"①

1901年的"五一节"示威游行果真准备在第比利斯市内举行，当斯大林和库尔纳托夫斯基等人正在紧张地准备之时，警察就掌握了他们的计划。3月21日，第比利斯警察局先发制人，逮捕了库尔纳托夫斯基等50多名积极的社会主义者，当晚又搜查了第比利斯天文台的职工宿舍。斯大林正好不在家，所以逃脱了逮捕，但他已经无法再回到天文台，因而不得不辞去了天文台这份工作。由于警察的搜捕，斯大林不得不隐姓埋名，转入地下。在隐藏了几个星期以后，他还是设

---

① 参见《斯大林全集》第6卷第47—48页。

法参加了"五一节"的示威游行。在以后的十几年时间，他曾使用依·贝索什维里、柯巴等近20个假名从事地下革命工作。

1901年9月，斯大林与拉多·克茨霍韦利、祖鲁启则等人一起在巴库组建了俄国社会民主工党第比利斯领导小组，并创办了用格鲁吉亚文出版的秘密报纸《斗争报》，与《火星报》一起在格鲁吉亚秘密发行。斯大林的第一批文章就是在这家报纸上发表的。从此，斯大林开始在当地的马克思主义者中崭露头角。

在《斗争报》的创刊号上，发表了斯大林参与撰写的《编辑部的话》。这篇社论主要不是阐述社会主义原则和革命策略，而是间接地反对"麦撒墨达西"社中以诺伊·饶尔丹尼亚为首的温和派（多数派）。1901年11—12月，《斗争报》第2—3两期合刊上又发表了他参与撰写的《俄国社会民主党及其当前任务》一文。文章阐述了列宁《火星报》的科学社会主义思想原理，认为俄国社会主义者的任务是要建立一个"以坚定的原则和不可摧毁的秘密活动武装起来的强大的政党"，这个政党要以政治斗争为主，反对专制制度，清除"经济主义"对工人运动的影响。[①] 后来这两篇文章均收入《斯大林全集》第1卷，成为了斯大林个人的作品，其实这是不准确的。

1901年11月11日，斯大林被选入俄国社会民主工党第比利斯委员会。两周以后，他被派往巴统。巴统位于黑海沿岸，比第比利斯小得多，仅有3万人左右，而第比利斯则有15万人。但随着外国资本的流入，巴统迅速发展为俄国的一个工业中心，当时已有包括著名的路特希尔德在内的10个大型企业，高加索四分之一以上的产业工人居住在这里。

斯大林来到巴统以后，着手组织和发动工人，筹建俄国社会民主工党巴统委员会，在路特希尔德、曼塔舍夫、西杰利吉斯等工厂中组织社会民主党小组。当时警察的一份机密报告也说：

> 1901年秋天，第比利斯社会民主党委员会派了它的一个成员约瑟夫·维

---

① 参见《斯大林全集》第1卷第9—25页。

1902年的巴统

萨里昂诺维奇·朱加施维里（他从前是第比利斯正教中学的六年级生）到巴统来，目的是在工厂工人中进行宣传。由于朱加施维里的活动……社会民主党的组织已经开始在巴统的所有工厂中出现。①

在斯大林到巴统之前，这里的社会民主运动是由尼古拉·齐赫泽②领导的。他从前也曾在第比利斯正教中学上过学，但未毕业。他虽然以学识渊博、能言善辩而深受人们尊敬，但他与格鲁吉亚的大部分社会民主党人一样，赞同"合法马克思主义"，反对革命暴力活动。当得知斯大林要在巴统发动工人的计划时，他

---

① 转引自艾萨克·多依彻《斯大林政治传记》第56页。
② 尼·齐赫泽（1864—1926），俄国社会民主工党第二次代表大会后成为孟什维克的首领之一。1917年曾任彼得格勒苏维埃主席和第一届中央执行委员会主席。1918年任格鲁吉亚立宪会议主席。1921年苏维埃政权在格鲁吉亚建立后，逃亡巴黎。

斯大林传

吓得要死，好几次主动找斯大林谈，后来又通过朋友去劝斯大林，恳求他放弃斗争的计划。

斯大林并未听从齐赫泽的劝告。他在巴统活动时使用的是他早年崇拜的偶像"柯巴"这一假名。1901年12月31日，在一个工人家里，他以举行"新年舞会"的名义召开了社会民主党小组秘密代表大会，成立了一个新的俄国社会民主工党巴统委员会。到1902年2月底，已在巴统的各大工厂的工人中建立了11个社会民主党组织。

与此同时，斯大林等人还设立了一个秘密印刷所，印制传单和宣言书。当时设备很简单，条件也很苦。据当时一个与斯大林共同工作的人回忆说：

> 一个拥挤的小房间，里面点着昏暗的煤油灯。斯大林坐在一张小圆桌旁写稿。他一旁是印刷机，几个排字工人正在忙着。铅字摆在火柴匣和香烟盒里，或者摊在纸上。斯大林经常把刚写好的材料递给排字工人。[1]

1902年的斯大林

这间小房子还是斯大林的宿舍。不久，他从第比利斯又搞到了一台印刷机、一台现金出纳机和一套铅字。印刷所的规模有所扩大。

1902年2月27日，路特希尔德工厂工人举行了罢工，当局除使用警察外还调来军队进行镇压，于3月7日逮捕了32名工人。3月8日，有近300名工人举行游行示威，要求释放被捕者，不料这些工人也全都被捕，结果引起

---

[1] 参见托洛茨基《斯大林评传》（上）第47页。

了更大规模的示威游行。第二天有近6000名工人上街，遭到军队枪击，打死15人，打伤54人。这个事件震动了全国。这一事件之后，巴统警察开始加紧搜捕革命者，竭力想发现印制传单的秘密印刷所。为了躲避警察的视线，斯大林迁到了巴统附近的阿布哈齐安村。他住在一个老穆斯林哈希姆的房子里，并把印刷所也搬到了那里。工人们穿着高加索妇女的服装，戴着传统的长面纱，化装成女人来这里取传单。当时因此而闹出一个有趣的误会，当地邻居们以为他们是在印制假钞，要求与他们分享利益，斯大林他们费了不少周折才使邻居们明白事情的真相。

尽管在巴统活动期间东躲西藏，但1902年4月5日，斯大林在参加巴统委员会的一次会议时还是被捕了。

1902年斯大林被捕时建立的档案

斯大林（后排右四）第一次被捕后在狱中与狱友的合影 　　斯大林第一次被捕时住的小囚房

斯大林传

斯大林被捕后，先是关在巴统监狱。6个星期后，警察给他立了个人档案，档案中有一张正面照片和一张侧面照片，并附有如下文字说明：

身高：2俄尺4俄寸半（约合5英尺4英寸）①。体型：中等。年龄：23。左脚第二和第三个趾头联趾。相貌：一般。头发：黑褐色。胡须：褐色。鼻子：直且长。前额：直而狭。脸：长，黑，有麻子。②

1903年时的斯大林

在巴统监狱囚禁一年后，斯大林于次年4月被转到离巴统监狱80英里远的库塔伊西监狱。一个当时也被关在这个监狱的温和派社会民主党人后来回忆说，柯巴走路蹑手蹑脚，活像只猫，偶尔也拘谨地笑一笑，但从不大喊大叫，也没发过脾气。他的这种镇静和克己的风格当时已经很突出。③

在斯大林被监禁时，1903年3月，高加索社会民主党第一次代表大会在第比利斯举行，会上成立了俄国社会民主工党高加索联盟（联合会）。据《斯大林全集》第1卷记载，斯大林缺席当选为该联盟委员会委员。但据当时参加大会的菲力浦·马哈拉泽说，当时大会期间选出的各委员会中，没有斯大林。斯大林是1904年初从流放地逃回第比利斯后才被补选入委员会的。④

斯大林被关在监狱中，当局也找不出太多的准确证据来为斯大林定罪，只好于1903年7月9日判处他3年流放，地点在西伯利亚东部的伊尔库茨克省巴拉

---

① 约合1.63米。
② 参见伊恩·格雷《斯大林——历史人物》第44—45页。
③ 同上。
④ 菲·马哈拉泽《外高加索共产主义组织简史》，第比利斯1967年版，第70—72页。参见姜长斌《历史的孤独》第25—26页。

第一章　风雨飘摇

甘斯克县的新乌达村。与判处徒刑相比，判处流放是一种比较轻的惩罚，囚犯们通常是在宪兵监护下进行长途跋涉，但不用戴镣铐，而是坐着船或轻快的驿站马车。斯大林去西伯利亚是取道诺沃罗西斯克、罗斯托夫、察里津、萨马拉去的，最后于11月27日到达流放地。

新乌达村（1903年）

斯大林在流放地待了一个多月。据斯大林自己1924年1月28日在克里姆林军校学员晚会上发表演说时回忆说，他在这里流放时曾收到列宁的一封信，"列宁的这封信虽然比较短，但是它对我们党的实际工作做了大胆无畏的批评，并对我们党在最近时期的全部工作计划做了非常明确扼要的说明……可惜我按过去秘密工作者的习惯，把列宁的这封信同其他许多信一样烧掉了，这是我不能宽恕自己的。从那时起，我就和列宁认识了"①。托洛茨基在《斯大林评传》中对此提出了质疑。苏联和俄罗斯的一些学者经过考证，认为此事纯属斯大林杜撰，是斯大林为了往自己脸上贴金。②

斯大林有生以来第一次离开气候比较温暖的格鲁吉亚，西伯利亚的严冬无疑对他是个严峻的考验，但他并没有想要在流放地浪费宝贵的时光，一到流放地就开始准备逃跑。当时正值日俄战争前夕，紧临战争前线的流放地管理制度也很松

---

① 《斯大林全集》第6卷第48页。
② 参见托洛茨基《斯大林评传》（上）第68—70页；德·恩·科斯特申《产生于大型谎言制造厂的一封"短信"（对伪造的列宁与斯大林之间的通信的考证）》，载（俄）《半人半马》杂志1992年5—6月。

懈，要逃跑非常容易。1904年1月5日，斯大林从西伯利亚逃了出来，并很快回到了第比利斯。他到达第比利斯以后，见到了谢尔盖·阿利卢耶夫（后来成为斯大林的第二个岳父），并把自己逃跑的经过告诉了他。阿利卢耶夫在1946年出版的《走过的道路》一书中追述说，柯巴第一次企图逃跑时把脸和耳朵都冻伤了，不得不回去找暖和一点的衣服。一个可靠的马车夫赶着西伯利亚结实的三驾马车迅速穿过雪封的公路，把他送到最近一个火车站。回来的路上穿过乌拉尔地区。[①]

斯大林在流放时，俄国社会民主工党举行了第二次代表大会。这次大会是1903年7月17日—8月10日（公历7月30日—8月23日）先在布鲁塞尔，后在伦敦举行的。大会通过了党纲、党章，选出了中央委员会。党纲提出党的最终目标是进行社会主义革命，建立无产阶级专政，用社会主义代替资本主义；近期任务是推翻沙皇专制制度，进行资产阶级民主革命，建立民主共和国，没收地主土地，实行8小时工作制，实现民族自决权。在这次大会上，党的组织原则问题争论激烈，并因此出现了以列宁为首的布尔什维克派（多数派）和以尔·马尔托夫为首的孟什维克派（少数派）。在大会上还选出了由列宁、普列汉诺夫和马尔托夫组成的《火星报》编辑部，但马尔托夫拒绝加入。10月18日，普列汉诺夫要求把原来的编委都吸收进编辑部，列宁对此表示反对，于10月19日退出了《火星报》编辑部。从此以后，《火星报》成了孟什维克的机关报。斯大林在流放时，也许听说过俄国社会民主工党第二次代表大会的情况，但大会的详细情况是他回到格鲁吉亚后才知道的。当时有3个高加索的代表参加了大会，他们是诺伊·饶尔丹尼亚、阿·格·祖拉博夫和迪·亚·托普里泽，他们回去以后对高加索的社会民主党人介绍了大会的情况。

但是，饶尔丹尼亚当时就已属于孟什维克（祖拉博夫和托普里泽是后来才转向孟什维克的），他回到格鲁吉亚后，利用自己的权威使格鲁吉亚社会民主党人大都站到了孟什维克一边，在以后约20年的时间里，孟什维克一直是格鲁吉亚最强大的一派。

---

① 转引自托洛茨基《斯大林评传》（上）第55页。

第一章 风雨飘摇

斯大林从流放地一回来，就陷入了混乱而变化不定的派别斗争中。同意谁，站在哪一方，他不能不深思熟虑。但这种考虑和选择，并不意味着他最初就是一个孟什维克，就像托洛茨基所断言的那样①。实际上也没有证据证明斯大林曾经是一个孟什维克。不过，斯大林成为一个坚定的布尔什维克，则是有一个过程的。他是在党内斗争中、在不断学习列宁的著作中逐步接受列宁思想并支持列宁的。从他1904年9—10月于库塔伊西写给在莱比锡的好友达维塔什维里的两封信中，可以看出他的决心已定。信中表示坚决支持列宁的思想，称"列宁是一个真正的山鹰"，并对普列汉诺夫写文章攻击列宁《怎么办？》很恼火，他说：

> 普列汉诺夫分析《怎么办？》的几篇文章，我也读过了。此人不是完全发了疯，便是心怀仇恨和敌意。我想这两个原因都是有的。我觉得普列汉诺夫是落在新问题的后面了。他以为在他面前的还是旧时的论敌，所以他总好唱老调，说"社会意识决定于社会存在""思想不是从天上掉下来的"……现在我们关心的是，怎样把各个思想创造成一个思想体系（社会主义理论），怎样把大大小小的思想结成一个严整的体系——社会主义理论，并且由谁来创造和结成。究竟是群众向自己的领导者提供纲领和纲领的根据呢，还是领导者向群众提供？②

但是，斯大林在布尔什维克中的影响也是逐步扩大的。1904年11月在第比利斯举行了一次布尔什维克代表会议，在来自高加索各地组织的15位代表中，就没有斯大林的名字。1905年4月在伦敦召开的俄国社会民主工党第三次代表大会时，斯大林也不是外高加索党组织四人代表团的成员，只是到了同年12月，斯大林才作为高加索联盟的代表出席了在塔墨尔福斯（芬兰）召开的全俄布尔什维克第一次代表会议。

斯大林站到布尔什维克一边，这需要勇气，因为当时在高加索，列宁和布尔

---

① 参见托洛茨基《斯大林评传》（上）第63—73页。
② 参见《斯大林全集》第1卷第47—48页。

什维克没有多少支持者。这也符合斯大林的性格，只要他认定了的，他就会毫不犹豫，决不优柔寡断。这种性格为他带来了成功，也为以后的革命事业带来了某些不良后果。

短暂的甜蜜

斯大林从西伯利亚流放地回来时，已二十四五岁，正是婚爱的年龄。大约在这个时候，斯大林与迪迪－利洛村的叶卡捷琳娜·斯瓦尼泽结了婚。当时她的父亲和哥哥都是社会民主党人，斯大林可能是通过她的父亲或哥哥认识她的。不过，斯大林自己从未提起过他的第一次婚事。

斯大林的第一任妻子叶卡捷琳娜·斯瓦尼泽

婚礼是在一所东正教教堂秘密举行的，斯大林的母亲参与操办了这次婚礼。儿媳与婆婆不仅同名，而且也一样是一个虔诚的教徒。据伊雷马什维里回忆："她一心一意服侍她的丈夫，每天晚上在等待她的忙于开会的索索时不停地祈祷，祈求他丢掉得罪上帝的想法，在家劳动，安分守己，平平静静地过日子。"① 斯大林从不干涉妻子的宗教活动。

斯瓦尼泽曾是一位非常漂亮的姑娘，也是一位地地道道的本分的家庭主妇。对她来说，家庭是她的全部生活。那时，斯大林很忙，东奔西跑，这是革命的需要。但斯大林是爱她的，她也很爱丈夫。每当丈夫回到家，她总是用她那双大大的眼睛含情脉脉地望着他，希望丈夫能在自己身边多待些时光，但斯大林每次回家都风尘仆仆。两人待在一起的时间尽管短了些，但很甜蜜。1907年，他们有了一个男孩，取名为雅科夫，但孩子生下不满1岁，年轻的斯瓦尼泽就病故了。

斯大林很伤心。在妻子的葬礼上，他心情抑郁，把右手按在胸上，指着棺材说道："这个人使我的铁石心肠也变软了。她死了，而我对整个人类的最后一点温暖的感情也随她一起死去了。"②

斯大林（右一）在妻子斯瓦尼泽的葬礼上（1908年）

雅科夫是个苦命的孩子。母亲去世后，他是由他的姨姨和舅妈拉扯大的，早年一直住在第比利斯。在他的舅舅亚历山大·斯瓦尼泽的敦促下，他到了莫斯科

---

① 转引自伊恩·格雷《斯大林——历史人物》第47页。
② 参见托洛茨基《斯大林评传》（上）第120页；路·费希尔《斯大林的生与死》，中国政法大学出版社1989年版，第80页。

去上学。父亲不想让他留在莫斯科，但由于娜捷施达·阿利卢耶娃（斯大林的第二个妻子）的坚持，他还是在莫斯科住了下来。

在家里，他与父亲相处得不太好。两人的性格似乎也不太一样。他是个性格非常平和的人，为人温顺，有些慢吞吞的，十分安静。从外貌上看，除了那双长眼梢、高加索式的杏眼，他一点也不像他的父亲，而更像他的母亲，看来他的性格也是从母亲那里继承来的。不过从他的内心看却是一个刚毅、有坚强信念的人，这一点倒像他的父亲。他并非才华横溢，但很纯朴、谦逊，工作能力又强。可是斯大林却认为儿子太软弱。

雅科夫结过两次婚，这两次婚姻给他留下了两个孩子。斯大林对他的两次婚姻都不满意。总之，在父亲眼里，儿子什么都不对。

雅科夫和女儿加林娜在一起（1939年）

雅科夫很懊丧，也很绝望。在1928年或1929年的一天，他在克里姆林宫寓所的厨房里开枪自杀。幸好他只受了一点伤，子弹穿了过去。斯大林知道以后，只嘲笑地对着他随便说了一句："哈哈，没打准啊！"不过雅科夫还是病了很久。在阿利卢耶夫家人的细心照料下，他的身体慢慢好了。

恢复健康后，雅科夫到了列宁格勒，住在谢尔盖·阿利卢耶夫（斯大林的第二个岳父）的那套房子里。他在1935年返回莫斯科，进了伏龙芝军事学院，从学校刚一毕业就赶上了战争。1941年6月22日，苏联卫国战争爆发后的第二天，

第一章　风雨飘摇

他就上了前线。在作战中，他并不像他父亲所想象的那样软弱。他作战勇敢，履行了一个军人应尽的职责，后来在一次战争中不幸被德军俘虏。

雅科夫被俘

德国将带有雅科夫被俘信息的传单撒向苏军驻地

法西斯报纸的记者和盖世太保逼他说出对他们有用的情报，但均遭到他坚决的拒绝。雅科夫于1943年4月14日死于德国集中营。

离别故土

1905年1月9日早晨，雾气茫茫。彼得堡的街头聚集着大约20万人，熙熙攘攘。他们身着节日的盛装，带着家属，按照格·阿·加邦牧师的计划分别在9个点列队站立，然后跟在三色旗、圣像、沙皇肖像的后面，唱着祷歌，列队向冬宫行进。加邦领着队伍规模最大的纳尔瓦工人，手里捧着有成千上万人签名的向沙皇呈递的请愿书。请愿书上写道：

皇上！我们，圣彼得堡城各等级的工人和居民，偕同我们的妻室儿女，无依无靠的老人——我们的双亲，到你——皇上——这里来乞求公道和保护。我们贫困、备受压迫，我们承受着难以忍受的劳动负担，我们被人辱骂，不把我们当人，对待我们如同对待应当忍受自己的苦命而默不作声的奴隶一样。我们都忍受了，但是我们更被推进赤贫、无权和愚昧的深渊，专制和恣肆压抑着我们……我们的忍耐达到极限了。对我们来说，一个可怕的时刻来到了：死倒比继续忍受难堪的痛苦更好。①

接着，请愿书陈述了人民的经济、政治要求，提出要实行八小时工作制，把土地分给农民，实行大赦，召开根据普遍的、平等的、秘密投票选举产生的立宪会议。

---

① 《第一次俄国革命的开始（1905年1—3月）》，莫斯科1955年版，第28页。译文转引自孙成木、刘祖熙、李建主编《俄国通史简编》（下），人民出版社1986年版，第300页。

当队伍行进到冬宫入口处时，军警突然向手无寸铁的群众开了枪，鲜血染红了积雪的广场，死伤4600多人。这就是有名的"流血星期日"惨案，从此也揭开了俄国1905年革命的序幕。革命运动迅速在全国各地开展起来，迫使沙皇尼古拉二世于3月发布敕令，宣布成立一个咨议性的杜马，给予人民有限的参政权。

当时，列宁在瑞士日内瓦，得知1月9日事件后，就敏锐地指出了革命发展的趋势和前景。他在布尔什维克的《前进报》写了《俄国革命的开始》一文，指出："我国工人阶级英勇开始的推翻俄国沙皇制度的事业，将是世界各国历史上的一个转折点。"① 为了指导已开始的俄国革命，布尔什维克于1905年4月12—27日在伦敦召开了俄国社会民主工党第三次代表大会，但孟什维克拒绝派代表参加大会，谴责这次大会是非法的，并自行在日内瓦单独召开了代表会议。在这次大会上，布尔什维克通过决议，认为"组织无产阶级举行武装起义来直接同专制制度斗争，是党在目前革命时期最主要最迫切的任务之一"。②

尽管斯大林这时的活动还只仅限于高加索地区，但他也预感到了革命风暴的来临并积极地投入了这次革命，这时候他的参与主要不是以实际行动而是以理论著述表现出来的。

早在1905年1月8日，即"流血星期日"的前一天，社会民主党高加索联盟就发表了题为《高加索的工人们，是复仇的时候了！》的宣言。这个宣言的作者就是斯大林。他在宣言中肯定地说，"沙皇专制制度就要失去它的主要靠山，它的'可靠的军队'"，"这个政府，现在已处于风雨飘摇之中，就要失去它的立足地了"，因此，"现在是推翻沙皇政府的时候了！……俄国像一支装上子弹、扣起扳机的枪，大有一触即发之势"，"让我们携起手来团结在各地党委员会的周围吧！我们连一分钟也不应当忘记：只有党委员会才能胜任地领导我们，只有党委员会才能指引我们走进那叫作社会主义世界的'乐园'！只有俄国社会民主工党才能使我们睁开眼睛认清敌人，才能把我们组成一支勇猛的大军，并率领我们去

---

① 《列宁全集》第2版第9卷第188页。
② 《苏联共产党代表大会、代表会议和中央全会决议汇编》第1分册，人民出版社1964年版，第88页。

和敌人作斗争"。①

　　高加索尽管远在俄国南部，但却是这次革命一个很重要的中心。早在1904年12月底，巴库石油工人就举行了大罢工，迫使雇主与工人签订了一项集体协议，这在俄国历史上还是第一次。当罢工发生的时候，斯大林正好在高加索地区作巡回演说，反对孟什维克、无政府主义者、联邦主义者、亚美尼亚的半民族主义和半社会主义者。罢工发生后，他中断了演说旅行，来到巴库，领导了罢工。当1905年革命开始后，高加索地区的工人、农民备受鼓舞，革命运动高潮迭起。为了应付革命的威胁，沙皇政府的内务部就放出"黑帮"来对付革命者。在巴库、第比利斯，石油工人罢工后不久，"黑帮"就开始活动，在那里煽动民族仇恨。2月13、15日，斯大林为第比利斯委员会分别起草了《各民族友爱万岁！》和《告公民书：红旗万岁！》两份传单，揭露沙皇政府"用兄弟自相残杀的战争来离间俄国各民族"的反动政策，号召推翻沙皇政府。②

　　5月，斯大林写的《略论党内意见分歧》的小册子，用俄文、格鲁吉亚文、亚美尼亚文出版。在这本小册子中，他坚决维护列宁的基本论断，即工人阶级只有通过党的教育和领导才能取得革命觉悟。阐述了工人运动必须和社会主义相结合的原理，指出俄国社会民主工党的任务是"把社会主义意识灌输到这个运动中去，并把工人阶级的先进力量团结成一个集中的党"。同时还尖锐地批判了俄国经济派的错误，并对饶尔丹尼亚的观点进行了反驳。饶尔丹尼亚不得不在其主持的《社会民主党人报》上著文答辩。8月15日，斯大林在其参与主办的《无产阶级斗争报》上刊登了《临时革命政府和社会民主党》《答〈社会民主党人报〉》两篇反驳文章。当时就已大名鼎鼎的饶尔丹尼亚都与之公开论战，表明斯大林已不再是可以等闲视之的无名小辈。

　　7月，斯大林在《无产阶级斗争报》上发表了《武装起义和我们的策略》一文，强调了举行武装起义的必要性。他在文章中写道："我们对专制制度的斗争，现已进入大家都承认的必须武装起来的时期。然而仅仅意识到武装的必要性是不

---

① 《斯大林全集》第1卷第66—69页。
② 参见《斯大林全集》第1卷第71—78页。

够的，还必须直接地清楚地向党提出实践的任务。因此我们的委员会应当立刻着手就地武装人民，成立专门办理这件事情的小组，成立各区收集武器的小组，设立制造各种炸药的小工厂，制定夺取国家的和私人的军械库和兵工厂的计划。"①

斯大林的文章不仅在高加索而且在国外也受到重视。1905年7月，列宁的妻子克鲁普斯卡娅以列宁的名义写信索取一本《略论党内意见分歧》的小册子，并要求定期寄送俄文版的《无产阶级斗争报》。列宁对斯大林的小册子和报纸上登载的文章以及直截了当地阐述布尔什维克政策的做法很高兴，对斯大林驳斥饶尔丹尼亚观点的《答〈社会民主党人报〉》一文尤为欣赏，称在这篇文章里，"我们看到对于'从外面灌输意识'这一著名问题的绝妙提法"。②

1905年10月17日，迫于革命运动特别是全俄十月总罢工的压力，沙皇不得不签署宣言，答应"赐给"人民人身不可侵犯、信仰、言论、集会、结社自由，国家杜马改为立法机关，没有国家杜马同意，任何法律无效。12月11日，沙皇政府颁布了召开第一届国家杜马的法令。

10月17日宣言发布后，各党派从秘密转为公开，并新成立了"十月十七日同盟"（也称"十月党"，由自由派地主和大资产阶级代表组成）和立宪民主党（由自由派地主、中等资产阶级和资产阶级知识分子代表组成）。在一段时间内，出版自由了，社会主义者的报纸也开始公开印刷和出售。在彼得堡有马·李维诺夫和列·克拉辛编辑的《新生活报》、托洛茨基主编的《开端报》，在第比利斯有斯大林和邵武勉联合编辑的《高加索工人小报》。在编辑报纸的同时，斯大林也写了不少文章和传单，主张积极抵制杜马选举，说这种选举只会转移人民对直接进行革命行动的视线，号召立即举行武装起义，"推翻专制制度并在其废墟上建立起自由民主共和国"。③

1905年11月底，斯大林参与筹备和领导俄国社会民主工党高加索联盟第四次代表大会的工作。在会上，他被选为出席党的全国代表会议的代表。同年12月

---

① 《斯大林全集》第1卷第121页。
② 《列宁全集》第2版第11卷第389页。
③ 参见《斯大林全集》第1卷第155—177页。

斯大林传

12—17日，斯大林化名"伊万诺维奇"参加了俄国社会民主工党在芬兰塔墨尔福斯举行的党代表会议。

这是全俄布尔什维克第一次代表会议，会议讨论了党的统一、土地、国家杜马和武装起义等问题，通过了列宁提出的关于土地问题、恢复党的统一、抵制第一届国家杜马的决议，并认为"应当在各地准备武装起义，组织起义"[1]。这次会议是在莫斯科12月武装起义正进行得紧张激烈的形势下举行的，所以代表们在讨论时很激动，会议气氛非常热烈，但会议记录没有保留下来。对这次会议，列宁的夫人克鲁普斯卡娅满怀深情地回忆说："真可惜啊，这次会议竟没有记录下来！这次会议开得多么热烈啊！那正是革命热火朝天的时候，每个同志都充满了无比的热情，大家都准备着参加战斗。在休息的时候，就学习射击。"[2]

斯大林去塔墨尔福斯参加党代表会议，这是他第一次从狭小的外高加索出国，也是他第一次在全国性的党代表会议上亮相。他以前只读过列宁的著作，从没亲眼见过列宁本人。说实在的，他早就想见见这个伟大的人物。这次他真的如愿以偿了，他亲眼看见了列宁，但现实中的列宁似乎与他想象的不一样：

> 我本来希望看见我们党的山鹰，看见一个伟大的人物，这个人物不仅在政治上是伟大的，而且可以说在体格上也是伟大的，因为当时列宁在我的想象中是一个魁梧奇伟的巨人。当我看见他原来是一个和凡人毫无区别，简直是毫无区别的、最平常的、身材比较矮小的人的时候，我是多么失望呵……
>
> 通常，"伟大人物"照例是开会迟到，使会场上的人望眼欲穿地等他出现的，而且在"伟大人物"就要出现之前，会场上的人彼此警告说："嘘……静一点……他来了。"我当时觉得这一套并不是多余的，因为它能令人肃然起敬。当我知道列宁比代表们到得更早，躲在一个角落里朴实地同那些参加代表会议的最平常的代表们进行最平常的谈话的时候，我是多么失望呵。老

---

[1] 参见《苏联共产党代表大会、代表会议和中央全会决议汇编》第1分册第113—121页。
[2] 《回忆列宁》第1卷，人民出版社1982年版，第374页。

实说，我当时觉得这未免有点违背某些必要的常规。①

斯大林的这番话，一方面反映了列宁那谦虚朴实、平易近人的作风，另一方面也说明了斯大林身上的"土味儿"。但斯大林当时毕竟已是外高加索布尔什维克的领导人之一，在党内也逐渐受人注意，所以，他第一次参加这样的全国性会议，就被选入起草"抵制杜马选举"决议的委员会，并被选入负责审编代表会议决议的政治委员会。

在塔墨尔福斯会议期间，莫斯科武装起义正在全面展开，所以，会议于12月17日匆匆结束，代表们也都分散到各地参加武装起义。当斯大林返回第比利斯后，莫斯科起义已被镇压下去了，革命的浪潮已经退去。他写了《两次搏斗（论一月九日事件）》一文，对从彼得堡的游行到莫斯科起义失败进行了分析。他认为起义失败的原因是：当需要不断地进攻时，却采取了防御态势；缺乏领导和有组织的行动，而这是社会民主工党内部的分裂造成的。俄国社会民主工党的迫切任务应是"建立一个统一的不可分的政党"，"组织武装起义"和"坚决执行进攻政策"。②

如果说斯大林在塔墨尔福斯代表会议上还只是位听众的话，那么在1906年4月10—25日俄国社会民主工党第四次（统一）代表大会上则似乎变了一个人。他是作为第比利斯唯一的布尔什维克代表（第比利斯出席大会的代表共11名，其中10名是孟什维克）出席大会的。

斯大林到斯德哥尔摩参加大会时仍化名为"伊万诺维奇"。他相当积极地参加了代表大会的工作，并被选入因需要审查大会代表选举资格而成立的一个技术性委员会。当时斯大林还不到27岁，面对党内最知名的成员，他一点也不感到紧张。他在会上就策略问题作过几次发言，支持列宁的观点。不仅如此，他还准备在一些问题上坦率地表明自己的想法。

这主要表现在土地问题上。当时列宁主张在一切权力交给人民的条件下实行

---

① 《斯大林全集》第6卷第49页。

② 参见《斯大林全集》第1卷第179—186页。

斯大林传

土地国有化，而孟什维克则主张土地归市政局（地方自治机关）所有。斯大林在4月13日第七次会议上发表了题为《论修改土地纲领》的演说，明确反对这两种主张。他说："既然我们和战斗的农民结成暂时的革命联盟，既然我们因此不能不考虑这些农民的要求，那么我们就应当支持这些要求，只要这些要求大体上不和经济发展趋向及革命进程相抵触就行了。农民要求分配土地，分配土地并不和上述现象相抵触，这就是说，我们应当支持完全没收和分配全部土地的办法。从这个观点看来，土地国有和土地市有都是不能采纳的。"①

斯大林当时持这个观点，并不是为了标新立异，更不是刻意反对列宁。诚如他自己后来所说，他是"做实际工作"的，"理论修养不够"，认识不到土地国有在由资产阶级革命转变到社会主义革命中的重要性。他承认自己错了，犯了做实际工作的人不关心理论问题的通病。这也难怪，斯大林出身于农民家庭，又一直在地方从事革命活动，他所看到、听到和感受到的是农民那渴求土地的声音。还在参加大会之前，他就写过《土地问题》《论土地问题》等文章，明确主张把土地分给农民，因为"农民想把土地收归己有，农民想分配自己夺得的土地，他们做梦也梦见这些土地是自己的财产"②。

在大会上还讨论了关于党是否参加杜马选举的问题。列宁和布尔什维克提交的关于国家杜马的决议草案中明确反对参加杜马选举，但列宁最后还是投票支持大会通过的决议，同意"在所有将要举行选举而俄国社会民主工党又能提出自己的候选人的地方，俄国社会民主工党应该不同其他政党结成联盟，力求把自己的候选人选入杜马去"③。对此，斯大林表示反对，没有投票。7—8月，斯大林在《目前形势和工人党统一代表大会》的小册子中，仍然坚持"革命的主要场所是街头而不是杜马"④。

1907年4月30日至5月19日，斯大林仍然化名"伊万诺维奇"，代表第比

---

① 参见《斯大林全集》第1卷第7—9页。
② 《斯大林全集》第1卷第201页。
③ 《苏联共产党代表大会、代表会议和中央全会决议汇编》第1分册第155页。
④ 《斯大林全集》第1卷第233页。

利斯党组织，出席了在伦敦召开的俄国社会民主工党第五次代表大会。在正式出席大会前，斯大林遇到了一点麻烦：孟什维克怀疑他的代表资格有问题，怀疑他能否得到高加索党组织的支持。当时在他的家乡，孟什维克占优势，作为一名布尔什维克，要想得到支持确实不容易。诚如高加索著名的布尔什维克、本次代表大会作为有发言权的代表邵武勉所说的："高加索孟什维克充分利用他们在高加索的压倒多数和正式的统治地位，尽一切努力阻止布尔什维克当选。"[①] 但最后还是允许他参加大会，但只有发言权。

但是，斯大林这次出席大会时只是默默地坐着，一言不发。他在这次大会首次遇见了他未来的政治大对手列夫·托洛茨基。托洛茨基是从西伯利亚流放地逃出后，匆忙赶到伦敦参加大会的。托洛茨基后来说，斯大林当时是个默默无闻的人，不仅在普通党员中，甚至在出席大会的300名代表中，他也"名不见经传"。他声称，他本人是在很久以后读鲍里斯·苏瓦林的《斯大林传》时才知道斯大林参加了这次代表大会的。[②] 但斯大林在这次大会上显然注意到了托洛茨基，并对他那口若悬河、滔滔不绝的讲话很反感。斯大林从伦敦回到巴库以后，在《巴库无产者报》上发表的关于这次代表大会的长篇札记中公开提到过他，称"托洛茨基成了'漂亮的废物'"。

在1905—1906年间，俄国社会民主工党的战斗队进行了许多次游击发动，以及剥夺、没收政府和私人钱财的活动。在外高加索地区，这种活动搞得很频繁。据不完全统计，1905—1908年，有案可查的抢劫、没收活动就达1000多起。斯大林与外高加索地区的抢劫、没收活动有何关系？他本人是否亲自参与过这种活动？这个问题至今仍令许多人感兴趣，也是斯大林生平历史中的一个谜。后来在涉及这一段历史时，斯大林本人一向采取规避的态度。例如，1931年12月13日，德国作家艾米尔·路德维希机敏地问过斯大林："在你的生平历史中有一些所谓'强盗性的'事迹。你对斯杰潘·拉辛这个人物是否感到兴趣？你对他，对这个'有意思的强盗'抱什么态度？"斯大林详细谈了俄国农民运动的历史因素，

---

① 参见托洛茨基《斯大林评传》（上）第124页。

② 同上，第125页。

也同样巧妙地避开了他在没收活动中的作用问题。① 他笑着交给路德维希一本小册子，说这个小册子可以使路德维希了解全部内容，结果小册子中根本没有这方面的东西。

众所周知，斯大林在1905—1907年间是主张开展游击发动和剥夺的。他在这一时期写了一系列文章，宣传的中心思想就是武装发动、抵制杜马选举，斥责孟什维克的温和主义策略。斯大林认为，在武装起义和沙皇制度中间，没有什么中间道路可走，"谁若脚踏两只船，谁就是出卖革命。谁不和我们一道，谁就是反对我们！"因此，他认为，必须毫不妥协地开展街头发动、武装剥夺专制政府的斗争。②

当时，为了筹集经费，列宁和大部分布尔什维克在一段时间内也是主张有条件地进行游击发动、没收政府和私人的钱财的。1906年4月，布尔什维克在向俄国社会民主工党"四大"提交的决议草案中说："党应当承认，目前党的或靠近党的战斗队的游击性战斗发动在原则上是容许的并且是适宜的……为了夺取敌人（即专制政府）的资金作为起义之用而进行战斗发动也是可以允许的，然而必须特别注意，尽可能少侵犯群众的利益。"③ 1906年9月，列宁在《游击战争》一文中也写道："武装斗争有两种**不同的**、必须加以**严格**区分的目的：第一，这种斗争的目的，是要刺杀个别人物，军警长官和他们的下属；第二，是要没收政府的和私人的钱财。没收来的钱财一部分交给党，一部分专门购置武器和准备起义，还有一部分用来维持进行上述斗争的人的生活。剥夺来的大笔款项（高加索20多万卢布，莫斯科87.5万卢布），首先交给革命政党；剥夺来的小笔款项，首先，有时甚至完全用来维持'剥夺者'的生活。"④

但是，到了1907年4—5月的伦敦代表大会（"五大"）时，布尔什维克的提案内容发生了明显的变化，提案中说："在现时缺少群众性的爆发革命的条件下，

---

① 参见《斯大林全集》第13卷第99—100页。
② 参见《斯大林全集》第1卷第232—252页，以及其他文章。
③ 《苏联共产党代表大会、代表会议和中央全会决议汇编》第1分册第130页。
④ 《列宁全集》第2版第14卷第4页。

进行游击发动是不合适的,因此代表大会建议在思想上同这种发动展开斗争;即使在群众性革命斗争的条件下可以容许游击发动,这种发动也只有在地方党委会倡议、区域中心机关准许并加以严格监督的情况下才能进行。"代表大会经过讨论,通过的决议规定:"党组织应当进行坚持不懈的斗争反对游击发动和剥夺行为,并向工人群众详细说明这些手段在为工人阶级的政治利益和经济利益而进行的斗争中是毫不中用的,对革命事业是十分有害的;禁止党员参加任何游击发动和剥夺或协助这些行动。"①斯大林参加了这次代表大会,面对列宁和布尔什维克在游击发动问题上的策略转变,他不知说什么好,也许最好的办法就是一言不发。俄国社会民主工党第五次代表大会后,高加索地区的抢劫没收活动并没有停止,著名的"埃里温事件"就是其中之一。

1907年6月12日,出席伦敦代表大会的代表还没有完全回到国内,在第比利斯的埃里温广场发生了一起骇人听闻的银行抢劫案。一名银行出纳员在两名警察和五名哥萨克骑兵的护卫下把成千上万的卢布运往国家银行时,突然遭到武装袭击。这次袭击计算得很准确,抢劫者轮流投掷了好几枚炸弹,三名护卫当场炸死,约有50人受伤。一袋钞票(装有34.1万卢布)随武装抢劫者一起消失得无影无踪。这件事立即在俄国乃至欧洲引发了轩然大波。不久查明,这次袭击行动是当地的布尔什维克干的,并很快将这笔钱转移到了国外。由于这笔钱数额大,所以不容易在事先已得知其来源的外国银行中兑换。有几个布尔什维克,其中包括后来担任苏联外交人民委员的马克西姆·李维诺夫,就是在企图兑换这笔钱时被捕的。

这次活动是一个名叫卡莫的人干的,这种事他干了很多回。卡莫是谁?《苏联大百科全书》设有一专条介绍卡莫:真名捷尔-彼得罗相,1882年5月生于哥里,1901年加入俄国社会民主工党,这是一些秘密印刷所的组织者,1905年在第比利斯领导工人战斗队小组,1906年3月首次在彼得堡会见列宁。为了保证党的经费,1905—1907年组织了一系列剥夺沙皇国库钞票的活动。曾多次被捕和流

---

① 《苏联共产党代表大会、代表会议和中央全会决议汇编》第1分册第204、213页。

放，十月革命后在外高加索工作。1920年被孟什维克逮捕，获释后在巴库参与无产阶级武装起义的准备工作。1921—1922年曾在对外贸易人民委员部和财政人民委员部工作，1922年7月在第比利斯死于意外的车祸。①

卡莫——这个名字在当时一些布尔什维克中并不生疏，他和列宁一家有不少交往。关于他，克鲁普斯卡娅在自己的回忆录中有过这样的描述：

> 有一天卡莫到我们这里来，他穿着高加索的民族服装，用餐巾包着个圆形的东西。食堂里的人都放下饭不吃，打量起这个怪客来了："带炸弹来了"，大概大多数人都产生了这样的想法。但那不是炸弹，而是一个西瓜。卡莫给我和伊里奇带来了礼物——西瓜和一种糖渍胡桃。"婶母要我带来的。"他有些羞怯地解释说。这个勇敢无畏、意志刚强的战斗队员，那时是个非常纯真的人，是个有些天真而且温柔的同志。他非常喜爱伊里奇、克拉辛和波格丹诺夫。在库沃卡拉的时候，他常到我们那里去。他和我的母亲处得很好，他给她讲自己的婶母和姐妹的事。卡莫经常从芬兰到彼得堡去，总是随身带着武器，妈妈每次总是特别关心地把手枪牢牢地系在他的背上。②

斯大林当时是外高加索布尔什维克的主要领导人，他对卡莫在外高加索的抢劫没收活动不会不知道，他与卡莫也不会没有直接的密切关系。现在还不清楚，斯大林为什么后来总是回避这段历史。

1907年6月3日，沙皇政府以杜马中社会主义政党的代表搞"叛国政变"、阴谋反对沙皇为由，宣布解散第二届国家杜马，并公布了新的选举法，史称"六三政变"。"六三政变"标志着俄国1905年革命的最后失败，从此开始了斯托雷平反动时期。在这一时期，斯托雷平奉行"先安内后改革"的方针，一时特务、宪警、战地法庭、监狱和绞架布满全国，革命者到处遭到迫害。

在俄国社会民主工党内，革命的失败也导致了党的队伍的分化。党内出现了

---

① 参见《苏联大百科全书》第11卷，莫斯科1973年版，第282页。
② 参见《回忆列宁》第1册第386页。

以唐恩、马尔托夫等为首的孟什维克取消派，他们主张取消秘密的马克思主义政党，停止秘密的革命活动，建立合法的改良主义政党；以波格丹诺夫为首的召回派，他们否认革命低潮，反对改变斗争策略，主张召回国家杜马中的工人代表，停止进行一切合法斗争；以托洛茨基为首的中派，他们宣传布尔什维克和孟什维克不是不同的政治派别，主张革命者和机会主义者在党内共存。此外，还有主张把科学社会主义和宗教结合起来的"造神说"，以及主张社会民主党杜马党团代表如不绝对执行党中央决议就把他们从杜马中召回的最后通牒派等。列宁不断同这些非马克思主义的派别进行斗争，澄清党内的混乱思想，实行策略转变，使干部转入地下，把秘密斗争同合法斗争结合起来。

正当俄国全国的革命运动处于低潮之时，巴库仍不时冒出革命的火花。1907年9月，巴库举行了第三届国家杜马的初选。斯大林写了《给第三届国家杜马社会民主党代表的委托书》，斯大林改变了过去坚持的抵制杜马选举的看法，主张社会民主党利用杜马进行合法斗争。

1908年3月25日，斯大林与奥尔忠尼启则同时被捕，囚禁于巴库的拜洛夫监狱。拜洛夫监狱原来只能容纳400人，可这时却关押了大约1500人。囚犯们睡在拥挤不堪的牢房里、走廊上或楼梯上。除个别罪行严重的犯人的房门锁着，其他的门都敞开着，刑事犯和政治犯可以在院内、房子之间自由地走动。死囚和其他犯人吃住都在一起，而处决的地点就在院子里，所以牢房里总能听到被处死者的哭喊和呻吟。当人们看着可能是刚刚待在一起的人被带到院子里绞死的时候，他们的神经就非常紧张。但斯大林却镇静自若，据当时与他关在同一个监狱的社会革命党人维列沙克回忆说："柯巴睡得很熟，要不就是安安静静地念世界语（他深信世界语是未来的国际语言）。"[①] 他有过坐牢的经历，更有过革命斗争的磨炼，对监狱里的这些，他早就习惯了。

在狱中，斯大林利用闲散时间读书，不断为《汽笛报》和《巴库无产者报》撰写评论。1908年11月9日，斯大林被判处流放沃洛格达省索利维切戈茨克两

---

① 转引自托洛茨基《斯大林评传》（上）第159页。

1908年斯大林被捕后宪兵管理局为他登记的材料

年。途中因患斑疹伤寒，直到1909年2月底才到达流放地。

斯大林在流放地待了4个月。6月24日，他逃了出来，先到彼得堡，谢尔盖·阿利卢耶夫为他安排了住处。他在城里待了几天，通过阿利卢耶夫同秘密的党总部取得了联系，并在那里弄到了一张假身份证，化名"扎哈尔·格利哥里·迈里基扬茨"。他在彼得堡时还得到了一个非正式的任命，担任国外出版的党中央刊物的高加索通讯员。

7月上半月，斯大林以这个假身份证来到了巴库。他在巴拉赫拉纳油田找了一个房子住了下来。到巴库后，他发现这里的党员普遍存在着消极情绪，而且人数也大大减少了，只有二三百名布尔什维克和大约100名孟什维克。他到巴库后的头一件事就是着手《巴库无产者报》的复刊工作。这一报纸是1907年6月20日由斯大林主编出版的，在他被捕流放后，这一报纸就停刊了。斯大林把报纸复刊当成头等要事。报纸很快于8月1日出刊了。在复刊后的头两号（8月1日和8月27日）上，他发表了题为《党内危机和我们的任务》的社论。文章认为，党目前正经历着危机，"党不仅苦于和群众脱节，而且苦于党的各个组织彼此毫无联系，不是过着统一的党的生活，而是彼此隔离。彼得堡不知道高加索在做什么，高加索不知道乌拉尔在做什么……严格地说，过着共同生活的统一的党，也就是我们大家在1905年、1906年、1907年引以自豪的那个党，事实上已经不存在了"。文章在提出克服党和群众彼此脱节的办法时，指责了包括列宁在内的流亡国外的党的领导人。他说："现在国外出版的机关报，一方面是《无产者报》和《呼声报》，另一方面是《社会民主党人报》，都没有并且也不能把分散在俄国各地的组织联系起来，不能使它们过着统一的党的生活。如果以为远离俄国现实的国外机关报能把早已经过小组活动阶段的党的工作连成一气，那就太奇怪了。"在这里，他把列宁主编的《无产者报》和孟什维克取消派办的《呼声报》相提并论。更重要的是，列宁当时是在国外领导着布尔什维克进行革命活动的领导人，这一点斯大林当然是清楚的，但他在文章中却挑战性地提出，要从俄国工人中培养"真正的著作家和运动的领袖"，并说"不要忘记，倍倍尔这样的人不是从天上掉下来的……目前我们的运动比任何时候都更需要俄国的倍倍尔，需要工人出身的有经验的坚定的领袖"。对于如何找到克服党内危机和使党组织涣散的办法，斯大林提出了一个"治本的办法"，即"办一个全国性的报纸，使这个报纸成为联系党的各种工作的中心并在俄国国内出版"。①

在8月27日的《巴库无产者报》上，斯大林还以巴库委员会的名义发表了他亲自撰写的关于《无产者报》扩大编辑部内意见分歧的决议。在这一决议中，斯大林既赞成列宁在1909年6月《无产者报》扩大编辑部会议上对召回派、取消派、最后通牒派等派别的思想斗争，又反对列宁为首的多数派采取任何实际措施把编辑部内的少数人（实际上指波格丹诺夫，代表召回派）从布尔什维克中清除出去的做法。在这里，斯大林采取的是调和的立场。

早在1908年6月，斯大林在写给旅居瑞士日内瓦的友人米·茨哈卡雅的信中，就把列宁反对党内召回派、取消派、造神说、最后通牒派等派别的斗争说成是"杯水风波"，号召相互斗争的各派别联合起来，"缓和布尔什维主义中某些

---

① 参见《斯大林全集》第2卷第141—148页。

尖锐的论点",吸收经验批判主义和马赫主义中的"好的方面"。1911年1月24日,斯大林又从流放地索利维切戈茨克给弗拉基米·博勃罗夫斯基写信说:"关于国外的'杯水风波',我们当然已经听说了:以列宁—普列汉诺夫联盟为一方,以托洛茨基—马尔托夫—波格丹诺夫联盟为另一方。工人对前一联盟的态度,据我所知,是友好的。但总的说来,工人开始对国外表示轻视,他们说:'只要他们愿意,就让他们去发疯吧;在我们看来,谁珍视运动的利益,谁就工作吧,其余的也就随着解决了。'我认为,这样最好。"①

这封信当时受到警察的暗中检查。在奥尔忠尼启则任党的外高加索边疆区委书记期间,这封信于1925年12月间发表在第比利斯的《东方曙光报》上。

斯大林在信中的这些话如实地传到了列宁的耳朵里,这使列宁也想不通。有一次看戏出来,列宁叫住奥尔忠尼启则,他们两人在巴黎的大街上边散步边谈。突然,列宁问奥尔忠尼启则:"谢尔戈,您知道'国外的杯水风波'这个词吗?"奥尔忠尼启则知道斯大林的那封信,试图为自己的朋友辩护:"弗拉基米尔·伊里奇,这真不应该!但柯巴是我们的同志!我与他关系很密切。"

列宁皱着眉头,说:"您说'柯巴是我们的同志',也就是说,他是布尔什维克,不会做得太过分。但他的摇摆不定,您怎么就没看见呢?'杯水风波'这种不伦不类的玩笑说明柯巴作为一个马克思主义者还不成熟。"②

但是,斯大林是个现实主义者,他长期在俄国从事实际工作,与那些侨居国外的理论家存在认识上的差距是可以理解的。更何况,在斯托雷平反动时期,当时党内许多比斯大林有名的人也有过迷惘,走过弯路。总的说来,斯大林是支持列宁的。1909年11—12月间,他为《社会民主党人报》写了一系列《高加索来信》,扼要介绍了高加索采油区、工会和地方政府及当地的民族关系、地下工作、社会主义者的合法活动等情况,尖锐地批评了孟什维克取消派。他在这些信中表明的基本态度与列宁完全一致。

1910年1月22日,巴库委员会通过了由斯大林起草的决议,要求党中央委

---

① 参见伊·莫·杜宾斯基-穆哈泽《奥尔忠尼启则传》,莫斯科1963年版,第92—93页。

② 同上,第91—94页。

员会立即召开代表会议,以便"把(领导的)实践中心转移到俄国来","创办在俄国国内出版的、由上述实践中心编辑的并和各地有联系的全国指导性的报纸",在最重要的工人运动中心创办地方机关刊物。

正当斯大林忘我地工作,准备在巴库石油工人中发动一次总罢工的时候,1910年3月23日,他再次被捕,被囚禁于拜洛夫监狱。8月27日,高加索总督发布判决令,命令他回到索利维切戈茨克继续完成其流放期,在5年内禁止在高加索和俄国其他大城市居住。9月23日,斯大林又北上,踏上了他熟悉的旅途,10月29日到达流放地。这一次他没有打算要逃跑,本来要逃跑也很容易,他自己在12月31日给党中央的一封信中就说:"我还有6个月期满。期满之后,我就可以完全听候使唤。如果实在迫切需要工作者,我立刻可以溜之大吉。"①

1910年斯大林被捕时宪兵登记的档案

他为什么不想逃跑?这也很难说清楚。用他自己的话说,是想服满刑期后,活动起来要自由些,"一个合法的人机会更多一些",尽管"伊里奇等人要我不等期满就到两个中心之一去,但是我希望完成我的期限……但是如果非常需要人(我正等待他们的答复,那么当然我将溜之大吉……我们在这里无事可做,真闷得慌,我简直要闷死了)"。②但斯大林最终还是服满了刑期,一直到1911年6月27日。

---

① 《斯大林全集》第2卷第201页。

② 斯大林在流放地给莫斯科一个布尔什维克的信。转引自托洛茨基《斯大林评传》(上),第176页。

斯大林在1911—1912年期间居住的沃洛格达

由于禁止他居住在高加索和俄国任何大城市，斯大林就选择了比较靠近莫斯科和彼得堡的沃洛格达作为栖身之处。从此他离开了生活、战斗过的故土，虽然是被迫离开的，但客观上也为他带来了机遇。

崭露头角

斯大林并不想在沃洛格达长期待下去，他的梦想是在莫斯科或彼得堡找到自己的位置。1911年7月，他曾给列宁领导的《工人报》编辑部写信，说明了自己的这个意愿。9月6日，他化名"契日柯夫"，从沃洛格达秘密前往彼得堡，第二天就到了目的地，再一次到了老熟人阿利卢耶夫家。

就在几天之前，9月1日，斯托雷平被暗杀。他是在参加有沙皇出席的基辅歌剧院一次庆典时，被社会革命党人、保安局密探博格罗夫从近处用枪打死的。斯托雷平一死，全国的政治气氛非常紧张。保安局里一片恐慌，逮捕了所有的可疑分子。阿利卢耶夫家的房子也已被保安局的特务监视。阿利卢耶夫告诉斯大林，说楼下有"盯梢的人"，斯大林不信，还很不客气地对阿利卢耶夫说："你怎么搞的？有些同志变成了吓破胆的市侩和乡下佬。"事实证明，阿利卢耶夫没有说假话。9月9日，斯大林又一次被捕，被监禁在彼得堡拘留所。他在拘留所待了3个多月，于12月14日被放逐回沃洛格达，为期3年。

1911年斯大林被捕时登记的档案

谢·阿利卢耶夫夫妇

在他返回沃洛格达的途中，1912年1月5日，俄国社会民主工党的20多个党组织在布拉格召开了第六次全国代表会议。会议宣布把孟什维克取消派清除出党，并选出了列宁、菲·伊·戈洛晓金、格·叶·季诺维也夫、格·康·奥尔忠尼启则、苏·斯·斯潘达良、Д.М.施瓦尔茨曼、罗·瓦·马林诺夫斯基（后来发现是奸细）组成的中央委员会。斯大林是在代表会议结束时召开的中央委员会全会上被增补为中央委员的。① 会议还决定建立中央委员会俄国局，斯大林当选为俄国局成员。可见，后来苏联一些官方出版物如《联共（布）党史简明教程》中说会议选出了以列宁、斯大林……组成的中央委员会，这个说法是不准确的。②

会议召开时，斯大林正在流放地。2月，奥尔忠尼启则受列宁委托，来到沃洛格达看望斯大林，并向他通报了会议的情况和他补选入中央委员会的消息。

2月29日，斯大林从流放地逃了出来，在彼得堡稍事停留后，就于3月匆匆南下巴库和第比利斯。他在那里组建了外高加索布尔什维克组织，并以中央委员的身份进行了一系列活动。这时，他显然没有照搬布拉格会议的精神。布拉格会议明确规定要清除孟什维克取消派，不允许在杜马选举中同他们达成任何协议，而斯大林在3月30日给《社会民主党人报》写的关于3月29—30日巴库会议的通讯中说，在他领导下举行的巴库布尔什维克小组会议虽然没有"吸收……孟什维克参加"，但会议"建议孟什维克同布尔什维克组成一个共同的领导集体"，组成一个"共同的选举委员会"。实际上，这也不能说斯大林就做错了，当时革命力量很微弱，联合一切可以联合的力量是明智之举。更何况，布尔什维克和孟什维克的分歧更多的是革命策略不一，基本目标是相同的。

这次他在巴库和第比利斯待的时间不长，4月初就秘密回到了彼得堡，组织主编布尔什维克的工人报纸《明星报》，并在该报上发表了一系列文章，同时开始筹备布尔什维克的报纸《真理报》的出版工作。4月中旬，他与第三届国家杜马社会民主党团成员波列塔耶夫、波克罗夫斯基以及布尔什维克著作家奥里明斯基和巴图林商谈了《真理报》的出版和方针问题，并与他们一起编排创刊号。

4月22日，《真理报》创刊号出版。斯大林为该报撰写了《我们的目的》（社论），阐述了办报的方针。他说："《真理报》首先而且主要地将号召把无产阶级的阶级斗争统一起来，无论如何要统一起来。既然我们对敌人应该势不两立，我

---

① 参见《列宁全集》第2版第21卷第530—531页。
② 参见《联共（布）党史简明教程》，人民出版社1975年版，第158页。

们之间就得互相忍让。对工人运动的敌人要斗争，在运动内部却要和平，要同心协力地工作——这就是《真理报》在自己的日常工作中所将遵循的方针。"① 在一段时期内，《真理报》都遵循这一方针，避免与孟什维克取消派争论，甚至把列宁寄给该报的文章中有关同取消派的争论也删去了。"当《真理报》起初硬要从列宁的文章中删掉同取消派的争论部分的时候，列宁非常激动。他给《真理报》写去了一些气愤的信"，但也"于事无补"。②

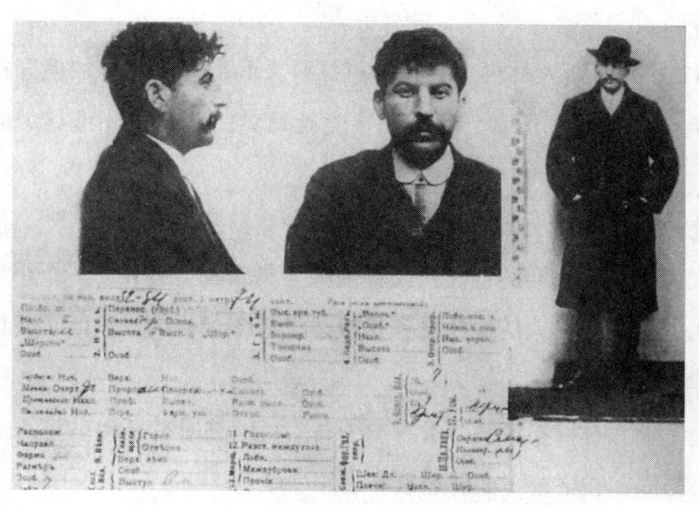

1912年斯大林被捕后登记的材料

就在《真理报》创刊号出版的那一天，斯大林被捕了，并被判处流放东西伯利亚纳雷姆，为期三年。但9月1日他从纳雷姆流放地逃了出来，重新回到了彼得堡。他立即重新开始主持《真理报》的工作，并领导第四届国家杜马社会民主党团的竞选运动。10月初，他为党的竞选写了竞选宣言，标题为《彼得堡工人给自己的工人代表的委托书》，要求党的候选人利用杜马讲坛宣传工人的要求，促进革命，而不要"在士绅的杜马中无谓地玩弄立法的把戏"③。列宁本人也非常赞赏这个委托书，于11月11日把这个委托书寄给了《真理报》编辑部，并建议务

---

① 《斯大林全集》第2卷第243页。

② 娜·康·克鲁普斯卡娅《列宁回忆录》，见《回忆列宁》第1卷第464、482页。

③ 参见《斯大林全集》第2卷第246页。

必把这个委托书用大号字登在显著的位置。

第四届国家杜马选举的结果公布后，总共有13名社会民主党代表当选，6名布尔什维克，7名孟什维克。紧接着选举之后的11月上半月，斯大林应列宁之邀，秘密到奥属波兰的克拉科夫去了几天，参加了在那里举行的俄国社会民主工党中央委员会会议，讨论关于即将举行的有党的工作者参加的俄国社会民主工党中央委员会会议、关于在彼得堡的中央代表和中央委员监督《真理报》编辑部工作的权利等问题。

同年12月底，斯大林再次奉召到克拉科夫参加列宁主持的俄国社会民主工党中央委员会和党的工作者、社会民主党杜马党团（布尔什维克）成员的联席会议。

在去克拉科夫的路上，斯大林没有旅行护照，一路上很是不便，但他碰到了一个好心人，是一个波兰的鞋匠，住在俄国与奥属波兰边界的一个小镇里。斯大林到了这人的家里，主人请他休息和吃饭，没有多说什么，只问了问他的客人是不是从很远的地方来的。

"很远。"斯大林回答说，并看看屋子角落里的鞋匠工具和小凳，说："我的父亲也是一个鞋匠，在格鲁吉亚的老家那边。"

"在格鲁吉亚？"那个波兰人重复道，"那么你是一个格鲁吉亚人？听说过你的国家，它是一个好地方，有山，有葡萄园，而且像在波兰一样也有沙皇宪兵。"

"对，就像在波兰一样。"斯大林说，"没有用自己语言教书的学校，但却有很多宪兵。"他们彼此交谈着，看着。斯大林心里在想能不能信任这个人，最后还是下了决心说："我今天必须通过边界。"

那个波兰人没有再问什么，只是说："好吧，我愿意带你过去，我知道路。"到了边界，斯大林想付钱给他，但被他推开了。他坚决地说："不，不要这样……我们都是被压迫者的子孙，应该互相帮助。"[①]

经过这么一番艰辛后，斯大林终于到了克拉科夫，并如期参加了12月26日

[①] 这是斯大林后来向安娜·阿利卢耶娃描述的。安娜·阿利卢耶娃在其《回忆录》（莫斯科1946年版第185—187页）中记述了此事。

至次年1月1日举行的会议。会议强调要继续同孟什维克取消派进行坚决的斗争，并通过了《关于〈真理报〉编辑部的改组和工作》的决议，指出《真理报》编辑部"贯彻党的精神不够坚定""对彼得堡社会民主主义工人的党的生活反应不力"，在阐明整个取消主义的错误和危害方面不够重视，等等。① 因此，列宁认为必须改组编辑部并迅速采取了行动，委派斯维尔德洛夫主持《真理报》编辑部的工作。

斯大林参加完会议以后，并没有马上动身回彼得堡，而是应列宁的要求继续留在克拉科夫。当时列宁住在克拉科夫，强烈地感受到了民族主义的危险。况且在当时的欧洲，正风行"民族文化自治的理论"，这一理论是奥地利社会民主党思想家奥托·鲍威尔提出来的，主张在维护国家统一的前提下，每个民族可以分别地组成超地域的特殊联盟，每个民族派出其代表组成解决纯属文化问题的机关。这一理论特别受俄国社会民主工党内的独立的民族主义派别组织崩得（全称立陶宛、波兰和俄罗斯犹太工人总同盟）的青睐，他们以"民族文化自治"的要求与布尔什维克的民族自决权的主张相抗衡，反对列宁的建党路线和革命策略，企图以狭隘的民族主义原则改造党。列宁为了挫败国内外的民族主义势力对俄国无产阶级政党的建党路线和实践的干扰，正全力与他们论战。

斯大林在克拉科夫逗留期间，多次与列宁晤谈，谈《真理报》的工作，谈民族问题。大概是受到了列宁的启发与鼓励，他决心写一篇大的有关民族问题的文章。其实，有关民族问题，斯大林早在高加索工作期间就有所涉及。还在1904年，他就写过《社会民主党怎样理解民族问题》，当时的基调是，必须用阶级斗争的观点看待俄国的民族问题，但这决不是说阶级斗争学说能够取代民族学或民族问题。他在文章中曾正确地指出："为了无产阶级的胜利，必须**不分民族地把一切**工人联合起来。很明显，打破民族间的壁垒而把俄罗斯、格鲁吉亚、亚美尼亚、波兰、犹太和其他民族的无产者紧密团结起来，乃是俄国无产阶级胜利的必要条件。"但他在文章中也暴露了一些民族虚无主义的倾向，如否定民族精神的

---

① 参见《列宁全集》第2版第22卷第286—287页。

存在，他说："是'捍卫民族精神及其特性'吗？……科学老早通过辩证唯物主义证明了任何'民族精神'都不存在，而且也不能存在……既然任何'民族精神'都不存在，那么不言而喻，对于根本不存在的东西要加以任何捍卫，在逻辑上是愚蠢的，这种愚蠢必然会引起相应的、历史上的（不良的）后果。"①

1913年1月下半月，斯大林动身去维也纳，搜集有关民族问题的材料。他在维也纳见到了布哈林。由于斯大林不懂德文，布哈林在搜集和翻译有关资料方面给了他很大的帮助。在那里，斯大林也见到了托洛茨基和亚历山大·特罗雅诺夫斯基（未来的苏联驻美大使）夫妇等人。

斯大林在维也纳待了一个月左右，写成了《民族问题和社会民主党》（后来标题改为《马克思主义和民族问题》）一文。他在这篇文章中，给"民族"下了一个著名的定义："民族是什么呢？民族首先是一个共同体，是由人们组成的确定的共同体"，这个共同体既不是种族的，也不是部落的。"**民族是人们在历史上形成的一个有共同语言、共同地域、共同经济生活以及表现于共同文化上的共同心理素质的稳定的共同体**……这些特征只要缺少一个，民族就不成其为民族。"斯大林根据这个定义，论证了

从维也纳回国后的斯大林（1913年）

犹太人不是一个民族，并断言，"民族不是一个普通的历史范畴，而是一定时代即资本主义上升时代的历史范畴"。②

在马克思主义民族学初创时期出现的这篇著作，其基本理论观点并未经受住历史的考验，但此文以大量篇幅批判了鲍威尔的"民族文化自治理论和崩得派的一些主张，因而受到列宁的重视。1913年2月，列宁在写给高尔基的信中说："关于民族主义，我完全同意您的意见，应当非常认真地研究这个问题。我们这里有

---

① 《斯大林全集》第1卷第30、44—45页。
② 参见《斯大林全集》第2卷第291—300页。

第一章　风雨飘摇

一位非常好的格鲁吉亚人正在埋头给《启蒙》杂志写一篇大文章，他搜集了**一切**奥国的和其他的材料。"① 同年3月，列宁在写给加米涅夫的信中说："国内逮捕事件非常严重。柯巴被抓去了……柯巴（为三期《启蒙》杂志）写了一篇有关民族问题的长文。很好！应该反对崩得和取消派的分离主义者和机会主义者，为真理而战。"②

斯大林写完这篇文章后，于2月中旬回到了彼得堡。2月23日，布尔什维克组织在合法的《真理报》主办下举行了一场音乐晚会。斯大林想去参加，因为在那里可以见到许多同志，但又拿不定主意。斯大林去征询马林诺夫斯基③的意见，马林诺夫斯基向他担保，他去不会有危险，警察在这样的公共场合不会逮捕他。斯大林去了，但立即被逮了起来。从此以后，斯大林在监狱和流放地默默地度过了漫长的四年。

极地的雪寒

1913年7月2日，斯大林在彼得堡监狱中住了五个月后，被判处流放到图鲁汉斯克边疆区，由警察公开监视，期限四年。随即，斯大林被押解乘火车到克拉斯诺亚尔斯克，然后坐船沿叶尼塞河北上，于8月10日到达邻近极地圈的流放地科斯季诺村。

图鲁汉斯克边疆区是个著名的流放地，许多革命者都曾在这里待过。在斯大林之前，斯维尔德洛夫已于6月被流放到了这里，他所在的村子是谢里瓦尼哈。

---

① 《列宁全集》第2版第46卷第243页。
② 《列宁全集》第2版第46卷第261—262页。
③ 马林诺夫斯基（1876—1918）早在1907年起就主动向警察局提供过情报，1910年他被录用为沙皇保安局密探。直到1917年保安局档案公布后，他才被揭露出来。1918年他被全俄中央执行委员会最高法庭判处枪决。

斯大林传

斯大林（前右一）和斯维尔德洛夫（前右二）一起被流放到图鲁汉斯克边疆区

斯大林在图鲁汉斯克流放地

9月20日，斯大林去谢里瓦尼哈村看望了斯维尔德洛夫。斯维尔德洛夫专门给斯大林准备了一间房子，并从有限的食品中分了一份给他。按照惯例，每一个新来的流放者，都要作一次关于俄国革命形势的报告。斯大林在谢里瓦尼哈待了一个礼拜（26日早晨走的），最后还是没有作这样的报告。在这里，他们俩给在彼得堡的马林诺夫斯基发了一封信，请求寄钱来，好准备逃跑。

斯大林和斯维尔德洛夫被流放后，10月1日，俄国社会民主工党（布）中央在列宁主持下召开会议，讨论了组织他们两人从流放地逃跑的问题。列宁等人还制订了秘密行动的详细计划，由马林诺夫斯基具体负责实施。马林诺夫斯基早就是沙皇保安局的密探，此时党内虽然有一些同志怀疑他的身份，但列宁还是非常信任他。马林诺夫斯基随即向保安局作了汇报，当局采取了更为严厉的措施，防止他们逃跑。

斯大林待在流放的村子里，很少与人来往，只时常给他早在巴库就已熟悉的老布尔什维克谢尔盖·阿利卢耶夫一家写写信。眼看冬天就要到了，斯大林写信向他们要些棉衣和零用钱。斯大林也偶尔收到他们寄来的包裹和钱。后来，斯大林在1915年曾写信给阿利卢耶夫的妻子奥丽加，表示感激之情，并请他们不要在他身上再破费了。他在信中写道："敬爱的奥丽加·叶甫根尼耶夫娜，我非常感谢您的善良和纯洁之情，我永远不会忘记您对我的关心和照顾。我盼望着被释放的时刻。届时，我将到彼得格勒，向您、向谢尔盖为我所做的一切致谢。再过两年我就可以去看你们了！""我收到了您寄来的包裹。谢谢。我求您一件事——以后不要再为我花钱了。你们也需要钱啊！"在信的结尾，他"向男孩子们和年轻的小姐们致以问候。我希望他们一切都好"。这些"年轻的小姐们"中包括他未来的妻子娜捷施达·阿利卢耶娃，她当时只有14岁。

奥丽加·叶甫根尼耶夫娜（前）和孩子们：帕维尔、费多尔、娜捷施达、安娜（1905年）

小时候的娜捷施达·阿利卢耶娃

斯大林要钱和东西，一是用于逃跑，二是他确实很穷苦，不得不伸手求援。他还曾向列宁要钱，列宁给他寄了120法郎。他也向马林诺夫斯基写信求援，当时他也不知道马林诺夫斯基就是奸细，他把马林诺夫斯基当作朋友，信中言辞恳切：

你好，朋友，写起来有点不好意思，但又不能不写。看来我从未经受过这种使我感到可怕的状况。钱全花光了，由于天气越来越冷（零下37度），我开始患一种类似咳嗽病的病症，全身一副病态。既没有储备吃的，也没有储备糖和煤油（钱都用在当前的花销上以及购买衣服和鞋靴了）。既没有这些储备，而这里的一切又很贵：黑麦面包每磅4戈比，煤油每磅15戈比，肉每磅18戈比，糖每磅25戈比。需要牛奶，需要劈柴，但是没有钱，朋友。我不知道在这种情况下如何过冬。我没有有钱的亲属或熟人，我实在是无人可求，所以我才求你，是的，不只是求你，还求彼得罗夫斯基和巴达耶夫。

我的请求是：如果社会民主党党团至今还有"用于救济受镇压者的基金"的话，让党团，或者最好是让党团委员会只给我一次援助，这一次援助哪怕给我60个卢布也好。请把我的请求转告齐赫泽，对他说，我也请他把我的请求放在心上，请他不只是作为老乡，而且主要是作为党团主席来关心我。如果这种基金不多，那时你们也许会共同想出另外一种合适的办法。我知道，你们大家，而尤其是你，从来没有闲的时候，但是该死的我，再没有别人可求，而连一封信都不给你写就在这里冻死，我又不甘心。这件事今天就得办，把钱电汇来，因为再等下去，就意味着挨饿，而我本来就有病，身体极其虚弱。我的地址你是知道的，请寄：图鲁汉斯克边疆区叶尼塞斯克省科斯季诺村，约瑟夫·朱加施维里收……我希望万一有什么意外事时你一定保护我，并希望你能设法搞点稿费来……我等待着从你那里得到我所请求的东西。紧紧握手。吻你。该死的我……你的约瑟夫。

警察直接从马林诺夫斯基那里得到了斯大林的这封信。在档案馆里，随这封信的副本还附有叶尼塞斯克宪兵局局长拜科夫上校对这封信的查询情况：

1914年1月4日，克拉斯诺亚尔斯克市。绝密。现将第578号间谍情报呈上，谨向阁下报告：提供这些情报的是图鲁汉斯克边疆区的公开被监视者约瑟夫·维萨里昂诺维奇·朱加施维里。收信人是社会民主党杜马党团代表罗曼·马林诺夫斯基。我已采取措施不准朱加施维里跑掉。此信分别向托姆斯克和圣彼得堡作了报告，编号为13、14。拜科夫上校。①

---

① 参见德·安·沃尔科戈诺夫《胜利与悲剧》第1卷，世界知识出版社1990年版，第44—45页；安·弗·安东诺夫–奥弗申柯《斯大林时代的谜案》第230—232页。

第一章 风雨飘摇

警察对他们的监视越来越严,为了防止他们逃跑,往往扣发当局每月给他们的津贴。1914年2月,斯维尔德洛夫在给他妹妹的信中说:"由于朱加施维里收到了钱,当局已有4个月不发津贴给他了。"而且当局准备将斯大林和斯维尔德洛夫转移到北极圈以北80俄里的库列伊卡,使他们更不容易逃跑。

1914年3月上半月,斯大林和斯维尔德洛夫等人被押解到叶尼塞河下游的库列伊卡村。他与斯维尔德洛夫被关在一个房子里,但两人相处得不太融洽。斯维尔德洛夫在这年3月22日给友人的一封信中写道:"我在这个新地方觉得日子非常难过了,主要原因是,我住的房间不是一个人,而是我们两个人。和我住在一起的是格鲁吉亚人朱加施维里,我们是老熟人,我们在另一次流放时就已经认识了。小伙子不错,但在日常生活中是一个过分的个人主义者。"同年5月27日,在另一封信中说:"和我住在一起的是一个同志,我们彼此非常熟。可是最可悲的是,一个人要在流放地、监狱里才能从最细小的方面得到充分暴露……现在同那位同志分开住了,我们也很少见面。"①

很快,斯维尔德洛夫被转移到了莫纳斯梯尔斯科耶村和谢里瓦尼哈村,斯大林仍留在库列伊卡。库列伊卡位于北极圈内,冬天冰雪茫茫,整个村庄埋在令人生畏的暴风雪中,气候严寒,黑暗的冬季长达八九个月。盛夏时间短暂,蚊虫很多。这里不生产粮食,当地居民以渔猎为生。斯大林在这里很孤寂,很少与人来往,自己一个人不是睡大觉,就是靠钓鱼、打猎或阅读书报打发时光。他与当地人相处得很好,他们教他如何在叶尼塞河捕鱼,但他待不住,总是转来转去,直到找到一个鱼多的地方。有一次,正是冬天,斯大林在回家的途中遇到了暴风雪,迷了路。当地有两个农民碰见了他,吓得掉头就跑。后来他才知道,他的脸上沾满了冰雪,他们以为他是一个恶鬼。

斯大林到这里后,起初还打算想逃出流放地,但由于对他的监视越来越严,他也就逐渐作罢了。除了捕鱼、打猎,斯大林在这里也曾写过有关民族问题的文章,并通过谢尔盖·阿利卢耶夫转交给了列宁,但不知何故这些文章始终没有找

---

① 《斯维尔德洛夫选集》第1卷,莫斯科1957年版,第268、276—277页。

到。所以在《斯大林全集》第2卷中，1913年被捕后至1917年流放结束这段时间竟没有片言只语。

正是在库列伊卡的孤寂生活中，斯大林得知了第一次世界大战爆发的消息。8月1日，德国对俄国宣战，激起了俄国人的一片爱国热情。在革命者中间，也发生了分裂，一部分人主张为祖国而战，称为"护国派"；一部分人反对战争，主张俄国失败，号召"变帝国主义战争为国内战争"。

斯大林于1915年2月27日给列宁写了一封信，信中批判了采取机会主义立场的普列汉诺夫和国际社会民主党人的护国主义路线：

> 我向您，亲爱的伊里奇，致意，热情、热情地致意。向季诺维也夫致意，向娜捷施达·康斯坦丁诺夫娜致意。您好吗？健康情况怎样？我像以前一样生活，啃我的面包，完成了我的流放期的一半。生活相当沉闷，可是没有办法。您的情况怎样？您那里的情况一定活跃得多……我最近读了克鲁泡特金的文章——这个老笨蛋一定完全发疯了。我还读了普列汉诺夫在《言论报》上的一篇短文——无可改正的陈腐的胡扯。去它的！取消派和他们在自由经济协会中的副代理人怎样了呢？没有人打他们，他妈的！难道可以让他们跑掉而免受处罚吗？让我们痛快一下，让我们知道，在最近的将来将出版一家报纸，狠狠地给他们几记耳光，而且要经常这样做，永不厌倦。如果您想写信的话，请寄往：图鲁汉斯克边疆区，叶尼塞斯克省，修道院村，苏连·斯潘达良转。您的柯巴。季莫费（斯潘达良）请您向盖得、桑巴和王德威尔得转达他对他们担任光荣的——哈哈——部长职务的辛酸祝贺。①

在第一次世界大战开始后，普列汉诺夫就鼓吹"保卫祖国"，采取社会沙文主义立场。克鲁泡特金宣扬"阶级合作"，鼓吹"把战争进行到胜利结束"。而比利时工人党领导人、社会党国际局主席艾米尔·王德威尔得则进入资产阶级内

---

① 参见托洛茨基《斯大林评传》（上）第234页。

阁，任国务部部长；法国社会党领导人茹尔·盖得加入 R. 维维安尼和 A. 白里安领导的资产阶级内阁，任国务部部长（1914—1916）；马赛尔·桑巴也是法国社会党领导人，他在内阁中任公共工程部部长（1914年8月—1915年12月）。王德威尔得、盖得、桑巴，他们都采取社会沙文主义立场，支持政府进行战争。当时列宁写了《战争和俄国社会民主党》《第二国际的破产》《社会主义与战争》等著作，揭露了正在进行的战争的帝国主义性质，谴责了欧洲各主要国家社会党领袖充当本国资产阶级政府的帮凶、出卖工人阶级利益、支持本国资产阶级政府进行战争的行为，阐述了"变帝国主义战争为国内战争"的口号。斯大林在给列宁的这封信中表明他支持列宁的观点，也对这些人的护国主义立场进行了批判。

但斯大林也不是经常给列宁写信，在列宁的心目中，斯大林也并不是很重要，他甚至连斯大林的姓氏也记不住。1915年7月，列宁写信给季诺维也夫，问他"是否记得**柯巴**的姓"，但季诺维也夫大概也忘记了，没有告诉列宁。11月，列宁又写信给侨居国外的维·阿·卡尔宾斯基，"恳请打听一下（向斯捷普科或米哈等人）'**柯巴**'的姓氏（约瑟夫·朱·……？？我们忘了）"。①

1915年夏天，加米涅夫也被流放到图鲁汉斯克边疆区。他是在1914年11月14日晚上被捕的。当时他正主持讨论列宁《关于战争问题的提纲》的会议，警方通过特务了解到了这次开会的消息，逮捕了所有与会的人。加米涅夫在法庭受审时，谴责了列宁的提纲，声明与列宁脱离关系。即使这样他也没有逃避掉惩罚，还是被判处流放。加米涅夫到达流放地前，当地的流放者就已听说了他在法庭上的态度。他到了流放地以后，在图鲁汉斯克边疆区流放的18名布尔什维克，其中包括4名中央委员斯维尔德洛夫、戈洛晓金、斯大林和加米涅夫于1915年7月5日齐集莫纳斯梯尔斯科耶村开会，讨论了关于加米涅夫审讯的情况。会上有人提议谴责加米涅夫，但斯大林等人表示反对。最后会议通过了由斯维尔德洛夫和斯潘达良拟定的一个决议。

此时，战争正酣，但至1916年底，沙皇政府已被战争弄得精疲力竭，前线

---

① 《列宁全集》第2版第47卷第137、226页。

斯大林传

1915年7月5日，斯大林在莫纳斯梯尔斯科耶村参加会议。后排站立者：斯潘达良（左二）、斯大林（左三）、斯维尔德洛夫（左六）、戈洛晓金（左七）；前排坐者：斯潘达良夫人（左二）

斯大林（右）和斯潘达良在西伯利亚流放地（1915年）

伤亡惨重，军队严重减员。沙皇政府不得不到处征兵，甚至连政治流放犯也不放过。1916年12月14日，斯大林奉命到克拉斯诺亚尔斯克征兵委员会去报到。1917年初，斯大林接受了体格检查，但他不合格，原因是他的左臂有残疾，还因为当局认为他在军队中会是个"不良分子"。2月初，他正式被宣布免服兵役。由于斯大林只差几个月流放期就满了，所以当局批准他不用再在库列伊卡，可以留在阿钦斯克住到流放期满。当时加米涅夫正在阿钦斯克，他的妻子奥丽加也来到了这里，她是托洛茨基的妹妹。斯大林常常到加米涅夫家里去聊天。斯大林一般不发表什么意见，大多只默默地坐着，抽他的烟斗，有时也点点头表示同意加米涅夫的看法。

在西伯利亚流放地的政治犯（1916年）。坐者：斯维尔德洛夫（右一）、格·伊·彼得罗夫斯基（右二）；站者：费·尼·萨莫伊洛夫（左二）、斯大林（左三）、加米涅夫（左五）

此时，在俄国国内，新的革命高潮开始了。1917年1月9日，彼得格勒和其他许多城市的工人为纪念导致1905年革命的"流血星期日"12周年，举行了声势浩大的罢工和游行示威。紧接着爆发了著名的二月革命，沙皇制度被彻底推翻。斯大林的流放生涯随着二月革命的胜利也就结束了。

在行将结束这一章的时候，还必须谈一谈斯大林生平中一个流传很广的问题，即斯大林在1917年以前是否当过沙俄保安机关的密探。

斯大林早年是不是沙俄保安机关的密探，早在20世纪二三十年代在西方和苏联就有种种传闻。20世纪20年代俄侨的报纸曾有过报道，说斯大林曾是沙俄保安机关的奸细。20世纪30年代初，亚美尼亚资产阶级民族主义政党达什纳克党人的《艾里尼克》（在美国波士顿出版）也发表过类似的文章。1936年12月16日巴黎的《最新消息报》发表了《诺伊·饶尔丹尼亚回忆斯大林》的文章，这位著名的格鲁吉亚孟什维克确信斯大林曾是沙俄密探。

斯大林逝世后，逃到国外的前苏联内务部工作人员亚历山大·奥尔洛夫在美国的《生活》杂志上发表了一系列有关斯大林的文章，其中有刊登在1956年第5期上的《斯大林轰动一时的秘密》。文章称，斯大林在革命前的许多年中和沙俄保安机关有过积极的合作。同年，美国著名的苏联问题专家伊萨克·顿·列文出版了《斯大林的巨大秘密》一书，书中引用了1913年7月12日内务部警察司特别处处长叶列明签发的一份绝密文件，断定斯大林早年是沙俄的密探。一时间，舆论大哗，之后在20世纪50—80年代，美国和联邦德国多次出版了这份文件。列文说，这份文件他是1947年从3个"名声无可指摘的"人那里得到的，这3个人是：著名俄国海军上将的儿子瓦季姆·马卡罗夫、克伦斯基政府时期的前俄国驻美大使波里斯·巴赫梅季耶夫和俄国航空事业的创始人波里斯·谢尔盖耶夫斯基。而这3个人是从当时侨居中国的俄国流亡者 М.П. 戈洛瓦乔夫那里得到这份文件的。戈洛瓦乔夫又是从逃到中国前保管"保安处西伯利亚文件"的军官鲁西亚诺夫上校那里得到该文件的。列文研究了该文件的纸张、字体、签名，还举出一系列证据，说该文件是原件，而不是照相复印件，因此是可信的。

1967年，美国又出版了爱德华·埃里斯·斯密特写的《年轻的斯大林：一个神出鬼没的革命者的青年时代》一书，书中分析了斯大林与保安机关可能有关系的种种猜疑和证明，也得出了斯大林曾是沙俄密探的结论。

在苏联，斯大林逝世以后，赫鲁晓夫开始反对斯大林的个人崇拜，并为一些人恢复了名誉。同时，斯大林早年是不是沙俄密探的问题又重新提了出来。据20世纪60年代曾任苏联中央监察委员会委员、为个人崇拜受害者恢复名誉委员会委员奥·格·沙图诺夫斯卡娅回忆说，她曾向赫鲁晓夫建议公布斯大林是沙俄密探的材料的问题，但遭到赫鲁晓夫的拒绝，赫鲁晓夫说不能这么做，"这样一来，就是沙俄保安机关的密探领导了国家30多年，尽管在国外也有人这样写"。

1974年罗伊·麦德维杰夫出版了《让历史来审判——斯大林主义的起源及其后果》一书，对上述有关斯大林是沙俄保安机关的密探的种种传闻和文献进行了分析，认为"不能同意一些人坚持说斯大林和沙俄保安处有什么秘密联系"。

1989年3月20日，苏联《莫斯科真理报》刊登了一篇文章，题目是《面对历史的审判》。文章的作者，一是历史学博士阿鲁秋诺夫，他在20世纪60年代曾受苏共中央主席团的委托研究了有关斯大林的镇压手段和斯大林本人活动的档案材料；另一位是历史学博士、国立莫斯科国际关系学院教授沃尔科夫。他们在

第一章　风雨飘摇

文章中认为，斯大林曾是沙俄保安机关的密探，其主要根据是在西方流传很广的1913年7月12日沙俄内务部警察司特别处处长叶列明签署的那份文件，阿鲁秋诺夫教授说，他曾于1961年在苏联国家十月革命档案馆里看到过这份文件。这份文件的具体内容如下：

　　内务部　　　　　　　　　　　　　　绝密
　　警察司特别处处长　　　　　　　　　亲启
　　1913年7月12日第2898号
　　叶尼塞斯克保安处处长
　　阿·费·热列兹尼亚科夫收
　　阿列克谢·费多罗维奇阁下：
　　被行政流放到图鲁汉斯克边疆区的约瑟夫·朱加施维里－斯大林，在1906年被捕后，向第比利斯宪兵局局长提供了有价值的谍报。
　　1908年，巴库保安处处长从斯大林那里获得了一系列情报，后来斯大林抵达彼得堡后，就成为彼得堡保安处的密探。
　　斯大林工作精细，但时断时续。
　　斯大林在布拉格市被选入党中央委员会并返回彼得堡后，就持明显的反政府立场并同保安处完全中断了联系。
　　阁下，我把上述情况告诉您，便于您在进行侦查工作时加以考虑。
　　谨向您致以亲切的敬意。

　　　　　　　　　　　　　　　　　　　　　　　　　　　　　叶列明[①]

在这份文件的左边有一个长方形的印戳，印戳上的文字是："叶尼塞斯克保安处。收文第152号，1913年7月23日。"收文的编号和日期是手写的。

这篇文章发表后，斯大林早年是不是密探这个问题又引起了人们的广泛关注。

[①]《苏共历史问题》1989年第4期第92页。

斯大林传

从这份文件的字面看来,斯大林早年当过密探似乎是确定无疑的,但对文件进行具体分析后,就会发现该文件有很多纰漏。苏联中央国家十月革命、最高政权机关和国家最高管理机关档案馆专家 Б.И.卡普捷洛夫和 З.И.佩列古多娃发表文章①,从文件的各要素、内容、签名等方面对该文件进行了仔细的鉴定分析,认为这份文件是伪造的。

第一,这封信是1913年警察司特务处寄给叶尼塞斯克保安处处长阿列克谢·费多罗维奇·热列兹尼亚科夫的,但当时根本就不存在叶尼塞斯克保安处,只有叶尼塞斯克侦查站,站长倒真是热列兹尼亚科夫,但不是阿列克谢·费多罗维奇,而是弗拉基米尔·费多罗维奇,其地位与叶尼塞斯克宪兵局局长助理相同。根据对现有叶尼塞斯克宪兵团名册的核对,当时在宪兵团供职的只有一个姓热列兹尼亚科夫的,即弗·费多罗维奇,他生于1881年,宪兵大尉,1911年10月暂时被派到叶尼塞斯克省宪兵局工作。

第二,通过对1906—1913年警察司特别处的材料的仔细研究,没有看到一个与这份文件相同的长方形印戳,在内务部所属机关也没有与之相同的印戳。另外,从1910年下半年起,在特别处使用的公文用纸上,印戳上"Заведывающий"换成了"Заведующий"②,而这份文件的印戳仍用"Заведывающий"。用这种公文纸通信,仅限于警察司所属各处,通常不对外使用。

第三,从日期和编号来看,当时在所有宪兵机关,收文的戳记上都刻有每天的日期,只有编号是手写的,而这份文件收文的编号和日期都是手写的。在警察司,案卷处理是相当准确的,几乎所有的收文发文登记簿都保存着。当时警察司共有9个处(包括特别处),按警察案卷处理规定,每个处都有其号码范围,如1处的号码范围是1001—10000,特别处的机密信件编号从93001开始往下排,绝密件编号从111001开始往下排。由此可见,特别处的这份文件发文号不能用第2898号。经查,这个号是有的,但是属于1处的,它从警察司发出的时间不是

---

① 他们的文章题目是《斯大林是否是保安处的密探?》,载于《苏共历史问题》1989年第4期90—98页。

② Заведывающий和Заведующий都是"主任""主管"之意,前者是旧的用法。

1913年7月12日，而是3月16日，内容为"给叶卡捷琳诺斯拉夫省管理局H.A.塔季舍夫的信，关于3个不明身份的歹徒对在城市自来水厂动力站旁边站岗的警察采取粗暴无礼的行动的报告"。

第四，从文件正文的内容来看，文件中称，斯大林曾于1906年被捕，列文也在《生活》杂志1956年第5期上援引托洛茨基的说法，说斯大林曾于1906年4月15日在第比利斯市的阿弗拉巴尔印刷所遭破坏时被捕。但根据现有的档案材料来看，找不出斯大林曾于1906年被捕过的证据。阿弗拉巴尔印刷所遭破坏确有其事，这次搜捕是4月15日至5月21日进行的，先后被捕的共17人，但这些人中没有朱加施维里这个姓。1906年4月15日，斯大林正在斯德哥尔摩参加俄国社会民主工党第四次代表大会，这次大会是4月10日（公历4月23日）开幕的。列文又说，斯大林被捕于4月15日（俄历），在他向第比利斯宪兵局提供了有价值的材料后即被释放，过了8天，即4月23日（公历）出席了大会。但列文显然把旧历（俄历）当成公历了。

第五，从文件的签名来看，列文没有看过叶列明写在纸上的一个亲笔签名，只把一个用作礼品的银制水罐上镌刻的题字作为根据。阿鲁秋诺夫和沃尔科夫在文章中虽承认这份文件上的签名与其真迹有所区别，但据此人在文件上的六七个本人签名的查验，证明这份文件上的签名与其他文件的签名是相吻合的。对此，卡普捷洛夫和佩列古多娃持不同看法。他们说，常接触叶列明材料、签名的档案工作者都知道，他的签名中"е"和"р"两个字母写得很特别，所以，此文件上的签名一看就是假的。再者，叶列明1913年7月12日已不在警察司特别处供职。在警察司的档案材料里，保存有他于1913年5月10日写给警察司司长的一封请求休假的申请书原件，称他"由于每天不停地工作到深夜3—4点，甚至节假日也没有休息，已严重疲劳过度，需要长时间休息"，因此，恳请"批准我从6月1日起休假2个月"，但是休假没有批准。① 6月11日，根据宪兵团参谋部的命令，他被指派为芬兰宪兵局局长。叶列明在特别处签署的最后一个文件是1913

---

① 参见《苏共历史问题》1989年第4期第96—97页。

斯大林传

年6月19日的,编号是101213。

由此可见,1913年7月12日由叶列明签署的这份文件是假的。现今在前苏联和俄罗斯流传的这份文件的俄文本是从西方出版物中转抄过来的,至今没有公布这份文件的原件。而阿鲁秋诺夫说,他曾于1961年在苏联中央国家十月革命档案馆里看到过这份文件,这种说法至少是令人奇怪的。况且这份文件(如果它确实存在的话)能不能存放在苏联中央国家十月革命档案馆里,也令人怀疑,因为这份文件寄到了叶尼塞斯克保安处,该机关填上了登录号码和登记日期。而且,列文本人也说,文件是从西伯利亚直接到他手里的,显然没有经过苏联的档案馆。有关斯大林早年是沙俄密探的其他种种传闻也经不起推敲,在此不一一细述。

我们认为,斯大林早年不可能做过沙俄的密探。如果确有其事,那在斯大林1922年当党的总书记之前和1953年斯大林逝世之后,肯定会有所披露,因为俄国1917年二月革命后,莫斯科、彼得格勒及其他地方都成立了专门委员会,对沙俄保安机关保存的完整的档案进行了系统的发掘,并且从未间断过。综观斯大林在二月革命前的成长道路,可以看出,他之所以从一个普通的革命者成为布尔什维克的一个领导人,凭的并不是像有些人所说的耍阴谋、玩权术,而是他在革命斗争中的实际努力,尽管在一些问题上也采取过骑墙的态度,但总的来说,他是与列宁站在一起的。在革命斗争中,他曾多次被捕和流放,最后一次流放长达4年,直到1917年二月革命后才从流放地返回彼得格勒[①]。

---

① 彼得堡,1914年8月后改称彼得格勒,1924年1月24日后改称列宁格勒。

第二章

在震撼世界的年代

对动荡的感悟

俄国二月革命胜利了，流放在遥远的西伯利亚的流放者们终于盼到了希望。当得知对政治犯实行大赦的消息后，流放者们按捺不住内心的激动，还没得到大赦的正式证件，他们就做好了动身的准备，要去彼得格勒、莫斯科、基辅、第比利斯、巴库及其他革命中心，投身于那熊熊燃起革命火炬的地方。斯大林和穆拉诺夫、加米涅夫等流放者一起，弄到了三等车厢的火车票，上了车，直奔彼得格勒。他贪婪地望着窗外那广阔无垠的西伯利亚雪原，这里曾耗费了他许多年的宝贵时光，这里曾留下了他内心的沮丧和烦恼，但如今他自由了，可以在革命的熔炉中大显身手了。不知不觉，火车到了乌拉尔山，在往西的各个车站上都挤满了喧闹的人群，他们在欢迎这些流放者的归来，到处都响着《马赛曲》的歌声，人们不停地发表演说，一切看起来都是那么欢快。在路经彼尔姆时，斯大林、加米涅夫和穆拉诺夫三人给远在国外的列宁发了封电报，向这位导师致意，并告诉列宁，他们三人将在3月8日以后12日以前到达彼得格勒。3月12日，他们如期到了目的地。

当时，彼得格勒令人眼花缭乱。二月革命后出现了两个政权，它们都在塔夫利达宫中，并都不停地热火朝天地开会。塔夫利达宫的一侧，是资产阶级临时政府，政府中除一人是劳动团分子（即克伦斯基，他在政府中任司法部长）外，其余都是资产阶级分子，其中立宪民主党人占优势。它是主要的政权，拥有各级权力机构，可以发号施令。塔夫利达宫的另一侧是彼得格勒工兵代表苏维埃，它得

二月革命

到武装的工农的支持，拥有实权。但领导苏维埃的是孟什维克尼·谢·齐赫泽、马·伊·斯柯别列夫和劳动团分子克伦斯基。布尔什维克在苏维埃中占少数。这种情况不是偶然的，因为在2月以前孟什维克处于合法状态，他们加紧利用了自己的这一有利条件。而布尔什维克党的公认领袖列宁正侨居国外，捷尔任斯基、斯维尔德洛夫、穆拉诺夫、布勃诺夫、鲁祖塔克、斯大林、奥尔忠尼启则等党的领导人都在流放、蹲监狱或服苦役，他们也只是刚刚才开始回到俄国的革命中心。以孟什维克占优势的工兵代表苏维埃自愿把政权让给资产阶级临时政府，说只有利用资产阶级，才能"彻底战胜沙皇制度，在国内夺取和巩固民主制度"，但临时政府将会受到苏维埃的监督。彼得格勒工兵代表苏维埃执委会还设立了一个联络委员会，负责"把政府的意图通报给苏维埃，把革命人民的要求通报政府……以便劝导政府去满足这些要求，并对这些要求的实施进行不间断的监督"。

在列宁看来，革命在这个时候已结束了自己的第一阶段，两个政权并存的局面麻痹了人们的警惕性。改良主义情绪在增长，"汹涌的小资产阶级浪潮吞没了一切，它不仅在数量上而且在思想上压倒了觉悟的无产阶级"[1]。从形式上看，好像全部政权属于临时政府，而彼得格勒工兵代表苏维埃只是在干着革命的杂活。实际上，哪一方也掌握不了全部政权，哪一方也取代不了对方的职能。

斯大林刚刚来到彼得格勒，不清楚这些错综复杂的事态。他一下火车，就提

---

[1]《列宁全集》第2版第29卷第154页。

着他那只小小的胶合板箱子，直奔老熟人谢尔盖·阿利卢耶夫家。他被当作家里人受到了热情的接待。这一天，阿利卢耶夫全家人都在：谢尔盖和妻子奥丽加，儿子费多尔和帕维尔，两个女儿安娜和娜佳（娜捷施达·阿利卢耶娃，当时只有16岁）。斯大林给他们讲有关西伯利亚流放地的事，惟妙惟肖地模仿沿途各车站人们欢迎他们的场景，逗得全家人哈哈大笑。

就在斯大林、穆拉诺夫、加米涅夫回到彼得格勒的3月12日，中央俄国局召开了会议，讨论他们三人的工作安排。会议记录上写道："下面解决穆拉诺夫、斯大林和加米涅夫同志的问题。关于第一个同志，大家一致同意可以参加会议。关于斯大林，有人报告，1912年他曾是中央的代表，因此最好能参加布尔什维克中央委员会，但是，因他本人的某些缺点，布尔什维克中央委员会提出，他作为列席代表参加。至于加米涅夫，由于他在审讯案①中的表现和依据在西伯利亚和俄罗斯所通过的决议，会议决定，他如果愿意干的话，只能作为《真理报》的工作人员参加，但要求他表明态度。他写的文章只能作为资料使用，不能以他的名义发表。"②

第二天，中央俄国局又开会，在会上宣读了列宁的《给启程回国的布尔什维克的电报》。列宁在电报中强调："我们的策略是：完全不信任新政府，不给新政府任何支持"，"决不同其他党派接近"。③会议通过决议，批准由奥里明斯基、斯大林、叶列梅耶夫、加里宁和玛·伊·乌里扬诺娃组成《真理报》编辑部。斯大林还被批准为中央俄国局正式成员。

《真理报》这份布尔什维克的合法报纸，自1912年创刊后，曾历经坎坷，几次遭沙俄当局查封，而又多次更名出版。最后一次被勒令停刊于1914年7月，直至二月革命后的1917年3月5日才复刊于彼得格勒，由当时不太有名的维·米·莫洛托夫主编。斯大林被安排参加《真理报》编辑部后，他便从阿利卢耶夫家搬了出来，一心扑入了报纸的编辑工作。

---

① 指他1915年受审时谴责列宁的《关于战争问题的提纲》，声明与列宁脱离关系一事。
② 转引自麦德维杰夫《让历史来审判》（上）第19—20页。
③ 《列宁全集》第2版第29卷第8页。

3月15日,《真理报》宣布,编辑部成员为斯大林、加米涅夫和穆拉诺夫,中央俄国局前两天宣布的其他成员根本没有提到。为此,中央俄国局于3月17日通过了由奥里明斯基提出的一个决议,决议说:"中央俄国局和彼得格勒委员会抗议强行把加米涅夫拉入编辑部,并将他的这种做法及他参加《真理报》编辑部问题提到近期将召开的党代表会上讨论。"① 加米涅夫在1917年4月召开的俄国社会民主工党(布)第七次全国代表会议(四月代表会议)上当选为中央委员,10月又成为政治局委员。所以关于他参加《真理报》的问题也就不了了之。

本来中央俄罗斯局曾决定不让加米涅夫发表文章,实际上这也没有做到。加米涅夫真是快手,3月14日和15日连续发表两篇文章在《真理报》上,题目是《临时政府和革命的社会民主党》《不要秘密外交》。加米涅夫说,党应当支持临时政府,因为它"真正在同旧制度的残余作斗争",既然德国军队进行战争,革命的人民就要"坚守岗位,以枪弹对枪弹,以炮弹对炮弹。这是天经地义的"。这显然是同列宁的方针相抵触的。但斯大林支持加米涅夫文章的发表,也没有反击他的这类半孟什维主义的观点。

不仅如此,斯大林自己在3月16日发表在《真理报》上的文章《论战争》中,也说"把一个光秃秃的'打倒战争!'的口号当作实际方法无疑是完全不适当的",要停止战争,"出路就在于对临时政府施以压力,要它表示同意立即开始和平谈判"。在1917年3月27日至4月2日布尔什维克召开的全俄党的工作者代表会议上,斯大林在他所作的《关于对临时政府的态度》的报告中说:"只要临时政府在采取巩固革命的步骤,那就给予支持,只要它是反革命的,支持临时政府就不能容许。"现在,"临时政府事实上起着把革命人民的成果巩固下来的作用",因此,要对临时政府采取支持的态度。在会上,斯大林还赞成布尔什维克与孟什维克两派统一,称布尔什维克"不应当跑得太远和预先提出分歧……我们将在一个党内消除小的分歧"。② 会议决定与孟什维克举行联席会议,选举斯

---

① 转引自麦德维杰夫《让历史来审判》(上)第20页。
②《全俄(3月)党的工作者代表会议记录,1917年3月27日—4月2日》,载于《苏共历史问题》1962年第5期。

大林、加米涅夫等四人组成代表团，同孟什维克谈判联合问题。谈判很快便开始了，直到4月列宁从国外回来以后才中断。

在如何对待战争、临时政府以及布尔什维克对孟什维克应采取什么态度方面，斯大林显然与列宁的立场有距离。列宁主张不给临时政府以任何支持，不和任何派别"订立任何同盟、联盟甚至协议"[①]。斯大林和加米涅夫等人这时还没摸准列宁的思想，他们甚至不同意全部发表列宁在瑞士专门给《真理报》写的一组文章《远方来信》，只同意发表第一封信，其余三封信则被他们拒载。而且，第一封信发表时，被《真理报》编辑部删去了约五分之一，主要删去了列宁在文章中对孟什维克和社会革命党首领采取妥协主义立场的批评和对临时政府继续进行战争的君主主义和帝国主义意图的揭露。《真理报》的这种立场，直到列宁回国并参加编辑部后才得以改变。后来，斯大林1924年11月在全苏工会中央理事会共产党党团全会上发表演说时，公开承认了自己的错误。他说，当时"在和约问题上采取了苏维埃对临时政府施加压力的政策，而没有决定立刻由无产阶级和农民专政的旧口号迈到苏维埃政权的新口号……这是一个极端错误的立场，因为这种立场滋长了和平主义幻想，帮助了护国主义，阻碍了对群众的革命教育。当时我和党内其他同志赞同这个错误的立场，只是在4月中旬，同意了列宁的提纲后，才完全抛弃了这个立场"。[②]

4月3日晚上9点，列宁、季诺维也夫等人取道德国和瑞典回到了俄国，在别洛奥斯特罗夫车站（俄国境内第一站），列宁一行受到了党中央俄国局委员、彼得格勒委员会委员、《真理报》编辑部代表及彼得格勒工人代表团的欢迎，在欢迎的人中，有加米涅夫、柯伦泰、斯大林、拉斯科尔尼洛夫、施略普尼科夫等人。列宁在车站上作了简短的讲话后，便在欢迎人群的簇拥下前往彼得格勒。在从别洛奥斯特罗夫到彼得格勒的途中，列宁与欢迎他的同志们交谈党内状况，同时对加米涅夫在《真理报》上的文章作了严肃批评，说他在文章中实际上是支持临时政府，而在对战争的看法上则不止一次滑到了护国主义的立场。晚上11时，

[①]《列宁全集》第2版第29卷第6页。
[②]《斯大林全集》第6卷第289页。

抵达彼得格勒的芬兰车站，齐赫泽和斯柯别列夫以彼得格勒工兵代表苏维埃正式代表的身份来欢迎列宁。在齐赫泽宣读了简短的欢迎词后，列宁即兴发表了讲话，他向俄国革命无产阶级和革命军队致敬，号召他们为社会主义革命进行斗争。

斯大林在这里，在车站上，就已感到自己在一些问题上有错误，诚如他后来所回忆的，就在4月3日晚上，他感到"许多问题变得清楚多了"。第二天，他在塔夫利达宫聆听了列宁的讲话，即后来著名的《四月提纲》的十点纲要，列宁的这篇演说发表在4月7日的《真理报》上，但4月8日加米涅夫就在《真理报》上撰文，激烈反对列宁的路线。斯大林虽然没有公开说什么，但没有他的支持，《真理报》也不会发表加米涅夫的这类文章。

此时的斯大林正在不断理清心中的头绪，面对眼前的各种主张，他要作出抉择。到4月中旬以后，斯大林逐渐放弃了他的主张，转而支持列宁。他在《给农民土地》（4月15日）和在瓦西里岛交易所广场举行的"五一"群众大会发表的演讲《论临时政府》（4月18日）中，已明确表示反对临时政府，号召"工人和士兵只能支持他们自己选出的工兵代表苏维埃"。在4月24—29日召开的俄国社会民主工党（布）第七次全国代表会议（四月代表会议）上，斯大林发表演说，明确表示支持列宁的《四月提纲》，并在会上作了关于民族问题的报告。在这次会上，正式批准了列宁的路线，斯大林被选入由9人组成的中央委员会。

6月3—24日，在彼得格勒召开了全俄工兵苏维埃第一次代表大会。在会上，孟什维克和社会革命党占多数。出席大会有表决权的代表共822人，其中布尔什维克105人，社会革命党人285人，孟什维克248人。在大会选出的全俄苏维埃中央执行委员会中，孟什维克占123名（包括16名候补委员）、社会革命党人119名（包括18名候补委员），而布尔什维克仅占57名（包括22名候补委员）。斯大林在会上当选为中央执行委员会的正式委员。

在代表大会期间，群众酝酿举行示威游行。6月6日，布尔什维克党中央扩大会议研究了这一形势，决定在6月10日下午2点举行游行。斯大林在会上支持列宁关于组织工人和士兵和平游行示威的提议，但彼得格勒苏维埃执委会和苏维埃代表大会通过决议禁止游行。鉴于此,布尔什维克决定从大局出发,取消这一次游行,但斯大林表示不同意,以提出退出中央委员会相抗议。斯大林的这一要求没有被接受。6月18日,彼得格勒50万群众还是拥上街头,打着"全部政权归苏维埃""打倒十个资本家部长"等标语牌,举行了声势浩大的游行示威。这次游行揭露出临时政府的危机(这已是第二次危机,4月曾出现过一次)。但这次危机被前线的进攻所打断。7月4日,50多万士兵和工人又走上街头,以立宪民主党、孟什维克和社会革命党等组成的联合政府从前线调回军队"恢复秩序",血腥镇压了这次和平示威。临时政府宣布解除首都工人武装,封闭了《真理报》,强行占领了布尔什维克党中央所在地克舍辛斯卡娅宫,大肆搜捕布尔什维克领导人,并下令通缉列宁。全国笼罩在一片白色恐怖之中,两个政权并存的局面就此结束。

1917年6月18日彼得格勒大游行

1917年7月5日,彼得格勒群众集会被临时政府军队开枪驱散时的场景

列宁不得不转入地下。7月7日清晨,列宁躲入了阿利卢耶夫家,季诺维也夫也躲在那里。对是否出庭受审,列宁正犹豫不决。傍晚,斯大林和奥尔忠尼启则等人到阿利卢耶夫家,他们在这里开了一次会,讨论如何对待当局要求"出庭受审"的问题。起初大家意见不一,有些人主张可以出庭受审,但要中央执行委员会作出明确的保证。讨论正进行得紧张激烈时,娜捷施达·阿利卢耶娃回到家来,发现屋里有许多不认识的人。参加会议的人问她外面的情况怎么样,她如实

地作了回答。她说，大街上都在传说七月事件的肇事者正是德国的奸细，他们已经乘潜艇逃往德国，而其中的罪魁祸首就是列宁。当她知道她讲述的马路新闻的主人公就在她家里时，她满脸通红。人们不再追问她有关外面的情况。会议代表认定，列宁等人出庭受审会受到迫害，因此，列宁必须躲起来。会议决定，让列宁等人离开彼得格勒，藏到一个更安全的地方去。

列宁在阿利卢耶夫家住了3天。7月9日，列宁戴上阿利卢耶夫借给他的帽子和一件长衫，看上去像个芬兰农民。斯大林充当理发师，剃掉了列宁的胡须。晚上，斯大林、阿利卢耶夫等人护送列宁和季诺维也夫离开彼得格勒。前面由工人尼·亚·叶梅利亚诺夫带路，列宁和季诺维也夫跟在后面，斯大林和阿利卢耶夫走在最后。他们送列宁等人到滨海车站，上了车，直到看见列宁安全启程才回来。很快，列宁就到了位于拉兹利夫车站附近镇上的工人叶梅利亚诺夫家，不久又搬到叶梅利亚诺夫在拉兹利夫湖附近搭起的窝棚里。

自那以后，布尔什维克党一半处于地下状态，处于合法地位的斯大林和斯维尔德洛夫成了党的主要领导人。斯大林很忙，成天在为革命事业奔波。斯大林独身一人，行动倒也方便。除了工作，他还经常到阿利卢耶夫家转转，但很少在他们家过夜。阿利卢耶夫一家待他如亲人，斯大林在他们家也很随便。有一次奥丽加·叶甫根尼耶夫娜执意要为斯大林买一身新衣服，斯大林说他没有时间。没几天，奥丽加亲自为斯大林买了一套合身的衣服。在斯大林的请求下，她还给他的上衣缝了一个保暖的里子。斯大林不喜欢带垫肩，系领带，为此，奥丽加还为他特地改制了一件夹克。到阿利卢耶夫家，斯大林总是显得很疲倦，要先睡一会儿，然后再吃饭。他总是躺在床上抽烟斗，有时抽着抽着便睡着了，有一次还把毛毯烧着了。

7月26日至8月3日，斯大林和斯维尔德洛夫主持召开了俄国社会民主工党（布）第六次代表大会。会议是半公开地举行的。列宁、季诺维也夫和加米涅夫没有参加会议，列宁通过中央委员会特派员同彼得格勒保持着联系，从而领导了大会的工作。大会选举斯维尔德洛夫、斯大林、奥里明斯基、洛莫夫、尤列涅夫为主席团成员，领导大会工作；由列宁、季诺维也夫、加米涅夫、托洛茨基、柯

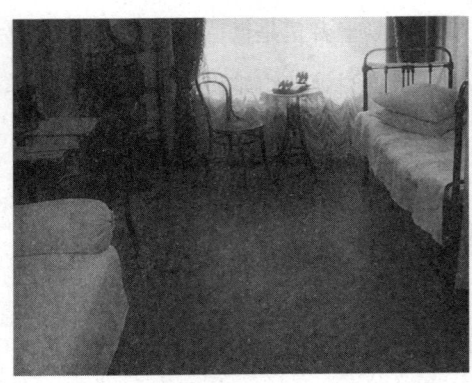

斯大林在阿利卢耶夫家住的房间，这个房间和未来妻子阿利卢耶娃的房间是相通的

伦泰、卢那察尔斯基组成名誉主席团。

　　托洛茨基当时因被临时逮捕也没有参加大会。他在党内是个名人，不过总是颠来倒去。1905年革命时曾短期任彼得堡苏维埃主席，并提出了其著名的"不断革命论"。此后不久被捕，并于1907年从流放地逃跑后流亡国外，在维也纳出版《真理报》(1908—1912)，鼓吹党内各派联合。1912年布拉格会议后，于同年8月组织"八月联盟"，打着"联合""统一""非派别"的旗号，同布尔什维克相对抗。1917年5月从美国回到彼得格勒，加入了主张布尔什维克和孟什维克联合的区联派。但区联派在二月革命之后逐渐放弃了合并的想法，并支持列宁的《四月提纲》。"六大"以前区联派实际上成为了布尔什维克党的成员，"六大"上正式被接纳为党的成员。

　　斯大林在大会上作了关于中央委员会的总结报告和关于政治形势的报告，指出七月事件之后，"形势已经根本改变了"，"革命的和平时期已经结束。搏击和爆发的时期已经来到"。党在目前的迫切任务是"推翻帝国主义资产阶级专政"，"夺取政权"。至于苏维埃，由于被小资产阶级政党所把持和败坏，已经起不到政权机关的作用，因此必须抛弃"全部政权归苏维埃"的口号。斯大林在报告中还说，社会主义革命有可能在俄国取得胜利，"如果要求俄国在欧洲没有'开始'实行社会主义改造以前'暂缓'实行社会主义改造，那就是可耻的迂腐之见了。哪个国家有更多的可能，那个国家就先'开始'"。"很有可能，俄国正是开辟社会主义道路的国家"。①

代表大会遵照列宁的指示,暂时撤回了"全部政权归苏维埃"的口号,提出了彻底推翻反革命资产阶级专政、由无产阶级同贫苦农民结成联盟通过武装起义夺取政权的口号。大会选举了中央委员会,列宁得票最多,为133票,其次是季诺维也夫,获132票,加米涅夫和托洛茨基各得131票。此外,当选的还有斯大林、斯维尔德洛夫、布哈林等人。

"六大"在党的历史上是重要的,最重要的一点是确定了依靠工人阶级和贫苦农民、以武装起义的方法推翻资产阶级统治的方针。在以后的几个月中,布尔什维克党正是遵循这一方针,取得了十月革命的胜利。

言过其实

10月的日子是紧张的。

10月的路上充满了坎坷与曲折。

8月25日,原沙皇将军、临时政府的俄军最高司令掉转枪口,向首都彼得格勒发出了挑战,要求临时政府的全体成员,包括总理克伦斯基在内全体辞职,把全部军事的和民事的政权交给最高总司令。

首都一片惊恐。本来克伦斯基想向布尔什维克最后摊牌,让科尔尼洛夫向首都派来可靠的军队,不料他胃口太大。克伦斯基不得不向科尔尼洛夫宣战,宣布解除他的总司令职务,并亲自请求布尔什维克劝说喀琅施塔得水兵来"保卫革命"。在这生死危亡之际,所有的社会主义派别组成了联盟,叛乱很快平息下去。

革命出现了契机。列宁认为这是革命和平发展的良机,建议孟什维克和社会

---

① 《斯大林全集》第3卷第164—165、62、174页。

1917年7月，担任临时政府总理的克伦斯基在自己的办公室

革命党组成对苏维埃负责的政府。布尔什维克应该同别的政党达成协议并在某些要求上让步，即："不要求参加政府"，"不立刻要求政权转归无产阶级和贫苦农民，不采取革命方法来实现这个要求"，条件是布尔什维克"要有鼓动的充分自由，不再推迟召开立宪会议的日期，甚至在更短的时期内召开立宪会议"。但这一建议遭到孟什维克和社会革命党的拒绝。

自粉碎科尔尼洛夫叛乱以后，布尔什维克的影响空前扩大，彼得格勒和莫斯科等地的苏维埃领导权转到布尔什维克手中。根据新的形势，布尔什维克又重新提出了"全部政权归苏维埃"的口号。对此，社会革命党和孟什维克的首领们深感不安。为了保住他们的权力和影响，他们提议召开全俄民主会议，建立一个既包括各苏维埃党派又有合作社、自治机关代表参加的民主政府，企图在原定9—10月间召开第二届全俄苏维埃代表大会前在"整个民主力量"中获得支持。9月14—22日，全俄民主会议在彼得格勒举行。

早在民主会议开幕前的9月12—14日，列宁就给俄国社会民主工党（布）中央写了两封信，题为《布尔什维克应当夺取政权》《马克思主义和起义》。在这两封信中，列宁指出"民主会议**并不代表革命人民这个大多数，它只代表妥协的小资产阶级上层分子**"，"我们如果把民主会议当作议会看待，那就犯了极大的错误，就成了十足的议会谜"，党的任务应是"把彼得格勒和莫斯科（以及莫斯科区域）举行**武装起义**、夺取政权和推翻政府的问题提上日程"。[①]但此时处于合法

---

① 《列宁全集》第2版第32卷第232、238、234页。

状态的布尔什维克中央的大部分人却对民主会议抱有某种希望。斯大林也如此。他在9月14日写的《论民主会议》一文中说，会议有两种选择，二者必居其一："或者会议不顾一切真去'夺取'政权，那么就可以而且必须谈到组织它所争得的革命政权"；"或者会议不去'夺取'政权，不同克伦斯基决裂，那么关于组织政权的谈论就必然变成废话"。并说苏维埃"中央执行委员会昨天已经拒绝同立宪民主党人联合，打算走革命的道路"，革命政权的萌芽"就是大概要在这次会议上形成的左翼"。①

9月15日，中央委员会专门开会就列宁的信进行了讨论。加米涅夫在会上提出了一个决议案，拒绝接受列宁在信中提出的建议。斯大林在会上发言时支支吾吾，未置可否，仅建议把列宁的信发给党组织讨论。会议否决了加米涅夫的提案，决定以后再讨论"策略问题"。

也正是因为这个态度，布尔什维克中央不顾列宁的建议，仍派代表参加了民主会议。9月20日，民主会议主席团通过决议，决定从民主会议成员中按其代表人数的15%派人组成共和国民主会议（即预备国会），履行议会职能。这等于实际上把在民主会议中人数很少的布尔什维克从议会中排挤出去。但是，布尔什维克中央仍然决定参加预备国会。

在9月17日至23日之间，列宁写了《论进行伪造的英雄和布尔什维克的错误》一文，尖锐地批评了布尔什维克中央在对待民主会议上的严重错误，指出"布尔什维克决不应当让这种显然无谓的事情，让显然是为了**削弱**日益高涨的革命而用无聊把戏来欺骗人民的明显的骗局**缠住自己**"，布尔什维克本来应当退出会议，可是"布尔什维克在革命的（不是'立宪的'）紧要关头，对议会活动采取了不正确的态度，对社会革命党人和孟什维克采取了不正确的态度"。但是，由斯大林主编的中央机关报《工人之路报》9月24日发表列宁这篇文章时，竟整段整段地删去了这些内容。②

对此，列宁很气愤。9月29日，他在《危机成熟了》一文中说："鉴于中央机

---

① 参见《斯大林全集》第3卷第278、380—381页。
② 参见《列宁全集》第2版第32卷第247—249、67页。

关报**删掉了**我的文章中指出布尔什维克作出参加预备议会的可耻决定,把苏维埃主席团的席位让给孟什维克等等,是犯了不可容忍的错误的几段话,我不能不认为这是'微妙地'暗示中央委员会甚至不愿意讨论这一问题,'微妙地'暗示要封住我的嘴,并且要我引退。"① 列宁要求布尔什维克中央改正错误,集中力量准备武装起义。列宁的这篇文章明确指明只"**分发给中央委员会、彼得堡委员会、莫斯科委员会以及苏维埃的成员**",但这些成员并没有立即果断地行动起来。10月1日,列宁不得不又给上述各委员会和苏维埃的布尔什维克委员写了一封信,指出"拖延就是犯罪",号召布尔什维克不要等待,"应当**立即举行起义**","应当**立即夺取政权**"。

在列宁的再三敦促下,党中央委员会于10月5日召开会议,讨论列宁的建议。会议不顾加米涅夫、李可夫等人的反对,作出了退出预备国会的决定。10月7日,在预备国会开幕的那天,布尔什维克在会上宣读声明后退出了预备国会。

10月7日,列宁从维堡秘密回到彼得格勒。10月10日,布尔什维克党中央召开会议,讨论了武装起义问题。列宁、季诺维也夫、加米涅夫、托洛茨基、斯大林、斯维尔德洛夫等人参加了会议。会议由斯维尔德洛夫主持。列宁在会上作了关于目前形势的报告,会议以10票赞成、2票反对通过了列宁的决议案,把立即准备武装起义提上了日程。投反对票的是季诺维也夫和加米涅夫。会议决定成立由列宁、季诺维也夫、加米涅夫、托洛茨基、斯大林、索柯里尼柯夫、布勃诺夫7人组成的政治局,对起义进行政治领导。

10月11日,季诺维也夫和加米涅夫向中央提出了一个声明,并给党的地方组织写了一封《论时局》的信,申述他们反对立即举行武装起义的理由,但他们都没有得到支持。

为了顺利开展武装起义的准备工作,10月12日在彼得格勒苏维埃(主席是托洛茨基)中成立了军事革命委员会。这一机构名义上是为了监督彼得格勒军区的活动和首都城防工作,实际上是布尔什维克准备武装起义的公开指挥部。

---

① 《列宁全集》第2版第32卷第278页。

10月16日，俄国社会民主工党（布）中央召开扩大会议，季诺维也夫和加米涅夫再次表示反对武装起义，他们的观点遭到与会代表的批驳。斯大林在会上也发言批评季诺维也夫和加米涅夫的错误立场，他说："加米涅夫和季诺维也夫的建议客观上是让反革命有可能准备和组织起来。我们将无止境地退却，使革命遭到失败。"①会议以19票赞成、2票反对、4票弃权通过了列宁的决议案，季诺维也夫提出的决议案以6票赞成、15票反对、3票弃权被否决。

军事革命委员会委员斯大林（1917年）

在随后举行的中央委员会秘密会议上，成立了由布勃诺夫、捷尔任斯基、斯维尔德洛夫、斯大林和乌里茨基组成的起义领导机构——军事革命总部。中央委员会的决议专门指出，党的军事革命总部的成员同时也是苏维埃军事革命委员会的成员。

斯大林和捷尔任斯基在一起

10月18日，加米涅夫以他和季诺维也夫俩人的名义在半孟什维克报纸《新生活报》上发表声明。声明说："鉴于发起行动的问题在加紧讨论，我和季诺维也

---

①《斯大林全集》第3卷第366页。

夫同志给在彼得格勒、莫斯科和芬兰的我们党的各大组织写了一封信，信中表示坚决反对我们党在最近期间主动发起任何武装行动。""不仅仅我和季诺维也夫同志，并且还有许多从事实际工作的同志都认为，在目前，在现在的社会力量对比下，撇开苏维埃代表大会，在苏维埃代表大会召开的前几天，主动发动起义，是一种不能允许的、对无产阶级和革命极端危险的步骤。"①这实际上泄露了党举行武装起义的机密。

列宁对此很气愤，当天就写了《给布尔什维克党党员的信》，第二天又写了《给俄国社会民主工党（布）中央委员会的信》。在这两封信中，列宁把加米涅夫和季诺维也夫的做法称作"工贼行为"，并要求把他们开除出党。10月19日，季诺维也夫给《工人之路报》写了一封短信，企图驳斥列宁的谴责。第二天，斯大林没有经过党中央和报纸编委会的同意就发表了季诺维也夫的这封信，并加了一个"编者按"："我们同样也表达一个希望，即：鉴于季诺维也夫同志所作的声明（以及加米涅夫同志在苏维埃所作的声明），可以认为问题业已解决。列宁同志文章中的尖锐语调并不改变我们基本上仍是思想一致者这一点。"②

就在斯大林发表季诺维也夫短信的这天（10月20日），布尔什维克党中央召开了一次会议，专门讨论列宁《给俄国社会民主工党（布）中央委员会的信》，准备就季诺维也夫和加米涅夫的问题作出决定。列宁虽然也在彼得格勒，但仍处于地下状态，没有参加会议。在这次会议上，托洛茨基说，党报发表季诺维也夫的信和不署名的《编者按》是"不能容忍的"，加米涅夫要求辞去中央委员的请求应予批准。捷尔任斯基发言时提议要求加米涅夫完全退出政治活动，并说季诺维也夫与他还是有区别的，季诺维也夫本来就一直处于地下状态，没有参加党的工作，应区别对待。斯维尔德洛夫说，加米涅夫的行为无论如何也不能认为是正确的，中央委员会虽无开除党员的权力，但问题应当现在解决，会议有足够的权威，应当既对列宁的声明也对加米涅夫关于退出中央委员会的声明作出回答，加米涅夫的辞职应予接受。斯大林在会上也发了言，他说：列宁同志的提议

---

① 转引自《列宁全集》第2版第32卷第479—480页。
② 罗伯特·斯拉塞《斯大林在1917年》，莫斯科进步出版社1989年版，第262页。

应当由全会解决，建议目前不作决定，加米涅夫和季诺维也夫会服从中央委员会的决定，开除出党不是办法，需要保持党的统一。斯大林建议责令加米涅夫和季诺维也夫服从中央的决定，把他们留在中央委员会里。

由于会议对斯大林擅自发表季诺维也夫的信并加了一个《编者按》持否定态度，斯大林在会上发表了要退出《工人之路报》的声明，但大会决定不接受他的辞职请求，也不讨论他的声明，他的问题应当在编辑部内讨论解决。会议经过讨论，决定接受加米涅夫退出中央委员会的辞呈，并责成季诺维也夫和加米涅夫不得发表任何反对中央委员会的决定和它规定的工作路线的声明。

列宁不同意中央的这一决定，称这个决定是一种妥协。他在10月22日或23日给斯维尔德洛夫的信中写道："在季诺维也夫和加米涅夫事件上，如果**你们**（＋斯大林、索柯里尼柯夫和捷尔任斯基）要求妥协，就请提出**不同意我的意见的建议**——把这一事件交给党的法庭审理（事实很清楚，季诺维也夫也蓄意**破坏过**）：这样做将是拖延时日。"①

但是，话又说回来，斯大林的这种折中做法也不无道理，在这个关键的时刻，团结一切可以团结的人，尤其像季诺维也夫和加米涅夫这样在党内有影响的人，是很必要的。况且加米涅夫和季诺维也夫也很快就承认了错误，直接参加了十月武装起义的工作。

党内关于武装起义的思想大体统一后，布尔什维克党就着手紧张地进行起义的准备工作。10月20日，军事革命委员会向首都各卫戍部队派出了近60名政治委员，名义是保卫彼得格勒苏维埃不受反革命力量攻击，实际上是监督军区司令部和军官的行动，保证军事革命委员会命令的贯彻。10月21日，彼得格勒苏维埃军事革命委员会开会，选出由三名布尔什维克波德沃斯基、安东诺夫—奥弗申柯、萨多斯基和两名左派社会革命党人拉济米尔、苏汉尔柯夫组成的常务局。托洛茨基以彼得格勒苏维埃主席的名义签署命令，让工人领取枪支——当时布尔什维克还掌握了藏在彼得保罗要塞的10万支步枪。同一天，布尔什维克召开了首

---

① 《列宁全集》第2版第32卷第429页。

都所有部队和舰队团连委员会会议，托洛茨基在会上作了关于目前形势的报告。首都各卫戍部队表示完全承认苏维埃为唯一权力机关，承认军事革命委员会为直接指挥机关，完全拥护军事革命委员会所采取的一切措施。10月22日，彼得格勒赤卫队召开代表会议，通过了赤卫队章程，建立了领导机构——中央司令部。主席是尤列涅夫。到起义前夕，首都赤卫队员达2万多人，全国有约20万人。同一天，首都卫戍部队各区代表会议决定，凡向卫戍部队发出的命令，必须有政治委员签字，否则一律无效。

10月23日，列宁召开军事革命委员会委员会议，听取汇报，检查起义的准备情况。

斯大林在忙乎什么呢？有关斯大林在这几天的活动记载很少，只知道他在10月21日参加了一次党中央委员会的会议，在会上发了言，建议为即将召开的全俄苏维埃第二次代表大会准备关于土地、战争、政权、工人监督、民族五个问题的报告和提纲。会议通过了他的建议，并对这些问题进行了分工：土地、战争、政府问题的报告由列宁负责，工人监督问题由米柳亭负责，斯大林负责民族问题的报告，托洛茨基作形势报告。会议还指定由斯维尔德洛夫、斯大林、米柳亭三人，负责在苏维埃代表大会召开前组织举行一次布尔什维克党团的预备会议。24日下午，斯大林和托洛茨基与就近来的苏维埃第二次代表大会的代表召开了布尔什维克党团会议，斯大林在会上作了关于政治形势的报告。但有关这次会议，没有留下任何正式记录。只有当时参加过这次会议的代表米哈伊尔·雅柯夫在写给谢苗·瓦西里琴科的一封信中谈到了有关这次会议及斯大林报告的一些内容。他在信中说：

斯大林作关于（俄国社会民主工党）中央委员会近况的报告。军队正从前线向我们开来。只有拉脱维亚团支持我们，但受阻。临时政府正犹豫不决。今天5—6时派了人来谈判。

（斯大林谈道），（社会革命党）中央委员会问，军事革命委员会的目的是什么——是起义还是维护秩序？如果是前者，他们说要召回自己的人（在委员会中有一些能干的左派社会革命党人)。当然,我们的回答是:维护秩序,自卫。他们没有召回自己的人。水兵逮捕了50名士官生。军事革命委员会里有两派主张:(1)立即起义,(2)要首先聚集力量。俄国社会民主工党中央委员会同意第二种主张。"阿芙乐尔"号的代表问,在试图开桥时要不要开火。我们建议不要开火。反正所有的桥将掌握在我们手里,而特罗伊茨基桥则正在彼得保罗要塞控制之中。在士官生和装甲兵中正在发生分裂。我们有打击装甲兵的专门的大炮。《工人之路报》正在排版。电话现在不在我们手里(过了两分钟得到消息说,政府配备在中央电话局门前的装甲兵是布尔什维克的,而且接线员已转向苏维埃)。邮局在我们手里。有两个团正从前线开来支援我们。派来的自行车兵本是来镇压我们的,但他们却从前线派来了代表团,带着布尔什维克的决议来问我们,他们是该来支援我们还是返回前线去。①

可见,斯大林掌握的信息不太全面,脑子里想的是"聚集力量",而不是"立即武装起义"。这个想法也反映在他在当天发表在《工人之路报》上的题为《我们需要什么?》的社论中。他在社论中说,工人、士兵、农民、哥萨克以及全体劳动者,如果要求争取和平、面包、土地和自由,以新的工农政府来代替目前的地主资本家政府,那"你们就要聚集自己的一切力量,一致奋起,团结得像一个人一样,举行会议,选举代表团,并通过它们向明天在斯莫尔尼召开的苏维埃代表大会陈述自己的要求……你们的发动愈有力、愈有组织、愈强大,旧政府就会愈和平地让位于新政府"。②

可是,24日这一天的情形表明,立即武装起义已迫在眉睫,布尔什维克已做好了起义的一切准备工作。

就在这一天清晨,临时政府派遣士官生和警察突然袭击《工人之路报》的印

---

① 参见罗伯特·斯拉塞《斯大林在1917年》第271页。译文参考了姜长斌《历史的孤独》,第94—95页。当时米·雅柯夫是顿涅茨—克里沃罗格的布尔什维克代表,瓦西里琴科在1917年时是俄国社会民主工党(布)罗斯托夫-纳希切万委员会主席。

② 《斯大林全集》第3卷第371—372页。

刷厂。军事革命委员会立即派遣立陶宛团士兵到印刷厂，赶走警察、撕去封条，夺回了印刷厂，保证了当天报纸的出版。赤卫队和士兵还控制了涅瓦河上的所有桥梁，占领了中央电报局和彼得格勒电讯社。

十月革命指挥部——斯莫尔尼宫

上午，为了保证起义的顺利进行，托洛茨基、斯维尔德洛夫、加米涅夫等11名中央委员举行会议，会议听取了军事革命委员会的汇报。加米涅夫建议，"没有中央委员会的特殊建议，任何中央委员不得离开斯莫尔尼宫"，这一建议立即获得通过。会议对中央委员在起义过程中的任务进行了具体分工：布勃诺夫负责同铁路工人保持联系，捷尔任斯基负责邮局和电报局，米柳亭负责组织食品供应，斯维尔德洛夫负责监视临时政府，洛莫夫和诺根负责向莫斯科通报一切情况，加米涅夫和别尔津负责与左派社会革命党人谈判。为了防备反革命对斯莫尔尼宫的攻击，托洛茨基建议在彼得保罗要塞设立后备司令部。这个建议获得通过，并责成斯维尔德洛夫与要塞保持经常联系。斯大林没有参加这一重要会议，这次会议也未给斯大林分配具体任务。他在起义中分工负责什么工作，目前还没有材料可供查证。

同时，也就在这一天上午，军事革命委员会向卫戍部队发出了《第一号书面命令》，指出"彼得格勒苏维埃受到直接威胁"，"命令各团做好战斗准备，等待进一步命令"。军事革命委员会还通过"阿芙乐尔"号巡洋舰无线电台向所有守卫在彼得格勒郊区的部队发出命令，要求他们做好战斗准备、加强各火车站的防卫。

"阿芙乐尔"号巡洋舰

临时政府也在加紧准备。24日上午，克伦斯基到玛丽亚宫向预备国会发表演说，说布尔什维克正在策划起义，要求预备国会支持政府采取坚决行动对付暴动。未等国会对他的要求作出决定，他匆匆忙忙回到冬宫，打电话给前线司令部，要他们向首都抽调可靠的部队。彼得格勒军区司令员波尔科夫尼科夫下令各部队一律留在营房内，不准携枪上街，凡违反者交军事法庭治罪；命令士官生和哥萨克队伍开往冬宫，保卫政府。但这些命令听者廖廖无几，只有几万人、四辆装甲车和六门大炮能够调往冬宫。

列宁很敏锐，他感到企盼已久的时刻终于到了。24日，他先是要求中央委员会准许他去斯莫尔尼宫，傍晚又写信给党中央，说"无论如何必须在今天晚上，今天夜里逮捕政府人员，解除士官生的武装（如果他们抵抗，就击败他们）……不能等待了！！等待会丧失

战士们准备攻占临时政府所在地——冬宫

一切！！"，"现在正是千钧一发的关头，目前提上日程的问题决不是会议或代表大会（即使是苏维埃代表大会）所能解决的"。①晚上11点，列宁从隐居地来到斯莫尔尼宫，亲自指挥武装起义。25日（公历11月7日）凌晨，革命者占领了塔夫利达宫、尼古拉车站、波罗的海车站、中央发电站、国家银行和其他战略要地。到上午，整个首都几乎全部控制在起义者手中，克伦斯基见势不妙，乘美国大使馆的汽车仓皇逃出彼得格勒。

上午10点，彼得格勒苏维埃军事革命委员会发布列宁写的《告俄国公民书》，宣布临时政府已被推翻，政权已转到彼得格勒苏维埃手中。下午1点，玛丽亚宫被起义者占领，预备国会被驱散。临时政府龟缩在冬宫中，企图负隅顽抗。为了消灭敌人的这个据点，起义者开始围攻冬宫。晚上9点40分，"阿芙乐尔"号巡洋舰开始炮轰冬宫。凌晨2点，攻占冬宫，逮捕了临时政府成员。彼得格勒起义获得了胜利。

11月7日下午，"阿芙乐尔"号巡洋舰开始炮轰冬宫。凌晨2点，攻占冬宫

就在起义者攻打冬宫之际，全俄工兵代表苏维埃第二次代表大会开幕。列宁作了关于和平问题和土地问题的报告，通过了苏维埃政权的第一批法令《和平法

---

① 《列宁全集》第2版第32卷第430页。

令》和《土地法令》,选举了由 101 人组成的中央执行委员会,成立了以列宁为首的人民委员会。斯大林出席了这次大会,并当选为中央执行委员会委员。原定他在大会上要作关于民族问题的报告,不知为什么没有作,不过在人民委员会选举时他还是当选为民族事务人民委员。

在十月武装起义中,列宁是公认的领袖。托洛茨基的作用仅次于列宁,这一点连斯大林早期的文章中也是承认的。1918 年 11 月 6 日,为了纪念十月革命胜利一年,他在《真理报》上发表了题为《十月革命》一文,文章写道:"起义的鼓舞者自始至终都是以列宁同志为首的党中央委员会。弗拉基米尔·伊里奇那时秘密住在彼得格勒维堡区。10 月 24 日晚上,大家要他到斯莫尔尼宫去领导总的运动。起义的一切实际组织工作是在彼得格勒苏维埃主席托洛茨基同志直接指挥之下完成的。我们可以确切地说,卫戍部队之迅速站到苏维埃方面来,军事革命委员会的工作之所以做得这样好,党认为这首先要归功于托洛茨基同志。"① 这段话在收入《斯大林全集》第 4 卷时被删去了。可是在《斯大林传略》《联共(布)党史简明教程》《斯大林全集》以及其他后来出版的各种历史教科书、百科全书里,不仅抹去了托洛茨基的作用,而且总是不厌其烦地重复着"列宁和斯大林是伟大十月社会主

第一届苏俄政府,从上至下:第一排左起:李可夫、列宁、托洛茨基;第二排左起:尼·亚·米柳亭、尼·瓦·克雷连柯、帕·叶·德宾科、弗·亚·奥夫申柯(安东诺夫)、维·巴·诺根;第三排左起:阿·瓦·卢那察尔斯基、格·伊·奥波科夫(洛莫夫)、亚·加·施略普尼科夫;第四排左起:伊·阿·泰奥多罗维奇、尼·巴·阿维洛夫(格列博夫);第五排左起:约·维·斯大林、伊·伊·斯克沃尔佐夫(斯捷潘诺夫)

---

① 转引自李显荣《托洛茨基评传》,中国社会科学出版社1986年版,第233页。

义革命胜利的主谋者和组织者"[1] "会议选出了以斯大林同志为首的领导起义的**党总部**。这个党总部是彼得格勒苏维埃所属的军事革命委员会的成员,它实际上领导整个起义"[2]"10月24—25日,弗·伊·列宁和约·维·斯大林领导十月武装起义"[3]。从现在所公布的材料看来,这些书中的说法是不符合历史事实的,斯大林在武装起义中的作用被大大拔高了。

历史的机遇

彼得格勒武装起义虽然胜利了,但苏维埃俄国百废待举,许多问题亟须解决。虽然成立了以列宁为首的人民委员会,但苏维埃政权仍然遭到社会革命党人和孟什维克的挑战。前方还在打仗,严重威胁着年轻的苏维埃的生存。在那些日子里,人人都很忙,斯大林也如此。

斯大林的第一个任务是组建民族事务人民委员部。说是成立了民族事务人民委员部,但连办公房也没有,牌子也没有地方可挂,人手更是不够。在最初,斯大林得到了佩斯特科夫斯基的帮助(他是一个波兰的老革命家,曾被判处在西伯利亚服苦役,二月革命后获自由,参加过十月武装起义),是佩斯特科夫斯基主动来找斯大林的。

"斯大林同志,你是不是民族事务人民委员?"佩斯特科夫斯基问。

"是的。"

"可是你有一个委员部吗?"

"没有。"

---

[1] 参见《斯大林传略》,人民出版社1953年版,第53页。
[2]《联共(布)党史简明教程》第229页。
[3]《斯大林全集》第3卷第400页。

"好吧，我为你搞一个委员部。"

"可以，可是你需要什么东西吗？"

"目前只需要一个委托书。"

这时，不愿多费话的斯大林前往人民委员会执行办公室。几分钟后，斯大林拿回了一份委托书。

佩斯特科夫斯基在斯莫尔尼宫一个有人占用的房间里发现了一张空桌子，他把这张桌子推到边上，靠墙放下，又找了两把椅子放在边上。在墙上贴了一张纸，上书"民族事务人民委员部"。就这样，民族事务人民委员部开始办公。

办公需要一些最起码的费用，没有钱，怎么办？那时苏维埃政权还没有把银行收归国有。佩斯特科夫斯基问："斯大林同志，在我们名下一分钱也没有。""你需要很多钱吗？"斯大林问。"在开始时1000卢布就够了。""那你1小时以后再来吧。"当佩斯特科夫斯基1小时以后再去时，斯大林叫他向托洛茨基借3000卢布。斯大林说："他有钱。他在前外交部中找到了钱。"那时托洛茨基是外交人民委员。于是佩斯特科夫斯基到托洛茨基那里借了3000卢布，算是最初的办公费用。

斯大林身为民族事务人民委员，他起草的第一个重要文件是《俄国各民族权利宣言》。11月2日，他与列宁共同签署了这一宣言。宣言中规定，俄国各民族一律平等和享有主权，俄国各民族有自由的自决权，可以分离和组成独立的国家，废除一切民族的和宗教的特权与歧视，少数民族和种族集团可以自由发展。

11月14日，斯大林作为中央特使去了赫尔辛基，参加芬兰社会民主工党代表大会。他在会上发言时强调芬兰应按民族自决权原则解决它自己的问题。12月18日，与列宁共同签署了关于芬兰国家独立的法令。但是，芬兰独立后，芬兰社会民主工党并没有掌权执政，政权转到了芬兰资产阶级手中。为此，斯大林所坚定维护的民族自决权原则遭到了党内一些人的指责，他们认为这是向小资产阶级民族主义屈服。面对种种压力，斯大林在1918年1月10—18日召开的全俄工兵农代表苏维埃代表大会上作关于民族问题的报告时，对民族自决权原则作出了新的解释。他说："必须把自决原则解释为该民族的劳动群众的自决权，而不是资产阶级的自决权。自决原则应当是争取社会主义的手段,应当服从社会主义的原则。"① 这次大会还通过了斯大林提出的关于俄罗斯联邦机关的决议。

民族问题是一个很复杂的问题,如何处理好各民族之间的关系,是关系到国家建设和稳定的大事。在俄国,这个问题始终没有处理好,大俄罗斯主义的倾向很严重。这一点在斯大林身上也有所体现,如他在对待乌克兰的态度上就是如此。

乌克兰苏维埃社会主义共和国成立于1917年12月12日。当时,在乌克兰还存在资产阶级和小资产阶级政党及团体的联合机关——中央拉达。乌克兰苏维埃政府与中央拉达进行了艰苦斗争。1918年4月3日,列宁主持的人民委员会会议通过了关于乌克兰人民书记处(即乌克兰苏维埃工农政府)特别代表团的声明的决议和全乌克兰苏维埃第二次代表大会关于宣布乌克兰人民共和国为独立的共和国的决定。决议对乌克兰劳动人民和被压迫群众的英勇斗争表示赞赏和同情,称他们现在是世界社会革命的先进部队。而斯大林却于4月4日给乌克兰苏维埃政府拍发了如下电报:"不要再玩弄什么政府和共和国游戏了,似乎是够了,该是丢掉这种游戏的时候了。"这使乌克兰苏维埃政府领导人很气愤。4月6日,乌克兰苏维埃政府领导人斯克雷普尼克给莫斯科发了封电报,对斯大林的做法表示抗议。电报说:

> 我们必须对斯大林人民委员的做法表示坚决的抗议。我们必须声明,乌克兰苏维埃执行委员会和人民书记处不会以俄罗斯联邦这个或者那个人民委员对我们的态度作为自己行动的指南。他们是代表乌克兰劳动人民的意志,而这意志已体现在第二次全乌克兰苏维埃代表大会的决议里。像斯大林人民委员发出的声明是破坏乌克兰苏维埃政权的……并直接帮助了乌克兰劳动群众的敌人。②

---

① 《斯大林全集》第4卷第29页。
② 参见《列宁全集》第2版第34卷第649页;麦德维杰夫《让历史来审判》(上)第29—30页。

不过，在这一时期，斯大林公务太多，民族事务只占了他很少的时间。他没有太多的时间顾及这一工作。正如列宁后来所说："'机遇'使他在三年半来实际上从未担任工农检查人民委员，也没有担任民族事务人民委员。这是事实。"① 斯大林于1919年兼任国家监察人民委员（1920年起改为工农检查院人民委员），但斯大林在当时根本没有时间管工农检查院的事。而越飞当时很想得到这个有权威的职位，他多次给托洛茨基写信，请求托洛茨基推荐他。"如果说为了事业可以把斯大林从工农检查院人民委员的岗位撤下来，因为他在任何岗位都有用，而在工农检查院却不工作。那么，毕竟不能把契切林从外交人民委员的岗位上撤下来，因为他在任何地方都不会更有用。"② 越飞也给列宁写过信，对党中央不考虑他有丰富的政治工作、特别是外交工作经验，经常把他从一个地方调到另一个地方表示不满。列宁给他写了一封语重心长的回信，说他的问题只能用"**机遇不好来解释**"。③

斯大林的机遇确实不错。在那个非常时期，布尔什维克党面临的各种问题亟待解决。托洛茨基忙于外交事务特别是与德奥同盟国谈判事宜；斯维尔德洛夫忙于党务工作，常常找不到他，他从1917年"六大"以来一直负责党的书记处；而加米涅夫、季诺维也夫、李可夫、米柳亭、诺根等人由于主张成立由所有社会主义政党组成的联合政府，与党中央发生分歧，短期退出了中央委员会。因此，斯大林一度成了列宁身边少有的关键人物，更确切地说是列宁的重要副手。这一点甚至连托洛茨基也是承认的，他说："在那个时期，列宁非常需要斯大林，那是没有疑问的……他起了参谋长的作用。"④ 1917年11月29日，俄国社会民主工党（布）召开中央委员会会议，在会上成立了中央常务局，成员由列宁、斯维尔德洛夫、托洛茨基、斯大林四人组成，常务局成员有权在其他中央委员不在斯莫尔尼宫时决定"一切紧急事务"。这实际上等于正式肯定了斯大林在列宁身边的

---

① 《列宁全集》第2版第50卷第169页。
② 沃尔科戈诺夫《胜利与悲剧》第1卷第101页。
③ 《列宁全集》第2版第50卷第169、582页。
④ 托洛茨基《斯大林评传》（下）第326页。

作用。

在这一时期，斯大林与列宁待在一起的时间很多，列宁也确实需要斯大林的帮助。据佩斯特科夫斯基说："列宁连一天都离不开斯大林，大概由于这个缘故，我们在斯莫尔尼的办公室得到列宁的庇护。在一天当中，列宁要把斯大林叫出无数次，或者到我们办公室把斯大林带走。斯大林一天的大部分时间是同列宁在一起度过的。"

作为列宁的重要副手，斯大林参与了许多重大问题的决策，并在关键时候支持列宁。

1917年11月初，布尔什维克党内就政权的组成问题发生分歧，孟什维克和社会革命党人要求成立"清一色的社会党人政府"，列宁和党内大多数人表示反对，但党内一小部分人如加米涅夫、米柳亭、季诺维也夫、李可夫、诺根等人表示愿意由所有社会主义政党组成联合政府，形成中央内部的反对派。他们的主张受到列宁等党内大多数人的批评。11月2日，中央还专门通过了关于中央内部反对派问题的决议，但他们拒不接受批评。11月3日，列宁起草了中央多数派给少数派的最后通牒，要求少数派以书面形式保证服从中央的决议，斯大林等大部分中央委员在最后通牒上签了字，但反对派拒绝提出书面保证，于11月4日宣布退出中央委员会。

11月8日深夜，人民委员会和军事革命委员会举行联席会议，会议授权列宁、斯大林和陆军人民委员尼·瓦·克雷连柯同俄军最高总司令尼·尼·杜鹤宁将军通过直达电报进行谈判。列宁曾在7日签署了给杜鹤宁的电报稿，命令他立即向交战国司令部提出举行停战谈判的建议，令其随时向人民委员会报告谈判的进展情况。但杜鹤宁既不承认苏维埃政权为合法的全国政府，也不接受进行停战谈判的建议。11月9日凌晨2时，列宁、斯大林和克雷连柯一起来到彼得格勒军区司令部，通过直达电报质问杜鹤宁将军，为何拖延停战谈判。杜鹤宁一再回避对政府命令作出明确的答复。当坚决要求他立刻开始停战谈判的时候，杜鹤宁断然拒绝服从命令。因此，列宁、斯大林和克雷连柯宣布解除杜鹤宁的总司令职务。凌晨4时30分，他们驱车来到陆海军电台，通过广播，宣布已解除杜鹤宁

第二章　在震撼世界的年代

的职务，由克雷连柯任最高总司令。

也正因为斯大林的这种特殊角色，当列宁由于疲劳过度，于12月24—27日同克鲁普斯卡娅和妹妹玛丽亚一起在芬兰"哈利达"疗养院度假时，斯大林临时代替列宁任人民委员会主席职务，并在其间主持召开了两次人民委员会会议。

在布列斯特－里托夫斯克和谈期间，列宁主张不惜一切代价签订和约，以赢得宝贵的喘息时间，整顿和建设国家经济，组建红军，巩固年轻的苏维埃政权。但托洛茨基在和谈中则主张不战不和；而以布哈林为首的"左派共产主义者"则坚决反对签订和约，主张对国际帝国主义进行革命战争，以推动欧洲革命运动的发展。斯大林一度也持中间立场，甚至说"可以不签订和约"。在受到列宁的严厉批评后，斯大林改变了态度，在历次讨论有关和约的会议上都投票支持列宁的主张。

在布列斯特－里托夫斯克和谈期间的托洛茨基（右）、越飞（中）（1918年1月初）

后排右起：索柯里尼柯夫、托洛茨基；前排左起：加米涅夫、越飞。这是1918年3月3日他们在《布列斯特－里托夫斯克和约》签订期间的合影

1918年3月3日，签订《布列斯特－里托夫斯克和约》的现场

1918年的布哈林

此外，斯大林在这一时期还参与了诸如解散立宪会议、（与布哈林一起）起草《被剥削劳动人民宣言》和独立起草《俄罗斯联邦社会主义共和国宪法总纲》等工作。

应该说，斯大林在苏维埃俄国建国初期的工作中，已表现出了他是一个精力充沛、办事富有成效的实干家。在列宁身边工作的这些日子里，列宁对他的能力和工作作风已有所了解。显然，列宁在许多方面是赏识他的，这从国内战争和外国武装干涉期间列宁对他的重用看得更清楚。

弹雨时节

《布列斯特－里托夫斯克和约》的签订，并没有给苏俄国内带来安宁，帝国主义者很快便对苏俄进行了武装干涉。从3月中旬开始，英、法、美等协约国军队侵入摩尔曼斯克；4月，日本军队在符拉迪沃斯托克登陆；5月，土耳其军队侵入中亚和外高加索地区；德国军队侵入克里木并在芬兰和新罗西斯克登陆；俄国境内的捷克斯洛伐克军团又在东线对苏维埃军队发起进攻。在国内，反革命势力趁机活动，纷纷组建白卫军叛乱。在南俄地区有克拉斯诺夫和邓尼金的白卫军；在中部和东部有高尔察克部队；在北部有尤登尼奇的白卫军。到1918年夏，苏维埃共和国全国四分之三的领土陷入敌人手中，苏维埃国家处于四面包围之中。

全国一片惊恐，年轻的苏维埃共和国岌岌可危。列宁提出了"一切为了前线"的口号，宣布全国为统一的军营，成立了15个方面军以应付战争，并决定把全国的政治、经济纳入战时轨道，实行军事共产主义（又译"战时共产主义"）

邓尼金 　　　　　　　　高尔察克 　　　　　　　　尤登尼奇

政策，主要内容包括：实行余粮征集制，成立武装征粮队，强制征收农民手中的"余粮"（在实行过程中，甚至连农民的口粮也征来了）；建立中央集权的工业管理体系，大、中、小型企业一律实行国有化，从上到下按各工业部门设立总管理局，对企业实行集中的垂直领导，并在企业中实行一长制原则；逐步限制直至完全取消市场和私人贸易，试行经济关系实物化，在国家各部门中实行无货币结算，改用簿记结算，并打算最终取消货币；实行普遍劳动义务制和劳动军事化。

在国内战争和外国武装干涉期间，作为军事人民委员和最高军事委员会（1918年9月改称共和国革命军事委员会）主席的托洛茨基发挥了杰出的作用。

军事共产主义期间，人们在收割庄稼

卸载征收来的产品，莫斯科沃兹涅先斯基广场（今革命广场）（1919年）

他是在《布列斯特－里托夫斯克和约》签订以后被正式免去外交人民委员后而担任此职的。他的免职与其说是他在布列斯特－里托夫斯克和谈中的立场，不如说是党和列宁对他的重视与信任。他一上任，即着手组建正规的红军，为此，他认为必须有一个统一的指挥管理系统，必须有严格的军队纪律，并且必须利用沙俄时期的旧军事专家。在战争中，托洛茨基经常坐着那辆从沙俄政府交通大臣那里缴获来的专列巡视前线。这辆专列由两辆机车牵引，列车上备有电台、电报站、印刷机、发电机、图书室和停放小汽车的车库。他在车上"听取下级汇报，召集当地的军政首长开会，审阅电报文件，口授命令和文章"。哪里有需要，这辆专列就驶向哪里，这使他在党内、军内都赢得了很高的威信。

在国内战争和外国武装干涉期间，斯大林也是个大忙人。1918年5月29日和30日，斯大林和施略普尼科夫被任命为享有特殊权力的俄国南方粮食工作的共同领导人。斯大林去北高加索（伏尔加河的察里津），施略普尼科夫去库班。南方是俄国的粮仓，而这时，这里却陷入了哥萨克人严严实实的包围之中，该地区的失守意味着饥饿的来临。

1918年斯大林在察里津

6月4日，斯大林和妻子娜捷施达·阿利卢耶娃（他们这一年上半年才结婚）从莫斯科动身，前往察里津。察里津是当时苏维埃北高加索军区司令部所在地，由前沙俄上将斯涅萨列夫任司令。行前，列宁命令陆军人民委员部抽调一支400人（其中一定要有100名拉脱维亚步兵）的部队护送斯大林。6月6日，斯大林便抵达了察里津。第二天，他就给列宁发了封电报，说那里"一片混乱，投机盛行"，并说他已采取了一些措施，保证过一个星期向莫斯科运送100万普特粮食。① 斯大林在这里为收集粮食进行了紧张的工作，并于7月12—16日向莫斯科发运了5列车粮食。

娜捷施达·阿利卢耶娃

红军的装甲火车、红军战士在保卫通往察里津的要塞（1918年9月15日）

斯大林到达察里津后不久就要求补充权力，以干预军事事务。7月7日凌晨1时，列宁给斯大林发电报说，左派社会革命党人正在莫斯科搞叛乱，他们于7月6日刺杀了德国驻俄大使米尔巴赫，并逮捕了捷尔任斯基等人，因此，"各地

---

① 《斯大林全集》第4卷第104—105页。

必须无情地镇压这些已成为反革命分子手中工具的卑鄙而疯狂的冒险分子……您要无情地镇压左派社会革命党人，并多多报告情况"，并要他与巴库人民委员会主席邵武勉保持密切联系。① 凌晨1时35分，斯大林从察里津给列宁回电，对察里津的军事状况作了说明，并请求授予军事方面的特权：

> 急赴前线，只写要事。
>
> （一）察里津以南线路仍未恢复。我在督促并责骂所有该督促和该责骂的人，相信很快就可以恢复。尽可放心。我们不宽恕任何人，不论自己或别人，粮食总会运去。如果我们的军事"专家们"（饭桶！）不蒙头睡觉、游手好闲，线路就不会被切断；如果线路恢复，那也不是亏了军事专家，而是由于反对了他们。
>
> （二）察里津以南有很多粮食装车待运。等铁路打通，我们就用直达列车把粮食运给你们。
>
> （三）你的通知已经收到。为预防可能发生的意外事件，将做好一切准备。请放心，我们的手决不发抖……
>
> （四）已经派信使持信去巴库。
>
> （五）土耳其斯坦的情况不佳，英国正通过阿富汗进行活动。请授予某人（或我）特权（军事性质的），以便在南俄地区及早采取紧急措施。②

当时列宁正忙于领导粉碎左派社会革命党人的叛乱及其他事务，没有及时回答斯大林的请求。7月10日，斯大林又急不可耐地给列宁写了一封信，信中对托洛茨基不同察里津司令部商量就直接委任其下属单位的领导人的做法表示愤怒。

> （一）如果托洛茨基不加考虑地乱发委任状给特利弗诺夫（顿河流域）、阿弗托诺莫夫（库班区域）、柯培（斯塔夫罗坡尔）……那可以肯定地说，

---

① 参见《列宁全集》第2版第48卷第227—228页。
② 《斯大林全集》第4卷第106—107页。

一个月以后我们在北高加索的一切将全部垮台，我们将完全丧失这个边区。托洛茨基现在的行径正和安东诺夫某一时期的行径一样。请让他牢牢记住，不得到当地人的同意不应该随意委任，否则就会给苏维埃政权丢脸。

（二）如果不给我们飞机和飞行员、装甲汽车、六吋口径炮，察里津战线就守不住，铁路也将长期丧失。

（三）南方粮食很多，但是要得到这些粮食，必须有一个不受各军用列车、各集团军司令等等阻扰的健全的机构。不仅如此，还必须使军人帮助粮食工作人员。粮食问题同军事问题是自然地交织在一起的。从工作利益着想，我必须有军事全权。这一点我过去提过，但是没有得到答复。好吧。在这种情况下，我将自己做主，不经形式手续把那些损害工作的集团军司令员和政治委员撤职。工作的利益要我这样做，当然，我决不因为没有托洛茨基的公文而不去行动。①

斯大林的这一近乎"最后通牒"式的信，列宁看后非但没有生气，而且还迅速采取了措施，以满足斯大林的要求。7月19日，最高军事委员会成立了北高加索军区军事委员会，由斯大林任主席，伏罗希洛夫和谢·康·米宁等为委员。这项任命未经托洛茨基签署，但注明"本电经列宁同意"。其任务是"建立秩序，使各支队结为正规军，实施正确指挥，驱逐一切不服从命令者"。

实际上，在这一任命之前，斯大

授予斯大林非常全权的委任状

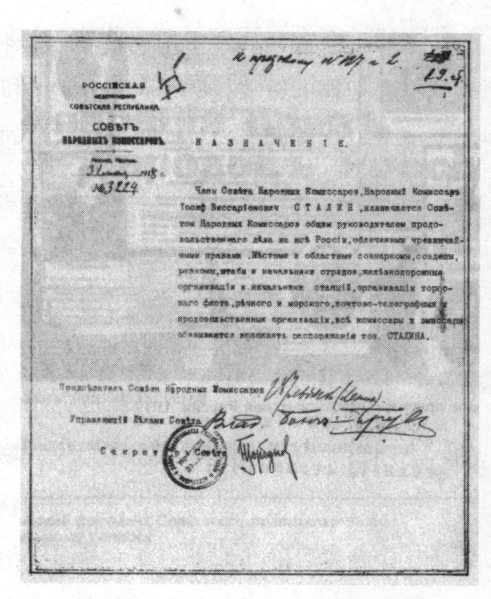

---

① 《斯大林全集》第4卷第108—109页。

林就已在采取行动,撤了一些军事指挥员和旧军事专家的职。7月11日,斯大林在给列宁的电报中说,他已承担起了军事责任,并已经撤掉了那些办事拖拉或不称职的指挥员和军事专家的职务。第二天又给托洛茨基写报告并把这一报告抄送给了列宁。他在报告中批评了斯涅萨列夫,称其"萎靡不振",要求撤换他。16日,他再次致电列宁说:"我认为,军事领导人斯涅萨列夫很善于怠工:他不想同反革命作战。"并把斯涅萨列夫制订的保卫察里津的城市防御计划说成是有害的计划。1918年7月中旬,察里津的形势本已比较稳定,但斯大林自作主张,撤销了由旧军事专家组成的北高加索军区司令部大多数人员的职务,然后把他们逮捕起来,囚禁于伏尔加河上的一艘驳船上。托洛茨基闻讯后立即发来了一封电报,要求释放他们,但斯大林在电报上批道:"不予理会。"①最高军事委员会派了以阿·伊·奥库洛夫为首的调查团奔赴察里津,专门调查此事。结果斯涅萨列夫被释放,被派到西部防区任负责人,但被捕的其余人却连船带人沉没于伏尔加河中。

之后,斯大林放弃了斯涅萨列夫的城防计划,而采取进攻战略。8月1日开始了没有把握的进攻,8月4日察里津和中央的联系中断,部队遭受了不小的损失,迫不得已只好撤回到原来的防区。可是,斯大林在8月4日给列宁的信中却把失利的原因解释为:"军事委员会承受的是一个十分混乱的摊子。混乱的造成,部分是由于前军事领导人的消极懈怠,部分是由于军事领导人拉进军区各部门来的人员的阴谋破坏。一切都得从头做起。"并向列宁陈述了进攻的理由和南方的严重情况。

这时,察里津战线也确实很危急。8—9月间,以协约国集团为后台的邓尼金的"志愿军"着重袭击和红军主力失去联系的一些北高加索红军部队,而以德国为后台的克拉斯诺夫的哥萨克部队则向沃罗涅日和察里津施加压力。这两支队伍装备比较精良,战斗力强。斯大林多次给列宁写信,请求补给武器。8月13日,又宣布察里津处于戒严状态。在斯大林和伏罗希洛夫的指挥下,敌人的进攻被遏

---

① 参见伏罗希洛夫《斯大林与苏联武装力量》,莫斯科1951年版,第19页。

制了。8月31日,斯大林给列宁写了一封信,显得情绪很好:"我们战线的情况很好。相信以后还会更好(哥萨克正在彻底瓦解)。"他写信的这天,正是列宁遇刺的第二天。8月30日,列宁遭到社会革命党恐怖分子范·卡普兰的枪击受了重伤。所以,斯大林在信的结尾满怀深情地写道:"紧握我亲爱的和敬爱的伊里奇的手。"同一天,他还与伏罗希洛夫一起致电全俄中央执行委员会主席斯维尔德洛夫,对列宁遇刺幸免于难表示庆贺,并表示"北高加索军区军事委员会决定组织公开的、经常的、群众性的恐怖行动来镇压资产阶级及其走狗,以回答这一卑鄙的暗杀行为"。8月26日至9月6日,苏维埃军队全线反攻,哥萨克军队被赶到顿河右岸。9月6日,他再一次向人民委员会致电,称"察里津地域苏维埃军队的进攻已经获胜……敌人被彻底击溃,退过顿河。察里津局势稳固。进攻在继续中。"①

斯维尔德洛夫(1918年夏)

9月12日,斯大林动身回莫斯科,向列宁报告南方战线情况。17日,北高加索军区改组为南方面军,前沙俄时期的炮兵将军帕·巴·瑟京为司令员,伏罗希洛夫为副司令员,斯大林被任命为新组建的南方面军革命军事委员会主席,成员包括米宁(当时任察里津苏维埃主席)、瑟京、伏罗希洛夫,稍晚又加上了共和国革命军事委员会委员康·亚·梅霍诺申。

但是,察里津地区的形势并非像斯大林所想象的那么乐观。很快,哥萨克部队再一次包围了察里津。斯大林于9月22日返回了察里津。从一开始,这个新组建的南方面军革命军事委员会内就出现了意见分歧。以斯大林、伏罗希洛夫、米宁为一方,他们留在察里津;而以瑟京、梅霍诺申为另一方,则主张把司令部地址设在察里津以北的科兹洛夫。分歧的实质是,斯大林、伏罗希洛夫、米宁不

---

① 《斯大林全集》第4卷第110—113、114、115、116页。

愿执行党关于在红军建设中使用旧军事专家的路线,认为哪怕是无关紧要的决定,都必须由军事委员会集体讨论通过。而瑟京和梅霍诺申则认为,党已否定了集体指挥军队的制度,作战工作理应由司令员负责。9月29日,斯大林主持召开了南方面军革命军事委员会会议,讨论方面军司令员的活动问题。瑟京在会上宣读了共和国革命军事委员会的指示,其中规定,作战工作应由司令员负责。斯大林、伏罗希洛夫、米宁先后发言,反对指示中的这条规定,坚持集体领导作战的原则。梅霍诺申说,这个问题现在暂不作结论,等他与共和国革命军事委员会商议后再定。

但是,斯大林没有等到商议结果就于10月1日建议解除瑟京的职务,任命伏罗希洛夫为南方面军司令员。第二天,即10月2日,共和国革命军事委员会就向南方面军革命军事委员会发布指示,要求执行它以前的指示,不得干预方面军司令员的作战活动。斯维尔德洛夫也于10月2日向斯大林去电,电报说:

> 今天中央政治局开会,后来又开了中央全会。除其他问题外讨论了全党同志服从中央的各个决议的问题。无条件地服从的必要性无须在此论证。全俄中央执行委员会已通过关于共和国革命军事委员会条例……各方面军军事委员会必须执行革命军事委员会的一切决议。没有服从就没有统一的军队。在不中止执行决议的同时,可以向上级机关——人民委员会或全俄中央执行委员会申诉,万不得已时可以向中央申诉。
>
> 恳请执行革命军事委员会的决议。如果你们认为这些决议是有害的、不正确的,请来这里一起讨论,再作出相应的决定。不应发生任何冲突。此电按中央委托拍发。[①]

但是,斯大林、伏罗希洛夫等人并没有重视共和国革命军事委员会的命令和斯维尔德洛夫的劝告。10月3日,他们两人联名致电列宁,要求中央委员会讨论

[①]《斯维尔德洛夫选集》第3卷,莫斯科1960年版,第28页。译文参阅《斯大林研究》1993年第1辑第157—158页。

托洛茨基的行动。他们说,托洛茨基关于把军事委员会从察里津迁往科兹洛夫和不得干涉司令部的作战事务的命令有使南方面军瓦解的危险,并建议"重新审理来自非党反革命分子阵营的军事专家问题"。

10月4日,托洛茨基致电斯维尔德洛夫(副本抄送列宁):

> 我绝对坚持把斯大林调回。察里津战线尽管部队绰绰有余,但情况还是不好。伏罗希洛夫有能力指挥一个团,但没有能力指挥5万人的一个集团军。不过,如果他向南部军队指挥官瑟京提出报告,我将让他在察里津继续指挥第十集团军。迄今为止,察里津方面还没有向科兹洛夫方面送去战斗报告。我曾要求每日要报告侦察和作战情况两次。假如到明天这一点还没有做到,我就要把伏罗希洛夫和米宁押起来交给军事法庭,并在军令中公布这个事实……察里津必须服从,不然就得面对后果。我们拥有巨大优势的军队,但是上层处于完全无政府状态。如果能得到你的坚决明确的支持,我能在24小时内了结这种情况。无论如何,我认为只有这条路可走。①

在这里,托洛茨基也不是根据通常的党内相互关系准则迅速消除冲突,而是对察里津的干部采取粗暴和不礼貌的态度,使冲突进一步升级。

南方面军革命军事委员会内的这种分歧,实际上是当时俄共(布)党内的"军事反对派"反对中央整个军事路线的表现。"军事反对派"反对使用旧军事专家,反对在军队中建立铁的纪律,主张作战中的游击作风,主张在部队中实行集体指挥制度。"军事反对派"的人数相当多,主要人物有斯米尔诺夫、萨法罗夫、皮达可夫、布勃诺夫、伏罗希洛夫、米宁等人。斯大林虽然不属于"军事反对派",但他实际上是支持他们的,这一点从他在南方战线军事委员会中的行动中就可以得到证明。伏罗希洛夫对此也直言不讳,他说,在俄共(布)"八大"上,"当时红军作战部队各级首长中的党员都发言反对所谓的吸收专家……当时

---

① 参见托洛茨基《斯大林评传》(下)第376—377页。

同我意见一致的还有斯大林同志,他百分之百地同意这一点"。① 苏联的百科全书对此也写得很清楚:"无论在党的第八次代表大会前还是在这次代表大会之后,在军事问题上,他(斯大林)本人偏离了党的路线,未履行俄共(布)中央的直接指示(1918年在察里津战线,1920年在西南战线,等等)。事实上,在对待军事专家的态度上,斯大林继续持不正确的立场。"②

南方面军革命军事委员会内的分歧严重影响了部队的战斗力;斯大林和托洛茨基发生的正面冲突也使列宁很为难。这两个人,列宁都很需要。为了不致因他们的分歧而影响部队的战斗力,列宁支持了占理更多的托洛茨基。之后,中央改组了南方面军革命军事委员会,决定新的军事委员会由瑟京、梅霍诺申和波·瓦·列格兰组成,决定把斯大林从南方战线召回来。斯维尔德洛夫亲自乘专列代表中央去接他。10月8日,斯大林回到了莫斯科,列宁当天就召见了他。两人谈了南线的局势和南方面军革命军事委员会的情况。列宁对斯大林的工作能力是欣赏的。为了不使斯大林感到委屈,人民委员会决定任命他为共和国革命军事委员会委员,列宁还同意斯大林暂时回到察里津去。

托洛茨基(1919年)

这时的察里津形势相当危急,哥萨克白卫军已于10月2日和8日先后夺取了格尼洛阿克萨伊斯卡亚镇和京古塔镇,并渡到伏尔加河左岸。到10月15日前,敌人接连占领了察里津近郊的萨列普塔、别克托夫卡、奥特拉德诺耶等地,眼看就要冲进察里津城内了。正在这时,从北高加索开来的日洛巴的"钢铁"师及时赶到,他们会同第十集团军把白卫军赶到了120公里以外的顿河西岸,苏维埃军队这次真的取得了决定性的胜利。

---

① 参见《苏维埃武装力量:问题与答复》,莫斯科1987年版,第61页。转引自《斯大林研究》1993年第1辑第160页。

② 参见《苏联历史百科全书》第3卷,莫斯科1963年版,第548页("军事反对派"条)。

第二章 在震撼世界的年代

虽然取得了保卫察里津的胜利，但代价是巨大的，苏维埃军队伤亡了6万人。伏罗希洛夫在俄共（布）"八大"上发言时沾沾自喜，声称没有旧军事专家的指挥也取得了胜利。但列宁对此不以为然，反驳说：

> 伏罗希洛夫谈到察里津集团军在保卫察里津中的巨大功绩时，伏罗希洛夫同志当然绝对正确，历史很难找到这样的英雄主义。这的确是一项非常巨大的、辉煌的业绩。但是，现在伏罗希洛夫本人在讲话时也举出了一些事实，说明游击习气的可怕痕迹是存在过的。这是无可争辩的事实。伏罗希洛夫同志说：我们没有任何军事专家，我们伤亡了6万人。这太糟糕了……这是在没有军事专家的情况下以6万人的伤亡为代价换来的……说没有军事专家我们也对付过来了，这哪里是保卫党的路线？中央委员会的过错在于党的路线没有得到贯彻，伏罗希洛夫同志的过错在于他不愿意抛弃旧的游击习气……这些游击习气的残余在一定的历史时期是必要的，现在则已到根除的时候了。他们所说的话表明，这些同志还没有摆脱游击习气。你们反对派的全部错误就在于，你们由于把自己的经验同这种游击习气连在一起，把那些永志不忘的英雄主义传统同这种游击习气连在一起，你们不想知道现在是另一个时期。现在，首要问题是应该有正规军，应该过渡到拥有军事专家的正规军。你们在提纲中，一方面说：我们是赞成军事专家的；另一方面，又说要由集体指挥，你们自己否定了自己。你们说，军事专家经常叛变、投敌。难道我们在纲领草案中没有讲到他们满脑子是资产阶级世界观，而我们的任务就是消除任何反革命阴谋吗？这是大家都知道的。我奇怪的是你们竟从自己的小圈子看问题。你们说：我们英勇地保卫了察里津，这是真的。但是，你们既然带着这种思想走上讲台，向代表大会讲话，你们就是在破坏整个党的路线和整个党的纲领。你们在维护旧的游击习气。当你们提出完全是反对军事专家的提纲时，你们就是在破坏全党的整个策略……如果那里有军事专家，有应该受到重视的正规军的话，可能不会付出这6万人……我们度过了游击活动时期。可能在某些地方，比如在西伯利亚吧，还将是游击活动时

代。但在我们这里，这个时代已经结束。如果这里有人说要回到游击活动时代，那么我们就最坚决地说：永远永远不行！①

10月19日，斯大林又离开察里津，于10月22日回到了莫斯科。当天他向列宁报告了苏维埃军队在察里津取得的胜利，说他已说服伏罗希洛夫和米宁，要他们完全服从中央的命令，表示自己很想在南方面军工作，希望自己能在工作中证实自己的看法的正确，同意在南方面军革命军委员会中同瑟京和梅霍诺申合作共事。当天，列宁把斯大林的这些意见电告了托洛茨基：

  列夫·达维多维奇，我把斯大林所有这些意见告诉您，请您仔细考虑并答复：第一，您是否同意亲自向斯大林解释一下，他为此同意去您那里；第二，您是否认为在一定的具体条件下有可能消除从前的摩擦关系并处好共事关系。这是斯大林所希望的。
  至于我，则认为必须竭尽全力处好与斯大林的共事关系。②

为了表示和解，斯大林于11月6日在《真理报》发表了题为《十月革命》的文章，对托洛茨基在十月彼得格勒武装起义中的作用给予了充分肯定。斯大林伸出了橄榄枝，但托洛茨基没有回应。

斯大林这次从察里津回来后，暂时没有再回到南线去。老实说，斯大林在察里津期间，为组织粮食、打退白卫军的进攻也作出了自己的贡献，但他支持"军事反对派"，排斥旧军事专家，影响了军队的战斗力。还有他在"请放心，我们的手决不发抖"的思想指导下，也错杀了许多人。对此，列宁曾明确地说："斯大林在察里津枪毙人，我就认为这是个错误，我认为他们枪毙错了。"③

斯大林待在莫斯科，没有太多的具体事务。他虽然很想再回到南方战线，

---

① 《列宁全集》第2版第36卷第174—176页。

② 参见《列宁全集》第2版第48卷第382—383页。

③ 《列宁全集》第2版第36卷第172页。

但终究没有让他立即去。他腾出手来写了《十月革命和民族问题》《不要忘记东方》等文章。在《不要忘记东方》这篇为《民族生活报》写的社论中，他指出，一分钟也不能忘记东方，因为东方"是世界帝国主义'取之不尽的'的后备力量和'最可靠的'后方"，"谁想要社会主义胜利，谁就不能忘记东方"。共产党人的任务就是要"打破东方被压迫民族数百年来的沉睡，用革命的解放精神来感染这些国家的工人和农民，唤起他们去反对帝国主义"。①

11月6—9日，斯大林参加了全俄苏维埃第六次非常代表大会，会上，他被选为全俄中央执行委员会委员。在13日举行的全俄中央执委会会议上，当选为全俄中央执委会主席团委员。11月30日，全俄中央执委会决定成立工农国防委员会，列宁任主席，斯大林被任命为该委员会委员。工农国防委员会是一个权力很大的部门，它是苏维埃俄国的非常最高机关，有动员人力物力保卫苏维埃国家的全权。国防委员会的决议，中央以及地方各部门和机关必须执行。12月1日，工农国防委员会召开了第一次会议，会议决定授予列宁、斯大林批准国防委员会所属各委员会的决议的权力。所有这些，既是俄共（布）中央和列宁对斯大林能力的肯定，又是对没让他去南方战线的一种补偿。

但是，斯大林显然还在干预南方面军的事务。12月中旬，他与还仍在察里津的伏罗希洛夫一起指责南方面军革命军事委员会委员阿·伊·奥库洛夫破坏组织（他是1918年12月刚刚被任命为该委员会委员的），要求把奥库洛夫调开。12月14日，托洛茨基为此事从库尔斯克致电列宁：

> 把奥库洛夫调职的问题不能根据这个问题本身来决定。对奥库洛夫的任命是为了同伏罗希洛夫抗衡，为了保证军事命令得以执行。在伏罗希洛夫破坏了一切关于妥协的努力之后，不可能再让他留任。察里津必须有新的革命军事委员会和新的指挥官，伏罗希洛夫必须去乌克兰。②

---

① 参见《斯大林全集》第4卷第152—154页。
② 托洛茨基《斯大林评传》（下）第381页。

但列宁对此事的处理却和缓得多。列宁经过权衡，最后作出决定："鉴于伏罗希洛夫和奥库洛夫的关系极端紧张，我们认为由另外的人来接替奥库洛夫是必要的。"列宁在这里尽管同意了斯大林等人的要求，但丝毫也没有谴责奥库洛夫，相反，在俄共（布）"八大"上甚至为奥库洛夫作了辩护，批评了伏罗希洛夫："伏罗希洛夫同志竟然制造了这样的奇谈怪论，说破坏军队的是奥库洛夫。这真是骇人听闻。奥库洛夫执行了中央的路线。奥库洛夫多次报告说，那里还有游击习气。"[①]12月26日，经列宁同意，伏罗希洛夫也被调离察里津第十集团军，之后他被派往乌克兰，其职位由亚·伊·叶戈罗夫接任。

1918年11月底，由海军上将亚·瓦·高尔察克率领的白卫军从西伯利亚向西进犯，企图和北方的外国武装干涉军会合。由红军第三集团军驻守的乌拉尔重要城市彼尔姆失陷。如果不阻止其进攻势头，将威胁莫斯科的安全。

高尔察克在检阅部队（1919年）

东线的形势使列宁深感不安。12月13日，列宁两次致电托洛茨基，把彼尔姆的危急形势向他作了说明，建议他督促共和国武装力量总司令瓦采季斯（沙俄时期任上校军官）向乌拉尔地区增调红军。1919年1月1日，俄共（布）中央

[①]《列宁全集》第2版第36卷第175—176页。

和国防委员会经过研究后,决定成立由斯大林和捷尔任斯基组成的联合调查组,去调查彼尔姆失陷的原因和恢复由第二、第三集团军辖区的党和苏维埃的工作。1919年1月3日,该调查组启程赴第三集团军。5日,到达维亚特卡。当晚,他们就给列宁写信说,调查已经开始,认为"总司令派来的部队是不可靠的,甚至有一部分是敌视我们的,须严加审查",并要求调遣"完全可靠的"部队增援第三集团军,否则"维亚特卡将蹈彼尔姆的覆辙"。[①]1月8日,列宁将此信批转总司令瓦采季斯,指示"将此要求作为中央委员会的要求转交军事当局执行"[②]。调查团迅速地采取行动,把一批承认对失败负有责任的人交付了军事法庭,撤销了一批指挥员和政治委员的职务。对苏维埃机关和党的机关进行了清洗,补充了一批新的工作人员。同时采取了加强对红军战士的政治工作、巩固纪律、改善供给的措施。1月底,调查结束,调查组回到莫斯科,向列宁提供了一份党中央委员会和国防委员会联合调查委员会关于1918年12月彼尔姆陷落原因的调查报告。报告记叙了彼尔姆溃败的情况,分析了失败的原因,提出了前线应采取的措施,并对总司令瓦采季斯和以托洛茨基为首的共和国革命军事委员会提出批评。这说明,斯大林有很强的工作能力,而且办事效率很高。因此,他的威望也日渐提高。1919年3月,斯大林参加了俄共(布)第八次代表大会,以多数票当选为中央委员,并在大会之后召开的中央委员会会议上当选为中央政治局委员和组织局委员。紧接着,斯大林又于3月30日被任命为国家监察人民委员部监察人民委员(1920年改称工农检查院人民委员)。俄共(布)"八大"通过了俄共(布)第二个党纲,斯大林是代表大会党纲委员会的成员之一。由于这一党纲是在"军事共产主义"政策盛行的情况下通过的,所以党纲强调在国内政治、经济等方面都实行集中。值得一提的是,这一党纲通过以后,几十年未再变动,直到1961年苏共"二十二大"才通过新党纲。

1919年春天,彼得格勒局势严峻,尤登尼奇、协约国部队向彼得格勒发起了猛攻,计划在短期内占领彼得格勒。驻守在那里的第七集团军未能挡住敌人的进

---

① 参见《斯大林全集》第4卷第166页。
② 《列宁全集》第2版第48卷第458—459页。

攻。敌人于5月17日攻占扬堡，随后又占领了普斯科夫和亚姆市。第七集团军且战且退，撤向彼得格勒。

就在这时，5月17日，俄共（布）中央委员会和国防委员会决定派斯大林以国防委员会特派员的身份前往彼得格勒战线，"以便采取一切必要的紧急措施"。19日，斯大林到达彼得格勒，当天召开了由总司令、西方战线司令员、第七集团军司令员参加的会议，研究彼得格勒战线的情况。5月27日，列宁致电斯大林，要他在后方和前线，注意"有组织的叛变活动"，一旦发现，便采取"紧急措施"。斯大林遵照列宁的指示，号召保卫彼得格勒的部队同逃兵和叛徒作斗争。他采取了一系列措施，把不胜任的人撤职，把他认为对失利负有责任的军官送交法庭，调整供给系统。这使彼得格勒战线的情况明显好转，部队加强了纪律，提高了战斗力。6月13日，彼得格勒的海防咽喉要地红丘炮台和灰马炮台发生反革命叛乱。红军立即从陆上和海上对叛乱者展开进攻。16日，红军占领了这两个炮台。当日，斯大林将这一消息电告了列宁：

  继红丘炮台之后又占领了灰马炮台，两个炮台的火炮都完整无损。现在正迅速检查全部炮台和要塞。

  海军专家们硬说，从海上攻占红丘炮台是违背海军科学的。我只能为这种所谓科学悲叹。红丘炮台所以能迅速占领，是由于我和一般非军事人员极粗暴地干预了作战事务，甚至撤销了海军和陆军的命令而强迫贯彻我自己的命令。

  我认为有责任声明，我今后将继续这样行动，虽然我非常敬重科学。①

6月21日，第七集团军开始对白卫军实施反攻。在6月21日至7月8日的维德利察战役中，红军把芬兰白卫军赶至了边境。8月5日，第七集团主力解放

---

① 《斯大林全集》第4卷第232页。译文译自《列宁全集》第2版第48卷第768—769页。列宁在有关从海上攻占红丘炮台的地方打了三个问号，并批道："红丘炮台是从陆地上攻占的。"在这里，说明斯大林有点自吹自擂。

了扬堡。8月26日,第十五集团军向西北发动进攻,夺回了普斯科夫。

由于保卫彼得格勒有功,斯大林也和托洛茨基一样,获得了红旗勋章。

1919年夏季,协约国组织了第二次对苏俄的联合进攻,主要战场集中在南方,主力是邓尼金统帅的大约15万人的白卫军。白卫军相继占领了库班、捷列克、克里木、顿巴斯、第聂伯河左岸以及察里津地区,8月31日又占领了基辅,9月20日占领了库尔斯克,10月6日占领沃罗涅日,13日又占领奥廖尔,直逼图拉。

邓尼金白卫军在南线的节节进攻,直接威胁到莫斯科的安全。为了组织反邓尼金的进攻,9月26日,俄共(布)中央决定任命斯大林为南方面军革命军事委员会委员去南方战线,同去的还有伏罗希洛夫、拉·萨·泽姆里雅奇卡等人。

斯大林是10月3日到达谢尔吉耶夫斯科耶村南方战线司令部的,不久司令部迁往谢尔普霍夫。15日,斯大林参加了俄共(布)中央政治局会议。会议研究了前线的情况,决定采取各种措施反击敌人。首要问题是保证图拉—莫斯科地区的安全,集中力量加强南方战线,做好在冬季进行总反攻的准备。东南战线暂时转入防御,不让邓尼金与乌拉尔哥萨克会合,同时抽调一部分兵力保卫莫斯科。根据新的战略部署,红军以哈尔科夫—顿巴斯—顿河畔罗斯托夫一线为主攻方向,目标是击溃邓尼金的精锐部队"志愿军"各师。

斯大林根据党中央的战略部署,在南线对邓尼金实施了一系列打击。1919年10月20日,红军占领了奥廖尔,25日夺回了沃罗涅日,使南线形势发生了转折。11月9日,斯大林签署了南方面军革命军事委员会关于展开全线进攻和粉碎库尔斯克邓尼金部队的命令。11月18日,红军占领了库尔斯克,12月12日和16日分别解放了哈尔科夫和基辅。1920年1月,红军夺回了察里津、新切尔卡斯克和顿河畔的罗斯托夫。

在对邓尼金的战斗中,布琼尼的骑兵部队立下了汗马功劳。但是1920年2月初,由于高加索方面军(由原东南方面军改名)各集团军之间关系不够协调,布琼尼的骑兵部队在高加索战线发动的新的进攻中遭到了严重削弱,部队疲惫不堪,物质供应严重不足,纪律涣散,几近瓦解。为此,共和国武装力量总司令谢·加米涅夫命令斯大林从乌克兰劳动军（1月组建，斯大林任劳动军委员会主席）抽调部队去增援高加索方面军。2月18日，斯大林致电列宁，表示不同意总司令的命令，并请求召他回莫斯科弄清情况。列宁接到斯大林电报后，于第二天在致俄共（布）中央政治局委员的电文中说：

> 我反对召回斯大林。他是在挑剔。总司令的意见完全正确：首先应当战胜邓尼金，然后再转入和平状态。
> 我建议这样答复斯大林："政治局现在不能召您回来，政治局认为当前最重要的、刻不容缓的任务是彻底打垮邓尼金，为此您要全力以赴尽快增援高加索方面军。"①

当天，列宁拟好了给斯大林的回电，由他本人签署后发给了斯大林。20日，斯大林收到列宁电报后，似乎很生气：

> 我不明白为什么首先该由我来关心高加索战线……巩固高加索战线完全应由共和国革命军事委员会来关心，它的成员，据我所知，身体都很健康，而不应由斯大林来关心，他的担子本来就过重了。

列宁当即回电：

> 责成您设法尽快使增援部队从西南战线开到高加索战线。无论如何，要想尽办法给予援助，而不要在各部门的主管范围问题上扯皮。②

斯大林没法，只好回电列宁，表示对高加索战线将尽力而为。
3月23日，斯大林回到莫斯科，参加了3月29日至4月5日举行的俄共（布）

---

① 《列宁全集》第2版第49卷第262、721页。
② 参见《列宁全集》第2版第49卷第721、265页。

第九次代表大会。大会批准了俄共（布）中央关于动员工业无产阶级、实行劳动义务制、经济军事化以及为经济需要动用军队等问题的提纲，断然拒绝了托洛茨基关于把成立劳动军作为保证国民经济劳动力的唯一良策和把军事方法用于和平经济建设的意见。大会还谴责和拒绝了以季·弗·萨普龙诺夫等为代表的民主集中派的建议，他们建议在企业中实行无限制的集体管理制，反对实行一长制和个人负责制，反对使用旧专家，也反对国家的集中管理。

1920年的斯大林

5月26日，斯大林再次受命去西南战线。当时接替邓尼金（他于1920年4月初提名弗兰格尔为其继承人之后逃到了土耳其）的弗兰格尔已逐渐恢复了士气，并扩充了部队。这对红军是一个严重的威胁。斯大林到达西南战线后不久，就于5月29日和6月1日分别给列宁和共和国革命军事委员会副主席斯克良斯基打电报，报告为巩固西南战线克里木地区应采取的措施，认为西南方面形势严峻，要求增派两个师的兵力。

这时正值西方战线吃紧之机。早在4月25日，波兰军队就向乌克兰发动了进攻，并很快占领了基辅和乌克兰的一些其他城镇。5月4日，俄共（布）中央政治局作出了在克里木和高加索暂停军事行动的决定，决定将主要精力集中用于西线对付波兰军队。因此，6月2日列宁在给斯大林的回电中拒绝增派兵力给他，并请他记住政治局的上述决定，"暂时停止对克里木的进攻，直至政治局作出新的决定为止"。①

---

① 《列宁全集》第2版第49卷第395、742页。

斯大林传

斯大林收到列宁的回电后，心里很不高兴，他回电列宁说：

> 中央委员会拒绝调给两个师，而不管我多次提醒，这就使我对前线以后出现的不良后果不再负责。那就这样吧。政治局的决定我是记着的，但由于弗兰格尔不理会这一决定，相反却在准备进攻，并且他完全有可能突破我们的防线，所以我认为自己有责任采取军事行政和军事作战性质的预防措施。仅此而已。①

斯大林仍想用军事手段解决克里木问题。列宁说："这显然是空想。要付出的牺牲不是太大了吗？我们将使无数的士兵丧失生命。"

但是，斯大林还是派兵去攻打了克里木，结果西南方面军（司令员为叶戈罗夫）在克里木战线遭到了失败。因此，托洛茨基于6月14日建议撤销叶戈罗夫西南方面军司令员的职务。斯大林给俄共（布）中央和托洛茨基发了一封电报，谈了他对此事的看法：

> 坚决反对由乌博列维奇或科尔克来替换叶戈罗夫，前者还没有成熟到担任这个职务，后者担任方面军司令员不合适。叶戈罗夫是和总司令一起坐失克里木的，因为总司令在弗兰格尔进攻前的两个星期待在哈尔科夫，并且到莫斯科去了，没有察觉到克里木集团的瓦解。如果这样就要惩办谁的话，那就必须惩办他们两个人。我认为，我们眼下找不到比叶戈罗夫更好的人选。倒是应该撤换总司令，他在极端乐观主义和极端悲观主义之间来回折腾、绊脚，并且束缚了方面军司令员，他不善于提出任何积极的东西。②

另一方面，斯大林也顾全大局，他与叶戈罗夫签署了给第一骑兵集团军和第十二、第十四集团军等部队的作战命令，要求红军进攻波兰军队阵地。6月初，

---

① 参见《列宁全集》第2版第49卷第396页。
② 转引自德·安·沃尔科戈诺夫《胜利与悲剧》第1卷第105—106页。

第二章 在震撼世界的年代

斯大林（右）与革命军事委员会委员叶戈罗夫在西南战线（1920年）

骑兵第1集团军从乌曼出发，首先突破了波兰军队的防线，接着西南战线的其他部队也发起了反攻。6月12日，红军攻占基辅，接着又解放了日托米尔、别尔迪切夫等地。在北面，西方面军（司令员为图哈切夫斯基）于7月初也开始了进攻，迫使波兰军队节节败退。到7月下半月，西线红军越过了国界进入波兰北部。至8月上半月，红军已接近华沙。

正当红军部队在对波兰军队的作战中取得不断胜利之时，斯大林于7月5日分别给列宁、总司令和共和国军事委员会致电，要求加强克里木战线。7月11

1920年的图哈切夫斯基　　　1920年的斯大林

日，他在《真理报》发表《关于波兰战线的情况（和〈真理报〉记者的谈话）》一文。他在文章中说，弗兰格尔正在和波兰军队协同行动，因此，在未消灭弗兰格尔以前，"向华沙进军"是不可能的，"只有消灭弗兰格尔才能认为我们对波兰地主的胜利是有保障的"，因此，必须"记住弗兰格尔"，首先"消灭弗兰格尔"。稍后，他拟订了对弗兰格尔的作战计划。

红军骑兵进入波兰

俄共（布）中央同意斯大林关于弗兰格尔是一个严重危险的见解。8月2日，中央政治局通过决定，把西南方面军的克里木地段划分为独立的南方面军，由斯大林专门用于对付弗兰格尔。当天列宁把这一决定电告了斯大林，并说"由于有些地区发生暴乱，特别是库班，其次是西伯利亚，弗兰格尔成了巨大的威胁，中央内部愈来愈倾向于立即同资产阶级波兰媾和……我已同总司令商定，他给您更多的弹药、援兵和飞机"。①

斯大林收到列宁的电文后，满脸的不高兴，当日就回电列宁说：

---

① 参见《列宁全集》第2版第49卷第755、481页。

1920年的弗兰格尔

残酷的战斗愈来愈激烈，大概今天要丢掉亚历山德罗夫斯克。收到了您的关于划分战线的短信，政治局本来不该讨论这些琐事。我最多还能在前线工作两个星期，需要休息一下，请物色一个代替我的人。总司令的诺言我一点也不相信，他的这些诺言只能让人上当。至于谈到中央内部的倾向同波兰媾和的情绪，不能不指出，我们的外交有时非常成功地破坏了我们军事上的胜利成果。①

8月3日，列宁对斯大林的这封电报作了回答：

我不十分理解，为什么您对划分战线不满意。讲讲您的理由。我认为，既然来自弗兰格尔的危险不断增长，就必须这样做。关于接替者的人选问题，请把您的意见告诉我。同时也请告诉我，哪些诺言总司令迟迟没有履行。我们的外交服从于中央，只要弗兰格尔的危险不引起中央内部的动摇，

---

① 《列宁全集》第2版第49卷第755页。

那么我们的外交在任何时候也破坏不了我们的胜利。①

同一天,总司令谢·加米涅夫根据中央的决议,指示将西南方面军的第十二集团军和第一骑兵集团军交由西方面军图哈切夫斯基指挥。斯大林反对这一做法,拒绝签署执行总司令指示的命令。8月13日,谢·加米涅夫又一次根据中央的决定,直接命令第十二集团军、第十四集团军、第一骑兵集团军调归西方面军指挥。斯大林和叶戈罗夫报告总司令说,方面军的各集团军都已经在利沃夫—俄罗斯拉瓦地区投入战斗,"在这种条件下各集团军要实现基本任务的转变,那是不可能的"。尽管如此,叶戈罗夫还是拟好了执行总司令指示的命令,但斯大林仍拒绝在该命令上签字。第一骑兵集团军到8月20日才开始从利沃夫方面撤出,开往波兰前线,但为时已晚。8月16日,波兰军队在华沙附近开始反攻,图哈切夫斯基的部队在维斯杜拉河畔的战斗中受挫,不得不后撤(当然,苏俄军队兵败华沙,原因是多方面的,除了战线过长,后援不足,指挥上的失误和西南战线与西方战线作战不协调外,另一个重要原因是进军华沙在一定程度上伤害了波兰人民的民族感情)。之后,双方开始了停战谈判,最终于1921年3月18日正式签订了里加条约。

斯大林于8月17日回到莫斯科,参加了19日的政治局会议。会议"听取了托洛茨基和斯大林同志的军事报告"后,决定把部队的主攻方向转向对弗兰格尔军队作战。之后不久,斯大林请求解除其西南方面军革命军事委员会委员的职务。9月1日,俄共(布)中央政治局同意了他的请求,但仍保留其共和国革命军事委员的职务。10月16日,斯大林又受命前往北高加索和阿塞拜疆,指导那里的党和苏维埃的工作,11月20日才返回莫斯科。

从9月起,俄共(布)中央增强了南线的力量,10月26日,布琼尼的第一骑兵集团军又从波兰战线被调到南线。集结在南线的红军部队对弗兰格尔军队发起了猛攻。11月17日,溃退到克里木半岛的弗兰格尔军队被歼灭,少数头目登

---

① 《列宁全集》第2版第49卷第482页。

1920年12月全俄苏维埃第八次代表大会部分人员合影。中间坐者（从左到右）：格·叶·叶夫多基莫夫、斯大林、列宁、加里宁

上英、法的船只逃往国外。至1920年年底，国内战争和外国武装干涉已全部结束，苏维埃俄国取得了伟大胜利。

从斯大林在十月革命后的经历来看，他的活动是多方面的，既有党务工作，也有政府方面的工作，国内战争和外国武装干涉期间又担任军事政治工作，经常以中央特派员的身份被从一个战线派往另一个战线。在这个动荡变革的年代，斯大林逐渐由一个不太出名的只有某些局部影响的领导人迅速成长为布尔什维克党内具有全局影响的少数几位主要领导人，其地位不断上升，影响急剧扩大。这既证明了他的才干，也表露出了他处事作风和性格中的缺陷，这种缺陷在列宁执政时还能得到有效遏制，但到斯大林自己掌权以后，它便失去了能得以克服的约束力，成了对社会主义事业极为有害的东西。另一方面，斯大林是在苏俄实行军事共产主义时期逐步成长为主要领导人的，因此，他的成长经历带有明显的时代烙印，成了日后形成斯大林模式的时代背景。

第三章

变革与分歧

危机后的选择

战争是结束了,但苏俄全国却满目疮痍。工厂倒闭,土地荒芜,饥荒、瘟疫横行,成千上万的人死于营养不良和疾病。

饥民,伏尔加流域(1921年)

国民经济已濒临崩溃的边缘。战争结束时(1920年),工业生产总值只及战前的七分之一。1920年的煤产量是870万吨,为1917年产量(3130万吨)的28%,只相当于1898年的水平;铁产量为12万吨,为1917年产量(300万吨)的4%;钢产量为19万吨,只及1917年产量(310万吨)的6%。交通运输陷于

从教会征收来的贵重物品，用以救济饥民

瘫痪，有7万多公里的铁路和将近一半的机车车辆不能使用。为数极少的工厂在开工，但人手不够。据统计，1920年底全国工人的人数（120万人左右）不到战前的一半，且多为从农村流入城市的农民。原先的产业工人要么上了前线，要么去了农村，成为武装征粮队的一员。在城里的工人每月领回成捆成捆的纸币，但贬值了的钱仅够两三天花销。工人靠配给过日子。1920年下半年，产业工人的口粮减少至每天三分之二磅，其他居民为每天三分之一磅。至1921年春天，本来不足以充饥的配给量又减少了三分之一。官方还宣布了燃料危机。在1920年底至1921年初这个严寒的冬天，积雪封塞了从乌克兰、高加索和西伯利亚来的食物和燃料列车，这使苏维埃俄国雪上加霜。

农业生产遭到了前所未有的破坏。播种面积大幅度减少，1920年的农业总产量不足1913年的三分之一。1920年又是一个严重的歉收年，而武装征粮队仍在农村四处活动，"实际上从农民手里拿来了全部余粮，甚至有时不仅是余粮，而是农民的一部分必需的粮食"[①]。农民的不满情绪随处可见。1920年底至1921年春，全国不时出现农民骚动、工人罢工，表现最为强烈的是1921年2月开始的喀琅施塔得水兵暴动。喀琅施塔得水兵曾是布尔什维克十月革命的有力支持者，而这时却起来反对苏维埃政权，他们提出了"自由苏维埃""没有共产党员的苏维埃""打倒布尔什维克暴政"等口号。这次暴动实际上是当时苏维埃俄国政治

---

① 《列宁全集》第2版第41卷第208页。

经济危机的集中体现。它既表明部分人对当前生活状况的极度不满，也表明对军事共产主义政策的不认可。

1921年，喀琅施塔得水兵暴动

与喀琅施塔得暴动水兵对峙中的红军士兵

本来，俄共（布）党的领导人包括列宁在内，并不想放弃军事共产主义政策，想"用无产阶级国家直接下命令的办法在一个小农国家里按共产主义原则来调整国家的产品生产和分配"，直接向社会主义迈进。[①] 但1920年底至1921年春

---

① 《列宁全集》第2版第42卷第176页。

出现的政治经济危机迫使俄共（布）重新思考自己的政策。

1921年3月8—16日，俄共（布）召开了第十次代表大会。大会决定废除军事共产主义政策，实行新经济政策，以粮食税代替余粮收集制。

斯大林参加了这次大会，并被选入大会主席团。他在大会上作了《关于党在民族问题方面的当前任务的报告》，并在讨论后作了《结论》。大会通过了由斯大林起草的《关于党在民族问题方面的当前任务》的决议。

大会讨论的另一个重要问题是工会问题。列宁就此问题专门作了发言，重申工会问题的争论是托洛茨基挑起的，并且说这是一个严重的政治错误。

列宁说得一点也没错。早在1920年11月3日，托洛茨基就在全俄工会第五次代表会议上发表演说，宣称工会面临"最深刻的内部危机"，解决危机的出路在于实行"整刷"政策，"拧紧螺母"，立即实现"工会国家化"和"劳动军事化"。在11月9日召开的俄共（布）中央全会上，托洛茨基提出了《工会及其今后的作用》的提纲，遭全会否决。全会决定成立一个专门委员会来进一步详细讨论工会问题，把争论限定在中央内部。但托洛茨基拒绝参加该委员会，并把其意见公诸报端，并在12月发表了《工会的作用和任务》这本纲领性小册子，从而引起了全党关于工会问题的大讨论。

列宁在《论工会、目前局势及托洛茨基同志的错误》《党内危机》和《再论工会、目前局势及托洛茨基同志和布哈林同志的错误》等文章中，尖锐地批判了托洛茨基及布哈林的观点。在争论中，布哈林等人组成了"缓冲集团"，企图在原则问题上搞折中。到1921年1月，他干脆与托洛茨基联手，提出了一个有关工会问题的联合纲领，提交给"十大"进行讨论。

斯大林在这一争论中扮演了一个并不引人注目的角色。直到1921年1月5日，他才写了《我们的意见分歧》一文，发表在《真理报》上。斯大林在文章中主张对工人群众主要应采取说服的方法，在工会内部实行无产阶级民主，反对托洛茨基的强迫方法（军事方法）。但他称与托洛茨基的"分歧并不是原则性的意见分歧"，而只是在加强劳动纪律的方式、对待工人群众的方法和改进工会体制等问题上的分歧。不过，斯大林在论战中毫不犹豫地站在了列宁一方，给列宁以

斯大林传

支持。1921年1月14日，斯大林与列宁、季诺维也夫、加米涅夫、托姆斯基、加里宁、阿尔乔姆（费·安·谢尔盖耶夫）、彼得罗夫斯基、鲁祖塔克、洛佐夫斯基共同签署由俄共（布）中央设立的工会问题委员会制定的《俄共第十次代表大会关于工会的作用和任务问题的决议草案》，这一草案也被称为《十人纲领》。

论战一直持续到1921年3月党的"十大"。在"十大"上，季诺维也夫代表《十人纲领》的拥护者作报告，托洛茨基代表托—布联合纲领的拥护者、施略普尼柯夫代表"工人反对派"作副报告。辩论和表决的结果是通过了以《十人纲领》为基础的《关于工会的作用和任务》的决议。决议认为，迅速使工会国家化将是一个严重的政治错误，任何人为地加快工会国家化速度的做法，都丝毫不能改善苏维埃俄国的经济状况，而只会妨碍工会起共产主义学校的作用。工会的主要方法是说服方法，而不是强制方法。

鉴于在工会问题争论中党内各派别（有托洛茨基派、布哈林等人的"缓冲集团"、工人反对派、民主集中派、诺根派、梁赞诺夫派、伊格纳托夫派等）的积极活动，大会专门通过了《关于党的统一》的决议，"责令立即毫无例外地解散一切不论按何种政纲组成的集团……禁止任何派别活动"。为了在党内和整个苏维埃工作中执行严格的纪律，"代表大会授权中央委员会，在遇到违反纪律、恢复或进行派别活动的情况发生时，可以采取党内一切处分办法，直至开除出党"。①

大会之后，新经济政策逐步在全国推广开来。农民在交纳预先规定税额的粮食税以后，可以将剩余粮食及其农副产品拿到市场上去出售，也可以自由交换所需的工业品。国家只管理一定数量最重要的、规模最大的企业，其余的企业均出租和租让给国内外的企业主，关闭了那些国家无力管理又无承租人的企业，大力发展国家资本主义。在加强国营商业机构的同时，允许私人经商和一定范围内的贸易自由。

新经济政策是一个新生事物，要真正认识它的重要性需要时间。在实行它以

---

① 根据大会决定，决议第7条没有公布。参见《苏联共产党代表大会、代表会议和中央全会决议汇编》第2分册，人民出版社1964年版，第65—66页。

前，俄共（布）党的领导人大都主张直接过渡到共产主义，也幻想世界革命的到来。列宁最先认识到了现实的危机，断然采取建设社会主义的新方法，但也想得不完善，内心里充满了矛盾，况且上帝也没有给他太多的时间去思考，疾病过早地夺去了他在今天看来还很年轻的生命。布哈林是这一政策热情的吹鼓手。至于托洛茨基、季诺维也夫、加米涅夫等人，心里头似乎还没太想通。新经济政策的去留，便成了后来党内争论中的一个重要话题。

斯大林虽然拥护新经济政策，但他在表述时也显得模棱两可，也还没有从世界革命的阴影中走出来。1921年7月，他在北高加索的纳尔奇克休养时写了一篇文章《论俄国共产党人的政治战略和策略》，标明为"小册子的大纲"，此文当时没有全文发表，但它是1924年斯大林参加列宁主义定义问题论战的理论基础，也是为响应当时的新经济政策而写的理论文章。斯大林在文章中说："战争结束了，但是西方的社会主义者暂时还无力帮助我们恢复经济，而我们在经济上又被工业比较发达的资产阶级国家所包围，因此不得不采用租让制，不得不同一些资产阶级国家签订贸易协定，并同一些资本家集团订立租让合同。"但是，"任何国家的共产党的战略和策略只有在这种情况下才能是正确的，就是它们的战略和策略不限于'自己的'国家、'自己的'祖国、'自己的'无产阶级的利益范围之内，相反地，是在估计自己国家的条件和情况的同时，把国际无产阶级的利益、其他国家的革命利益放在首位，就是说它们的精神实质是国际主义的，它们'最大限度地实现一个（自己的）国家内所能实现的一切，以便发展、援助和激起世界各国的革命'（见列宁的《无产阶级革命和叛徒考茨基》)"。[①]

8月，斯大林又把这篇文章的一些观点改写了一下，以《党在取得政权以前和以后》为题发表在《真理报》上。斯大林在本文中的基本观点与前文一样，只是文字表述上有差异。他写道：在夺取和保持政权的同时，党"已由在俄国内部实行变革的党变成了建设的党，变成了创造新的经济形式的党"，但这些经济形式是不得已而采取的。从世界经济的角度来说这是不可取的，世界经济的组织必

[①] 参见《斯大林全集》第5卷第56—57、64页

斯大林传

斯大林（右）和列宁在哥尔克（1922年）

须"根据先进的（工业的）和落后的（燃料和原料的）国家之间建立经济合作的原则（而不是根据前者掠夺后者的原则）"来进行，"正因为如此，就需要有国际无产阶级革命。否则休想组织和正常地发展世界经济。但是要开始（至少是开始）建立合理的世界经济，无产阶级至少必须在几个先进国家获得胜利。现在还没有这个条件，所以我们党就必须寻求同各资本家集团建立经济合作的迂回道路"。①

在这里，斯大林坚持的显然还是世界革命的思想。在他看来，实行新经济政策这条"迂回道路"，目的不是找到一条建设社会主义的新途径，而是为了最终激发起世界革命。斯大林对新经济政策是缺乏认识和热情的。1922年列宁写了一系列文章，不断深化对新经济政策的认识，而斯大林在这一年甚至连一篇文章也没有写。列宁逝世后，党内就新经济政策的去留展开了激烈的争论，斯大林在与"新反对派"、托季联盟的斗争中高举列宁的旗帜，维护新经济政策，多半也是出于权力斗争的需要，不然就无法解释为什么还要向坚决维护新经济政策的布哈林发起攻击，并在击败布哈林后，斯大林就立即废除了新经济政策。因此，我们认为，在列宁实行了新经济政策，斯大林仍然停留在军事共产主义的理论思考中，他的思想并没有从军事共产主义的做法中摆脱出来。

---

① 参见《斯大林全集》第5卷第84—88页。

总书记之路

俄共（布）中央委员会书记处是在1917年8月6日（公历19日）中央全会上正式成立的。它是党中央委员会的一个办事机构，由斯维尔德洛夫、斯塔索娃、捷尔任斯基、越飞、穆拉诺夫5名中央委员组成，负责人是斯维尔德洛夫。书记处负责党的日常事务，还兼管党的组织工作。在这以前，党中央并未设立这样的机构。二月革命前，党的日常事务，如书信往来、党的文献的寄送、党的财务、党费等实际上由列宁夫人克鲁普斯卡娅负责；二月革命后是老布尔什维克斯塔索娃负责这项工作。她配有两三名助手，负责来往文件，分发中央指令，为中央委员会会议作记录，接见来访者，也负责党的财务工作。正式设立书记处后，斯塔索娃仍负责日常事务性工作，而党的组织工作则由斯维尔德洛夫负责。1919年3月6日，斯维尔德洛夫参加第三次全乌克兰苏维埃代表大会，在返回莫斯科的途中得了病毒性流感，终因医治无效于3月16日逝世。

斯维尔德洛夫是一位能干的领导人，他除了负责书记处的工作，还担任全俄中央执行委员会主席的职务。他亲自任命和调配干部，对每项任命都作了详细的记录。斯维尔德洛夫逝世后，1919年3月党的第八次代表大会正式决定在中央委员会中设立政治局、组织局、书记处三个高层次的常设机构，分别负责党中央的政治、组织和日常工作。中央书记处为党中央的一个机构，由中央委员会全体会议选举产生，负责党的日常工作，主要是挑选干部和检查决议执行情况，党的组织工作转交给新设立的中央组织局。并设立责任书记一职，由斯塔索娃担任。1919年12月，尼·尼·克列斯廷斯基接替斯塔索娃担任责任书记，他同时也是政治局委员兼俄罗斯联邦的财政人民委员。鉴于当时俄共（布）组织工作比较紊乱，1920年3月党的"九大"决定"加强书记处，把它扩大为由三名中央委员常任书记负责的机构；把目前的组织和行政问题转归书记处管辖，而把中央委员会的组织活动方面的一般管理事务留给组织局管辖"。之后选举了普列奥布拉任斯基和列·彼·谢列布里亚科夫两人为书记，协助克列斯廷斯基的工作。

1921年3月，俄共（布）第十次代表大会选举莫洛托夫、米哈伊洛夫和雅罗斯拉夫斯基为书记处书记，由莫洛托夫担任责任书记。但列宁对书记处的工作时常不满意，因为书记处行动迟缓，墨守成规，常犯错误。例如1921年11月19日，列宁写便条给莫洛托夫，对莫洛托夫起草的组织局关于司法侦查机关对待共产党过错的态度的决定提出了批评。列宁写道：

莫洛托夫同志：
　　我将这个问题转交政治局。
　　一般说来，这类问题由组织局决定是不正确的，因为这纯粹是政治问题，完全是政治问题。
　　因此，这个问题应另行处理。①

莫洛托夫任责任书记期间，确实表现出他的能力有限，因此看来确实有必要整顿书记处的工作。1922年3月27日至4月2日，俄共（布）第十一次代表大会在莫斯科举行。这是列宁参加的最后一次党代表大会。大会的任务是对实行新经济政策的第一年进行总结并制订继续进行社会主义建设的计划。出席大会的有522名有表决权的代表和165名有发言权的代表，代表53.2万多名党员。列宁、斯大林、托洛茨基、季诺维也夫、加米涅夫、托姆斯基、莫洛托夫、奥尔忠尼启则、伏罗希洛夫、雅罗斯拉夫斯基等人被选入大会主席团。列宁在会上作了关于中央委员会的政治报告和报告的总结发言，对新经济政策执行一年的情况作了总结，指出了新经济政策的成就。大会选举了列宁、斯大林、托洛茨基、季诺维也夫、加米涅夫等27人为中央委员，基洛夫、皮达可夫、布勃诺夫等19人为候补

---

① 《列宁全集》第2版第42卷第268页。

中央委员。

4月3日，新选出的中央委员会召开第一次全会，加米涅夫主持了开幕式。全会选举列宁、托洛茨基、季诺维也夫、加米涅夫、斯大林、李可夫和托姆斯基为政治局委员，布哈林、莫洛托夫、加里宁为政治局候补委员。全会决定设立中央书记处总书记一职，选举斯大林为总书记，莫洛托夫和古比雪夫被选为书记。

在政治局委员中，是谁首先提议让斯大林担任总书记一职的呢？说法历来不一。一种说法是："1922年4月3日，党中央全会根据列宁的提议，选举列宁最优秀最忠实的学生和战友斯大林为中央总书记。"①此说不太可信，因为在斯大林主持撰写的《联共（布）党史简明教程》中未谈及这一点，而在列宁著作和言论中也找不到任何根据。有人说是加米涅夫首先提名斯大林的。此说较为可信。还在中央全会召开前，加米涅夫就对"十一大"代表进行过一些工作。在"十一大"选举中央委员会委员时，有些代表就在选票上斯大林的名字旁边写上了"中央总书记"的字样。当时负责检票的尼·斯克雷普尼克要求把这些选票作为废票，加米涅夫急忙在会上解释说，中央书记处是由中央全会而不是代表大会选举的，"某些选票上注明了担任书记的人选，此事不应限制中央全会的选举自由，这只不过某些代表表达的愿望"。由于加米涅夫已经知道将要设立总书记这一新职位的问题，他想使中央机关的领导人成为"自己的"人，当时他与斯大林的关系十分融洽。4月3日中央全会决定设立总书记职位，会议主席加米涅夫提议斯大林担任这一职位，与会的中央委员谁也没有表示异议。

托洛茨基则说，是季诺维也夫提名斯大林当总书记的，并且认为"斯大林当选为党的总书记是违背列宁意愿的，而列宁之所以默许，是因为党是由他本人领导的"②。这未免过于武断。

不管是谁首先倡议斯大林担任总书记职位，这总是经过中央全会多数同意并经列宁认可的。在斯大林当选为总书记的当天，列宁就写了《俄共（布）关于书

---

① 参见《斯大林传略》第71—72页。

② 托洛茨基《我的生平》，1930年英文版，第480页。译文转引自李显荣《托洛茨基评传》，中国社会科学出版社1986年版，第351页。

斯大林传

记处工作安排的决议草案》：

中央委员会责成书记处严格规定和遵守正式接待时间的安排，并予以公布；同时，除确属原则性的领导工作外，书记们不应把什么工作都揽到自己身上，可将这样的工作转交给自己的助手和事务秘书，这应成为一条制度。

责成斯大林同志立即给自己物色几名副手和助手，使他解脱苏维埃机关的工作（除原则性的领导外）。

中央委员会责成组织局和政治局在两周内提出工农检查院部务委员和副人民委员的人选名单。

中央全会通过了列宁的这个决议草案。通过时，草案末尾作了一句补充"以便使斯大林同志能在一个月内完全摆脱工农检查院的工作"。1922年4月25日，人民委员会作出决定，免去了斯大林的工农检查人民委员的职务。①

4月4日，《真理报》刊登了一则由斯大林署名的通告：

俄共各级组织和党员注意。俄共第十一次代表大会选出的中央委员会确定了俄共中央书记处的组成人员：斯大林同志（总书记）、莫洛托夫同志和古比雪夫同志。

中央书记处规定了以下的在中央委员会接待的办法：每天中午12时至3时——星期一莫洛托夫和古比雪夫，星期二斯大林和莫洛托夫，星期三古比雪夫和莫洛托夫，星期四古比雪夫，星期五斯大林和莫洛托夫，星期六斯大林和古比雪夫。

中央委员会地址是：沃兹德维任卡5号。

俄共中央书记 斯大林

---

① 《列宁全集》第2版第43卷第134、512页。

毫无疑问，斯大林是具备担任这个职务的条件的。他既是政治局委员，又是组织局委员，只有他一人身兼两个政府职务，担任民族事务人民委员和工农检查人民委员，他还担任共和国革命军事委员会委员和劳动国防委员会委员……这一切表明，斯大林已积累了一定的政治管理和国家管理的经验，也熟悉机关工作。而且当时列宁也很信任斯大林。而当时的加米涅夫、季诺维也夫、托洛茨基，他们的才华表现在理论问题方面，总书记这个职位所需要的是极强的工作能力，能够进行艰苦而平凡的劳动和耐心而持久的组织工作，这样的工作对他们没有太大的吸引力，况且当时他们也认为这个职位只不过是一个普通的职位，轮不到他们这些"大人物"去干诸如此类的琐碎事。

但他们所想的也许过于简单和天真。书记处尽管是一个事务性的机构，但它已是一个权力很大、人员庞大的机构。1917年11月时，中央委员会书记处工作人员还不到30人，到1919年底已将近80人，1920年3月达150人，而至1921年3月已剧增至602人（不包括担任守卫和通信执勤的人员140人）。

书记处虽然不直接处理经济问题、国防问题、国家机关问题和教育问题，但斯大林担任总书记以后，他根据历次党代表大会、代表会议和中央全会有关书记处的决议，很快建立和健全了一系列制度，使书记处能在各个方面发挥重要作用。书记处为党代表大会、代表会议、中央全会、政治局会议准备议程、为每一个问题提供资料和情报，起草和修订党的决议和文件等，并把这些文件传达给各级党组织，通过其下属机构组织指导部定期召集各省委书记向中央书记处报告组织工作，并在各级党组织中设立指导员、组织员以传达中央和上级组织的指示，巡视、监督、指导下级党组织的工作。这样书记处就逐渐成了地方组织与中央联系的中心和枢纽。书记处还下属有一个机构——登记和分配部——负责审查和推荐全国党代表大会的代表和高中层次的领导干部，有权对他们的任命、晋升、调动等方面提出决定性的意见。书记处通过这一机构在相当大的程度上取代了中央组织局，掌握了党的人事权。

正在这时，列宁的身体状况急剧恶化。1918年遇刺后，有两颗子弹一直留在体内，这严重影响了列宁的健康。从1921年冬天起，列宁不得不越来越经常地停止工作，作短期休养。12月6日，列宁获假到莫斯科附近的哥尔克休息，直到俄共（布）"十一"大前夕。大会闭幕后，医生们坚持要列宁进行认真治疗，认为列宁有必要去长期休养，到高加索山区去呼吸新鲜空气。列宁同意了，并给当时在高加索工作的奥尔忠尼启则写了几封信。不过，最终还是没有去成。不久，列宁住院做手术，取出了体内的一颗子弹，然后转到哥尔克休养。5月26日，列宁第一次中风，右手右脚活动不灵，语言不清，前后持续近3个星期。到6月中旬才开始好转，逐渐可以会见客人、阅读书报，只是一直在哥尔克休养，直到10月2日才返回莫斯科。

在列宁患病休养期间，作为总书记的斯大林和季诺维也夫、加米涅夫等政治局委员实际上主持着党政重大问题的裁夺。托洛茨基虽然也是政治局委员，由于他同斯大林、季诺维也夫、加米涅夫有矛盾，因而政治局在解决一些重大问题时往往不让托洛茨基插手。8月4—7日，斯大林主持召开了俄共（布）第十二次全国代表会议。列宁因病没有出席。会议通过了新的党章。新的党章对有关中央监察委员会的职权作了重大改动。

中央监察委员会是经列宁于1920年9月4日倡议并于月底在党的第九次全国代表会议上正式成立的。党的"十大"又通过了专门的决议，规定了中央监察委员的任务和目的，"十一大"专门通过了《监察委员会条例》，并将中央监委的有关规定写进了党章，规定中央监委的任务是：监督中央委员会及其政治局、组织局和书记处是否正确执行党代表大会、代表会议的决议和决定；同侵入党内的官僚主义和升官发财思想、同党员滥用自己在党内和苏维埃中的职权的行为、同破坏党内的同志关系和同破坏党的威信和统一的流言蜚语现象作斗争；审理各种违反党的纲领、章程的案件并作出相应的处理决定；防止发生无谓的纠纷和派别活动并同这些现象作斗争。中央监委的权限是：中央监委由党的全国代表大会选举产生，与中央委员会平行行使职权；监委委员享有中央委员的一切权力，有权参加中央委员会会议并有发言权；中央监委在自己主席团的领导下，有权审查政治局的一切文件，并派遣一定的委员直接出席政治局会议并有发言权；监委的决议，同级党委必须执行，不得加以撤销，如遇不同意见，可以把问题提交给联席会议解决，如果同党委会不能达成协议，可以把问题提交代表大会、同级代表会议或上一级监察委员会解决；当选中央监委委员至少要有 10 年以上党龄，监委委员一律不得兼职；监委会有权在自己的范围内给一切党员和党组织分配任务。

在党的第十二次全国代表会议通过的新党章中，删去了有关监委与同级党委平行行使职权的条文，并将"监察委员会的决议，本级的（党）委员会必须执行，而不得加以撤销。如果有不同意见，可以把问题提交联席会议解决"改为"各级监察委员会的决议，本级党委员会不得加以撤销，但须经党委会同意后才能发生效力，并由后者付诸实施。遇有不同意见时，将问题提交联席会议"。后来监委的权力愈来愈小，这一点我在后面的有关章节中还将提及。

也许，政治局内的多数人还没有注意到这些微妙的变化，但这些变化却使斯大林逐渐从列宁的助手、党的"总秘书"变成了第二把手。

树欲静而风不止

斯大林担任总书记前后，俄共（布）党内就对外贸易垄断问题展开了一场激烈的争论，前后持续时间一年多。

对外贸易垄断制是列宁于十月革命胜利后首先提出来的。1918 年 4 月，人民委员会就通过了关于对外贸易国有化的法令。但由于很快爆发了内战和外国武装干涉，外贸垄断制实际上没能真正实行。到 1920 年底国内战争大体结束以后，才开始与外国有贸易往来。为了统一外贸管理，实行对外贸易垄断制，把工商业人民委员部改成了对外贸易人民委员部。

1921 年俄共（布）实行新经济政策，在一定范围内允许国内贸易自由，这时，苏俄国内的一些领导人主张在对外贸易问题上也放松或放弃垄断。

1921 年 10 月 28—31 日，在里加举行的波罗的海经济会议上，俄罗斯联邦代表团团长弗·巴·米柳亭提出了一个苏维埃俄国对外贸易非国有化的计划,并把这一计划写信告诉给了外交人民委员契切林,断言外贸非国有化后,私商比国家更易于在国外市场上筹集资金。契切林写信把米柳亭的意见向中央政治局作了汇报。11月9日,列宁在契切林的信上批道:"我个人的意见是:整个地否决弗·米柳亭的这个根本不能用的、毫无根据的计划。"第二天,政治局按照列宁的提议否决了米柳亭的提议。鉴于随着向新经济政策过渡和同国外贸易往来的扩大,对外贸易法令作若干修改补充也日益显得必要,因此政治局责成最高国民经济委员会提出对外贸易国家垄断的总体构想。不久就提出了由副对外贸易人民委员安·马·列扎瓦的《对外贸易提纲》。这个提纲强调必须保持和加强对外贸易垄断制,同时建议在对外贸易人民委员部(人民委员是克拉辛)的监督下给某些国营的和合作社的联合公司以独立出口的权力。这个提纲得到了列宁的赞同,并于1922年1月4日由最高国民经济委员会通过。

但是,财政人民委员索柯里尼柯夫反对这一提纲,建议限制对外贸易人民委员部的权限,扩大国家托拉斯、合作社和其他单位的权限。

斯大林对列扎瓦的提纲同样持否定态度。他在1922年2月写道:"依我看,克拉辛的解释不能令人满意(有的地方是人所共知而无人反对的东西)。此外,应当指出,问题不在于垄断制的提纲,而在于实际上不存在垄断制……关于垄断制的废话终归是废话。"[①]

列宁与加米涅夫、斯大林、季诺维也夫就关于对外贸易垄断制的问题交换了意见。3月3日,列宁就这一问题写信给加米涅夫。列宁说,在那次谈话后,"我又想了很久。我的结论是,克拉辛无疑是正确的。在对外贸易垄断制方面,我们现在不能超出列扎瓦在提纲中一直建议实行的让步了。不然,外国人会把一切贵重物品都买走,运走。"然后,列宁以毫不含糊的口气指示说:

(1)绝对不得破坏对外贸易垄断制;

[①] 参见《苏共历史问题》1963年第10期第31页,转引自《马列主义研究资料》1982年第3辑第100页。

（2）明天就通过列扎瓦的提纲；

（3）立即（我们已丧失了大量时间）用全俄中央执行委员会主席团的名义发表一项强硬、冷酷和严厉的声明：在经济方面我们不再作更多的退让，凡是蓄意欺骗我们（或者逃避垄断，如此等等）的人，将遭到恐怖手段的回击；不必用这个词，但要"委婉地、客气地暗示"。①

第二天，即3月4日，俄共（布）中央政治局作了一些修改后通过了列扎瓦的提纲。全俄中央执行委员会主席团以之为基础，于3月13日通过了《关于对外贸易的决定》。

但是，俄共（布）党内和苏维埃政府中并未停止关于外贸垄断制的争论。5月15日，列宁收到了俄罗斯联邦驻德全权代表尼·尼·克列斯廷斯基报来的材料。材料称，在对外贸易垄断问题上的党内分歧对同外国资本家的业务谈判产生了消极影响。有鉴于此，列宁在当天写便条给斯大林："建议用向政治局委员**征询的方式**通过下述指令：'中央委员会确认对外贸易垄断，并决定一律停止研究和筹划最高国民经济委员会同对外贸易人民委员部合并事宜。各人民委员应秘密签字'。"②同一天，他还向斯大林和副对外贸易人民委员莫·伊·弗鲁姆金写信。列宁在信中说："我认为，有关削弱对外贸易垄断的一切议论、商谈和委员会等等都应**正式禁止**。我不同意弗鲁姆金的意见，他认为国营商业总是要被击败的。在全世界都是百货商店击败所有其他的商店。可是它比国营商业好在哪里呢？"③弗鲁姆金曾于5月10日写给列宁和斯大林的信中，建议只把4—5种商品的批发贸易继续垄断在国家（对外贸易人民委员部）手中，而其他产品则让那些把部分利润交给国家而不用国家花费资金的合营公司自由进口。他在说明其建议的理由时说，国营商业出现亏损，在自由竞争中会被私营商业击败。

列宁在5月15日给秘书的指示中，要求斯大林和弗鲁姆金在信上附上意见，

---

① 《列宁全集》第2版第42卷第459、460—461页。

② 同上，第185、526页。

③ 《列宁全集》第2版第52卷第440页。

然后把信退给他。5月17日，斯大林在列宁的信的下方对列宁的要求作了答复，表示同意国营商业在"**自由**竞争市场上不应当被击败"，但是，他认为在"**非自由**竞争市场上"国营商业得不到发展，会变成温室里的植物。虽然不反对在现阶段正式禁止旨在削弱对外贸易垄断的步骤，但他认为"**削弱仍是不可避免的**"。5月22日，中央政治局通过了列宁提出的关于确认对外贸易垄断的决议草案。

就在这时，列宁病倒了。在列宁卧病期间，季诺维也夫曾在政治局建议削减外贸人民委员部的采购和贸易职能，建议把它变成一个只执行监督和调节工作、实行关税政策、研究市场动态等的机构。政治局还决定成立以加米涅夫为首的专门委员会，根据上述建议起草一个决议。克拉辛不同意这一决定，要求把这一问题提交中央全会讨论。7月14日，他从海牙写信给斯大林和弗鲁姆金，认为加米涅夫委员会起草的决议缺乏根据，违背党的"十一大"决议和列宁的指示。但8月8日中央全会还是通过了加米涅夫委员会的方案。

1922年10月2日，列宁身体状况好转，从哥尔克回到莫斯科工作。5—6日，俄共（布）中央召开全会，在列宁和托洛茨基缺席的情况下，全会通过了一项有关削弱外贸垄断的决定。决定写道："1. 在对外贸易垄断方面不宣布作任何改变，而通过劳动国防委员会关于暂时准许某几类商品或在某些边境进出口的若干决定；2. 建议劳动国防委员会立即实行上述措施，而不要延至拟出准予进出口的货物的总清单以及进出口的港口和边境名单之后；3. 为监督劳动国防委员会在最近两星期内拟出进出口港口、边境和商品清单，成立由索柯里尼柯夫、波格丹诺夫、弗鲁姆金和列扎瓦同志组成的委员会，同时必须吸收对外贸易人民委员部的代表参加。"①

克拉辛和中央消费合作总社理事会主席列·米·欣丘克以及其他许多经济工作者都反对这一决定。10月12日，列宁找斯大林谈话，表示不同意中央全会的决定。同一天，列宁又写了给斯大林并转中央委员的信，认为"事实上这是破坏对外贸易垄断"，"问题是匆忙地提到全会的。根本没有展开认真的争论。仓促从

---

① 参见《列宁全集》第2版第43卷第535页。

事是毫无理由的"。因此，列宁建议"延期两个月解决这个问题，即延至下次全会；在这个期间收集关于我们贸易政策经验的汇总的并经检验的**文件**"。①

10月13日，中央书记处向中央委员分发了列宁的信和克拉辛提交的《对外贸易人民委员部关于对外贸易制度的提纲》。多数委员表示支持列宁的建议，但一些主要委员却各有各的想法：

布哈林在10月15日写给俄共（布）中央的信中，试图为取消对外贸易垄断的要求提供论据，建议用高关税政策取代垄断制。

斯大林给中央委员们写信说："列宁同志的信没有说服我放弃10月6日中央全会关于对外贸易问题的决定是正确的这一看法……然而，鉴于列宁同志坚决建议推迟执行中央全会决议，我投票赞同延期，以便下次全会在列宁同志参加下把问题重新提出讨论。"

季诺维也夫则声明，他"坚决反对不论从形式上还是从实质上重新审查全会通过的关于对外贸易制度问题的决定"。

尽管如此，10月16日，中央委员就列宁的建议进行了投票，还是以14票赞成1票反对（季诺维也夫投了反对票）通过决定："延至下次全会决定这一问题。"②

在有关外贸垄断问题的争论中，列宁是相当孤立的，他必须寻找强有力的支持者。这时他想起了托洛茨基。托洛茨基曾于1922年8月初在一封给政治局的信中表示赞成停止关于取消对外贸易垄断制的议论。12月12日，列宁给托洛茨基的便条中问他："我将在全会上为维护垄断而战斗。您呢？"③

当天，托洛茨基回信列宁："保持和加强对外贸易垄断制是一件绝对必要的事。但是现在实际上对外贸易的反对者不是对它实行正面攻击，而是采取复杂的迂回行动。另一方面，改变和完善对外贸易垄断的方法也是绝对必要的。现在出现一种危险，这就是在改善实行垄断制的方法的外衣下偷运实际上损害垄断制的方法。"并认为，国家计划委员会必须担负起根据总的经济需要灵活地调节对外

---

① 《列宁全集》第2版第43卷第220、221、222页。
② 参见《列宁全集》第2版第43卷第535—536页。
③ 《列宁全集》第2版第52卷第547页。

贸易的任务。①

列宁收到这封信以后，当即给弗鲁姆金和斯托莫尼亚科夫（苏维埃俄国驻柏林商务全权代表）写信，信中说："今天我收到托洛茨基同志的一封信，现附上，也许除了谈及国家计划委员会的最后几行，信中的全部内容我都同意。我将写信给托洛茨基，告知同意他的意见，并请他鉴于我的病情而在全会上为我的立场辩护。"②

12月13日，列宁给托洛茨基写了一封信。信中说，"我觉得我和您的意见完全一致"，"不管怎样，恳请您在即将召开的全会上出面维护我们的共同观点，即保留和加强对外贸易垄断是绝对必要的……在这个问题上不能让步。我认为，正如我在给弗鲁姆金和斯托莫尼亚科夫的信中所说的，在这个问题上一旦我们失败，我们就应该将问题提交党代表大会"。③ 同一天，列宁又电话口授了一封《关于对外贸易垄断》的信，让斯大林转交即将召开的中央全会。列宁在信中批驳了布哈林的观点，力陈维护对外贸易垄断的重要性。

12月15日，列宁又让秘书莉·亚·福季耶娃给托洛茨基送去一封信。列宁说，"我认为，我们已经完全谈妥了。请您在全会上声明我们两人意见一致"，"万一我们的决定通不过，我们就向苏维埃代表大会党团声明，要求将问题提交党代表大会"。再在这个问题上继续动摇不定是绝对不能允许的。这一天，列宁还收到了弗鲁姆金的一封信，弗鲁姆金认为必须立即解决这一问题。收到弗鲁姆金的信后，列宁又给托洛茨基去了一封信，并随信附寄了弗鲁姆金的信，请他"注意附去的信，恳请支持立即讨论这个问题"。④

15日，斯大林、季诺维也夫、加米涅夫等人分别表示，放弃自己原来的观点，同意维护对外贸易垄断制。斯大林在给中央委员的信中说："鉴于最近两个月积累的有关对外贸易问题的材料说明必须保持对外贸易垄断……我有责任声明，

---

① 参见《马列主义研究资料》1982年第3辑第94—96页。
② 参见《马列主义研究资料》1982年第3辑第93页。
③ 《列宁全集》第2版第52卷第548页。
④ 参见《列宁全集》第2版第52卷第550—551页。

收回我两月前书面通知中央委员们的反对对外贸易垄断的意见。"①

列宁为了强调自己的观点,在15日晚上又口授了给斯大林并转中央委员的信,说已"同托洛茨基谈妥,由他来维护我对外贸易垄断问题上的观点",重申"坚决反对把对外贸易垄断问题拖下去。不管出于何种考虑(包括希望我能参加这个问题的讨论这种考虑),如果想推迟到下次全会讨论,我坚决反对。因为我相信,托洛茨基维护我的观点,一点也不比我差,此其一;其次,您和季诺维也夫,听说还有加米涅夫的声明证实,一部分中央委员已改变了自己原先的观点;第三,也是最主要的,在这个极端重要的问题上继续犹豫不定是绝对不能容许的,是会破坏全部工作的。"②16日,克鲁普斯卡娅受列宁之托,给福季耶娃打电话,请她秘密打电话给叶·米·雅罗斯拉夫斯基,要他记下布哈林和皮达可夫,可能的话还有其他人在全会上关于对外贸易问题的发言,并悄悄地送给列宁。

由于列宁做了一系列工作,中央委员们改变了自己的态度,表示支持外贸垄断。12月18日,中央委员会全会一致通过决定,撤销了十月全会的决定,重申"保持和组织上加强对外贸易垄断的绝对必要性"。

列宁由于发病,未能出席这次全会。他是12月13日上午发病的,医生让他不要在任何会议上发言,离城全休,但列宁没有采纳。15日深夜至16日凌晨,病情突然恶化。在往后的几天,他的健康状况进一步恶化,右臂和右腿瘫痪。医生建议他去哥尔克休养,但列宁没有同意。18日的中央全会讨论了列宁的身体状况,并专门通过一个决定,责成斯大林负责监督执行医生为列宁规定的作息制度,"断绝弗拉基米尔·伊里奇同工作人员之间的个人联系以及信件往来",并说"如果列宁同志询问全会就对外贸易问题所作的决定,就按斯大林同医生达成的协议向他通报决议的全部条文,并告诉他,决议以及委员会的组成都已被一致通过。雅罗斯拉夫斯基同志的汇报决不可现在转交,要保存好,待医生按照同斯大林同志达成的协议同意转交时再转交"。③

---

① 转引自《列宁全集》第2版第43卷第556页。
②《列宁全集》第2版第43卷第333—334页。
③ 参见《斯大林研究》1993年第1辑第69—70页。

斯大林传

列宁尽管病情很严重,但他认为对外贸易垄断问题非常重要,因此,他在十二月中央全会通过了决定后,仍然还建议向即将召开的全俄苏维埃第十次代表大会的共产党党团通报此事,并把问题提到党的第十二次代表大会。12月21日,列宁经医生许可口授了一封给托洛茨基的信,由克鲁普斯卡娅作了记录:

> 好像仅仅调动了一下兵力,就一枪不发地拿下了阵地。我建议不要停顿,要继续进攻,为此要通过一项提案,即向党代表大会提出加强对外贸易和改进对外贸易的措施问题。这件事要向苏维埃代表大会党团宣布。我希望您不会表示异议,也不会拒绝向党团作报告。①

当天晚上,托洛茨基打电话给加米涅夫,说他收到了列宁给他的短信,并把列宁在信中的意思告诉给了加米涅夫。托洛茨基在电话中没有表示自己的意见,只要求把这个问题提交给中央委员会下设的代表大会筹备委员会。第二天,加米涅夫给斯大林写信,向他转告了这事,并说:"我想在报告中马上宣布中央全会的决定。"

斯大林收到加米涅夫的信后,当即(12月22日)给加米涅夫回了一信:

加米涅夫同志:

来函已收到。我认为,你在报告中应当只作一下说明,而不是把老头②如何不顾费尔斯特③的绝对禁令而给托洛茨基写信的事在党团的

列宁夫人克鲁普斯卡娅

---

① 《列宁全集》第2版第52卷第553页。
② 老头,列宁在党内的笔名之一。
③ 奥·费尔斯特,德国神经科医生,1922年3月起为列宁的保健医生当顾问。

会议上公开。①

斯大林得知克鲁普斯卡娅记录了列宁就对外贸易垄断问题口授的给托洛茨基的信后，22日打电话骂克鲁普斯卡娅，说他违背医生的禁令，并以诉诸监察委员会相威胁。

克鲁普斯卡娅感到很委屈，12月23日，她给加米涅夫写了一封信：

列夫·波里索维奇：

由于我记录了弗拉基米尔·伊里奇经医生许可口授的一封短信，斯大林昨天竟然对我极其粗暴无礼。我入党不是一天了，30年来从未听见任何一位同志对我说过一句粗话，我珍视党和伊里奇的利益并不亚于斯大林。现在我需要最大限度地克制自己。什么可以同伊里奇讲，什么不可以讲，我比任何医生都清楚，因为我知道什么事会使他不安，什么不会，至少比斯大林清楚。

克鲁普斯卡娅请求加米涅夫保护她，不让人"粗暴地干涉私人生活，无端辱骂和威胁"。她接着写道：

斯大林竟然以监察委员会威胁我，我并不怀疑监察委员会作出一致的决定，但是我既没有精力也没有时间闹这种愚蠢的纠纷。我也是一个活人，我的神经已经紧张到了极点。②

加米涅夫把克鲁普斯卡娅信的内容告诉了斯大林，斯大林立即同克鲁普斯卡娅交换了意见，说明他这样做纯粹是出于对列宁的关心，并无其他恶意。

过了两个多月，克鲁普斯卡娅把这件事告诉了列宁。列宁在了解到事情的经

---

① 参见《斯大林研究》1993年第1辑第70—72页。
② 参见《列宁全集》第2版第52卷第703页。

斯大林传

过后，于3月5日口授了一封给斯大林的信：

尊敬的斯大林同志：

您竟然粗暴地要我妻子接电话并辱骂了她。尽管她向您表示同意忘记您说的话，但季诺维也夫和加米涅夫还是从她那里知道了这件事。我不想这样轻易地忘记反对我的言行，不言而喻，我认为反对我妻子的言行也就是反对我的言行。因此，请您斟酌，您是同意收回您的话并且道歉，还是宁愿断绝我们之间的关系。①

列宁请秘书沃洛季切娃把信送交斯大林，把副本装在信封里封好交给妹妹玛·伊·乌里扬诺娃，并且要求她们不要对克鲁普斯卡娅提起这事。但正在这时，克鲁普斯卡娅从外头回来了，她看见列宁那副心情不快的样子便知道情况不妙，最后还是知道了信的事。克鲁普斯卡娅要沃洛季切娃暂时扣下列宁的信，到3月7日才把信交给斯大林。斯大林收到信，当天就给列宁写了回信：

列宁同志：

大约5个星期前我同娜·康斯坦丁诺夫娜同志谈过一次话②，在我看来，她不仅是您的妻子，而且也是我在党内的一位老同志。当时我（在电话里）对她说了大致如下的话："医生禁止告诉伊里奇政治方面的消息，认为这种制度是治好他的病的一种极为重要的手段，然而您，娜捷施达·康斯坦丁诺夫娜，竟然破坏这个制度；不能拿伊里奇的生命开玩笑……"

我并不认为这些话里有什么粗暴或不可容忍的地方和"反对"您的意思，因为除了愿您尽早康复之外，我别无他求。此外，我把监督制度的执行视为自己的职责。我同娜·康交换过意见，已证实在这件事上除了一些不值一谈的误会外什么问题都没有，也不可能有。

---

① 《列宁全集》第2版第52卷第555页。
② 这里指的是1922年12月22日斯大林与克鲁普斯卡娅的电话交谈。

不过，既然您认为为了保持"关系"我应当"收回"上面那些话，我可以把它们收回，但我弄不明白这是怎么回事，我"错"在哪里，到底要我怎样。①

斯大林回信时，列宁的病情正好再一次恶化了，医生和克鲁普斯卡娅决定不把这封信交给列宁。所以至临终，列宁也不知道斯大林复信道歉的事。

1923年4月17—25日召开的俄共（布）第十二次代表大会，肯定了对外贸易垄断的必要。决议写道："代表大会无条件地确认对外贸易垄断制是确定不移的，不允许有任何的违背和执行时有任何动摇，并责成新的中央委员会采取一系列的措施来巩固和发展对外贸易垄断制。"

至此，有关外贸垄断制的争论才算最终结束。

故乡的抗争

民族工作是斯大林的老本行。斯大林不仅写过这一方面闻名党内外的著作，而且在十月革命后还担任民族事务人民委员。虽然内战和外国武装干涉期间军务繁忙，无暇过多顾及这一方面的工作，但内战结束后，他便把许多精力和时间花在了民族事务方面。1922年4月担任总书记后，仍然兼任民族事务人民委员的职务。

斯大林在处理民族事务时，大多还比较顺手。但在着手成立苏联时，他的大俄罗斯主义的作风却遭到了各方面特别是故乡人——格鲁吉亚人——的激烈反对。

当时在苏维埃俄国境内，从法律上说并列的苏维埃共和国有乌克兰、白俄罗

---

① 参见《斯大林研究》1993年第1辑第73页。

斯、俄罗斯联邦和外高加索的格鲁吉亚、阿塞拜疆、亚美尼亚，当时外高加索的这三个苏维埃共和国名义上组成为松散的外高加索联邦。这些并列的共和国虽然统一受俄共（布）中央的政治领导，但各有其党组织的中央委员会，政府组织机构方面也有其完备的建制：苏维埃代表大会、中央执行委员会和人民委员会。俄罗斯联邦分别同阿塞拜疆（1920年9月）、乌克兰（1920年12月）、亚美尼亚（1920年12月）、格鲁吉亚（1921年5月）和白俄罗斯（1921年）签订有同盟条约。在这些条约的基础上，又成立了财政、劳动、交通、邮电、军事等联合的人民委员部和国民经济委员会，这些联合的人民委员部都设在俄罗斯联邦人民委员会内，并在各共和国派有全权代表，由各共和国派有代表参加的全俄苏维埃代表大会及其中央执行委员会行使对联合人民委员部的监督权。俄罗斯联邦通过这些同盟条约保证它与各共和国在处理政治、经济、军事等各项事务时协同一致。

到1922年时，单纯的条约关系已暴露出许多弊端，各共和国和俄罗斯联邦在处理全俄的政治、经济、军事、外交等事务时往往意见不一，因而当时已在实践上迫切要求建立新型的国家，即把各苏维埃共和国联合成为共和国联盟。

为了把各苏维埃共和国联合为一个整体，1922年8月初，俄共（布）中央政治局建议组织局成立一个委员会，以研究制订俄罗斯联邦、乌克兰、白俄罗斯、格鲁吉亚、亚美尼亚、阿塞拜疆各独立共和国联合的原则和方案。8月11日，委员会宣告成立，参加该委员会的成员有斯大林、古比雪夫、奥尔忠尼启则、拉柯夫斯基、索柯里尼柯夫和各民族共和国的代表：萨·阿·阿加马利—奥格雷（阿塞拜疆）、亚·费·米雅斯尼科夫（亚美尼亚）、波·古·姆季瓦尼（格鲁吉亚）、格·伊·彼得罗夫斯基（乌克兰）、亚·格·切尔维亚科夫（白俄罗斯）等。

斯大林拟定了委员会《关于俄罗斯联邦和各独立共和国的相互关系》的决议草案，规定乌克兰、白俄罗斯、阿塞拜疆、格鲁吉亚和亚美尼亚作为自治共和国加入俄罗斯联邦。这就是著名的斯大林的"自治化"方案。草案未经过委员会的讨论，也未征询正在休养的列宁的意见，就分发给了各共和国中央讨论。除阿塞拜疆、亚美尼亚和外高加索边疆区委（委员会第一书记是奥尔忠尼启则）表示同意外，其他共和国的党中央都提出了不同意见。格鲁吉亚共产党中央明确表示反对这一方案，它在9月15日的会议上不顾与会的奥尔忠尼启则（时任外高加索边疆区委和北高加索边疆委第一书记）和基洛夫（时任阿塞拜疆共产党中央第一书记和外高加索边疆区区委委员）的激烈反对，以多数票通过决定，认为尽管加强经济力量的联合和总政策的统一确实必要，但要保存独立的一切特征，"根据斯大林同志的提纲建议的各独立共和国以自治形式进行联合还为时过早"。白俄罗斯共产党中央主张保持各独立共和国之间的条约关系。乌克兰共产党中央没有表态，实际上对草案本身持保留态度。

尽管如此，这个草案在9月23—24日俄共（布）组织局的委员会会议上，经过一些并非实质性的修改和补充后，仍以8票赞成、1票反对和1票弃权通过。这个决议的第一条规定："认为乌克兰、白俄罗斯、阿塞拜疆、格鲁吉亚、亚美尼亚各苏维埃共和国和俄罗斯联邦之间缔结关于它们正式加入俄罗斯联邦的条约是适宜的"；第二条规定，俄罗斯联邦全俄中央执行委员会、人民委员会和劳动国防委员会的决定，各共和国的相应机构必须执行；第六条规定："本决定如得到俄共中央赞同，将不公布，而作为通令分发给各民族共和国的党中央，在全俄苏维埃代表大会召开前，先通过上述各共和国中央执行委员会或苏维埃代表大会按苏维埃程序予以贯彻，在全俄苏维埃代表大会召开时，再作为这些共和国的愿望予以公布。"①

委员会决议投票表决时，姆季瓦尼投了反对票，乌克兰的彼得罗夫斯基投了弃权票。彼得罗夫斯基在会上提议，允许将委员会通过的决议提交各共和国内的各省委常委会讨论，但他的提议被否决。因此，他要求在委员会的记录上注明：乌克兰共产党中央委员会没有讨论过同俄罗斯联邦的相互关系问题。②

9月25日，委员会的材料（包括斯大林拟的草案、委员会的决议和会议记录以及格鲁吉亚、阿塞拜疆和亚美尼亚共产党中央委员会的决议）送给了在哥尔克

---

① 参见《列宁全集》第2版第43卷第531—532页。
② 参见郑异凡《为"格鲁吉亚事件"辩护》，载于《马列主义研究资料》1982年第4辑。

养病的列宁。同时，中央书记处把委员会的决议分发给了俄共（布）中央委员和候补中央委员。

列宁看了委员会的材料后，于9月26日找斯大林到哥尔克，就成立苏维埃共和国联盟的问题谈了3个来小时。列宁详细谈了他自己的看法。斯大林表示同意作些让步，并同意等列宁回到莫斯科后再将决议案提交给政治局。

同一天，列宁写了给加米涅夫并转政治局委员的信。列宁说："依我看，问题极端重要。斯大林有点操之过急。"接着，列宁对斯大林的"自治化"方案提出了重大的原则性的修改意见：建议把"加入"俄罗斯联邦改成"同俄罗斯社会主义联邦苏维埃共和国一起正式联合成欧洲和亚洲苏维埃共和国联盟"。列宁解释说，这就意味着"我们承认自己同乌克兰社会主义苏维埃共和国以及其他共和国是平等的，将同它们一起平等地加入新的联盟，新的联邦"。这样一来，组织机构也应作修改，例如，除俄罗斯联邦全俄中央执行委员会外，还应建立一个"全联邦中央执行委员会"。其他各条在措词上都应作相应的修改。列宁强调说："重要的是，我们不去助长'独立分子'，也不取消他们的**独立性**，而是再建**一层新楼——平等的共和国联邦**。"这些都是初步方案，明天还要同"被认为有'闹独立嫌疑的格鲁吉亚共产党员'姆季瓦尼及同其他同志谈话后再作补充修改。当时斯大林、奥尔忠尼启则等人把姆季瓦尼等人斥之为"独立分子"，在这里，列宁提到他们时却把"独立分子""闹独立"加上了引号。可见，列宁对此并不以为然。

9月27日，列宁按计划找姆季瓦尼谈了话。列宁坦诚地谈了自己的想法，表示不同意斯大林的"自治化"方案，姆季瓦尼听了后很受鼓舞。过了两天，列宁又找格鲁吉亚共产党中央委员奥库查瓦、杜姆巴泽和钦察泽谈了话，这些人都反对斯大林的方案。列宁问他们："如果'自治化'不好，那么'联盟'怎么样？"这几位中央委员一听非常高兴，说如果格鲁吉亚能与俄罗斯联邦平等地加入联盟，那么格鲁吉亚共产党人也脸上有光，可以在群众面前"大大夸耀一番"。

9月27日，斯大林给列宁写了回信，同时寄发给了政治局委员。在回信中，他同意列宁第一条的修改意见，准备这样表述："确认乌克兰、白俄罗斯、格鲁吉亚、阿塞拜疆、亚美尼亚各苏维埃社会主义共和国同俄罗斯社会主义联邦苏维埃共和国正式联合成为欧洲和亚洲苏维埃社会主义共和国联盟是适宜的。"对于第二条修改意见,则"认为不应当采纳,因为莫斯科存在两个中央执行委员会,其他一个大概将是'下院',另一个是'上院',这种状况只能带来冲突和摩擦"。他建议把俄罗斯联邦中央执行委会改为全联邦的中央执委会,其决议对于加入联盟的各共和国中央机关都有约束力。对于列宁的其他修改,斯大林在信中不是认为列宁"为时过早""多余"或"纯属文字性质",就是反而指责他"操之过急",认为"这种'操之过急'的做法将会'助长独立分子'而使列宁同志的民族自由主义受到损害"。①

话虽如此,但斯大林并没有坚持自己的意见,而是按照列宁的建议修改了委员会的决议,修改后的决议由斯大林、奥尔忠尼启则、米雅斯尼科夫和莫洛托夫签署,分发给了全体中央委员和候补中央委员。但修改后的决议第一条在措词上作了改动,变为"认为乌克兰、白俄罗斯、外高加索共和国联邦和俄罗斯联邦之间缔结关于联合成'社会主义苏维埃共和国联盟'而同时为每一个共和国保留自由退出'联盟'的权利的条约是必要的"②。这一修改成了以后"格鲁吉亚事件"的直接导火线。

10月6日,俄共(布)中央全会讨论了联盟问题,列宁因病没有出席,但他给加米涅夫写了一张便条,"宣布要同大俄罗斯沙文主义决一死战",指出"**要绝对坚持在联盟中央执行委员会中由俄罗斯人、乌克兰人、格鲁吉亚人等等轮流担任主席**"。③全会通过了委员会根据列宁的建议修改了的决议,把它作为中央委员会的指令,并委托以斯大林为首的新的委员会起草关于成立苏维埃社会主义共和国联盟的法令草案,以提交苏维埃代表大会讨论。

全会之后,斯大林和以奥尔忠尼启则为首的外高加索边疆区委要求格鲁吉亚、亚美尼亚和阿塞拜疆通过外高加索联邦加入即将成立的苏联。让这三个共和国通过外高加索联邦而不是直接加入苏联,等于说这三个共和国不是与俄罗斯联

---

① 斯大林信的全文见《马列著作编译资料》第13辑,人民出版社1981年版,第5—6页。
② 决议全文见《列宁全集》第2版第43卷第533页。
③ 参见《列宁全集》第2版第43卷第216页。

邦、乌克兰、白俄罗斯平等的共和国，而是把它们降了一级。这一点受到以姆季瓦尼为首的格鲁吉亚共产党中央领导人的激烈反对，他们要求直接加入苏联。

然而，奥尔忠尼启则对这一要求却采取了高压政策。10月20日，外高加索边疆区委召开全会，奥尔忠尼启则在会上斥责"格鲁吉亚党中央的上层是沙文主义败类，应该立即抛弃"。全会决定给格共中央领导人奥库查瓦、钦察泽和马哈拉泽以党内警告处分，解除奥库查瓦的格共中央书记和主席团委员职务。

在这种情况下，格共领导人钦察泽、卡夫塔拉泽、马哈拉泽于21日凌晨给莫斯科打电话，请加米涅夫、布哈林或叶努基泽（时任全俄中央执行委员会主席团委员和秘书）接电话，接电话的是叶努基泽。他们把格鲁吉亚的情况及奥尔忠尼启则的行为作了汇报，叶努基泽作了记录。记录当天就送到了列宁和斯大林那里。列宁于同一天给钦察泽和卡夫塔拉泽去了电报。列宁这时显然认为十月全会已改正了"自治化"的错误，所有分歧业已解决，因此对"钦察泽等人签发的直达电报稿口气不礼貌"感到惊奇，"坚决谴责对**奥尔忠尼启则**的谩骂"，主张"以恰当的、有礼貌的口气提交俄共中央书记处解决"冲突。

21日，俄共（布）中央组织局开会，决定把姆季瓦尼、钦察泽、卡夫塔拉泽和马哈拉泽调离格鲁吉亚工作。22日，奥尔忠尼启则又在格共中央全会上指责格共领导人有"孟什维主义倾向"，搞"沙文主义"，表示对格共中央委员会"不信任"。同日，格共中央委员会提出辞职。外高加索边疆区委员会立即接受了格共中央委员会的辞职，成立了以维·维·罗米纳兹为首的新的中央委员会，接着又在政府部门撤换了大批干部，马哈拉泽被撤去格鲁吉亚共和国中央执行委员会主席职务，卡夫塔拉泽被撤去人民委员会主席职务，钦察泽被撤去肃反委员会主席职务，等等。

奥尔忠尼启则之所以敢在格鲁吉亚为所欲为，态度强硬，是因为他有斯大林的支持。10月22日，奥尔忠尼启则把当天发生的事电告了斯大林。斯大林于同日就打电报给奥尔忠尼启则说：

我们打算结束格鲁吉亚的争吵并狠狠地惩罚一下格鲁吉亚中央委员会。

第三章　变革与分歧

请告知，除召回四人外，我们还应把谁从格鲁吉亚调开。依我看，应当采取一条坚决的路线，把各种民族主义残余统统从中央委员会清除出去。收到列宁的电报了吗？他对格鲁吉亚民族主义分子感到愤怒和极端不满。①

格鲁吉亚问题的突变，使俄共（布）中央领导人颇感意外和不安，加上一批原格共领导人不断向俄共（布）中央申诉，俄共（布）中央书记处决定派一个调查委员会去格鲁吉亚调查处理。斯大林提议由捷尔任斯基去领导这个委员会，列宁想让叶努基泽参加，但叶努基泽不同意去。11月24日，书记处最后任命了由捷尔任斯基（主席）、米茨凯维奇—卡普苏卡斯和索斯诺夫斯基组成的委员会，表决时列宁投了弃权票。由于姆季瓦尼坚决反对索斯诺夫斯基参加该委员会，经斯大林同意换成了曼努伊尔斯基。

捷尔任斯基委员会成员于11月28日和29日相继抵达第比利斯，开始工作。

从左至右、从上到下：莫洛托夫、伏罗希洛夫、奥尔忠尼启则、捷尔任斯基、加里宁、伏龙芝

---

① 哈尔曼达梁《列宁和外高加索联邦的形成（1921—1923）》，埃里温1969年版，第353—354页。译文参见《马列主义研究资料》1982年第4辑第154—155页。

经过调查，委员会得出的结论是：外高加索边疆区委和奥尔忠尼启则的路线和工作是完全正确的，符合俄共（布）中央的指令，辞职的格共中央的立场是错误的。委员会强调要谴责姆季瓦尼的"民族主义"路线。

11月末，正当捷尔任斯基委员会在第比利斯开展调查时，人民委员会副主席李可夫也在那里。一天，李可夫在奥尔忠尼启则的家里会见了格共领导人卡巴希泽。他们两人谈着谈着，奥尔忠尼启则按捺不住也加入了谈话。卡巴希泽指责奥尔忠尼启则，说他有一匹白色的马（意思是说，马是他贪污来的）。奥尔忠尼启则勃然大怒，动手打了卡巴希泽一个耳光。奥尔忠尼启则拥有白马一匹是事实，是高加索山民送给他的，他按照高加索的风俗收下了这一礼物。但他立即上交了，饲养在革命军事委员会的马棚里。后来奥尔忠尼启则在1926年联共（布）七月全会上作了自我批评，并说打人之事"不是由政治争论引起的，而是对我的人身侮辱引起的"。就马匹来说，奥尔忠尼启则并没有错，但他动手打人却造成了恶劣影响。

12月12日，捷尔任斯基委员会结束调查，回到莫斯科。当晚，列宁同捷尔任斯基进行了长时间谈话。捷尔任斯基向列宁汇报了调查的情况，极力为奥尔忠尼启则和斯大林开脱，对奥尔忠尼启则打人的事只轻描淡写地说了说。显然列宁对捷尔任斯基委员会的调查不满意。列宁后来说："去高加索调查这些'社会民族主义分子''罪行'案件的捷尔任斯基同志，在这件事情上也只是突出表现了他的真正俄罗斯人的情绪（大家知道，俄罗斯化的异族人在表现真正俄罗斯人的情绪方面总是做得过火），他的整个委员会是否不偏不倚，这在奥尔忠尼启则'动手打人'这件事上得到了充分说明。我想，这种俄罗斯式的动手打人行为是不能用受到任何挑衅甚至侮辱作辩解的，而捷尔任斯基同志无法补救的过错就在于他对这种动手打人行为采取了轻率的态度。"因此，列宁要求"补充调查或重新调查捷尔任斯基的委员会的全部材料，以便纠正其中无疑存在的大量不正确的地方和不公正的判断"。①

---

① 《列宁全集》第2版第43卷第351、354页。

正当决定捷尔任斯基为首的调查委员会成立并准备去格鲁吉亚调查时,以斯大林为首的委员会正在紧锣密鼓地起草《苏维埃社会主义共和国联盟宪法基本条文》。"条文"于11月28日完成。30日,斯大林在中央政治局会议上作了关于共和国联盟的报告,政治局根据斯大林报告批准了《苏维埃社会主义共和国联盟宪法基本条文》。接着,斯大林在12月5—16日之间,起草了《苏维埃社会主义共和国联盟成立宣言》草案。16日俄共(布)中央委员会会议在斯大林主持下通过了这一草案。12月23—27日,召开了全俄苏维埃第十次代表大会,主要议题是讨论"各缔约苏维埃共和国关于建立苏维埃社会主义共和国联盟的建议",斯大林在会上作了《论各苏维埃共和国的联合》的报告。大会通过了《关于建立苏维埃社会主义共和国联盟的决议》。

12月30日,俄罗斯联邦、乌克兰、白俄罗斯、外高加索联邦的代表聚集莫斯科,举行了全苏苏维埃第一次代表大会,讨论正式成立苏联事宜。列宁因病未出席大会,但当选为大会名誉主席。斯大林在会上作了《关于苏维埃社会主义共和国联盟的成立》的报告。会议讨论并基本通过了《苏维埃社会主义共和国联盟成立宣言》和《苏维埃社会主义共和国联盟成立条约》两个文件,决定提交各加盟共和国审查,听取各加盟共和国意见,最后在全苏苏维埃第二次代表大会上批准宣言和条约。宣言强调了成立苏联的必要性,指出现有的或将来产生的一切苏维埃共和国都可以加入苏联。条约规定了各共和国加入苏联的手续、苏联的组织机构和各共和国自由退出苏联的权利。

正值苏联宣告成立之时,列宁于12月30、31日接连口授了《关于民族或"自治化"问题》的信。列宁在信中阐述了正确处理民族问题的一系列原则,批评了有关人员的错误。

列宁首先说:"我觉得很对不起俄国工人,因为我没有十分坚决十分果断地过问有名的自治化问题。"这主要是指列宁有病,未能出席有关讨论这一问题的中央全会。

接着列宁批评了斯大林、捷尔任斯基、奥尔忠尼启则在格鲁吉亚问题上的错误。

斯大林传

列宁说,"斯大林的急躁和喜欢采取行政措施以及他对有名的'社会民族主义'的愤恨,在这件事情上起了决定性的作用","应当使斯大林和捷尔任斯基对这一真正大俄罗斯民族主义的运动负政治上的责任"。捷尔任斯基的委员会在调查时不公正,偏袒一方,他"也只是表现他的真正俄罗斯人的情绪"。

"需要处分奥尔忠尼启则同志以儆效尤",他在格鲁吉亚动手打人,如果事情发展到这种地步,"那么可想而知,我们已掉到什么样的泥潭里去了","奥尔忠尼启则对于高加索的其余所有公民就是权力。奥尔忠尼启则无权发怒,尽管他和捷尔任斯基借口说是被别人激怒的",相反,他必须克制自己。

1924年时的捷尔任斯基

苏俄时期的肃反

鉴于斯大林、奥尔忠尼启则、捷尔任斯基都不是俄罗斯人(前两人为格鲁吉亚人,捷尔任斯基为波兰人),列宁特意补充说:"大家知道,俄罗斯化的异族人在表现真正俄罗斯人的情绪方面总是做得过火","一个格鲁吉亚人对事情的这一方面掉以轻心,满不在乎地随便给人加上'社会民族主义'的罪名(其实他自己不仅是真正道地的'社会民族主义分子',而且是粗暴的大俄罗斯的杰尔席莫尔达①，那么这个格鲁吉亚人实质上是破坏了无产阶级阶级团结的利益"。

列宁在信中还阐述了正确处理民族问题的重要原则，重申必须坚决反对大俄罗斯沙文主义，不能抽象地提民族主义问题，"必须把压迫民族的民族主义和被压迫民族的民族主义、大民族的民族主义和小民族的民族主义区别开来"。"我们大民族的人，在历史的实践中几乎从来都是有过错的，我们施行了无数暴力，甚至施行了无数暴力和侮辱，自己还没有察觉"。因此，压迫民族或所谓"伟大"民族的国际主义，"应当不仅表现在遵守形式上的民族平等，而且表现在压迫民族即大民族要处于不平等地位，以抵偿在生活事实中形成的不平等"。要采取非常谨慎、非常客气和让步的态度来处理好对小民族的关系，以取得他们最大的信任，消除"历史上给他们带来的那种不信任、那种猜疑、那种侮辱"。

关于社会主义共和国联盟问题，列宁说，保留和巩固这一联盟是必要的，但要真正落到实处，如果不消除大俄罗斯沙文主义，那"我们用来替自己辩护的'退出联盟的自由'就只是一纸空文，它不能够保护俄国境内的异族人，使他们不受典型的俄罗斯官僚这样的真正俄罗斯人、大俄罗斯沙文主义者、实质上是恶棍和暴徒的侵害"。②

列宁口授的这封信当时并未送交俄共（布）中央，而是存放在列宁和他的秘书处那里。1923年1月25日，中央政治局听取了捷尔任斯基委员会的结论后批准了他的报告和建议，同意撤换格鲁吉亚党政领导人，认为这是"高加索的局势和党内斗争进程造成的"。

列宁在口授完《关于民族或"自治化"问题》信以后，并未停止关注格鲁吉亚问题。1月24日，列宁把秘书福季耶娃叫去，让她向捷尔任斯基或斯大林索取格鲁吉亚问题委员会的材料，说他要详细研究这些材料，并提出一个报告，供党代表大会用。之后，列宁不断催问材料拿到没有。27日，捷尔任斯基对福季耶娃说，材料在斯大林那里。福季耶娃又给斯大林去了一封信，但斯大林不在莫斯

---

① 杰尔席莫尔达是俄国作家果戈理的喜剧《钦差大臣》中的一个愚蠢粗野、动辄用拳头打人的警察。

② 参见《列宁全集》第2版第43卷第349—355页。

科。29日，斯大林给福季耶娃去了一个电话，说未经政治局批准材料不能给，还问她列宁是从哪儿了解到日常事务的。30日，列宁又把福季耶娃叫去催要材料，并说要为取得材料而斗争。

2月1日，中央政治局批准向列宁提供捷尔任斯基委员会关于格鲁吉亚问题的材料。列宁当即指示秘书们去研究这些材料，提出报告供代表大会上用。列宁对研究工作作了详细的指示："（1）为什么指控格鲁吉亚共产党原中央委员会犯了倾向主义。（2）指控它犯了破坏党纪的错误，是指什么。（3）为什么指控外高加索边疆区委员会压制格鲁吉亚共产党中央委员会。（4）肉体上的压制办法（'生物力学'）。（5）弗拉基米尔·伊里奇不在时和弗拉基米尔·伊里奇在时中央的路线。（6）委员会的态度。它只审查对格鲁吉亚共产党中央的指控，还是也审查对外高加索边疆区委员会的指控？它是否审查了'生物力学'事件？（7）现状（选举运动、孟什维克、压制、民族纠纷）。"①

2月3日，列宁得知政治局已批准了捷尔任斯基委员会的建议后，指示秘书加紧研究材料，在三个星期内写出调查报告。以后又多次催问报告写得怎么样。2月14日，列宁两次叫来秘书，说一定要在党代表大会上谈一些东西，特别谈到格鲁吉亚问题，要求秘书们抓紧时间，并且又给了他们一些指示，说他"站在被欺侮者一边"。列宁还说，这个问题必须注意三点："1.不能打人。2.需要让步。3.不能把大国同小国相提并论。斯大林是否知道？为什么没有反应？'倾向分子'和'沙文主义和孟什维主义倾向'这一称呼证明，这种倾向本身就在大国主义者身上。"②

3月3日，列宁收到福季耶娃等人关于俄共（布）中央政治局格鲁吉亚问题委员会的材料的报告和结论意见。这显然使列宁进一步弄清了事实真相，他决定进一步采取行动。

3月5日，列宁口授了一封给托洛茨基的信。信中说：

---

① 《列宁全集》第2版第43卷第567—568页。

② 参见《列宁全集》第2版第43卷第469、475—476、568页。

第三章 变革与分歧

尊敬的托洛茨基同志：

我请您务必在党中央为格鲁吉亚那件事进行辩护。此事现在正由斯大林和捷尔任斯基进行"调查"，而我不能指望他们会不偏不倚。甚至会完全相反。如果您同意出面为这件事辩护，那我就可以放心了。如果您由于某种原因不同意，那就请把全部案卷退还给我。我将认为这是您表示不同意。①

列宁的秘书沃洛季切娃当天还用电话向托洛茨基传达了这封信。托洛茨基推说他有病，不能承担这个任务。当他收到列宁的信及随信附去的案卷，暗自复制了一份后，将原件退还给了列宁。

3月6日，列宁又口授了给姆季瓦尼、马哈拉泽等人的信，并指示将此信抄送给托洛茨基和加米涅夫。列宁在信中说："我专心致志地关注着你们的事。我对奥尔忠尼启则的粗暴，对斯大林和捷尔任斯基的纵容感到愤慨。我正为你们准备信件和发言稿。"② 这是列宁的最后一封信，这一天深夜，列宁病情恶化，从此基本上未理国事。

但是，格鲁吉亚问题并未到此结束。斯大林很快从加米涅夫那里知道了列宁给姆季瓦尼等人的信。3月7日，斯大林给奥尔忠尼启则写信说：

亲爱的谢尔哥！

我从加米涅夫那里得知，伊里奇给马哈拉泽等同志写了一封信，表示他同情倾向分子并责骂你、捷尔任斯基同志和我。看来目的是要为倾向分子而压制格鲁吉亚共产党代表大会的意志。不用说，倾向分子收到这封信后会尽量利用它来反对外高加索边疆区委员会，特别是反对你和米高扬同志。我建议：1. 外高加索边疆区委员会不要给格鲁吉亚共产党中多数人的意志施加任何压力，不管怎么样，让这种意志最后得以充分表现；2. 争取妥协，但这种妥协应以在其贯彻时不必对格鲁吉亚的多数负责干部进行压服为限，即必须

---

① 《列宁全集》第2版第52卷第554页。

② 同上，第556页。

是自然而然的自愿的妥协;3.我听说,米雅斯尼科夫同志想参加代表大会,但似乎由于工作人员不够而不放他来。我想,应当放他作为代表参加代表大会,因为毫无疑问,会把他选入党代表大会的。①

俄共(布)中央获悉列宁给姆季瓦尼的信后,决定派一个由加米涅夫和古比雪夫组成的新的委员会去格鲁吉亚重新调查。委员会的任务是消除分歧和争端,恢复格鲁吉亚党内的统一。3月14日,以奥尔忠尼启则为一方,以姆季瓦尼等人为另一方,在加米涅夫和古比雪夫的参与下签署了《关于格鲁吉亚共产党(布)当前首要任务的提纲》。这一提纲在肯定了外高加索联邦形式存在的必要性时,同时又指出联邦形式应当灵活,不应破坏各联邦共和国内无须联合的那些经济和管理部门的独立性,不能使联合机关变成推行大俄罗斯沙文主义的工具。由于列宁病重,委员会仓促结束调查,返回了莫斯科。

斯大林等人在格鲁吉亚问题上看来已稳操胜券。3月16日,斯大林致电奥尔忠尼启则:"我认为不管怎么样,代表大会上一切都将顺利进行。我不怀疑,格鲁吉亚代表大会和俄共第十二次代表大会将批准外高加索边疆区委员会的政策。"②

3月26日,俄共(布)中央政治局召开会议,讨论格鲁吉亚共产党问题。托洛茨基在会上提出了三条建议:"(1)召回奥尔忠尼启则;(2)断定目前这种外高加索联邦是对苏维埃联邦的一种歪曲,也就是说过于集中化了;(3)承认格鲁吉亚共产党(布)处于少数的同志并非是一种在民族问题上偏离党的路线的'倾向',他们在这个问题上的政策具有自卫性质——反对奥尔忠尼启则同志的不正确政策。"但这些建议均被否决。③

3月31日,俄共(布)中央召开全会,会议决定:召回姆季瓦尼;不同意托洛茨基关于把奥尔忠尼启则召回的建议;补充伏龙芝、彼得罗夫斯基参加由加米

---

① 参见哈尔曼达梁《列宁和外高加索联邦的形成(1921—1923)》第398页。译文引自《马列主义研究资料》1982年第4辑第162页。

② 参见哈尔曼达梁《列宁和外高加索联邦的形成(1921—1923)》第398页。译文参见《马列主义研究资料》1982年第4辑第162页。

③ 参见哈尔曼达梁《列宁和外高加索联邦的形成(1921—1923)》第412页。

涅夫、古比雪夫等人组成的新的调查委员会，起草致格鲁吉亚党员的信。委员会要补充一项任务，即指出少数派在反对外高加索联邦中的错误。

1923年4月17日，俄共（布）第十二次代表大会开幕。列宁因病未能出席大会。就在代表大会开幕的前一天，福季耶娃把列宁的《关于民族或"自治化"问题》的信送交了政治局。当斯大林得知列宁曾把该信交给了托洛茨基后，当晚他就发表了《致中央委员的声明》。声明说：我感到非常惊奇的是托洛茨基同志早在3月5日就收到了列宁同志这些无疑具有高度原则意义的文章，他居然认为可以把它们搁置一个多月而不向政治局或中央全会报告，直到党的第十二次代表大会开幕的前夕才提供出来。今天代表大会的一些代表告诉我，说大家都在议论这些文章，在代表中间有种种流言和传闻。我今天得知，知情者都是些与中央委员会毫不相干的人，而中央委员却不得不靠这些流言和传闻过日子。显然，应该先向中央委员会通报文章的内容……但遗憾的是，正像福季耶娃同志的信明确指出的那样，现在不能发表，因为文章尚未经列宁同志审定。

18日，大会主席团作出《关于列宁同志有关民族问题，包括格鲁吉亚问题的信札》的决定，决定"在'代表团领导人会议'上宣读列宁同志的这些信札以及与之有关的全部材料。然后由各主席团委员向代表大会各代表团分别宣读这些材料"。根据这一决定，列宁的《关于民族或"自治化"问题》的信及其他材料没有向大会全体代表传达。

但是，民族问题特别是格鲁吉亚问题是许多代表特别关心的问题。当会议议程还在讨论中央工作总结报告时，许多代表就谈到了这一问题。其中问题提得最尖锐的要数姆季瓦尼。他在4月18日发言时严厉批评了斯大林及以奥尔忠尼启则为首的外高加索边疆区委的民族政策，并且直截了当地对着斯大林说：在外高加索"不会有斯大林同志在其卓越的、有根有据的讲话中想找的那些独立分子。斯大林同志，您找不到这种分子的，如果您不断地把他们时而揪到那里，时而揪到这里的话"。

4月19日，斯大林在作《关于中央委员会的组织报告的结论》时，针对姆季瓦尼等人的发言，对自己在格鲁吉亚问题上所采取的政策作了答辩。他说，之所以要把姆季瓦尼等人从格鲁吉亚调开，有两个原因：第一个原因是姆季瓦尼集团在格鲁吉亚党内没有威信，它为格鲁吉亚共产党本身所抛弃；第二个原因是他们屡次违反俄共中央的决议。"姆季瓦尼把事情描绘成这样：虽然他被调回，但他仍然胜利了。如果是这样，那我不知道什么叫作失败。不过大家知道，当先哲堂·吉诃德被风车撞伤时他也自认为是胜利者。我认为在一块叫作格鲁吉亚的苏维埃领土上工作的某些同志，看来，他们的脑子并不是完全正常的"。至于说外高加索边疆区委在格鲁吉亚实行了一种不正确的政策，妨碍了格共的发展，"那我拿不出这样的事实"。①

4月23日，大会议程转入民族问题的讨论。斯大林首先作了《关于党和国家建设中的民族问题的报告》。25日还作了关于这一问题的报告的《结论》。

大会在讨论民族问题时，发言者踊跃。代表们围绕是集中火力反对大俄罗斯沙文主义还是反对地方民族主义、格鲁吉亚问题等展开了激烈的辩论。

斯大林在报告中说，既要反对大俄罗斯沙文主义，也要反对地方民族主义。妨碍过去被压迫民族团结在俄罗斯无产阶级周围的主要因素是大俄罗斯沙文主义，它比起地方民族主义更严重。但是，现在在格鲁吉亚、阿塞拜疆、亚美尼亚等共和国里，地方民族主义在发育滋长。如果这种民族主义只是一种对大俄罗斯沙文主义的反应，是一种防御形式，那它是不可怕的，"可是不幸的是：在某些共和国里，这种防御性的民族主义正在变成进攻性的民族主义"，应当予以根除。

关于外高加索联邦，斯大林说，为了维持各民族间的平衡，恢复和发展各共和国的经济，必须保存这一联邦。但格鲁吉亚一些"倾向分子"为什么反对外高加索联邦这一中间形式，主张不通过这一联邦而直接加入苏联呢？原因在于"格鲁吉亚倾向分子不愿丢掉一些地理上的有利条件"（如港口、铁路枢纽等）和格鲁吉亚人在第比利斯因人数比亚美尼亚人少而处的不利地位"，一旦格鲁吉亚争取为一个单独的共和国，他们就可以把亚美尼亚人从第比利斯迁走，使格鲁吉亚人处于有利地位。②

---

① 参见《斯大林全集》第5卷第184—191页。

② 同上，第194—206页。

第三章 变革与分歧

姆季瓦尼等人在会上发言时，要求直接加入苏联，取消外高加索联邦这一中间环节。因为苏联成立以后，军事、外交等方面已在全苏实现了统一，况且，各共和国的机构经过几次划分后，留给外高加索联邦的只有两个人民委员部，"人民委员会主席只有两个人民委员部，这是有点不妥的联合形式！"因此，这一中间环节已无必要。斯大林在报告中猛烈攻击格鲁吉亚沙文主义，说格鲁吉亚共产党人的发言"有把自己沙文主义的情绪传染给整个共产党的危险"，这是完全错误的。应当根据列宁信中所表述的观点来解决民族问题。①

布哈林在会上发言时主张集中力量反对大俄罗斯沙文主义。他说，"列宁主义在我们民族问题上的实质首先在于同我们现有的**基本的**沙文主义，大俄罗斯沙文主义作斗争"。"在这里甚至不能从民族**平等**的观点出发，列宁同志不止一次地证明过这一点。相反地，我们应当说，我们作为前大国民族应当制止民族主义的要求并在对民族潮流作更大让步的意义上使自己处于不等的地位"，只有这样，"才能换得过去被压迫民族的真正信任"。如果在代表大会上去"讨论地方沙文主义问题，那我们就是执行一种**不正确的**政策。要知道，为什么列宁同志在格鲁吉亚问题上花这么大的劲提出警告？为什么列宁同志在自己的信中只字未提倾向分子的错误，反而用长达四俄尺的文字去反对那种反倾向分子的政策？他为什么没有这样做？是因为不知道存在地方沙文主义吗？或者因为举不出十个有分立倾向的县吗？他为什么这样做呢？因为列宁同志是个天才的战略家，他知道应当打击主要的敌人，而不是折中地把一种色调同另一种色调调和在一起……如果为了'客观公正'，我们谈了大俄罗斯沙文主义，同时又议论说还存在格鲁吉亚沙文主义、乌克兰沙文主义……这样做我们就会淹没基本问题"。"我们亲爱的朋友柯巴·斯大林同志不那么尖锐地反对俄罗斯沙文主义，他以格鲁吉亚人的身份反对格鲁吉亚沙文主义，这我理解……但是请允许我来反对俄罗斯沙文主义"。②

斯大林在《结论》中反驳说："有人对我们说，不能委屈少数民族。这是完全正确的，我同意这一点，不应当委屈少数民族。但是如果因此而创造出一种新

---

① 参见《马列主义研究资料》1982年第4辑第130—136页。

② 同上，第124—126页。

的理论，说必须使大俄罗斯无产阶级在对过去被压迫民族的关系上处于不平等的地位——那就是胡说八道了。在列宁同志的一篇著名论文中只是文字上的一种表现方法，布哈林竟把它变成了完整的口号。"① 在这里，斯大林批驳的不仅是布哈林，甚至也在反驳列宁的观点。

斯大林在《结论》中还提出了"只有俄罗斯的共产党员才能从事反对大俄罗斯沙文主义的斗争，并把它进行到底"的观点，说如果大俄罗斯沙文主义由格鲁吉亚或土耳其斯坦来反，这只会把事情搞糟。②

大会根据斯大林的报告和《结论》，通过了《关于民族问题》的决议。从报告、《结论》和决议来看，虽然也强调要反对大俄罗斯沙文主义，但这是虚的，没有什么实际内容，无具体针对性。而反对地方沙文主义，则是具体的。在会上，格鲁吉亚的领导人受到了严厉谴责，贯彻了以斯大林为首的俄共（布）中央的路线，列宁关于民族问题的信并未引起重视。斯大林在民族问题上表现出来的大俄罗斯沙文主义作风，为以后苏联的解体埋下了祸根。

最后的遗愿

列宁的身体自1922年初以来一直不太好，5月底病情第一次严重发作，休养至10月2日才从哥尔克回到莫斯科工作。但12月15日深夜至16日凌晨又发病，右臂和右腿不能活动。病情略见好转后，列宁于12月23日请求医生允许他每天口授5分钟，用速记记录。他说，因为有一个问题使他感到不安，他怕睡不着觉。得到允许后，列宁叫来秘书沃洛季切娃，对她说："我想口授一封给代表大会的信，请记吧！"接着开始口授了《给代表大会的信》的第一部分。

---

① 《斯大林全集》第5卷第214页。
② 参见《斯大林全集》第5卷第216—217页。

第二天，列宁表示希望继续口授，但医生反对，列宁提出了"最后通牒"：允许他每天哪怕用很短的时间口授他的《日记》（列宁这样称呼自己的札记），否则他就完全拒绝治疗。当天早晨，斯大林、加米涅夫和布哈林会同医生研究了列宁的请求，看来他们无法使列宁完全静下来，于是决定："第一，弗拉基米尔·伊里奇每天可以口授5—10分钟，但这不应该带有互相通信的性质。对于这些便条弗拉基米尔·伊里奇不要等待答复。禁止会客。第二，无论朋友还是家属都不要向弗拉基米尔·伊里奇报告政治生活中的任何事情，以免给他提供素材使他老想问题和焦急不安。"① 于是，列宁于12月24、25、26、29日和1月4日断断续续口授完了《给代表大会的信》。至1923年3月初，列宁还陆续口授了《论合作社》《论我国革命》《我们怎样改组工农检查院》《宁肯少些，但要好些》等一批文章和书信。其中《给代表大会的信》被后人称为列宁的"遗嘱"。

在"遗嘱"中，列宁考虑的是如何保持中央委员会领导集体的稳定性，完善党的监察制度，防止党的分裂。为此，列宁建议在即将召开的代表大会上对政治制度作一系列变动。

一是建议增加中央委员的人数，把它扩大到几十人甚至100人。增选几十个人，"主要不是来自那些做过长期苏维埃工作"的人（因为他们已经沾染了某些官僚主义的传统和成见），而是经过考验的工人和农民，这样"就能比其他任何人更好地检查、改善和改造我们的机关"，"中央委员愈多，受到中央工作锻炼的就愈多，因某种不慎而造成分裂的危险就愈小"，也可以密切同群众的联系，提高中央委员会的威信，防止中央委员会一小部分人的冲突对党的前途产生过分大的影响。②

第二是要把这些新提拔上来的中央委员与做检查工作的中央检查院的专家相互配合起来，使他们在这些专家的帮助下，不断学习国家管理的课题。同时还要改组工农检查院，使其成员最多不超过400—500人。关于这一点，列宁在《怎样改组工农检查院（向党的第十二次代表大会提出的建议）》中作了进一步发挥，

---

① 沃尔科戈诺夫《胜利与悲剧》第1卷第155页。

② 参见《列宁全集》第2版第43卷第337—342页。

1923年的列宁

讲得更具体。列宁建议工农检查院与党的中央监察委员会合并，从工人和农民中选出75—100名新的中央监察委员，他们也像一般中央委员一样，也应享有中央委员的一切权利。应经常检查政治局的各种文件，有一定人数出席政治局的每次会议并有发言权。"应该'不顾情面'，应该注意不让任何人的威信，不管是总书记，还是某个其他中央委员的威信，来妨碍他们提出质询，检查文件，以至做到绝对了解情况并使各项事务严格按照规定办事"。①

列宁还强调说，中央委员会是否稳定，主要在于工农联盟的稳定性如何，

---

① 《列宁全集》第2版第43卷第343、374—377页。

第三章　变革与分歧

"我们党依靠的是两个阶级,因此,如果这两个阶级不能协调一致,那么党就可能不稳定,它的垮台就不可避免。一旦出现这种情况,采取任何措施,怎么谈论我们中央委员会的稳定性,都是没有用的。在这种情况下,任何措施都不能防止分裂"。列宁认为这种分裂目前还不大可能发生,因此可以先不去管它。现在迫切的是如何"保障在最近时期不出现分裂"。在这里,关键在于中央委员会主要领导人之间的关系以及他们的个人特性。

列宁躺在病床上,对这些主要领导人的优缺点逐个地进行了评论。

> 我想,从这个角度看,稳定性的问题基本在于像斯大林和托洛茨基这样的中央委员。依我看,分裂的危险,一大半是由他们之间的关系构成的,而这种分裂是可以避免的。在我看来,把中央委员人数增加到50人,增加到100人,这应该是避免分裂的一种办法。
>
> 斯大林同志当了总书记,掌握了无限的权力,他能不能永远十分谨慎地使用这一权力,我没有把握。另一方面,托洛茨基同志,正像他在交通人民委员部问题上反对中央的斗争所证明的那样,不仅具有杰出的才能,他个人大概是现在中央委员会中最有才能的人,但是他又过分自信,过分热衷于事情的纯粹行政方面。
>
> 现时中央两位杰出领袖的这两种特点出人意料地导致分裂,如果我们党不采取措施防止,那么分裂是会突然来临的。

列宁认为,他们两人之间的关系是党内稳定的关键。至于其他人的个人特点,列宁认为对党的稳定不会构成什么真正的威胁,因此他说:

> 我不打算再详述其他中央委员的个人特点了。我只想提醒一下,季诺维也夫和加米涅夫在十月的那件事当然不是偶然的,但是此事不大能归罪于他们个人,正如非布尔什维主义不大能归罪于托洛茨基一样。
>
> 在年轻的中央委员中,我想就布哈林和皮达可夫谈几句。依我看,他们

是最杰出的力量（在最年轻的力量中），对他们应当注意下列情况：布哈林不仅是党的最宝贵的和最大的理论家，他也理所当然被认为是全党喜欢的人物，但是他的理论观点能不能说是完全马克思主义的，很值得怀疑，因为其中有某种烦琐哲学的东西（他从来没有学过辩证法，因而——我想——他从来没有完全理解辩证法）。①

这是列宁在12月24日口授的内容。口授结束后，列宁一再叮嘱"昨天（12月23日）和今天（12月24日）口授的东西是绝密的"，要求把他口授的一切当作绝密文件保存在有专人负责的专门地方。

25日，列宁继续口授道：

其次是皮达可夫，他无疑是个有坚强意志和杰出才能的人，但是太热衷于行政手段和事情的行政方面，以致在重大的政治问题上是不能指靠他的。

当然，我对两人作这样的评语是仅就现时情况来说的，而且还假定这两位杰出而忠诚的工作人员得不到机会来充实自己的知识并改变自己的片面性。②

1923年1月4日，列宁又对12月24日口授的内容作了重要补充：

斯大林太粗暴，这个缺点在我们中间，在我们共产党人相互交往中是完全可以容忍的，但是在总书记的职位上就成为不可容忍的了。因此，我建议同志们仔细想个办法把斯大林从这个职位上调开，任命另一个人担任这个职位，这个人在所有其他方面只要有一点强过斯大林同志，这就是较为耐心、较为谦恭、较有礼貌、较能关心同志，而较少任性等等。这一点看来可能是微不足道的小事。但是我想，从防止分裂来看，从我前面所说的斯大林和托洛茨基的相

---

① 《列宁全集》第2版第43卷第338—339页。
② 同上，第339—340页。

第三章　变革与分歧

互关系来看，这不是小事，或者说，这是一种可能具有决定意义的小事。①

按照列宁的意愿，《给代表大会的信》是绝密的文件，只打印了5份，1份给列宁，3份交给克鲁普斯卡娅，1份交给列宁的秘书处。沃洛季切娃说："底稿由我烧毁。按照列宁的意愿，封存文件副本的信封上盖有火漆印，他请求写明，只有弗·伊·列宁可以启封，而他死后则只有娜捷施达·康斯坦丁诺夫娜可以启封。'而他死后'这几个字我在信封上没有写。留给列宁的那一份加上硬纸面用细绳装订成册，以便于使用。"②

但是，根据《弗·伊·列宁的书信、便条和交办事务登记本》所记，列宁于12月23日口授的《给代表大会的信》的第一部分（主要谈增加中央委员会的人数问题）于当天就由福季耶娃送给了斯大林。根据苏联学者的考证，列宁12月29日前口授的所有札记都由福季耶娃告诉了斯大林和其他几名政治局委员。甚至部分中央委员在12月29日前也得知了信的内容。而在1923年上半年以前知道列宁《给代表大会的信》的全部内容（包括1月4日口授的内容）的只有布哈林、季诺维也夫、加米涅夫，可能还有奥尔忠尼启则和托洛茨基。斯大林当时不知道1月4日的内容。"遗嘱"的全部内容是在列宁逝世后才由克鲁普斯卡娅于1924年5月18日，即俄共（布）第十三次代表大会开幕前几天正式移交给中央委员会的。

正是因为政治局委员和部分中央委员得知了列宁"遗嘱"的部分内容，所以在1923年2月底召开的俄共（布）中央全会上讨论关于改组和改进党的中央机关工作的提纲中，就决定在即将召开的党的第十二次代表大会上增加中央委员会的人数（由原来的27人增加到40人）。这个提纲名义是以列宁《我们怎样改组工农检查院》③为基础起草的，但此文中说的不是增加中央委员会的人数问题，而

---

① 《列宁全集》第2版第43卷第340页。

② 参见《列宁全集》第2版第43卷第557页。

③ 列宁的这篇札记于1923年1月23日口授完后，经过反复修改、删节，最后于25日发表在《真理报》上。27日，斯大林、托洛茨基、布哈林、莫洛托夫、李可夫、托姆斯基、古比雪夫、安德列耶夫还专门签署了给各个省委的一封信，说此文是列宁病榻日记中的几页，是由于他不用脑子就受不了才允许他写的。

是扩大中央监委会的必要性问题。因此，尽管提纲和中央全会记录中没有提及列宁《给代表大会的信》这一札记，但这显然是对列宁建议的回应。

在全会上，托洛茨基又别出心裁，说增加中央委员会委员人数将使中央委员会失去"必要的固定性和稳固性"，到头来"就可能使中央委员会的工作的准确性和正确性受到极大的损害"。因此，他建议成立一个由二三十人经选举组成的党的理事会，它可以给中央委员会发指示并且监督它的工作。实际上，托洛茨基是主张在党内实行"双重权力""两个中心"。全会没有经过什么讨论就否决了他的建议。

在1923年4月召开的俄共（布）第十二次代表大会上，斯大林除作了《关于党和国家建设中的民族问题的报告》外，还作了《俄共（布）中央委员会的组织报告》及《关于中央委员会的组织报告的结论》，他以个人名义建议增加中央委员会的人数，由原来的27名至少增加到40名。大会选出了由40名中央委员、17名候补中央委员组成的中央委员会，但所增加的中央委员不是列宁所建议的普通工人和农民，而是中央和地方的干部。大会还根据列宁的意见改组了工农检查院，把党和国家的监察机关合并为中央监察委员会—工农检查院。列宁曾希望改组后的监察机关能得到加强，但实际上却恰好相反，其独立性反而削弱了。在大会通过的《关于组织问题》的决议中规定，只有中央监委主席团的成员才相当于中央委员一级的工作者，他们之中只能有3个固定代表有权出席政治局和组织局会议，候补中央委员可以兼任中央监委委员，中央委员会派有发言权的代表参加中央监察委员会全会。

在俄共（布）第十二次代表大会后立即举行的中央全会上，斯大林再次当选为中央政治局委员、组织局委员并被批准为党中央委员会总书记。这时，作为总书记的斯大林，已诚如列宁所说，"掌握了无限的权力"，这使党内的一些主要领导人感到不安，于是萌发了改组中央书记处的念头。

1923年7—8月间，季诺维也夫、布哈林、叶甫多基莫夫、拉舍维奇、伏罗希洛夫和其他一些党政要人在高加索疗养胜地基斯洛沃茨克休假。有一次他们聚集在一个山洞里，半秘密地讨论了中央机关的情况。季诺维也夫、布哈林等人建议，撤销政治局，改组中央书记处，为进一步加强中央工作，让季诺维也夫、托洛茨基进入书记处。参加会议的只有伏罗希洛夫持反对意见。

1923年7月29日，季诺维也夫、布哈林联名给斯大林和当时在莫斯科没有休假的加米涅夫写了一封信，让当时要去莫斯科的奥尔忠尼启则捎去，看看斯大林、加米涅夫对这个问题持什么意见。第二天，季诺维也夫又单独给加米涅夫写了一封信，诉说了他对斯大林不征求在基斯洛沃茨克休假的领导人的意见就擅自任命持对立路线的阿洪多夫和伊布拉吉莫夫为外高加索处理民族事务的中央特派员、在布哈林等人不在时就擅自撤换《真理报》编委会人员、批准签订黑海海峡公约①等问题上的强烈不满。他气愤地在信中说："这不是捉弄人是什么？如果在斯大林休假时，我们既不通知他，也不同他商量便任命新的中央书记处或民族事务人民委员部部务委员会的话，那么他会说什么呢？！""我们再也不会容忍了。如果党注定要经历一段斯大林的专制统治时期（也许是非常短暂的时期），那就听其自然吧。但我至少不想把这一切不像话的行为掩盖起来。所有的纲领中都谈到'三驾马车'②，认为我在其中起着不无重要的作用。其实根本没有什么三驾马车，而有的只是斯大林的独裁。伊里奇的话千真万确③。要么找到一个切实有效的解决办法，要么不可避免地经历一个斗争时期。"④

8月3日，斯大林给季诺维也夫、布哈林写了回信，对他们的做法表示了强烈不满，认为这是他们"真要准备决裂"，并说："如果你们不认为有可能齐心协力地工作，那就随你们的便吧，俄国定会有人来评价这一切，并对有罪者进行审判的。"信写完了，似乎言犹未尽，斯大林又加了几句："附言：你们毕竟是有福之人：能够在闲着没事干的时候想入非非，琢磨种种不切实际的东西，等等，可

---

① 1922—1923年间举行的洛桑会议讨论了关于签订黑海海峡公约问题。公约草案规定博斯普鲁斯海峡和达达尼尔海峡地区非军事化，并允许世界上任何国家的商船或军舰自由通过。这就使黑海沿岸国家处境不正常。然而，1923年7月19日举行的有斯大林、加米涅夫、托姆斯基、加里宁、莫洛托夫、鲁祖塔克、拉狄克和索柯里尼柯夫参加的俄共（布）中央政治局会议却决定签署海峡公约。7月27日，斯大林曾写信给季诺维也夫，将中央的这一决定告诉了他。

② 指季诺维也夫、加米涅夫和斯大林。

③ 指列宁《给代表大会的信》中所建议的"仔细想个办法把斯大林"从总书记位置上"调开"。

④ 参见《斯大林研究》1993年第1辑第7—8、10—14页。

季诺维也夫，他与斯大林、加米涅夫并称为"三驾马车"

加米涅夫

我却在这里没完没了地工作，像一只被链子拴住的狗，苦闷不堪，而且还成了'有罪的人'。谁都会被这种方法折磨得痛苦至极。你们是吃饱了撑得慌，我的朋友。"①

8月7日，斯大林给季诺维也夫单独去了一封信。斯大林在信中说，你们两人（指季诺维也夫和布哈林）"不把问题明确地提出来，却在围着问题绕圈子，竭力用拐弯抹角的方式来达到目的，大概以为别人都很蠢。既然小组确实还存在，并且也有起码的一点信任，又何必采取这种拐弯抹角的方式呢？何必引用一封我并不知道的伊里奇谈书记问题的信呢？——难道没有证据说明我并不看重地位，因而也就不怕什么信吗？"斯大林在信中还对诺维也夫、布哈林等人"书记决定问题"的指责作了辩解。②

8月10日，季诺维也夫、布哈林从基斯洛沃茨克给斯大林回信说："伊里奇的信。是的，是有弗·伊·的一封信，他在信中建议（第十二次代表大会）不要选您当书记。我们（布哈林、加米涅夫和我）决定暂时不对您提这封信的事。其原因是不难理解的：您对于同弗·伊·的分歧的认识本来就极为偏执，所以我们不想使您心烦。"他们俩人在信中对斯大林的辩解一一作了驳斥，问题似乎已提

---

① 参见《斯大林研究》1993年第1辑第19—20页。

② 同上，第21—24页。

得非常尖锐:"根本问题是伊里奇不在。因此,从客观上说(抛开您的险恶的意愿不谈)中央书记处在中央已开始起着任何一个省委书记处所起的那种作用,也就是说它实际上(不是形式上)决定着一切。这是不可否认的事实……在目前的制度下,'小组'要真正存在(而不是虚设),要平等合作并担负起责任,是不可能的。"①

8月15日,斯大林也来到了基斯洛沃茨克休假,他们之间的讨论又继续进行,但双方未取得一致意见。他们休假结束回到莫斯科后,根据斯大林的建议,决定在组织局成员中加上季诺维也夫、托洛茨基和布哈林。1923年9月25日,俄共(布)中央全会决定选举季诺维也夫、托洛茨基为组织局委员,布哈林和科斯特科夫为组织局候补委员。但他们对组织局的机关工作不熟悉,实际上并未参加组织局的任何会议。因此,让他们进入组织局,这只是一种妥协,斯大林的地位没有削弱,其他人也相应得到了一定的补偿。

不幸而言中

1923年秋,苏联面临着新的问题。

一是官僚主义问题,这也是列宁晚年非常关心的问题。当时在党内,党的制度不够健全,民主空气不浓,委派制代替了选举制。官僚主义盛行,机关办事拖拉,互相推诿,无人负责。中央和国家机关越精减越膨胀,据1918年8月统计,当时在莫斯科的中央和地方职员共有23.1万人,中间虽经几次精减,但到1922年10月反而增加到24.3万人。列宁说:"英勇肯干的人可能只有几十个,而待着急工或半急工,钻在公文堆里的人却有几百个,这种力量对比往往使我们生气勃

---

① 参见《斯大林研究》1993年第1辑第25—28页。

勃的事业断送在文牍的汪洋大海里。"还在1922年3月，列宁在党的"十一大"作政治报告时就说，光人民委员会和劳动国防委员会所属的各种委员会就有120个，可是真正必要的只有16个，结果在这些委员会里乱作一团，谁也弄不清楚是谁负责，自己该负责什么。这种官僚主义现象很严重，"官僚不仅在苏维埃机关里有，而且在党的机关里也有"。[①]

另一方面，自从实行新经济政策以来，经济虽然有了一定的发展，但商品还不十分丰富。当时，奇怪的是，尽管市场上可买的东西不多，却存在产品积压现象，出现了所谓的"销售危机"。造成这种现象的原因是因为存在工农业产品之间的"剪刀差"。农民虽然需要工业品，但价格实在太高，买不起。党的第十二次代表大会曾提出了要求消除工农业产品价格差别的指示，但也没有得到很好的贯彻执行。"剪刀差"不仅没有消除，反而有所扩大。这不仅使农民不满，而且工人的不满情绪也越来越大，到1923年秋天，一些工厂企业因发不出工资而发生了工人闹事和罢工现象。

这种状况立刻反映到了党内，原工人反对派分子格·米雅斯尼柯夫等人组织了"工人集团"，波格丹诺夫等人组织了"工人真理派"。他们指责党的机关发生了官僚主义蜕化，对工人的利益漠不关心，认为新经济政策是对工人事业的背叛，是普通资本主义关系的复活，要求党改变现行的政策。

为了研究和解决所面临的严重问题，1923年9月23—25日召开的俄共（布）中央全会决定成立三个委员会："剪刀差"委员会、工资委员会和党内状况委员会。捷尔任斯基在会上作了报告，他指出，党内出现了党的生活停滞的状况，委派制代替了选举制，他认为这种现象是危险的，会麻痹党对工人阶级实行政治领导。全会指定捷尔任斯基领导党内状况委员会，研究如何改进党内制度并提出具体建议。由李可夫领导"剪刀差"委员会，负责制定消除"剪刀差"的办法。全会还讨论了扩大和充实革命军事委员会的问题，决定派斯大林、伏罗希洛夫和奥尔忠尼启则参加该委员会。托洛茨基对扩大和充实革命军事委员会的问题表示坚

[①]《列宁全集》第2版第43卷第248、112、385页。

决反对，并"请求"中央委员会解除他的一切职务和头衔，准许他作为一名普通士兵投身德国革命。当时德国共产党正在领导反对法西斯的斗争，革命有取得胜利的可能。共产国际和俄共（布）中央曾多次召开会议，直接指导德共的斗争，希望德国革命取得成功。俄共（布）的主要领导人斯大林、托洛茨基、季诺维也夫一直认为，俄国革命如果没有世界各国革命的支持，就不可能取得成功。所以，在德国革命爆发后，他们兴高采烈，对德国革命寄予极大的希望。因此，当托洛茨基在会上提出辞职去德国参加革命时，季诺维也夫也站出来附和他，说也要中央免除他的一切职务和头衔，让他和托洛茨基一起到德国去。这时，斯大林站了起来，郑重地说："中央委员会不可能一下子拿两个这样的宝贵生命去冒险。"来自列宁格勒的中央委员柯马罗夫插话说："有一点我不明白，何以托洛茨基同志如此装模作样地进行表演？"结果这话终于使托洛茨基怒火中烧，他暴跳如雷地说："我请求把我从这出卑鄙的喜剧演员表中除名。"说完拂袖而去，示威性地退出了会场。

九月全会闭幕以后不久，托洛茨基就于10月8日给中央委员会和中央监察委员会写了一封信，指责党的机关"官僚化""脱离群众"、缺乏民主、书记等级制指挥一切，抗议格伯乌（国家政治保卫局）插手党内事务。他特别指出，改组革命军事委员会没道理，其改组的真正理由同正式宣布的毫不相干。他在信中还指出，现在国内经济极端恶化，对经济没有任何领导，混乱来自上头，"党没有继续前进的计划"。他重申了所谓的"工业实行硬性集中"（关闭一批大厂）、"收紧对农民的政策"的主张。

10月11日，俄共（布）中央政治局开会，决定在下次会议前不散发托洛茨基的信。但14日和16日加米涅夫主持的莫斯科委员会常务局和季诺维也夫主持的彼得格勒委员会常务局分别开会，讨论并谴责了托洛茨基的信。

过了一个星期，即10月15日，46名党的著名活动家给中央政治局写了一封信，即著名的《四十六人声明》，批评党内缺乏自由讨论的气氛，说"党正在日益分裂为书记特权阶层和'普通人'"，党内已形成派别专政，"党已被精心安排好的官僚机构所代替。这个机构在平日可以正常工作，但是在危机关头必然出故障，而在即将到来的严重事件面前可能成为完全不能信任工作的机构"。声明还指责党在处理目前的经济危机方面很不称职，要求改变"政治局多数派"的政策。在声明上签名的有原"民主集中派"的成员奥新斯基、萨普龙诺夫，在工会问题辩论中支持托洛茨基的普列奥布拉任斯基、谢列布里亚科夫等人，还有皮达可夫、斯米尔诺夫（前军事反对派首领之一）、穆拉洛夫（莫斯科军区司令）、别洛博罗多夫（俄联邦内务人民委员）等人。有些人签名时并不完全同意声明中关于造成既成局势的原因的分析，有些人只赞同其中的实际建议。看来，这些人并不是一个有统一思想、统一组织的派别集团。

1923年10月25—27日，在斯大林、季诺维也夫、加米涅夫等人的主持下，在莫斯科召开了有彼得格勒、莫斯科、哈尔科夫等10个最大的党组织的代表参加的中央委员会和中央监察委员会联席全会。全会讨论了托洛茨基10月8日的信和《四十六人声明》。经过讨论，全会通过了《关于党内状况》的决议。决议指责托洛茨基犯了"严重的政治错误"，他"对政治局的攻击在客观上具有派别发动的性质，使党的统一有遭受打击的危险并造成党的危机"。《四十六人声明》"是派别分裂政策的一个步骤，不管签署这个声明的人的本意如何，这个政策是带有派别分裂的性质的"。①

起初，为了避免大辩论，斯大林、季诺维也夫、加米涅夫等人决定不发表联席全会的决定，托洛茨基的信和《四十六人声明》也只在党内传阅。但是，11月7日，季诺维也夫突然在《真理报》发表了题为《党的新任务》的文章，批评党内生活像死水一潭，缺乏民主，"几乎所有重要问题都是上面决定了后再下来"，他要求"在实践中运用党内工人民主——加强党内关于一般政治、经济及其他问题的自由辩论"。《真理报》在发表这篇文章时加了编者按，要求全党就文中所提问题开展广泛的辩论。看来，政治局多数已掌握了何时开展大辩论的主动权。

从11月13日起，《真理报》开始定期登载有关党内民主问题辩论的各种材料和文章，其中既有托洛茨基拥护者的文章，也有其反对者的文章，争论双方都

---

① 《苏联共产党代表大会、代表会议和中央全会决议汇编》第2分册第350页。

认为党内所形成的局面是一种不正常状态,并且号召全面发展党内民主。12月2日,斯大林在俄共(布)红色普列斯尼亚区委员会扩大会议上作《关于党的任务》的报告时也谈了党内生活的缺点、党内的争论以及造成党内生活的缺点的原因和消除它的方法。

争论持续了1个月左右。12月5日,俄共(布)举行了中央政治局和中央监委会主席团联席会议,会议通过了由斯大林、托洛茨基、加米涅夫联合起草的《关于党的建设》的决议。这是一个妥协性的决议。决议说:"为了避免派系的产生,就要求党的领导机关倾听党内广大群众的呼声,不要一见到各种批评就看成是派性的表现,否则就会把诚恳的、纪律性强的党员推上缄口不言和派性的道路……当党员在自己的权利和义务范围内讨论他们有兴趣的问题和做出结论的时候,不要滥用'党的纪律'压人。"为了保证实现党内民主,决议还建议"在定期的选举中经常更新下层机构、把那些在实际上有能力保证党内民主的干部提拔到领导岗位上来"。①

似乎关于党内民主问题的辩论到此可以告一段落,但事实并非如此。12月8日,托洛茨基在红色普列斯尼亚党的会议上宣读了《给党的会议的信》(亦即《新方针》),并向其他党组织散发。接着,他又在党的机关报上以《新方针》为总题连续发表了《小集团和派别组织的形成》《关于党内新老两辈的问题》《党的社会成分》《官僚主义和革命》《关于"低估"农民的问题》等一系列文章,这些文章于1924年1月结成一个集子,以《新方针》为书名出版。托洛茨基认为,官僚主义已成为"普遍现象",对党的统一已构成严重威胁,它也是派别集团产生的原因之一,而只有发扬工人民主的方针,才能消除派别活动的危险。他指责党的机关已凌驾于党之上,代替党考虑和决定问题,因此必须"革新机关"。托洛茨基还谈到新老两代人的关系问题,说"青年是党的最可靠的晴雨表,对党的官僚主义的反应最敏感……只有老一代和青年一代在党内民主的范围内经常相互影响,才能保持老近卫军这一革命因素。否则,老一辈就会僵化,就会不知不

---

① 参见麦德维杰夫《让历史来审判》(上)第64页。

觉地成为机关官僚主义的最完备的体现者"。他暗示现在的老近卫军已蜕化了："'老近卫军'的蜕化在历史上发生过不止一次。就拿第二国际的领袖和政党这个最新最显著的历史实例来说，我们知道，威廉·李卜克内西、倍倍尔、辛格尔、维克多·阿德勒、考茨基、拉法格、盖得等等都是马克思和恩格斯直接教导出来的学生。但是，我们知道，所有这些领袖——有些人是局部地，另一些人是全部地——都蜕化了，都在议会改革以及党和工会机关独立发展的情况下转到机会主义方面去了。"[1]

托洛茨基的《新方针》发表后，党内又掀起了更加激烈的辩论。季诺维也夫、加米涅夫、布哈林和其他一些人纷纷发表谈话和专文，对《新方针》中的观点提出了批评，并质询托洛茨基。斯大林也于12月15日在《真理报》上发表文章，对托洛茨基的观点提出了严厉的批评。说他关于"老近卫军"蜕化的论调其目的是要"破坏中央大多数即布尔什维克老近卫军的领导核心的威信"，对党的利益不会有好处，只会有利于反对派；托洛茨基试图把老近卫军和青年人对立起来，"在我们党的这两支基本队伍中间制造并扩大裂缝"，这是"想动摇党的统一"。托洛茨基之所以这样做，"显然，这里是别有用心的，那就是：在维护中央决议的幌子下用外交手腕支持反对派反对党中央"。[2]

12月18日，托洛茨基在《真理报》上发表短信《答质询》，称"对最近在《真理报》上发表的某些专文，我将不予回答，因为我认为这更符合党的利益，尤其有利于目前正在进行的关于新方针的争论"。同一天，《真理报》发表了政治局《反对使党内斗争尖锐化》的决定，驳斥当时流传的对托洛茨基的反驳是要使与他在领导机关中合作共事发生困难的说法，表示要"尽一切可能保证以后的融洽工作"。

但是，自1923年12月28日至1924年1月4日，《真理报》连续发表社论《打倒派别活动》（由布哈林起草），指责托洛茨基在党内问题、经济问题和政治问题上脱离列宁主义。从此开始，争论变为了政治局多数对托洛茨基单方面的批判。

---

[1] 参见《托洛茨基言论》，三联书店1979年版，第416—465页。
[2] 参见《斯大林全集》第5卷第313—315页。

各地也纷纷召开会议，谴责托洛茨基等人的言行。

1924年1月16—18日，俄共（布）召开了第十三次党代表会议。会议由斯大林主持，他在会上作了《关于党的建设的当前任务》的报告，历数了托洛茨基所犯的错误，说他把党的机关和党、把青年和党的干部对立起来，认为他们"宣布集团的自由"，就是搞派别活动，容许集团存在，就是搞派别活动，这将导致党的瓦解。为了禁止派别活动，斯大林在报告中宣布把党的"十大"通过的关于党的统一的决议中当时仍属机密的第七条予以公开。这一条的规定是："为在党内和整个苏维埃工作中执行严格的纪律，并取缔一切派别活动以求得最高程度的统一，代表大会授权中央委员会，如遇违反纪律、恢复或容许派别活动的情况发生，可以采取党内一切处分办法，直至开除出党；而对中央委员就把他降为候补中央委员，甚至采取非常措施，把他开除出党。凡是对中央委员、候补中央委员和中央监察委员采取这种非常措施时，应召开中央委员会全体会议，并请全体候补中央委员和全体中央监察委员参加。在这种党内最高领导者全体会议上，如果有三分之二票数认为必须把某个中央委员降为候补中央委员或开除出党时，那么这项措施就应当立即执行。"①

季诺维也夫和加米涅夫在会上发言时，要求把托洛茨基开除出政治局和中央委员会，但这个建议没有被大会所接受。

大会根据斯大林的报告，通过了《关于争论总结和党内小资产阶级倾向》的决议，指责反对派"不仅企图修正布尔什维主义，不仅公然背离列宁主义，而且具有十分明显的小资产阶级倾向"，"客观地反映了小资产阶级向无产阶级政党的立场和政策的进攻"。②

党内的这种分裂正是列宁晚年所担心的，他在《给代表大会的信》中担心斯大林和托洛茨基之间的冲突会给党的分裂带来危险。他希望他们能合作共事，不要有摩擦和冲突。可是，列宁的这种担心很快就变成了现实。面对党内的斗争，

---

① 参见《斯大林全集》第6卷第7—24页；《苏联共产党代表大会、代表会议和中央全会决议汇编》第2分册第65—66页。

② 参见《苏联共产党代表大会、代表会议和中央全会决议汇编》第2分册第367页。

他在想什么呢？也许他想得很多，但此时已心有余而力不足了。10月18日，正当党内斗争之火刚刚燃起不久的时候，列宁违反医生的禁令，乘汽车从哥尔克回到克里姆林宫。第二天，他在克里姆林宫自己的图书馆里挑选了几本黑格尔和普列汉诺夫的书，尔后又回到他那熟悉的人民委员会自己的办公室。他没有同自己的战友们会面，就于晚上7时不声不响地离开克里姆林宫回到了哥尔克。临走时，他最后一次环顾了一眼克里姆林宫的广场和大教堂、莫斯科的街道、农业展览馆，仿佛是在向首都告别。看得出，他非常担心党内的争论会最终导致党的完全分裂。回到哥尔克后，他经常浏览报纸，阅读有关党内争论的主要文件；在第十三次代表会议召开时，听克鲁普斯卡娅给他读会议进展情况的报道。1月19日和20日，克鲁普斯卡娅给他读会议通过的决议，告诉他，决议是一致通过的，会上关于反对派问题的讨论进行得很激烈。列宁听了后激动不安。医生早就嘱咐过，列宁不能激动，否则会严重危及他的健康。看来这一次激动真的加重了他的

去世前夕，列宁和克鲁普斯卡娅在一起

病情。20日，列宁感到身体不适，没吃早饭，也没出去散步。21日下午5时30分，病情突然急剧恶化，呼吸断断续续，逐渐失去知觉。晚上6时50分，列宁与世长辞。

当列宁弥留之际，托洛茨基正偕同妻子娜塔丽亚和秘书谢尔穆克斯到高加索黑海海滨城市苏呼米去休养。1月21日列宁逝世后，斯大林当天就给托洛茨基发了一封电报："转告托洛茨基同志。1月21日6时50分，列宁同志猝然逝世。死亡系由呼吸中枢麻痹引起。斯大林。"托洛茨基收到这封电报时刚到达第比利斯车站，他当即给克里姆林宫挂直线电话，问葬礼何时举行。斯大林答复说："葬礼将于星期六举行。你来不及赶回来。政治局认为，由于你的健康状况，你必须继续前往苏呼米。"事实上，葬礼是在1月27日（星期日）举行的。托洛茨基后来说，中央在这件事上欺骗了他。这不能令人信服，即便是星期六（1月26日）举行，他也可以坐火车或军用飞机准时赶回来参加列宁的葬礼，但他没有回来。当人们怀着悲痛的心情在莫斯科为列宁举行葬礼时，他却在阳光明媚的高加索休养。他只于22日写了一篇哀悼列宁的文章，通过专线发回了莫斯科。

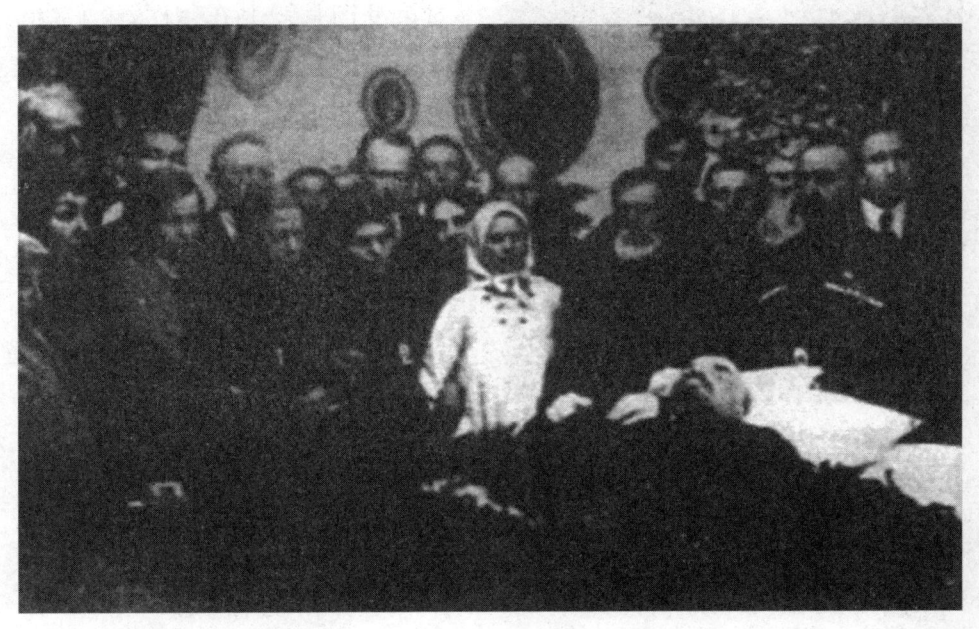

莫斯科各界人士瞻仰列宁遗容

斯大林传

20世纪20年代中期的李可夫

斯大林发表《悼列宁》的演说

在莫斯科的斯大林、季诺维也夫、加米涅夫、布哈林、加里宁和托姆斯基等人于1月21日晚上到达哥尔克，瞻仰了列宁的遗容。之后，他们返回克里姆林宫，举行了俄共（布）中央紧急全会。会议通过了《告全党和全体劳动人民书》，高度评价了列宁的丰功伟绩。全会讨论了由谁来继承列宁在政府中所担任的重要职务的问题。经过讨论，决定推选李可夫为人民委员会主席，加米涅夫为劳动国防委员会主席。

26日，全苏苏维埃第二次代表大会开幕。首先讲话的是加里宁，然后克鲁普斯卡娅和季诺维也夫分别讲了话。斯大林第四个讲话，他在会上发表了《悼列宁》的演说，以誓言的形式宣誓要永远执行列宁的"遗嘱"。还有好些人如布哈林、加米涅夫也在会上发表了讲话。会议根据斯大林的提议，批准了保留列宁遗体的决定，在红场建造列宁墓，供人们永久拜谒。会议还通过了关于出版《列宁选集》和《列宁全集》、将彼得格勒改为列宁格勒、建立列宁纪念碑等几项永久纪念列宁的决定。27日，在红场隆重举行悼念列宁的追悼大会。下午4时，全苏联停止一切活动5分钟，在哀乐、汽笛和礼炮声中，斯大林、季诺维也夫、加米涅夫、李可夫等俄共（布）中央政治局委员将列宁的灵柩移至陵墓。

从此，苏联历史开始了新的篇章。

第三章　变革与分歧

（左起）斯大林、加米涅夫、托姆斯基、鲁祖塔克、莫洛托夫、季诺维也夫、加里宁、布哈林抬送列宁的灵柩（1924年1月27日）

送葬的队伍

第四章

拾级而上

斯大林传

暂时的沉寂

列宁逝世后，苏联党和人民悲痛万分。为了纪念列宁，俄共（布）中央于1924年1月29—31日召开了全会，会议由斯大林主持，通过了《关于接收产业工人入党》的特别决议，决定在全国开展一个广泛而强有力的运动，吸收产业工人入党，并决定把完成这一运动的期限规定为3个月。从2月至5月，共有24万余名产业工人被吸收到党内，相当于原有党员的一半。

俄共（布）中央认为，之所以要开展这一运动，是因为在去年年底的党内争论中，反对派在高等学校和军队中拥有较多的支持者，他们的存在对党极其危险；另一方面，在新的资产阶级阶层（农村中的富农、城市中的耐普曼①的政治积极性提高的同时，党内也受到了小资产阶级情绪的侵蚀。因此，为了抵制小资产阶级情绪，削弱反对派的影响，必须要大量吸收产业工人入党，以壮大党的队伍，改善党的成分。

为了切实削弱反对派在高等学校特别是在军队中的影响，俄共（布）中央于1924年1月成立了以谢·伊·古谢夫为首的红军状况调查委员会，对苏联武装力量的情况进行调查。参加这个委员会的有伏龙芝、伏罗希洛夫、奥尔忠尼启则、安德列耶夫、布勃诺夫、温什利赫特和什维尔尼克。很快，委员会就向中央提供了一份关于武装力量现状的报告，称"托洛茨基领导的革命军事委员会和陆海军

---

① 俄语中的нэп（新经济政策），在后加ман（人），就成了нэпман（耐普曼，音译），据称这是一个笔误，是记录员和校对员粗心加上的。后来以此泛指在新经济政策下成长起来的资产阶级分子。

第四章 拾级而上

人民委员部对武装力量的领导是不能令人满意的"。2月初，俄共（布）中央全会听取了委员会的报告，斯大林就这一报告作了发言。会议认为，红军的现状没有战斗力，因此必须实行军事改革。3月初，俄共（布）中央决定解除托洛茨基的助手、共和国革命军事委员会副主席斯克良斯基的职务，由乌克兰和克里木部队司令、共和国革命军事委员会驻乌克兰全权代表伏龙芝接任，并由伏龙芝兼任工农红军参谋长和军事学院院长。

斯克良斯基被解职，伏龙芝出任革命军事委员会副主席等职，这就大大限制了托洛茨基在军事部门的权力，从而使他的政治影响逐渐缩小，政治地位逐渐下降。这在党的第十三次代表大会上得到了明显的反映。

俄共（布）第十三次代表大会是1924年5月23—31日在莫斯科举行的。在大会召开前的几天，即5月18日，克鲁普斯卡娅将列宁《给代表大会的信》等一批札记移交给了中央委员会，她在移交这些文件的记录中写道：

> 兹移交弗拉基米尔·伊里奇患病期间在12月23日至1月23日口授的札记，共13篇。关于民族问题的札记未计算在内（目前在玛丽亚·伊里尼奇娜处）。
>
> 这些札记中有些业已发表（关于工农检查院，评苏汉诺夫）。在未发表的札记中有1922年12月24—25日和1923年1月4日的口授札记，内含对某些中央委员个人的评价。弗拉基米尔坚决希望，在他去世后，他的这一札记能送达党的应届代表大会。
>
> 娜·克鲁普斯卡娅[①]

据斯大林的秘书波·巴让诺夫说，当秘书梅赫利斯把列宁"遗嘱"的内容告诉斯大林时，斯大林破口大骂克鲁普斯卡娅，接着便急忙去找季诺维也夫和加米涅夫商讨对策。在列宁病重不能视事以后，中央的重要决策实际上是由斯大林、

---

① 参见《列宁全集》第2版第43卷第558页。

斯大林传

季诺维也夫、加米涅夫三个人决定的，通常在开会前，他们三个人聚在一起，先开碰头会。起初，常在季诺维也夫家里，后来则常在中央委员会斯大林的办公室里。这次也一样，他们三个人在一起研究办法。季诺维也夫和加米涅夫认为，列宁的"遗嘱"已大大削弱了斯大林在党内的地位，因此对斯大林没有什么好担心的。于是，他们同意让斯大林继续留任党的总书记。

在代表大会开会的前两天，即5月21日，俄共（布）召开了紧急的中央全会，加米涅夫主持会议并宣读了列宁的信。接着季诺维也夫发言。他说："伊里奇的遗嘱，伊里奇的每一句话，对我们来说都是法律。我们大家不止一次地宣誓，要继承伊里奇的遗志，实现他的遗言。大家都很清楚，我们一定要履行自己的誓言。但是，这里我们可以幸运地指出，在这一点上伊里奇的担心没有得到证实。我们大家都是近几个月来共同进行的工作的见证人，所以，大家能够和我一样，满意地看到，伊里奇所担心的事情并没有发生。我们指的是，对于我们的总书记和中央委员会分裂的危险的担心并没有发生。"① 加米涅夫立即同意季诺维也夫的观点。托洛茨基坐着，一言不发，只是以傲慢而又藐视的表情看着会场。

这时候，大家都默不作声。于是加米涅夫提议通过表决作出决定。他问道："谁赞成斯大林留任中央委员会总书记，请举手。"结果是30票赞成、10票反对和弃权通过。投反对票的是托洛茨基、皮达可夫和拉狄克，另有几个人弃权。

全会在听取列宁文件接收委员会的报告后，通过如下决定："按照弗拉基米尔·伊里奇的意愿，把宣读过的文件交代表大会向各代表团分别宣读，规定这些文件不得复制，而由伊里奇文件接收委员会委员负责向各代表团宣读。"② 这样，根据这一决定，列宁的信既没有公开，也没有在代表大会上传达。

5月23日，党的第十三次代表大会开幕。这是列宁逝世后召开的第一次党代表大会。出席这次大会的有748名有表决权的代表和416名有发言权的代表，代表735881名党员（其中新吸收的党员241591名）。

大会的主要议程有：中央委员会的总结报告（季诺维也夫）、中央委员会的

---

① 转引自《斯大林秘书回忆录》第108页。
② 《列宁全集》第2版第43卷第558页。

组织报告（斯大林）、中央检查委员会的总结报告（库尔斯基）、中央监察委员会的总结报告（古比雪夫）、俄共驻共产国际执行委员会代表团的总结报告（布哈林）、关于国内商业和合作社（加米涅夫、克尔日扎诺夫、安德列耶夫）、关于农村工作（加里宁、克鲁普斯卡娅）和关于党的组织问题（莫洛托夫）等。没有安排托洛茨基作任何报告，他只是一个普通的代表。

季诺维也夫在大会上首先作了关于中央委员会的总结报告。他说，党实行新经济政策以来取得了巨大成就，但是，无论在城市还是在农村，一个新生的资产阶级正在滋长和发展，"'新生'资产阶级的存在是事实，我们应该把它看作是伴随着新经济政策而来的政治现实之一"。季诺维也夫没有明确阐明党对新生资产阶级的政策，但他要求人们提高警惕，注意其发展趋势，不能对它作更多的让步。季诺维也夫在谈到党内状况时，虽然没点托洛茨基和反对派的名，但他严厉谴责了反对派在争论中对中央委员会多数派的指责。①

接着，斯大林作了关于中央委员会的组织报告。报告列举了为纪念列宁而在各行业中开展的吸收党员的运动，并对党的日常组织工作作了汇报。他说，党经过争论，现在坚如磐石，党的重心已由政治局、组织局转到了中央全会，全会"变成了培养工人阶级的领袖即工人阶级的政治领导者的最大的学校。新的人才，工人阶级明天的领导者在我们眼前成长壮大起来"，因此，"反对派在争论期间说党正在瓦解是极端错误的"。②

大会批准了第十三次代表会议通过的《关于争论总结和党内小资产阶级倾向》的决议。在会上没有出现新的争论，反对派领袖托洛茨基和普列奥布拉任斯基等人在会上发言时只对这个决议表示异议，并重申了他们的观点。

普列奥布拉任斯基在发言中，说党中央没有以列宁式的态度对待反对派，要求重新审查和取消《关于争论总结和党内小资产阶级倾向》的决议。他重申了自己的经济观点。认为，小农经济必然自发地向资本主义发展，1923年出现的销售危机原因是经济中的无计划性，因此，必须把整个国民经济作为统一的整体进

---

① 参见《俄共（布）第十三次代表大会（速记记录）》，人民出版社1987年版，第8—112页。
② 参见《斯大林全集》第6卷第169—193页。

行管理，实行计划经济，以计划原则来同小资产阶级自发势力作斗争，同新经济政策时期新生的资产阶级作斗争，并从外部通过征收直接税来强制取得农产品。普列奥布拉任斯基认为，在未积累起苏维埃资本并取得对小农经济的优势之前，存在一个"社会主义原始积累"时期。这一观点就是他著名的"社会主义原始积累"论。稍晚，他在《共产主义科学院学报》1924年第8期发表了《社会主义原始积累规律》一文（1926年又把这一文章作为一章收入他的《新经济学》一书中），对这一理论作了进一步的发挥。他认为，像俄国这样一个生产力落后、小农经济占优势的国家，工业不发达，承担不了资金积累的任务，因此，在无产阶级取得政权后，必须有一个类似资本主义原始积累的社会主义原始积累时期，在这一时期的主要任务是靠剥夺小农来为工业化积累资金。在他看来，国家愈落后，农民占的比重愈大，无产阶级在社会革命时能得到充作社会主义积累资金的遗产就愈少，因此，社会主义国家从小农那里就应当比资本主义从他们那里拿得更多。在社会主义原始积累时期，国家可以利用自己的垄断地位，在不等价交换的基础上靠牺牲非国营成分、剥夺农民进行积累，以创造社会主义生产的物质前提。因此，普列奥布拉任斯基主张提高工业品价格和铁路运价，压低农产品价格，搞不等价交换；主张对农民发放高利贷款，大量发行纸币，搞通货膨胀，以为国家工业筹措资金，加快工业化的速度。①

　　托洛茨基在会上发言时，语气缓和了许多。他认为第十三次代表会议通过的关于小资产阶级倾向的决议的"某些部分是不正确的和不公正的"。他重提1923年12月5日党中央政治局的决议，认为要"避免产生党的机关官僚主义化和由此而发展起来的党脱离群众的危险"，不能单纯靠禁止派别和集团的办法，而应建立党内的民主制度。在谈到关于反对派的错误时，他说：

　　　　同志们，我们中间谁也不想，并且也不可能当一个反党有理的人。党归根到底永远是正确的，因为党是为无产阶级解决其基本任务的唯一的历史

---

① 参见普列奥布拉任斯基《新经济学》，三联书店1984年版，第34—100页。

托洛茨基在俄共（布）第十三次代表大会上发言

工具。我已经说过，在党的面前承认：所有这些批评，所有的声明、警告和抗议——所有这些——统统都是错误的，这是最容易不过的事。但是，同志们，我不能这么说，因为我并不这么认为。我知道，反对党是不可能正确的。只有和党在一起并依靠党才会是正确的，因为历史没有创造出实现正义的其他道路。①

托洛茨基的这番话，几近于认错，表示愿与党一道工作，但他又走向了另一个极端，称党永远是正确的。对他的这一论调，斯大林给予了当头一棒。斯大林在关于中央委员会组织报告的结论发言中说："托洛茨基说，党是不犯错误的。这不对。党是常常犯错误的。……如果党不犯错误，那就没有什么东西可以教党学习了。我们的任务在于发现这些错误，揭露错误的根源，并向党和工人阶级提出我们怎样犯了错误，我们今后怎样不应当重犯这些错误。"②

克鲁普斯卡娅发言时呼吁党内求同存异，保持团结。她说：

---

① 参见《俄共（布）第十三次代表大会（速记记录）》第158—175页。
②《斯大林全集》第6卷第200页。

我认为重要的是，应该从生活提出来的新任务着眼来讨论所有的问题，因此，不应该去重演过去的那种争论。在总的方面和个别问题上的谁是谁非，党已经搞清楚了。在这里，在代表大会上，重提这一问题，就会使过去的反对派和党的核心之间的关系产生不必要的紧张。我觉得季诺维也夫同志提出了一个不恰当的问题……他向反对派挑战，号召他们就在这个讲台上承认自己不对，这从心理上来说是不可能的……我认为不应该采取这样的态度，要求"你就在这个讲台上说你错了"。反对派声明愿意共同工作，这就够了。这样的声明在托洛茨基同志的发言中已有所体现。他说，他认为无论是派别，还是集团都是不应该有的。这实际上就是一个必要的声明，表示反对派今后将完全心口如一地和党步调一致。①

但是，会议代表们似乎没有什么兴趣去注意她的讲话。季诺维也夫在就中央委员会政治报告作总结发言时，仍认为托洛茨基并未完全讲出他的心里话，讥讽托洛茨基的发言是"议会式"的演说。他说："可以将议会式发言的特点概括为两点。第一点，说的并非完全是他想的，或者甚至完全不是他所想的。第二点，总想利用在'议会'发言的合法机会，'透过窗户'去说给另一些人，另一些选民听。我认为，托洛茨基同志的发言就具有这两方面的特点。"②

这次代表大会又将中央委员会由40名委员扩大到53名，候补中央委员由17名扩大至34名，新当选的人主要来自省机关的领导者。托洛茨基仍当选为中央委员，但他的支持者拉狄克等人未被选进中央委员会。

在代表大会之后于6月2日举行的俄共（布）中央全会上，斯大林提出了口头声明，请求解除其总书记的职务。季诺维也夫和加米涅夫力劝斯大林收回声明，说只要考虑到已故领袖的批评意见和愿望就行了。因此，斯大林仍旧当选为政治局委员、组织局委员和书记处总书记。布哈林由政治局候补委员升为正式委员，托洛茨基仍旧当选为政治局委员。

---

① 《俄共（布）第十三次代表大会（速记记录）》第261—262页。

② 同上，第297页。

在代表大会上，托洛茨基感到自己比较孤立，只在会上作过一次发言，而且语调也比以前平缓得多。尽管斯大林、季诺维也夫、加米涅夫等人对他的错误进行了严厉谴责，但他却异常地保持着沉默。不过，这种沉默实在太短暂，很快，党内对托洛茨基的围攻又开始了。

多数派的围攻

列宁逝世以后，苏联主要党政领导人争相发表有关列宁的文章，一则是纪念和回忆列宁，二是想以此取得列宁学说的解释者和继承者的地位。列宁逝世才两个多月，斯大林就于4月初在斯维尔德洛夫大学发表了总题为《论列宁主义的基础》的系列演讲。

斯大林在演讲中，给列宁主义下了一个著名的定义："列宁主义是帝国主义和无产阶级革命时代的马克思主义。确切些说，列宁主义一般是无产阶级革命的理论和策略，特别是无产阶级专政的理论和策略。"他不点名地批评了季诺维也夫的观点。季诺维也夫说："列宁主义是帝国主义战争时代和一个农民占多数的国家里直接开始的世界革命时代的马克思主义。"斯大林说这个定义强调了俄国的"农民性"和"落后性"，从而把列宁主义说成是俄国特殊情况下的产物，这就忽视了列宁主义的国际性。斯大林的这个定义强调"革命"和"专政"，强调列宁主义是各国革命运动经验的概括，强调其理论和策略对各国无产阶级政党都是适用的、必要的，而不提列宁主义中根据俄国具体条件而发展的方面，特别是列宁的新经济政策的理论和实践，显然是片面的。

在论述无产阶级革命时，斯大林说，虽然一个国家的无产阶级可以夺得政权，但这并不等于社会主义的完全胜利，在像俄国这样一个小农占优势的国家里，一国要完全建成社会主义，"至少必须有几个国家内革命的胜利"。至于农民问题，他认为这个问题不是列宁主义的基础问题，而"是一个派生的问题"。把列宁主义的基本问题说成无产阶级专政问题。这是违背列宁本意的。众所周知，列宁非常强调农民问题的重要性。特别是在废除军事共产主义政策、实行新经济政策以后，他更把农民问题放在首位，称"农民在我国是决定性的因素，这是谁也不会怀疑的"[①]。列宁在《论合作社》中着重论述的也是如何解决农民问题、把分散的小农经济通过合作社引导到社会主义方面的问题。

斯大林在演讲中，还提出了"工具论"，说"无产阶级专政是无产阶级革命的工具"；党"是无产阶级专政的工具"，"是意志的统一，是排斥任何派别活动和党内权力分散现象的"，"是靠清洗自己队伍中的机会主义分子而巩固起来的"；俄国的无产阶级专政是"加速其他国家无产阶级胜利的助力和工具"[②]。

此外，斯大林还在演讲中较详细地谈了民族问题、战略和策略问题以及党的工作作风等问题。他在用相当篇幅谈战略和策略问题时，从理论上论证了打击（国际）社会民主党的必要性。他说，在十月革命后开始的革命阶段里，世界革命的时代已经开始，在这一时代，"主要的打击方向是孤立小资产阶级民主派，孤立第二国际各党，这些党是和帝国主义妥协这一政策的基本支柱"[③]。

实际上，斯大林对社会民主党的态度是一贯的。

早在1923年德国十月发动前夕，斯大林就曾建议德国共产党加速德国社会民主党左派和右派的分裂。他说，德共的任务在于"加速左派和右派的分裂，并尽可能迅速地使左派领袖威信扫地，因为这些领袖是不可靠的分子，而他们的影响在决定性时刻可能是致命的"[④]。德国十月发动开始后，共产国际和俄共（布）中央多次召开会议，讨论德国革命形势。斯大林认为，德国的革命转折已经临近，取得胜利的条件已经成熟，号召德共同左派社会民主党人立即夺取政权，建立联合政府。可是，当时德国革命的形势并不像当时俄共（布）领导人想的那么

---

① 参见《列宁全集》第2版第43卷第280页。

② 参见《斯大林全集》第6卷第96—100、148—162页。

③《斯大林全集》第6卷第134页。

④ 参见《苏共历史问题》1987年第10期。

乐观，德国革命很快于当年11月失败。德国革命失败后，斯大林、季诺维也夫等人又认为，德国革命失败的原因在于社会民主党人的背叛和德共领导人的"右倾机会主义"。斯大林在1924年1月24—25日的中央全会上发言时得出结论说："应当同社会民主党进行殊死的斗争"。

列宁病重以后，斯大林和季诺维也夫逐渐在共产国际中起主导作用，因此他们的这种思想也就强加给了共产国际。1924年6—7月共产国际"五大"制定的《策略问题（提纲）》中，把社会民主党说成是资产阶级的第三党，是资本主义制度的支柱之一，并进一步认为一切资产阶级政党特别是社会民主党，都具有了不同程度的法西斯性质……法西斯主义和社会民主党是大资本专政的同一件武器上的两面锋刃。因此，社会民主党永远不能成为无产阶级反对法西斯主义斗争中的可靠同盟者。

共产国际的这一提法，不久又被斯大林大大强化了。他在1924年9月《论国际形势》一文中说："法西斯主义是依靠社会民主党积极支持的资产阶级的战斗组织，社会民主党在客观上是法西斯主义的温和派。……这些组织不是互相排斥，而是互相补充的。它们不是死对头，而是双生子。法西斯主义是这两个主要组织的无形的政治联盟，它是在战后帝国主义危机的情况下产生的，它的目的在于同无产阶级革命作斗争。"①

斯大林的这些观点是违背列宁根据革命形势的发展而提出的建立工人阶级统一战线和共同斗争的策略的。早在共产国际成立的头几年，列宁和共产国际对社会民主党采取的是分裂和打击的政策，因为各国的社会民主党在第一次世界大战期间采取"保卫祖国"的立场，随后又纷纷参加资产阶级内阁，投票赞成军事拨款等。所以，共产国际自成立时起一直把社会民主党的首领看作是不共戴天的敌人。但至20世纪20年代初，国际革命形势发生了重大变化，无产阶级革命运动和罢工斗争相继遭到失败。列宁及时总结经验教训，决定实行策略转变。1921年6—7月召开的共产国际"三大"根据列宁的思想提出"到群众中去""争取工人

---

① 《斯大林全集》第6卷第246页。

阶级大多数"参加直接斗争。1921年12月，列宁向俄共（布）中央政治局提交了《关于统一战线的策略的决定草案》，季诺维也夫根据列宁的这一决定草案，制定了《关于工人统一战线，关于对待参加第二国际、第二半国际和阿姆斯特丹工会国际的工人以及对待无政府工团主义组织的工人的态度》的提纲，强调要同一切愿同资本主义作斗争的工人包括社会民主党建立统一战线，采取共同行动。1922年4月在柏林召开了三个国际的代表参加的会议，列宁要求共产国际与会代表求同存异，搁置有争议的问题，在最无争论的地方找到共同点，并要求共产国际执委会扩大会议在关于参加三个国际的代表会议的决议草案中删去"把第二国际和第二半国际领袖称作世界资产阶级走狗的那一段"。[①]

尽管直至列宁逝世，也未能实现三个国际的联合，但列宁的统一战线策略却得到了共产国际各成员党的支持。

显然，斯大林、季诺维也夫打击社会民主党的主张是违背列宁思想的。这种统一战线策略只是到1935年共产国际"七大"时才在一定程度上作了改变。

这里稍稍离开了一点本题，我还是回到正题上来吧。列宁逝世后，托洛茨基干了些什么呢？傲慢自负、能言善辩的托洛茨基自然也没闲着。在列宁逝世后的最初几个月里，他也在报上发表了一些回忆列宁的文章，并于1924年4月汇编成《论列宁》一书出版。由于托洛茨基在工作中曾与列宁有过较多的接触和联系，与列宁也有不少分歧和争论，加上他此时已被人们看成是反对派的首领，所以，此书一出版就引起了广泛的关注。

总的说来，托洛茨基在这本书中是歌颂列宁的，但他也不失时机地吹捧、抬高自己，并为他的错误辩解。例如，他回忆1917年5月自己第一次回国后与列宁见面时说："我告诉列宁，没有什么能使我和他的四月提纲以及他回国后所采取的全部方针分开，并说我面临着两种选择：或者立即'个人'加入党的组织；或者试着把区联派的优秀分子带进来……这样一来，政治上的联合就走在组织上的联合前面了。"托洛茨基在这里，既真实地反映了他当时与布尔什维克联合、走

[①] 参见《列宁全集》第2版第42卷第434—435页。

向列宁的愿望，也不恰当地突出了自己的作用。

又譬如，托洛茨基在回忆布列斯特—里托夫斯克谈判时，极力为他的"不战不和"的立场辩解。他说："对党来说，折中的决定应是通向签订和约的桥梁"，"如果没有折中的提法，多数人就会赞成革命战争。"

1924年9月，托洛茨基在高加索基斯洛沃茨克休假时，将他以前写的一些文章和讲话汇编成了一本书《1917年》，他为这本书写了一篇序言《十月的教训》。

托洛茨基在这篇序言中，阐述了俄共（布）在1917年2—10月间党的策略运用中的经验教训，点名批评了季诺维也夫、加米涅夫，并间接地批评了党内其他一些领导人。

托洛茨基说，在列宁1917年回国前，当时党内许多领导人和《真理报》编辑部持护国主义立场。在四月代表会议上，列宁主张推翻临时政府，通过苏维埃夺取政权，而党内的右派则企图把苏维埃引向资产阶级议会。他在文章中，公开把季诺维也夫、加米涅夫称为右派，说他们主张参加"预备国会"是抵制当时确定的武装起义的方针。托洛茨基还用较多笔墨描绘了季诺维也夫和加米涅夫于10月11日写的反对武装起义的《论时局》的信和10月18日发表在《新生活报》上的声明，来证明他们两人的右派立场。

托洛茨基在总结十月革命的经验教训、谈到列宁和他本人的策略运用时，又片面抬高自己在十月武装起义中的作用，贬低列宁的功绩。他说，自从10月9日"彼得格勒苏维埃拒绝执行克伦斯基关于把三分之二卫戍部队调往前线的命令时起，我们实际上已经进入武装起义状态。当时不在彼得格勒的列宁，未能估计到这件事实的全部意义。据我的记忆，在他当时所有的信件中，对于这种情况就没有提到一个字"。当10月16日彼得格勒革命军事委员会成立后，"起义的结局已经预先决定了至少四分之三"，因此，列宁领导的"10月25日的起义只具有补充的性质"。[①]

很显然，托洛茨基试图把自己摆在十月革命的中心地位即主导地位，贬低列

---

① 参见《托洛茨基言论》第544—603页。

宁，这是当时人们所普遍不能接受的。他在文章中点名批评季诺维也夫、加米涅夫，指责他们是右派，又不指名地批评党内的其他一些领导人，虽然所举事实基本属实，但他旧账重提，而且是在列宁原谅了他们的错误之后重提此事，人们普遍认为他别有用心。尤其是，托洛茨基与季诺维也夫、加米涅夫在前不久的党内争论中意见严重分歧，而此时他又重揭他们的"疮疤"，更让他们气愤，也更使人们感到托洛茨基动机不纯。

因此，托洛茨基的这篇序言连同他的《论列宁》一书发表后，又在党内引起了一场激烈的争论。托洛茨基不仅遭到了加米涅夫、季诺维也夫的猛烈攻击，而且也受到了斯大林、布哈林及其他布尔什维克的批判。

首先站出来批判托洛茨基的是加米涅夫，他于10月18日在有积极分子参加的莫斯科市委会上作了题为《托洛茨基主义还是列宁主义？》的报告。在报告中，加米涅夫历数托洛茨基从1903年到十月革命时期与列宁的分歧和斗争，认为托洛茨基的这篇文章，"不是为布尔什维主义服务"，而"是为反党分子服务的"，因为"他用非常巧妙的，然而基本上是不正确的、和事实相反的方式叙述从2月开始到整个10月的全部事件"。这种托洛茨基主义绝不是列宁主义，而是"一股历史潮流的典型表现"，"是孟什维主义的代理人，是孟什维主义为了影响工人阶级的这个或那个阶层而利用的工具，是孟什维主义的奴仆"。①

11月19日，斯大林经过精心准备，在全苏工会中央理事会共产党党团全会上发表了题为《托洛茨基主义还是列宁主义》的演讲。他在演讲中，轻描淡写地提了一下季诺维也夫和加米涅夫在十月的泄密事件，顺便保护了他们两个人，说他们的错误是人所共知的、偶然的，"意见分歧所以只延续了几天，是因为而且仅仅因为加米涅夫和季诺维也夫是列宁主义者，是布尔什维克"。

接着，斯大林谈了托洛茨基在十月武装起义中的作用。他说，不可否定，托洛茨基在起义中起过明显的重要作用，但是，他"没有起而且不可能起任何特殊的作用。他当时担任彼得格勒苏维埃主席，只是执行了领导他的每一个行动的相

---

① 参见《列宁主义还是托洛茨基主义？》，三联书店1964年版，第1—65页。

应的党机关的意志"。但是,"托洛茨基为什么要编造所有这些关于十月革命和十月革命准备、关于列宁和列宁的党的奇谈呢?托洛茨基为什么要发表那些反党的新著作呢?现在,当党不愿意进行争论的时候,当党正为一大堆紧急任务忙得不可开交的时候,当党需要团结一致地进行恢复经济的工作,而不需要对老问题进行新斗争的时候,这些著作的用意、任务和目的何在呢?托洛茨基为什么要把党拉回去进行新的争论呢?"

斯大林回答说,托洛茨基之所以这样做,是别有用心的,"根据一切材料来看,这个'用心'就是:托洛茨基在他的著作中还有一个(还有一个!)企图,想准备条件用托洛茨基主义顶替列宁主义。托洛茨基所以'急切'破坏党的威信,破坏举行起义的党的干部的威信,是为了从破坏党的威信转到破坏列宁主义的威信"。斯大林进一步指出,"托洛茨基的新著作企图恢复托洛茨基主义,'战胜'列宁主义,偷运和培植托洛茨基主义的一切特点"。这是一种新托洛茨基主义,它恰好在列宁逝世的时候出现,这绝不是偶然的。

最后,斯大林说:"党的任务就是要埋葬托洛茨基主义这一思潮。"针对季诺维也夫、加米涅夫等人极力主张把托洛茨基等人开除出党的意见,斯大林说:"有人谈到惩罚反对派和分裂的可能性。同志们,这是胡说。我们党是坚强有力的,它不容许任何分裂。至于惩罚,我是坚决反对的。现在我们需要的不是惩罚,而是展开思想斗争来反对正在复活的托洛茨基主义。"[①]

11月30日,季诺维也夫也在《真理报》上发表了《布尔什维主义还是托洛茨基主义》一文。季诺维也夫承认自己在十月革命中曾犯了一个"巨大的错误",但他说这个错误几天之内就改正了。他对托洛茨基指责他们两人是党内的右倾这一点尤其恼火。他说,所有了解布尔什维克历史的人,都会毫不犹豫地回答"不存在也不可能存在右翼"。

11月2日,布哈林以《真理报》编辑部的名义,发表了《焉能不写十月的历史》一文,谴责托洛茨基企图修正列宁主义,篡改布尔什维克的历史。此后至

---

① 参见《斯大林全集》第6卷第281—309页。

1925年1月，苏联报刊连篇累牍地发表了大量谴责托洛茨基的文章，在报上写文章和在各种会议上发言批判托洛茨基的有布勃诺夫、伏龙芝、米高扬、基洛夫、捷尔任斯基、库西宁、古谢夫、莫洛托夫等布尔什维克党和共产国际的著名活动家。

全国的党员们都卷入了一场谴责托洛茨基的运动中。在一片声讨中，公开为托洛茨基辩护的人不多，这使托洛茨基在政治上极其孤立。时间在一天天过去，人们越来越纳闷，托洛茨基对人们对他的攻击，为什么既不出面否定也不作答复呢？这种异常的沉默只能让人们认为他有罪。况且报纸又公布了1913年4月他写给齐赫泽的一封信及这年给乌里茨基的信。在这些信中，他对列宁进行了粗暴的攻击。这就更使人相信：托洛茨基确实想以托洛茨基主义代替列宁主义。

一向自负而又自信的托洛茨基，万万没有想到，《十月的教训》及《论列宁》的发表，竟会引起一场如此大的反对风暴。在这样的压力下，他的身体确实也有些顶不住了。医生建议他到高加索去休息一段时间，但他拒绝离开他在克里姆林宫的寓所。他并没有长久地缄默下去。1925年1月15日，他给即将召开的俄共（布）中央全会写了一封信。他在信中试图为自己的立场辩护，断然拒绝对他执行一条特殊的路线（即"托洛茨基主义"）和企图修正列宁主义的指责，并提出"事业的利益要求尽快解除我的革命军事委员会主席的职务"。

1925年1月17—20日，俄共（布）中央委员会和中央监察委员会召开了联席全会，托洛茨基称病，没有出席会议。全会的重要议题之一是讨论托洛茨基问题。

对于如何处置托洛茨基，党的主要领导人意见也不一。季诺维也夫和加米涅夫乘机想在政治上给托洛茨基以毁灭性的打击。早在1924年底，以季诺维也夫为首的列宁格勒州委就通过了一项决定，要求把托洛茨基开除出党。加米涅夫同意这个决定，但这项决定未被党中央通过。季诺维也夫和加米涅夫还曾操纵共青团中央通过了一项关于把托洛茨基开除出党的决定，试图以此向党中央施加压力。这显然是违反党的组织原则的行为，党中央没有手软，立即采取了措施制止这种行为，并免除了团中央15名负责人的职务。在这次全会上，以季诺维也夫为首

第四章 拾级而上

的一批列宁格勒人和加米涅夫一起，建议立即撤销托洛茨基政治局委员的职务，斯大林等人毫不犹豫地否决了这一建议。斯大林后来在解释这一决定时说：

> 我们所以没有同意季诺维也夫和加米涅夫的建议，是因为我们知道，割除政策对党是很危险的，割除的方法，流血的方法——而他们正是要求流血——是很危险的，是有传染性的：今天割除一个人，明天割除另一个人，后天再割除第三个人——那在我们党内还会留下什么人呢？①

这次中央全会对托洛茨基进行了严厉的批判，责令他在行动上而不是在口头上服从党的纪律，要求无条件地完全放弃任何反对列宁主义思想的行动。全会认为，"托洛茨基不能继续在苏联革命军事委员会中工作"，但决定保留托洛茨基中央委员和政治局委员的职务，对托洛茨基给予最严厉的警告，指出一旦托洛茨基重新企图破坏或不执行党的决议时，他就不能继续留在政治局和中央委员会内。

在讨论由谁接替托洛茨基在军内的职务时，加米涅夫别出心裁，提议让斯大林去接替托洛茨基担任陆海军人民委员和苏联革命军事委员会主席的职务。此提议一出，斯大林立即面露怒容，参加会议的代表立即注意到了这一不满情绪。在交付表决时，加米涅夫的这一提议遭到了多数人的否决。于是季诺维也夫、加米涅夫支持伏龙芝去接任这两个职务。斯大林不大欣赏伏龙芝。他们经过讨论，同意伏龙芝担任第一把手，而伏罗希洛夫担任副手。

1月26日，苏联中央执行委员会根据中央全会的意见，解除了托洛茨基苏联革命军事委员会主席和陆海军人民委员的职务，任命伏龙

1925年的伏龙芝

---

① 《斯大林全集》第7卷第317页。

芝担任这一职务。但同年10月伏龙芝就由于动手术时逝世,伏罗希洛夫接任了陆海军人民委员和革命军事委员会主席的职务。

至此,与托洛茨基的斗争暂告一段落。在托洛茨基被解除军职的最初几个月里,他很少露面。1925年5月,他被任命为租让委员会主席、电气技术管理局局长和工业科学技术委员会主任。这些职务虽然与他的身份不相称,但他还是接受了任命,随后便一度埋头于这些实际的经济工作。

二重唱

在党内反对托洛茨基等反对派的斗争中,季诺维也夫和加米涅夫把托洛茨基看作主要的政治对手,因而在斗争中支持斯大林,形成了"三驾马车"的领导核心。

斯大林(左一)和李可夫(左二)、加米涅夫(左三)、季诺维也夫在一起(20世纪20年代初)

第四章 拾级而上

这个领导核心，表面上团结一致，但实际上，他们除了共同的打算外，每个人都把个人的追求摆在很重要的位置。

季诺维也夫和加米涅夫两人几乎有着相同的命运。他们同出生于1883年，同在1901年加入俄国社会民主工党，又同于1936年被枪毙。他们观点接近，几乎从未发生过争论，通常持相同的立场。他们两人都善于写文章，擅长演说。

相比较而言，季诺维也夫比加米涅夫名气更大一点。季诺维也夫除长期在党内担任要职外，还担任共产国际执委会主席达7年（1919—1926年）之久，共产国际的许多决议出自他的手笔。他曾想把他写的许多文章用文集、小册子的形式出版，从1923年起已开始出版《季诺维也夫文集》，预定出18卷，但未出齐，只出到第9卷就未让它再出版下去。他无论在国外侨居期间还是十月革命以后与列宁都过从甚密，甚至大家都认为他是"列宁最亲密的助手和代理人"。正因为如此，季诺维也夫自己时常表现出虚荣心和强烈的功名心，也往往以党的领袖自居。党的"十二大"召开时，列宁身患重病，无法出席大会，因此也无法到会作政治报告。这次大会的政治报告由谁来作，党的主要领导人都很关心这个问题。斯大林建议由托洛茨基来作，这一建议得到了政治局委员李可夫、加里宁、加米涅夫的支持，但托洛茨基推辞了。托洛茨基建议由斯大林来作，斯大林也推辞。于是斯大林等人就建议，那就让季诺维也夫来作吧。季诺维也夫毫不客气地领受了。党的"十三大"的政治报告当然也归了季诺维也夫。

季诺维也夫有许多优秀品质，但也有许多缺点，他的情绪时而乐观异常，时而垂头丧气，甚至意志消沉，缺乏"主心骨"，在紧急时刻和转折关头模棱两可。

加米涅夫的知名度没有季诺维也夫高，但他善于处理党内的各种微妙事务。比起季诺维也夫来，他的知识更渊博，功底深厚，具有相当高的理论概括能力，敢说敢干。在列宁在世

20世纪20年代初的加米涅夫。时任莫斯科苏维埃主席、政治局委员

时，他是列宁在人民委员会的副手，经常主持中央全会、人民委员会的会议，多次主持党代表大会，政治局会议都是由他主持的。但他的缺点也非常明显：容易头脑发热——他能够很快作出某种决断，但又可以同样快地予以推翻。与季诺维也夫一样，在关键时刻缺乏主见，模棱两可，而且经常把个人目的、野心和威望摆在首位。

早在列宁在世时，斯大林和他们之间就有矛盾。斯大林当了总书记后，逐渐掌握了"无限的权力"。这使具有强烈的权力欲和领袖欲的季诺维也夫很不安。因此，1923年7—8月间，他在高加索基斯洛沃茨克休养时就同在这里休养的一些中央委员搞了一个聚会，想取消政治局，改组书记处，使之政治化，成立由斯大林、托洛茨基、季诺维也夫三人组成的发布指示的最高机关。季诺维也夫想以此限制斯大林的权力。但斯大林拒绝了这个建议，并讥讽说这是"山洞"中的人制定的一个政纲，其用意是想不让李可夫、加里宁、托姆斯基、莫洛托夫和布哈林来领导全党。① 斯大林在党的"十四大"上的报告提的这五个人的名字，在编入《斯大林全集》时删去了李可夫、托姆斯基、布哈林三个人的名字。

列宁逝世后，斯大林在《论列宁主义的基础》中，不点名地批评了季诺维也夫关于列宁主义的定义。1924年6月17日，斯大林在俄共（布）中央县委书记训练班上作《关于俄共（布）第十三次代表大会的总结》的报告时，除批评了托洛茨基反对派外，还指名或不指名地批评了季诺维也夫、加米涅夫"不关心理论问题"，指责加米涅夫把列宁的"新经济政策的"俄国歪曲为"耐普曼的"俄国。斯大林还不指明地批评季诺维也夫关于党的专政的提法，说他把无产阶级专政改换为党的专政，这是在胡说八道。② 实际上，这是党的"十二大"一致通过的决议中的提法："工人阶级的专政只有采取它的先锋队即共产党的专政的形式，才能得到保证。"③ 当时党的其他一些领导人也持这一提法。例如，布哈林在1924年中央一月全会上说："我们的任务就是要看到两种危险：第一是来自我们机关的

---

① 参见《斯大林全集》第7卷第324页。
② 参见《斯大林全集》第6卷第224—225页。
③ 《苏联共产党代表大会、代表会议和中央全会决议汇编》第2分册第251页。

集中制的危险；第二是政治民主化的危险，如果民主走到极端，这种危险就会发生。而反对派只看到一种危险——官僚主义。他们看不到官僚主义危险背后的政治民主化的危险。但这是孟什维主义。要想维持无产阶级专政，就必须维持党专政。"拉狄克补充说："我们是小资产阶级国家中的专政党。"① 可是，斯大林认为，"十二大"决议中的这个提法，是由于疏忽造成的。看来事情并不是这么简单。

斯大林在县委书记训练班上的讲话，使季诺维也夫、加米涅夫两人极为不满。在之后不久召开的政治局会议上，季诺维也夫和加米涅夫要求会议讨论斯大林对他们的攻击，并判明是非。会议批评了斯大林对他们的指责，说他的批评是"非同志式的"，没有准确反映出"被批评者立场的实质"。斯大林立即提出要辞职，但加米涅夫在季诺维也夫的支持下劝阻了他。

1924年8月，格鲁吉亚发生农民暴动。原因是部分农民由于夏天出现严重干旱，农业收成受到严重影响，加上"剪刀差"问题突出，他们对现行的经济政策主要是价格政策不满。这次农民暴动虽然被平息，但留下了让人思考的许多问题。调整党对农村的政策、改变工农业产品现行价格的不合理政策，看来已迫在眉睫。

1924年10月21—24日，俄共（布）中央召开了农村支部书记会议。斯大林在会上发表了《关于党在农村中的当前任务》的演说。他在总结格鲁吉亚农民暴动的教训时说，必须根本改变对待农民的态度，必须使苏维埃活跃起来，给农民群众的政治积极性开辟一条出路，否则"俄国各地都会重演格鲁吉亚发生过的事件"。布哈林说，应该给农民更多的优惠政策，放弃对富裕农民的敌视和限制。季诺维也夫则说，应给农民在苏维埃中更多更大的实际管理权。到底具体怎么做，谁也说不好。紧接着25—27日召开了中央全会。如何解决农村问题，也没有讨论出什么结果来。

就在这时，托洛茨基发表了《十月的教训》，党内又开始了新的一轮争论，因而也暂时顾不上去讨论农村政策问题。斯大林和加米涅夫、季诺维也夫已有的

---

① 转引自沃尔科戈诺夫《胜利与悲剧》第1卷第205页。

种种分歧和矛盾不仅没有暂时扩大，而且他们又因此结成了同盟，共同对付托洛茨基。但在如何处置托洛茨基的问题上，他们又发生了分歧。

托洛茨基反对派被击败以后，中央又着手开始讨论农村经济政策问题。布哈林认为，新经济政策是一项长期的政策，"我们的政策应当不是打算实行一年而是打算实行多年的政策"，这一政策为各种经济力量、各种经济成分互相繁荣提供了可能。现在"我们在城市有新经济政策，我们在城乡关系方面有新经济政策，但是，我们在农村和手工业方面都几乎没有新经济政策"。这其中的关键点在于农民，必须找到农民经济和工业的结合点。要快速发展工业，为工业发展积累资金，就必须首先加速农民经济的发展，"农民的有支付能力的需求愈大，则我们的工业就发展得愈快"。① 他有一段著名的话，非常简洁明了："应当对全体农民，对农民的所有阶层说：发财吧，积累吧，发展自己的经济吧！只有白痴才会说，我们永远应当贫穷；现在我们应当采取的政策，是要能在我国消除贫穷的政策。"② 至于农民经济的发展道路问题，布哈林强调，其发展道路是列宁所强调的合作化。一方面通过开放商品流转，另一方面是通过市场关系，把农民经济引向社会主义的道路。他重申列宁的一条重要结论说："在无产阶级专政下，合作社的增长实质上意味着社会主义的增长。"富农经济并不可怕，它可以和平地长入社会主义。③

在1925年4月27—29日召开的俄共（布）第十四次代表会议上，布哈林在发言时又强调了他的观点。斯大林、莫洛托夫、李可夫等人对布哈林的观点表示支持。会议对农村政策作了进一步的研究和调整，并通过了相应的决议。在此前后，苏联党和政府也公布了一些旨在鼓励个体经济发展的法令，在农业政策上又采取了一些发展新经济政策的措施：取消了大部分对出租土地、雇工及资本积累的限制；禁止村社重分土地；调整工农业产品价格，降低农业税，降低工业品的价格，改善农村贸易；增加国家对农业的投入，提供贷款，增加农业机器

---

① 参见《布哈林文选》（上册），人民出版社1981年版，第368、422—423页。
② 《布哈林文选》（上册）第426页。
③ 《布哈林文选》（上册）第368页。

斯大林和第十四次党代表会议代表在一起。左起：拉舍维奇、伏龙芝、斯米尔诺夫、李可夫、伏希洛夫、斯大林、斯克雷普尼克、布勃诺夫、奥尔忠尼启则（1925年）

的供应等。

但是，季诺维也夫、加米涅夫两人却奏出了不和谐音，他们一唱一和，坚决反对斯大林、布哈林等人采取的这些政策和措施。他们首先攻击布哈林，把布哈林的观点归结为"发财吧"三个字，说他是富农的代言人，并指责中央的政策具有"富农倾向"，并提出要仍然坚持中立中农的口号。

克鲁普斯卡娅也著文尖锐批评布哈林的这一口号。布哈林写文章为自己的这一口号辩解。斯大林等人不允许他们两人的文章发表，建议布哈林在报纸上发表一个声明，承认"发财吧"这一口号是错误的。于是，布哈林不得不在报上发表声明认错。

第十四次代表会议开完没几天，斯大林在俄共（布）莫斯科组织积极分子会议上作了题为《俄共（布）第十四次代表会议的工作总结》的报告。斯大林之所以选择在莫斯科党组织作报告，是有原因的。莫斯科苏维埃主席是加米涅夫，莫斯科党组织也深受加米涅夫的影响。斯大林选择在莫斯科作报告，显然是想削弱加米涅夫对莫斯科组织的影响。斯大林在报告中，指出党在农村的政策是要消除军事共产主义的残余，使中农团结在无产阶级的周围，"把农民经济纳入苏维埃经济发展的总体系"；逐步消灭农村中旧的行政管理方法和领导方法，确立苏维埃民主制的原则；保护农民的经营积极性，"使这种积极性以合作社的形式表现出来，使这种积极性通过合作社，而不是绕过合作社"。斯大林在报告中，还列举了托洛茨基的许多著作，再次嘲笑了他的"不断革命论"，认为"只有通过世界革命，只有依靠世界革命"，才能解决无产阶级和农民之间的矛盾，并且最后建成社会主义的观点，是与"列宁主义毫无共同之处"的。斯大林又明确地论证了一国建成社会主义的观点，认为一个国家可以通过自身的力量，在本国组织起社会主义经济，并最终建成社会主义。他把社会主义的最终胜利解释为免除外国武装干涉的危险，认为一个国家虽然可以建成社会主义，但这并不等于说就可以克服这个国家与资本主义国家之间的矛盾，要克服这个矛盾，就必须"只有在国际范围内，只有通过若干国家的无产者的共同努力，或者更好是在几个国家的无产者取得胜利以后，才能够有免除武装干涉的完全保障，也就是说，才能够取得社会主义的最后胜利"。[①] 从此，可以看出，斯大林已完全修改了他在《论列宁主义的基础》中的观点。

　　斯大林等人的工作也确实很有效，莫斯科党组织很快就站到了中央多数派的立场上。

　　但是，加米涅夫、季诺维也夫也不甘示弱。1925年秋天，加米涅夫在党的莫斯科委员会作报告时，仍然指责中央存在忽视富农危险的倾向。他提出了两个有趣的数字：14∶61，说14%的富农手中掌握着61%的余粮。因此，他认为，眼下在农村占支配地位的不是中农，而是富农。加米涅夫的这个数字显然是夸大了的。当时在农村，中农占多数，纯粹的富农只不过占全部农户的3%左右。季诺维也夫也在《真理报》上发表《时代哲学》一文，对中央政策提出了指责，并提出了防止"党的蜕化"的口号，向中央多数派挑战。

　　9月12日，正在外休假的斯大林给莫洛托夫写了一封信，信中对季诺维也夫《时代哲学》一文作了粗暴而严厉的批评。斯大林后来解释说，自己之所以"粗

[①] 参见《斯大林全集》第7卷第91—108页。

暴地批评了这篇文章",是因为"决不容忍季诺维也夫一年来一贯抹煞或歪曲列宁主义在农民问题上的最重要的特征,一贯抹煞或歪曲我们党关于联合基本农民群众的当前口号"。①

也就在9月,季诺维也夫又出版了《列宁主义》一书。他利用自己熟悉列宁著作的长处,书中大量引用列宁的著作引文,证明一国虽然可以进行社会主义革命,但"社会主义制度在一国不能取得最终胜利。世界历史意义上的社会主义胜利要在国际舞台上解决。至少在几个有决定性意义的国家取得胜利,社会主义的胜利才是巩固的和最终的胜利"。他还认为:新经济政策不是通向社会主义的途径,而是连续不断的退却,虽然从战时共产主义退了下来,但这不是"退向社会主义,而是退向无产阶级国家中的特殊的'国家资本主义'"。现在已出现了某种危险,"它正在变成掩盖农村的阶级斗争,抹煞来自富农的危险,抹煞列宁就我国制度中国家资本主义和一般资本主义所作的,现在仍然正确的论述"。②

在1925年10月召开的中央全会上,季诺维也夫、加米涅夫、索柯里尼柯夫和克鲁普斯卡娅联名向中央写信,要求重新审查和讨论党的现行政策。但在全会上,多数人拒绝进行党内争论。

以季诺维也夫、加米涅夫为首的这些人,很快被人们称之为"新反对派"。这是相对于托洛茨基反对派而言的。他们的主要支持者又是列宁格勒的领导人,所以又被称之为"列宁格勒反对派"。

说实在的,列宁格勒完全是季诺维也夫的地盘,他从1917年起一直任彼得格勒(列宁格勒)苏维埃主席。无论在哪个部门,都有季诺维也夫的影子。在1925年夏末秋初,在季诺维也夫的暗示下,他的一名追随者彼·安·扎鲁茨基写了一本小册子,绘声绘色地描绘说,现行制度是"国家资本主义",党正在发生"特米多尔式蜕化"(即"热月政变式的蜕化")。此人是列宁格勒党委会的成员,俄共(布)中央委员。中央知道此事后,要求撤销扎鲁茨基的党内职务,但列宁格勒州委会以19∶16票反对。斯大林打算让柯马罗夫、洛波夫担任列宁格勒党

---

① 参见《斯大林全集》第7卷第313—314页。

② 参见季诺维也夫《列宁主义》,东方出版社1989年版,第183、227、243—244等页。

组织的领导人，又遭到了列宁格勒党组织的拒绝，甚至没有把他们两人选入出席党的"十四大"的列宁格勒代表团。出席大会的列宁格勒代表团，是清一色的季诺维也夫的支持者。

针对列宁格勒党组织的行为，莫斯科党组织反应强烈，他们在11月召开的代表会议上发表的一份致列宁格勒党组织的声明中，列举了季诺维也夫支持者的一系列错误观点，并逐个加以批驳，说他们的行为是"异化、分裂主义、歇斯底里狂吠和一味怀疑我们的胜利"。当列宁格勒想与莫斯科言和，以便在友好的基础上解决争端时，莫斯科坚决地拒绝了。于是，双方在各自的报纸上唇枪舌剑，互相指责和批评。

在"十四大"召开前夕，即12月15日，斯大林、加里宁、莫洛托夫、捷尔任斯基等人联名写了一封信，提出了与"新反对派"达成妥协的一些建议：

在下面署名的中央委员认为，列宁格勒组织的许多领导同志所进行的代表大会的筹备工作，是同党中央的路线背道而驰的，并且是在反对列宁格勒那些拥护中央路线的同志。……中央应该给予所有一切反对党的路线和瓦解党的倾向以回击。

但是，为了党的统一，为了党内的和平，为了防止俄国共产党最优秀组织之一的列宁格勒组织有可能离开党中央的危险，在下面署名的中央委员认为，在代表大会确认中央明确的政治路线的情况下，可以实行一些让步。因此，我们提出如下建议：

（一）在起草中央总结报告的决议时，应当以莫斯科代表会议的决议为基础，而个别条文的措辞可以稍微缓和些。

（二）为了党的统一，我们认为无论在报纸或公报上发表列宁格勒代表会议的来信和莫斯科委员会的回信都是不适当的。

（三）政治局委员……不得在代表大会上互相攻击。

（四）在代表大会发言时要同萨尔基斯（调整党内成分问题）和萨法罗夫（国家资本主义问题）划清界限。

（五）在关于柯马罗夫、洛波夫和莫斯克文问题上所犯的错误应当用组织方法纠正。

（六）中央关于吸收列宁格勒同志参加书记处的决议，在代表大会闭会后立即执行。

（七）为了加强同中央机关报的联系，将吸收列宁格勒一个工作人员参加中央机关报编辑委员会。

（八）鉴于《列宁格勒真理报》主笔（格拉德涅夫）能力薄弱，我们认为必须在取得中央的同意之下由更得力的同志来代替他。[①]

对斯大林等人的建议，季诺维也夫明确地予以拒绝，认为这不是"协议"和"妥协"，而是要求他们全面投降。"新反对派"认为，如果他们进行抵抗，也不会失去什么，因此，他们要在党代表大会上讨个说法。

党的第十四次代表大会于1925年12月18—31日在莫斯科召开。"十三大"曾决定此次代表大会到列宁格勒举行，但鉴于列宁格勒党组织不听中央"使唤"，决定把会议地址改在莫斯科。参加大会的有表决权的代表665名，有发言权的代表641名，代表约109万名党员。

以前两次代表大会的政治报告都是由季诺维也夫来作的，这次大会他失去

斯大林等在联共（布）第十四次代表大会主席台上（1925年12月）

[①] 参见《斯大林全集》第7卷第325—326页。

了这一资格。斯大林作了一个很长的政治报告。他在报告中反复讲了有争议的问题，但没有点"新反对派"的名。斯大林承认党内确实存在两种倾向，一种是对富农的危险估计不足，另一种是夸大富农的危险。但他认为，当前最主要的危险不是来自前者，而是来自后者，因此，全党要"集中火力来反对第二种倾向"。在谈到工业和农业时，斯大林认为：国营工业属于社会主义成分，其恢复和发展保证了社会主义经济成分比资本主义成分增长更迅速，因此目前要"无论如何发展我们的国营大工业"，"尽快地实现国家工业化"。在农村，党面临的基本任务是加速发展农业，保证同中农的联盟，把俄国由农业国变成工业国。[①]

20 世纪 20 年代中期的布哈林

列宁格勒代表团对斯大林的政治报告不满意，他们推举季诺维也夫作副报告。季诺维也夫在报告中猛烈地抨击布哈林，说他违背列宁的教导，把新经济政策的阴暗面当成了胜利。他反复地重申自己的观点，但他的讲话不时地被吵吵嚷嚷的插话声所淹没。他的讲话没有多少说服力，只有很少几位代表发言支持他。克鲁普斯卡娅提出反对压制党内民主，反对把反对派成员调离党的领导岗位，并继续批判布哈林"发财吧"这一口号。拉舍维奇发言反对把季诺维也夫、加米涅夫"割除"，但他发言时，嘲笑和嘘声一片，几乎难以听见。

面对季诺维也夫等人的攻击，布哈林也针锋相对。他从各个角度对"新反对派"的指责进行了驳斥，并表示，为了避免引起思想混乱，愿意收回"发财吧"的口号。

斯大林对"新反对派"猛攻布哈林极为恼火，尽管他也不同意布哈林"发财吧"的口号，但此时他需要布哈林。他辩解说，和季诺维也夫、加米涅夫在十月

---

① 参见《斯大林全集》第7卷第245—291页。

革命时期犯的错误比起来,"布哈林的错误甚至是不值得注意的。……布哈林只是犯了一个不大的错误"。他责问"新反对派":"为什么还要继续肆无忌惮攻击布哈林呢?"到底要布哈林怎么样?"你们要布哈林的血吗?我们是不会把他的血给你们的。"①

加米涅夫是个敢说敢干的人,他在大会上的发言让人听起来尤其刺耳:

我们反对创立"领袖"论,我们反对制造"领袖"。我们反对中央委员会书记处,书记处实际上把政治和组织合为一体了,凌驾于政治机构之上……我们主张政治局实际上是一个拥有全权的机构,同时主张书记处服从于政治局,并只完成政治局所作的决议的一些技术方面的任务……

正因为我和斯大林同志本人多次谈过这个问题,正因为我同忠于列宁主义的一些同志多次谈过这个问题,现在我要在党代表大会上再说一次:我确信,斯大林同志起不了把布尔什维克司令部团结起来的作用。

加米涅夫说到此,会场上一片骚动。"不对!""胡说!""他摊牌了!"台下喊声、叫声不绝于耳,唯有列宁格勒代表团报以掌声。加米涅夫的这番话,其实质并非不对,关于政治局和书记处的权限划分,他讲的符合列宁时期设立这两个机构的初衷。但他的用意是想以此削弱斯大林的权力,解除斯大林的总书记职务,这无异于鸡蛋碰石头,因为当时斯大林得到了大多数代表的支持,从会场的气氛已看得非常清楚。在他结束讲话时,台下又喊声一片:"要斯大林!""要斯大林!!""要斯大林!!!""向斯大林同志致敬!"他们站起来为斯大林长时间鼓掌。正是在这次代表大会上,第一次开始在政治局成员及其他会议代表面前突出了斯大林。

针对加米涅夫关于书记处和政治局之间的关系及权限划分的发言,斯大林反驳道:

---

① 参见《斯大林全集》第7卷第321页。斯大林的讲话在收入《斯大林全集》时删去了后一段话。

斯大林传

> 如果把书记处变成单纯的技术机关对加米涅夫真是方便的话，也许应当同意这样做。但是只怕党不会同意这样做。（喊声："对！"）技术性的书记处是不是能够既为组织局又为政治局准备它应当准备的问题，这一点我是怀疑的。
>
> 至于说到使政治局拥有全权，那么这种政纲简直是荒唐透顶的。难道政治局不是拥有全权吗？难道书记处和组织局不是服从政治局吗？而中央全会呢？我们的反对派为什么不提中央全会呢？他们是不是想使政治局比全会更拥有全权呢？[①]

这是斯大林在长达一个多小时的关于中央委员会政治报告的结论中说的。在结论中，斯大林还对季诺维也夫、加米涅夫、索柯里尼柯夫、拉舍维奇、克鲁普斯卡娅等人逐个进行了指责。他称拉舍维奇是"进行阴谋活动的人"，索柯里尼柯夫喜欢在谈话时没有限度地"瞎扯一通"，加米涅夫"头脑不清"，季诺维也夫"歇斯底里"，克鲁普斯卡娅的观点"极其荒谬"。

斯大林主张党的统一，反对对"新反对派"采取割除的办法。他说："割除政策是同我们不相容的。党要求统一，如果加米涅夫和季诺维也夫愿意这样，党就和他们一起去达到这种统一；如果他们不愿意，党没有他们也要达到这种统一。"最后，他在一片掌声和明显的赞同声中谈到了集体领导原则：

> 在我们这里全会决定一切，当领袖们开始失常的时候，它就来纠正他们。（呼喊声："对！"笑声，鼓掌。）
>
> ……如果我们中间有人想肆意妄为，那人们就会来制止我们——这是必要的，这是必需的。离开集体来领导党是办不到的。在伊里奇逝世以后，谁要幻想这点，那是愚蠢的，（鼓掌）谁要讲到这点，那也是愚蠢的。
>
> 集体工作，集体领导，在少数服从多数的条件下保持党的统一，保持中央各机关中的统一——这就是我们现在所需要的。[②]

[①]《斯大林全集》第7卷第324页。
[②]《斯大林全集》第7卷第327—328页。

这些话无疑是正确的，只可惜，没过几年，斯大林就把它忘了。

在这次大会上，托洛茨基表面上很超脱，没有介入他们之间的争吵，但他内心里却在"幸灾乐祸"，坐山观虎斗。他本来也想火上浇油，骂骂季诺维也夫、加米涅夫，但朋友们劝阻了他。

代表大会最后以559票对65票通过了中央委员会的政治报告。决议指出：为苏联社会主义建设胜利而奋斗是党的基本任务，一国拥有建成社会主义所必需的一切；必须使苏联从一个输入机器和设备的国家变成生产机器和设备的国家；必须遵循迅速发展重工业、使国家工业化，能够用最新技术装备工厂和农业，并按照社会主义方式改造农民经济的社会主义大机器工业的方针。决议还指出："不同列宁格勒组织的某些领导者以及他们在中央委员会内的个别同伙进行公开争论，而力求通过党内办法来消除意见分歧并保证党的集体领导"，但是要同破坏党的统一的任何企图进行坚决斗争，"不论这种企图是从哪里来的，是谁所策划的"。① 这是一个含蓄而严厉的警告。

代表大会还通过了《告列宁格勒组织全体党员书》等有关"新反对派"的几项决议，号召列宁格勒党组织起来同破坏党的统一的企图作斗争。决定派人改组《列宁格勒真理报》编辑部，撤销原定加米涅夫向大会作的《经济建设的当前问题》的报告。12月28日晚，中央立即采取了措施，委派《消息报》主编改任《列宁格勒真理报》主编。

大会决定将党名改为苏联共产党（布），简称联共（布）。

在大会最后的中央委员会选举中，所有反对派成员全部当选。在大会之后立即举行的中央全会上，原有政治局委员斯大林、季诺维也夫、布哈林、托洛茨基、李可夫、托姆斯基重新当选，但加米涅夫被降为政治局候补委员，莫洛托夫、伏罗希洛夫、加里宁新当选为政治局委员。索柯里尼柯夫失去了政治局候补委员的资格。

"新反对派"虽然在"十四大"上遭到了政治上的失败，但他们还有列宁格

---

① 参见《苏联共产主义代表大会、代表会议和中央全会决议汇编》第3分册，第74—84页。

加里宁，名义上的国家首脑

勒党团组织的支持。大会闭幕回到列宁格勒以后，季诺维也夫立即召集了列宁格勒共青团省委开会，并通过了拒绝服从党的"十四大"决议的决议。他们还打算召开一次市党代表会议，来同中央路线相抗衡。

为了从组织上彻底击败"新反对派"，联共（布）中央决定改组列宁格勒省委会。还在大会未结束时，中央向列宁格勒派去了以莫洛托夫为首的阵容强大的代表团，这个代表团成员有伏罗希洛夫、加里宁、安德列耶夫、基洛夫、托姆斯基、彼得罗夫斯基等人。1926年1月5日，这个代表团成员进驻列宁格勒，他们绕过地方党的机关，把当地党政领导人撇在一边，直接向基层组织和党员做宣传工作，争取他们支持中央的决议，结果收效甚好。1926年2月10—12日，列宁格勒省委召开了非常党代表会议。布哈林在这次会上作了主要报告，批驳了"新反对派"的种种观点，阐述了新经济政策的实质。会议宣布无条件地支持党的"十四大"决议，决定改组省委会。斯大林、莫洛托夫、加里宁、基洛夫等人当选为省委会成员，撤销季诺维也夫列宁格勒苏维埃主席的职务，选举基洛夫为列宁格勒省委书记兼西北局书记。

加米涅夫也被解除劳动国防委员会主席职务及人民委员会副主席职务，劳动国防委员会主席职务由李可夫担任。

这样，"新反对派"无论从政治上还是组织上都遭到了失败。

斯大林（左）和基洛夫在一起（列宁格勒，1926年）

第四章　拾级而上

无原则的联合

在季诺维也夫、加米涅夫与以斯大林为首的中央多数派进行斗争时，托洛茨基常常故作姿态，置身于他们的激烈辩论之外。参加党的最高机关的会议时，甚至有时带着小说，不管辩论进行得多么激烈，他似乎没听见，只管静心地读他的书。

曾有一段时间，他在党内斗争中失败并担任租让委员会主席、电气技术管理局局长、工业科学技术委员会主任这三项技术性的职务后，为了把这些新的工作做好，他曾抓紧时间参观了不少实验室，利用业余时间攻读化学和流体力学的教科书。他还想与中央多数派达成某种谅解，至少是表面上顺从中央政治局。1925年7月，他曾听从政治局的建议，写了一篇《关于伊斯特曼〈列宁死后〉一书》的评论文章，对美国记者伊斯特曼在书中关于列宁"遗嘱"和党内斗争方面的观点进行了批判，说列宁根本没有留下任何"遗嘱"，关于隐瞒或违背"遗嘱"的一切论调，都是恶意的捏造。但是，托洛茨基想和解的愿望并没有实现。

本来，季诺维也夫、加米涅夫和托洛茨基是死对头。想当初，正是他们两人极力主张把托洛茨基开除出党。到1925年当他们站出来反对以斯大林为首的中央多数派时，他们仍没有忘记在托洛茨基身上踩上一脚，埋怨中央多数派在对待托洛茨基主义问题上持调和态度。在党的"十四大"前夕，季诺维也夫的拥护者们在列宁格勒还称中央是"半托洛茨基主义的"。

可万万没想到，他们在斗争中也遭到了失败。他们很气愤，也很沮丧。不知怎么，此时他们又想起了托洛茨基。或许是出于相同的命运，或许是观点上的某种契合，也许两者兼而有之吧。1926年春，季诺维也夫、加米涅夫同托洛茨基进行了私下接触，秘谈他们联手的可能性。加米涅夫对托洛茨基说："只要你和季诺维也夫在一个台上出现，党就会认为这是真正的中央委员会。"相反，托洛茨基更现实一点，他说："我们必须看得远一些……为了迎接斗争，必须认真对待这一斗争并做好长期的准备。"

对于他们之间的接触，尽管各自的拥护者态度不一，有的人同意，有的人坚决反对，但他们却似乎已义无反顾，无论在会上还是会后都表现出亲近的样子。

1926年4月6—9日召开了中央全会，这次全会主要讨论经济问题。斯大林就经济状况和经济政策发表了演说，并作了一个《关于中央政治局和中央全会1926年的工作计划》的报告。李可夫作了关于经济任务的报告。在会上，托洛茨基、季诺维也夫和加米涅夫对李可夫的报告提出了批评和许多修改意见，要求对富裕的农村地区加征税收，进一步加快工业化的发展速度，扩大日用品生产，提高工人工资等。托洛茨基还批评党中央对国营工业的意义估计不足，说党在工业方面的政策是"尾巴主义"。他坚持扩大工业投资30%，认为这些资金的来源要靠增加农业税和提高工业品价格。季诺维也夫和加米涅夫则赞同普列奥布拉任斯基的观点，主张用社会主义原始积累的办法为工业化筹措资金。

（从左至右）斯大林与基洛夫、什维尔尼克在一起（列宁格勒，1926年4月12—13日）

1926年4月13日，斯大林在给列宁格勒党组织积极分子作关于联共（布）中央全会的报告时，批驳了他们三人的观点。斯大林说："我们党内有一些人把劳动农民群众看成异类，看成工业的剥削对象，看成我国工业的殖民地之类的东

第四章　拾级而上

西。同志们,这些人是危险的人。对于工人阶级来说,农民既不能是剥削对象,也不能是殖民地。农民经济是工业的市场,正像工业是农民经济的市场一样。"[①] 三年后,斯大林在搞全盘集体化和高速进行工业化时,似乎忘了他的这些话,而多少采用了他批过的东西。这是后话。

全会闭幕后的4月中旬,托洛茨基患了高热病,他和妻子决定去柏林求医。政治局力阻托洛茨基不要去,但他不听,到底还是去了。去时带着他的妻子、秘书和一名格勃乌的代表。临行时,季诺维也夫和加米涅夫赶到车站去为他送行。据托洛茨基自己后来说,他们在送别时,感情十分真挚,并表示"不愿同斯大林保持观点上的一致"。这表明,他们的关系已开始密切起来。

斯大林在密切注意他们的活动。4月24日,拥护斯大林的10名中央委员联名要求重新发表列宁1917年10月18日《给布尔什维克党党员的信》。列宁在这封信中批评了季诺维也夫、加米涅夫两人的泄密行为,并指责他们为"工贼"。托洛茨基、季诺维也夫、加米涅夫和克鲁普斯卡娅等人纷纷发表声明,称这一举动别有用心,他们以列宁晚年口授的《给代表大会的信》和《关于民族或"自治化"问题》两个文献为依据进行驳斥。斯大林说,无论季诺维也夫、加米涅夫怎样在这两个文献上做文章,他们也无法掩盖下述事实:"因为季诺维也夫和加米涅夫有破坏十月起义的行为,列宁要求将他们开除出党。"过了几天,斯大林写信给联共(布)中央,指责季诺维也夫在进行派别活动。5月8日和15日,斯大林又两次写信给联共(布)驻共产国际执行委员会代表团,指责季诺维也夫在共产国际中搞派别活动。

他们也确实在苏联各地搞了一些公开的或

20世纪20年代初的季诺维也夫。当时他担任彼得格勒苏维埃主席、政治局委员、共产国际执行委员会主席

[①]《斯大林全集》第8卷第128页。

秘密的会议，散发秘密文件，在一些党组织中建立派别组织。季诺维也夫的拥护者格·别连基还专程去敖德萨建立非法的派别集团。他也是共产国际的一个工作人员。6月6日，他在莫斯科近郊的一个树林里搞了一个集会，有70来个人参加，这些人都是莫斯科市红色普列斯尼亚区的共产党员。联共（布）中央候补委员、革命军事委员会副主席拉舍维奇在集会上作了报告，号召建立反对派的派别组织，同党中央委员会相抗衡。

很快，中央知道了此事。中央监察委员会主席团专门成立了一个调查委员会，审理"拉舍维奇事件"。6月12日，中央监委会主席团根据调查委员会的报告作出处理，决定对包括拉舍维奇在内的7名与会者给予党内处分。

此时，斯大林正在高加索休假。他得知了此事后，于6月15日给莫洛托夫、布哈林写信说，反对派想通过共产国际来破坏党，"我不大相信党会被破坏掉，但是发生大的动荡是完全可能的。因此，如果我们想防止党发生不测，那么就必须而且应该努力不使反对派的人重新组合。你们对付拉舍维奇的办法是对的，要是能想办法对季诺维也夫也提出问题就好了。我认为最好的办法是把政治局就单列问题所作的报告提交全会讨论，在讨论中回顾一下政治局内部争吵的情况，让全会来表态"。"我想，不久党就会揭露托洛茨基、格里沙（即季诺维也夫——作者注）和加米涅夫的丑恶嘴脸，使他们成为像施略普尼柯夫一样的叛徒"。[1]

关于"拉舍维奇事件"，斯大林考虑了好久，这个事件与整个"反对派集团"有何关系呢？终于他想通了：原来"这个问题同整个反对派集团问题"是密切联系着的。6月25日，他把自己的这一想法写信告诉了莫洛托夫、李可夫、布哈林等人。

斯大林说，目前季诺维也夫集团是反对派一切分裂活动的鼓动者和党内分裂派的实际首领，是危害最大的集团，在全会上应当受到打击的也正是这个集团。因此，"不仅要把拉舍维奇开除出中央委员会，而且要把季诺维也夫开除出政治局，同时还要警告他，如果他继续进行分裂活动，就要把他开除出中央委员

---

[1]《斯大林给莫洛托夫的信（1926年6月15日）》，中译文见《斯大林研究》1994年第3辑第3—4页。

会"。至于季诺维也夫在共产国际中担任的职务，我想，"把他从政治局除名后，他无论如何也不可能再担任主席职务了，关于这一点，各个支部都会明白，而且他们自己也会作出必要的结论。那时我们就可以把共产国际执行委员会的主席负责制改为书记处负责制。这样就可以使季诺维也夫集团失去战斗力，并肃清无耻地制造分裂的季诺维也夫路线"。全会很快就要开了，在全会上只搞一个简短的决议，"引证列宁在第十次代表大会上提出的关于统一的决议，结合拉舍维奇事件从狭义上论述一下统一问题。在这个决议中要指出，季诺维也夫被开除出政治局，不是由于他同中央委员会有分歧（托洛茨基同中央委员会有着同样深刻的分歧，但并不存在把托洛茨基开除出政治局的问题），而是由于他（季诺维也夫）执行分裂政策。……可以让捷尔任斯基进政治局取代季诺维也夫，这个方案在党内也好接受。或者是把政治局委员人数扩大到10个人，让捷尔任斯基和鲁祖塔克都进政治局"。在全会上搞一个大而全的决议不好，这样"就会把季诺维也夫和托洛茨基正式合并为一个阵营；这种做法目前可能为时尚早，从战略上也不合适。关于这个问题，这个就不谈了，最好是把他们各个击破"。①

看来，一场事关政治生命的生死斗争马上就要开始。季诺维也夫、加米涅夫和托洛茨基加快了联合的进程。1926年6月26日，季诺维也夫在中央监委会主席团上发表讲话时公开说："有那么一段悲惨时期，我们两派真正的无产阶级革命者本应团结起来，以反对正在蜕化变质的斯大林以及他的朋友们，但因为对党内的一些情况的本质不清楚，我们在两年期间互相打架。对这点我们非常惋惜并希望今后再也不会重复。"不久，托洛茨基也说："在《十月的教训》一书中，我无疑是把党的政策的一些机会主义动向和季诺维也夫、加米涅夫的名字联在一起。中央内部思想斗争的经验证明，这是很大的错误。这个错误的原因在于我不可能了解七人②内部的思想斗争并及时断定机会主义的动向是来自反对季诺维也夫和加米涅夫同志的以斯大林为首的那一派。"看来他们已决心捐弃前嫌，走向

---

① 《斯大林给莫洛托夫的信（1926年6月25日于索契）》，中译文见《斯大林研究》1994年第3辑第5—8页。

② 指由斯大林、李可夫、托姆斯基、季诺维也夫、加米涅夫、布哈林6名政治局委员和中央监委会主席古比雪夫组成的"七人小组"。它是为了同托洛茨基作斗争而成立的。

联合。斯大林称这种联盟是"彼此'大赦'",是一笔"肆无忌惮的毫无原则的交易"。①

托季联盟的第一个联合行动,就是他们共同向联共(布)中央七月全会提交了一份《十三人声明》。在这个声明上签名的有:托洛茨基、季诺维也夫、加米涅夫、拉舍维奇、叶夫多基莫夫、克鲁普斯卡娅等人。

《十三人声明》一开始就提出,党的最高层正在出现官僚主义蜕化,党的中央监察委员会"扮演着惩罚机关的角色",压制党内批评,不允许给党的一些领导人提出任何意见。"拉舍维奇事件"实际上就是扼杀意见自由和压制批评的例子。中央多数派企图把这一事件变成"季诺维也夫事件",有计划地打击反对派的核心人物托洛茨基、季诺维也夫、加米涅夫。只有恢复党内的民主,才能克服党内的官僚主义蜕化,维护党的统一。

关于经济建设和农村政策,他们认为,应当使整个工业的发展速度不落后于整个经济运动,必须贯彻党的"十四大"关于工业化的决议,加快工业化速度,调整工农业间的不平衡关系,同时要提高工人的工资,改善工人群众的物质生活状况。在农村政策上,必须改变对富农过分宽容的现象,要通过税收和价格政策,对富农加征税收,限制高利贷者对贫农的奴役,克服"在贫农与中农联盟的幌子下,贫农实际上依附中农并通过中农依附富农的现象"。

这个《十三人声明》是由托洛茨基在七月全会上宣读的。在全会上,双方就经济问题、工业化问题和农村政策问题展开了激烈的辩论。全会还审查了"拉舍维奇事件",谴责"反对派决心从合法捍卫自己的观点转向建立一个同党对立的、从而准备分裂党的队伍的全国性非法组织",直接破坏了党的"十大""十四大"关于维护党的统一的决议,并认为这种派别活动是绝对不能容许的。决定把季诺维也夫开除出政治局;把拉舍维奇开除出中央委员会,并撤销他的革命军事委员会副主席的职务,在两年内禁止他担任党的负责工作。鲁祖塔克替代季诺维也夫成了政治局委员。这说明,斯大林1926年6月25日的意见在全会上完全得

---

① 参见麦德维杰夫《让历史来审判》(上)第93页,《斯大林全集》第8卷第209—210页。

以实现了。

只可惜,捷尔任斯基未能如斯大林所愿也成为政治局委员。全会还未开完,他就于7月20日猝逝,维·鲁·明仁斯基接替他担任了国家政治保卫局主席。明仁斯基能力有限,又经常生病,在他任职期间(1926—1934),实际上由该局副主席亨·亚戈达主持工作。

斯大林出席捷尔任斯基葬礼(1926年7月)

20世纪20年代末的亚戈达

7月25日,加米涅夫致信联共(布)中央政治局,称他在商业人民委员部工作从一开始就没有得到支持和信任,请求解除他的商业人民委员职务,让"近来常被称作商业人民委员的米高扬"来担任这项职务。8月5日,政治局接受了加米涅夫的"辞呈",任命米高扬为商业人民委员。加米涅夫被派往意大利,任驻意大利的全权代表。

之所以保留了托洛茨基政治局委员的职务,是因为时机未到,待中央认为战略上合适之机,他的职务也将保不住。到了9月份,联共(布)中央认为时机快要到了。斯大林在9月23日给莫洛托夫的一封信中说:"如果托洛茨基在'盛怒'之下想

20世纪30年代初的米高扬

'孤注一掷'的话，只能对他不利。现在就把他开除出政治局也是完全可能的，这取决于他的表现。现在的情况是：要么是他们服从党，要么是党服从他们。显然易见，如果党容许后一种（第二种）可能性，党就不成其为党了。"①

托季联盟在中央遭到了失败，转而想到各地基层组织中寻找支持。他们奔走于莫斯科、列宁格勒和其他一些大城市，在工厂基层党组织之间串来串去，散发传单，发表演讲，宣传他们的政纲。但是，他们的支持者不如他们想象的多，一些地方基层组织还出现了对抗情绪，常常把反对派人物从会场撵走。

9月底，分布在全国各地的反对派分子宣布同时在党支部大会上开展一场运动，以迫使党中央对"十四大"已经决定的基本问题重新进行讨论。托洛茨基、季诺维也夫、皮达可夫、拉狄克、萨普龙诺夫和斯米尔加（国家计划委员会副主席）出席了莫斯科航空仪器工厂的支部大会，阐述了他们的观点，并在那里举行了一次示威游行。斯大林认为，这是反对派在发动正面进攻。《真理报》于10月2日发表社论，严厉谴责了反对派的这些活动，称"党决不能容忍这种情况"。

10月7日，季诺维也夫及其拥护者满怀信心地访问了列宁格勒的一些工厂，想让人们倾听一下反对派的意见，结果他也碰了一鼻子灰，遭到了冷嘲热讽。

托季联盟分子感到形势对他们不利，因此，他们决定退却。10月16日，季诺维也夫、加米涅夫、索柯里尼柯夫、皮达可夫、托洛茨基、叶夫多基莫夫联名签署了一项声明（史称《六人声明》），他们在仍然坚持自己的观点的同时，承认自己"多次违反党纪，超出党所规定的党内思想斗争范围而走向派别活动道路的步骤是绝对错误的"，表示将遵守党的章程，服从党中央的决议，放弃派别活动，不为派别活动作辩护直至停止派别活动，而且还表示同其他国家的共产党派别集团划清界限。还在10月4日，反对派也曾向中央提出了和解的建议，希望停止"党内纠纷"，以便"共同工作"。

但是，以斯大林为首的中央多数派并没有接受他们伸出的橄榄枝。斯大林说："既然他们不放弃自己的原则观点，既然他们决心保留自己原先的立场，那

---

① 《斯大林给莫洛托夫的信（1926年9月23日）》，中译文见《斯大林研究》1994年第3辑第24页。

么，由此可见，他们是意存观望，等待'良机'，以便积蓄力量之后一有可能就重新反对党。这一点丝毫也不用怀疑。"①

1926年10月23日，联共（布）中央召开了中央委员会和中央监察委员会联席全会。斯大林在会上作了关于反对派和党内情况的报告，莫洛托夫作了关于托季联盟首领的派别活动所造成的党内状况的报告。全会决定对托洛茨基、季诺维也夫、加米涅夫、皮达可夫、叶夫多基莫夫、索柯里尼柯夫等人提出警告，并决定解除托洛茨基政治局委员和加米涅夫政治局候补委员职务，并认为季诺维也夫"不能继续在共产国际中工作下去"。

皮达可夫

当天，蔡特金、陶里亚蒂、季米特洛夫等一批著名的国际共产主义活动家代表各自的党，向共产国际执委会主席团提出一项关于季诺维也夫在共产国际工作的动议，认为季诺维也夫再在共产国际工作是不受欢迎的。共产国际执委会于11月召开了第七次扩大全会，正式解除了季诺维也夫在共产国际中的领导职务，并决定撤销共产国际执委会主席团建制，改设共产国际执委会政治书记处。布哈林被选为执委会政治书记处书记。

季诺维也夫被解除共产国际执委会主席职务，这是联共（布）党内斗争的结果，而并不是他不胜任这个职务。实际上，在列宁时期，他在共产国际中的立场是与俄共（布）党的立场一致的。他先是根据列宁和整个俄共（布）党的思路，在共产国际初期对第二国际的社会民主党采取分裂和打击的政策。当1921年列宁根据新的国际形势实行策略转变时，他又按照列宁的思想采取了相同的立场。此外，他还在共产国际中不断宣传列宁提出的民族殖民地问题的理论和策略，为推动被压迫民族的解放运动作出了不懈的努力。

---

① 《斯大林全集》第8卷第215—216页。

等到列宁病重不能视事以及列宁逝世以后，斯大林逐渐掌握了党的最高权力。在与斯大林为首的中央多数派发生分歧以前，他和斯大林及俄共（布）的其他领导人在共产国际中的立场也是基本一致的。

1924年6—7月，季诺维也夫根据俄共（布）的要求，在共产国际第五次代表大会提出了共产国际各党布尔什维克化的方针，即把俄国党的经验运用到共产国际各党之中去，但同时也强调要考虑到各国的具体条件。关于这一点，斯大林也是同意的。

与此同时，季诺维也夫为首的共产国际也在着意把它变成一个由俄共（布）领导的"国际中心"，使共产国际执委会的权力变得至高无上。共产国际"五大"修订的《共产国际章程》虽然在条文中还强调民主集中制原则，但规定执委会有权"监督和审查"各党的重大活动，有权"取消和修改"各党代表大会及领导机关的决议，有权派代表参与各党的一切活动。斯大林也同样强调，共产国际对各成员党有领导权、干预权。他在1925年3月共产国际执委会第五次扩大全会上就说："至于共产国际的权利和它对各国党事务的干预，我坚决不同意某些同志所主张的缩小这些权利的意见。"虽然各党有它的内部自治权，"但是，如果由此便否认共产国际的领导权利，因而也否认它的干预权利，那就是为共产主义的敌人效劳"。①

但是，随着党内斗争的逐步展开和深入，斯大林强调各党布尔什维克化的角度又有了变化，把"肃清社会民主主义残余""孤立机会主义分子"看作是各党布尔什维克化的重要内容，认为"破坏右派首领的威信而提拔新的革命领袖"是实现布尔什维克化的主要途径。②他把"托洛茨基主义"称作"共产主义运动中的右翼"，认为应该予以彻底根除。③实际上，季诺维也夫也不逊色多少。他主持召开的共产国际"五大"就严厉谴责了托洛茨基反对派，并谴责了波兰、法国、德国党内某些人支持反对派的倾向，说这种倾向正像俄共（布）党内的托洛茨基

---

① 《斯大林全集》第7卷第57—58页。
② 参见《斯大林全集》第6卷第254页。
③ 《斯大林全集》第7卷第54页。

反对派一样，是党内右倾机会主义的表现。并决定把支持过托洛茨基、用法文出版托洛茨基《新方针》一书的法共中央政治局委员、共产国际执委会主席团委员波·苏瓦林开除出法共和共产国际。这实际上是把苏联党内斗争的因素延伸到了共产国际。后来斯大林在反对布哈林的斗争及大清洗中的做法更是如此。

这样一来，联共（布）在实施各党布尔什维克化的过程中，对成员党内由于各种原因而持有不同意见的领导人进行了清洗，甚至开除出了共产国际，而把那些唯莫斯科之命是从、不能坚持独立自主的人提拔到了领导岗位。据统计，在实施布尔什维克化的过程中，有50来个共产党领导人被撤换，由莫斯科来选定认为合适的人担任了党的领导人。有些党竟然在自己党内找不到一个"布尔什维克化"的干部，如罗马尼亚就曾因此而长期由共产国际指派外国人担任该党的总书记。这样就带来了严重的消极后果：把苏联经验神圣化、教条化，在国际共运中长期按照一个党的模式去改造党；同时也由于各党必须无条件地服从联共（布）的政策，这就使得各党遭受了严重的损失。如20世纪30年代前期，共产国际通过王明，打着使中共更加布尔什维克化的口号，干涉中国党的内部事务，使中国革命几乎陷入绝境。

在与"新反对派"的斗争中，斯大林与季诺维也夫在一系列问题上争论得非常激烈。例如在一国社会主义问题上，季诺维也夫等人认为一国不能建成社会主义，而斯大林却认为完全可以建成。而且，斯大林和联共（布）把它提高到不适当的地位，过分强调苏联一国的社会主义利益，把苏联一国的利益置于其他国家的利益之上，要求其他国家的党以苏联国内外的需要来安排自己的活动，作出牺牲，尽一切可能支持苏联的社会主义，并在实践中推行其大党大国主义的政策。这就使一国社会主义变成了苏联狭隘的民族利己主义，并强化了它在共产国际中的中心地位。

所以，季诺维也夫在担任共产国际领导职务时，是与列宁和斯大林对共产国际的路线基本一致的。季诺维也夫的解职并不是因为在共产国际中工作不称职。

联共（布）十月全会虽然把托季联盟的主要人物逐出了党的最高领导层，但他们还仍是中央委员，他们与斯大林等人的斗争也并未结束。

斯大林传

1926年10月26日至11月3日，联共（布）召开了第十五次代表会议。托洛茨基、季诺维也夫、加米涅夫等人继续遭到谴责。斯大林在题为《论我们党内的社会民主主义倾向》的报告中，再次论证了他的一国社会主义的理论，严厉地批评了他们这些人，称他们的联盟是一个"无原则的联盟""机会主义的联盟"，嘲笑他们加在一起也就是"一些被阉割者的力量"，因此，他们的日子长不了，他们正在走向崩溃。

在第十五次代表会议上，托洛茨基、季诺维也夫等人分别作了发言。托洛茨基的发言时间很长，态度强硬，历数自己的贡献和功绩，极力为自己辩护，但他的发言不时被奚落和讥笑声打断。季诺维也夫似乎心里有点害怕了，他乞求中央原谅他的错误，表示想同中央和解，他也一样受到质问和嘲笑。他们的发言没有什么说服力，以善于辞令著称的托洛茨基结束他那冗长的发言时也只是重申："我们不接受强加于我们的观点。"看来，罩在他们头上那耀眼的光环如今已失去了光泽。在党和大多数人的眼里，他们更多的只是空谈家和不负责任的著作家。

这时候，托季联盟内部发生了分化。一些人终于顶不住了，转而支持中央，

1926年12月7日，斯大林在共产国际执行委员会第七次全会上发言

1926年12月，托洛茨基在共产国际执行委员会第七次全会上发言

并承诺以后再也不搞派别活动。克鲁普斯卡娅也曾是托季联盟的成员,就因为这,斯大林曾对她恨之入骨,称她"是个分裂分子"。并说:"如果我们想保持党的统一,就要打击她这个分裂分子。"①而现在,克鲁普斯卡娅认为反对派"走得太远了",把"同志式的批评变成了派别活动",因此她宣布从组织上脱离反对派。这对托季联盟显然是一个很大的打击。

1927年春天,对苏联来说是个多事之秋。英国政府拉拢德国、法国、波兰等国从外交上孤立苏联,策划建立反苏的统一战线。伦敦、华沙、柏林、北京、上海等地连续发生袭击苏联使馆或商务代办处的事件,苏联驻华沙大使沃伊可夫还被一名波兰籍白卫分子枪杀,英国宣布同苏联断交。而蒋介石又发动了四一二反革命政变,屠杀大批中国工人和中共党员,之后又在武汉发生了七一五政变,使中国轰轰烈烈的大革命归于失败。在事件发生前,共产国际和联共(布)一些领导人(包括斯大林)不但对国民党,而且对蒋介石本人都寄予了很大的希望和信任,认为国民党是能将中国的资产阶级民主革命进行到底的一个组织,把它说成是由工人、农民、小资产阶级和民族资产阶级组成的"四个阶级的联盟"。1926年3月,共产国际执委会还把国民党作为"同情党"吸收进共产国际,蒋介石也成了共产国际执委会主席团的"名誉委员"。

四一二政变发生后,托季联盟立即抓住机会,乘机大量散发有关中国革命的请愿书和传单,发表讲演,批评斯大林、布哈林等人在中国革命问题上奉行的政策,提出要追究个人在中国革命受挫上的责任。托洛茨基还进一步说:"中国革命的四月失败不仅是机会主义路线的失败,而且是官僚主义领导方法的失败。"托季联盟的攻击,曾一度使斯大林、布哈林等人很难堪。

1927年5月,当共产国际执委会第八次全会讨论中国问题时,斯大林对托洛茨基等人的攻击进行了回击。他说:

我将尽可能在论战中排除个人的成分。托洛茨基和季诺维也夫对联共

---

① 《斯大林给莫洛托夫的信(1926年9月16日)》,中译文见《斯大林研究》1994年第3辑第21页。

（布）中央政治局和共产国际执委会主席团的个别委员的个人攻击是不值一谈的。

看来托洛茨基想在共产国际执行委员会会议上把自己扮成一个英雄，使执行委员会把讨论战争危险、中国革命等等问题变成讨论托洛茨基的问题。我想，托洛茨基是不值得予以这样大的注意的。（有人喊道："对！"）况且，与其说他像个英雄，不如说像个演员，把演员和英雄混为一谈无论如何是不行的。

托洛茨基和季诺维也夫这样一些被执行委员会第七次扩大全会揭穿了他们的社会民主主义倾向的人，痛骂布尔什维克，这对布哈林或斯大林并不是什么侮辱，这一点我就不讲了。相反地，要是托洛茨基和季诺维也夫型的半孟什维克赞扬我而不骂我，那对我倒是个莫大的侮辱。①

也就在这一个月，托洛茨基、季诺维也夫、叶夫多基莫夫、斯米尔加联名起草了一份《声明》，并征集了83人签名后，递交给了联共（布）中央。他们在《声明》中自称为"无产阶级的、列宁主义的左派"，称"我们党的总的政策就是吃了右的方针的亏"。在国际上，中国大革命之所以遭到失败，是由于联共（布）中央通过共产国际的领导执行不许批评国民党、不许组织罢工、不许武装工人、不许发动农民的错误路线；1926年5月英国的总罢工之所以遭到失败，是由于中央在英俄委员会问题上实行错误的策略，支持了英国工联总委员会中的叛徒。在国内政策上，中央无视农村中的阶级分化和富农、耐普曼分子、官僚分子的增长，依靠经济上强大的农民，忽视贫农；没有迅速发展大工业，没有随着劳动生产率的提高而增加工资，没有降低工业品价格，使工人生活贫困，失业现象严重；扼杀党内民主，"党和苏维埃的整个官僚机构在向"左"开火，却对真正的来自右的阶级危险大开方便之门"。他们要求在党的第十五次代表大会召开前两个月发表各派的提纲，展开全党辩论。《八十三人声明》后来征集到了近3000

---

① 《斯大林全集》第9卷第257—258页。

人的签名,但没有被联共(布)中央公布。

继《八十三人声明》之后,同托季联盟有联系的萨普龙诺夫—斯米尔诺夫集团又发表了《十五人政纲》。这份纲领言辞更激烈,不仅强烈表示反对中央的观点,而且强调要在党内进行广泛的合法政治斗争,直到组织罢工和武装起义。

联共(布)中央要求托季联盟与萨普龙诺夫—斯米尔诺夫集团划清界限,但他们表示不同意。6月,中央决定,让斯米尔加(中央委员)到远东去工作。当然,这是带有处罚性质的工作调动。起初,斯米尔加不同意去,但最后还是不得不服从中央的决定。他从莫斯科动身时,托洛茨基、季诺维也夫及数百名群众赶到雅罗斯拉夫车站去送行。托洛茨基即兴在车站上发表演说,对党中央的政策进行攻击。

联共(布)中央认为这是对党中央的政治示威,要把托洛茨基、季诺维也夫的派别活动提到中央监察委员会审理。在6月下旬举行的中央监委主席团会议上,有人提出要托季联盟主要人物签发一份关于停止对中央进行攻击的文件,他们没有同意。托洛茨基在会上还说,如果斯米尔加是按正常程序调往远东去工作的话,那么就不能非难我们的集体送行是反对中央的示威。他在会上直接点名攻击斯大林,说反对派"要继续批判斯大林政权"。

托洛茨基多次说布尔什维克党"热月化",而且还说要搞所谓的"克列孟梭式实验"。克列孟梭(1841—1929)是法国一位很有政治手腕的资产阶级政治家,历任法国内务部长、陆军部长、总理等职,有"老虎"的绰号。在第一次世界大战期间,当德国攻入离巴黎只有80公里远的时候,他领导反对派同当时的法国政府展开了激烈的斗争,终于更换了内阁,使自己上台执政,成为总理。托洛茨基此时提起克列孟梭,是想建议在苏联重复类似的做法,达到更换现任领导人的目的。他说:

> 为了工人国家的胜利,如果有人说,把那些愚昧无知和没有良心的弄虚作假的人们的政治路线当作垃圾扫除掉,那么这人决不是"失败主义者"。相反,在这种具体条件下他是革命防御的真正代表,因为思想垃圾不

会带来胜利。①

托洛茨基的这番话使斯大林等人极为气愤。莫洛托夫指责反对派是"左翼社会革命党的叛乱分子"。斯大林则指责托洛茨基与张伯伦结成了统一战线,给苏联和联共(布)带来了严重威胁。

在1927年7月29日至8月9日召开的联共(布)中央委员会和中央监察委员会联席全会上,斯大林向托季联盟提出了三项条件:

(1)放弃关于"热月化"的无稽之谈和"克列孟梭式实验"的荒谬口号;

(2)放弃分裂共产国际的政策,同被开除出共产国际的马斯洛夫—路特·费舍分裂主义集团断绝一切联系,执行共产国际的一切决定;

(3)放弃分裂联共(布)、进行派别活动的一切政策,放弃一切用以建立第二党、在联共(布)建立新党的手段,保证执行联共(布)中央委员会的一切决定。

斯大林警告说:"如果托洛茨基和季诺维也夫不接受这些条件,我们就不能容许他们继续留在我们党的中央委员会里。"②

但是,托季联盟的主要人物并没有立即表示接受这些条件,加米涅夫甚至还在说,形势的发展不能排除建立第二党的可能性。于是,全会通过了把托洛茨基、季诺维也夫开除出党的决定。迫于压力,托洛茨基、季诺维也夫等13人联名发表了《反对派声明》,表示愿意接受三项条件。

鉴于反对派的这个声明,斯大林等人决定撤销全会开除他们两人出党的决定,而只给他们以严重警告处分,以观后效,但同时提醒全党:不能把这个声明看成是"足以保证党内必要的和平的凭据"。③

这次全会还决定1927年12月召开党的第十五次代表大会。托季联盟利用这

---

① 转引自麦德维杰夫《让历史来审判》(上)第100页。
② 参见《斯大林全集》第10卷第76—77页。
③ 参见《苏联共产党代表大会、代表会议和中央全会决议汇编》第3分册,人民出版社1956年版,第309页。

第四章 拾级而上

一机会，于9月3日向党中央提出了一份《反对派纲领》。他们也有这个权利，因为党章规定，凡是党内生活中一切有争议的问题，可以在决议通过之前在党内开展自由讨论。他们想趁机尽情表述自己的观点，《纲领》洋洋数万言，分12章，全面阐述了托季联盟对国内外形势，特别是对社会主义建设的前途、工农业方针、经济工作、民族问题、党和苏维埃建设、军队建设等问题的看法。

左派反对派领导人。第一排左起：列·谢列布里亚科夫、拉狄克、托洛茨基、米·博古斯拉夫斯基、普列奥布拉任斯基；第二排左起：拉柯夫斯基、雅·德罗布尼斯、亚·别洛博罗多夫、列·索斯诺夫斯基。

就其内容来说，这份纲领也只是重申了《十三人声明》和《八十三人声明》中的观点，没有什么新的东西。但它是在自己表示同意接受中央的三项条件后不久提出的，这就使联共（布）中央认为，这些人是在出尔反尔，没有从根本上放弃他们的派别活动，放弃同中央闹分裂的政策，看来到了"割除"他们的时候了。

托洛茨基、季诺维也夫等人要求联共（布）中央公布他们的纲领，以供全党讨论。联共（布）中央收到这份纲领后，认为它是一份反党的纲领，不同意予以公布。斯大林后来解释拒绝发表的理由时说，之所以中央反对发表这份纲领，是因为：(1) 中央不愿意也没有权利使托洛茨基的派别组织合法化；(2) 如果中央发表了反对派的政纲，就意味着不但不去解散它，反而去帮助组织派别和集团；

（3）反对派政纲中包含着对党的诬蔑，这种污蔑如果发表出来，将给党和国家带来无限的损害。①

中央拒绝发表《反对派纲领》，托季联盟就在托洛茨基的拥护者姆拉奇科夫斯基领导的一个印刷所里把它印了出来。几天之后，格伯乌以安插一名"弗兰格尔军官"为由，查封了这家印刷所，并逮捕了几名工作人员（后来查明，这名"弗兰格尔军官"实际上是一名格伯乌的工作人员）。姆拉奇科夫斯基及其助手立即被开除出党。

普列奥布拉任斯基和谢列布里亚科夫等人出面向党中央写信，说这一事件是他们所为，表示愿意为此承担政治责任，要求释放被捕者。季诺维也夫也发表声明，要求释放被捕人员。但中央对此不仅未予理会，而且采取了更强硬的立场，决定将普列奥布拉任斯基和谢列布里亚科夫开除出党。与他们一起被开除出党的还有莫斯科国营印刷厂的经理，理由是他允许在自己的印刷厂里印刷反对派的文献。

在这一段时期，共产国际内部也在开展反对托季联盟的斗争。9月27日，托洛茨基被开除出了共产国际执委会。

10月21—23日，联共（布）召开了中央委员会和中央监察委员会联席全会。全会主要讨论党的"十五大"的议事日程，解决托季联盟反对派的问题。会议一开始，会场中就有人叫喊，并给会议主席团递上一些纸条，说中央委员会隐瞒了列宁的"遗嘱"，没有执行列宁的意志。

胜券在握的斯大林不再打算在这个问题上保持沉默，并决定给托季联盟反对派以沉重的打击。他在题为《托洛茨基反对派的过去和现在》的演说中，习惯性地回顾了托洛茨基1904年以来的全部罪过。在谈到列宁《给代表大会的信》时，斯大林解释说："事实已经证明并且再三证明了：谁也没有隐瞒过什么，列宁的'遗嘱'是给党的第十三次代表大会的，这个'遗嘱'已在代表大会上宣读过，代表大会一致决定不把它公布，其原因之一是列宁本人不愿意而且没有要求把它

---

① 参见《斯大林全集》第10卷第155—156页。

公布。"

实际上,如前所述,列宁《给代表大会的信》只在第十三次代表大会的代表团内宣读,并没有在代表大会上宣读,大会之所以决定不把信公开,也是当时政治局"三驾马车"的决定。接着,斯大林引述了托洛茨基于1925年7月写的《关于伊斯特曼〈列宁死后〉一书》的评论文章,说托洛茨基是在自己打自己的嘴巴:"写文章的是托洛茨基,而不是别的什么人。现在,托洛茨基、季诺维也夫和加米涅夫根据什么来嚼舌根,硬说党和党中央'隐瞒了'列宁的'遗嘱'呢?嚼舌根是'可以'的,但是也该知道个分寸。

"有人说,由于斯大林'粗暴',列宁同志在这个'遗嘱'里建议代表大会考虑由其他同志接替斯大林的总书记职务的问题。一点不错。是的,同志们,我对待那些粗暴而阴险地破坏并分裂党的人是粗暴的。这一点,我过去和现在都没有掩饰过。也许对待分裂分子要有某种温和态度,但是这个我做不来……

"值得注意的是,《遗嘱》中没有一个字、没有一句话暗示斯大林有错误。那里面只说斯大林粗暴。但是,粗暴并不是也不可能是斯大林的政治路线或立场上的缺点。"①

斯大林进一步反驳说:"反对派想用个人因素,如斯大林的粗暴,布哈林和李可夫的固执等等来'解释'自己失败的原因。多么廉价的解释啊!这是巫师说鬼话,不是解释。托洛茨基从1904年起就进行反列宁主义的斗争。从1904年到1917年二月革命这个时期,托洛茨基一直围着孟什维克转,拼命反对列宁的党。这个时期列宁的党使托洛茨基遭到一连串的失败。为什么呢?这也许是错在斯大林的粗暴吧?但是斯大林那时期还不是中央委员会书记……这和斯大林的粗暴有什么相干呢?"

托洛茨基早期曾写过一本小册子《我们的政治任务》,是献给孟什维克阿克雪里罗得的,他在书上题词道:"献给亲爱的老师帕维尔·波里索维奇·阿克雪里罗得。"

---

① 《斯大林全集》第10卷第149—153页。

斯大林抓住了这一点,他在演说中最后说:"那好吧,既然这样,就滚到'亲爱的老师帕维尔·波里索维奇·阿克雪里罗得'那里去吧!滚去吧!不过要快一点,可敬的托洛茨基,因为'帕维尔·波里索维奇'已经衰老,可能很快就会死去,那时你就来不及见到'老师'了。"①

全会决定把托洛茨基、季诺维也夫开除出中央委员会,并把他们的材料提交给党的第十五次代表大会审查。

托季联盟成员并没有因此停止他们的活动,他们根本就不愿认错。托洛茨基说:"要掌稳舵轮,继续前进"。

他们除了继续坚持其观点、攻击联共(布)中央外,而且开始采取实际行动,在莫斯科、列宁格勒等地不断组织半公开半秘密的集会,与中央相对抗。据托洛茨基自己说,他往往在一天内参加两三次有时甚至是四次这样的集会。②1927年11月4日,他们在莫斯科高等技术学院搞了一次规模较大的集会,有2000余人参加。托洛茨基和加米涅夫发表了约两个小时的演说。

十月革命10周年之际,苏联党和政府在莫斯科和列宁格勒举行了声势浩大的游行纪念活动。11月7日这一天,反对派决定带着自己的标语牌上街。

十月革命10周年纪念活动中,苏联部分领导人在红场观礼台上。左起:古比雪夫、加里宁、斯大林、奥尔忠尼启则

---

① 《斯大林全集》第10卷第167、177页。
② 参见《托洛茨基自传》,国际文化出版公司1996年版,第463页。

在莫斯科，反对派在莫斯科高大建筑上挂上了托洛茨基、季诺维也夫的画像，并在画像下方写有"世界革命领袖"的字样。游行队伍扛着"枪口向右转——反对富农、反对耐普曼、反对官僚""坚决执行列宁的遗嘱""反对机会主义、反对分裂——维护列宁党的团结"等标语牌上了街，人群中还不时响起"托洛茨基万岁！""季诺维也夫万岁！"的口号声。托洛茨基、加米涅夫、斯米尔加、普列奥布拉任斯直接指挥着游行队伍。据托洛茨基后来说，反对派游行时，他们的标语牌被夺走，撕得粉碎，而扛标语牌的人则遭到了毒打。"一个民警假装鸣枪示警，公然朝我的汽车开火，另一个人为他指点目标。一个醉醺醺的消防官员嘴里骂着肮脏的下流话，跳上我汽车的踏板打碎了玻璃"。① 稀稀拉拉的队伍很快就消散在官方的游行队伍中。

"让私营商业去死！"（特维尔，1927年）

季诺维也夫、拉狄克则专程去列宁格勒领导游行队伍，但参加的人数不到1000人。一名反对派人员说："我们参加游行的人数太少，你们可以带着妻子、孩子一起去，还带上母亲和父亲，要是没有妻子，就带着情人。"他们在列宁格勒的游行也一样没有达到他们所希望的结果。反对派走上街头，公开组织游行示

---

① 参见《托洛茨基自传》第465页。

威，使问题更加严重。他们不但没有得到任何好处，反而在政治上更加被动。11月14日，联共（布）中央委员会和中央监察委员会决定把托洛茨基、季诺维也夫开除出党，加米涅夫、斯米尔加、叶夫多基莫夫等人被开除出中央委员会。

11月16日，苏联著名外交家、托洛茨基的密友越飞自杀。越飞自杀前给托洛茨基写有一封遗书，谈了他的委屈，并表示了对托洛茨基的支持。托季联盟决定利用这一机会再作一次努力。参加越飞葬礼的人很多，托洛茨基、季诺维也夫、加米涅夫分别在葬礼上发表了讲话。当有人向列队的士兵呼吁，要士兵向前革命军事委员会主席致敬、高喊"乌拉！"时，士兵们却没有反应。托洛茨基终于认识到，他的机会已经过去了。

自杀前的越飞

季诺维也夫、加米涅夫看到大势已去，在他们被开除出党后，曾劝托洛茨基与他们两人一起悔过认罪。托洛茨基不答应，表示要继续斗争下去。季诺维也夫、加米涅夫及其拥护者单独发表了一项声明，表示放弃派别活动和有可能导致第二党建立的任何可能性，但中央拒绝了这一声明。

1927年12月2—19日，斯大林主持召开了联共（布）第十五次代表大会。大会的议程是：中央委员会的政治报告，中央检查委员会的总结报告，中央监察委员会—工农检查院的总结报告，联共（布）驻共产国际代表团的总结报告，关于制订发展国民经济五年计划的指示，关于农村工作，选举中央机关。

斯大林在联共（布）第十五次代表大会上格鲁吉亚代表团中。前排从左至右：沙·祖·埃利阿瓦、斯大林、米·茨哈卡雅、伏罗希洛夫

斯大林在会上作了关于中央委员会的政治报告。斯大林在报告中再次论证了苏联一国建成社会主义的观点,并说,苏联的工业按发展速度来说,已经赶上和超过了资本主义国家,苏联正在变成工业国,但"国有化工业应当而且一定要加速发展",这是党的任务,"以便创造赶上并超过先进资本主义国家所必需的有利条件"。相比工业来说,农业的发展速度是不能令人满意的。当前农业的出路在哪里呢?"出路就在于把分散的小农户转变为以公共耕种制为基础的联合起来的大农庄,就在于转变到以高度的新技术为基础的集体耕种制……别的出路是没有的"。因此,党在农村的当前任务是"逐渐使分散的农户转上联合的大农庄的轨道,转上以集约耕作和农业机械化为基础的公共集体耕种制的轨道,因为这条发展道路是加快农业发展速度和克服农村中资本主义成分的最重要的手段"。①

斯大林在联共(布)第十五次代表大会代表中

斯大林在联共(布)第十五次代表大会上作政治报告

斯大林在报告中从七个方面总结了中央与反对派的基本分歧:(1)关于苏联社会主义胜利建设的可能性问题;(2)关于无产阶级专政问题;(3)关于工人阶级同中农联盟的问题;(4)关于苏联革命的性质问题;(5)关于领导殖民地革命的列宁方针的问题;(6)关于世界工人运动中的统一战线策略的问题;(7)关于

---

① 参见《斯大林全集》第10卷第257—265页。

列宁式的党性、关于联共（布）和共产国际内部列宁式的统一问题。斯大林说，"反对派在所有这些问题上都滚到孟什维主义方面"去了。在所有这些问题的争论中，反对派都陷于孤立。之所以这样，"是因为反对派的领导集团原是一些脱离实际生活、脱离革命、脱离党、脱离工人阶级的小资产阶级知识分子所组成的集团"。①

大会通过了全力开展农业集体化的决议，指出"在目前时期，把个体小农经济联合并改造为大规模集体经济这一任务应该作为党在农村中的基本任务"，但这一过渡只有在农民同意下才能进行，而且应在进一步合作化的基础上进行，因此"迫切的任务就是向农民广泛宣传逐步过渡到大规模的公有化农业经济的好处和必要性，并以各种实际办法来鼓励农村中现有的正在显著增长起来的大规模的集体经济成分"②。大会还通过了关于制订发展国民经济五年计划的指示。

此后，大会转入着重讨论托季联盟的问题。

拥护斯大林路线的人发言时，强烈谴责了托季联盟反对派，要求中央采取强硬措施，将他们清除出党。反对派代表叶夫多基莫夫则在会上说："有人在这次代表大会上硬说什么工人要求把我们开除出党，这不符合事实。"他发言时极力为托洛茨基、季诺维也夫、加米涅夫辩护，称"工人中很少有人会说党的领袖季诺维也夫、加米涅夫、托洛茨基是工人阶级党和苏维埃政权的敌人"。

斯大林和李可夫（左一）、布哈林（右一）在一起（1927年12月）

① 参见《斯大林全集》第10卷第288—298页。
② 参见《苏联共产党代表大会、代表会议和中央全会决议汇编》第3分册第402页。

第四章　拾级而上

加米涅夫此时还留在党内，他被允许在会上发言。他说他发言的一个目的，就是"寻求反对派与党和解的途径"，表示不走建立第二党的道路。他在讲话时显得无可奈何。他说，他们只有"完全和彻底地服从党"这条路可走，"选择这条道路，对我们来说，就是服从代表大会的全部决定，而不管这些决定对我们是多么难以接受"。他显然还想强调一下反对派的正确性，说反对派"对许多问题的观点已被生活证实是正确的，党在许多场合也不同程度地采纳了这些观点。"

斯大林对加米涅夫的发言不以为然，他说加米涅夫的发言与其他反对派分子相比，是"最荒谬、最虚伪、最狡诈和最骗人的发言"。他总结说，反对派"自绝于党，这没有什么可怕，没有什么特别，没有什么奇怪"，在历史的转折关头，总有一些人要从党的车子上摔下去而让给新起的人物。"反对派不仅在思想上而且在组织上应当完全和彻底地解除武装"，现在"反对派的末日到了"。①

大会通过决议，批准了11月14日联席全会关于把托洛茨基、季诺维也夫开除出党的决定，并决定把加米涅夫、叶夫多基莫夫、拉舍维奇、斯米尔加、皮达可夫、拉狄克等75名反对派积极分子和23名萨普龙诺夫集团的人开除出党。

1928年，季诺维也夫、加米涅夫、叶夫多基莫夫等人表示忏悔，他们因而恢复了党籍。但托洛茨基及其一些拥护者坚决拒绝承认错误，季诺维也夫、加米涅夫多次对托洛茨基说："列夫·达维多维奇，我们现在应该有勇气认输了。"但托洛茨基不肯认输，1928

联共（布）第十五次代表大会选出的政治局委员。第一排左起：布哈林、伏罗希洛夫、托姆斯基；第二排左起：李可夫、斯大林、加里宁；第三排左起：鲁祖塔克、古比雪夫、莫洛托夫

---

① 参见《斯大林全集》第10卷第307—318页；《联共（布）第十五次代表大会速记记录》第1卷，莫斯科1961年版，第90页。

· 243 ·

年1月他被流放到阿拉木图。临行时，他不肯走，甚至不给前来执行遣送的格伯乌人员开门。格伯乌人员不得已冲进屋内，给托洛茨基穿上皮衣，戴上帽子，然后强行把他推上了汽车，送到火车站，上了去阿拉木图的车。他到阿拉木图后，并未停止活动，不仅写作，还经常与他的追随者保持联系。1929年1月，联共（布）中央决定把他驱逐出境，1932年被剥夺苏联国籍。他最初流亡土耳其普林基博岛，出版《反对派公报》，还先后写了《我的生平》《不断革命》《俄国革命史》《被背叛了的革命》等著作。1936年12月最终定居墨西哥，组织成立了第四国际。1940年8月20日，托洛茨基在墨西哥的寓所里遇刺，次日身亡。

后遗症从这里开始

20世纪20年代末，斯大林又领导了一场反对"布哈林集团"的斗争。斗争的结局后果是深远的，它不仅制造了许多右派，而且造成了新经济政策的中止，斯大林模式的确立。曲折与坎坷伴随着苏联社会几十年，终于导致了苏联的解体。

布哈林待人和蔼、真诚，看上去显得文质彬彬。1888年出生于一个知识分子家庭，父母都是教师。从小就兴趣广泛，从自然史、文学史及各种古典文学作品，他都很喜欢。他从小就热衷于搜集甲虫、蝴蝶标本，这个爱好他保持了一生。他也喜欢绘画，并且很有造诣，1912年，他正是被当作青年画家介绍给列宁的。不过，他的最大的成就还是在经济学方面。

布哈林曾是莫斯科大学法律系经济学专业的学生，但动荡的年代使他无法安定。作为一个俄国社会民主工党党员（1906年入党），他在校学习时就同时从事工人运动，1908年就成了党的莫斯科委员会委员。1909—1911年间，他曾三次被捕，最后从流放地逃脱，流亡国外，为《真理报》《启蒙》杂志撰稿。1912—1913年，他侨居维也纳，在那里钻研政治经济学，写了《无价值的政治经济学》

《食利者政治经济学》等著作,批判 E. 柏姆－巴维克、司徒卢威、杜冈－巴拉诺夫斯基等人的经济理论。第一次世界大战爆发后,他被驱逐到瑞士,写了《世界经济和帝国主义》,列宁为此书写了序言,并给予好评。不久,他又侨居瑞典、挪威等地,1916 年秘密到了美国,在纽约编辑俄文《新世界报》。在这里,他结识了托洛茨基。尽管常常发生理论上和政治上的分歧,但他们两人差不多保持了 10 年极其密切的私人关系。也是在纽约,布哈林听到了二月革命的消息,辗转日本从海参崴回到了俄国。在党的"六大"上,布哈林当选为中央委员,是十月莫斯科武装起义的核心成员之一。同年 12 月,他主编《真理报》。在布列斯特和谈期间,他领导"左派共产主义者集团",主张进行革命战争,反对缔结对德和约,不过后来公开认错。党的"八大"后,布哈林任政治局候补委员(1924 年为政治局委员),共产国际成立后任执委会委员和主席团委员,1926 年任政治书记处书记,主持共产国际工作。

布哈林在十月革命后写了一系列有影响的著作。他与普列奥布拉任斯基合著的《共产主义 ABC》,是极流行的共产主义启蒙读物;1920 年出版的《过渡时期经济学》,从理论上探讨了由资本主义向社会主义过渡的规律,当然,这部书实际上也是当时军事共产主义政策的产物。列宁宣布实行新经济政策后,他开始致力于探讨苏联社会主义建设的理论和实践问题,成了新经济政策热情的拥护者,并发展了列宁新经济政策的理论。

也正因为他博学多才、平易近人和对革命事业的贡献,列宁在"遗嘱"中称他"不仅是党的最宝贵和最大的理论家,他也理所当然被认为是全党喜欢的人物"。

斯大林和布哈林的私人关系本来也很好。早在 1913 年他们就认识了,那年斯大林为写《马克思主义和民族问题》去维也纳收集材料,斯大林不懂西方语言,当时在维也纳的布哈林在收集和翻译有关材料方面给了斯大林以很大帮助。没有布哈林的帮助,斯大林很难写成他那本成名之作。

十月革命后尤其是在 20 世纪 20 年代,斯大林和布哈林过从甚密。每到夏天,布哈林的第二任妻子埃菲利娅·古尔维奇常常带着女儿到祖巴洛沃斯大林的乡间别墅去度假,布哈林也常去。布哈林的女儿和斯大林的女儿都取名为斯维特

斯大林传

兰娜。两个斯维特兰娜在祖巴洛沃的别墅里有自己的小天地：跷跷板、秋千架，甚至还有一间异国情调的"鲁宾孙小屋"。她们在这里过着快乐的童年生活。布哈林是大家喜爱的人，尤其是孩子们喜欢他。据斯大林女儿后来回忆说：

> 家里总是有许多客人，布哈林也常住在我们祖巴洛沃，他是大家喜爱的人。他很爱各种动物，我们家满是他带来的动物。刺猬在阳台上跑来跑去，青草蛇盘在瓶子里，矮种小狐狸在花园里乱跑，受了伤的大雕关在笼里。我模糊地记着布哈林穿着托尔斯泰服、粗麻布裤子，穿着凉鞋。他常和孩子们一起玩，和我的保姆聊天，还教她学骑车、打汽枪。和他在一起大家都十分愉快。[①]

斯大林也常去找布哈林聊天。1925年时，布哈林和经济学家尤里·拉林还住在同一幢楼里，拉林住楼下，布哈林住楼上。一天，当斯大林去找布哈林时，在楼上正巧碰上了拉林的女儿拉林娜，那时拉林娜还只有13岁，但这个少女却悄悄爱上了布哈林。那天她鼓足勇气准备把自己倾诉爱情的一封诗体信当面交给布哈林，在楼上正好碰上斯大林，于是就让斯大林把信转交给布哈林，自己却一溜烟跑上了楼。就这样，斯大林成了布哈林和拉林娜之间传递爱情信息的第一人。过了七八年，布哈林和拉林娜终于生活在一起，但那已是布哈林生活中最不顺的时候。

1927年，布哈林在斯大林的执意要求下住进了克里姆林宫，那时他们确实非常亲密友好。他们总是用"你"相称，斯大林管布哈林叫尼古拉，而布哈林管斯大林叫柯巴。在1924—1928年这个时期，斯大林总是注意听取布哈林的意见，不止一次公开强调"列宁高度评价他的理论头脑"，强调党珍视这位天生的英才。在先是对托洛茨基，而后是对季诺维也夫、加米涅夫的斗争中，布哈林事实上帮助了斯大林。在政治局里，他们两人是互为补充的，斯大林解决所有的组织问题和政治问题，布哈林则探讨和阐述党的政策的理论原则。布哈林帮助斯大林阐述

[①] 斯维特兰娜·阿利卢耶娃《致友人的二十封信》第34页。

一国社会主义的理论基础,阐述新经济政策的生命力。他连续写了《马克思主义列宁》(1924)、《到社会主义之路和工农联盟》(1925)、《论过渡时期的规律性问题》(1926)等许多著作,论证和发展了新经济政策,批驳了托洛茨基、季诺维也夫和加米涅夫等人的左的观点。可以这样说,正是由于布哈林,才使得斯大林能从理论上战胜党内的各种反对派。新经济政策能得以顺利发展好几年,布哈林的功劳是最大的。

说实在的,斯大林对新经济政策的理解是粗浅的,有时甚至是错误的。主要表现在:

(1)列宁认为在新经济政策的整个过渡时期,基本问题是农民问题。斯大林则认为农民问题不是基本问题,只有巩固了无产阶级专政,才能解决农民问题。他认为制定社会主义建设总路线的出发点是国家的重工业化。他把新经济划分为两个时期,认为如果从1921年开始的第一个时期必须从农业开始来发展工业的话,那从1926年起就进入了"直接工业化的时期",在这个时期,国民经济生活中的一切问题都必须从属于这个问题。①

(2)关于社会主义积累,斯大林把它归结为主要是工业化的资金积累。他认为,在新的时期,积累有七个来源:已收归国有的土地、工厂等,不用偿付的沙俄外债及其利息,恢复和发展起来的国有工业、国营的对外贸易和对内贸易及其银行所创造的利润,强有力的国家政权所支配的国家预算。在这些来源中,前六种来源的积累在当时直至20世纪20年代末仍是虚的或极其有限的,主要的积累还是靠后一种途径。国家预算来源又主要靠国内市场,首先是农民市场。②

(3)强调工业对农业的干预,国家对国内市场,尤其是对粮食市场的干预,而这种干预的目的,是要"跟那些肆意抬高农产品价格的富农和其他粮食投机者作斗争"。③

(4)列宁主张,在以小农为主的国家中建设社会主义必须通过一系列中间环

---

① 参见《斯大林全集》第8卷第109—113页。

② 参见《斯大林全集》第8卷第115—124页。

③ 参见《斯大林全集》第8卷第118页。

节，通过国家指导下的私人资本主义发展走向社会主义。而斯大林却把消灭私人资本提到首位，认为必须尽快发展工业，实行工业化，把分散的小农经济联合到大集体中，实行集体化，使工业和农业的社会主义发展齐头并进，这样，就可以尽快从经济生活中消灭私人资本。

凡此种种，导致了20世纪20年代末他与布哈林在新经济政策上的重要分歧。

彼得格勒劳动交易所附近的失业者（20世纪20年代）

西伯利亚方式

新经济政策实行几年来，苏联经济的恢复和发展确实很快。到1927年底，农业总产值平均达到战前水平的108.3%，工业生产指数1926年就达到了这个水平。

但是，1927年底到1928年初，苏联出现了严重的粮食收购危机。1926年底收购了4.28亿普特粮食，而1927年底才收购到3亿普特。为了解决粮食问题，斯大林于1927年12月14、24日和1928年1月6日连续三次以联共（布）中央的名义向地方党组织发出紧急指示，要求限期完成粮食收购计划，对富农和破坏农产品价格的投机分子采取镇压措施，完不成粮食收购工作的领导人要给予处分。

1928年1月5日，政治局还成立了以斯大林为首的中央委员会特别委员会，负责领导粮食收购工作。

第四章　拾级而上

1928年1月15日至2月6日，斯大林秘密去了西伯利亚的主要产粮区。他在那里召开各地党组织会议，严厉申斥当地干部"悲观主义"，指示要把在粮食收购中不称职的干部撤职，并说并不是没有粮食，而是富农不愿交出粮食来，因此，他强调要富农按照国家价格立即交出全部余粮，拒交者将按照刑法典第107条惩处。所谓第107条，内容为："通过采购、藏匿商品或不投放市场等手段蓄意抬高商品价格者，处以1年以下剥夺自由并没收全部或部分财产，或剥夺自由。上述行为如查明有同商人勾结者，处以剥夺自由3年以下并没收部分财产。"

在他视察期间，有许多地方工作人员因"态度软弱""调和情绪"和同富农"勾结"而被撤职。同时，开始采用暴力手段挨家挨户搜查粮食，把存有余粮者交法庭审理。

同时，斯大林还派米高扬、卡冈诺维奇、日丹诺夫、什维尔尼克和安德列耶夫等中央领导人到全国各地去，坐镇粮食收购工作。

由于斯大林等人采取了这种非常措施，收购工作大大加快。据斯大林自己给中央的密码电报称，北高加索过去每5天收购50万—60万普特粮食，现在上升为100万—150万普特；俄国中部4省过去是60万—70万普特，现在为150万普特。1月27日，他在给中央的电报中说："在我的参与下，通过了一项一昼夜往西给

20世纪30年代初的日丹诺夫

中部装运360车皮、一个月装运将近1100万（普特）的计划。"实际上1月26日运送了367车皮，27日为423车皮，28日为433车皮。决定2月份往西部装运1240万普特，但2月2日斯大林在电报中又把它提高到1800万普特，2月4日在给中央的密码电报中把这一数字提高到2200万普特，并"祝贺中央1月份完成8000万普特的收购任务"，称"这是党的重大胜利"。[1]

---

[1] 参见《斯大林研究》1993年第1辑第29—67页，《斯大林研究》1993年第2辑第17—18页。

这就是斯大林的西伯利亚方式。

斯大林的西伯利亚方式解决的不只是一个粮食问题，还意味着要在农业发展道路上作出新的抉择。斯大林认为，要彻底解决粮食收购问题，必须采取其他措施，即在农村"不惜人力和物力，大力展开集体农庄和国营农场的建设"。

斯大林给集体农庄下了一个定义："什么是集体农庄？集体农庄是个体农户的生产联合体，是搞生产的，不是像消费合作社那样搞销售，也不是像农业合作社那样搞供应，而是直接从事生产的。有三种甚至四种合作社：信贷合作社、供应合作社、销售合作社和生产合作社。集体农庄是生产合作社，正因为如此，集体农庄是合作社的组成部分之一。不应把集体农庄同合作社对立起来，恰恰相反，应当善于在合作社中发现集体农庄。"

斯大林认为："目前苏维埃制度是建立在两种不同的基础上：联合的社会主义化的工业和以生产资料私有制为基础的个体小农经济。苏维埃制度能不能长久地建立在这两种不同的基础上呢？"回答是否定的，因此，"必须逐步而又坚定地把出产商品最少的个体农民经济联合成为出产商品最多的集体经济，联合为集体农庄"，"必须使我国各地区毫无例外地都布满集体农庄（和国营农场）"。只有这样，才能够从工业的社会主义化进到整个农业的社会主义化"，彻底解决粮食问题，把富农最终排挤出去。[①]

由此引发的争论

斯大林的西伯利亚方式虽然使粮食收购工作在短期内取得了巨大成绩，但也使农村局势趋于紧张，因为正如斯大林后来所承认的，采取非常措施收购的不仅仅是农民手中的余粮，甚至连农民的机动粮、防荒粮也强迫收购了，在收购中还"产生了强迫命令、破坏革命法制、挨户巡视、非法搜查等现象"。这就造成了广大农民的不满，播种面积下降，局势动荡不安。各地纷纷谣传要取消新经济政策，恢复余粮收集制，回到军事共产主义。斯大林在2月13日给全国各地党组

---

① 参见《斯大林全集》第11卷第6—8页，《斯大林研究》1993年第1辑第52页。

织的指示中不得不出面辟谣，说"新经济政策是我们经济政策的基础，而且在相当长的历史时期中不会改变"。①

1928年3月，苏联格伯乌称，在沙赫特和顿巴斯矿区破获了一起资产阶级专家反革命破坏案，有53人被指控犯有叛国和破坏罪，国内气氛一时紧张起来。后来查明，这一案件是为煽动阶级敌对情绪而蓄意制造的。

法庭审理"沙赫特案件"（1928年）

4月6—11日，联共（布）中央和中央监委召开了联席全会，讨论粮食问题和沙赫特事件。斯大林和布哈林分别在会上作了发言，但讲了什么，目前还不清楚。但从4月13日他们分别向地方党组织传达会议精神的报告来看，说明他们对粮食收购问题及其解决的办法上存在严重分歧。

斯大林在向党的莫斯科组织积极分子作报告时说，造成粮食收购危机的原因在于：工业发展速度太慢，社会主义积累太少，以致农村商品供应不足；农村还是小农经济，而小农经济"是最没有保障、最原始、最不发达、出产商品最少的经济"；更重要的是，经过连续三年的丰收，富农成长起来了，整个农村，特别是富农，在这个时期都积下了粮食，富农有了试图操纵粮食的可能，他们还得到投机分子的支持，这些投机分子兴风作浪，抬高粮价，使物价高涨。斯大林由

---

① 参见《斯大林全集》第11卷第178、15页。

此得出结论说：粮食收购危机反映的是国内的"农村资本主义分子在新经济政策的条件下，在我国建设的最重要问题之一即粮食收购问题上，对苏维埃政权发动的第一次严重进攻"。关于沙赫特事件，斯大林认为，这一事件"标志着国际资本及其在我国的代理人对苏维埃政权发动的又一次严重进攻"。他把粮食收购危机和沙赫特事件看作是具有内在联系的事件，看作是国内外资本主义的联合进攻。① 在这里，斯大林无疑发出了进行阶级斗争的信号。

莫斯科救世主大教堂被炸毁（1931年12月5日）

布哈林在列宁格勒向党的积极分子传达四月全会精神时，却作了另一番分析。布哈林认为，之所以出现粮食收购危机，是由于"日常领导上的错误，暂时的错误"，这种错误是经济领导机关的失算造成的，导致了国民经济比例的失调。具体表现在：（1）不正确的价格政策。谷物价格太低，并在逐年下降，而国家对经济作物和畜产品的收购价格太高，并在逐年提高，这使农业内部的剪刀差在不断扩大。（2）不合理的税收政策，不利于谷物业的发展。大田作物在农民的纯收入中占39.5%，但在赋税中所占的份额却达66.59%，而非农业收入（其中包

---

① 参见《斯大林全集》第11卷第35—39、54页。

括富农经济的非劳动收入）占 27.8%，在赋税中所占份额仅为 5.2%。（3）工业品供应不足，货币不稳定，农民还不能放心地把货币作为积累的手段。农民在秋季出卖农产品时得到一定数目的货币，但这时工业品却不能投放市场满足农民的需要，于是农民便把货币作为流通手段去购买了别的商品。这就严重破坏了市场的平衡，也使农民不愿出售手中的粮食。

因此，布哈林认为，解决粮食危机的办法不是采取非常措施，而应增加工业品的供应量，调整农畜产品的价格，提高基本建设投资的利用率，调整政策，保持经济各基本因素的平衡。他强调，新经济政策无论如何不应当取消，非常措施应该废除。①

另外一些政治局委员也对非常措施造成的农村局势感到不安。李可夫在四月全会上说，我们有同中农的关系破裂的危险，对富农的压制使他们缩减耕地，而这是我们无法弥补的。财政人民委员弗鲁姆金也对此持相同看法。

在争论中，逐渐形成了两派：一派以斯大林为首，成员有莫洛托夫、卡冈诺维奇、伏罗希洛夫等人；另一派以布哈林为首，成员有李可夫、托姆斯基（全苏工会中央理事会主席）、乌格兰诺夫（莫斯科市委书记）和弗鲁姆金等人。他们各自在报刊上发表文章，在各种会议上发表讲话，不点名

20世纪20年代初的托姆斯基（图中前排个子最矮者），时任全苏工会中央理事会主席、政治局委员

地批评对方的观点。但这时，谁也没有在中央取得多数，各派也能较充分地阐述其观点，斯大林也往往作些妥协和让步。

5月6日，布哈林在全苏共青团第八次代表大会上作报告时，严厉谴责了"进

---

① 参见《布哈林文选》中册第214—217、224、230页。

行阶级斗争"和在农业中"突击跃进"之类的口号。斯大林于16日在大会闭幕式上的发言则批判"自流"论、"碰运气"论,自然而然"一切都会搞好"的理论,强调要"加强工人阶级的战斗准备去反对它的阶级敌人"。①

布哈林

5月27日,布哈林在《真理报》发表文章,对那些主张"工业主义"的人进行了批评,并说就其对农村的影响来说,"工业主义是寄生性的"。红色教授学院一些支持布哈林的经济学家,如瓦·阿斯特罗夫、德·马列茨基等人,开始发表文章,指名道姓地批评执行斯大林方针的干部,说他们热衷于挑动同农民摊牌,否定个体农业,追求那种建立在毁灭农业基础上的集体化。他们指责这些人把非常措施当成了一种政策,当成了一条通过刑法典第107条通向社会主义的道路。

斯大林也于5月28日来到了红色教授学院,向红色教授学院、共产主义科学院、斯维尔德洛夫大学和俄罗斯社会科学研究所协会的学生以及科学工作者作了《在粮食战线上》的报告。他说,目前"粮食困难的根源就在于我国商品粮食产量比粮食需要量增长得慢"。出路何在呢?出路就在于:(1)在农业方面由个体农民经济过渡到集体的公共经济(集体农庄);(2)扩大和巩固原有的国营农场,建立和发展新的大规模的国营农场;(3)不断提高中小个体农民经济的单位面积产量。斯大林认为,集体农庄是"列宁的合作社计划不可分割的组成部分",不能把两者对立起来,现在,开展"群众性集体农庄运动的条件已经成熟"。并说,那种认为苏维埃政权可以同时依靠两个对立的阶级——富农和工人阶级——的理论,这是"反动派才玩得出的把戏",工农联盟只有同农村的资本主义分子、同富农作斗争才能实现。②

---

① 参见《斯大林全集》第11卷第57、59页。
② 参见《斯大林全集》第11卷第72—82页。

斯大林与布哈林的分歧尽管没有表面化，但实际上他们的关系已很紧张。6月1—2日，布哈林给斯大林写了一封信。信中说，我们既没有路线，也没有共同的看法，在中央最上层，哪怕在最小的范围内，一次也没有讨论过总的政策问题。问题在于："首先，我们和全党没有任何完整的计划。我们做得比最草率的超经验主义者还糟糕。其次，我们在思想上也使党失去方向……我们的非常措施（必要的）在思想上已变成、发展成同第十五次代表大会的决议不同的新的政治路线……如果必要的话，即使离开代表大会的决议我们也一点不用害怕。但这种必要性在哪里？……如果全部问题在于富农，那么，这9亿之数算什么？——现在已承认这是神话般的数字。而如果我们的粮食本来就少，那怎么能说成是'富农控制了'我们？如果全部救星在于集体农庄，那么从哪儿取得供它们机械化之需的钱？在我们这里要在贫穷和分散的基础上发展集体农庄，这总的说来正确吗？吸收小额储蓄的方针是继续有效，还是已经过时？提高个体经济的方针仍然有效还是也已过时？"

布哈林向斯大林保证说："我不要争吵，也不愿争吵。我知道得很清楚，争吵意味着什么，特别是在我们全国和我们党目前所处的这样艰难的条件下。"鉴于共产国际"六大"召开在即，布哈林要求斯大林"考虑一件事：使代表大会平静地举行，不要在这里制造不必要的裂痕，不要制造唧唧咕咕的气氛"。①

6月15日，弗鲁姆金也给政治局写信，说"农村中除了一小部分贫农，都有反对我们的情绪"，"第十五次代表大会以后对农村采取的新方针加剧

布哈林（左一）与布勃诺夫（右一）、高尔基（右二）在莫斯科红场出席体育大检阅仪式（1928年6月10日）

---

① 转引自郑异凡《布哈林论稿》，中央编译出版社1997年版，第339—340页。

了我国经济状况的恶化","最近采取的方针使中农基本群众感到没有希望,没有前途"。他指出,不能用剥夺的办法对付富农,建议开放集市和粮食市场,提高粮价,"不要用突击的和超突击的方法扩展国营农场","要最大限度地帮助那些加入集体经济的贫农"。最后,他要求"回到第十四次和第十五次代表大会去"。

斯大林看完信后迅速作出了反应,他于6月20日写信给中央政治局委员们,认定弗鲁姆金的信"是一封宽容富农、取消对富农的限制的申请书",并强调"必须对富农进行坚决的斗争"。①

6月27日,联共(布)中央政治局开会,布哈林在李可夫、托姆斯基、乌格兰诺夫的同意下宣读了一份声明,内容为:警告工农联盟处于破裂的边缘,要求为自由贸易和市场关系创造条件,要求发展个体经济。莫洛托夫听后立即说,这是一个反列宁主义、反党的文件。但斯大林接着说:十分之九我都可以接受。会议决定,成立由斯大林、布哈林、李可夫、米高扬和鲍曼组成的委员会,制定与整个经济形势有关的粮食收购政策。很快,委员会就拟订了一份基本上反映布哈林观点的提纲。7月2日政治局通过了该提纲,并决定提交给七月中央全会审查。

7月4—12日,召开了中央全会,全会除讨论共产国际问题外,着重讨论了国内经济形势,特别是粮食收购政策问题。

会上出现了激烈的争论。奥新斯基、安德列耶夫、索柯里尼柯夫、乌格兰诺夫、托姆斯基、李可夫等人都发了言,提到农民中间普遍存在的不满情绪,警告人们不要把非常措施制度化,要继续向农民让步,以防止工农联盟破裂。但莫洛托夫却坚决主张:我们过去和将来都要打击富农,同时也要伤及中农。卡冈诺维奇发言时则坚决支持非常措施,加快粮食收购运动的速度。

7月9日,争论进入高潮。斯大林作了《论工业化和粮食问题》的长篇发言。他在发言中提出了一些新的观点,从而使分歧进一步升级。

斯大林说,社会主义工业化资金的来源有两个:一是创造价值的工人,二是

---

① 参见《斯大林全集》第11卷第101—110页。

农民。在苏联，不能靠掠夺殖民地和其他国家、举借奴役性的外债来取得资金。因此，除工人自己创造价值并把工业推向前进外，资金的主要来源应取自农民。为此，农民不仅要向国家缴纳一般的税，即直接税和间接税，而且还要高价购买农产品，低价出售农产品，这种剪刀差是一种"额外税"，是一种类似"贡款"的东西。"这件事是令人不愉快的"，但别无他法，"为了保持并加快工业发展的现有速度，保证工业满足全国的需要，继续提高农村物质生活水平"，必须这么做。①

斯大林在发言中还第一次提出并论证了"阶级斗争尖锐化"的理论。他说，新经济政策原则不是在军事共产主义以后而是在军事共产主义以前即1918年初提出的。列宁制定的这项政策不是退却，而是进攻，是对富农和耐普曼的进攻，是在农业集体化上的进攻。这种进攻必然意味着斗争。"我们所有的进展，我们在社会主义建设方面的每一个稍微重大的成就，都是我们国内阶级斗争的表现和结果"，"由此应该得出结论说，随着我们的进展，资本主义分子的反抗将加强起来，阶级斗争将更加尖锐"，"从来没有过而且将来也不会有这样的事情：垂死的阶级自愿放弃自己的阵地而不企图组织反抗。……恰恰相反，向社会主义的前进不能不引起剥削分子对这种前进的反抗，而剥削分子的反抗不能不引起阶级斗争的必然的尖锐化"。②

布哈林对斯大林的"贡款"论感到很惊讶。他在7月10日作的长篇发言中，认为这种理论使人想起了托洛茨基主义的理论和普列奥布拉任斯基的"社会主义原始积累规律"。他说，从这一规律出发是不正确的，从庄稼汉身上拿取"技术所能拿取的"一切是托洛茨基主义的口号。必须发展个体经济，提高农产品价格，消灭"剪刀差"，不应当把发展个体农民经济同建立集体农庄对立起来，"集体化本身是立足于发展个体经济之上的"。在这里，他没有直接点斯大林的名，而是间接地说："包括米高扬同志在内的一些同志说，个体农业增长的可能性已经关死，这是绝对不正确的。这完全是胡说八道"，如果不给个体农民经济以发展的可能性，那么"归根到底会打击到工业（通过粮食，通过原料，通过市

---

① 参见《斯大林全集》第11卷第138—140页。

② 同上，第144—150页。

场)"。他强调说:"社会主义工业的积累是一种取决于农业积累的函数。"

关于非常措施,布哈林说:目前,这一措施"在历史上已经过时了,它在经济上几乎已不再为我们提供任何东西"。相反地,它在完成前一段收购任务时,也造成了严重后果:(1)不仅打击了富农,而且又伤了中农,造成了对工农联盟的威胁。富农固然应该被剥夺,但不是采取诸如没收、镇压的手段,而是应运用税收政策去进行调节,"像税收政策这样的杠杆,它使我们有可能几乎剥夺富农,而又不伤及中农"。(2)非常措施严重地损害了广大农民的利益,使农民极度不满,现在在全国一些地方,出现了农民的群众性行动,甚至到城里举行游行示威,这是过去所没有过的。因此,"我们决不应容许再度大搞非常措施了","我们的政策中心是:我们无论如何不允许造成对结合的威胁。否则,我们就不能实现列宁的基本遗嘱"。①

全会经过激烈争论,于7月10日通过了《根据整个经济状况而采取的粮食收购政策》的决议。决议一方面指出不仅要进行社会主义工业化,而且要坚定不移地完成"把个体小农经济联合并改造成为大规模集体经济"的任务;另一方面,决议在对关于粮食收购危机产生的原因及其应采取的对策等方面则采纳了布哈林的提法,斯大林的"贡款"论等并未在决议中反映出来。

这说明,争论的双方至今谁也未取得多数。

决议通过后,斯大林于7月11日在会上又作了《论工农结合和国营农场》的发言,为其未写入决议的"贡款"论辩护。他的发言虽然未点布哈林的名,但显然是针对布哈林及其拥护者的。

他说,昨天有人发言不喜欢要农民缴纳"贡款",要求立即消灭剪刀差,要求调整农产品价格,"这个要求在目前是违反国家工业化的利益的,因而也是违反我们国家的利益的"。有人在谈论与粮食收购有关的发展农业的办法时,只字不提集体农庄和国营农场,"这是一种反常的和奇怪的现象"。有人也在谈论和中农联盟的问题,但"要在我们今天的条件下巩固这种联盟,就必须同富农即农村的

---

① 参见郑异凡《布哈林论稿》第344—350页;《布哈林文选》中册第267—269页。

资本主义分子进行坚决的斗争"。认识不到这一点的人是一些"肤浅的观察家"。①

布哈林认为,斯大林的观点已非常接近托季联盟反对派,他担心斯大林会被托派拉过去。于是,7月11日,通过索柯里尼柯夫牵线,他去找了加米涅夫,向加米涅夫说了他的观点和这次全会的情况。

布哈林的样子很苦闷,非常激动地谈了一个小时。他对形势深感不安,说"斯大林的路线总的来说是对革命的灾难,这条路线将会给我们带来毁灭"。他把斯大林的路线概括为三点:(1)贡款论。"这和普列奥布拉任斯基的理论一模一样"。(2)"社会主义愈是向前迈进,反抗愈是强烈。这简直是愚蠢无知。"(3)"既然缴纳贡款是必要的,而反抗又注定要增强,这就需要有一个坚强的领导。自我批评不该触动领导人物,只可以碰一碰那些执行政策的人。而事实上自我批评已经指向了托姆斯基和乌格兰诺夫。这样做结果就会是警察国家。"

布哈林的话语中已表露出他已经同斯大林决裂,甚至谈到了撤换斯大林的问题,但又说"关于撤换他的事此刻在政治局还不会通得过"。他透露了关于领导层的一些情况,但对于是否公开传出这些情况却犹豫不定,"如果我们这样做,他就会拿出禁止分裂活动的条例来掐死我们。如果我们不这样做,他们就会用小花招把我们弄死"。"斯大林除了抓权,对别的都不感兴趣。他向我们让步,就把住了领导权这把钥匙,他把住了这把钥匙,以后就好把我们消灭"。

布哈林讲话时嘴唇不时地神经质地抽搐着,有时给人一种厄运就要降临的感觉。他谈到,斯大林是一个好报复的人,并出尔反尔。他举了一个例子:他给斯大林写了第二封信后,斯大林把他叫到办公室,对他说:"尼古拉,你和我是喜马拉雅山,其他人是无足轻重的。"之后不久,在一次政治局会议上,布哈林引用了斯大林的这句话,斯大林却大喊大叫:"你撒谎!你撒谎!你撒谎!你想挑拨政治局委员来反对我。"②

布哈林讲话时,加米涅夫听着,没有说自己的意见,只偶尔地提点问题,会

---

① 参见《斯大林全集》第11卷第164—170页。

② 参见《论布哈林和布哈林思想》,贵州人民出版社1982年版,第158—169页;《旗帜》1988年第11期第120页。

晤后作了个简短的纪要。布哈林反复叮嘱加米涅夫,他们之间的会晤是保密的,不要让任何人知道。但1929年1月,托派还是把这一纪要印成了传单,在莫斯科散发。此事后来成了斯大林对付布哈林的重要把柄。

谣言与真相

斯大林与布哈林在联共(布)党内就国内粮食危机和经济政策争论激烈之时,正值共产国际第六次代表大会召开在即。

布哈林自1926年季诺维也夫被解除共产国际执委会主席职务起,就一直担任共产国际政治书记处书记,主持共产国际工作。为准备共产国际"六大",布哈林受委托起草关于国际形势和共产国际的任务的提纲草案。

布哈林很快完成了提纲草案,并于1928年7月14日把它交给了联共(布)驻共产国际代表团,请求在大会开幕前予以审查。16日,斯大林、布哈林、李可夫、莫洛托夫、洛佐夫斯基、曼努伊尔斯基和皮亚特尼茨基参加了联共(布)驻共产国际代表团讨论提纲草案的会议,会议通过决定:"采纳提纲。根据交换的意见进行修改。"17日,即共产国际"六大"开幕的这一天,联共(布)代表团会议又作出决定:"在7月18日共产国际执委会会议上,代表联共(布)的共产国际执委会委员必须提出建议以布哈林的关于国际形势和共产国际的任务的提纲作为在代表大会上通过的提纲的基础。"① 由此可见,斯大林后来在责备布哈林未经联共(布)代表团审阅就将提纲分发出去的说法② 是不符合事实的。

布哈林在提纲中认为,目前没有发生任何动摇资本主义稳定的新现象,相反,资本主义正在得到某些改造,并且基本上相当稳固。但斯大林却认为:"资本主义的稳定是不巩固的,而且不可能是巩固的;由于世界资本主义危机的尖锐化,这种稳定正被事变的进程动摇着,而且以后还会被动摇。"③

---

① 参见《布哈林——人、政治家、学者》,东方出版社1992年版,第141页。
② 参见《斯大林全集》第12卷第19—20页。
③《斯大林全集》第12卷第20页。

关于对社会民主党的态度，布哈林也认为要同社会民主党作斗争，但斯大林认为这还不够，还必须强调和社会民主党的"左"翼作斗争，不粉碎"左"翼社会民主党人就不可能战胜整个社会民主党，而布哈林提纲中关于这个问题"竟完全没有谈到"[①]。另外，布哈林认为不能把社会民主党等同于法西斯，认为在分析形势时，在制定共产党的策略时，这样做是不明智的。

在关于党内倾向和党的纪律问题上，斯大林指责布哈林提纲中只说到要和右倾作斗争，但没有说到要和右倾的调和态度作斗争，并指责"布哈林的提纲中没有提到必须在共产党内保持铁的纪律"。

于是，7月24日联共（布）代表团常务委员会会议和7月25日代表团全体会议重新讨论了布哈林的提纲，并作了20多处重大修改。

对布哈林提纲的重大修改，在与会的各代表团中流行着联共（布）党内领导人中出现分歧的传闻，这使布哈林处境很尴尬。因此，布哈林请求联共（布）中央政治局在各代表团团长会议上发表一份关于政治局委员中没有意见分歧的声明。政治局委托斯大林和布哈林起草这份声明，7月30日声明文本得到批准，斯大林、布哈林、伏罗希洛夫、鲁祖塔克、莫洛托夫、李可夫、托姆斯基、加里宁、古比雪夫均在声明上签了字。声明驳斥了联共（布）政治局委员中存在意见分歧的任何流言，称他们始终站在同一条政治路线上，并认为自己有责任提醒不要拿这些传闻进行任何投机，这种投机行为在政治上是有害的，是与共产党员不相称的。7月31日，这项声明向各代表团团长会议作了通报，并决定向代表大会全体代表通报。

辟谣归辟谣，联共（布）党内的分歧是现实存在的。经斯大林等人修改后的提纲把一战以来的国际形势划分为三个时期，即：资本主义陷入严重危机和无产阶级进行直接革命的发动时期，资本主义制度渐趋稳定和资本主义经济复兴时期，资本主义总危机日趋尖锐和新的革命高潮时期。预言资本主义稳定即将结束，第三时期即新的革命高潮时期即将来临，在这一时期，将不可避免地导致资

[①]《斯大林全集》第12卷第21页。

本主义制度的总崩溃，要求各国共产党做好充分准备。

"六大"贯彻了斯大林的思想路线，大会决议强调说，"工人阶级群众向左转，阶级斗争尖锐化"和"阶级力量重新组合"是当前各资本主义国家的共同特点；"右倾机会主义是目前各国共产党的主要危险"，因此应把反右倾及右倾的调和态度的斗争提到首位，加强铁的纪律，保持党的统一；社会民主党特别是"左"翼社会民主党人是"最大的反革命势力"，表现出"法西斯主义倾向"，因此，各国党必须与之进行坚决的斗争，不能同他们搞统一战线。

尽管共产国际"六大"是在布哈林主持下召开的，布哈林也在会上重新被选为政治书记处书记，但从此以后他已不再到共产国际总部去了，他实际上被排挤出了共产国际的决策层。新选出的共产国际执委会明显地加强了执行斯大林路线的力量。从此以后，斯大林建立了对共产国际执委会的严格控制，加强了共产国际中的宗派教条倾向，给各国的革命事业带来了严重危害。

中国共产党内此后出现的两次"左"倾路线（立三路线和王明路线）与共产国际"六大"制定的方针和第三时期理论就有着直接的关系。1927年中国大革命失败后，革命形势明显处于低潮，但斯大林和共产国际的其他领导人坚持认为革命形势仍将继续高涨，而且革命将进入更高的阶段。在共产国际"六大"前，中共党内就批评了瞿秋白的"左"倾盲动主义错误，瞿秋白也承认了自己的错误。按说中国革命将走向正确的轨道，但第三时期的理论指导使中共不但没有来得及纠正已有的"左"倾错误，反而给它的进一步发展提供了条件。1929年6月底至7月初召开的中共六届二中全会，根据第三时期理论，指出"世界革命已进入第三时期"，"全世界革命的火山都在冒火吐烟了"。

在1929年内，共产国际接连给中共写来4封信，都强调要"反右倾"，断言"中国进到了深刻的全国的危机时期"，"现在已经可以并且应当准备群众，去实行革命的推翻地主资产阶级联盟的政权，而建立苏维埃形式的工农独裁，积极的开展着并且日益扩大着阶级斗争的革命方式"。不久，李立三主持下的中共中央作出决议，要"使国际正确的路线得以坚决的有保证的执行"。到1930年6月，李立三就制订了以武汉为中心的全国中心城市武装起义和集中全国红军攻打中心城市的冒险计划，要求打下长沙，夺取武昌，会师武汉，饮马长江。尽管这次"左"倾盲动主义在党内统治时间只有3个多月（从1930年6月到9月），但党为此付出了惨痛的代价。国民党统治区内，许多地方的党组织因为急于组织暴动而把原来的有限力量暴露出来，先后有11个省委机关遭受破坏，武汉、南京等地的党组织几乎全部瓦解，红军在进攻大城市时也遭到了很大损失。

然而，不久，共产国际又于1930年10月给中共中央来信，提出立三路线就是反国际的政治路线，批判李立三的错误是以"左"倾空谈掩盖机会主义的消极心理，即右倾实质。同时斯大林又派米夫直接来中国，指导中国革命，支持刚从莫斯科回国的王明上台。

王明上台后，指责立三路线的错误不是"左"倾，而是"右"倾，强调要反对"党内目前的右倾危险"，认为虽然目前"没有全中国的直接革命形势，但在全国革命运动新高潮日益生长和不平衡发展的条件之下，直接革命形势，最近可以首先包括一个或几个主要的省份"，"真正实现一省或几省的首先胜利，进而推进与争取全国范围内的胜利"。王明等人要求继续攻打中间营垒，强调推行"进攻路线"。王明曾自我标榜，四中全会后中央"对共产国际总路线百分之百的忠实"。

整个说来，王明等人的主张比立三错误更"左"，更有理论装饰，气焰更盛，因而造成的危害性也更大。在他统治全党的四年间，使红军力量丧失百分之九十，在白区丧失几乎百分之百。党中央不得不放弃中央革命根据地，率领红军走上长征之路。

这是斯大林和共产国际"六大"制定的方针和第三时期理论的产物，也是其搞宗派教条主义的结果。

右倾：一个武器

尽管联共（布）中央政治局曾发表声明说，中央领导人之间没有什么意见分歧，但事实上，斯大林派和布哈林派的意见分歧仍在继续，并在进一步扩大和升级。

斯大林传

开完共产国际"六大",布哈林于9月30日在《真理报》发表了《一个经济学家的札记》。

布哈林首先论述了实行新经济政策以来国民经济的发展,同时也指出苏联经济产生了一种"独特的危机",这种危机和资本主义的周期性危机不同:不是生产过剩、供大于求,而是商品荒、求大于供;不是资本积累过多,而是资金缺乏。这种危机是因为经济平衡的各种条件遭到破坏才出现的。因此,布哈林要求建立起国民经济各部门之间的"动的经济平衡"。他警告说,破坏必要的经济比例,就会破坏国内的政治平衡。

他以托派的经济理论为靶子,说最大限度地把资金从农业抽取到工业去,就能保证工业的最大发展速度,这是托洛茨基主义思想家的天真想法。工业的高速度必须以农业能有迅速的真正积累为前提。但是,目前工业蓬勃发展,而粮食产量却没有增长,粮食收购危机决不是工业品荒下的粮食过剩的表现,而是不合理的政策造成的。粮食问题必须在发展个体经济的基础上才能得到解决。

布哈林特别批评了当时基本建设投资过大,缺乏后备保证,把弦绷得太紧,认为这有点"冒险主义的气味"。布哈林指出,目前造成工业品荒的原因,并不是因为工业落后于农业而无法满足农村的需要,而是由于"工业落后于其自身",工业遇到了自身发展的极限。要解决这一问题,必须保持一种发展的协调和相应比例。[①]

布哈林的文章发表后,引起了斯大林的强烈不满。10月8日,在9名政治局委员有5人(包括布哈林)不在的情况下,斯大林、莫洛托夫、加里宁、李可夫通过了一个关于布哈林问题的决定,说鉴于布哈林文章中存在一些有争论的论点,《真理报》本不应在未通知中央政治局的情况下发表它。

不久,《真理报》编辑部一名工作人员 B.C. 波波夫-杜博夫斯基给莫洛托夫写了一封告密信,称在《真理报》工作的阿斯特罗夫、斯特普柯夫、策伊特林及布哈林的其他拥护者从事反对中央委员会的派别活动。斯大林早就盯着《真理

---

① 参见《布哈林文选》中册第270—299页。

报》这一阵地，这封告密信成了撤换《真理报》编委会和编辑部中布哈林拥护者的借口。上述人员均被撤职，Γ.克鲁明被任命为副主编，在他及一批新的编辑人员的参与下，布哈林虽仍任《真理报》主编，但已不能决定编辑方针。

10月18—19日，莫斯科委员会和莫斯科监委举行联席全会。莫斯科市委书记是乌格兰诺夫，他是布哈林的坚决支持者。斯大林对莫斯科市委很不放心。早在1928年初，为了及时摸清莫斯科组织的情况，斯大林曾派莫洛托夫、鲍曼去莫斯科组织，参加莫斯科委员会会议。3—4月间，斯大林还两次与莫斯科领导人会谈，就工业化速度、轻重工业的关系、同农民的关系等交换意见，但没有达成共识。

这次莫斯科组织的十月全会，斯大林也来了，并在会上发表了《论联共（布）党内的右倾危险》的讲话。斯大林列举了党内右倾的种种"表现"：企图拉着党离开第十五次代表大会的决议而后退，否认向农村资本主义分子进攻的必要性；要求收缩工业，认为目前工业的迅速发展会使国家遭到灭亡；否认资助集体农庄和国营农场的适当性，认为这种资助是浪费金钱；否认在自我批评的基础上反官僚主义斗争的适当性，认为自我批评会削弱我们的机关；要求放松对外贸易垄断制；等等。斯大林说："如果右倾在我们党内获胜，那就意味着我国资本主义成分大大加强"，"就会使资本主义在我国恢复所必需的条件增长起来"。[①]

"右倾"这一提法的提出，使广大党员感到很突然。有人说："请给我们指出右倾分子或调和分子，请说出他们的姓名，好让我们来惩办他们。"

斯大林回答说："问题不在于人，而在于产生党内右倾危险的条件和环境。"[②]

显然，斯大林认为还没有到摊牌的时候。他把右倾分子限定在地方机关："在我们政治局内既没有右倾分子，又没有'左'倾分子，也没有对他们采取调和态度的分子。"他认为莫斯科组织有一些已经发现的错误，"有过犹豫和动摇，有过不稳定的因素"，但斯大林没有具体说明表现在什么地方。[③]

---

① 参见《斯大林全集》第11卷第195页。

② 同上，第193页。

③ 《斯大林全集》第11卷第203、205页。

乌格兰诺夫在发言时一般地承认莫斯科组织存在错误，但否认有右倾的错误，甚至说，现在存在一种企图用排除一些有威望的领导人的办法去寻求摆脱政治和经济困难的情绪。

然而，在全会上，支持乌格兰诺夫的莫斯科委员会常委莫洛兹、曼杰利什塔姆等人及一些区委领导人被解除职务。11月27日，乌格兰诺夫本人也被解职，鲍曼接替他担任了莫斯科市委书记。

1928年11月16—24日，联共（布）中央召开全会，主要讨论1928—1929年度国民经济的控制数字问题。为给全会起草一个决议，成立了由斯大林、布哈林、李可夫、奥尔忠尼启则、古比雪夫、米高扬、克尔日札诺夫斯基组成的一个委员会。在会上，特别就农业问题出现了激烈的争论。布哈林、李可夫和托姆斯基在会上提出集体辞职。在奥尔忠尼启则的斡旋下，他们三人最后收回了辞呈，但一天后交给了斯大林一份16点声明：要求停止反右倾运动；对共产党人讨论党的政策不要乱扣"倾向"帽子；对所谓犯"右倾"错误的人不要滥用组织措施；恢复被解职的《真理报》工作人员的职务；停止对莫斯科领导人的批判；等等。其中一部分要求得到满足。①

斯大林在会上作了《论国家工业化和联共（布）党内的右倾》的讲话，强调保持工业发展高速度的必要性，主张尽量增加工业的基本投资。在谈到右倾时，斯大林说这"是一种还没有形成机会主义的而且是可以纠正的倾向"，称"右倾分子"还没有组成"派别组织"。②

斯大林在会上批判右倾，但没有点布哈林的名，而是直接拿弗鲁姆金开刀。弗鲁姆金于6月给政治局写过一信后，又于11月给中央写了第二封信。他在信中对苏联农业的状况表示担忧，建议"不应当妨碍富农经济的生产，同时要和它的奴役性剥削作斗争"，并建议压缩基建投资。斯大林对他的两封信都进行了批判，称右倾的"第一把交椅应当让弗鲁姆金去坐"。③

---

① 参见郑异凡《布哈林论稿》第371页。
②《斯大林全集》第11卷第244、246页。
③《斯大林全集》第11卷第232—237页。

全会经过激烈争论，最后还是一致通过了《关于1928—1929年度的国民经济控制数字》的决议，决定基本建设投资为16.5亿卢布，比上一年度增加3.2亿卢布，其中三分之二用于重工业。这体现了在会上所说的"迅速发展工业"的方针，即"尽量增加工业的基本投资"。不过，决议在阐述鼓励和支持集体农庄的发展时，也强调要"尽量加强对贫农和中农群众的经济刺激"，认为"在刺激个体农民经济的发展方面，党和苏维埃机关远未采取一切可以保证基本农民经济大大提高的措施"。①

"右倾"帽子的提出，使斯大林找到了击败对手的武器。然而，布哈林、李可夫等人对此反应太慢，他们没有理直气壮地否定右倾的存在，而是同意这种提法，仅仅设法缩小或缓和右倾的含义。11月30日，李可夫在列宁格勒党组织积极分子会议上作关于《中央十一月全会的总结》的报告时说："我们所说的党内倾向，指的是这样一些有微小差别的不同意见，这些意见在基本原则问题上，是同党、党的纲领、党的决议一致的，是站在党性立场上并遵守党的纪律的，不但在目前所处的这个时期的这一些或另一些问题上，这些意见偏离了党的基本路线，主要是低估了我国社会主义建设和对私人资本主义成分进攻的可能性。在谈到右倾时，指的是在现阶段必须采取思想斗争来加以克服的那种党内的倾向。"② 他们心里不会不明白，承认"右倾"的存在等于承认自己的"错误"，也就等于为自己写下了判决书。

斯大林心里也很清楚，他们既然承认了"右倾"的存在，也就等于自己已经掌握了这个武器。但这还不够，还需要采取一些组织措施去削弱布哈林等人的权力。他向他们的主管部门派去了中央代表，借以限制他们的作用：往人民委员会主席李可夫处派去了奥尔忠尼启则，往布哈林的《真理报》派去了萨维利耶夫（后来是麦赫利斯），往共产国际派去了曼努伊尔斯基，往托姆斯基的工会派去了卡冈诺维奇。规定这些部门的一切指示均需有中央代表联署方为有效，并且中央代表拥有否决权。布哈林把这称为"建立了政治委员制"。

---

① 参见《苏联共产党代表大会、代表会议和中央全会决议汇编》第3分册第462—479页。

② 参见《李可夫文选》，人民出版社1986年版，第404页。

斯大林传

20世纪20年代末的古比雪夫

12月10—24日，全苏工会召开了第十一次代表大会。大会选举鲁祖塔克、奥尔忠尼启则、古比雪夫、卡冈诺维奇、日丹诺夫进入新的工会中央理事会。这就明显削弱了工会理事会主席托姆斯基的权力。托姆斯基抱怨说，由于中央书记卡冈诺维奇进入理事会，使工会内形成了"两个中心"，他已无法领导工会的工作。因此他于12月23日再次提出辞职。辞职虽未批准，但他坚决拒绝参与理事会的工作。

面对这一切，布哈林感到大势已去，但他也无奈，只能写写文章谈自己的想法。从年底至1929年初，他连续发表了《目前形势和我们报刊的任务》《列宁和科学在社会主义建设中的任务》及《列宁的政治遗嘱》三篇文章。他在文章中措辞严厉地批评那种高速发展工业的政策是"疯人政策"，认为城市和农村脱节的危险是苏联最主要的内部危险，一切不幸的根源是苏维埃工作人员染上了官僚主义。他把列宁晚年的五篇文章作为一个完整的思想体系、一个完整的建设社会主义的计划，从是否执行列宁的政治遗嘱、是否继承列宁的未竟事业这个角度，再次对斯大林的方针政策提出批评。①

大转变的一年

1929年，新的一年开始了，对布哈林等人来说，这一年并未给他们带来什么好运。

元旦没过多久，1月20日，托派就以《党被蒙着眼睛领向新的灾难》为题，在莫斯科散发了布哈林和加米涅夫的谈话纪要。从此，形势急转直下。谈话纪要的披露，为斯大林提供了有力的口实来指责布哈林组织派别集团、从事非组

---

① 参见《布哈林文选》中册第300—360页。

织活动。

1月30日，斯大林在联共（布）中央政治局和中央监委主席团联席会议上发表了《布哈林集团和我们党内的右倾》的演说。

斯大林说："不管多么令人痛心，也不得不确认一个事实，就是我们党内形成了由布哈林、托姆斯基和李可夫组成的特殊的布哈林集团。过去党一点也不知道有这个集团存在，因为布哈林分子对党严密地隐瞒了这个集团存在的事实。"这个集团是一个右倾投降主义的集团，"布哈林曾经受这个集团的委托，曾经和加米涅夫进行幕后谈判，以便组织布哈林分子和托洛茨基分子的联盟来反对党和党中央"。

斯大林说，布哈林集团有其与党的政策相对抗的特殊政纲：（1）要求降低工业发展的速度；（2）要求收缩集体农庄和国营农场的建设；（3）要求规定私人贸易完全自由并放弃国家在贸易方面的调节作用。①

布哈林拒绝接受对他的指控，他在会上代表他们三人宣读了一份事先准备好的长篇声明。声明说：斯大林的"贡款"口号实际上是"对农民实行军事封建剥削的口号"，是在对农民征收"超额税"的基础上推行高速工业化的方针，这是一项导致灾难的政策，斯大林已完全站在托洛茨基的立场上去了，是在搞新的"军事共产主义"；斯大林滥用权力，使党内缺乏民主，党的代表大会的决议是一回事，而斯大林执行的却是另一回事，党的决议成了一纸空文，党内民主成了虚假的东西，党在"官僚主义化"，"我们在培植官僚主义"，党内没有选举产生的书记，而是由上面任命的，国家的紧迫大事得不到讨论，而是由上头说了算；共产国际执委会的政策是错误的，斯大林把"机会主义""调和派""蜕化变质分子"等帽子扣在不同意他的意见的共产党人身上，用吆喝命令的办法对待兄弟党，这种政策使共产国际各支部瓦解、涣散、分裂等；党内有人对他们进行组织围攻，因此他们不得不提出辞职；等等。②

会议决定成立一个小型委员会来调查布哈林—加米涅夫会晤和布哈林的声明

---

① 参见《斯大林全集》第11卷第274—275页。

② 参见郑异凡《布哈林论稿》第380—382页。

问题，参加该委员会的成员除斯大林和布哈林外，还有伏罗希洛夫、基洛夫、莫洛托夫、柯罗特可夫、奥尔忠尼启则、鲁祖塔克和雅罗斯拉夫斯基。

（从左至右）米高扬、基洛夫、斯大林在一起（莫斯科红场，20世纪30年代初）

这个委员会于2月7日提出了一份方案，要求布哈林承认同加米涅夫的会见是犯了"政治错误"，收回1月30日的声明，并且回到他的工作岗位上去（不再坚持辞去《真理报》和共产国际方面的职务，作为交换，中央放弃对布哈林的指控动议）。

布哈林拒绝了这个和解方案，并且和李可夫、托姆斯基一起又起草了一份声明。2月9日，中央政治局和中央监委主席团召开联席会议，李可夫在会上宣读了他们三人签署的声明，重申坚持他们的观点，坚决否认所谓企图同加米涅夫组织派别集团的指责，说这是"粗暴地歪曲事实"，企图发明一个"派别"，归根到底想"败坏我们的声誉"，"给我们定罪"。在这里，布哈林等人的辩解是有道理的。当时加米涅夫等人已公开声明，退出托季联盟，表示支持斯大林多数派的政策，不给布哈林以任何支持。而且尽管加米涅夫、季诺维也夫恢复了党籍，但他们在党内已无足轻重。因此，当时不可能存在一个"布哈林分子和托洛茨基分子的联盟"，布哈林也不可能去与这些无足轻重的人结成什么联盟。

这次联席会议没有理会布哈林等人的辩解，斯大林利用自己在会上的多数地位，使全会通过了关于党内事件的决议，抓住布哈林同加米涅夫会晤一事，指责他们搞派别集团，想改变党的经济政策并"相应地更换政治局成员"，而李可夫和托姆斯基知情不报，"这种行为是完全不能允许的"。为了绝对维护党的统一，会议决定：

（1）认为布哈林对中央委员会工作的批评是毫无根据的；

（2）责成布哈林在国内政策方面坚决同弗鲁姆金路线划清界限；

（3）不同意布哈林和托姆斯基辞职；

（4）责成布哈林和托姆斯基忠诚地执行共产国际执委会、党和中央的一切决议。

双方各不相让，看来最后的角逐在所难免。

1929年4月16—23日，联共（布）中央和中央监委举行联席全会。对这次全会，斯大林做了精心准备，在会上作了《论联共（布）党内的右倾》的长篇讲话。他已不再谈党内和解，而是强调分歧和斗争。指出党内存在两条路线：一条是中央的路线；另一条是布哈林集团的机会主义路线，这是一条"用发表反党宣言的方法，用辞职的方法，用污蔑党的方法，用暗中破坏党的方法，用和昨天的托洛茨基分子为组织反党联盟进行幕后谈判的方法来反对党的路线"。

斯大林在发言中，论证了他的"贡款"论、发展集体农庄和超高速发展工业的措施。再次深入阐述了其阶级斗争尖锐化的理论，批判了布哈林所谓"阶级斗争熄灭论"和"富农长入社会主义"的理论。他称托姆斯基是"工联主义政客"，布哈林"不久以前还是托洛茨基的门生"，他的理论是荒谬的"胡说八道"，布哈林派的宣言是"无耻的粗暴的造谣"。

在会上，布哈林、托姆斯基、乌格兰诺夫想用和斯大林不久以前他们之间的友谊来缓和他的讲话和评价，但斯大林没有理会这些，称所有这些东西是连"一个破钱都不值的"。①

布哈林等人在会上据理力争，但已无济于事。全会最后通过了《关于党内事件》的决议，决定撤销布哈林《真理报》主编和共产国际政治书记处书记的职务，撤销托姆斯基全苏工会中央理事会主席的职务。4月底召开的党的第十六次

---

① 参见《斯大林全集》第12卷第3—96页。

代表会议批准了四月全会的这一决议。7月，共产国际执委会召开第十次扩大全会，决定撤销布哈林共产国际执委会主席团委员的职务。

此后，在全国开展了狠批"右倾分子"的运动，而这同时也就成了加速进行集体化的实际信号。

1929年11月7日，斯大林在《真理报》发表长篇文章《大转变的一年》，宣布在农村开始全盘集体化，并说国家已经摆脱粮食危机，"右倾机会主义者（布哈林集团）的断言已经破产而且被粉碎了"。他断言，集体农庄已经成为农村中社会主义发展的"大道"了。①

斯大林的这一文章，为11月召开的中央全会定下了调子。这次全会是11月10—17日召开的，主要讨论关于1929—1930年度的国民经济控制数字、集体农庄的建设和"布哈林集团"等问题。在全会上，布哈林、李可夫、托姆斯基等人遭到了轮番的攻击。11月12日，他们三人发表了一个声明，称他们"过去和现在完全赞同党的总路线"，赞同五年计划和"政治局决议中向本次全会建议的控制数字"，"坚决赞同为工业化规定的速度，赞同建立集体农庄和国营农场及规定的速度。我们主张同富农进行无情的斗争。我们主张依靠贫农，全力组织他们去反对富农，主张同中农建立牢固的联盟"。他们认为，他们同中央的分歧只有一点，即非常措施问题。因此，他们声明，"我们同中央多数之间的意见分歧在消失"。

尽管布哈林、李可夫、托姆斯基宣布"分歧在消失"，但与会者仍揪住他们不放。斯大林在会上批判了农民合作社长入社会主义的公式。奥尔忠尼启则认为，分歧不在非常措施，而在于工业发展速度，在集体化基础上改造农业。布勃诺夫在发言中大批"有组织的资本主义"，批判《列宁的政治遗嘱》一文，说布哈林用他本人的合作社计划来顶替列宁的合作社计划。莫洛托夫在会上作了长篇发言，逐条批驳了他们三人的声明，认为同"右倾分子"的分歧涉及一系列重大问题：关于工业化的速度问题、集体农庄和国营农场的建设及与之相联系的向富

---

① 参见《斯大林全集》第12卷第106—121页。

农的进攻、同官僚主义作斗争、共产国际的政策等。"根本争论是阶级力量的不同估计,对阶级斗争的不同态度,对阶级任务的不同理解。问题中的问题是如何动员工人阶级向苏联国内的资本主义成分展开进攻,为在全世界推翻资本主义而进行革命斗争"。他断言反对非常措施就是反对加强对富农的进攻,想把进攻政策改为退却政策。①

11月17日,全会最后通过了《关于布哈林集团》的决议,认为11月12日声明"是派别活动性质的文件,是与托洛茨基分子的'退却'手腕(……)相类似的政治破产者的派别活动手腕","是一种敌视党的文件",因此,全会决定撤销布哈林政治局委员的职务,对李可夫、托姆斯基等人提出警告。②

过了一个星期,即11月25日,忍受着巨大压力的布哈林、李可夫、托姆斯基向中央写了一封短信:

> 最近一年半我们和联共(布)中央多数在一些政治和策略问题上有过意见分歧。我们在一些文件、在联共(布)中央和中央监委会的全会以及其他会议的发言中阐述了自己的观点。
>
> 我们认为有责任声明,在这一争论中党及其中央是正确的。在人所共知的一些文件中所表述的我们的观点是错误的。我们承认自己的这种错误,我们从自己这一方面将竭尽全力和全党一起同偏离党的总路线的一切倾向,首先是右倾和调和主义进行坚决斗争,以克服任何困难和保证社会主义建设的完全胜利和早日胜利。③

布哈林、李可夫、托姆斯基承认自己错了,这也就宣告了他们一整套主张的失败,也宣告了他们政治上的失败。布哈林从此以后失去了党和国家的领导地

---

① 转引自郑异凡《布哈林论稿》第404、406—407页。

② 参见《苏联共产党代表大会、代表会议和中央全会决议汇编》第4分册,人民出版社1957年版,第110—112页。

③ 转引自郑异凡《布哈林论稿》第409—410页。

位，托姆斯基和李可夫在1930年相继被撤销政治局委员职务，李可夫还被解除了人民委员会主席职务，莫洛托夫由斯大林提名当上了主席。列宁逝世后"十三大"选出的7名政治局委员托洛茨基、季诺维也夫、加米涅夫、布哈林、李可夫、托姆斯基、斯大林，至此已只剩下斯大林一人了。而正是斯大林，列宁在《给代表大会的信》中曾要求想个办法把他从总书记的位置上调开。

  但是，斯大林通过几次党内斗争牢牢地掌握了权力，在党内、国内以及共产国际内确立了唯我独尊的地位。这年的12月，斯大林在马克思主义者土地问题专家代表会议上宣布："我们所以采取新经济政策，就是因为它为社会主义事业服务。当它不再为社会主义事业服务的时候，我们就让它见鬼去①。"从此，苏联历史发生了重大转折：列宁倡导的新经济政策被中止，代之而起的是在全国急风暴雨式的全盘集体化运动和超高速的工业化运动；"在阶级斗争尖锐化"理论指导下开始大规模镇压运动；在政治、经济及社会生活中确立了行政命令体制；等等。这就是说，在苏联社会主义建设中，以新经济政策为标志的列宁的建设模式被抛开，代之而起的是被称之为苏联模式的斯大林模式。

---

① 《斯大林全集》第12卷第151页。全集中译作"我们就把它抛开"。

第五章

自上而下的革命

集体化：一个神话

早在苏维埃政权建立后的土地改革中，在"军事共产主义"的年代里，苏维埃俄国就搞过集体农庄和国营农场，但当时数量很少，而且它一出现就不受农民欢迎。列宁也很快认识到：集体农庄问题不是当前的问题，国营农场也不理想，因此，不应奢想向社会主义和集体化过渡，必须依靠个体农民。①

新经济政策的实行使经济得到了迅速的恢复和发展，小农经济发展起来了，大部分农民成了中农，一小部分善于经营的农民成了富裕农民或富农。对于如何认识新经济政策，如何认识富农，如何引导农民走社会主义道路，布尔什维克党内本来就有不同看法。列宁逝世后，党内对这些问题的争论更趋表面化、尖锐化。几次党内斗争都与此有关，对这些问题的争论与权力斗争的因素搅和在一起，把党内生活搞得沸沸扬扬。

到 1927 年底，联共（布）党的"十五大""把个体小农经济联合并改造成为大规模的集体经济"作为党在农村中的基本任务，但要采取小农自愿的办法，不能使用强迫方法，也必须在使农民进一步合作化的基础上逐渐进行。斯大林在大会上提出的关于把集体农庄作为改造小农经济的唯一出路的观点并未被大会完全采纳。

但是，随着和所谓布哈林"右倾投降主义集团"斗争的逐渐深入，苏联的集

---

① 参见《列宁全集》第2版第40卷第177页。

体化运动也逐步开展起来。1927年底，全国只有20万农户参加了集体农庄，占全部农户的0.8%；全国也只有14800个集体农庄，但到1929年4月当反"布哈林集团"的斗争取得决定性胜利后，集体化运动便立即在全国开展起来。斯大林宣布："从1929年夏季起，我们进入了全盘集体化阶段，开始了向消灭富农阶级的政策方面的转变。"①

被判处流放的富农（列宁格勒，1928年）

被消灭的富农（1929年）

---

① 《斯大林全集》第12卷第157页。

斯大林传

从1929年年中开始，国家对集体农庄的帮助越来越多，如提供贷款、供应机器和农具，划拨好地，税收上给予优惠，等等。报纸也开始大量刊登农民代表对参加集体农庄的观感、体会，大造舆论。一些地区根据上级的指示和命令，搞"摊派""突击运动"，向农民答应参加集体农庄就提供技术、提供农艺师帮助等无法兑现的诺言。从这年夏天开始，个别区和专区提出了要把整个区的农户都实行"全盘集体化"的口号。

即使这样，到1929年11月初为止，全国也只成立67400个集体农庄，集体化的农户只有约192万户，占全部农户的7.6%。参加集体农庄的大部分为贫农，中农很少。可是，斯大林急急忙忙把这些个别事实加以综合，在《大转变的一年》中宣称："目前集体化运动中具有决定意义的新现象，就是农民已经不像从前那样一批一批地加入集体农庄，而是整村、整乡、整区甚至整个专区加入了。这是什么意思呢？这就是说，中农加入集体农庄了。"斯大林认为，这是集体农庄根本转折的开始，要求在全国迅速开展集体化运动，并且断言，随着集体农庄和国营农场的发展，"再过两三年我国就会成为世界上粮食最多的国家之一，甚至是世界上粮食最多的国家"。[①]

就在1929年11月召开的中央全会上，斯大林和莫洛托夫要求加快集体化的速度。莫洛托夫甚至说："在现在条件下还谈5年实现集体化，已经完全没有必要。对主要的农业区和州来说，尽管它们实行集体化的速度有很大差别，但现在应该想的不是5年实现集体化，而是在下一年。"[②] 全会根据莫洛托夫的报告，通过了《关于集体农庄建设的总结和今后的任务》的决议，宣布"苏联已进入了对农村普遍进行社会主义改造和建设社会主义大农业的时期"，要求在最近几个月至少派遣2.5万名具有相当组织才能和政治经验的工人到集体农庄、机器拖拉机站等岗位上去指导集体化。

1929年12月5日，联共（布）中央政治局成立了以农业人民委员雅科夫列夫为首的全盘集体化地区委员会（通称特设委员会），研究和总结推进集体农庄

---

① 《斯大林全集》第12卷第118页。

② 参见《斯大林研究》1993年第2期第76页。

建设问题，起草关于集体化问题的决议。很快，他们就草拟了《关于全盘集体化的州》的决议草案，建议在5年（即第一个五年计划）内完成"绝大多数农户"集体化的任务，在主要产粮地区用2—3年时间，在其他地区用3—4年时间，在经济落后的少数民族共和国，集体化则要推迟到第二个五年计划才能完成。决议草案还建议：在集体化中要谨慎从事，既不要醉心于用行政命令手段和缺乏根据地把那些准备不够的区和州宣布为全盘集体化的州和区，也不要人为地阻止集体化运动的发展。

12月22日，决议草案提交中央政治局。斯大林看了后，对集体化的期限和要求谨慎从事方面的提法很不满意，指示对此作出修改。根据斯大林的意见，特设委员会重新作了修订，形成了《关于集体化的速度和国家帮助集体农庄建设的办法》的决议草案，删去了要求谨慎从事方面的内容，大大缩短了完成集体化的期限，认为"在五年计划期间，我们不仅能按照五年计划的规定完成20%的播种面积的集体化，而且能完成绝大多数农户集体化的任务。像伏尔加河下游、伏尔加河中游和北高加索这些主要产粮区的集体化，可能在1930年秋季或至迟在1931年春季就基本上完成；其他产粮区的集体化，可能在1931年秋季或至迟在1932年春季基本上完成"。①1930年1月5日，联共（布）中央通过了这个决议草案。

这个决议一公布，农民尤其是中农想不通。在1929年4月公布的第一个五年计划中，还肯定个体经济发展的必要性，只要求在5年内全部农户的18%—20%、全部播种面积的17.5%实行集体化。但在上面的强大压力下，不仅先进的产粮地区，而且在中部黑土地区及莫斯科州，甚至在东部各共和国也决定"在1930年春季播种运动期间"完成集体化。粗暴的压力、威胁代替了在农民中应有的解释工作，农民不得不在"作为富农没收土地和财产"的威胁下加入集体农庄。许多州提出这样的口号："谁不加入集体农庄，谁就是苏维埃政权的敌人。"不仅开始没收富农的财产，而且连那些不愿加入集体农庄的中农也被没收了财

---

① 参见《苏联共产党代表大会、代表会议和中央全会决议汇编》第4分册第113页。

产，甚至把一些农民算作"富农的帮手"，连同富农一起迁到了边远地区。与此同时，一些地方机构对农民威胁和利诱并用，许诺给农民拖拉机和贷款，说"什么都给，加入集体农庄吧！"而且，在搞集体化时，片面追求大而公，土地共耕社也转而采用公有化程度较高的劳动组合和公社的章程，甚至连唯一的一头奶牛、小牲畜都归公了。中央报刊也一味号召各级党组织加快集体化的

第一台集体农庄拖拉机（1930年）

步伐。《真理报》在1930年2月3日的社论中甚至提出：1930—1931年度达到75%的集体化指标，这并不是上限。

就这样，全苏集体化水平急剧提高，到1930年3月初，加入集体农庄的农户猛增加到全部农户的57%。但农民却对此极度不满，他们把粮食藏起来，把牲畜和家禽杀掉，哀怨之声遍布各地。许多地方公开举行反对政府的抗议行动。据统计，在1930年1月初至3月中旬，立案审查的农民反苏武装暴动就达2000多起。在1929年秋、冬两个季节从各地农村写给斯大林、加里宁的控诉、抗议信就达9万封。

农村出现的诸如此类情况，斯大林和联共（布）中央也察觉到了。1930年

为建立集体农庄，农民在忍饥挨饿

3月2日,《真理报》发表了重新修订的农业劳动组合示范章程,修订稿考虑到了农民的实际情况和情绪。这一天,斯大林还在《真理报》上发表了《胜利冲昏头脑》一文,谴责了集体化中的过火行为,强调集体化必须遵循自愿原则,认为集体化中出现"偏差"的根源在于一部分地方干部的"鲁莽"。但斯大林又说,截止到2月20日50%的农户实现了集体化这件事,是一个极大的成就,说明集体化取得了"重大胜利",说明"农村向社会主义的根本转变可以认为已经有保障了"。因此当前的任务是"巩固既得的胜利,有计划地利用这些胜利以求进一步的前进。"①

正在给集体农庄庄员分配农活

3月14日,联共(布)中央通过了《关于反对歪曲党在集体农庄运动中的路线》的决议,要求采取实际措施制止用强迫命令的方法实行集体化,禁止强制实行住宅、小牲畜、家禽等公有化,恢复集市,不要限制农民在市场上出售其产品。4月3日,斯大林又发表《答集体农庄同志们》一文,再次强调了集体化中

---

① 参见《斯大林全集》第12卷第167—176页。

的自愿原则,指出不要跳过劳动组合而直接成立农业公社,不要用不正确的方式甚至暴力对待中农。并指出,在集体化中之所以产生许多错误和过火行为,"是由于我们在集体农庄运动方面迅速取得的胜利而产生的",是胜利冲昏头脑,"我指的不仅是地方工作人员,而且是个别省委工作人员和个别中央委员"。①

斯大林的文章和中央决议发表后,立即平息了许多地区的怒潮,农民开始大批地退出集体农庄。据统计,到1930年7月1日,留在集体农庄的农户已只占全部农户的23.6%。

然而,在1930年6月26日至7月13日召开的第十六次代表大会上,斯大林等人在会上宣扬集体化是"党的路线的胜利",继续展开集体农庄和国营农场的建设,是党在农村建设中的首要问题,过去的一切一去不复返了,"富农阶级注定要灭亡,而且一定会消灭。剩下的只有一条道路,集体农庄的道路"。②

政治局委员斯大林、伏罗希洛夫、莫洛托夫、卡冈诺维奇、奥尔忠尼启则、加里宁、古比雪夫等在联共(布)第十六次代表大会代表中

从1930年秋天开始,集体化运动再一次大规模展开。12月召开的联共(布)中央委员会和中央监委联席全会认为,在五年计划的头两年,集体化已取得了巨大成就,并基本上解决了粮食问题,要求全国各地加快集体化的步伐,在1931年:乌克兰草原区、北高加索、伏尔加河中下游等地区加入集体农庄的农户平均不少于80%;中央黑土地区、西伯利亚、乌拉尔、乌克兰森林草原地带、哈萨克

---

① 参见《斯大林全集》第12卷第177—186页。

② 同上,第290—291页。

第五章 自上而下的革命

斯大林（前排中）与伏罗希洛夫（前排左三）、莫洛托夫（前排右二）、卡冈诺维奇（前排右一）在联共（布）十六大代表中（1930年）

斯坦产粮区必须保证使 50% 的农户集体化；在粮食不能自给（消费）区要保证使 20%—25% 的农户加入集体农庄；在产棉区和甜菜区使 50% 以上的农户加入集体农庄。从而基本上完成集体化，并消灭富农阶级。①1931 年 3 月，斯大林在给东西伯利亚边疆区委的电报中说，"不仅不要禁止，相反要鼓励'地方组织'超额完成任务"。②

在集体化的这一高潮中，尽管采取了某种鼓励加入集体农庄的措施，如大肆吹嘘建立新的机器拖拉机站计划、许诺提高集体农庄庄员劳动报酬、保证集体农庄庄员经营一定规模的个人副业等，但农民仍然遭到了暴力的蹂躏和无情的压力。到 1932 年底，加入集体农庄的农户占总农户数的 62.4%，集体农庄和国营农场的播种面积占全国播种面积的 80%。1932 年被宣布为"完成全盘集体化的一年"。到第二个五年计划后的 1937 年底，参加集体农庄的农户数达 93%，播种面积达到 99.1%。

从纯粹的数字来看。集体化是完成了，但它的后果是惨痛的、深远的。

---

① 《苏联共产党代表大会、代表会议和中央全会决议汇编》第4分册第200—203页。
② 参见《斯大林研究》1993年第2辑第81页。

斯大林传

首先，在集体化中，把富农作为一个阶级消灭时，消灭的不仅是富农，而且也伤及了中农和贫农。

集体化全盘开始前，就如何处置富农及让不让富农参加集体农庄，党内存在着不同意见。1929年12月，斯大林在马克思主义土地问题专家代表会议上发表演说时，对尚在讨论中的富农问题作了最终裁夺。他说，党要"向富农发起真正的进攻"，要从限制富农剥削趋向的政策过渡到消灭富农阶级的政策。对于"能不能让富农加入集体农庄"的问题，斯大林回答说："当然不能让他们加入集体农庄。所以不能，是因为他们是集体农庄运动的死敌。"[①]

1930年1月政治局成立了以莫洛托夫为首的专门委员会，负责制订实施这一政策的具体办法。随后，委员会起草的《关于在全盘集体化地区消灭富农经济的措施》的决议草案，得到了中央政治局的批准。规定没收富农的生产资料，包括牲畜、生产用房、农产品加工企业和种子储备等，要求各地立即废除关于租佃土地、使用雇佣劳动等法律。

这个决议把富农经济划分为三类：第一类是反革命富农的骨干、恐怖活动和反苏维埃活动的组织者，对这类富农应立即逮捕，送进监狱或劳改营，其中对特别危险的分子要处以极刑，其家庭成员要迁到边远地区；反对集体化的"大富农和过去的半地主"属于第二类，本人及其家属应驱逐到边远地区；其余的富农分子属于第三类，把他们安排在集体化居住区以外的某一指定地点，并另外分配给他们土地，要他们承担相应的生产任务和义务。[②]1930年2月4日，联共（布）中央执行委员会和人民委员会给各地苏维埃电报指示：属于第一类的富农有6万余户，第二类约15万户，第三类约80万户。

20世纪30年代初的莫洛托夫

---

① 参见《斯大林全集》第12卷第146—150页。
② 戴隆斌主编《苏联历史档案选编》第15卷社会科学文献出版社2002年版第601页。

第五章 自上而下的革命

随后，采用恐怖手段强行消灭富农的运动在全国开展起来。各地都在努力寻找富农，以超额完成上面规定的"定额""控制数字"。

据联共（布）中央监察委员会专门委员会的统计，仅在1930年和1931年分别有115231户和265795户被没收了财产并被驱逐到北部、乌拉尔、西伯利亚等荒无人烟、几乎无生存条件的地区，在这些地区出现了许多"富农村"，这些"富农村"有武装看管，直到卫国战争结束后才解除。实际上这是变相的集中营。

这些被剥夺的富农的状况是很悲惨的。在迁徙中，很多富农或生病，或试图逃跑，死去的人很多。试图逃跑的人或者被击毙，或者送进了集中营，结果很多人还没到迁徙地就死了。据统计，1931—1932年被迁移的41.3万农户中，只有37万户到达了目的地。[①] 到达迁徙地后，要在监督下从事繁重的体力劳动，生活无保障，尤其是儿童，死亡率很高。据档案文献提供的材料，年幼儿童（8岁以下）的死亡率尤其高，在某些边疆区死亡率在1个月内达到儿童总数的10%。儿童这种死亡率之所以如此之高，一方面是因为卫生、日常生活和气候很差的原因，另一方面也是由于他们的食物数量不足和质量很差造成的。因此，联共（布）中央政治局在1931年12月23日通过决议，就纳雷姆边区的情况，责成国家政治保卫总局加快对已开工的医疗机构及托儿所的建设，不迟于1932年1月1日开办5—6个新医院。由于缺乏营养造成大批儿童的死亡，边疆区卫生局要建立一些能维持6个月，同时能接纳8岁以下最虚弱的儿童2000名的流动营养站。供应人民委员部要在3天的期限内拨出必要的食品。供给营养站的资金从国家政治保卫总局划拨给西西伯利亚的特别移民的开垦费用中拨出。

移民的卫生状况极差，结果在移民区发生了大规模的流行病。1932年1月28日联共（布）中央政治局专门通过决议，指出："特别移民地区的卫生状况不好，这是由于经济部门没有建设必要的住房和辅助设施（浴室、洗衣房、医疗机构、消毒室、水井）造成的，同时也是由于卫生保健部门不能令人满意的工作造成的。结果是在一系列移民点，特别是在北方边疆区（科诺沙维尔斯克）、哈萨

---

① 参见《斯大林研究》1993年第2辑第87页，1995年第5辑第78—79页。

克斯坦（卡尔塔尔斯特罗伊、卡拉干达）及乌拉尔州的工业地区，发生了大范围的极易传染的疾病（斑疹伤寒、自然的天花等）。到目前为止，防止流行病的措施不得力，没有收到应有的效果。传染病患病率增加和所有特别移民对荒无人烟地区（哈萨克斯坦、纳雷姆、乌拉尔北部、北方边疆区等等）严寒的不适应导致了死亡率的大大提高。"①

苏联学者估计，在剥夺富农的过程中，消灭的富农户总数大约在100万—110万户。许多富农在被迁徙的途中试图逃跑，但结果很惨：逃跑者或者在路上就被击毙，或者被送回集中营。1931—1932年被迁移的41.3万农户中，只有37万户到达了目的地。②

用进行大规模阶级斗争的办法来消灭富农阶级，这无疑侵犯了中农甚至贫农的利益。实际上，在全盘集体化开始前，苏联的富农户并不多。经过1928—1929年在粮食收购中采取非常措施的结果，全国的富农户从1927年的约90万户降到了60万—70万户，只占全部农户的2.5%—3%。而在实际消灭富农的过程中却达100万—110万户，有的地区竟高达15%—20%以上，每一个富农后面都跟着三四个被逮捕的中农或贫农。在1930年春天，斯大林批判"胜利冲昏头脑"后，苏联为一批错划为富农的人"恢复了名誉"。如在库尔斯克区，8949户被剥夺的富农中恢复为中农或贫农的有4453户；在利戈夫区，4487户中有2390户恢复了名誉，均占一多半。③

在彻底消灭富农的过程中，所依据的是所谓财产标准，而不是社会标准，只要每人的年收入高于300卢布（但全家至少1500卢布），做买卖，出租农具、机器、房舍，有磨坊、油坊，如此等等，都在消灭之列。在这些特征中，哪怕只具备一个，就可以使一个农民变成富农。因此，在实践中，最勤奋、最能干、最节俭、最有进取心的劳动者遭受了苦难。这不仅在社会主义和平建设时期人为地加剧了社会动荡，破坏了社会安定，而且也人为地造成了社会经济的破坏，给农村

---

① 参见戴隆斌主编《苏联历史档案选编》第15卷，社会科学文献出版社2002年版第601—660页。
② 参见《斯大林研究》1993年第2辑第87页；1995年第5辑第78—79页。
③ 参见《斯大林研究》1993年第2辑第82—86页；麦德维杰夫《让历史来审判》（上）第160页。

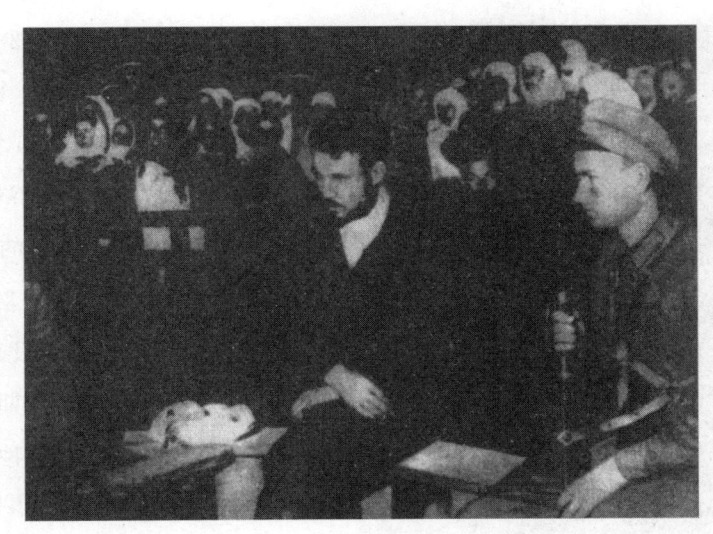

对富农毫不留情（敖德萨，1932年）

经济和整个国民经济发展造成了本来可以避免的损失。

其次，全盘集体化并没有按所设想的那样提高劳动生产率，也没有解决粮食问题。

第一个五年计划规定，农业总产值从1927—1928年的166亿卢布增加到1932—1933年的258亿卢布。可实际上，到1933年，农业总产值不仅没有提高，反而降低到131亿卢布。农业生产出现了连年滑坡：如果把1928年各类经济成分

欢送工人去农村组织集体农庄和与富农作斗争（顿河罗斯托夫，1929年）

农村全盘集体化（1931年）

的农业总产值作为100%，那么1929年为98%，1930年为94.4%，1931年为92%，1932年为86%，1933年更下降到81.5%。直到1950年，谷物产量才超过新经济政策时期所达到的产量。

在集体化年代里，畜牧业损失更为惨重。1933年畜产品生产只有1913年的65%。在第一个五年计划期间，马的数量下降了三分之二以上。牲畜数直到50年代末才达到1926年的水平。[①]

可是在粮食产量连年降低的情况下，国家收购的粮食却在不断提高。1930年粮食产量是8350万吨，收购了2214万吨；1933年产量降至约6800万吨，收购的数量却提高到2330万吨。

这种收购是强制性的，农民被迫按只相当于市场价的1/8～1/10把粮食上交给国家。各地必须完成上级规定的粮食收购任务。当有人向斯大林报告说，一些地方领导人完不成交售任务还允许集体农庄保留播种储备、补充库存时，斯大林火冒三丈。1932年12月7日，他亲自向各级党机关签署了一道通令，宣布这些领导人是"欺骗党的骗子，是打着'同意'党的总路线的旗号巧妙地推行富农政策的骗子"，要求"立即逮捕他们，并按罪行轻重处以每个人5—10年监禁"。当时，斯大林还和莫洛托夫联名签发了一封发往斯大林格勒的电报，要求对阻碍交售粮食的罪犯处以5年甚至10年的监禁。[②]

为此，中央向各地派遣了非常委员会：向乌克兰派去了以莫洛托夫为主席的

[①] 以上数字参见麦德维杰夫《让历史来审判》（上）第153—154页；《新世界》1988年第5期第176—177页。

[②] 参见《斯大林研究》1993年第2辑第90页。

非常委员会，北高加索的非常委员会以卡冈诺维奇为首，在伏尔加河流域成立以联共（布）中央书记巴·彼·波斯特舍夫为首的委员会。这些非常委员会依靠各地党组织对那些"蓄意破坏"粮食收购的人实行了一整套镇压措施，到处抓人、捕人。农村沉浸在一片恐怖之中。后来1933年5月8日，斯大林和莫洛托夫向各级党组织和苏维埃工作人员、国家政治保卫局、法院和检察院机关所作的秘密指示中也承认："村苏维埃主席和支部书记在抓人，区和边疆区的特派员也在抓人。谁想抓人谁就可以抓，老实说连无权抓人的人也在抓人。毫不奇怪，由于抓人风盛行一时，具有逮捕权的机关，包括国家政治保卫局机关，特别是民警机关失去了分寸感，经常毫无根据地乱抓人，其行动准则是：'抓起来再说'。"①

如此玩命地收购粮食，其中一个目的就是想把收购上来的粮食用于出口，以换取购买外国设备所需的外汇。这一点，斯大林在1930年8月给莫洛托夫的一封信中讲得很清楚，他说，如果不大量出口粮食的话，"那我们的外汇情况将非常不妙"，因此，"必须全力以赴加紧粮食出口"。②当时正值世界经济危机爆发，国际市场上谷物价格下跌，但斯大林并不想修改不切实际的五年计划，为了为工业化提供资金，仍然不断地增加粮食出口。1930年粮食产量是8350万吨，出口484万吨；1931年产量只有6948万吨，但出口却增至518万吨。许多集体农庄庄员的粮食，包括种子储备都被"收购"了。西伯利亚、伏尔加河流域、哈萨克斯坦、北高加索、乌克兰等地严重缺粮，有些地方开始出现饥荒。1932年夏天，地里的庄稼还没有成熟，饥民便纷纷充当"理发师"来到地里，用剪刀剪下谷穗熬粥糊口。当收获季节来临时，打下的粮食又被运往收购点，于是，一些饥民开始偷偷把场院的粮食装在衣兜里或藏在怀里带回了家。

面对这种情况，1932年8月7日，斯大林亲自口授了《保护社会主义财产法》，规定"对盗窃集体农庄和合作社财产的人"可以采取"保护社会的最高措施——枪毙——并没收全部财产作为司法制裁手段，情节轻微一些的，剥夺自由10年以上，并没收全部财产"。根据该项法律，到1933年初不到5个月的时间

---

① 转引自《斯大林研究》1995年第5辑第93页。

② 参见《斯大林研究》1995年第4辑第5页。

乌克兰的饥民（20世纪30年代初）

1931—1932年饥饿而死的农民（乌克兰）

里，共有54645人被判罪，其中2110人被判极刑。①

1932年冬天到1933年春天，苏联农村出现了可怕的饥荒，饥民遍野，许多地方出现了整村整村的人饿死的情形。可是，国家却仍在向国外出口粮食。1932年出口了180万吨，1933年仍出口了100万吨。

中央和斯大林仍然对普遍出现的饥荒视而不见，拒绝讨论饥荒问题。在一次

---

① 参见《斯大林研究》1993年第2辑第89页。

第五章 自上而下的革命

斯大林（中）和奥尔忠尼启则、卡冈诺维奇（右）视察新型拖拉机（1935年）

斯大林（中）和伏罗希洛夫（左）、加里宁在第一届集体农庄庄员大会上（1933年）

政治局会议上，当乌克兰共产党（布）中央书记 P.帖列霍夫向斯大林汇报关于哈尔科夫州因农业歉收而造成饥荒、请求拨给这个州一些粮食时，斯大林粗暴地打断了汇报者的话，说：

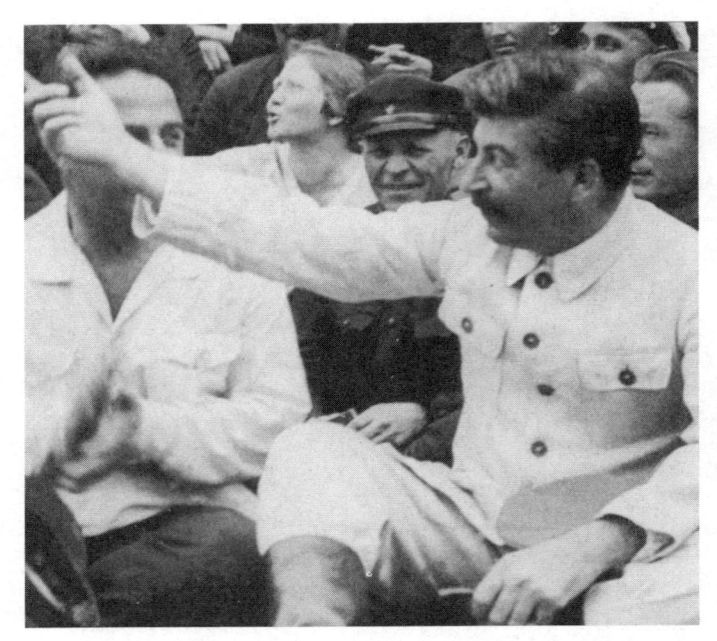

斯大林（右）和集体农庄先进生产者在一起（1933年8月30日）

卡冈诺维奇（中排左）、布琼尼（中排中）、斯大林（前排右）与集体农庄庄员先进生产者在一起（1935年2月）

我们听说，您，帖列霍夫同志是一位很好的演讲者，原来您还是很好的故事员——您编造了关于饥荒的故事，以为可以吓唬住我们，但这是行不通的！您最好放弃州委书记和乌克兰共产党中央委员会书记的职务，参加作家协会去，到那里编故事，供傻子们阅读吧。①

这次饥荒最严重的地区是乌克兰、北高加索、伏尔加河中下游、南乌拉尔、哈萨克斯坦等主要产粮区，饿死的人数至少有几百万。②可是，有关这一时期的饥荒一直到1956年以前都禁止提及，20世纪30年代一些人由于提到饿荒而被当作"反革命宣传"逮捕。

1929年斯大林曾保证说，经过集体化，再过两三年，苏联将成为世界上出产粮食最多的国家。然而恰恰3年后，苏联粮食产量不仅绝对地降低了，而且还出现了普遍的饥荒。这不能不说是一个讽刺。

繁荣的背后

苏联在实行全盘集体化的同时，也在进行轰轰烈烈的工业化运动。

早在党的"十四大"上，斯大林就代表中央委员会提出了社会主义工业化的路线，决定把苏联"从农业国变成能自力生产必需的装备的工业国"。

斯大林认为，"不是发展任何一种工业都算作工业化。工业化的中心，工业化的基础，就是发展重工业（燃料、金属等等），归根到底，就是发展生产资料的生产，发展本国的机器制造业"，苏联的工业化不能像资本主义的工业化那样从轻工业开始，而必须从重工业开始，"因为只有重工业，才能改造并振兴全部工业，运输业和农业"，也只有这样，才能不仅增加工业在国民经济中的比重，

---

① 参见《真理报》1964年5月26日，转引自麦德维杰夫《让历史来审判》（上）第167页。
② 关于饿死的人数，学者们看法不一，从300万—400万到700万人不等。见《斯大林研究》1993年第2辑第91页、1995年第5辑第91页。

苏联生产的第一部汽车（20世纪20年代）

期大林（中）在"斯大林铁路能手俱乐部"会议上（莫斯科，1927年）

而且保证"我国在经济上的独立"，不致沦为资本主义国家的附属品。[①] 为了迅速发展国民经济，实现国家工业化和农业集体化。苏联国家计划委员会受命制订五年计划。在编制计划时，委员会制订了两个方案，一个是最低方案（也称一般方案、初步方案），另一个是最高方案（也称最佳方案）。前者比后者规定的国民经济具体发展目标和增长比例低 20% 左右。

---

① 参见《斯大林全集》第8卷第112—113页，第13卷第160页；《斯大林选集》下卷第496页。

第五章 自上而下的革命

1928年底，五年计划草案编制工作基本完成。1929年3月底至4月初，苏联人民委员会和劳动国防委员会在4月底召开的党的第十六次代表会议分别讨论了这个草案。会上争论激烈，布哈林、李可夫等人赞成最低方案，但当时正值党内反对布哈林"右倾机会主义"的斗争进入公开化、白热化的阶段，因此，许多人发言抨击"最低方案"，把它当作右倾机会主义的主张加以揭露和批判。最后，第十六次代表会议一致同意以最高方案作为五年计划的正式文本。5月，全苏苏维埃第五次代表大会经过审议和讨论，最后批准了第一个五年计划。第一个五年计划以法律形式确定下来。

视察图申斯基飞机场（1929年）

建设马格尼托哥尔斯克冶金联合企业（1929年）

斯大林传

在五年计划中，对国民经济的基本投资、工农业的增长比例和电站建设、冶金业、机器制造业、交通运输业、煤炭工业、化学工业等方面都规定了详细的控制数字和发展目标。其中规定，五年内整个国民经济的基本投资为646亿卢布，其中对农业的投资为82亿卢布，对工业投资为164亿卢布。根据优先发展重工业的方针，用于工业部门的投资应主要用于生产资料的工业部门，并对这些部门的投资逐年增加，1928—1929年度占全部工业投资的78%，1932—1933年度占87.6%。5年内工业应增长180%，其中生产资料部门增长230%，工业劳动生产率增长110%，国民收入增加103%，农业增长55%。另外还规定，在5年中，必须逐步排挤国民经济中的资本主义成分，加强社会主义成分的比重。到五年计划结束时，社会主义成分应在工业总产值中占到92%，农业为15%，零售商品流转额中为91%。

五年计划通过后，苏联工业化和农业集体化便在全国蓬勃开展起来，并取得了一定成就。联共（布）党的领导人为此沾沾自喜，认为"社会主义全线进攻"的时期已经到来。党的第十六次代表大会就是在这个口号下召开的。斯大林在大会上作了政治报告，说党的十六大"面临的时期是社会主义全线总进攻的时期，是加紧工业方面和农业方面的社会主义建设的时期"，因此，这次大会是"社会主义在全线展开大规模进攻、消灭富农阶级和实现全盘集体化的代表大会"。

基于这种认识，斯大林在报告中反复强调要加快速度，缩短五年计划的期限，提出要按这个精神来修改五年计划。然后他以党中央的名义对五年计划中的一些指标提出了修改，到五年计划的最后一年：生铁产量由五年计划规定的1000万吨提高到1700万吨；拖拉机产量由5.5万台提高到17万台，汽车产量由10万辆（载重汽车和轻便汽车）提高到20万辆；联合收割机（原未列入五年计划）生产出4万台；有色金属业和农业机器制造业的产量要比五年计划的数字提高一倍多。[①]

大会提出了"为1700万吨生铁而奋斗"的口号。1931年初，联共（布）中

---

① 参见《斯大林全集》第12卷第298—301页。

第五章 自上而下的革命

央又提出"五年计划三年完成",本年度工业产值增长45%的高指标。这显然属于盲目冒进的想法,不符合客观实际。所以1932年1月召开的联共(布)第十七次代表会议不得不承认"1931年的年度计划在质量指标和数量指标方面都没有完成",因此,会议决定放弃"为1700万吨生铁而奋斗"的口号。

1932年底,苏联政府宣布"一五"计划费时4年3个月提前完成。接着又开始着手制订和实施第二个五年计划(1933—1937)。到1937年4月1日,苏联政府又宣布以4年3个月完成。

斯大林(左)和莫洛托夫在第一次全苏斯达汉诺夫工作者会议上(1935年12月)

奥尔忠尼启则在第一次全苏斯达汉诺夫工作者会议上(1935年12月)

在实施工业化的过程中，苏联党和政府作出了极大的努力，苏联人民也付出了艰辛的劳动，成绩是突出的。

经过工业化，苏联建成了许多大型的工业企业，这些大型企业包括各个行业：飞机、汽车、拖拉机制造业，化学工业，仪器仪表制造业、电力工业、重型和轻型的机器制造业等部门。在这两个五年计划期间，新建和改建了1.1万多个大型国有企业。并对工业布局进行了调整。十月革命前的俄国，四分之三以上的工业产值和近三分之二的工人都集中在莫斯科、伊凡诺沃、彼得堡及乌克兰等俄国欧洲部分的中部、南方和西北地区，而在俄国的东部及中亚细亚的辽阔地区，工业基础非常薄弱。在"一五"计划期间，曾努力想改变这种局面，但基本上没有达到目的。到"二五"计划时，则着重考虑将建设重点东移，在东部地区的乌拉尔、西西伯利亚和东西伯利亚、远东、哈萨克斯坦和中亚细亚等地建立新的工业基地，把基本建设投资总额的将近一半用于东部地区的重工业建设项目。到第二个五年计划末，东部地区的钢产量已占全国钢产量的30.5%，煤产量占17%。二战初期，苏联西部地区的工业企业迅速东迁，并能在东部迅速恢复生产，大多都得益于这时工业布局的调整。通过工业化，苏联的工业增长确实很快，"一五"计划时，工业生产增长了100%，1937年又比1932年增长了120%。到1937年，苏联的工业总产值已超过了德、英、法三国，跃居欧洲第一位，世界第二位；在工农业比重中，工业已占到了77.4%。苏联已经成了世界上强大的工业国之一。这就为二战时彻底打退希特勒对苏联的进攻、取得战争胜利奠定了基础。

此外，通过大量引进外国的先进机器设备、技术和人才，派人出国考察、实习、培训，不仅加速了苏联工业的技术革新，也为苏联培养了一大批懂先进技术的人才。

通过实施五年计划，苏联人民的生活确实有所提高。尽管轻重工业比例失调，但"二五"计划期间，轻工业、农业仍有所增长。轻工业虽未达到计划规定的年增长18.5%的速度，但也达14.8%；农业总产值也增长了54%。国民收入也有所增长，人民物质福利和生活水平也得到了相应改善，特别是工人和职员的工资增加了1倍左右。自1929年开始实施的食品和日用工业品配给制，从1935年

1935年"五一节"(红场)

斯大林(右二)在克里姆林宫办公室接见法国作家罗曼·罗兰夫妇(左一、左二)(1935年6月28日)

初起相继取消。

但是，斯大林推行的这种工业化也产生了许多问题，这些问题表现在：

第一，优先发展重工业，忽视轻工业、农业，造成了国民经济发展的严重不平衡。在"一五"期间，用于工业的投资大部分投到了重工业，五年期间，重工业生产增长了1.7倍，而消费资料只增长了56%。"二五"期间，本来想调整轻工业、重工业和农业的发展比例，使轻工业的年增长速度达到18.5%，农业达到14.9%，重工业则到达14.5%。可是到宣布"二五"计划完成时，重工业的年增长速度达到19%，轻工业则只有14.8%，农业产值仅仅比1932年增加了5.4%。苏联的这种农轻重比例失调，严重地影响了国民经济的平衡发展。长期以来，苏联的重工业，特别是军事工业非常发达，而民用工业、农业发展严重滞后，这个问题直到苏联解体时也未解决，其后遗症在当今俄罗斯及独联体其他各国仍然存在。

其次，形成了高度集中的指令性计划经济体制。计划由中央统一编制，宏观、微观决策均由国家统一决策，然后从上到下，按地区或按部门逐级下达计划指标。计划指标无所不包，资金来源，物质供应，工资总额和等级，企业生产的数量、品种、销售，产品价格等等都在计划中作了详细的规定，甚至连集体农庄、国营农场应该种植什么、不应该种植什么等等都作了极其严格的限定。这些计划都是强制性的，"计划就是法令"，各行业、地区及企业都必须执行。另外，各企业的领导人、集体农庄主席都由上级任命，企业职工和集体农庄庄员无权过问。

在这种高度集中的经济体制下制定出来的计划往往过于理想化，脱离客观现实，实现不了。例如，按照斯大林等人选定的最高方案，在"一五"期间，工业应增长180%，其中生产资料增长230%，工业劳动生产率增长110%，国民收入增加103%，农业增长55%。可是执行的结果，工业生产增长不是180%，而是100%；工业劳动生产率不是110%，而只有38%；农业不仅没有达到55%，反而降为负增长，农业总产值计划由1927—1928年的166亿卢布增加到1932—1933年的258亿卢布，可实际上反而下降为131亿卢布。从绝对数字看，"一五"计划的许多重要指标都没有完成：生铁计划指标1000万吨，实际完成620万吨；电力指标为220亿千瓦，实际为135亿千瓦；化肥计划800万吨，实际为90万吨；等等。"二五"计划的一些重要指标如煤、铁、电等，直到1950年才实现。1928—1941年经济发展的几个最主要指标的完成情况同原计划也相差很大：国民收入增长不是4.5倍，而是50%，社会劳动生产率的增长不是3.5倍，而是36%。①

---

① 参见《新世界》1988年第5期第176—177页，转引自郑异凡《布哈林论稿》第412—413页。

第三，排斥市场和价值规律的作用，利用"剪刀差"和"超额税"（贡款）从农民手中无情地取得工业化的资金。无论是工业品还是农产品，都由国家统一定价，取消私人自由贸易，商品仅限于个人消费品。农民不得不以国家定价把粮食交售给国家，国家定价又极低，有的甚至不够生产成本。如 1933—1934 年，粮食区的小麦收购价格是 3.2—9.4 戈比/公斤，而每公斤面粉（出粉率 85%）的零售价格按购粮卡是 35—60 戈比/公斤，不用购粮卡的商业价格是 4—5 卢布；每公斤土豆收购价格是 3—4 戈比，按购货卡零售价格是 20—30 戈比，不用购货卡的商业价格是 1.2—2 卢布。

斯大林在自己的办公室接见重工业企业工作者（1936 年）

1936 年联共（布）中央全会。第一排左起：赫鲁晓夫、日丹诺夫、卡冈诺维奇、伏罗希洛夫、斯大林；第二排左一：马林科夫

斯大林传

斯大林在全苏苏维埃第八次非常代表大会上作《关于苏联宪法草案》的报告

1936年11月25日，斯大林在全苏苏维埃第八次非常代表大会上作《关于苏联宪法草案》的报告时宣布："我们苏联社会已经做到在基本上实现了社会主义，建立了社会主义制度，即实现了马克思主义者又称为共产主义第一阶段或低级阶段的制度。这就是说，我们已经基本上实现了共产主义第一阶段，即社会主义。"[1] 就在这一次大会上，通过了苏联新宪法，以法律形式向全世界宣布，苏联已建成了社会主义。

单就所有制结构来看，斯大林和苏联党所理解的社会主义是实现了。到1937年前后，苏联工业和商业中的私营经济被消灭了，1937年，社会主义经济成分在全国生产固定基金中占99%，在工业总产值中占99.8%，在商业企业和零售商品流转额中占100%。在农村，全盘集体化也基本完成，富农经济也消灭了，社会主义经济成分在农业总产值中占98.5%。但就当时苏联的整个物质生活水平来看，还是很低的。1938年，苏联的国民收入总额尽管接近1000亿卢布，但按人口计算，人均国民收入只有约500卢布。国民生产总值中，绝大部分是第一部类即生产资料部门的产值，老百姓日常消费的日用品还很不丰富，品种也很少，消费选择余地有限。所以，前苏联和西方的一些学者把斯大林的这种社会主义叫作"粗陋的社会主义""兵营式的社会主义"等，根本就不承认它是马克思恩格斯所设想的那种社会主义。[2]

---

[1]《斯大林文选》（上），人民出版社1962年版，第90页。
[2] 参见李宗禹主编《国外学者论斯大林模式》上、下册，中央编译出版社1995年版。

第五章 自上而下的革命

和阿利卢耶娃在一起的日子

娜捷施达·阿利卢耶娃1901年出生在巴库,在高加索长大。她是老布尔什维克谢尔盖·阿利卢耶夫家的小女儿。在她上面还有两个哥哥,一个叫帕维尔,一个叫费多尔;姐姐叫安娜,后来写过自己的回忆录,于1946年在莫斯科公开出版。安娜在回忆录中写了斯大林活动的一些事,写有斯大林和妹妹的婚姻经历,也描绘了众多领袖人物的活动。1947年5月,她的书在《真理报》上受到了毫不留情的批判,理由是"她没有权利去写列宁、斯大林、加里宁和党的其他领导人的经历",说她在书中"虚构了实际上从未发生过的各种情节,虚构了党一无所知的各种情节"。随后安娜的书被收缴,不让在市面上出售。

阿利卢耶夫家的人谦虚谨慎、和蔼可亲。不管是在第比利斯,在巴库,还是后来在彼得堡,这个家都是布尔什维克的一个秘密联络点。布尔什维克党的许多领导人在他家躲过,十月革命前列宁去拉兹利夫湖畔躲藏时就是从他家去的。斯大林更是他家的常客,几乎每次从流放地回来都直奔阿利卢耶夫家。阿利卢耶夫家也很喜欢斯大林,谢尔盖的夫人奥丽加·叶甫根尼耶夫娜更是给了斯大林很多的关心和照顾。

一来二去,斯大林和阿利卢耶夫家的人非常熟。娜捷施达·阿利卢耶娃生长在一个革命者家庭,从小就受到革命的熏陶。她也从小就看到,斯大林是个四处奔波的革命者,得到过她父母的保护,后来又作为革命家从西伯利亚回来了。阿利卢耶娃是个理想主义者,她对革命的态度充满了诗人般的浪漫主义色彩。她把斯大林当作了理想的化身。

1918年,阿利卢耶娃决定嫁给斯大林,那时她才17岁,而斯大林已39岁了。当她把这个想法告诉她母亲奥丽加时,奥丽加表示坚决反对。据斯维特兰娜

斯大林传

说,外婆的反对倒不是因为他们俩年龄相差太大,而是因为她自己尝够了和革命家一起过日子的滋味,认为她自己的一生因此给"毁"了。所以奥丽加怕自己的闺女也因此受委屈,曾想方设法说服自己的女儿不要和斯大林结婚,而且骂她是"傻瓜"。[①] 但是,阿利卢耶娃没有听母亲的劝告,还是与斯大林结了婚。结婚后,阿利卢耶娃和斯大林一同去了莫斯科。她先是在人民委员会办公厅做打字员这一秘书工作,而当 1918 年斯大林被派往察里津时,她也随斯大林去了,在斯大林的秘书处做事。当时察里津是一个恐怖的、饥荒四起的城市,由于实行余粮收集制而发生的暴力行为使它满目疮痍,白军又威胁着它。在这样一个城市里生活,对一个年轻的女性来说,这是一种严酷的经历。

国内战争结束后,她又随斯大林回到了莫斯科,被安排到列宁秘书处工作,一直工作到 1923 年。同事们对她的评价是:她是一位富有自我牺牲精神的非常好的工作者。她善于执行任务,对工作一丝不苟,有时可以一连几个通宵,一直坐在打字机旁把电报译成密码,或者把电报翻译过来。列宁对她的评价也很高。在要完成一些特别重要的任务时,列宁总是说:"把这事委托给阿利卢耶娃去做,她一定能做好。"

斯大林和妻子阿利卢耶娃在一起(20 世纪 20 年代初)

[①] 参见斯维特兰娜·阿利卢耶娃《仅仅一年》,北京 1980 年版,第 132、336 页。

第五章　自上而下的革命

1921年12月10日，在清党时，阿利卢耶娃所在的莫斯科河南岸区审查和清党委员会决定把她开除出党，理由为"她是一名完全不关心党务生活的累赘"。她向莫斯科省审查和清党委员会递交了一份申诉书，只说自己还年轻，不成熟，经验不足，请求重新接纳她为预备党员。当时她刚生下儿子瓦西里不久，可能为照顾小孩而耽误了一些党务活动，但她在怀孕期间一直是不断地参加各种活动的，因此，省审查和清党委员会决定重新接收她为预备党员，预备期一年。此事惊动了列宁。12月20日，列宁通过电话向福季耶娃口授了一封给俄共（布）中央审查和清党委员会委员札卢茨基和俄共（布）中央监委主席团委员索尔茨的信，信中提到了阿利卢耶夫一家（包括她本人）为党所作的贡献。次年1月，中央审查和清党委员会所属申诉委员会决定批准莫斯科省委员会接纳阿利卢耶娃为预备党员的决定。

在20世纪20年代，领导人生活都很俭朴，斯大林和阿利卢耶娃也一样。起初根据列宁的命令，斯大林夫妇得到了一套不大的住宅。在这里，斯大林夫妇同斯大林的岳父母一起住了很久。后来列宁又给全俄中央执行委员会秘书叶努基泽写了一封短信，要求尽快给民族事务人民委员斯大林提供一套住房，并要他通过电话报告执行情况。很快，就给斯大林夫妇在莫斯科选好了一套住房，这房子旧时代是仆人住的地方，家具是原来剩下来的，窗子很小。

在20世纪20年代初，莫斯科近郊有几百座庄园、住宅和别墅。它们是在革命后被"失势的人"抛弃的。这些房子中有许多用作了医院、孤儿院和仓库以及国家机关的疗养院，其中有一座从前属于石油企业主祖巴洛沃的别墅给了斯大林，这就是斯大林一家人在20世纪30年代初以前常住的那座别墅。在这一片别墅区居住的还有伏罗希洛夫、沙波什尼科夫、米高扬。稍晚，加马尔尼克及其他一些党政领导人也搬到了这里。

1921年，儿子瓦西里出世，1926年又生了个女儿，取名为斯维特兰娜·阿利卢耶娃。斯大林一家很多时间都住在祖巴洛沃，后来，斯大林前妻斯瓦尼泽的儿子雅科夫也来这里居住。他们一家子过着俭朴的生活。从已披露的斯大林的档案看，斯大林一家起初生活也很拮据，有一次吃饭时斯大林突然对妻子说："我从

阿利卢耶娃

瓦西里（右）（1925年夏）

来不爱钱，因为通常我总是没有钱。"在斯大林的档案中，保存有许多斯大林给斯塔索娃写的证明他收到党的会计处从他下月"薪金项下"预支25、60、75卢布的收据。

在那个年代，国家对党的领导人的个人生活规定得比较严格。1923年10月，俄共（布）中央委员会和中央监察委员会曾起草过一份文件并分发给了各级党的委员会。文件规定，不许动用国家资金改善个人住宅、装修别墅、给负责人员发放奖金和实物，"专家"和负责人员同基本劳动群众的工资差别不能太大。文件重申了列宁早在1920年党的"九大"上就制定了的条例："党员负责人员没有权利领取个人特殊薪金、奖金及额外的报酬。"① 列宁生前甚至有一个不公开的传统：中央委员把稿酬上交给党的

① 《苏联共产党代表大会、代表会议和中央全会决议汇编》第2分册第43页。

第五章 自上而下的革命

会计处。

那时，党的领导人没有任何贵重物品，甚至谈论这些东西都被看成是粗俗的、小市民的，甚至是反党情调的标志。长期以来，斯大林在外表上都一直保持"禁欲主义"，甚至到了晚年也是如此。在他死后，人们在登记他的财产时发现，这件工作很简单。在他的房子里，除了一架公家的钢琴，没有任何贵重的东西，甚至没有一幅好的、"真正的"画，墙上挂的是普通木框镶的复制品。在客厅的中央挂了一幅玛·伊·乌里扬诺娃1922年9月在哥尔克拍的放大了的照片，上面有列宁和斯大林。室内摆设的是不值钱的家具，沙发椅套着布套。没有一件古董。地板上铺了两块地毯。斯大林睡觉时盖的是战士们用的被子。除一身元帅服外，还有几双绸底的毡靴和一件打着补丁的农民皮袄。

阿利卢耶娃和女儿斯维特兰娜

斯大林是个工作狂，对他来说，不存在假日。他的作息时间很少变化，不管是星期一还是星期天都一样。工作起来没有假日，这种习惯是他在革命后的艰苦年代中养成的。在斯大林的文件库中，保存有他在节假日签署的大量的便函、命令、电话记录。例如1922年初，罗夫诺和居林两同志给列宁写了一封便函，请求接见他们，谈一谈卡累利阿问题。便函由人民委员会转给了民族事务人民委员部，斯大林在便函上简洁地批道："我可以于星期日3时30分在民族事务人民委员部接见。斯大林。1922年2月4日。"[①] 再有就是没完没了的开会，因而很少着家。

---

① 转引自沃尔科戈诺夫《胜利与悲剧》第1卷第275—276页。

斯大林传

斯大林在工作

斯大林的办公室（克里姆林，20世纪30年代）

  但有时星期天，如果有时间，朋友们可以在他别墅里一起聚聚会。常来他家作客的有奥尔忠尼启则、叶努基泽、莫洛托夫、伏罗希洛夫、布琼尼、米高扬，他们常常带着妻子和孩子。在布哈林被打成"右倾"以前，布哈林夫妇也常去。但是托洛茨基从来没有去过斯大林的别墅。饭桌上大家谈的仍是国家大事，什么国内形势、党内状况及国际事务，无所不谈，许多问题是他们在餐桌上讨论完，然后把问题提交给政治局的。例如，1923年11月的一天，他们在一起吃饭时，莫洛托夫引用了一份有趣的材料，说俄国有许多粮食用于私人酿酒，国库因此损失了很多钱。他们围绕这个话题讨论了很久。几天之后，政治局会议讨论了这一问题，并由斯大林签署了一个决定："责成书记处成立一个反对私人酿酒，反对使用可卡因，反对酗酒、赌博（包括罗托①）的常设委员会，该委员会由下列人员组成：主席——斯米多维奇同志，副主席——什维尔尼克，委员——别洛博罗多夫

---

① 罗托，一种抽对数字的游戏式赌博。

同志、丹尼洛夫同志、多加多夫同志、弗拉基米罗夫同志。"①

也许他为一件事情牺牲过工作，那就是电影和戏剧。从20世纪20年代末开始，每周看一两次电影逐渐成为习惯，一般是在夜里12点以后。凡是群众反响比较热烈的影片，都在克里姆林宫一间不大的放映厅里（后来是在他的别墅里）放映过。斯大林一直认为，电影只有一种功能，即教育功能，而且整个艺术都是这样。再有就是去剧院看戏，《天鹅湖》他看过好几十遍，在晚年患中风前还看过一次。甚至一些戏的彩排他也看。他通常总是一个人到剧院去，剧场关灯之后他入座，坐在包厢的紧靠角落的地方。每当看过首场之后，他都向演员表示谢意。

斯大林平时喜欢在饭前稍许喝点格鲁吉亚纯葡萄酒，但基本没有托洛茨基那种"贵族老爷式"的习惯：花很多时间去打猎和钓鱼。不过他的生活习惯是不利于健康的。他吸烟很多，常常叼着他那心爱的大烟斗，直到临死前一年才把烟戒了。他从20世纪20年代起就养成了在夜里工作的习惯。阿利卢耶娃很快就习惯

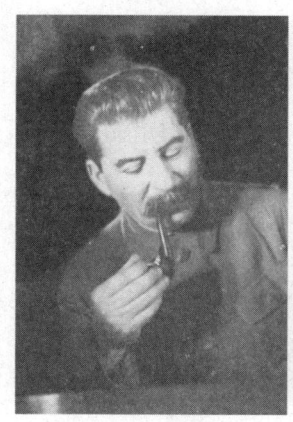

斯大林和他心爱的烟斗

了丈夫的这种生活方式，也习惯了丈夫那种无休止的会议、斗争和外出的生活。她很爱斯大林，结婚后，她就以年轻主妇的献身精神和热忱操持起了家庭生活。生了孩子后，家里雇了保姆和管家，但当时没有人数众多的警卫员、管理员、通信员及其他公职人员，这些人员是后来才有的。

---

① 转引自沃尔科戈诺夫《胜利与悲剧》第1卷第199页。

斯大林传

瓦西里和斯维特兰娜在祖巴洛沃别墅

阿利卢耶娃是个说一不二的人,对孩子管教很严。她想让自己的孩子长大后能成器,从小守规矩。斯维特兰娜五六岁时,阿利卢耶娃就让她学德语、俄语、数学和学龄前的音乐等课程,稍不守规矩就严加训斥。有一次,阿利卢耶娃正在外地,斯维特兰娜的哥哥瓦西里给母亲写信,告她的状,说她在家里淘气不听话。阿利卢耶娃立即给女儿写了一封信:

你好!小斯维特兰娜:

  瓦夏来信告诉我,说我的小姑娘十分淘气。收到说我的小姑娘这样话的信我感到烦恼。我想:我留在家里的是一个懂事的大姑娘,可是她竟是个小姑娘,还不会像大人那样行事。小斯维特兰娜,我请你和娜·康·[①]谈一谈,处理好你的一切事情,使我不再收到类似的信。你一定要谈,然后和瓦夏或娜·康·一起写信给我,告诉我你们是怎样商量妥当的。当妈妈走的时候,我的小姑娘答应了许许多多,可是结果做得很少。

  这样,你一定要回答我:你决定如何生活下去,是严肃地生活下去或者

[①] 娜塔丽娅·康斯坦丁诺夫娜是瓦西里和斯维特兰娜的保育员兼老师。

第五章　自上而下的革命

不是。

你要认真想一想。我的小姑娘已经很大了，她已经会想问题了。你读了什么俄文书吗？等候我的小姑娘的复信。

你的妈妈①

但斯大林却完全不同，他喜欢和孩子们玩，对孩子们要求不过于严厉。他尤其喜欢女儿，总是叫她"小东西""小女主人"。如果她有什么请求，他总是喜欢说："你请求什么！你下命令吧！我们马上就完成任务。"在写给女儿的信的结尾时一定是"吻你"，信中充满了娇惯之情：

谢坦卡——我的小女主人！

你，大概已经忘记好爸爸了，所以你不给他写信。身体好吗？没有生病吧？日子是怎么过的？你见到列莉卡吗？你的娃娃都好吗？我原想你会下达命令来的，可是一直没有接到命令。这不好。你叫好爸爸不高兴了。好，吻你。等你来信。

好爸爸②

你好！我的小主人！

两封信都收到了。你没有忘记好爸爸，这很好。我没能马上回信，因为太忙。

听说你去过利察，而且不是一个人去的，是和你的骑士一起去的。这很不错啊。利察是个好地方，如果有骑士陪就更好。我的小麻雀……

你什么时候想回莫斯科？是否该回来了？我想到时候了。请你8月25日以前，或者8月20日以前回莫斯科。你怎么想呢？写信告诉我。我今年

---

① 见斯维特兰娜·阿利卢耶娃《致友人的二十封信》，中国社会科学出版社1979年版，第111页。

② 此信写于1930—1932年之间，信中"列莉卡"是家人想出来的给斯维特兰娜做榜样的"理想的小姑娘"。参见斯维特兰娜·阿利卢耶娃《致友人的二十封信》，第112页。

· 311 ·

不去南方了。我太忙,离不开。你问我的健康吗?我很健康,很愉快。你不在我有一点点寂寞,不过你很快就要回来了。

亲你,我的小麻雀,重重地亲你。①

斯大林和女儿斯维特兰娜(1933年)

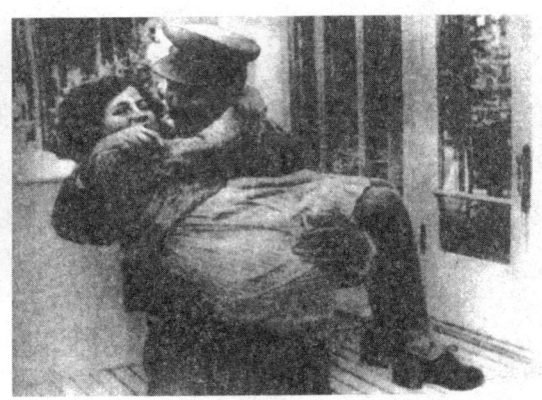

斯大林和女儿

斯大林和女儿斯维特兰娜

斯大林和儿子瓦西里、女儿斯维特兰娜在一起

---

① 此信写于1939年8月8日,见斯维特兰娜·阿利卢耶娃《致友人的二十封信》,第168页。

斯大林总是要求女儿写"命令",玩文字游戏。斯大林在女儿的"命令"下面签上:"服从""遵命""同意""执行命令"等字样。疼爱之情可见一斑。

少有的家庭聚会,摄于20世纪30年代中期。左起:瓦西里、日丹诺夫、斯维特兰娜、斯大林、雅科夫

在家里,阿利卢耶娃常常因为斯大林娇惯了孩子而生气。

阿利卢耶娃是个要强的女人,除了上班、操持家务、管教孩子,她还不断地学习音乐、法语,也尽可能为丈夫分担一些工作。斯大林的许多信件、命令、指示、电报不仅出自他的助手和秘书处工作人员托夫斯图哈、坎涅尔、梅赫利斯、德文斯基等人之手,而且出自阿利卢耶娃之手。她对此似乎还是不满足,她想去上大学深造,但斯大林不同意,认为妻子的位置应是在家里。她不断地请求,叶努基泽和奥尔忠尼启则也替她到斯大林那里求情。斯大林不得已,只好同意妻子去莫斯科斯大林工学院学习。她去的是纺织品系学习化学,专业是人造纤维,当年这是一门新的学科,一个新的领域。她的两个女朋友也在工学院学习,一个是多拉·莫伊谢耶夫娜·哈赞(安·安德列耶夫的妻子),另一个是玛丽亚·玛尔可夫娜·卡冈诺维奇。当时学院的党委书记是尼基塔·赫鲁晓夫。

阿利卢耶娃在学校也没有说出自己的身份,更没有搞什么特殊。她也和其他人一样住在学校,拿学校的助学金。这些助学金往往不够用,或者接济不上。为此,阿利卢耶娃不时给斯大林写信要钱。

斯大林传

斯大林和赫鲁晓夫

1929年9月16日至22日之间,阿利卢耶娃就给斯大林写了一封信要钱。

约瑟夫:

如果可能,给我寄50卢布来,工业学院的钱要在9月15日才能收到,可我现在已经身无分文。

你要是能寄来就太好了。

娜佳

1929年9月25日,斯大林给她回了一封信:

……忘了给你寄钱。现在托今天出发的同志们给你捎去(120卢布)。

吻你

你的约瑟夫[①]

看得出,他们之间的感情还是不错的。

当她在工学院学习时,正值苏联工业化和全盘集体化搞得火热的时期。当

[①] 安德烈·苏霍姆利诺夫《斯大林的儿子瓦西里》,新华出版社2002年版,第13页。

时，农村出现了大范围的饥荒，各路征粮队又在农村兴风作浪。阿利卢耶娃在学校里听到这些情况后，感到很震惊。在家里，她把这些情况告诉了丈夫，并指责他的政策正在破坏农村经济。斯大林听后感到很气愤，并命令当时担任国家政治保卫局副主席的亚戈达把传播这些消息的人揭露出来，并加以逮捕。

阿利卢耶娃和斯大林结婚后，开始时对生活充满了憧憬，但现实生活却无情地冲淡了她的浪漫情调。说实在的，斯大林待她不错，他也很爱自己的妻子，但他很忙，没有很多时间顾及家庭，也无暇顾及妻子的感情。她看到，丈夫是属于事业的，只属于事业。她一开始还不明白，为什么她在他的心目中所占的位置那么小。她想不通，常常因此而失望，甚至有时脑海中萌发想离开斯大林的念头。有一次，大概是在1926年，斯大林和妻子因为一点小事吵了架，阿利卢耶娃就带着刚刚半岁的女儿斯维特兰娜、儿子瓦西里和保姆去了列宁格勒她父母家，想再也不回去了。她打算在列宁格勒工作，并逐渐建立自己的独立生活。过了一些时候，斯大林从莫斯科打来了电话，说他想去列宁格勒接她们回家。阿利卢耶娃在电话里不无挖苦地回答说："你来干什么？你来对国家来说代价太高了，我自己回去。"后来阿利卢耶娃气消了，带着儿子、女儿和保姆又回到了莫斯科。

幸福的婚姻，是两颗心之间不断的沟通和接触，但斯大林却没有时间去这么做。当她指责丈夫"不关心家庭和孩子"时，斯大林常常粗暴地打断她的话，有时还骂她。阿利卢耶娃又是个性格内向、自尊心很强的人，情绪不好时，也从来不承认心里有事。据斯维特兰娜说，阿利卢耶娃死前不久，心情十分忧郁，脾气也不好。这时，一位中学时的女友来看她，她对女友说："一切都烦恼极了"，"一切都讨厌死了"，"没有一件高兴的事"。她的女友问她："那么孩子呢？孩子呢？""一切，连孩子在内。"阿利卢耶娃回答说。①

不幸的事发生于十月革命15周年之际。1932年11月8日晚，斯大林夫妇、莫洛托夫夫妇、伏罗希洛夫夫妇及斯大林周围的一大帮人举行了一次小型的节日晚宴。在宴会上，斯大林对妻子的举止粗暴了一些，阿利卢耶娃忍受不了，在晚

---

① 参见斯维特兰娜·阿利卢耶娃《致友人的二十封信》第121页。

斯大林传

1932年，斯大林夫妇（前排左一、左二）、伏罗希洛夫（前排右）等在南方休假

会还没结束就提前退场回了家。据后来莫洛托夫的妻子波林娜·谢苗诺夫娜·莫洛托娃对斯维特兰娜说，那天晚上阿利卢耶娃从晚会上走了以后，莫洛托娃也跟着她出去了，俩人围着克里姆林宫的院墙走了好几圈。慢慢地，阿利卢耶娃的心情平静了下来，并和莫洛托娃谈起了学院的事。阿利卢耶娃对自己能即将工作感到很高兴，对工作的前途也想得很多。之后她们两人便分手各自回家睡觉。①

第二天早上，管家卡罗琳娜·瓦西里耶夫娜·蒂尔早上照常来叫醒阿利卢耶娃时，看见她已经死了。"瓦尔德"式手枪躺在地上。人们叫来了斯大林、莫洛托夫、伏罗希洛夫等人。

当斯大林早晨得知这件事时非常震惊，他不明白，为什么妻子要给他以这样可怕的打击。很长很长时间，斯大林都不能保持内心的平衡。

11月10日，《真理报》发布了阿利卢耶娃去世的消息，但没有说明死因。官方的广播则报道说，阿利卢耶娃死于一次紧急的阑尾炎手术。从国内和国外发来的唁电源源不断，几乎持续了一个星期。

据斯维特兰娜说，斯大林只参加了妻子的追悼会。在向遗体告别时，斯大林

---

① 参见斯维特兰娜·阿利卢耶娃《致友人的二十封信》第125页。《莫洛托夫秘谈录——与莫洛托夫140次谈话》（社会科学文献出版社1992年版，第253—254页）中也谈到了大致情况。

在灵柩前站了片刻,然后便转身离去了,他没有去送葬。他认为她是作为一个敌人离开他的,因此以后也从未去过妻子的墓地。祖巴洛沃那座别墅经常勾起他对往事的回忆,他忍受不了这些,于是在附近的孔策沃新建了一幢房子,在以后的20年中,他一直住在那里。但到了晚年,斯大林却表现出了对妻子的怀念之情。在餐厅,在他的别墅办公室里,在克里姆林宫的住宅里,都挂着阿利卢耶娃1929年夏天和秋天心情愉快时拍的照片。

斯维特兰娜写道:"妈妈的死对他来说是可怕的打击,使他的心灵变得如此空虚,他失去了对人、对朋友的信任。"[①]原来服务的管家、厨师、用人和其他工作人员大都轰走了,换上了内务人民委员部派来的人,仅剩下斯维特兰娜的老保姆。有人向斯大林说,这个保姆也是个"不可靠的人",必须让她走。斯维特兰娜听说后,便大哭起来。斯大林不忍看女儿掉眼泪,发起火来,命令把保姆留下。但是斯维特兰娜的姨妈、舅舅等人慢慢都被排斥走了。斯大林甚至怀疑他们与阿利卢耶娃的死有什么关系。在大清洗中,斯大林第一个妻子的哥哥亚历山大·谢苗诺维奇·斯瓦尼泽和其妻子玛丽亚、妹妹玛丽科被捕,并于1941年8月20日和1942年3月3日分别被枪毙。阿利卢耶娃的姐姐安娜的丈夫雷登斯也被捕,死在了狱中。1938年,阿利卢耶娃的哥哥帕维尔也神秘地死在办公室。阿利卢耶娃的姐姐安娜和帕维尔的遗孀叶夫根尼娅最终也未摆脱被捕的命运,1948年她们两人还是被捕,但侥幸活了下来,1954年被释放了。斯维特兰娜的另一个哥哥费多尔·谢尔盖耶维奇·阿利卢耶夫是个精神病患者,他倒因此平安地度过了他的后半生,直到1955年去世。只有斯大林的岳父母谢尔盖和奥丽加未受到牵连。

阿利卢耶娃死时,年仅31岁;她的女儿斯维特兰娜才6岁,儿子瓦西里11岁。

她死后,教育瓦西里的人实际上是斯大林的护卫长弗拉西克。瓦西里在一个阿谀奉迎、一切由我的环境中长大,使他养成了一个任性而意志薄弱的人。可是有些人出于个人目的,却给瓦西里提供了许多特权和官衔:

---

① 斯维特兰娜·阿利卢耶娃《致友人的二十封信》第153页。

斯大林的近郊别墅,阿利卢耶娃死后他就搬离了这里

斯大林的近郊别墅外景

在航校学习时,给他住单间,专门为他准备伙食;

20岁时,他还是个不熟练的飞行员,却被任命为工农红军空军检察院院长;

不满21岁,瓦西里一下就被授予上校军衔(1942年2月19日国防部第01192命令);

1943年1月被任命为第32近卫歼击航空团团长,1年后被任命为第3歼击

第五章 自上而下的革命

瓦西里和妻子加林娜·布尔东斯卡娅、儿子亚历山大在一起（1945年）

航空师师长，1945年被任命为第286歼击航空师师长；1946年被任命为军长，后来是莫斯科军区副司令员、司令员；1946年被授予少将军衔，一年后成为中将。

瓦西里升迁之神速，并不是建立在个人业绩基础上的。他的业绩屈指可数，正如档案中他的上级所指出的：战争期间他完成了27次战斗飞行，击落一架战斗机。

他是个有名的花花公子，花天酒地，纵饮无度，而且性情急躁易怒，缺乏自制力。在他短暂的仕途中，特别是后来在任莫斯科军区空军副司令员、司令员期间，挥霍、挪用公款数以百万计卢布。

斯大林和儿子瓦西里、女儿斯维特兰娜在一起（1947年）

斯大林逝世后21天，苏联国防部就下令免除了瓦西里的军职，并对他挥

· 319 ·

霍、挪用公款、滥用权力等罪行进行了审理。瓦西里在法庭上供认不讳。他被判了8年刑。在狱中他向赫鲁晓夫求情，请求放了他。当赫鲁晓夫同意见他时，他又跪下，求饶，哭泣，发誓。他们谈了很长时间，谈了他父亲斯大林和他自己。

这次见面之后，苏共中央起草了一个决定，决定提前释放瓦西里。瓦西里回到家后，他对女儿娜捷施达说，他想当一个游泳池的经理，但慢慢地他当年的老朋友又使他回到了过去的那种生活方式。释放后1个月就醉醺醺地开起了汽车，出了一次车祸。为此，赫鲁晓夫骂了半天娘，最后决定把他流放到喀山。在喀山他和妻子住在一套一居室的房子里。在这里他得到他父亲的遗体1961年10月31日被从陵墓里移出的消息。他在这里并没有回顾自己短短一生的浮沉，而是仍然我行我素，酒喝得更多了。1962年3月19日，他因酒精中毒而死，死后留下了七个孩子，四个是亲生的，三个收养的。

在父亲的棺木前，瓦西里（左）第一次流了泪

斯维特兰娜在家里更幸运一些，她得到了父亲更多的宠爱。在她当学生时，经常收到父亲写来的感到温暖的信函。但战争使她和父亲分开了，从此接触不多，并越来越疏远了。

斯维特兰娜先后两次嫁人都不成功，第三次是嫁给了一个印度人，也只生活了两三年，他就死在了莫斯科。由于葬礼的关系，1966年斯维特兰娜到了印度。她到印度后从此没有回来，被苏联当局开除国籍。1984年11月1日，苏联最高苏维埃主席团宣布恢复斯维特兰娜和她女儿的苏联国籍，斯维特兰娜回到了祖国。但她到底还是不适应祖国的生活，仍然去了她已生活了很久的美国。

第五章 自上而下的革命

1962年的瓦西里

1937年的斯维特兰娜

老年的斯维特兰娜

斯大林的危机

斯大林在全国搞超高速的工业化，搞全盘集体化，尽管看上去在某些方面取得了一些成绩，从所有制的观点来看，社会主义成分在经济中所占的比重也越来越高，但代价确实太高。特别是他强调的全盘集体化及随后在全国范围内出现的大饥荒，更是弄得农业元气大伤。

这时的斯大林，尽管他所到之处人们都向他报以"乌拉"的欢呼声，但他的政策着实在国内引起了普遍的不满，党内也议论纷纷。一些经济学家和党的领导人通过不同途径发表了自己的看法，但这些人最终的命运都很惨。

在党的第十六次代表大会前后，一些经济学家如康德拉季耶夫、恰亚诺夫、马卡罗夫、格罗曼、苏汉诺夫等人主张，加速发展个体农业，减慢工业化的速度，降低富农的赋税。于是国家政治保卫局宣布这些经济学家组织了一个"劳动农民党"，并逮捕了他们。斯大林对此案指示说，这些人与右倾分子（布哈林、李可夫、托姆斯基）一定有直接联系，一定要把康德拉季耶夫、格罗曼等人枪毙。苏联最高法院特别法庭指控他们是"劳动农民党"反党集团的积极参加者和领导人。不久，他们先后被处死。

在党内，以联共（布）中央政治局候补委员、俄罗斯联邦社会主义共和国人民委员会主席塞尔佐夫为首的一帮人，希望弥合党内"左"派和右派之间的鸿沟，这个派别的自相矛盾的名称是"塞尔佐夫右倾—左倾联盟"。国家政治保卫局立即揭露了塞尔佐夫及其同伙，他们被全部撤职。

过了两年，在1932年秋，曾任中央候补委员的 M. 留京草拟了一份长达200多页的秘密意见书，名为《十八名布尔什维克的信》，即所谓的"留京纲领"。他们在意见书中要求改善党领导的政策；恢复党的民主，停止党内的迫害活动；

调整国民经济各部门发展比例，放慢工业化步伐，结束集体化，并回到个体农业，改善人民生活；撤换斯大林的总书记职务。斯大林没有认真对待塞尔佐夫，但对留京的纲领却怒不可遏。斯大林迅速对留京等人采取了行动，要求处决留京，但遭到政治局一些成员的反对。最后1932年10月9日，联共（布）中央监察委员会主席团通过决定，把留京等18人开除出党，并把他们投入集中营。季诺维也夫和加米涅夫也因受此案牵连再次被开除出党。

留京事件几个月后，国家政治保卫局又宣布挖出了一个"反党集团"，领头的亚·彼·斯米尔诺夫是一个老党员，1912年起就是中央委员。他们被控告为"资产阶级蜕化分子"，具有与留京纲领相类似的"拒绝国家工业化政策和恢复资本主义、富农阶级"的目的。所有的人都被认为犯了罪，1933年斯米尔诺夫被开除出中央委员会，次年被开除出党，1938年被处决。斯大林认为，所有这些事件表明，随着社会主义建设成就取得进展、苏维埃国家威力的增强，"一定会使垂死阶级的最后残余的抵抗加强起来。正因为他们正在死亡，他们已经面临末日，所以他们一定会从一种袭击形式转到另一种更猛烈的袭击形式"。因此，必须用加强阶级斗争的办法把这些最后残余消灭掉，"阶级的消灭不是经过阶级斗争熄灭的道路，而是经过阶级斗争加强的道路达到的"。①

但是，联共（布）党内的一部分温和派却对斯大林的做法和观点持保留意见。这一部分人中有影响的代表人物是基洛夫。

基洛夫生于1886年，1904年就加入了俄国社会民主工党，1923年在党的"十二大"上当选为中央委员。列宁逝世前后，斯大林与托洛茨基之间发生了激烈的斗争，基洛夫坚定地站在斯大林一边。在斯大林与"新反对派"的斗争时，基洛夫又坚定地支持斯大林。因此，他得到斯大林的特别倚重，成了斯大林的密友。1926年，季诺维也夫被请出了他的据点列宁格勒，基洛夫取代他成了列宁格勒省委（后来改称州委）第一书记、市委第一书记和中央西北局第一书记，同年还提升为中央政治局候补委员。斯大林把领导列宁格勒的全权交给了基洛夫，

---

① 参见《斯大林全集》第13卷第190页。

基洛夫则随同斯大林一起反对托洛茨基和季诺维也夫,并参加了对党内所谓"右倾"的批判运动。此后,基洛夫在党内提升得更快:1930年成为中央政治局委员,1934年又兼任中央书记和组织局委员,同时还兼任苏联中央执行委员会主席团委员。他身兼数职,地位仅次于斯大林。

但是,基洛夫在列宁格勒为发展当地经济、改善人民生活进行了卓有成效的工作。特别是在1932—1933年出现的大饥荒中,基洛夫为缓解群众的粮食供应不足做了许多工作。另一方面,基洛夫对"一五"计划期间斯大林的一些经济政策和阶级斗争方法提出了不同意见。基洛夫认为,在实行全盘集体化的过程中,不能一味地追求集体农庄的大而全,应对闹饥荒的农村采取温和的政策。对于阶级斗争,基洛夫认为,经过一系列的激烈斗争之后,旧的反对派集团已没有什么影响,广大干部群众已经日益拥护以斯大林为首的党中央。经过第一个五年计划,剥削阶级已经消灭,因此,应尽快结束大规模的阶级斗争,调整党的政策,改善党内外关系,不要强迫作家和艺术家们接受党的意志,而要在有创造能力的知识分子同政府之间营造一种相互信任的气氛。因此,当列宁格勒国家政治保卫局负责人梅德韦季在"十七大"前向基洛夫提交了一份应当加以孤立的前反对派分子的名单时,基洛夫没有批准要逮捕的人的名单。梅德韦季说,这些前反对派分子行为极其可疑,经常碰头。基洛夫反问道:"那从这种情况中能得出什么呢?"当1932年斯大林主张处死留京时,政治局内一帮温和派包括基洛夫在内都表示反对。因此,基洛夫在列宁格勒乃至全国深孚众望,威信日益提高。

斯大林对政治局内以基洛夫为首的温和派甚为恼火,责备基洛夫对"反对派""采取了自由主义的态度",认为"人民的敌人""由于州委的粗心大意"在列宁格勒是很多的。但另一方面,斯大林自1933年起也接受了温和派的一些建议,对各方面的政策作了谨慎的调整,特别是对原反对派领导人采取了实行团结争取的政策。1933年5月,季诺维也夫被重新恢复党籍,并被任命为中央消费合作总社主席团委员、《布尔什维克》杂志编委;加米涅夫也于同年12月重新入党,任"科学院"出版社社长,次年任苏联科学院世界文学研究所所长;布哈林1934年2月起也被任命为《消息报》主编。

第五章 自上而下的革命

与此同时,斯大林还准许季诺维也夫、加米涅夫、布哈林作为代表参加联共(布)第十七次代表大会。这次大会是1934年1月26日至2月10日在莫斯科举行的,按照事先的安排,当政治局委员走上主席台时,全场起立对每个政治局委员鼓掌两分钟,对斯大林鼓掌10分钟。但当基洛夫走向主席台时,全场热情地鼓掌,竟忘了事先的安排,特别是列宁格勒代表团,表现出了近乎狂热的激情。

斯大林与莫洛托夫、加里宁、伏罗希洛夫、卡冈诺维奇在联共(布)十七大代表中

斯大林代表中央委员会作了总结报告,宣布"党的路线胜利了","我们正向着建立无阶级的社会主义社会前进"。基洛夫把这次大会称作"胜利者的代表大会",因为党胜利地度过了饥荒,经过1932—1933年冬天的饥荒后,1933年农业取得了一个好收成,集体化实现了;工业化也取得了显著成果,并为第二个五年计划打下了重工业基础。人民作出的牺牲和经受的痛苦显然过去了,他们满怀希望展望未来。对斯大林,代表们竞相颂扬、崇拜,称他是"人民的父亲""时代的杰出天才"。对斯大林的歌颂无边无际。最后基洛夫向代表们宣布:"考虑对斯大林同志的报告通过一项什么决议是无意义的,摆在我们面前更为正确和有益的工作是把斯大林同志讲话中的一切建议和考虑作为我们党的法律。"于是代表大会便一致同意把"斯大林同志报告中所提出的原理和任务作为自己工作的指南"。

但是,在选举中央委员时,基洛夫得的选票却最高,只有3张反对票,而据说斯大林得的反对票却达292张(麦德维杰夫说是270票左右)。据当时任计票

斯大林传

委员会副主席的瓦·梅·韦尔霍维赫后来向苏共中央证实说,计票结果出来后,委员会不敢向大会公布选举结果。于是计票委员会主席弗·彼·扎东斯基把负责大会组织工作的中央书记卡冈诺维奇请来,问他怎么办。卡冈诺维奇请他等上几分钟,自己走出房间商量处理办法。他回来后问:没有投基洛夫的票有多少?扎东斯基回答说:"三张。"卡冈诺维奇于是命令道:"把同样多的票数也给斯大林同志,其余的票要销毁。"在大会宣布选举结果时,投斯大林和基洛夫的反对票变成了一样多。①

斯大林(右)与卡冈诺维奇(1934年5月1日)

(从左至右)卡冈诺维奇、斯大林、波斯特舍夫、伏罗希洛夫在一起(1934年1月)

---

① 参见麦德维杰夫《让历史来审判》(上)第251页;安·弗·安东诺夫-奥弗申柯《斯大林时代的谜案》第162—165页。

第五章 自上而下的革命

斯大林和其信赖的同事。左起：基洛夫、卡冈诺维奇、奥尔忠尼启则、斯大林、米高扬（1934年）

在大会上，私下里一些代表和基洛夫谈话，提出有必要撤换斯大林总书记职务，让斯大林去任人民委员会或者苏联中央执行委员会主席职务，而让基洛夫担任总书记职务。这一点在有关文献中也得到了证实。"十七大"代表邵武勉写道：

> 这时已形成了对斯大林的个人崇拜……斯大林践踏了集体领导原则，滥用自己的职权。个人崇拜引起的不正常情况在许多党员心中引起不安。后来人们才知道，代表大会的一些代表，首先是那些牢记列宁遗嘱的代表产生了一种想法，他们认为现在是解除斯大林的总书记的职务、调他担任别的职务的时候了。这件事自然传到了斯大林的耳中。他十分清楚，列宁的老干部是他进一步巩固个人地位、集中更多独裁权力的最大障碍。①

1962年出版的由鲍·尼·波诺马廖夫（苏共中央书记）主编的《苏联共产党历史》也写道："在党内正在形成的不正常现象使部分党员，特别是列宁时期的老

---

① 《真理报》1964年2月7日，转引自郑异凡《布哈林论稿》第421页。

斯大林传

干部十分忧虑。大会的许多代表，而首先是知道列宁遗嘱的那些代表认为，把斯大林调离总书记的岗位，让他担任其他工作的时候已经到了。"①

但是，基洛夫没有同意撤换斯大林的建议，也不同意自己被选为总书记，并把这些情况如实告诉了斯大林。最后大会选出的中央委员中，一些斯大林不喜欢的人没有进入中央委员会，忠于斯大林的人明显增多，贝利亚和叶若夫没有经过候补阶段直接当选为中央委员，亚戈达从候补委员升为中央委员，斯大林的助手梅赫利斯、波斯克列贝舍夫在"十六大"时连代表都不是，在这次大会上也直接当选为候补中央委员。布哈林、李可夫、托姆斯基等人则从中央委员降为候补中央委员。也有一些斯大林不喜欢的人或者只是表面上拥护斯大林的人也进入了中央委员会。从大会选出的中央委员和候补中央委员后来的遭遇也可以得到旁证，大会选出的139名委员，在大清洗中有98人被消灭。参加大会的1961名有表决权和发言权的代表中，后来有1108人被捕。②

斯大林政治生涯中的危机表面上看来过去了，但从大会上出现这么多反对票、要求撤换他的总书记职务的情况来看，斯大林认为，在党内乃至在全国，反对党的路线的"阶级敌人"仍然大量存在，随着社会主义的进展，阶级斗争仍会越来越尖锐。所以"十七大"决议再次提醒全党："将资本主义分子的最后残余排挤出他们原有的一切阵地，并使他们最后灭亡，这样就不能不引起阶级斗争的尖锐化，引起富农对集体农庄进行新的破坏，引起反苏维埃势力在我国工业企业中进行破坏性的怠工。"③

20世纪30年代初的叶若夫

---

① 转引自麦德维杰夫《让历史来审判》（上）第251页。
② 参见沃尔科戈诺夫《胜利与悲剧》第1卷第384页。
③ 《苏联共产党代表大会、代表会议和中央全会决议汇编》第4分册第380页。

第五章 自上而下的革命

基洛夫死亡之谜

联共（布）第十七次代表大会闭幕后，斯大林想让基洛夫到莫斯科任职，但基洛夫婉拒了这一建议，请求继续留在列宁格勒。斯大林也没有再坚持。

基洛夫回到列宁格勒后，继续脚踏实地做他的实际工作，但他的某些做法却遭到了联共（布）一些政治局委员的抨击。

1934年春天，基洛夫为了改善列宁格勒的粮食供应状况，未经莫斯科允许，就征用了列宁格勒军区固定库存中的部分粮食，多次指责政治局候补委员米高扬没有做好列宁格勒的粮食供应工作。当时担任国防人民委员的伏罗希洛夫对基洛夫的做法也表示不满，认为基洛夫超越了自己的权限，竟然干预军事部门的事务。

对此，基洛夫在1934年初夏召开的一次政治局会议上解释说，他之所以采取这一措施，是因为拨给工人的储备粮用完了，况且调拨的这批粮食是向军队借的，新的配给粮一到，就准备立即归还。但是，伏罗希洛夫对这种解释并不认可，指责基洛夫把军用仓库中的粮食弄到工厂小铺，"是企图在工人中得到廉价的声誉"。基洛夫对这种指责怒不可遏，说："如果政治局想要工人们拿出产品，那首先得让他们填饱肚子……每一个农夫都知道，不让马吃饱，马就拉不动大车！"米高扬反驳说，列宁格勒的工人吃得比全国其他地方好。对此，基洛夫并不否认，但是他指出，列宁格勒工人超额完成国家计划，对国家

基洛夫

的贡献也大。这时坐在一旁的斯大林插话问道:"到底为什么列宁格勒的工人应当比其他所有的工人要吃得更好一些呢?"基洛夫没有正面回答,只是说:"我认为早就该废除票证供应制,开始好好地养活我们的工人了。"①

斯大林采纳了基洛夫的建议,在1934年11月25—28日召开的中央全会上决定自1935年1月1日起废除粮食和其他食品的配给制。会后,基洛夫坐火车返回列宁格勒。在火车上,基洛夫和其他会议代表热烈地讨论了这个人们期待已久的措施,他们还交换了看过布尔加科夫的话剧《土尔宾一家的命运》以后的意见,还谈论了预定要在12月1日召开的列宁格勒党员积极分子会议。

12月1日上午,基洛夫在家里起草预定在下午6时召开的党员积极分子会议上的报告。下午4时30分,基洛夫乘车来到斯莫尔尼宫。他在很长的走廊里走着走着,不时和许多人打着招呼,交谈几句工作。随后他往左一拐,走进了一条窄窄的走廊。他的贴身卫士鲍利索夫平时紧跟着他,可这时却不知为什么离他很远。就在这时,列昂尼德·尼古拉耶夫蹿了出来,对准基洛夫后脑勺开了枪,基洛夫当即倒在血泊中。尼古拉耶夫被当场抓获。

基洛夫的遇害显然是经过某些人精心策划的,而且此前他就遇到几次危险。一次是1934年夏天,基洛夫以中央粮食收购全权代表的名义去哈萨克斯坦,在那里有人搞了一次事故,基洛夫乘坐的汽车连车带人掉进了水沟里,幸好所有的人都安然无恙。另外两次是在列宁格勒,发生在这年的10月份。基洛夫喜欢散步,他每次散步时,路线都比较固定,而且有警卫人员以很宽的扇形跟在后边保卫他。他的警卫人员由鲍利索夫领导。一次散步时,一个过路人因企图靠近基洛夫,引起了警卫人员的

列昂尼德·尼古拉耶夫(1933年)

---

① 参见亚·奥库洛夫《震惊世界的莫斯科三次大审判》,红旗出版社1992年版,第9—10页。

第五章　自上而下的革命

注意。他们把这个可疑的人拘捕了，这人就是尼古拉耶夫。他们发现，在他的皮包背面有一处开口的地方，从中不打开皮包就可以抽出手枪。上了子弹的手枪就放在里面，里面还有基洛夫散步的路线图。尼古拉耶夫马上被带到列宁格勒内务局，审问他的是副局长扎波罗热茨。但不久尼古拉耶夫马上又被释放了。过了几天，恢复了自由的尼古拉耶夫又在桥上被基洛夫的警卫人员拘捕了，从他身上又找到了那支上了子弹的手枪。尼古拉耶夫又被带到列宁格勒内务局，但不久他又自由了。鲍利索夫及其他警卫人员对此很气愤，想去找局长梅德韦季，但他们被带到了机要政治局，他们的党证被没收。内务局人员告诉他们说，这事用不着他们去管。①

鲍利索夫觉得事情很奇怪，就如实向基洛夫作了汇报。基洛夫采取了什么措施，如今不得而知，但他肯定知道有人想害他。早在1934年夏天，基洛夫在与他的朋友阿列克谢·谢沃斯季亚诺夫谈心时说："阿廖沙，我的头已经放在断头台上了。有人要杀我。"同样的话，基洛夫对自己的另一位老朋友维堡区党委书记彼得·斯莫罗金也讲过。②

基洛夫担心的事，终于在12月1日发生了。基洛夫遇害后的两小时，斯大林、莫洛托夫、伏罗希洛夫、叶若夫、亚戈达、日丹诺夫及内务部的一些工作人员乘专车赶赴列宁格勒。斯大林在列宁格勒的莫斯科火车站上，见到列宁格勒内务局局长梅德韦季时，连手套都没有摘，就打了梅德韦季一记耳光，对前来迎接的人破口大骂。斯大林等人到列宁格勒后，亲自审问了尼古拉耶夫。他们还准备提审基洛夫的警卫员鲍利索夫，但在内务部人员押解他的途中，汽车撞到了墙上，鲍利索夫神秘地死了，车上的其他人却毫发未损。

尼古拉耶夫很快被枪毙了，列宁格勒内务局局长梅德韦季和副局长扎波罗热茨很快也被调往远东工作，他们两人在1937年都被处决。凡是有可能了解一点

---

① 参见麦德维杰夫《让历史来审判》（上）第254—255页；安·弗·安东诺夫-奥弗申柯《斯大林时代的谜案》第179页。

② 1959年时，谢沃斯季亚诺夫在黑色冶金工业部工作，他向苏共中央主席团交给了一份简短的回忆材料，并答应把同基洛夫的详细谈话情况写出来，但他回家后猝然死去。参见安·弗·安东诺夫-奥弗申柯《斯大林时代的谜案》第171—172页。

斯大林与卡冈诺维奇为基洛夫守灵

斯大林在莫斯科的列宁格勒火车站迎接基洛夫的棺木（1934年12月4日）

内幕的人都先后死去，以至于没有留下有关此案任何直接的或间接的证据。赫鲁晓夫在苏共"二十大"作秘密报告时也说：

> 必须指出，基洛夫遇害的情节中有许多至今叫人无法理解的神秘的东西，需要非常仔细地加以调查。有理由怀疑，负责保卫基洛夫安全的人中，有人帮助了杀害基洛夫的凶手尼古拉耶夫。尼古拉耶夫在他行刺之前一个半月曾因行迹可疑而被捕，但被释放了，甚至没有搜查过他。另一个情况也异

常可疑:1934年12月2日,一个担任基洛夫贴身警卫的肃反工作人员在被带去接受审讯的途中因"车祸"身亡,可是在这次车祸中,车上的其他人个个安然无恙。在基洛夫遇害后,对内务人民委员部在列宁格勒工作的领导干部判得非常轻,但在1937年把他们都枪决了。可以推测,枪毙他们是为了掩盖谋害基洛夫的真正组织者留下的痕迹。①

震惊世界的大审判

基洛夫的遇害,为苏联20世纪30年代的大规模镇压提供了借口。发案的当天,斯大林就立即建议对苏联现行的刑事诉讼法进行修改。根据斯大林的提议,苏联中央执行委员会未经政治局讨论就通过了一项决定,对现行刑事诉讼法作了如下修改:

1. 侦查部门应从快处理被控策划和执行恐怖行动的案件;
2. 司法机关不得推迟执行对这类罪行的死刑判决并研究是否可以给予赦免,因为苏联中央执行委员会主席团认为作出这样的赦免是不可容许的;
3. 一俟对犯有上述罪行的罪犯作出死刑判决,内务人民委员部应立即执行。②

这个规定公布得很匆忙,甚至未经国家元首(苏联中央执行委员会主席)加里宁签署,只由中央执行委员会秘书叶努基泽签署就公布了。

此规定公布以后,各类案件的审查大大加快。依据此规定,当时正在各级法

---

① 参见王德树等译《赫鲁晓夫的秘密报告·苏共"二十大"日记》,华夏出版社1989年版,第18页;译文参见沃尔科戈诺夫《胜利与悲剧》第1卷第387页。

② 见《胜利与悲剧》第1卷,第388—389页。

斯大林悼念基洛夫（1934年12月5日）

院审理的一些与基洛夫谋害案件无关的案件也急急忙忙地交给了最高法院军事法庭委员会法庭审理。几乎所有的被告都被最高法院军事委员会巡回法庭于12月5日判处枪决并立即执行，并于12月6日为基洛夫举行国葬的日子公布了。列宁格勒枪决了39人，莫斯科29人，明斯克逮捕12人（其中9人被枪决），基辅逮捕37人（其中28人被枪决）。①

此后在全国开始了一个长达4年之久的大规模镇压浪潮。

托季恐怖中心案

基洛夫死了，凶手是尼古拉耶夫，但尼古拉耶夫的背后又是谁指使的呢？斯大林认为，尼古拉耶夫以前是季诺维也夫的支持者，此人肯定是一个"季诺维也夫分子"。因此，他对叶若夫等人指示说："要在季诺维也夫分子中间寻找凶手。"②

负责侦查基洛夫被害案工作的是叶若夫，工作组人员除柳什科夫外，还有Д.М.德米特里耶夫（后来任内务部斯维尔德洛夫管理局局长）和维辛斯基从莫斯科带来的苏联检察机关从事特别重要案件侦查的Л.Р.舍宁等人。在审讯中，尼克拉耶夫起初坚决否认是受原季诺维也夫反对派指使干的，甚至还明确说是内务部的人迫使他干的。但是，内务部工作人员对他采取了严厉的体罚措施，把他弄得疲惫不堪。负责审判的苏联最高法院军事委员会主席瓦·乌尔里希在审讯时还劝诱说："你在党内已经这么多年了，你应该知道，对党来说，没有比政治上的倾向更危险的了。但是要知道托洛茨基分子—季诺维也夫分子还曾图谋要杀害我们的许多领袖。你要用自己诚恳的供词来帮助揭露那些臭名昭著的敌人。"他们

---

① 参见麦德维杰夫《让历史来审判》（上）第259页。
② 参见《苏共中央通报》1989年第7期第69页。

还告诉尼古拉耶夫，只要他招认谋害基洛夫是受列宁格勒一个恐怖中心指使的，就可免他一死。尼古拉耶夫不得已只好供认："是的，在列宁格勒有一个恐怖中心。是的，他们曾委托我来进行政治杀害活动。是的，中心的领导人后来曾准备要杀害斯大林、莫洛托夫、伏罗希洛夫、卡冈诺维奇。"

根据斯大林的指示和尼古拉耶夫的供词，苏联政府确认在列宁格勒和莫斯科均存在一个总部。这两个总部的成员是托洛茨基—季诺维也夫反对派成员，是他们策划了谋害基洛夫的

瓦尔特·乌尔里希

斯大林（左）和奥尔忠尼启则在一起（1935年）

斯大林和莫洛托夫（左）、安·安·安德列耶夫（右）在一起（1935年12月）

斯大林（右）和伏罗希洛夫在一起（1936年）

行动。季诺维也夫、加米涅夫在"十七大"没有再当选为中央委员，但会后他们又一度活跃起来，以为"暴风雨"过去了，而且还可能时来运转。特别是季诺维也夫表现得更为活跃，他甚至在代表大会之后还写过一篇《过

去十年的国际意义》的文章（这是他写的最后一篇文章），把它发表在《布尔什维克》杂志上。但当他从报上看到基洛夫遇害的消息和评论说"托洛茨基—季诺维也夫坏蛋们"同这个案件有牵连之后，他连魂都丢了。他和加米涅夫等19人作为"莫斯科总部"成员于12月8—25日相继被捕。他们两人是于12月16日同一天被捕的。这一天，当内务部人员在搜查季诺维也夫的住所时，季诺维也夫当场给斯大林写了一封信：

  现在（12月16日晚7点半），莫尔恰诺夫带着几个肃反工作人员闯入我的住宅进行搜查。

  斯大林同志，我对您说实话：奉中央委员会的指示从库斯塔奈回来后，我所做的每一件事，所说的每一句话，所写的每一行字，所产生的每一个想法，都没有必要向党、向中央委员会、向您个人隐瞒。我一心只想着如何博得中央委员会和您的信任，争取您为我安排工作。

  除了一些陈旧的档案之外（都是30多年积累下来的，包括从事反对派活动时期积累下来的），我这里什么也没有，也不可能有。

  我绝对、绝对没有对不起党，对不起中央委员会，对不起您个人的地方。我以被布尔什维克视为神圣的一切向您发誓，我以列宁的名义向您发誓。

  我想象不出我有可怀疑的地方。我恳求您相信我的肺腑之言。我的心灵深处在颤抖。①

12月22日，苏联政府发表了侦查谋害基洛夫案件的通报，说尼古拉耶夫是地下恐怖组织的成员，这个恐怖组织是由原季诺维也夫反对派成员组成的，名为"列宁格勒总部"。但是"鉴于罪证不足"，季诺维也夫、加米涅夫的案情将由内务人民委员部继续侦查。27日，又公布了关于"列宁格勒总部"的控告结论，在控告结论上签字的有苏联副总检察长安·亚·维辛斯基（1935年升为总检察长，

---

① 《苏共中央通报》1989年第7期第70页，译文参见《斯大林研究》1995年第4辑第217—218页。

后来的历次大审判他都以国家公诉人的身份出现）和要案侦查员舍宁。控告结论说，谋害基洛夫是这个恐怖组织谋害斯大林和党的其他领导人长远计划的一部分。现在已发现了两个阴谋恐怖组织，一个由沙特斯基领导，另一个由卡达雷诺夫领导，尼古拉耶夫就是受卡达雷诺夫委托暗杀基洛夫的。此外，凶手还从拉脱维亚总领事乔治·比辛尼耶克斯那里领了5000卢布，这个总领事是阴谋者和托洛茨基之间的联系人（1934年底苏联驱逐了这个总领事，但拉

维辛斯基

脱维亚政府坚决否认它的总领事与基洛夫被害案有关）。

尼古拉耶夫以为自己招供以后可以保全性命，但控告结论公布以后，尼古拉耶夫等13个被告（所谓"列宁格勒总部"成员）被宣判死刑并立即执行。

在结束了对"列宁格勒总部"案件的诉讼后，苏联政府决定对"莫斯科总部"成员进行审讯并提起公诉。

在审讯中，参与调查本案的Д.М.德米特里耶夫从"莫斯科总部"成员巴卡耶夫[①]处搞到了一份详细的"供词"。供词称，前"季诺维也夫分子"在搞反苏活动，他们有反革命组织，有领导总部等。

依据这份供词，对季诺维也夫、加米涅夫等人进行了一次又一次的审问。在审问中，季诺维也夫反复肯定地说，党的"十五大"以后，反对派总部已被解散，组织也不存在了，过去的反对派人员只是互相见见面、聊聊天，表达一下对自己现状的不满，过去的反对派领袖还希望重返党的岗位。

加米涅夫在审问中也肯定地说，从1928年起他未参加过前反对派的任何聚会，从1932年11月起甚至同前反对派断绝了来往，他只同季诺维也夫保持着私人交往，因为他们两人住在同一幢别墅内。只是在党的"十五大"后他曾一度指

---

① 伊·彼·巴卡耶夫，1887年生，1906年加入俄国社会民主工党，1934年12月9日被捕，被捕前任动力网总管理局局长。

斯大林传

望在中央出现分歧的情况下重返党的领导岗位,但从1930年起他就打消了这一念头。当问到是否曾经"存在过季诺维也夫分子的反革命组织,特别是它的莫斯科总部"这一问题时,加米涅夫断然予以否认。

1月13日决定对季诺维也夫、加米涅夫等人提起公诉,结束侦查并将被告交付法庭,但14日又对这些被告进行了突审。在军事法庭的高压下,他们承认,由于过去反对过斯大林,可能在客观上助长了目前存在的恐怖主义倾向,因此,他们承认对尼古拉耶夫的罪行在道义上负有间接的责任。为此,季诺维也夫还专门向侦查机关作了一份书面声明。

1月15日,法庭开庭,对"莫斯科总部"19名成员进行了政治审判。起诉书说,作为过去积极参加过托洛茨基—季诺维也夫反对派的人,虽然声明与反对派观点决裂,但却没有放下武器,而是搞起反苏的地下活动,妄图取代党和苏维埃政府的现任领导。第二天,法庭向被告宣读了起诉书,但审讯结论最后说:"侦查结果没有得到充分的根据足以证明季诺维也夫分子教唆谋害基洛夫的事实。"法庭宣布,判处季诺维也夫十年监禁,加米涅夫五年监禁。其他被告也判处年限不等的监禁。

在提起公诉后,加米涅夫表现得很顽强,他向侦查机关提交了一份声明。声明说:"把我划归'旨在消灭苏维埃政权领导人'的组织之列与侦查工作的整个性质、向我所提的问题以及在侦讯过程中向我所提起的公诉不符。我一定要竭尽全力、毅然决然地同这种严重违背事实、与侦讯时向我出示的材料大相径庭的说法进行斗争。"[①]

1月18日,联共(布)中央就基洛夫遭暗杀向全国各级党组织发出了一封秘密信《与基洛夫同志遇害有关的事态的教训》,警告各级党组织"要防止政治上的泰然自若和庸俗的粗心大意"。秘密信说:

> 必须肃清机会主义的泰然自若,这种态度是从这样的错误假定出发的:

[①]《苏共中央通报》1989年第7期第81页。

随着我们力量的增长，敌人似乎会变得愈来愈驯服和不伤害人。这种假定是根本错误的。它是右倾的死灰复燃，它硬要大家相信，敌人将悄悄地爬进社会主义，他们最后会变成真正的社会主义者。布尔什维克不应当高枕无忧和粗心大意。我们需要的不是泰然自若，而是警惕性，真正布尔什维克的革命警惕性。必须记住，敌人的处境愈是绝望，他们就愈想把"极端手段"作为他们反苏维埃政权斗争的垂死挣扎的唯一手段。必须记住这一点，必须保持警惕。①

这封秘密信是根据斯大林本人起草的提纲草拟、以中央政治局的名义公布的。在这封秘密信中还声称，暗杀基洛夫是思想上和政治上受"季诺维也夫莫斯科总部"领导的"季诺维也夫列宁格勒总部"干的。"莫斯科总部"确切知道"列宁格勒总部"的恐怖集团并进一步煽动了这一意图。季诺维也夫派别集团是最阴险的、最卑鄙的……伪装了的白卫组织形式。秘密信号召，要像对待白卫分子那样对待他们、孤立他们、逮捕他们。

这封秘密信发出后，在所有的州，特别是在列宁格勒，对被控为"列宁格勒总部"和"莫斯科总部"的成员开始了大规模的逮捕浪潮，后来在集中营里被称之"基洛夫激流"。而且逮捕后处理得非常神速。如1935年3月11日，乌尔里希向斯大林报告说，3月9日在列宁格勒不公开地审理了尼古拉耶夫的3个同伙，他们3人被处以枪决，3月10日凌晨就执行了。

1936年初，内务人民委员部秘密政工管理局局长莫尔恰诺夫召集将近40个该部重要干部开会，说已揭露了一个大阴谋组织，其首要分子是托洛茨基、季诺维也夫、加米涅夫及其他原反对派领导人。这个阴谋组织活动已有好几年了，它在几乎所有的大城市里都建立了恐怖小组，其目的是要杀害斯大林和所有政治局委员，夺取国家政权。莫尔恰诺夫在简短介绍这个阴谋组织的情况后，向与会者宣布：根据内务人民委员亚戈达的命令，除了各管理局的正副局长外，其余所有的与会者都要放下目前担任的职务，在秘密政工管理局的指挥下来进行侦查工

---

① 参见《斯大林文选》（上）人民出版社1962年版，第114页。

作。莫尔恰诺夫强调说，斯大林将亲自监督调查的进展情况，中央书记叶若夫将帮助斯大林进行这一工作。

按照计划，内务人民委员部很快逮捕了三个人。一个是瓦连京·奥利别尔格，他是内务部的一个工作人员，内务人民委员部要他按照"工作要求"假装成阴谋活动的参加者，并把季诺维也夫、加米涅夫冒充作自己的领导人，他必须提供证词，帮助党和内务人民委员部来消灭托洛茨基主义，并在即将举行的开庭审判中揭发托洛茨基是反对苏联政府的阴谋组织者。另一个是伊萨克·赖因霍尔德，他是苏联棉纺工业总管理局局长，与加米涅夫和索柯里尼柯夫有私交。还有是里哈德·皮克尔，他曾经领导过季诺维也夫的秘书处，一度参加过反对派，但为时不久，被捕前任莫斯科室内剧院院长兼政治领导人。

奥利别尔格事先得到保证，不管法庭将对他作出什么样的判决，他都被释放，然后派他到远东去担任一个什么要职。因此，他放心大胆地在内务人民委员部所需要的所有"审讯笔录"上签了字。在一份"笔录"上供认说，他是由托洛茨基的儿子谢多夫根据托洛茨基的指示，派到苏联来组织谋杀斯大林的。

赖因霍尔德是个难以制服的人。他被捕后，侦查人员（主审人是莫尔恰诺夫）要他承认：加米涅夫曾经吸收他加入恐怖组织，加米涅夫和季诺维也夫是反对苏联政府的阴谋组织的领导人。莫尔恰诺夫对他说，只有他揭露了这两人，他才能够保住自己的一条命。但赖因霍尔德坚决否认自己参加过任何阴谋组织。无奈之下，内务人民委员部行动局副局长切尔尼克又出面和他周旋了三个星期，对他进行了连续不断的审讯，有时候一次审讯长达48个小时，中间不准吃饭，不准睡觉，还利用他对家属的眷恋之情，逼迫他在拘捕他全家人的拘票上签字。赖因霍尔德也还是未屈服。后来连续几天他们再也没去管他，突然有一天夜里侦查员向他出示了该部特别会议一项假的决定，宣布他因参加托洛茨基—季诺维也夫的阴谋活动而被判处枪决，其家庭成员流放西伯利亚。这时莫尔恰诺夫以老相识的身份劝他直接向党中央书记叶若夫写份恳求赦免的申请书，请叶若夫下令推迟执行日期，并对案件进行重新审理。赖因霍尔德同意了，立即向叶若夫写了一份很长的申请书。叶若夫看了申请书，愿意下令撤销特别会议的决议，条件是赖因霍尔德必须

第五章 自上而下的革命

同意帮助侦查人员"揭露托洛茨基—季诺维也夫匪帮的罪行"。但赖因霍尔德也提出了一个条件：任何供状都可以签字，但必须得由党中央的代表向他宣布：党认为他没有犯任何罪，但党的利益却要求他非作出这样的供认不可。

亚戈达知道赖因霍尔德的这个反要求后，很气愤，指示侦讯人员不能作任何让步。最后叶若夫亲自出马，以中央名义向他宣布：只有帮助内务人民委员部来揭露季诺维也夫和加米涅夫，才能证明自己无罪和对党的忠诚。于是，赖因霍尔德不得已只好在一份事先拟好的供状上签了字。这份供状说，他是托洛茨基—季诺维也夫组织中的一个成员，他曾准备杀害斯大林，其犯罪活动都是在季诺维也夫、加米涅夫和巴卡耶夫亲自领导下进行的。他还证实说，杀害基洛夫是季、加两人一起策划的，已经拟定好的恐怖活动不仅要暗杀斯大林，而且还要暗杀莫洛托夫、伏罗希洛夫、卡冈诺维奇等人。

叶若夫和亚戈达认为，里哈德·皮克尔是个有用的人，因为他曾经主持过季诺维也夫的秘书处，这将使皮克尔反对季诺维也夫的供词具有说服力。但皮克尔拒绝诋毁自己和自己的老上级季诺维也夫。侦讯人员坦率地对他说，作出供词是"上面要求的"，如果同意帮助内务人民委员部，答应作出反对季诺维也夫、加米涅夫的供词，那他们敢为他担保：不管将来法庭对他作出什么样的判决，他都将不在集中营里，而会在"自由状态下"，作为伏尔加河畔正在着手进行的一个大建筑工程的领导人来服满刑期。

皮克尔答应了，他只要求和亚戈达本人见一面。亚戈达同意了，并慷慨地答应了皮克尔的一切要求。于是皮克尔在供词中供认说，他曾根据季诺维也夫的坚决要求，与赖因霍尔德和巴卡耶夫一起，准备谋害斯大林，原托洛茨基分子德赖采尔曾企图策划谋害伏罗希洛夫。

内务人民委员部的侦查人员用上述相同的方法还提审了其他一些人，取得了嫁祸托洛茨基、季诺维也夫、加米涅夫及其他原反对派成员的假证。一切已准备就绪。

1936年夏天，苏联政府宣布对季诺维也夫、加米涅夫等原反对派领导人进行重新侦查。

斯大林传

首先提审的是加米涅夫，由亚戈达的副手、国家安全总局局长米罗诺夫负责审讯。米罗诺夫说，有许多原反对派的人指控他准备对斯大林及其他政治局委员进行恐怖活动，并和季诺维也夫一起派人暗杀了基洛夫。米罗诺夫打开公文夹，向他宣读了赖因霍尔德及其他一些被捕者的供词。对此，加米涅夫坚决予以否认，并且向米罗诺夫声明：

  你可以告诉亚戈达，说我再也不会参加像他去年对我和季诺维也夫举行的那种审判闹剧了。请转告亚戈达，这一次他必须证明我的罪过，我决不同他搞任何交易。我要求把梅德韦季和内务人民委员部列宁格勒分局的其他工作人员都转到法庭上来，我要亲自向他们提出关于杀害基洛夫的问题！①

加米涅夫要求和赖因霍尔德对质，米罗诺夫同意了。在对质时，赖因霍尔德说，他到过加米涅夫家几次，听加米涅夫说，必须杀死斯大林及其亲密助手和同事。

加米涅夫当面质问他："你为什么要撒谎？""你硬说你曾几次到过我家，你能不能更确切地说出这是在什么时候？"

赖因霍尔德列出的时间是：1932年、1933年和1934年。

"既然你这么经常地到过我家，那你一定能记住我家的某些特点。"加米涅夫向他提出了有关自己住宅和房屋的位置问题。

赖因霍尔德怕当场露了马脚，不敢回答加米涅夫的问题。于是，他便向加米涅夫声明，加米涅夫不是侦查员，没有权利审问他。

米罗诺夫这次什么也没得到，于是亚戈达给他派去了切尔尼克。切尔尼克确实是一个心狠手辣的人，他对加米涅夫进行了毒打和引诱。斯大林听说加米涅夫、季诺维也夫不肯屈服时，给侦讯员下达了指示："告诉他们，不管他们怎么做，他们也阻止不住历史的进程。他们的出路只有一条，要么死去，要么挽救自

---

① 参见奥库洛夫《震惊世界的莫斯科三次大审判》第127页。

己的一条命。给我狠狠地整,直到他们用嘴噙着供状,爬到你们跟前为止。"①

当加米涅夫处于严刑拷问的绝境时,季诺维也夫正病倒在他的单人牢房里。叶若夫决定对季诺维也夫采取另一种策略:直接以政治局名义要求他作出案件所需要的"供认"来。

一开始,叶若夫对季诺维也夫说,苏联的反间谍机关截获了德国总参谋部的一些文件,这些文件表明,德国和日本准备在最近的一个春天对苏联发起军事进攻。在这种情况下,党再也不允许托洛茨基在国外进行反苏宣传了。叶若夫代表政治局向季诺维也夫宣布,他应当帮助党"给予托洛茨基及其匪帮以毁灭性的打击,以便使国外的工人脱离开托洛茨基的反革命组织,并向他开枪"。

季诺维也夫小心地问:"你们需要我做些什么呢?"

叶若夫瞟了一眼自己的记事本,开始列举季诺维也夫的罪过,并指责他和加米涅夫至今还没有缴械投降。接着,叶若夫继续说:"政治局最后一次要求你们彻底缴械投降,使你们没有任何可能有朝一日东山再起,来反对党。"季诺维也夫必须在公开的法庭审判中承认其他原反对派分子所作的关于他根据托洛茨基约好的条件曾准备杀害斯大林及其他政治局委员的供词是真实的。

季诺维也夫愤怒地拒绝了这样的要求。于是侦讯人员又采取了一切必要的措施,不仅对他们进行长时间的轮番审讯,而且往他们的牢房里集中供暖。当时正值盛夏时节,他们的牢房里即使不供暖也已经热得使人透不过气来。当时季诺维也夫正患气喘病,酷热折磨得使他难受到了极点。他要求医生为他打针并将他转到监狱医院去。可是医生告诉他,自己的职权只限于为他开点药,没有亚戈达的允许,无权给他打针,也无权为他转进医院。

1936年7月,季诺维也夫被折磨得实在受不了,于是便请求和加米涅夫单独谈一谈。请求批准后,他们两人在一起谈了将近一个小时,季诺维也夫劝加米涅夫一起去出席法庭,但条件是斯大林必须当着全体政治局委员的面保证不杀害他们。

---

① 参见奥库洛夫《震惊世界的莫斯科三次大审判》第131页。

斯大林传

斯大林听说季诺维也夫、加米涅夫准备投降后，很高兴。他决定把他们召到自己的办公室来，就一些情况和他们当面谈一谈。

亚戈达把他们两人带到了斯大林的办公室，在办公室里，除斯大林外，还有伏罗希洛夫和叶若夫。斯大林在办公室里来回地踱着步，对季诺维也夫和加米涅夫侃侃而谈，说他们走到今天这一步全怪他们自己，但是"即使现在，我们还在对你们说：只要你们服从党的意志，无论是你们，还是被你们拖下水的人，都将保住性命"。并明确地告诉他们：（1）法庭审判并不是反对他们的，而是反对党的死敌托洛茨基的；（2）既然在他们反对中央最猖狂的时候，我们并没有枪毙他们，那么，为什么在他们愿意帮助中央与托洛茨基作斗争时我们却非要枪毙他们不可呢？（3）季诺维也夫和加米涅夫两位同志还忘记了，我们布尔什维克都是列宁的学生和追随者，因此不管他们对党犯下了多么重大的罪过，我们都不想杀害他们。①

斯大林（左）与伏罗希洛夫在一起

当季诺维也夫和加米涅夫就范后，7月29日，联共（布）中央委员会发出了一封关于托洛茨基—季诺维也夫联盟的间谍恐怖活动的秘密信，"再一次号召党组织保持最大的警惕性，不管敌人伪装得如何巧妙，都要善于识别人民的敌人"。秘密信说：

现在已经证明，托洛茨基—季诺维也夫恶魔在反苏维埃政权的斗争中，把我国劳动者的一切最凶恶的不共戴天的敌人——间谍、挑拨离间分子、破

---

① 参见奥库洛夫《震惊世界的莫斯科三次大审判》第142—145页。

坏分子、白匪、富农等等——都纠集在一起；这些分子同托洛茨基分子和季诺维也夫分子之间已经没有任何区别了。我们的一切党组织、全体党员都应当了解，共产党员随时随地都必须保持警惕性。在目前条件下，每一个布尔什维克必须具备的品质就是，要善于识别党的敌人，不管他们伪装得如何巧妙。①

1936 年 8 月 19—24 日，苏联最高法院军事法庭对季诺维也夫、加米涅夫、叶夫多基莫夫、斯米尔诺夫、巴卡耶夫、赖因霍尔德、皮克尔、奥利别尔格等 16 人进行了公开审判。审判在工会大厦的圆柱大厅举行。这是大清洗运动中的第一次公开审判，被告不允许有辩护律师。审判长乌尔里希宣布开庭，并声称"所有被告都拒绝请律师"。

国家公诉人维辛斯基宣读了起诉书后，开始了为期 3 天的法庭调查，被告几乎千篇一律地供认了"杀害基洛夫和准备杀害斯大林及其亲密战友的罪行"。

8 月 23 日晚上 7 点 30 分，审判庭成员离席进入合议室。24 日凌晨 2 点 30 分，法庭成员才合议完毕，在审判桌上就坐。乌尔里希宣读了早已拟好的判决书：法庭确认季诺维也夫等人"根据托洛茨基匪徒在苏联的秘密组织领导人斯米尔诺夫所得到的托洛茨基指令"，组织了"联合总部"恐怖中心，这个中心"曾主使和领导列宁格勒季诺维也夫分子尼古拉耶夫—科托雷诺夫秘密暗杀团，于 1934 年 12 月 1 日凶恶地暗杀了苏联中央执行委员会委员和联共（布）中央委员基洛夫同志"。法庭宣布，所控 16 名被告全部处以死刑。8 月 25 日早晨，这 16 名被告全部被枪毙了。

托洛茨基平行中心案

"托洛茨基—季诺维也夫恐怖中心案"的被告在审讯时交待说，在该"中心"之外，还存在一个"后备中心"，这个"后备中心"也是遵照托洛茨基的

---

① 参见《斯大林文选》（上）第114页。

卡冈诺维奇

直接指示而成立的，加入这个中心的有皮达可夫、拉狄克、索柯里尼柯夫、谢列布里亚科夫、穆拉洛夫等人。此外，他们还讲了和布哈林、李可夫、托姆斯基等人"有罪的"联系。

1936年8月22日，《真理报》发表了维辛斯基的命令，宣布开始对上述和反革命阴谋案有关的人进行侦查。托姆斯基知道后，于当天就自杀了。

拉狄克立即写文章，驳斥季诺维也夫、加米涅夫等人的诬告，但没用，他和皮达可夫、谢列布里亚科夫、索柯里尼柯夫等一大批人不久就被捕了。但对布哈林、李可夫等人，《真理报》在9月10日发表的苏联检察院的公告中说，"侦查没有发现应使布哈林和李可夫承担法律责任的法律材料，因此停止对本案的继续侦查"。

看来，斯大林对内务人民委员部的工作并不满意。1936年9月25日，正在索契休假的斯大林、日丹诺夫给莫洛托夫、卡冈诺维奇和其他政治局委员发了一封电报：

> 我们认为让叶若夫同志担任内务人民委员一职绝对必要，而且刻不容缓。亚戈达确定无疑地表明，显然他没有能力揭露托洛茨基—季诺维也夫集团。国家政治保卫局在这件事情上延误了4年。对此所有党的工作者和内务人民委员部的大多数委员均有所察觉。①

9月26日，亚戈达被撤销内务人民委员职务，改任邮电人民委员，但他的这一职务也很快被免除，接着就被捕了。叶若夫马上接任了他的内务人民委员职务。

叶若夫走马上任后，首先对内务人民委员部的工作人员进行了清洗。亚戈达

---

① 参见沃尔科戈诺夫《胜利与悲剧》第1卷第499页。

任职时的几个副内务人民委员、一些分局的局长以及知道第一次莫斯科审判案内幕的人，成了第一批清洗对象。在1937年一年里，内务人民委员部干部被处决了3000多人。叶若夫抓人、杀人常在夜间或"出席会议"时进行，莫斯科笼罩在一片恐怖之中。

与此同时，叶若夫更加扩大了内务人民委员部的人员编制，加快了对所谓"人民的敌人""间谍"等人的审理。

叶若夫，1936—1938年任内务人民委员

叶若夫为首的内务人民委员部首先接手的是"托洛茨基平行中心"案，被控参加这一"中心"的有拉狄克、皮达可夫、索柯里尼柯夫、谢列布里亚科夫、穆拉洛夫等共17人。他们被控犯有"背叛祖国，从事侦察和军事破坏工作，实行恐怖和暗害勾当"的罪行。

这些被告大部分过去是布尔什维克党和苏维埃国家的著名活动家，积极参加了革命斗争、十月革命和国内战争。他们在20世纪20年代中期又几乎都是托洛茨基的拥护者，为此曾被开除党籍。但20世纪30年代初，他们实际上与托洛茨基断绝了关系，又被恢复了党籍并在各人民委员部、出版机构及其他单位任领导职务。

在大清洗的年代，他们也未逃脱厄运。1936年9月后，他们相继被捕。

皮达可夫在列宁的"遗嘱"中被称为"是个有坚强意志和杰出才能的人"[1]，被捕前任重工业人民委员部副人民委员，是奥尔忠尼启则（重工业人民委员部人民委员、政治局委员）的得力助手。奥尔忠尼启则基本上未受过什么教育，对复杂的财经问题搞不大明白。奥尔忠尼启则倒也有自知之明，在搞五年计划时，他对皮达可夫说："你对我有什么要求吗？你知道，我既不是工程师，也不是经济学

---

[1]《列宁全集》第2版第43卷第339—349页。

家。既然你觉得这个方案好,我也双手赞成,并且我将同你一起在政治局的会议上为通过这个方案而努力!"经过几年的合作,他们之间互相都比较信任。

皮达可夫被捕后,在相当长的时间内完全拒绝同侦查员谈话。但内务人民委员部人员却制服了他的妻子和秘书。皮达可夫与妻子生活得并不幸福。妻子生活邋遢,有喝酒的嗜好,对丈夫并不怎么关心,她虽然不愿意诬告丈夫,但为了她那年幼的儿子(当时只有10岁)的生命,她同意作出诬陷丈夫的任何供词。皮达可夫与他的私人秘书科利亚·莫斯卡廖夫关系非常密切,莫斯卡廖夫被捕后,迫于无奈,也同意有条件地在反对皮达可夫的供词上签字。

两个最亲近的人都在反对他的供词上签了字,这使皮达可夫的处境很艰难。这时,奥尔忠尼启则出面,劝皮达可夫本人向斯大林作出让步,同意在事先拟好的供词上签字,并同意出庭以被告人身份受审。奥尔忠尼启则在最后一次与皮达可夫面谈时,还当着皮达可夫的面,把斯大林的指示通知了侦查人员阿格拉诺夫:把皮达可夫的妻子和他的私人秘书从未来一次审判案的参加者名单中去掉,甚至也不得把他们作为见证人叫到法庭上去。奥还保证说,即使皮达可夫出庭受审,也决不会判处他死刑。

皮达可夫同意了。他在内务人民委员部外事局局长斯卢斯基根据斯大林的指示而拟定的供词上签了字。他在供词中供认,1935年12月中旬,利用出差柏林的机会,乘专机秘密前往奥斯陆,在奥斯陆附近的黑勒尔机场着陆,与居住在挪威的托洛茨基秘谈,他们讨论了推翻斯大林的制度并依靠德国武力夺取政权的计划,并接受托洛茨基的指示,在苏联工业中加紧进行破坏活动。1937年1月23日,皮达可夫在法庭上交待了这一"罪行"。但1月25日,挪威《晚邮报》就此发表了一则简讯,标题为《皮达可夫同托洛茨基在奥斯陆进行协商一说根本不可信》。这则简讯说:黑勒尔机场全体员工肯定地说,在1935年12月里,没有任何一架民用飞机在那里着陆。29日,挪威执政的社会民主党机关报《工人日报》报道说,根据官方的飞行日志记载,1935年12月,黑勒尔机场没有降落过任何外国飞机。

拉狄克在20世纪20年代中期也是托洛茨基反对派成员,1927年被开除出党后，1929年又被恢复党籍，任中央委员会情报局局长。此后他一心一意支持斯大林的路线，1933年还以其特有的手法写了《社会主义社会的建筑师》。他在这本小册中为斯大林塑造了一个光辉形象，为此深受斯大林赏识。1936年被捕时，他怎么也没想到，愤怒得无法平静下来。他说："我为斯大林做了一切事情，他竟这样不讲信义！"拉狄克恳求和斯大林谈一谈，但被拒绝了。

在审讯时，莫尔恰诺夫使用轮番"车轮战"方法，企图迫使拉狄克承认他是托洛茨基在苏联的秘密代表，并接受了托洛茨基的指示，要在苏联进行恐怖活动。被弄得极端狂怒的拉狄克突然有一天对莫尔恰诺夫断然宣布："好吧！我同意马上就在你所需要的一切上签字。还承认我曾想杀死所有的政治局委员，并把希特勒扶上克里姆林宫的宝座。但是我想对自己的承认再补充一个小小的细节，这就是除了你强迫我接受的那些同谋人之外，我还有一个同谋人，这个人叫……莫尔恰诺夫……是的，是的，是莫尔恰诺夫！既然你认为，为了党的利益需要什么人牺牲的话，那就让我们两人一起去牺牲吧！"

莫尔恰诺夫气得脸色刷白，无言以对。

索柯里尼柯夫被捕后，没有过多长时间就向内务人民委员部屈服了。他在供词中承认了对他指控的一切"罪过"，并供认他与拉狄克是同谋。索柯里尼柯夫早在列宁生前就是中央委员和政治局委员，在革命和国内战争的年代里，作为一位政治活动家，他以严肃和稳健而著称，对事情从不轻率作出决定。他的屈服和供认对拉狄克的信心影响很大，但拉狄克还是要求见一见斯大林。到底他的要求还是得到了满足，他与斯大林进行了一次长时间的谈话。谈完话后，他被带到内务人民委员部工作人员克德罗夫办公室，这里有一份事先准备好了的审讯记录等他签字。拉狄克仔细读了供词，并突然拿起铅笔修改起来。最后他改得不耐烦了，于是干脆自己拿起笔和纸，亲自写就了一份侦查员满意的供词。

过了几天，他又主动写了一份补充材料，说他在执行托洛茨基指示时，曾在一次宴会上向希特勒的一个外交官证实：地下反苏"联盟"确实授权托洛茨基同德国政府进行谈判，"联盟"准备对德国作出曾由托洛茨基作出的许诺的领土方面的让步。

此后，拉狄克积极配合侦查人员，说服了穆拉洛夫（国内战争时期曾任第三、第十二集团军和东方面军军事委员会委员，后任莫斯科军区司令员等职），让他也作出诬陷托洛茨基的假供词。

侦查人员对"托洛茨基平行中心"案成员个个击破、取得了他们满意的供词后，1937年1月23—30日，苏联最高法院军事法庭宣布开庭，公开审理此案。这一次审判表面看来多少遵守了一些审判程序，多数被告有由国家指定的辩护人。但在庭审中，这些辩护人的发言与国家公诉人的起诉并没有什么大的区别，没有一个辩护人试图真正为自己所辩护的人加以辩护，以推翻那些毫无根据的控告。几乎每一个被告都承认了自己在供词签过字的"罪过"。

更有甚者，拉狄克在1月29日的最后发言中说："我还有一个罪过。我已经承认自己有罪并揭露了组织，但我顽固地拒绝交待关于布哈林的问题。我知道，布哈林的处境和我一样毫无希望，因为我们的罪过就是不从法律上讲，而从实质上说是一样的。但是我们是亲密朋友，而精神友谊比其他任何友谊都更加牢固。我知道，布哈林和我一样很受震动，我相信他会向苏维埃政权作出真实的交代。所以我不愿意叫他被捆到内务人民委员部去。我对我们其余的干部也是这样的，希望他们自己放下武器。这能说明我为什么一直到最后，眼看要审判了才懂得，如果我不把另一个恐怖组织说出来的话，就不能出席法庭。"①

1月30日，法庭宣布，判处皮达可夫等13人死刑，拉狄克、索柯里尼柯夫、阿尔诺里特10年监禁，斯托罗伊洛夫8年监禁。

右派和托派反苏联盟案

尽管1936年9月10日苏联检察院发布公告，宣布停止对布哈林、李可夫等人的侦查，但实际上布哈林等人的境况并未得到改善，对他们的迫害也在加紧进行。

1936年12月4日，联共（布）召开了中央全会。全会讨论了布哈林和李可

---

① 参见麦德维杰夫《让历史来审判》（上）第273—274页。

第五章 自上而下的革命

夫问题。叶若夫在会上作《关于托洛茨基派和右倾分子反苏组织》的报告时，攻击亚戈达在揭露季诺维也夫等人上迟了好几年。然后他话锋一转，把矛头又对准了布哈林和李可夫，指控他们同反革命分子托洛茨基有联系，这些"右倾分子"没有放下武器，他们有"地下组织"，并正在进行阴谋活动。当莫洛托夫在会上继续对布哈林进行指控的时候，布哈林喊道："我不是季诺维也夫，也不是加米涅夫！我是不会诬陷自己的。"

在会议中间休息时，李可夫走近布哈林说："应当动员一切力量同诬陷作斗争。托姆斯基的自杀加剧了局势。"但布哈林说："应当说服斯大林改变主张，否则毫无用处。"

全会最后是斯大林讲话，他说：

> 同志们，不要急于做决定，侦查机关也有反对图哈切夫斯基的材料，但我们搞清楚了，图哈切夫斯基同志现在可以安心工作了。
>
> 我认为，李可夫也许知道点托洛茨基分子的反革命活动，但没有向党报告。至于布哈林我对此表示怀疑。对党来说，谈论像布哈林和李可夫这样一些过去有如此威望的同志的罪行，是非常沉重的。因此，不要急于作决定，同志们，我们要继续侦查。①

全会只开了一个晚上。从此以后，布哈林、李可夫等人的生活就再也不平静了。

1936年12月15日，《真理报》发表了题为《右派叛徒——复辟资本主义的辩护士》的署名文章，文章回顾了自1925年起党内反对布哈林

图哈切夫斯基参加英国国王乔治五世的葬礼（伦敦，1936年1月）

---

① 参见《旗帜》1988年第12期第144页，转引自郑异凡《布哈林论稿》第481页。

的斗争历程。这显然是在作舆论准备。

在审理"托洛茨基平行中心案"中，拉狄克、皮达可夫等人又给布哈林、李可夫等人捏造了一大堆莫须有的罪名。按照他们供词的说法，布哈林出席了某些地下会议，如果没有出席，也必定有人传达布哈林或者李可夫关于为恢复资本主义而推翻政府、暗杀斯大林、实行"宫廷政变"等等的指示。

布哈林接连给斯大林写了几封信，为自己进行无罪辩护，信的开头用的总是"亲爱的柯巴……"但始终没有回音。在这期间，布哈林等人还不断被叫去与拉狄克、皮达可夫等人对质。同拉狄克对质后，斯大林问布哈林，怎么解释大家对你提出的指证。布哈林回答说："这一点您能解释得比我好。"

1937年1月17日，作为主编的布哈林的名字已从《消息报》上消失了。

2月，布哈林年轻的妻子拉林娜上街路遇奥尔忠尼启则，两人不知说什么好，最后还是奥尔忠尼启则先开了口："要坚强一些！"说完转身钻进汽车走了。拉林娜回到家后，把这事告诉了丈夫。布哈林决定给老朋友写封信，信的结尾写道："我开始担心，我一旦被捕会落到拉狄克、索柯里尼柯夫、穆拉洛夫的地步。别了，亲爱的谢尔戈，我的所有打算都是真诚的。无论以后命运如何，我都是清白的。"他请求奥尔忠尼启则，如果他被捕的话帮助照顾他全家。但信还未发出，奥尔忠尼启则就于2月18日自杀了。布哈林得知奥尔忠尼启则自杀的消息后悲痛地说："现在再没有人可以指望了。"

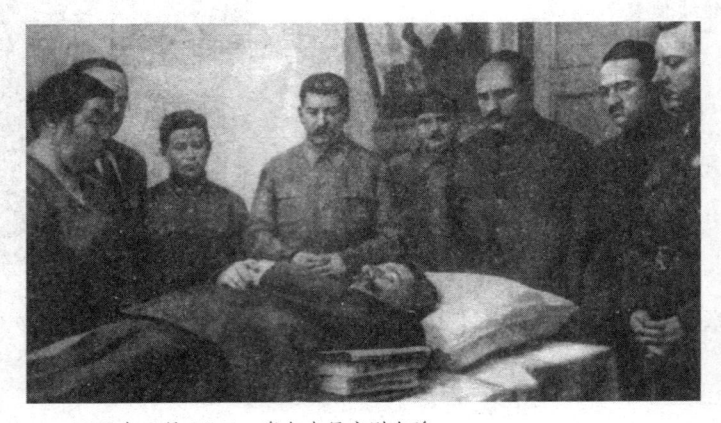

1937年2月18日，奥尔忠尼启则自杀

奥尔忠尼启则自杀的那一天，正是原定中央全会开幕的日子。为了安排丧事，预定的全会只好推迟到2月23日举行。

全会预定的日程是：布哈林和李可夫问题，组织问题。中央通知布哈林参加全会，但布哈林决定不去参加。2月20日，布哈林向中央全会送去了一份长达近百页的声明，并给中央政治局写了一封信。信中说："我再次以在我守护下死去的伊里奇的最后一息，以我对谢尔戈的热爱，以我最神圣的一切向你们发誓：所有这些恐怖活动、暗害行为、与托洛茨基分子的联盟等等——都是对我最卑鄙的诽谤，闻所未闻的诽谤。"在这种极不寻常的条件下，"无论是精神上还是体力上我都无法前去参加全会"，并宣布"从明天开始我将完全绝食，直至撤销对我的所谓背叛、暗害行为、恐怖活动的指控为止"。布哈林在信中最后说：我只有最后的一个请求，"请把全会关于第一个问题的决定通知我妻子；如果我注定要走到凄惨道路的尽头，那就让我在这里静静地死去，请不要把我弄到别的地方去，也不准别人来打搅我"。①

布哈林从2月20日夜里12点起真的开始绝食。

23日，中央全会开幕，鉴于布哈林绝食，全会又增加了一个内容：关于布哈林向全会宣布绝食的反党行为问题。由于有这项议程，布哈林决定出席会议，但不停止绝食。进入衣帽间时，李可夫也在，他对布哈林说："最有远见的还是托姆斯基。"进入会议厅时，布哈林因绝食晕倒在地。斯大林走过来说："你向谁绝食，尼古拉，向党中央吗？瞧，你像谁了，虚弱不堪。为自己的绝食向全会道歉吧！"

布哈林回答说："既然你们打算把我开除出党，这又有什么用呢？"

"谁也不想把你开除出党。走吧，走吧，为不良行为请求全会原谅吧。"

布哈林相信了斯大林的话，向全会道了歉，并宣布停止绝食，指望全会对他有个公道的说法。

全会开幕后，叶若夫首先就"布哈林和李可夫的案件"作了报告，他在报告中对布哈林和李可夫提出了三点指控：

---

① 参见《历史问题》1993年第2期，译文参见《斯大林研究》1994年第3辑第63—64页。

斯大林传

第一，布哈林和李可夫在他们递交了关于完全服从党并放弃右倾机会主义观点的声明后，却欺骗党，用两面派的手法把自己伪装起来，一方面表示放弃他们的右倾机会主义观点，一方面又保留了他们的派别，成员纷纷转入秘密状态，仍然坚持他们原先的政治纲领，继续同党对抗，所服从的仅仅是他们派别内部的纪律。为了领导这个派别的活动，早在1928年就成立了一个总部，这个总部一直保留到最近。布哈林和李可夫是这个总部最积极的参与者和成员。

第二，他们没有放弃敌视我们国家的政治信仰、坚持在苏联复辟资本主义的纲领。

第三，他们为了达到他们所提出的推翻列宁—斯大林领导的目的，公然同托洛茨基分子、季诺维也夫分子、"极左分子"、社会革命党人、孟什维克以及早已被粉碎了的所有其他派别集团结成联盟。在同苏联的所有敌人结成联盟后，他们转而采取恐怖手段，策划武装暴动，进行各种破坏活动。

叶若夫在2月26日会议上发言时又给他们加了一条："他们是尚未缴械的敌人，还在频频向我们国内外的所有敌对势力……发出信号：继续干下去，更加保密，一旦被捕决不招认。这就是他们的方针。"[①]

布哈林和李可夫在会上只承认他们曾与斯大林有过分歧，但坚决否认对他们的指控。布哈林拖着虚弱的身体，在全会上作了长篇发言，理直气壮地为自己辩护，对种种诬告不实之词，他都依据事实予以驳斥。李可夫在会上也作过好几次发言，也坚决否认他参加过任何恐怖组织，从事过任何暗杀、间谍和违法活动。直到2月26日在全会上的最后一次发言快要结束时，他还坚定地说："这是我在中央全会上的最后一次发言，也许是我一生中的最后一次发言。但我要重申一下，要承认我没有做过的事，为了减轻对我的惩罚把自己装成这个会上描绘我的那样的下流坯，这一点我永远也不会做。"

斯大林插话道："谁要求过你这样做？"

李可夫回答说："老天啊，这是你的意志，这是导致的结果。我没有参加过任

[①] 参见《历史问题》1992年第4—5期和1993年第2期，译文参见《斯大林研究》1994年第3辑第150—179、258—260页。

何联盟,没有加入过什么右倾总部,从来没有干过破坏活动、间谍活动、颠覆活动、恐怖活动及其他的坏事。只要我活着,我就这样说。"①

2月26日,为了最终处理布哈林和李可夫一案问题,全会决定成立一个以米高扬任主席的委员会,起草关于这个问题的决议草案。委员会由36人组成,成员有斯大林、莫洛托夫、卡冈诺维奇、伏罗希洛夫、加里宁、叶若夫、安德列耶夫、克鲁普斯卡娅、日丹诺夫、赫鲁晓夫、贝利亚等人。

晚上8时,委员会开会。在会上对布哈林和李可夫一案的处理基本上有四种意见:(1)叶若夫建议"撤销布哈林和李可夫联共(布)中央候补委员资格,开除出党,把他们移送军事法庭并处以极刑——枪决";(2)有人主张把他们交付审判,判处他们10年监禁;(3)还有一部分人建议交付法庭审判,但对应当作出什么样的判决不先作决定;(4)斯大林建议"撤销联共(布)中央候补委员资格,开除出党,不移送法庭,而把布哈林和李可夫案转送内务人民委员部"。

会议最后按斯大林的建议通过了决议:

(1)撤销布哈林和李可夫联共(布)中央候补委员资格,开除出党;不送交法庭审判,而把布哈林和李可夫案件送交内务人民委员部;

(2)委托由斯大林、莫洛托夫、伏罗希洛夫、卡冈诺维奇、米高扬、叶若夫等人组成的委员会根据通过的决议起草一份说明理由的决议案。②

一切准备就绪后,2月26日晚和27日晨,斯大林的秘书波斯克列贝舍夫给布哈林打电话,让布哈林和李可夫必须参加27日的全会。布哈林知道自己与妻子诀别的时候到了,他让拉林娜逐字逐句地背下《致年轻一代党的领导人的信》:

> 我就要离开人间了。我不是在无产阶级斧钺下低下了我的头,无产阶级斧钺应该是无情的,但也应该是纯洁的。我在万恶的机器面前是无能为力的,这台机器居然使用了中世纪的方法,拥有无比强大的力量,大量地炮制有组织的造谣诽谤,他们这些行为非常果断而且是有信心的。

---

① 参见《历史问题》1993年第2期,译文参见《斯大林研究》1994年第3辑第243—258页。
② 参见沃尔科戈诺夫《胜利与悲剧》第1卷第522页。

斯大林传

现在捷尔任斯基已不在人间，契卡的优良传统已成为过去了，当时革命思想指导了他们的一切行动，使他们对敌人无情，对付了各种反革命，保卫了国家。所以契卡机构受到了特殊的信任，享有特殊的荣誉、威信和尊重。而现在所谓的内务人民委员部机构就其多数人来说，是由无原则的、腐化的、物质上得到满足的官员组成的蜕化变质的组织。他们利用了契卡原来的威信，为了满足斯大林病态的多疑心理（我不敢说得更多），为了追求奖章和荣誉，从事最卑鄙的勾当，而他们不懂得，他们同时在消灭他们自己，因为历史不能容忍卑鄙行径的见证人继续存在。

这些"万能的机构"能把任何中央委员、任何党员磨成粉末，把他变为叛徒、恐怖分子、暗害分子、间谍。如果斯大林对他自己产生怀疑的话，那么这个机构也会立即找出证据来的。

乌云笼罩在党的头上：我的丝毫无罪的头会株连几千无罪的人，因为要制造出一个组织——布哈林的组织，而这个组织不但在今天，在我和党7年来没有任何分歧的情况下是根本不存在的，就是在右派反对派时代也从未曾有过。关于留京和乌格兰诺夫的秘密组织，我一点也不知道。我和李可夫、托姆斯基一起公开地说出了我们的观点。

我从18岁起就在党内，我毕生的目的始终是为了工人阶级的利益，为社会主义胜利而斗争。以一个神圣的名字命名的报纸——《真理报》——这几天却刊登了卑鄙无耻的谎言，说什么我，尼古拉·布哈林，企图消灭十月革命的成果，复辟资本主义。这是闻所未闻的无耻谎言，这个谎言按其卑鄙程度，按其对人民不负责任的程度，只能和下面的谎言画等号，就等于说：现在发现尼古拉·罗曼诺夫一辈子从事和资本主义、君主制度作斗争，为实现无产阶级革命而斗争。如果说在建设社会主义的方法上我不止一次地犯过错误，我希望后代不要对我的批评严于弗拉基米尔·伊里奇。我们是第一次走向一个共同的目标，走在人们未曾走过的道路上。那个时代不一样，风气也不同。那时《真理报》上设有争论专页，大家在争论，寻找途径，争论后又和好，继续共同前进。

第五章 自上而下的革命

我向未来一代党的领导者们呼吁！历史赋予你们的使命是把骇人听闻的各种罪行的一团乱麻解开，在这些可怕的日子里，这团乱麻越来越大，像火焰一样越烧越厉害，勒得我们党喘不过气来。

我向所有的党员呼吁，在这些可能是我生命的最后几天里，我坚信，历史的过滤器早晚不可避免地将会把我头上的污秽去掉。我从来没有当过叛徒，如果是为了列宁的生命我会毫不犹豫地献出自己的生命，我热爱基洛夫，没有做过什么反对斯大林的事情。我请求新的、年轻的和诚实的一代党的领导者在党的全会上宣读我的这封信，宣布我无罪和恢复我的党籍。

同志们，你们知道，在你们胜利地走向共产主义的旗帜上也有我洒的一滴血。①

分别时，布哈林吻了吻妻子，用颤抖的声音说道："看看，安姆特卡，不要生气，历史经常有令人懊丧的错误，但真理一定胜利。"②

2月27日，布哈林和李可夫出席全会。在这次会议上，他们均被开除出中央委员会和党籍，并于当天被捕，并直接送到了监狱。

布哈林和李可夫被捕后，全会继续举行。3月3日，斯大林在会上作了题为《论党的工作缺点和消灭托洛茨基两面派及其他两面派的办法》的报告。斯大林在报告中指出，不要以为"随着我们的每一进展，我们这里的阶级斗争似乎就会日益停息了，随着我们的胜利，阶级敌人似乎就会日益驯服了"，"相反地，我们的进展愈大，胜利愈多，被击溃了的剥削阶级残余也会愈加凶恶，他们愈要采用更尖锐的斗争形式，他们愈

李可夫、布哈林被捕

---

① 参见麦德维杰夫《让历史来审判》（上）第289—290页。
② 参见《星火》杂志1987年第48期，译文参见郑异凡《布哈林论稿》第440页。

斯大林传

要危害苏维埃国家，他们愈要抓紧最绝望的斗争手段来作最后的挣扎"。现在，在我们所有的或几乎所有的组织中，无论在经济组织或在行政组织和党的组织中，都在某种程度上碰到了外国代理人的暗害、破坏和间谍活动，托洛茨基分子在其中起了积极作用。托洛茨基主义在七八年前曾是工人阶级中的政派，现在它已经从这样的政派，变成了一伙暗害分子、破坏分子、间谍和杀人凶手组成的寡廉鲜耻的、无原则的匪帮，他们是按照外国谍报机关的任务进行活动的"。对这些现代的托洛茨基主义，"现在需要的不是旧方法，不是辩论的方法，而是新方法，连根拔除和粉碎的方法"。①

1937年6月2日，斯大林在国防人民委员部下属的军事委员会扩大会议上发表讲话时，特别点了13个人的名，即：托洛茨基、李可夫、布哈林、叶努基泽、卡拉汉、鲁祖塔克、亚戈达、图哈切夫斯基、亚基尔、乌博列维奇、科尔克、埃德曼、加马尔尼克，称"托洛茨基组织了一个集团，直接训练他们、教导他们去给德国人提供情报，让他们相信我托洛茨基手下有人"。除了李可夫、布哈林、加马尔尼克外，其他10个人都是间谍。但是：

> 李可夫。我们没有资料表明他本人向德国人提供情报，但他通过自己的人鼓励这种情报活动。与他联系很密切的是叶努基泽和卡拉汉，他们俩是间谍。卡拉汉从1927年起，叶努基泽也是从1927年起。我们知道他们通过谁送交秘密情报，通过谁送交这些情报——通过德国驻莫斯科使馆某个人。我们知道。李可夫知道这一切。我们没有材料表明他本人是间谍。
>
> 布哈林。我们没有材料表明他本人提供过情报，但是同他联系很密切的既有叶努基泽，又有卡拉汉，还有鲁祖塔克，他们劝他，提供情报吧，他们自己没有提供。
>
> 加马尔尼克。我们没有资料表明他本人提供过情报，但是他的所有朋友、最亲密的朋友乌博列维奇，特别是亚基尔、图哈切夫斯基为德军总参谋

---

① 参见《斯大林文选》（上）第112—129页。

第五章 自上而下的革命

部从事经常的情报活动。①

布哈林和李可夫被关进监狱后,内务人民委员部对他们及其相关人员的侦查进行了一年多。在不断的折磨和逼供面前,为了表示自己忠于社会主义和苏维埃政权,他们最终接受了强加在他们身上的种种指控。

1937年12月10日,布哈林在狱中给斯大林写了封"绝密,亲收"的信。这是一封布哈林向斯大林的告别信,信中展示了布哈林在厄运面前极其矛盾的复杂心情。

遭受怀疑前的图哈切夫斯基

约瑟夫·维萨里昂诺维奇:

  这封信或许是我在临终前所写的最后一封信了。因此,我尽管是个囚犯,没有任何公事,但还是请求能允许我写这封信,何况我的这封信是写给你的,是否允许它存在这件事本身完全听凭你的决定……

  现在,我的悲剧,或许也包括我的肉体生命在内,已经进行到最后一幕。我苦苦思索该不该拿起笔来——眼下,我由于十分激动、百感交集而浑身战栗,难于自已。然而也正因为事情即将了结,我才想趁现在还为时不晚,我的手还能书写,我的双眼尚能睁开,我的头脑多少还能思考,提早向你告别。

  为了不致造成丝毫误解,我想开明宗义地向你说明:对外界,即对社会,我一不打算收回我已发表的任何东西,二不打算在这个问题上以及与此相关的其他问题上向你请求,向你恳求改变事情运行的轨迹。我写这封信是为了让你本人了解情况。不给你写完这最后几行字,我是死难瞑目的,因为应该让你知道我正心如刀割。

---

① 见戴隆斌主编《苏联历史档案选编》第15卷,社会科学文献出版社2002年版,第521—522页。

斯大林传

1. 我正濒临深渊，此去将不再返回，我向你作出临终前的保证：我没有犯我在侦查时曾承认犯的罪行。

2. 对于过去的一切，我都尽力地逐一回顾，关于我在全会①上所讲的一切，我只想作如下补充：

（1）我听到过有人在喊叫，好像是库兹明，但我从未把这件事放在心上，因此这件事我压根儿就没有想起来过；

（2）至于说到那次代表会议，事前我根本就不知道，对于留京纲领我也一无所知；事后是艾亨瓦尔德在街上匆匆地告诉我说"朋友们聚集在一起，起草了一个报告"②，他或许还说了一些诸如此类的话，我只是因为怜悯"朋友们"，才隐瞒了这件事；

（3）1932年，在"学生们"的问题上我也耍了两面派手法，我真诚地相信我会让他们全部向党靠拢，否则就将他们全部抛弃。

这就是我所要补充的一切，我的良心会因此而得到彻底的解脱。至于其他一切问题，它们或是子虚乌有，或是，倘若有的话，我也毫无印象了。

由此可见，我在全会上所讲的完全是真话，只是没有人相信我罢了。我在这里所写的也绝对是真话，最近这些年，我一贯忠实地、认真地执行党的路线，学会了明智地去评价你、热爱你。

3. 我别无"出路"，只能认罪，证实别人的供词并加以发挥；否则，我"就是负隅顽抗"。

4. 除了外部因素和在（上面）3里谈到的理由外，我在思考所发生的这

布哈林最后的岁月（1938年）

---

① 指1937年2月23日至3月5日举行的联共（布）中央全会。
② В.В.库兹明和А.Ю.艾亨瓦尔德是布哈林身边的年轻的党的经济工作者小组（"布哈林学派"）的代表。在小组的一次据说有布哈林参加的会议上，库兹明声称他想杀掉斯大林。在1932年至1933年间，"布哈林学派"的许多代表人物遭到逮捕，之后被枪决。

第五章　自上而下的革命

一切事情时大致得到了这样一个解释：

第一，由于战争即将来临；第二，需要向民主过渡，因此有了大清洗这样一种宏大的、大胆的政治构想。这次清洗的对象包括：一、有罪的人；二、有嫌疑的人；三、潜在的有嫌疑的人。在这样一次清洗中，我是不能不受到牵连的。消除危害——对某些人应以某种方式，对另一些人应采用另一种方式，而对第三种人则用第三种方式。为保险起见，人们要一无例外地相互举报，从此种下相互间的不信任（以我自己为例，当拉狄克对我提出指控时，我对他是那样地暴跳如雷！而后来我本人也干出了同样的事情……）。因此领导人得到了充分的保证。

千万不要以为我这是在含沙射影，哪怕在我的内心深处也不曾有过这种念头。我已不再是个孩子，我懂得宏大的计划、宏大的构想和巨大的利益高于一切。与首先落在你的肩头的那些具有世界历史意义的重任相比，提出我的个人问题是太渺小了。

可是有一个问题使我感到极其痛苦，备受折磨。

5. 如果我能完全肯定你也是这样看我的，那么我的心情就会平静得多。好吧！需要这样做就这样做吧。可是请相信我，只要我一想到你可能会认为我是有罪的，想到你本人会从心底里认为我真的罪大恶极，我的心中就热血奔涌。那么结局会是什么呢？其结局就是，我在亲自帮助清除一批人（从我本人开始！），也就是说，我是明知故犯地在作恶！那么我就是十恶不赦的了。我的脑子里一片混沌，我想大声喊叫，我想用头撞击墙壁，因为我造成了他人的毁灭。我该怎么办呢？我又能怎么办呢？

6. 我决不是一个记仇的人，也并不残酷无情，我也并非一个基督徒，但我的脾气有些古怪。我认为，我应当因我确曾斗争过的那些岁月受到一些报应。如果你想知道，那么我要告诉你，有一件事压得我最难受，这件事你大概已经忘却了：那好像是在1928年的夏天，有一次我在你那儿，你对我说，你知道吗，为什么我和你做朋友？这是因为你不会搞阴谋。我说：是的。然而就在那种情况下，我还老往加米涅夫那儿跑（"第一次约会"）。

信不信由你，这件事一直盘旋在我的脑海里，如同原罪对于犹太人那样。天啊！我是多么的无知和愚蠢呀！而现在我要为此付出自己的名誉和生命。原谅我的这个过失吧，柯巴！我现在是一边写一边流泪。我已经一无所求，你自己也知道，我把所有这一切都写出来，只会使自己的处境更糟。但是，我不能，我不能保持沉默，我不能不对你最后地说一声"请原谅"。正因为如此我才并不抱怨任何人，无论是领导人，还是侦查人员。我向你请求宽恕，尽管我已经受到了严厉的惩罚，一切都黯然失色，眼前一片漆黑。

7. 我曾产生过好几次与你相见的幻觉，有一次，我还看见了娜捷施达·谢尔盖耶夫娜①。她走近我说："他们干吗要这样对待你，尼古拉·伊万诺维奇？我去跟约瑟夫说说，让他们把你给保出来。"这一幕是多么的真切，我几乎一下子坐了起来，提起笔就给你写信，以便……你能为我担保！现实与梦境就是这样在我眼前交替出现。我知道，娜捷施达·谢尔盖耶夫娜是无论如何也不会相信我会蓄意谋害你的，我那不幸的、下意识的"我"也不会毫无缘由地制造出那么一段梦境的。而与你，我一谈就是几个小时……天哪，要是能有个仪器让你能够看到我那整个备受折磨、痛苦不堪的心该有多么好！多么希望你能够看到我是从心底里热爱你的，而热爱你的方式完全不同于斯捷茨基们和塔利们②！瞧，这就是"心理活动"——请原谅，如今，不会再有一个安琪儿来挡住亚伯拉罕的剑了，命中注定的不幸一定要发生。

8. 末了，请允许我提几个最后的小小的请求：

（1）对于我来说，死比等死要容易千百倍：我真的不知道我能否控制得住自己——你是了解我的禀性的；我既不是党的敌人，也不是苏联的敌人，而且我会尽我的力量忍受一切的，但是在这种情况下我的力量是有限的，痛苦涌上了心头；我甚至会抛开羞耻和高傲，跪下来祈求不要这样做。但这大概已经是不可能了，我恳求，如果可能的话，给我一次机会，让我在判决之

---

① 即娜·谢·阿利卢耶娃。

② А.И.斯捷茨基于1930—1938年间任党中央某局局长，并担任《布尔什维克》杂志的主编。В.М.塔利于1935—1937年间担任联共（布）中央新闻出版社局局长，1935年任《真理报》编辑部成员，1936年任《消息报》副主编。

第五章 自上而下的革命

前死去,尽管我知道你会多么严厉地看待这一问题。

(2)如果①等待着我的是死刑判决,那么我想事先向你请求,我哀求你,看在你最珍爱的一切的份儿上,不要枪杀我,而让我在囚室里自己服毒(给我一点吗啡,我就可以从此长眠不起)。这一点对于我来说是极为重要的,我不知道应该使用什么样的语言来向你恳求才好,发发慈悲吧,因为这样做在政治上不会有任何不妥,也不会有任何人知道这件事。但是请允许我按照我自己的意愿度过我最后的时刻吧。可怜可怜我吧!你对我很了解,也肯定能理解我。我有时睁开眼睛就能看到死神的面孔,我很清楚,我是能够走出勇敢的一步的。可有时,同一个我竟表现得如此懦弱,在我身上甚至连一点点勇气也找不到。所以,如果命中注定要我去死,请给我一盅吗啡。恳请满足我的这一要求……

(3)请允许我同妻子和儿子告别。同女儿就不必了,她太可怜了,那样做对她的打击将会太大了,娜佳和父亲也一样。而阿妞塔,她还小,她会受不了,所以我很想对她说几句最后的话。我请求能够让我在审判之前与她见上一面。理由是:如果我的家人看到了我招认的东西,他们会由于感到意外而去结束自己性命的。我似乎应该做好这种准备。我感到这样做对于事业和官方的解释都是有利的。

(4)万一我能保全自己的性命,我请求(尽管我还需要征求一下妻子的意见):

把我送到美洲待上若干年。理由是:我将就诉讼程序一事发动一场运动,与托洛茨基进行一次殊死的较量,把一大部分摇摆不定的知识分子争取过来;我将在事实上成为一个反托洛茨基派;我将轰轰烈烈地、满腔热情地去进行这一事业;或许可以派一位老练的肃反工作者与我同行;为更保险起见,也可以让我的妻子留在这里半年,直到我用事实表明我已经狠狠地打击了托洛茨基及其同伙之后,再让她出去。

---

① 在"如果"一词的后面,布哈林删掉了"你预先决定"这几个字。

斯大林传

  但如果人们对此哪怕存有一点点疑虑，那么也可以将我发配到伯朝拉或科累马集中营待上25年：我会在那里建起一所大学，一个地方志博物馆、技术站，等等；或者建立研究所、画廊、民族学博物馆、动植物博物馆；创办集中营杂志和报纸。

  总之，为了着手进行一项拓荒者的奠基性的文化工作，我会定居在那里的，我和家人将在那里战斗到生命的最后一息。[①]

  1938年1月15日，在"右派和托派反苏联盟"案开庭前夕，布哈林给妻子写了一封绝笔信，嘱咐"不管你读到、听到多么可怕的东西，不管对我说了些什么，也不管我说了些什么，你都要勇敢地、平静地对待这一切。让全家做好准备。……决不要生气。要记住，苏联的伟大事业仍然存在，而这是主要的，同它相比，个人的命运则是过眼烟云，微不足道的"。他让妻子保存好在狱中写成的《哲学短篇集》、一札抒情诗和一本自传体小说（《时代》）的手稿。末了又补充道："我有你和孩子的照片。替我亲亲尤尔卡。还好他不会读报。我也很为女儿担心。关于儿子哪怕写几个字——大概已长大成大孩子了，然而还不认得我。拥抱并爱抚他！"[②]

  1938年3月2—13日，苏联最高法院军事法庭对"右派和托派反苏联盟"案进行了公开审理，被告共21人，除布哈林和李可夫外，还有克列斯廷斯基（1919年起就任政治局委员）、拉柯夫斯基（1919年起为中央委员）、沙兰戈维奇（白俄罗斯共产党中央书记）、伊克拉莫夫（乌兹别克共产党中央书记）、霍贾耶夫（乌兹别克人民委员会主席）、捷连斯基（中央消费合作总社主席）等人，亚戈达也连同他们一起受审。

  审判在工会大厦十月大厅举行、全体被告被指控犯有组织反革命阴谋集团、充当外国间谍、阴谋肢解苏联、从事破坏活动、谋杀列宁、暗杀基洛夫及企图暗

[①]《布哈林的一封未发表的信》，参见《史料》杂志1993年第8期，译文见《斯大林研究》1994年第3辑第285—292页。

[②]《消息报》1992年10月13日，译文参见郑异凡《布哈林论稿》第444—446页。

杀苏联其他党政领导人、图谋在苏联复辟资本主义等罪行。公诉人仍为维辛斯基，审判长是乌尔里希。

总检察长维辛斯基（左三）在宣判"人民的敌人"

在审判时，乌尔里希逐个向被告提出同一个问题："您是否承认自己有罪？"包括布哈林、李可夫等大部分被告几乎都说："是的，我承认。"但当对他们提出具体指控时，他们大都一概加以否认。只有克列斯廷斯基在问他承不承认有罪时试图翻供："我不承认自己有罪。我不是托洛茨基分子。我从来没有参加'右派—托洛茨基联盟'，我不知道还有这样一个联盟。强加于我的罪行，没有一个与我有关，特别是不能承认我和德国侦探机构有联系的罪行。"但对他采取一些"措施"后，他也重新承认了预审中的供词。

经过11天审讯，苏联最高法庭军事法庭宣布判处布哈林、李可夫等18人死刑，其余3人被判处15—25年长期监禁。

大清洗的结局

苏联20世纪30年代的清洗涉及面很广，几乎涉及了从中央到地方的政治、经济、军事、科技文化各个领域的所有部门以及许多普通百姓。俄共（布）"八大"选出的8位政治局委员和候补委员中，有5人被枪决（其中托洛茨基在大清

托洛茨基被暗杀时的书房现场　　托洛茨基躺在医院的病床上

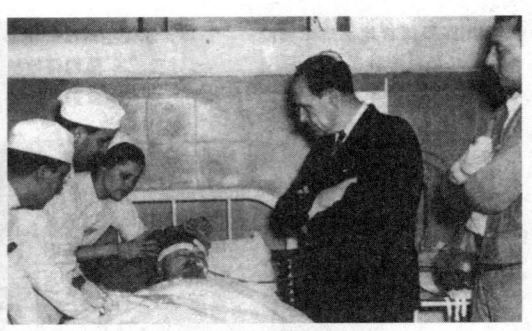

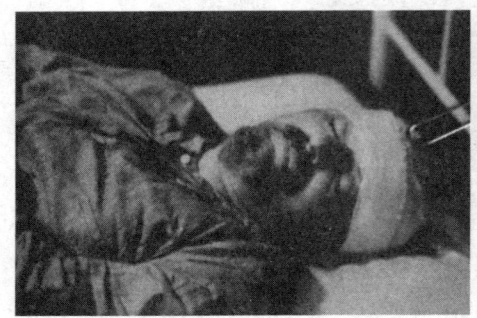

托洛茨基被暗杀，1940年8月21日晚7时25分去世　　护送托洛茨基遗体的车队缓缓穿过墨西哥城区

洗中被缺席判处死刑，1940年被暗杀于墨西哥）。从"八大"到"十七大"先后曾当选过的27名政治局委员和候补委员中，有15人死于政治斗争。联共（布）"十七大"的1961名代表中，有1108名因"反革命罪"被逮捕；大会选出的139名中央委员和候补中央委员中，有98人被逮捕或处决。在苏联的一些外国共产党的领导人，在共产国际工作的一些外籍人员也未能逃出"肃反"的厄运。

"清洗"的浪潮也波及到了军队系统。1937年5月，内务人民委员部宣称，在苏联军队系统中存在一个"反革命军事法西斯组织"，为首的是苏联元帅、副国防人民委员图哈切夫斯基。事情上报给斯大林后，斯大林用征询意见的方式给中央委员和中央候补委员发了一份供表决的文件，文件是这样写的：

> 根据对联共（布）中央委员鲁祖塔克和联共（布）中央候补委员图哈切夫斯基参与托洛茨基—右倾分子反苏阴谋集团和参与替法西斯德国效劳的反

第五章 自上而下的革命

苏间谍活动的揭发材料,联共(布)中央政治局提请就开除鲁祖塔克和图哈切夫斯基党籍并将他们的案件移交内务人民委员部审理的建议进行表决

联共(布)中央总书记
约·维·斯大林①

征询的结果全体一致赞成。5月22日,图哈切夫斯基、鲁祖塔克就被开除出党并立即被捕,前后因此被捕的还有亚基尔(基辅军区司令、一级集团军级)、乌博列维奇(白俄罗斯军区司令、一级集团军级)、普特纳(曾任远东濒海军队集群司令,被捕前任驻英武官,军级)、普里马科夫(曾任列宁格勒军区副司令、被捕前任苏联国防人民委员部军事委员会委员,军级)、科尔克(担任列宁格勒和莫斯科军区司令,被捕前任伏龙芝军事学院院长,副集团军级),费尔德曼(担任过几个军区的参谋长以及红军中央机关的部长,军级)、埃德曼(担任过西伯利亚军区司令,军级)。

1937年6月2日,斯大林在国防人民委员部下属的军事委员会扩大会议上发

1933年斯大林与军队领导人在南方。左起:叶戈罗夫、伏罗希洛夫、斯大林、图哈切夫斯基、拉科巴(阿布哈兹领导人)

---

① 转引自沃尔科戈诺夫《胜利与悲剧》第1卷第573页。

言时，指责图哈切夫斯基、鲁祖塔克、亚基尔、乌博列维奇、科尔克、埃德曼等人是"货真价实的间谍"，是德国破坏活动的帮凶，称"一定要把他们从我们的军队中清除出去"。①

6月11日，对图哈切夫斯基、亚基尔、乌博列维奇、普特纳、普里马科夫、科尔克、费尔德曼、埃德曼8人进行了秘密审判，并被判处枪决，于次日执行。②红军政治部主任加马尔尼克在得知要抓他时开枪自杀。1938年苏联红军元帅叶戈罗夫和布柳赫尔相继被捕并被处决。经过秘密审判或根本不经过正式审判而先后被处决的，有5名元帅中的3名、57名军长中的50名、195名师长中的110名、220名旅长中的186名。作为"成绩"，伏罗希洛夫在1938年11月底召开的国防人民委员部军事委员会会议上列举了一连串数字："1937—1938年，我们从红军中'清洗掉'4万多人。仅1938年一年提升和调动职务的就达10万多人！军队领导层发生了巨大变化：国防人民委员部军事委员会委员中，原来的委员只剩10人……"③

处决前的布柳赫尔

在大清洗中究竟死了多少人，谁也说不准确。麦德维杰夫经过计算，认为光1937—1938年就镇压了500万—700万人，其中大约有100万党员和100万在20世纪20年代末30年代头5年被清洗出党的党员，其余300万—500万人是无党派和属于各阶层的居民。这些人中被枪毙者达100万人。④沃尔科戈诺夫估计在1937—1938年的两年时间里，大约有350万—450万人遭到镇压，其中有60万—80万人是判了死刑后死去的。⑤1991年6月14日，苏联克格勃主席克留奇

---

① 参见戴隆斌主编《苏联历史档案选编》第15卷第517—546页。
② 据资料显示，鲁祖塔克于1938年被处决。——编注
③ 转引自沃尔科戈诺夫《胜利与悲剧》第1卷第593—594页。
④ 参见《莫斯科新闻》周刊1988年第48期。
⑤ 沃尔科戈诺夫《胜利与悲剧》第1卷第550页。

科夫在会见受到非法镇压的家属代表时说,苏联20世纪20—50年代,约有420万人受到镇压,其中200多万人是在1937—1938年受到镇压的。①

在大清洗中,这种滥捕滥杀无辜、严重践踏法制的行为,使苏联全国上下人人自危,广大干部群众普遍希望恢复秩序。1938年卡冈诺维奇和伏罗希洛夫到全国各地视察,发现广大党员、干部和群众意志消沉。他们回到莫斯科后把这些情况告诉了斯大林,希望停止"大清洗"运动。1938年11月,叶若夫被解除内务人民委员职务,次年被捕,在1940年1月被以"毫无根据地镇压苏联人民罪"处决。贝利亚接替叶若夫当上了内务人民委员。贝利亚上台后,对"大清洗"运动有所收敛,释放了叶若夫时期关押在监狱中的一些人。此后,大规模的"清洗"运动基本平息下来,但未最终停止,"清洗"一直延续到20世纪50年代初。

歼灭"人民的敌人"(1938年)

贝利亚

历时4年的大规模"清洗",使苏联的社会主义和党的事业遭到了巨大损失。在斯大林逝世后,苏联中央和地方于1954年就成立过"重新审理1934—1953年因政治指控受审人员案件委员会",负责调查和重新审理以前的各类案件,在苏共"二十大"前后,曾为一些人恢复了名誉,但随后这项工作因为各种原因中断。戈尔巴乔夫上台后,又着手继续进行这一

---

① 李宗禹主编《欧美共运风云录(1945—1991)》,人民出版社1994年版,第291页。

集中营里的劳动者

工作。1987年成立了以中央政治局委员、监察委员会主席索洛缅采夫为首的"补充调查20世纪30至40年代和50年代初迫害事件材料委员会",其任务是补充审查斯大林时期的各种冤假错案,把平反冤案的工作进行到底。经过艰苦细致的工作,推翻了一系列假案,如"马克思列宁主义者联盟"案、"托季恐怖中心"案、"托洛茨基平行中心"案、"右派和托派反苏联盟"案、"托洛茨基反苏军事组织"案等,为布哈林、李可夫、季诺维也夫、加米涅夫、皮达可夫、拉狄克、图哈切夫斯基等人恢复了名誉和党籍。1991年6月14日,克留奇科夫证实说,1988—1990年9月,苏已为120多万无辜受害者恢复了名誉。

盲目的崇拜

列宁逝世后,斯大林通过几次党内斗争和20世纪30年代的大清洗,列宁时期著名的、其地位在斯大林之上的政治活动家相继被赶出了政治舞台,斯大林牢牢地掌握了党、政、军大权,确立了至高无上的地位,这就为20世纪30年代确

斯大林50寿辰合影，左起：奥尔忠尼启则、伏罗希洛夫、古比雪夫、斯大林、加里宁、卡冈诺维奇、基洛夫

立对斯大林的个人崇拜创造了有利的条件。

实际上，在20世纪20年代末战胜了所谓的"布哈林集团"之后，个人崇拜已在苏联有所显露。1929年12月21日是斯大林的50大寿。这一天，斯大林为自己举行了50大寿的盛大庆典。各种报纸也专门辟出大量版面发表赞颂斯大林的文章。12月21日，《真理报》专门辟出8个版面，发表了卡冈诺维奇的《斯大林和党》、伏罗希洛夫《斯大林与红军》、奥尔忠尼启则《坚定不移的布尔什维克》、古比雪夫《斯大林和工业化》、加里宁《布尔什维主义的舵手》等文章。其中要数卡冈诺维奇、伏罗希洛夫的文章最显眼。卡冈诺维奇在文章中说，斯大林在党的第一批小组建立的时候，"就是党最优秀的组织者和建设者"，"斯大林同志最优秀的品格就是，在他所参加的党的政治活动的各个时期，跟随列宁，从不左右摇摆，坚定地、一贯地执行布尔什维克党从地下状态到夺取政权后所有时期的久经考验的政策"。伏罗希洛夫在文章中说："在1918—1920年期间，斯大林看来是唯一的从一个战场派往另一个战场的中央委员，斯大林选择的地方对革命来说是最危险、最可怕的地方。"伏罗希洛夫甚至断言，国内战争是在斯大林指挥下取得胜利的。

斯大林传

50岁时的斯大林

上行下效，全国上下开始了对斯大林的崇拜热。20世纪30年代初，对斯大林捧得最凶的要数文化界。1931年6月23日，斯大林在经济工作人员会议上发表了题为《新的环境和新的经济建设任务》的演说。俄罗斯无产阶级作家协会（"拉普"）领导人立即紧跟这个讲话，通过了一个《关于斯大林讲话和"拉普"的任务》的决议，指出"斯大林的讲话的每一个部分都是艺术作品有价值的主题"。他们把斯大林的每一句话都作为了自己行动的指南，把斯大林个人作为了党的化身。当然，在那时，他们也不得不这样，谁敢对全盘集体化或别的什么方面说一个"不"字，那等待他的只是：轻者挨批斗，重者过铁窗生涯或饮恨九泉。

所以，文学家们只好争相吹捧现行的政策，不敢深入生活，揭示活生生的社会现实。集体化中饿死了许多人，作家们不会不知道，但他们不敢写。曾经受斯大林尊敬的作家肖洛霍夫当时到各地转了转，给斯大林写了好多信，反映农村中正在出现的饥荒和面临的严峻现实。结果他也受到了斯大林的批评，称他看问

斯大林（左）和高尔基在一起（1931年）

斯大林（右）和高尔基在一起（20世纪30年代上半叶）

题太片面，说他只看到了问题的一个方面，而没有看到"地地道道的政治"的一面，为了政治利益，应该不惜一切代价。于是，作家们就只好紧跟形势，去宣传斯大林的思想，宣传他所提出的政治经济任务，并说完成这一任务还会"使我们的文学达到新的和更伟大的高度，并能被前所未有的思想和形象充实起来"。有的作家甚至还赞扬斯大林具有极好的语言天赋，"非凡地精通俄罗斯语言"，文学作品都应该学习斯大林的语言风格。作家卡达耶夫说："斯大林精湛的语言决定了他的小说《时间呀，前进》的句法结构。"

联共（布）"十七大"被称为"胜利者的代表大会"。所有代表在发言时，似乎不约而同地想到了一起，在发言的开始和结束肯定要说一大段赞颂斯大林的话，代表们几乎异口同声地称斯大林是"人民的父亲""时代的杰出天才"。古比雪夫在作《关于第二个五年

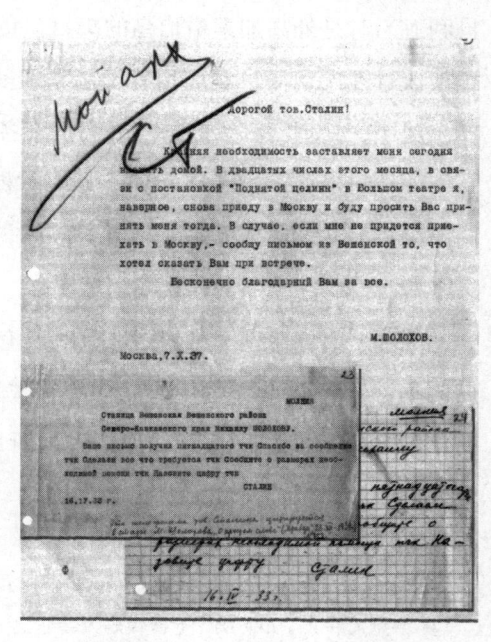

1933年4月16日斯大林给肖洛霍夫的回信

计划的报告》时开头说:"在确定我国国民经济唯一正确的和保证社会主义胜利的发展方向时,在确定预示着正在建设社会主义的我国将获得空前胜利的第二个五年计划的基本环节时,起着主要和基本作用的是我们党和工人阶级的天才领袖斯大林同志。正是他天才的预见以及对工人阶级斗争的卓越领导,保证了提出第二个五年计划中各种宏伟的、人类史上划时代的任务。"[1] 即使过去被他打倒、这次又被允许参加大会的布哈林、加米涅夫等人也不敢放过这个机会。布哈林称斯大林是"无产阶级部队的统帅,最最出类拔萃的人"。加米涅夫宣布:"我们所处的这个时代……在历史上将成为斯大林的时代,正如前一个时代以列宁时代载入史册一样。"基洛夫吹捧起斯大林来也毫不逊色,他说:"我们党从来没有这样团结一致,从来没有这样坚定地团结在自己的中央委员会和自己的领袖斯大林同志的周围。"[2]

贝利亚的名字很多人都很熟,一提起他,就会想起他在斯大林时期特别是斯大林晚期时所干的种种暴行。他的发迹与他对斯大林的崇拜、吹捧密切相关。斯大林与贝利亚相识大概在1929—1930年间,当时他在外高加索茨哈尔图博疗养,贝利亚当时是外高加索格伯乌的头目,负责斯大林在疗养地的安全工作。斯大林跟他谈过几次话。贝利亚很善于揣摩领袖的心思,加上他看上去作风"泼辣",气派威严,处理问题果断,对外高加索各共和国的情况了解透彻,所以很快赢得了斯大林的好感。1931年10月,斯大林提名他当了外高加索边疆区委第二书记,两三个月后又是根据他的建议当了第一书记。1934年又让他当上了联共(布)中央委员。

的确,有人给斯大林讲过,贝利亚有过一段不光彩的历史,他在国内战争时期同木沙瓦特党人、达什纳克党人有联系。还有人告诉过斯大林这位外高加索的格伯乌头目特别好钻营,但斯大林听后不以为然,认为这在一定条件下还是个优点。

---

[1] 《古比雪夫文集》,学习杂志社1955年版,第334页。
[2] 参见《联共(布)第十七次代表大会速记记录》,莫斯科1934年版,第258页;伊恩·格雷《斯大林——历史人物》第320页。

第五章　自上而下的革命

1933年，斯大林（左）、贝利亚（右）和斯维特兰娜在南方休假

斯大林大概没有看错。1935年7月，贝利亚在第比利斯党的积极分子会上作了题为《关于外高加索布尔什维克组织的历史问题》的报告，把斯大林说成是外高加索党组织的唯一缔造者和组织者，甚至说布尔什维克党的成立不是在1903年俄国社会民主工党第二次代表大会期间，而是在斯大林第一次任中央委员的党的第六次（布拉格）会议期间。斯大林非常欣赏这个报告。这个报告先在报刊上发表，后来又印成了单行本，并在以后的许多年里以各种文字出版，发行了几千万册，后来又列为学习《联共（布）党史简明教程》的辅导材料之一。贝利亚自己心里也明白，他这样做是违背历史事实的，于是他一不做二不休，下令把真正外高加索党组织的缔造者和组织者们（马哈拉泽、奥拉赫拉什维里、叶努基泽等人）的著作全部销毁。这样一来，看来确实为贝利亚的官运亨通帮了忙。1938年他被提升为内务人民委员，1941年当了苏联人民委员会（后改为部长会议）副主席，二战期间当了苏联国防委员会副主席、苏联元帅。1946年又成了中央政治局委员。到斯大林逝世时，贝利亚仍是部长会议第一副主席兼内务部长。当然，斯大林逝世后才几个月，他就被处决了。

为了在公众中树立一个权威领袖的形象，斯大林亲自主持编写了《联共（布）党史简明教程》。斯大林认为，已出版的党史五花八门，观点各异，没有突

斯大林传

出重点,"人们不知道读什么?读谁的更好呢?是读雅罗斯拉夫斯基的、波斯佩洛夫的、波波夫的、布勃诺夫的?缺乏统一的指导。人们不知道读什么。没有一本教材是得到中央同意(和批准)的。(中央领导的)工作繁忙没有可能审阅和发放签证,以便使读者消除任何怀疑,摆脱教程、教材和政治读物的既多又滥,并给党的积极分子以统一的指导",因此,中央认为有必要编写一本权威性的党史教材。

由中央组织一个大班子、并由斯大林牵头亲自动手去编写这样一本党史教材,这本来是无可厚非的,问题是如何去写。作为历史唯物主义者,对待历史应该采取严肃认真、实事求是的态度。但《联共(布)党史教程》的编写却违背了这个原则,过分去刻意渲染斯大林个人在布尔什维克党史中的贡献。

在《教程》编写前,斯大林写了一封《给联共(布)历史教科书编者们的信》,要求把教材重点放在党同各种派别集团、同各种反布尔什维主义倾向进行的斗争上,并"对这些事实作马克思主义的说明"。斯大林在信中直截了当地指示说:"在这方面倒可以使用1882年恩格斯给伯恩斯坦的那封有名的信和我对这封信的评论。我在共产国际执行委员会第七次扩大全会上所作的关于联共(布)内的《社会民主主义倾向》报告的第一章中,曾经引用了这封信。如果不作这样的说明,联共(布)历史上各种派别的斗争就会被看作是不可理解的无谓纠纷,而布尔什维克就会被看作是一些不可救药的好闹无谓纠纷和好打架的人。"① 编者们根据斯大林的指示,很快完成了《教程》的编写工作。

在布尔什维克党的历史上,留下过无数革命者的足迹,其中也有托洛茨基、季诺维也夫、加米涅夫、布哈林等领袖人物的功绩,但《教程》却不恰当地只突出列宁和斯大林,把联共(布)称之为"列宁斯大林的党",所有的成就和胜利都是在列宁、斯大林领导下取得的。而对所有反对派人物如托洛茨基、季诺维也夫、加米涅夫、布哈林等人在党史上的贡献则一概加以否定,似乎他们是一伙专干坏事、从未做过对革命有益工作的罪人。这样做的目的无非是想贬低他们,抬

---
① 《斯大林文集》,人民出版社1985年版,第176—177页。

高斯大林自己在党史中的作用,把自己说成是列宁当然的继承者和接班人。

《教程》在描写斯大林的革命活动时,只写好的一方面,对他在革命活动中的错误只字不提,甚至连他自己曾经承认过的十月革命前对临时政府和帝国主义战争态度上表现出的动摇也予以回避。而对在他领导下进行的对党内反对派的斗争却大肆渲染,把社会主义愈是取得成就、阶级斗争会愈来愈尖锐等观点当成"列宁主义的著名原理",用斯大林的著作来评估和定性党史上的任何事件和事实……凡此等等,全书通篇贯穿着对斯大林"天才""英明""高瞻远瞩"的赞美。

《教程》光在苏联总印数就达4300万册。中央要求党员、干部、群众、学生深入学习、领会它的"精髓",把它作为行动的指南。这本书的出版,标志着以党的法规形式确立了斯大林在苏联的绝对领袖地位,它也是一本个人崇拜和造就更多的人对领袖进行崇拜的典型著作。

当然,不管出于何种原因,斯大林本人也出来说过话,反对人们去颂扬、赞美和崇拜他。1937年,苏联列宁共青团中央委员会儿童读物出版社编了一本儿童读物《斯大林童年时代的故事》。斯大林看完清样后,于1938年2月16日给儿童出版社写了一封信。信中说:"我坚决反对出版《斯大林童年时代的故事》这本书。在这本书里有大量不符合事实、歪曲、夸大和过分颂扬的地方。……但这不是主要的。主要在于这本书有一种倾向,即在苏联儿童(以及一般人)的意识中培植对个人,对领袖和绝对正确的英雄的崇拜。这是危险的,有害的。'英雄'和'群氓'的理论不是布尔什维克的理论,而是社会革命党人的理论。社会革命党人说:英雄创造人民,把他们从群氓变为人民。布尔什维克回答社会革命党人说:人民创造英雄。这本书是在为社会革命党人张目。一切这

斯大林(左)与莫洛托夫在克里姆林宫(1939年)

斯大林传

样的书都将为社会革命党人张目、都将危害我们整个布尔什维克的事业。建议把这本书烧掉。"①

但是,这无助于问题的根本解决。个人崇拜之风不仅没有减退,反而日盛。斯大林周围的人,如莫洛托夫、伏罗希洛夫、卡冈诺维奇、贝利亚、日丹诺夫、马林科夫等人,对个人崇拜的滋长起了推波助澜的作用。他们这些人经常和斯大林一起在孔策沃的别墅里举行晚宴,在就餐时决定国家、党和军事政策的各种问题。讨论时,马林科夫,有时是日丹诺夫作记录,斯大林经常对"谈话"进行总结。就餐者对斯大林的话总是随声附和,并极尽赞美之能事。有时连斯大林本人对此都感到厌烦。例如,在1939年党的"十八大"前夕,他们这些人吃饭时谈到斯大林准备好的报告时,所有的人都齐声对报告大肆颂扬起来。斯大林听着,听着,突然生硬地说:"我给你们的报告稿是我已经淘汰了的,你们还在唱赞歌……我准备讲的稿子全都改写过了!"

所有的人打住话头,难堪地沉默起来。但还是贝利亚有办法,他接上话茬说:"但是就在这一稿中已经显示了您的手笔。如果您把这一稿再加以改写,可以想象得出,报告将是多么精彩!"②

1939年12月是斯大林的60大寿,全国上下几乎一片沸腾,报纸、广播及其他媒体纷纷发表文章、讲话颂扬斯大林。即使是后来在苏共"二十大"批判斯大林搞个人崇拜的赫鲁晓夫,当年吹捧斯大林时,内心似乎也很坦然:

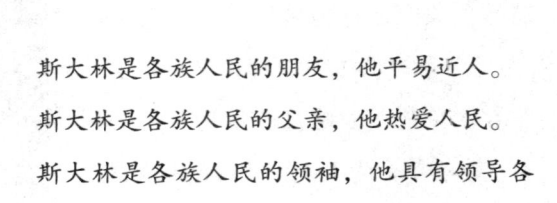

斯大林是各族人民的朋友,他平易近人。
斯大林是各族人民的父亲,他热爱人民。
斯大林是各族人民的领袖,他具有领导各

20世纪30年代末的贝利亚

---

① 参见《斯大林文集》第196页。
② 参见沃尔科戈诺夫《胜利与悲剧》第1卷第405页。

第五章 自上而下的革命

族人民进行斗争的智慧。①

在苏联,个人崇拜之所以能盛行,有它自己滋长的土壤——俄国自古就有"皇权主义"的历史传统。在俄国数百年的历史中,至高无上的沙皇操纵和决定着国家的政治经济变迁、意识形态、宗教活动乃至人们的生活方式和风俗习惯。达官显贵只有仰仗、臣服沙皇才能得以生存和发展;俄国农民更是从心里上无限敬仰和迷信沙皇。一个民族的历史文化传统是无法截然割断的。十月革命后,这个传统也仍深深地留在人们的内心深处。更何况,苏联直到20世纪30年代也还仍是一个农民国家,即便是急剧工业化的高潮中,大批农民拥入城市当了工人,改变了"农民"这一身份,但他们的价值观念、伦理道德和他们内心深处的宗法文化心态却并未改变。而斯大林本人和他的同事们又都是在俄国传统文化的熏陶下成长起来的,他们的文化背景和个人素质深深地打上了这种传统文化的烙印。这便是20世纪30年代斯大林个人崇拜得以盛行和以后得以继续延伸的最根本的原因。

---

① 参见《庆祝斯大林诞辰60周年》,莫斯科1940年版,第93—103页。转引自沃尔科戈诺夫《胜利与悲剧》第1卷第412页。

第六章
纵横捭阖

烟幕下的交易

苏联是世界上第一个搞社会主义的国家，它从建立时起就遭到了西方国家的围攻，费了两三年工夫才把外国武装干涉者赶出自己的国土。西方始终不愿承认苏联。1923年4月，苏联和德国这两个在国际上都很孤立的国家在热那亚近郊拉巴洛签订了苏德协定，即《拉巴洛条约》，规定两国立即恢复外交关系并按最惠国待遇的原则发展两国的经济关系。这是苏联外交上一次真正的突破性胜利。第二年，英国、意大利、挪威、瑞典、奥地利、丹麦、法国等主要国家相继与苏联建交；在亚洲，苏联还与中国和日本等国建立了外交关系。在资本主义大国中，只剩下美国坚持不承认苏联。从此，苏联结束了十月革命以来在国际上的孤立状态，赢得了同资本主义国家较长时期和平共处的外部环境。

1929—1933年，资本主义国家发生了世界性的经济危机，在这种危机的冲击下，国际关系和国际战略格局发生了急剧变化。德、意、日等法西斯国家相继走上了公开扩军备战的道路，蓄谋发动新的世界大战，夺取世界霸权。在20世纪30年代上半叶，在欧洲和亚洲相继形成了以德国和日本为中心的两个战争策源地，新的世界大战的危险日益严重。

面对着日益紧张的国际局势，以斯大林为首的联共（布）中央在内外政策方面作了相应的调整。

在国内政策方面，斯大林本来自击败所谓的布哈林右倾以后，又开展了大规模的全盘集体化和工业化运动。运动开展起来以后，国内许多人都感觉到了第一个五年计划的狂热性和压力,迫切希望喘一口气,但斯大林认为,必须利用资本主义的危机加快社会主义集体化和工业化的速度,赶上并超过西方,不然苏联就会落后,而落后是会挨打的。这一点,他在1931年2月全苏社会主义工业工作人员第一次代表会议上讲得再明白不过了。他说:

> 人们有时问:不能稍微放慢速度、延缓进展吗?不,不能,同志们!决不能减低速度!恰恰相反,必须竭力和尽可能加快速度。我们对苏联工人和农民所负的义务要求我们这样做,我们对全世界工人阶级所负的义务要求我们这样做。
>
> 延缓速度就是落后,而落后者是要挨打的。但是我们不愿意挨打。不,我们绝对不愿意!旧俄历史的特征之一就是它因为落后而不断挨打。蒙古的可汗打过它。土耳其的贵族打过它。瑞典的封建主打过它。波兰和立陶宛的地主打过它。英国和法国的资本家打过它。日本的贵族打过它。大家都打过它,就是因为它落后……
>
> ……你们愿意让我们的社会主义祖国被人打垮而丧失独立吗?如果你们不愿意,那么你们就应当在最短期间消灭它的落后状况,并且在它的社会主义经济建设方面展开真正的布尔什维克的速度。别的办法是没有的……
>
> 我们比先进国家落后了50至100年。我们应当在10年内跑完这一段距离。或者我们做到这一点,或者我们被人打倒。①

这是斯大林为什么在20世纪30年代加快全盘集体化和工业化速度的一个很重要的原因。

与此同时,在对待共产国际的统一战线和外交政策方面也作了新的变动。

斯大林曾把各国的社会民主党看成是法西斯的帮凶,要求与之进行"殊死的斗争"。但到20世纪30年代初,当季米特洛夫于1934年4月7日向斯大林陈述

---

① 参见《斯大林全集》第13卷第37—38页。

必须改变对待社会民主党的态度的理由时，斯大林尽管对他的看法持保留意见，但还是建议由季米特洛夫去领导共产国际工作，并答应联共（布）中央政治局将给予经常的帮助。同年10月25日，斯大林又致信季米特洛夫，表示同意他提出的关于改变共产国际机关的工作方法、关于因制定了新方针而需逐步改组共产国际等一系列建议。这样，1935年7月25日至8月20日召开的共产国际"七大"就确立了统一战线的新方针。

共产国际第七次代表大会现场

斯大林在共产国际第七次代表大会主席台上。左起：多列士、斯大林、加香、皮亚特尼茨基、季米特洛夫

第六章　纵横捭阖

共产国际第七次代表大会选出的执行委员会书记处。坐者（左起）：季米特洛夫、陶里亚蒂、弗洛林、王明；立者（左起）：库西宁、哥特瓦尔德、皮克、曼努伊尔斯基

大会指出：法西斯主义是金融资本最反动、最沙文主义、最帝国主义的公开恐怖专政，是各国人民的主要敌人；目前最迫切的任务是建立工人阶级斗争的统一战线，并在这个基础上建立由广泛阶层参加的反法西斯人民阵线。大会认为，社会民主党已发生很大变化，共产国际对其态度应有重大改变，共产党在一定条件下可以和社会民主党合并，组成统一的工人阶级政党，以便以统一行动来反对资本进攻，反对法西斯主义，反对帝国主义战争威胁。

在20世纪20年代，苏联外交政策强调经济上同资本主义国家发展贸易联系，政治上贯彻慎重灵活的方针，以保持对外和平关系。到20世纪30年代，以斯大林为首的联共（布）中央提出了建立

斯大林（左）与季米特洛夫（1936年）

斯大林传

国际反法西斯统一战线的策略思想，认为世界和平是不可分割的，只有世界各个爱好和平的国家团结起来才能真正维护世界和平，为此提出了实施集体安全的构想。联共（布）中央研究了集体安全的方针和构想，于1933年12月12日通过了关于开展争取集体安全的决议，并为此采取了一系列步骤：

（1）与美国等一系列国家建立外交关系。苏美两国经过艰苦谈判，于1933年10月正式宣布建交。在此前后，苏联还同西班牙、匈牙利、罗马尼亚、捷克斯洛伐克、保加利亚、阿尔巴尼亚、哥伦比亚、比利时、卢森堡等国建了交。与阿富汗、爱沙尼亚、拉脱维亚、波斯、波兰、罗马尼亚、土耳其等国缔结了互不侵犯条约，并于1935年5月分别与法国和捷克斯洛伐克签订了互助条约，规定缔约一方在遭到某一欧洲国家侵略威胁和侵略危险时，彼此保证相互立即进行协商，并立即给予支援和协助。

（2）加入国联。国际联盟自1920年成立以来由英法所操纵，苏联一直对它采取谴责和反对的立场，认为国联是"强盗的联盟""反苏联盟"。1927年11月，斯大林还明确宣布不参加国联，"不愿意成为帝国主义阴谋帷幕的组成部分"。[①]1933年3月和10月，日本和德国相继退出了国联，之后随着国际形势的变化，出于对建立集体安全构想的考虑，斯大林对国联的态度也发生了变化。1933年12月，斯大林在同美国记者谈话时表示，苏联不反对国联。第二年9月，在法国倡议下，苏联正式加入了这一国际组织。

但是，毕竟苏联和西方积怨太久，双方在意识形态上存在差异，戒心很重而又各有打算。

以斯大林为首的联共（布）想通过各种单边和双边性的条约确保自身的安全，尽可能延缓自己加入战争的时间，用斯大林早先（1925年）的一句话说就是："如果战争一旦爆发，我们就不应该坐着不动。我们必须行动，但我们是最后行动。"[②]斯大林为首的联共（布）中央在这种指导思想下，既向各反法西斯的力量伸出了橄榄枝，又想与法西斯国家缔结"百年之好"。1933年9月，苏联与意

---

① 参见《斯大林全集》第10卷第179页。

② 参见《斯大林全集》第7卷第14页。

大利缔结了友好、互不侵犯中立条约。1934年1月，斯大林在党的第十七次代表大会上发言时，表示愿意和希特勒发展友谊，[①]但希特勒没有作出积极的反应。

在远东，苏联的这种打算也一目了然。1931年12月、1932年11月、1933年1月……苏联多次建议日本缔结"苏日互不侵犯条约"，但均遭日本拒绝。1931年9月18日，日本对中国不宣而战，发动了震惊中外的九一八事变，到1932年初，占领了整个东北，策划并成立了一个傀儡政权——伪满洲国。对此，苏联袖手旁观，生怕激怒日本，声称没有其他国家的参与，苏联将决不改变与"和平政策相联的绝对不干涉政策"。苏联外交部长李维诺夫反复强调，苏联只要求日本一件事：尊重苏联在中东铁路的商业利益，因为苏联在中国没有别的利益。1933年5月，苏联又决定将中东铁路卖给日本，但日本以中东铁路在"满洲国"境内为由，要求苏联就此与"满洲国"进行谈判，以此使苏联承认"满洲国"。经过一年多的谈判，苏联与"满洲国"签订了协定，以1.4亿日元将苏联在中东铁路的权益出售给了伪满洲国，从而使苏联在事实上也承认了"满洲国"的主权。

但是，这实际上并没能"换得日本之好感"。日本关东军不断在边境挑起冲突，光1935年，苏、日间就发生了80多次武装冲突。

斯大林在煞费苦心地避免任何导致战争的最小挑衅，但事与愿违。1936年10月，柏林罗马轴心形成，纳粹分子在不断发出敌视苏联的叫嚣。1936年11月，日本与德国签订了《反共产国际协定》。这看来似乎只是个防御性的条约，但斯大林怀疑，这两个国家的政府已达成了一项协调对付苏联和中国的协定。他的一名特工人员截获了德、日间秘密往来信件的副本，证实了他的怀疑是正确的。

1937年7月，日本发动了全面侵华战争，同时"北进"声浪日高，日本广田内阁把北进政策作为日本国策，并于1938年7—8月间在中苏边界的张登峰（即苏联称之为的哈桑湖）和1939年5—8月间在中蒙边界的诺门坎两次对苏联发动了大规模的武装进攻。

[①] 参见《斯大林全集》第13卷第267—268页。

斯大林传

英国首相张伯伦

1938年3月,希特勒派兵侵占了奥地利,接着在捷克斯洛伐克发生了苏台德日耳曼人危机。纳粹的好战行为和德国不断发出的以武力相威胁的宣传,使英国首相张伯伦和法国总理达拉第心神不安。他们急忙与希特勒磋商,同意向捷克斯洛伐克施加压力,要求捷不经公民投票就把德意志人占半数以上的苏台德地区割让给德国,并废除捷与其他国家首先是与苏联签订的互助条约。

但是,斯大林表示,苏联愿意承担与捷克斯洛伐克签订的互助条约中所规定的义务,并建议英、法、苏三国建立一个反德联合阵线。但法国表示不愿履行它与苏联所签条约的义务;英国则乘机起哄说,如果法国参加保卫捷克斯洛伐克的话,英国将不支持法国。他们确实想祸水东引,使自己置身于战争之外,在对待德国法西斯的问题上推行绥靖政策。1938年9月29日,英、法两国政府既没有同苏联商量也没有让苏联参加,就独自与德国、意大利在慕尼黑签订了一份协定,即《关于捷克斯洛伐克割让苏台德领土给德国的协定》。这无疑更加重了苏联对西方的不信任。

时任德国外交部长里宾特洛甫(右)与到访的张伯伦握手(1938年9月22日)

法国总理达拉第在签署《慕尼黑协定》(1938年9月29日)

1939年是个多事之秋。这一年的3月,德国出兵占领了布拉格,吞并了捷克斯洛伐克,向波兰再次提出了但泽和波兰走廊的领土要求,武装占领了立陶宛的梅梅尔,并积极加紧向巴尔干诸国进行扩张。4月,意大利吞并阿尔巴尼亚。5月德、意签订了军事同盟条约《钢铁条约》。

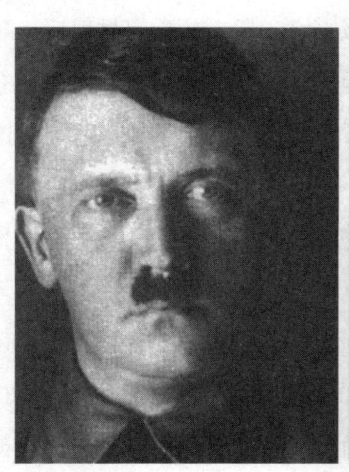

希特勒　　　　　　　　　意大利总理墨索里尼(中)

德、意的扩张显然侵犯了英、法在这些国家的霸权地位。英、法两国政府感到:德国并没有按照慕尼黑协定的原则行事;不是在搞东进西和,而是想声东击西;不是只要求局部的领土,而是在谋求全球霸权。于是他们也感到,一味的妥协退让已不是办法,看来极需调整自己对德的政策。1939年3月,英、法正式结盟，并制订了对德作战的共同策略。从3—5月，英、法两国共同或单独对波兰、罗马尼亚、希腊、荷兰、比利时、丹麦、瑞士、土耳其等国提供安全保障。同时把谈判之手伸向了苏联，企图借助苏联的力量巩固它从北海到黑海、爱琴海构筑的反德屏障。

英、法、苏的谈判从1939年3月开始，断断续续进行了5个月。西方的代表团到莫斯科去，主要是为了讲讲一般性的意见，向伦敦和巴黎报告苏联"规模宏大的计划"，而对苏联提出的具体行动方案并不感兴趣。经过几轮谈判，双方毫无所获。1939年7月底，英、法政府迫于国内舆论的压力，决定派一个军事代表团赴莫斯科，与苏联举行军事问题谈判。斯大林对此表示欢迎，并指派以伏罗希洛夫元帅为团长的代表团与之进行谈判。

西方军事代表团到达莫斯科后，斯大林吩咐贝利亚准备一份有关代表团成员的材料。斯大林很快注意到，这个代表团没有授予谈判的全权，英国代表团团长是一位退休的海军上将，法国代表团长是一位中将衔的兵团司令，除了几名将军外，其他人的军衔都很低，有不少是初级军官。斯大林看完材料后，顺口对正在他办公室里的莫洛托夫和贝利亚说："这是不严肃的。这些人不可能拥有应有的权力。伦敦和巴黎仍然想玩牌，我们倒想看看他们是否会参加在欧洲的这一场纵横捭阖。"

"不过看来谈判还需要进行，让他们把牌统统推出来。"莫洛托夫对斯大林说。

"那好，需要就需要吧。"斯大林冷冷地说。

谈判于8月12日开始。苏联建议三国签订一项共同抗击侵略的联合军事行动方案：在战争开始后，由苏联派出120个步兵师，英、法共派出80个步兵师作战；在与德国作战时，允许苏联军队通过波兰和罗马尼亚领土。但英、法代表团对此方案迟迟不予回答。在苏联代表团的一再催促下，英国人首先开了口，说作战时，英国只能派出5个步兵师和1个机械化师参加对德作战。在"过境权"问题上，波兰政府拒绝了苏联的要求，英、法则未置可否。在谈判时，斯大林还获悉，英、法同苏联谈判时，并未停止与希特勒举行秘密谈判。因此，斯大林等人认为，英国和法国不过是在拖延时间，以寻求一个对自己有利的方案，而不考虑苏联利益。西方国家想让苏联在抵御可能发生的德军侵略中起主导作用，而它们自己并不想因此承担太多的义务。看来，与西方国家的谈判只是在浪费时间。8月21日，伏罗希洛夫宣布，由于谈判中的基本问题得不到答复，苏联被迫决定三国之间的谈判无限期休会。

实际上，自从3月英、法、苏谈判开始以后，斯大林本人对谈判的成果也未寄予太多的期望。他并未把赌注全押在西方国家身上。5月3日，斯大林解除了李维诺夫外交部长职务，由莫洛托夫兼任此职。李维诺夫是个犹太人，一直是位热情的西方派、集体安全的鼓吹者。李维诺夫的被解职在柏林被当成了"好信号"。5月底，德国驻苏大使舒伦堡设法与莫洛托夫见了面，他对莫洛托夫说："苏联和德国之间没有政治上的矛盾，有的只是调和双方利益的一切可能性。"莫洛托夫小心谨慎地回答说："苏联政府对德国政府改善关系的意图表示赞赏。"当时正在进行着英、法、苏三国谈判，苏联也不知道谈判会取得什么结果，所以对德国的建议只是作了个非承诺性的答复。

斯大林和李维诺夫（右）、莫洛托夫在一起

但是，6月以后，情况发生了变化。英、德开始秘密谈判，6月7日德国同爱沙尼亚和拉脱维亚签订了互不侵犯条约，7月，英、法、苏三国谈判暂时搁浅。这时，苏联决定恢复苏、德经济谈判，但进展不快，7月底，英、法、苏三国决定就军事问题举行谈判。希特勒对此深表不安。为避免两线作战，希特勒决定对苏联作出重大让步。7月26日，希特勒指示德外交部向苏驻德临时代办阿斯塔霍夫和商务代表巴巴林说明："根本不存在威胁苏联的问题"，德国愿意让苏联"中立并置身于可能的欧洲冲突之外"。阿斯塔霍夫表示，苏联关注波罗的海国家、波兰和罗马尼亚的安全。7月29日，舒伦堡受命向苏联政府表示，在波兰问题上，德国准备"保全苏联的一切利益，并同莫斯科达成谅解"，并"将调整对

斯大林传

波罗的海国家的态度，以尊重苏联在波罗的海的重大利益"。8月2日，德国外长里宾特洛甫表示，苏、德两国从黑海到波罗的海的整个地区没有不可解决的问题，并建议就签订一份"划分两国利益的协定书"进行谈判。

斯大林对德国的许诺和建议很感兴趣。他感到，与西方几个月来的谈判表明，西方对于与苏联合作并无诚意，与其在和西方的谈判上浪费时间，不如采取更为现实的选择。选择与德国签约，一是能打破西方"祸水东引"的美梦，二是苏联可以赢得推迟参战的时间，并在其中捞取好处。基于这种考虑，还在苏、英、法三国军事谈判开始前，即8月11日，联共（布）中央政治局就已决定根本改变对外政策的方针，决定与德国建立更为密切的政治和经济关系。[①]8月12日，阿斯塔霍夫受命通知德方，同意在莫斯科进行苏德谈判。

与德方进行的所有这些接触和随后举行的谈判是秘密进行的。8月17日，莫洛托夫接见了舒伦堡，他特意强调代表斯大林声明："在开始关于改善政治上的相互关系的谈判之前，应当结束关于贸易和信贷协定的谈判。"关于贸易和信贷协定很快于19日就签订了。莫洛托夫对舒伦堡说，一周后同意里宾特洛甫访苏，以谈判有关互不侵犯的条约问题，苏联将提交一份条约的草案文本。但希特勒心中盘算的侵略计划的日子已日益临近，心急如焚的希特勒终于按奈不住，于8月20日亲自致电斯大林，表示愿意接受苏联提出的条约草案，但强烈要求苏联于8月22日或至迟于8月23日接待里宾特洛甫。

斯大林于8月21日下午3点收到希特勒的电报后，在办公室里走了几个来回，瞥了莫洛托夫一眼，然后口授了给希特勒的回电：

致德国元首阿·希特勒

1939年8月21日

感谢您的来信。希望苏德互不侵犯协定将会创造一个大大改善我们两国

[①] 参见俄罗斯《历史问题》1993年第1期。

第六章　纵横捭阖

之间政治关系的转机。

我们两国人民需要彼此和平相处。德国政府同意签订互不侵犯条约，这将为消除政治紧张状态和确立我们两国之间的和平与合作奠定基础。

苏联政府委托我通知您，它同意里宾特洛甫先生于8月23日前来莫斯科。

约·斯大林①

1939年8月23日中午，里宾特洛甫飞抵莫斯科，当天晚上就签署了《苏德互不侵犯条约》，斯大林出席了签字仪式。条约期限为10年。条约规定：双方保证决不单独或联合其他国家彼此间进行任何武力行动、任何侵略行为或者任何攻击；缔约一方成为第三国敌对行为的对象时，缔约另一方将不给予第三方任何支持；缔约任何一方将不加入直接或间接旨在反对另一方的任何国家集团。

莫洛托夫在签署《苏德互不侵犯条约》，斯大林和里宾特洛甫参加（1939年8月23日）

在签订《苏德互不侵犯条约》的同时，两国还签订了以划分东欧势力范围为主要内容的《秘密补充议定书》。二战后西方根据德国档案公布了议定书的副本，对此，苏方一直矢口否认。莫洛托夫（他当时是苏方的签字人）直到1983年

---

① 转引自沃尔科戈诺夫《胜利与悲剧》第2卷第25—26页。

斯大林传

1939年8月23日，斯大林会见德国外长里宾特洛甫

还一再声称没有任何秘密议定书，他说："我和这件事关系很密切，事实上是我经手的，我可以坚决地说，这纯属捏造。"① 后来苏开始承认存在这一秘密议定书，但声称找不到原件。1993年俄罗斯《历史问题》杂志第1期公布了存放在特别案卷中的苏德秘密议定书的几份文件，同时刊印了有关官员的部分复制件，从而正式公开了历时半个多世纪的国际疑案。②

在签订《苏德互不侵犯条约》后，斯大林举杯为希特勒健康干杯
（1939年8月24日）

---

① 参见《莫洛托夫秘谈录》，社会科学文献出版社1992年版，第7—8页。
② 这些文件我已译成了中文，发表在《国际共运史研究》1993年第2期第69—73页。

《秘密补充议定书》规定：当波罗的海国家（芬兰、爱沙尼亚、拉脱维亚、立陶宛）的各地区发生领土和政治变动时，立陶宛北部边界同时应成为德国和苏联势力范围的边界；一旦波兰发生领土和政治变动，德国和苏联的势力范围将大体上以纳雷夫河、维斯瓦河和桑河为界；对于东南欧，苏联强调它对比萨拉比亚的利益关系，德国方面宣布它在这一地区完全没有政治方面的兴趣。

苏联与德国签署互不侵犯条约及秘密补充议定书，表面看来是苏联外交的一个胜利，似乎打破了西方"祸水东引"的梦想，苏联因此"已将苏德间的战争危机化为乌有"[①]。但实际上，由于这一条约及秘密补充议定书的签订，既模糊了世界反法西斯侵略斗争的视线，也模糊了苏联自己认清法西斯侵苏的眼睛。卫国战争前夕，以斯大林为首的联共（布）中央在对待德国入侵苏联的估算上的失误清楚地说明了这一点。同时，由于条约所属秘密补充议定书的签订，为苏联的民族主义扩张创造了条件。

传统的扩张

希特勒与苏联签订互不侵犯条约后，兴奋之情溢于言表。他最害怕的英、法、苏反德联盟没有建成，而条约的签订又使他排除了两线作战的危险。如今他可以大胆地实施他的计划了。1939年9月1日，希特勒出兵进攻波兰。很快占领了波兰西部的大片领土。9月3日，英国和法国对德宣战，欧洲战争爆发。根据苏德签署的秘密补充议定书，苏联应在波兰政治和领土发生变动时准备进入波兰东部地区。

在波兰的东部，大部分居民是乌克兰人和白俄罗斯人。根据1921年苏、波签署的"里加条约"规定，苏俄把西乌克兰和西白俄罗斯划归波兰。1932年签订

[①] 莫洛托夫对《苏德互不侵犯条约》的评论，见《现代国际关系史参考资料》（1933—1939），高等教育出版社1958年版，第281页。

的苏波互不侵犯条约重申了这一边界划定。1939年9月17日,波兰政府流亡国外。这一天,莫洛托夫发表广播演说称,苏联鉴于波兰政府已不复存在,苏波之间缔结的条约已归无效,现在波兰的局势对苏联安全造成了威胁,因此,"苏联政府认为向自己居住在波兰的乌克兰弟兄和白俄罗斯兄弟伸出援助之手是自己的神圣职责……苏联政府还吩咐红军总指挥部命令军队越过边界去保卫西乌克兰和西白俄罗斯人民的生命和财产安全"。①

9月17日,苏联出兵进入波兰东部,在一个星期之内(至9月25日),苏军向西推进了250—300公里,按照苏德秘密补充议定书的规定来到了纳雷夫河、维斯瓦河、桑河的边界,占领了波兰东部的西乌克兰和西白俄罗斯。9月28日,苏联与德国签订了《苏德友好和边界条约》及《秘密补充议定书》,瓜分了波兰领土,并规定立陶宛国家的领土划入苏联势力范围,但"地图上所标界线之西南的立陶宛领土划归德国"(1941年1月10日,苏德又签署了《秘密议定书》,宣布德国放弃这一部分土地,但苏联为此得向德国支付750万美元,当时约合3150万德国马克)。②1939年11月,西乌克兰和西白俄罗斯分别并入苏联的乌克兰和白俄罗斯的版图,并入苏联的波兰领土面积达20万平方公里,人口为1300万。

在苏联军队开进波兰以后,波军总司令雷兹·斯米格雷下令不抵抗苏联红军,总数约30万的波兰军人执行命令,放下了武器,有一部分被遣返回家,一部分波兰军官和战士被苏军拘留。1939年10月3日,贝利亚下令对波军中的宪兵、中高级军官及下级军官和士兵、德占区出生的人员分类分营集中管理。

1940年3月5日,贝利亚给斯大林提供了一份报告,建议对"关押在战俘营中的14700名前波兰军官、官员、地主、警察、侦察兵、宪兵、移民和狱卒"以及"被捕关押在乌克兰、白俄罗斯西部地区监狱中的11000名各种反革命间谍和破坏组织成员、前地主、工厂主、前波兰军官、官员和越境犯","不传唤被捕者,不提起公诉,不宣布结束侦查的决定"就秘密采用极刑——枪决。当天,联共(布)中央政治局开会,斯大林、伏罗希洛夫、莫洛托夫、米高扬、加里宁、

---

① 参见1939年9月18日《真理报》。
② 参见俄罗斯《历史问题》1993年第1期。

第六章　纵横捭阖

斯大林（右二）出席《苏德友好和边界条约》签字仪式（1939年9月28日）

卡冈诺维奇在报告上签字，同意贝利亚的报告，责成内务人民委员部负责执行。结果，共枪决了21857名波兰军官和波兰公民，其中在卡廷森林（斯摩棱斯克的科泽利斯克集中营）4421人，在哈尔科夫附近的旧别利斯克集中营3820人，奥斯塔什科夫集中营（加里宁州）6311人和在西乌克兰和西白俄罗斯其他集中营和监狱中的7305人。这就是历史上著名的"卡廷惨案"。①

苏联出兵波兰，占领了波兰东部大片领土，并枪杀了大批波兰军官和公民，美其名曰是出于苏联安全的考虑，是为了建立一个所谓从波罗的海到黑海的"东方战线"防御带，实际上这是苏联大俄罗斯沙文主义传统扩张的产物。这种沙文主义的传统扩张在苏芬战争和强迫立陶宛、爱沙尼亚、拉脱维亚加入苏联等事件上表现得尤为明显。

---

① 参见俄罗斯《历史问题》1993年第1期。关于"卡廷惨案"，是1943年4月13日纳粹德国对外宣布的，称在其占领的斯摩棱斯克市以西15公里处的卡廷森林中发现了大量被枪杀的波兰军官的尸骨。苏联立即宣称这是纳粹德国干的。1946年在纽伦堡国际法庭上，苏联曾正式指控法西斯头目在卡廷杀害波兰军官一事，但因缺乏证据，审理结果中未提及卡廷森林事件。二战后，由于苏波关系的性质，波兰官方宣传中几乎不提及此事。1980年以后，波兰的《政治》周刊、《复兴周刊》等分别发表了有关卡廷事件的长篇文章和材料，几乎一致认为卡廷事件罪在苏联。1985年戈尔巴乔夫上台后，成立了由历史学家组成的委员会，负责对此事予以调查。1990年4月13日，塔斯社正式承认波兰军官被屠杀系苏联内务人民委员部所为，是"斯大林主义的严重罪行之一"。1992年10月，俄罗斯总统叶利钦派特使将苏联有关卡廷事件的一批绝密文件（复印件）转交给了波兰总统瓦文萨，波方立即公布了这些文件。俄罗斯《历史问题》杂志于1993年第1期也发表了这些文件。

（从左至右）斯大林与莫洛托夫、伏罗希洛夫在一起

　　早从 1938 年 4 月起，苏联就以加强北方防务为由，多次要求获得租借芬兰和在芬兰湾的某些芬兰所属岛上设防的权利。芬兰政府以其坚持中立政策为由予以拒绝，但表示保证不允许任何别的国家利用芬兰领土作为进攻苏联的基地。从 12 月起，苏联和芬兰开始了旷日持久的秘密谈判。苏联想迫使芬兰在得到相应领土补偿的条件下将边界往北移至离列宁格勒较远的地方。1939 年 8 月，苏德秘密补充议定书把芬兰划入了苏联的势力范围后，10 月，莫洛托夫就交给芬兰驻苏公使 A.C. 科尔纳－科斯基年一份照会，指出：为了列宁格勒的安全，芬兰应"立即将自己的军队调离卡累利阿地峡的边界——后退 20—25 公里"，并把卡累利阿地峡南部 2700 平方公里的土地割给苏联，作为交换，苏联把 2 倍于此的苏联所属卡累利阿领土交给芬兰；每年以 800 万芬兰马克租借芬兰汉科半岛 30 年。

　　芬兰的卡累利阿地峡对芬兰具有很大的经济价值，并且是保障芬兰安全的门户，而苏联作为交换拿出来的土地则是未开垦的荒地。芬兰拒绝了苏联的要求，但答应可就"双方将军队从边界后撤一定距离的问题举行谈判"。在谈判中，苏联仍然固执地坚持其立场，致使谈判破裂。1939 年 11 月 28 日，苏联宣布：由于芬兰对苏联采取"极端敌视和挑衅态度"，已经走上了直接对苏联发动战争的道路，因此，废除 1932 年签订的苏芬互不侵犯条约。次日，苏联宣布与芬兰断交；30 日，苏联对芬兰发起了侵略战争。

　　斯大林、伏罗希洛夫等人认为，芬兰这样一个小国，在苏联强大的军队面

1939—1940年的苏芬战争一角

前，不出几天芬兰就会被打败。因此，以斯大林为首的联共（布）最初的方案是设想占领芬兰全境，更换其政府。因此，战争开始后不久，斯大林准许在莫斯科成立以奥·维·库西宁为首的所谓"芬兰民主共和国政府"。12月2日，莫洛托夫还和库西宁签订了《苏联与芬兰民主共和国友好互助条约》。

斯大林（后排左三）出席与库西宁政府的苏芬条约签字仪式（1939年12月2日）

但是，苏联的进攻遇到了芬兰军队的顽强抵抗。为了打芬兰，苏方调集了三四十个师，费了好大劲才突破"曼纳海姆防线"，苏军死伤惨重。苏联没想到

斯大林传

芬兰军队这么顽强,也没想到自己的军队那么没战斗力(顺便说一句,希特勒大概从苏芬战争中看到了苏联军队战斗力差的弱点)。芬兰的持久抵抗在世界上引起了同情,苏联在国际上日益陷于孤立,自从12月14日被开除出国联后,世界上许多国家对芬兰进行了各种声援。

"曼纳海姆防线"被突破后,芬兰政府被迫求和,苏联在国际舆论的谴责下也没有再打下去。1940年3月12日,苏芬在莫斯科签订了和约。和约规定,整个曼纳海姆防线地区划给苏联,靠近列宁格勒的芬兰国界向北移动150公里,苏联共夺取了芬兰4.1万平方公里土地。此外,芬兰还应将汉科半岛及附近岛屿租给苏联,为期30年。3月31日,苏联在从芬兰取得的地区成立了卡累利阿—芬兰共和国。

在对芬兰的战争中,斯大林发现伏罗希洛夫嘴上说得动听,可实际上无能。因此,1940年5月,他解除了伏罗希洛夫国防人民委员的职务,任命基辅军区司令员铁木辛哥为国防人民委员,并提升他为苏联元帅。伏罗希洛夫改任人民委员会副主席兼人民委员会下设的国防委员会主席。

铁木辛哥元帅,西方面军总司令

利沃夫举行支持西乌克兰并入苏联的游行(1939年)

第六章 纵横捭阖

　　大国沙文主义的另一个表现是强迫波罗的海三国加入苏联。苏德秘密补充议定书中规定波罗的海三个国家立陶宛、拉脱维亚、爱沙尼亚也属于苏联的势力范围。1939年9月28日、10月5日和10日，苏联先后与爱沙尼亚、拉脱维亚和立陶宛签订了互助条约，规定苏联在三国境内拥有驻军、建设军港和空军基地的权利，但不得损害三国主权，不改变经济和政治制度。

拉脱维亚组织了支持苏联的游行（1940年）

斯大林出席与立陶宛条约签字仪式（1939年10月）

并入苏联后的拉脱维亚代表团出席苏联最高苏维埃会议（1940年8月）

拉脱维亚组织建立苏维埃政权的游行（1940年6月，里加）

爱沙尼亚组织建立苏维埃政权的游行（1940年6月）

斯大林传

1940年初,希特勒军队横扫欧洲,6月占领了法国首都巴黎。此时唯一还未遭希特勒打击的只有隔着英吉利海峡的英伦三岛了。德军在西欧的节节胜利,使斯大林意识到:现在希特勒如不入侵英国,就肯定会把目光投向东线。于是他决定在波罗的海国家加速采取新的行动。6月14日,德军进入巴黎的当天,苏联对立陶宛政府发出最后通牒,限当天答复。通牒指控立陶宛政府破坏《苏立互助条约》,进行反苏活动,要求立即惩治向苏军挑衅的直接祸首,成立保证履行苏立互助条约政府,允许苏军在立境内自由通行,在战略要地驻军。立陶宛政府无奈,只好接受苏联最后通牒的要求。第二天,苏军占领了立陶宛。6月16日,苏联又强迫爱沙尼亚和拉脱维亚接受了同样的要求。这三个国家的领导人本来非常反对苏军进入自己的领土,更反对把自己的国家作为加盟共和国合并入苏联,但莫洛托夫代表苏联政府执行了很强硬的方针,他对来谈判的拉脱维亚、爱沙尼亚等国外交部长说:"您要不签字和我们合并,您就回不去了。"① 就这样,波罗的海三国领导人只好同意。6月17日至21日,立陶宛、拉脱维亚、爱沙尼亚先后成立了新政府。7月14日和15日,三国宣布成立苏维埃政府。8月3—5日,三国正式"加入"苏联。苏联因此又增加了17.4万平方公里土地和586万人口。

此外,苏联还强行夺取了罗马尼亚的比萨拉比亚和布科维纳的北部领土。十月革命后,关于比萨拉比亚土地的归属问题一直存在争议。1940年6月26日,苏联照会罗马尼亚政府,要求将比萨拉比亚归还苏联,把布科维纳北部移交给苏联以作为罗对占领比萨拉比亚22年的赔偿。罗马尼亚政府委婉地拒绝了苏联的要求,并向英、德、意求援,但这些国家没有回应。于是罗只好同意苏联的要求。6月28日,苏军占领了上述这些地区。8月2日,苏联把比萨拉比亚和摩尔达维亚自治共和国合并,成为摩尔达维亚加盟共和国,布科维纳北部地区并入乌克兰。这样,苏联领土面积又扩大了5万多平方公里,人口增加300多万。

从1939年9月至1940年8月,苏联边界从波罗的海沿岸到喀尔巴阡山,向西推进了二三百公里,面积增加了约47万平方公里,人口增加了2300万。斯大

---

① 参见《莫洛托夫秘谈录》第2页。

举行欢迎比萨拉比亚并入苏联的集会（1940年）

林和莫洛托夫对此成果感到很满意，即使到二战后很长时间、当提起此事时，莫洛托夫还眉飞色舞地夸耀道："我认为，作为外交部长，我的任务就是尽量扩大我们祖国的疆域。我和斯大林在完成这件任务上似乎干得不错。"① 这种大俄罗斯沙文主义的扩张欲望是不言自明的。

暴风雨来临前

斯大林选择与德国签订互不侵犯条约和秘密补充议定书，一是想因此延缓苏德战争爆发的时间，并打破西方"祸水东引"的梦想，二是想从中捞取领土上和战略上最大限度的好处。这后一点，西方国家满足不了，从1939年苏、英、法三国谈判来看，西方不仅不想在未来的德国入侵苏联的战争中承担实质性的义务，

---

① 参见《莫洛托夫秘谈录》第1页。

也不想让苏联得到波兰东部和波罗的海沿岸地区。而希特勒却很痛快地答应了苏联提出的要求。在希特勒看来，这没什么，德国很快就会夺回这些地区。

斯大林与希特勒搞这种交易，并不是他心里真的认为苏联就因此永远和平了，和德国再也不会打仗了。斯大林心里当然非常清楚，这只是他们在各取所需，希特勒是不会放过苏联的。因此，当《苏德互不侵犯条约》签订以后，斯大林在1939—1941年间也采取了不少重要的巩固苏联国防的措施。

1939年9月1日，苏联最高苏维埃第四次特别会议通过了《普遍义务兵役法》，把应征入伍的年龄由原来的21岁改为19岁，中学毕业生的服役年龄为18岁，服役期限也相应延长。实行新兵役法后，苏联武装部队人数从1939年1月1日的194万增加到1941年1月1日的420多万。1941年3月底，斯大林批准将50万预备役士兵和军士派往边境地区，补充步兵师。同时，还决定重新组建机械化军、坦克师和摩托化师，1940年组建了9个机械化军，1941年2月，斯大林批准了红军总参谋部提出的组建20个机械化军的建议。但为了装备这些军，需要3.2万辆坦克（包括1.66万辆新式坦克），而这至少需要四五年时间才能完成。

斯大林在这期间加强了对苏联重工业和国防工业的投入。许多企业转而生产武器、军事运输工具。他自己亲自部署国防工业生产，加大国家军事拨款预算（1939年军事拨款占国家预算的25.6%，1941年增加到43.4%），并在重工业和国防工业部门延长了劳动者的工作时间，取消了他们的休息日。以斯大林为首的联共（布）中央还加强了苏联西部边界的防御，在西部边境地区加紧修筑防御工事和飞机场，当时有约10万人参加了劳动，但按照计划，要到1942年才能完工。从1941年春夏开始，又接连从内地抽调了5个集团军、1个步兵军去增强西部边境的防御力量，但没等部队到达指定地域，战争就爆发了。

但是，斯大林所有这些措施都是基于这样一种考虑，即德国对苏联的战争不会在很短的时间内爆发，至少要过两三年甚至更长的时间才能开始。因为在他看来，苏德之间有互不侵犯条约的约束，而且苏联已尽最大努力在信守互不侵犯的诺言。此其一。其二，德国正在收拾西欧，即便是德军占领了巴黎，也还有英国仍逍遥自在，希特勒必须打垮英国，才能为向苏联进攻解除后顾之忧，不然，希特勒就会冒两线作战的危险，希特勒要打垮英国是需要时间的。因此，斯大林采取加强苏联国防的措施时，把完成这些措施的时间表定在了1942年甚至以后的日子。

斯大林心里也非常清楚，为了应付与德国的战争，苏联需要时间来武装自己，一是装备方面的，另一个是军队领导人素质方面的。苏联自20世纪30年代中后期搞大清洗后，军队中损失了许多像图哈切夫斯基等有作战经验的指挥官。据统计，1938—1940年清洗的结果，军区司令员全部撤换，军区参谋长和副司令员更新了90%，军、师一级管理人员更新了80%，指挥员和参谋长更新了90%。老的有作战经验的人被当作"人民公敌"清洗了，新提拔上来的指挥员素质普遍都比较差，所受教育程度不够。到1941年初，仅有7.1%的指挥领导人员受过高等教育，55.9%受过中等军事教育，24.6%受过速成教育（训练班），12.4%的指挥和政工干部未受过任何军事教育。[①]1939年底至1940年初，苏联对芬兰一仗清楚地反映了苏联军人低劣的素质和无组织性。

为了赢得时间，斯大林自《苏德互不侵犯条约》签署后至战争爆发前的22个月里，用尽了一切办法去向德国证明自己的真诚，在对德国的态度上总是谨小慎微，生怕惹恼希特勒。

在这期间，苏联停止了反法西斯、反德的宣传和教育。很长时间，"法西斯主义"一词一度从斯大林和莫洛托夫的政治术语中消失，还要求共产国际各党停止反法西斯的宣传。反纳粹的话剧和影片，如弗里德里希·沃尔夫的话剧《马门教授》和谢尔盖·爱森斯坦的反德影片《亚历山大·涅夫斯基》也不再上演。有一次，红军总政治宣传部主任、集团军一级政委梅赫利斯向斯大林汇报了总政治宣传部关于政治工作的报告之后，斯大林顺口指示说："别刺激德国人……《红星报》上经常谈论法西斯分子、法西斯主义，不要再写了。情况正在变化，不要大声嚷嚷这些东西了。什么事情都要看时候。不应当给希特勒造成一种印象，好像我们除了准备同他打仗以外什么也不干。"[②]

---

① 参见沃尔科戈诺夫《胜利与悲剧》第2卷第50页。
② 转引自沃尔科戈诺夫《胜利与悲剧》第2卷第136页。

斯大林传

斯大林不失时机地不断向希特勒德国表示友善，以消除希特勒的疑虑。1939年12月21日是斯大林的60大寿。这一天希特勒和里宾特洛甫都给斯大林发来了礼节性的贺电，斯大林在给里宾特洛甫的回电中称："德国人民和苏联人民用鲜血凝成的友谊有一切理由要保持下去并得到加强。"在《苏德互不侵犯条约》签订一周年之际，根据斯大林的指示，苏联报刊发表了不少庆祝条约签订一周年的文章。这一天《真理报》写道，苏联已经履行了互不侵犯条约的承诺，并将继续严格遵守这一条约，这一条约的签订"已经保证德国在东方的安全不受骚扰"。

莫洛托夫在联共（布）中央全会上作关于对外政策的报告（1940年3月）

为了赢得时间，不使苏联陷入两线作战的困境，苏联与日本就签订中立条约举行了谈判，双方就有关北库页岛权利转让问题互不相让。苏联要求日本撤销1925年日苏条约规定的日本在北库页岛建立的石油、煤炭租让企业，日方对此予以坚决拒绝。谈判持续了好几个月。1941年4月12日，斯大林接见了日本外相松冈洋右，决定对日本作出让步，同意暂不签订有关北库页岛权利转让问题的附属议定书，有关问题留待以后解决。于是，苏日双方很快达成了协议。次日下午，斯大林出席了苏日中立条约的签订仪式。条约签订以后，双方代表团像往常一样合影留念，斯大林单独与松冈洋右半拥抱着照了相。18日晚上，松冈启程回国。差几分钟就要开车的时候，斯大林出人意料地来到火车站为日本代表团送

斯大林（后排右二）出席苏日中立条约的签订仪式（1941年4月13日）

行。斯大林从前还从未做过这样的事情，这次他破了例。在他看来，苏日中立条约的签订解除了苏联东部边界的危险，这是苏联外交的一个大胜利。所以，他到车站去送行时显得心情十分愉快，他以一种异常亲密的态度向松冈和在场的日本人表示了友好，祝他们旅途愉快。这时，斯大林也没有忘记向在场的德国人作点友好的表示。他对前来送行的舒伦堡说："我们必须继续做朋友，你现在必须千方百计维持我们的友谊。"过了一会儿，斯大林又转向德国代理武官克莱勃斯上校，对他说："不管任何时候，我们都是朋友。"①

但是，希特勒却没像斯大林那样去把《苏德互不侵犯条约》当回事。还在1939年8月《苏德互不侵犯条约》签署前，希特勒就向他的司令官们说："我们必须从一开始就决心与西方国家作战……和波兰的冲突是迟早要到来的。我在春天就已作出了这种决定。我认为，我们必须首先对付西方，然后再收拾东方。"

1940年7月21日，希特勒要求德军总参谋部拟订对苏作战计划，并开始把大批德军调往东部。为了迷惑苏联，希特勒假惺惺地表示德国也将遵守《苏德互不侵犯条约》，并于这年10月委托外长里宾特洛甫致函斯大林，邀请斯大林和莫

---

① 参见麦德维杰夫《让历史来审判》（下）第759—760页。

1940年6月德军进入了巴黎市中心

洛托夫访问柏林。斯大林拒绝了邀请，但于10月18日复函里宾特洛甫时表示，莫洛托夫将接受邀请，于11月10—12日抵达柏林访问，待两国外长就两国之间的问题找到最终解决办法后，他将很高兴在莫斯科与里宾特洛甫再次会见。

希特勒接见莫洛托夫（左一）（1940年11月）

莫洛托夫在柏林与希特勒、里宾特洛甫等人会谈时，希特勒、里宾特洛甫大谈双方如何瓜分"势力范围"和"不列颠帝国灭亡"在即，怂恿苏联南下去夺取印度。莫洛托夫听着，故意装出一副对德国全球计划不感兴趣的样子，坚持要求德国对某些具体问题作出答复：为什么德国军队即将撤出保加利亚和罗马尼亚的

莫洛托夫（坐者左一）在柏林与希特勒会谈（1940年11月）

时候，另一些德军却待在芬兰不走？为什么让匈牙利参加德、意、日于1940年9月27日签署的三国条约？……莫洛托夫只是一味地表示，苏联现在唯一关心的是苏德关系。双方各谈各的，什么也没有谈成。但莫洛托夫在访问柏林后仍然认为，德国暂时还会遵守互不侵犯条约。

希特勒可不这么想，邀请莫洛托夫来只是想在德国未做好充分进攻准备前稳住苏联。从与莫洛托夫的会见中，希特勒感到，俄国人只有一个要求，就是让在他们看来也许是不可避免的战争晚一些爆发。希特勒抓住了这一点，要求尽快制订出对苏作战计划。莫洛托夫走了没多久，他就下令尽快把修改后的进攻苏联的计划呈报给他。12月5日，希特勒主持召开了德军总参谋部会议，当他听取了总参谋长弗·哈尔德上将和陆军总司令瓦尔特·布劳希奇元帅的汇报后说："我不会犯拿破仑的错误，我要进攻莫斯科，就会早早动手，在入冬之前拿下它。"12月18日，希特勒签署了对苏作战的第21号命令，命名为"巴巴罗萨计划"。

"巴巴罗萨计划"总结了德军自全面发动战争以来实施"闪电战"的经验，决定分北、中、南三路向苏联腹地实施高速度、大纵深的果敢突击，聚歼苏军主力于西部地区，在1941年入冬之前占领列宁格勒、莫斯科、顿巴斯，把战线推进到阿尔汉格尔斯克—伏尔加河一线，为德空军摧毁苏联最后的乌拉尔工业区作准备。

为了实施"巴巴罗萨计划"，希特勒自1941年初开始，急剧向德苏边境增兵和调运军事技术装备。同年3—4月间,载有德国军队、坦克、大炮和弹药的军车源源不断地开往苏联边境。到6月21日,苏联边境已经集结了190个师(包括德军和仆从国的军队)计550万人,3712辆坦克,4950架飞机,47260门火炮。同时派遣大量飞机侵入苏联领空,进行侦察活动。为了掩盖侵苏计划,希特勒指示德军总参谋部情报处和反间谍处,故意散布假情报,以此迷惑苏联和国际社会。如大量印发英国地图,在英吉利海峡沿岸集结许多船只,海岸上配置假火箭,军队配备英语翻译,好像德国要对英国进行大规模战争似的。

但是,世上没有不透风的墙。希特勒即将大规模入侵苏联的种种迹象,斯大林和苏联政府不是一无所闻的。早在1941年初,关于德军在波兰集结的消息猛然增多的时候,斯大林给希特勒发了一封私人信件,信中写道:"这种情况使我们吃惊,并且给我们造成一种印象,希特勒打算跟我们打仗。"希特勒给斯大林回了一封密信,也是一封私人信件,信中说,这些情报是可靠的,在波兰确实集结着大量的兵团,但是他相信他不会比斯大林走得更远,他的军队在波兰集结不是针对苏联的,而是针对英国,因为英国对德国中、西部地区进行了猛烈轰炸,因此他不得不将大量军队调往东部。希特勒在信中保证严格遵守苏德已签订的条约,并表示可以一国元首的人格担保。看来,斯大林很轻易地相信了希特勒。[①]

从1941年3月开始,苏联情报部门和西方国家政府把希特勒要入侵苏联的确凿信息报送给了斯大林。

1941年3月20日,苏军情报部部长戈里科夫将军在给斯大林的报告中,讲了德军进攻苏联时可能的几个突击方向。后来查明,这些方案依次反映了德军统帅部"巴巴罗萨计划"的制订过程,其中之一实际上是后来修定并最后付诸实施的基本内容。

4月底,英国首相丘吉尔给斯大林写了一封信,告诉斯大林德军正大批调往东部,提请他密切注意德军的行动。同月底,苏军总参谋部还收到了内务人民委员部一份通过情报系统得到的报告:"德国对苏联采取行动一事已最终确定,

---

① 参见沃尔科戈诺夫《胜利与悲剧》第2卷第142—143页。

并将很快付诸实施。进攻作战计划规定对乌克兰发动闪电式突击,并继续向东推进……"

5月6日,苏联海军人民委员库兹涅佐夫上报斯大林,说根据可靠情报,德军将于5月14日大举进攻苏联。5月和6月,苏联军事侦查员里查德·佐尔格也送来过十分重要的情报,在他的报告中既包括德国进攻苏联的确切日期,也包括入侵军队的数量及德军司令部的战略行动计划和主攻方向。

诸如此类的信息源源不断。可是斯大林仍固执地认为,德国在结束对英作战以前不会进攻苏联。他把所获得的这些情报看作是西方国家的一种鼓动,以便让苏联与德国相互敌视,从中渔利。因此,他怀疑这些情报的真实性。而斯大林周围的人,对斯大林的判断不仅不敢持反对意见,而且总是想去迎合斯大林的口味。戈里科夫、库兹涅佐夫等人给斯大林报送情报时,都在报告的末尾添上了补充意见,说情报可能是西方国家有意制造的谣传。斯大林周围的人那种随声附和、唯唯诺诺的工作作风,有时连斯大林也很反感。据朱可夫回忆,有一次斯大林对前来谈话的两个机构的负责人说:"同你们谈什么呢?无论对你们说什么,你们总是回答:'是的,斯大林同志','当然喽,斯大林同志','完全正确,斯大林同志','您作出了英明的决定,斯大林同志'……"在斯大林面前随声附和、唯唯诺诺,他说什么都称"是",这种现象是对斯大林神化和吹捧的结果之一。当时和斯大林一起工作过的许多人的回忆录证明:实际上谁都不怀疑斯大林的远见卓识。例如,朱可夫回忆说:"我非常相信斯大林,相信他的政治智慧、他的远见卓识和善于在最困难的境况下找到出路的能力。而在目前情况下,非常相信他避免战争、推迟战争爆发的能力。"①

当然,斯大林对自己的洞察力也非常自信,但这种洞察力往往是建立在主观推测基础之上的,因而他的推测往往有负众望。例如,在对国家战略防御和武装力量部署方面,苏军总参谋部从1939年秋就开始制订计划,在两任总参谋长沙波什尼科夫和梅列茨科夫领导下,由后来的元帅(当时是上校)华西列夫斯基具体

---

① 转引自沃尔科戈诺夫《胜利与悲剧》第2卷第123—124页。

斯大林传

主持，经过两次修改，于1940年10月5日向斯大林报告了国家防御计划。计划经过反复论证，认为未来德国进攻苏联的主力应在苏联西部，"西部地区将是主战场"。可斯大林在听完报告后说："我不完全明白总参谋部把力量集中在西线的方针。你们说希特勒企图通过最短的路线向莫斯科发起主要突击……然而我想，德国人特别看重的是乌克兰的粮食，顿巴斯的煤。现在，希特勒在巴尔干地区已站稳脚跟，他就更加有可能在西南方向准备主要突击。请总参谋部再考虑一下，过10天再向我报告计划……"① 总参谋部不得不根据斯大林的意见对计划进行了修改。10月14日，修订好的防御计划报告给了斯大林。修改后的计划把敌人的主要突击方向改在了西南方面。不久，工农红军情报机关获悉，德国国防军的主要突击兵力（4个坦克集团军中的3个）对准了斯摩棱斯克，接着便是莫斯科。但是，军事将领们没有足够的勇气去说服斯大林。正如后来事态所表明的，希特勒正是在这些地方发动了主要突击。

斯大林和沙波什尼科夫在一起（1939年8月）

在估算德军侵苏的时间上也是如此。斯大林对各种渠道传来的德国很快就要入侵苏联的情报都表示怀疑。直到战争爆发前夕，他还在认为："只要不去招惹希特勒，他是不会进攻的。"1941年5月，斯大林撤销了莫洛托夫人民委员会主席职务，自己出任这一职务。这似乎是在向希特勒传达一个信号，表明自己总管一切，并将由他个人采取所有必要的步骤，实施与德国友好的政策。大战爆发不久，苏联边防军击落了一架侵犯苏联边界的德国侦察机，两名法西斯飞行员也一同丧命，斯大林下令处罚

---

① 参见沃尔科戈诺夫《胜利与悲剧》第2卷第137—138页。

肇事者，还往柏林发去了一封电报："斯科尔尼科夫：请立即拜会戈林，并就所发生的事情表示歉意。"①

在斯大林的授意下，1941年6月14日，塔斯社发表了一则声明。声明说，西方报刊传播了一些谣言，说什么"苏德之间即将发生战争"，"德国开始陈兵苏联边境附近"，"这些谣言显然是荒谬的，但鉴于它们仍在被不断地夸大传播，莫斯科的负责人士认为有必要授权塔斯社声明，这些谣言是反苏反德力量的笨拙的宣传伎俩，他们希望战争进一步加剧……据苏联所知，德国同苏联一样，也在信守《苏德互不侵犯条约》中的条款。有鉴于此，苏联人士认为，关于德国企图撕毁条约并准备进攻苏联的传闻纯属无稽之谈。而从巴尔干战役后腾出的德军最近向德国东部和东北部地区调动想必另有原因，与苏德关系无关"。这则声明造成的后果是灾难性的。列·米·桑达洛夫证实说，6月中旬以前，日益忧虑不安的情绪被塔斯社的这一声明缓和下去了，"国家权威机关这样表态，松懈了军队的警惕性。指挥人员看到这样表态都坚信，一定是由于某种他们所不知道的情况，我国政府才会如此沉着，认为苏联边界很安全。军官们已不再在营房里过夜，战士们也不再穿着衣服睡觉了"。②

但是，实际上苏联西部战线已日趋紧张。6月13日，国防人民委员铁木辛哥打电话给斯大林，要求批准下令边境军区部队进入战斗准备。但斯大林回答说："让我们再考虑一下。"

第二天，朱可夫、铁木辛哥又到斯大林那里，向他报告各军区的不安心情，请求必须使部队进入一级战备状态。斯大林断然拒绝了这一请求，说："你们要进行全国动员，立即把部队调往西部边境吗？这就是战争！你们懂不懂？"

6月21日晚上，基辅军区参谋长普尔卡耶夫中将和司令员基尔波诺斯上将都从驻地向莫斯科发来了关于德军投诚者的报告，说德国军队将在22日凌晨向苏联发动进攻。朱可夫立即打电话报告了斯大林。斯大林沉默了一会儿，命令铁木

---

① 参见原苏联国防部中央档案馆全宗500，目录12458a，卷宗34，第17页。转引自沃尔科戈诺夫《胜利与悲剧》第2卷第120页。

② 参见沃尔科戈诺夫《胜利与悲剧》第2卷第127页。

辛哥、朱可夫和瓦图京（第一副总参谋长）到他那里去。斯大林把政治局委员也召到他那里研究对策。斯大林像往常一样，刁着烟斗，在桌旁踱来踱去。他对大家说：

"我们该怎么办呢？"

没有人应声。

"应该立即训令边境各军区所有部队进入一级战斗准备。"在令人窒息的气氛中铁木辛哥终于说了话。

"把训令读一下。"斯大林说。

朱可夫把在总参谋部拟订的训令草稿读了一遍。斯大林说："现在下达这样的训令还太早，也许问题还可以和平解决。训令要简短，指出袭击可能从德军的挑衅行动开始。边境各军区的部队不要受任何挑衅的影响，以免问题复杂化。"

"二战"中的朱可夫

朱可夫、瓦图京迅速起草了国防人民委员部的命令草稿，斯大林亲自看了一遍，作了些修改，然后交给铁木辛哥签字。

命令要求列宁格勒军区、波罗的海沿岸特别军区、西部特别军区、基辅特别军区、敖德萨军区立即进入战斗准备，对城市和目标地区采取灯火管制的一切措施,同时指出,各部队"在没有特别命令的情况下,不得采取任何其他措施"。①

瓦图京随即带上这份命令回到总参谋部,马上向各军区转发。6月22日零点30分命令下达完毕。

莫斯科的夜静悄悄的,但柏林却显得异乎平常。希特勒和他的指挥官们正激动频繁地看着自己的手表,等待着那决定命运的时刻。等预定时刻一到,只要一声令下,他的空军和陆军就会分三路直奔苏联大地,北路指向列宁格勒,中路指向莫斯科,南路指向乌克兰。

夜里2时,当政治局委员悉数散去后,斯大林内心里久久没能平静。他在想:眼前的事会不会是一场虚惊?难道真的失算了?他当时并不知道,希特勒这个屠杀人类的战神就要降临苏联,时间是6月22日凌晨3时30分。

被逼到台角的拳击手

1941年6月22日凌晨3时零7分,黑海舰队司令奥克恰布里斯海军上将向朱可夫报告:"据舰队对空情报部门报告,大量来历不明的飞机正向我岸接近。"3时30分,西部军区参谋长克利莫夫斯基赫将军报告,德国空军空袭白俄罗斯城市。3分钟后,基辅军区参谋长普尔卡耶夫报告,乌克兰的城市遭到空袭。3时40分,波罗的海沿岸军区司令库兹涅佐夫报告,敌机空袭考那斯和其他城市。

铁木辛哥要求朱可夫给斯大林打电话。电话打通了,但没有人接。过了一会,终于听到一位斯大林办公室值班人员带着睡意的声音。此时斯大林刚刚想躺下休息,他觉得实在有点累。但他已睡不成了,卫队长敲门向他报告:"朱可夫大将有急事请您——斯大林同志——接电话。"

---

① 参见朱可夫《回忆与思考》(上),三联书店1972年版,第400、403—405页。

斯大林传

斯大林走到电话机旁，拿起电话。朱可夫在电话里向斯大林扼要地汇报了敌人飞机空袭基辅、明斯克、塞瓦斯托波尔、维尔纽斯以及其他城市的情况。朱可夫在报告之后请求允许开始还击，并一遍又一遍地问斯大林："斯大林同志，您明白我的意思吗？"

斯大林沉默不语。他终于明白了：希特勒已"背信弃义"。他用嘶哑的噪音对朱可夫说："您和铁木辛哥到克里姆林宫来吧。告诉波斯克列贝舍夫，让他把全体政治局委员都召来。"斯大林看了看手表，时间正好是1941年6月22日凌晨4时。

4时30分，朱可夫、铁木辛哥和全体政治局委员与候补委员都到了斯大林的办公室。斯大林脸色苍白，坐在桌旁，手里握着装满了烟丝的烟斗，无特定对象地说了一句："应当立刻给德国使馆打个电话。"

使馆答复说，大使舒伦堡请求接见，他带来了紧急通知。接见大使的事，指定由莫洛托夫负责。

过了不久，莫洛托夫匆匆地跑了进来，报告说："德国政府已向我国宣战。"

里宾特洛甫宣读向苏联开战的照会（1941年6月22日）

斯大林颓然坐下，默不作声。大家也都不说话。最后还是朱可夫打破了难以忍受的沉寂，他建议立即用各边境军区所有兵力猛烈还击突入的敌军，制止其继续前进。

"不是制止,而是消灭。"铁木辛哥补充说。

"下命令吧。"斯大林说。

7时15分,斯大林授权发出第2号命令,号召各军区向入侵者进攻。这个命令是不切实际的。红军正在混乱地退却,通信联络中断,莫斯科几乎失去了同各军区之间的联络,又不清楚德军的位置和火力情况。因此,这个命令实际上没有执行。

斯大林显然被这突如其来的战争弄得心慌意乱。自战争开始后,他一直在等着令人宽慰的消息,可是除了知道前方在打仗外,其他更细的情况谁也说不清。在未弄清楚局势之前,他什么话也不想说。因此,当6月22日早晨会议上提出由谁来把希特勒德国发动进攻的消息告诉全国人民时,斯大林毫不犹豫地拒绝了。最后决定由莫洛托夫出来发表广播讲话。

莫斯科民众在收听莫洛托夫1941年6月22日的广播讲话

希特勒军队向基辅开进(1941年7月)

战争初期,德军很快深入苏联领土

苏军成了德军俘虏（乌克兰，1941年）

被德军抓获的苏联俘虏

　　这一天，根据铁木辛哥的提议，波罗的海沿岸、西部和基辅三个特别军区分别改组为西北方面军、西方面军和西南方面军。列宁格勒军区改组为北方面军，敖德萨军区改编为第九集团军。另外还组建了南方面军。斯大林不断要求得到边境战况和执行第2号命令的情况的报告，他好几次当面或者打电话对朱可夫、铁木辛哥和瓦图京说："你们究竟什么时候才能把边境的战斗情况清清楚楚地报告上来？巴甫洛夫、基尔波诺斯、库兹涅佐夫都在干什么？还有总参谋部在干什么？"①

瓦图京有两三次把作战地图带到克里姆林宫，地图上用红蓝铅笔仔细地标出了苏军各个集团军和军的配置地区、航空兵的基地和预备兵团的开进方向。但是，战争开始以后的情况却一无所知：战斗究竟在什么地方进行？敌人在何处？苏联部队的现在位置和伤亡情况如何？

为了摸清前线情况，贯彻最高统帅部的作战意图，斯大林命令："紧急派遣大本营有权威的代表到西南方面军和西方面军去。去巴甫洛夫处的是沙波什尼科夫和库利克，去基尔波诺斯处的是朱可夫。今天就乘飞机去。立即出发。"

下午1时左右，斯大林打电话给朱可夫说："我们各个方面军司令员缺乏足够的作战指挥经验，看来有点发慌。政治局决定派你到西南方面军担任统帅部的代表。还准备派沙波什尼科夫和库利克去西方面军。沙波什尼科夫和库利克已到我这里接受指示。你必须马上飞往基辅，会同赫鲁晓夫到设在捷尔诺波尔的方面军司令部去。"

朱可夫问："在目前这样复杂的情况下，由谁来领导总参谋部呢？"

斯大林答道："把瓦图京留下吧。"然后又稍带怒气地补充说："请你抓紧时间，我们这里好歹可以对付。"②

朱可夫立即飞往基辅。晚上，斯大林授权签发第3号命令，要西北方面军、西方面军、西南方面军和南方面军转入反攻，粉碎主要方向上的敌军，并向敌国领土推进。斯大林叫远在基辅的朱可夫也签上字。这个命令也是不切实际的。朱可夫说："统帅部规定反攻任务时，并不了解6月22日终时的实际情况。各方面军首长也不了解实际情况。统帅部作出自己的决定时，不是依据对实际情况的分析和可靠的计算，而是从一种不问军队能力但求积极行动的直感和愿望出发的。"③

当时，斯大林等人并不知道，在6月22日这一天，苏军各方面军共损失了

---

① 参见沃尔科戈诺夫《胜利与悲剧》第2卷第162页。
② 朱可夫《回忆与思考》（上）第414—415页。
③ 朱可夫《回忆与思考》（上）第438页。

1200多架飞机,其中大部分飞机是被德军炸毁在机场上的。德军很快掌握了制空权,并从波罗的海到喀尔巴阡山之间宽约1500公里的战线上,向苏联发起了正面进攻。德国的坦克部队和摩托化步兵师潮水般冲向苏联各边防要塞和城市,苏军在边境地区的军用仓库、武装弹药及其他军需物资,几乎全部落入德军手中。苏联军队官兵虽然奋力反击,并遵照命令组织反攻,但无法阻挡德军的快速推进。

战争的突然爆发,打乱了斯大林的日程安排。6月22日这一天,他只喝了一杯茶,其余时间在忙于应付战事。本来这一天铁木辛哥已拟好了关于成立苏军统帅部的决定草案,并把它交给了斯大林。该草案建议由斯大林出任最高统帅。斯大林收到这份草案后,把它放在一边,他说要在政治局讨论一下。23日早上,在讨论统帅部大本营的人选时,斯大林拒绝采纳国防人民委员部提出的由他任最高统帅的方案。批准成立的最高统帅部,由铁木辛哥任主席,斯大林只为统帅部的一个成员,其他人员还有朱可夫、莫洛托夫、伏罗希洛夫、布琼尼和海军人民委员 Н.Г.库兹涅佐夫。"结果就出现了两个最高统帅:一个是国防人民委员铁木辛哥,这是法律上的,决议上写了的;另一个是斯大林,他是实际上的最高统帅。这就给军队指挥造成了困难,而且势必会在定下决心和下达命令方面浪费时间。""因为在实际上,离开斯大林,国防人民委员铁木辛哥无论如何是不可能单独作出重大决定的。"①

在讨论成立最高统帅部大本营时,斯大林突然建议在大本营下设立常任顾问室,并口授了顾问名单,他们是:库利克、沙波什尼科夫、梅列茨科夫、日加廖夫(空军司令)、瓦图京、沃罗诺夫(防空司令)、米高扬、卡冈诺维奇、沃兹涅先斯基(人民委员会第一副主席)、日丹诺夫、马林科夫、梅赫利斯等人。这个机构只存在了两个星期,实际上未发挥什么作用。

在战争的头几天,苏联西部边境各条战线都是乱糟糟的,有时简直是一片混乱。统帅部不断发出新的指示和命令,各司令部也不断对官兵发出新的命令,但这些指示和命令又都落后于急速变化的形势。在战争的头五六天里,德军就深入

---

① 参见朱可夫《回忆与思考》(上)第414页。

了苏联国土150—200公里。

6月26日，斯大林给在捷尔诺波尔的朱可夫打电话，告诉他西方面军形势严重，敌人已逼近明斯克，要他立即回莫斯科。深夜，朱可夫回到了莫斯科，斯大林在自己的办公室里接待了他，要他立即拿出对策来。朱可夫很快拿出了对策，建议在通往莫斯科的道路上建立纵深梯次防御，以拖垮敌人，将其阻止在某一防御地区，然后集中必需的兵力（一部分从远东抽调，另外主要靠组建新部队）组织反攻。所有这些建议都得到了斯大林的批准，并发出了相应的命令。

6月28日，德军在明斯克完成合围，苏军43个师又3个旅被围歼于明斯克。傍晚，明斯克失守。这一天，斯大林两次来到国防人民委员部统帅部，对西部战线的形势表示强烈不满。第二天，在同莫洛托夫、伏罗希洛夫、日丹诺夫、贝利亚一道从国防人民委员部大楼里走出来时，斯大林突然大声说了一句："列宁缔造了我们的国家，而我们大家却把它误了！"①

斯大林经过几天的彷徨，终于振作起来。6月30日，联共（布）中央决定，建立国防委员会，由斯大林任主席，成员有莫洛托夫、马林科夫、贝利亚、伏罗希洛夫。这是一个集中全部权力的非常机关，各党组织、苏维埃组织和其他民政团体都必须执行国防委员会的所有决定和命令。在整个战争期间，国防委员通过了将近1万项有关经济和军事方面的决定和决议，为保证对法西斯战争取得胜利作出了重大贡献。

斯大林当选为国防委员会主席的当天，就立即给总参谋部打电话，命令朱可夫召回西方面军司令员巴甫洛夫。第二天，巴甫洛夫抵达莫斯科后，斯大林立即解除了他的职务。不久，西方面军除政治委员外，主要指挥人员都被送上军事法庭，枪毙了。铁木辛哥被任命为西方面军司令员。这一天，斯大林还解除了西北方面军司令员库兹涅佐夫上将的职务，由第八集团军司令索宾尼科夫少将接任此职，瓦图京为参谋长。

7月3日，斯大林发表广播演说，他坦率地告诉苏联人民："我们的祖国面临

---

① 参见沃尔科戈诺夫《胜利与悲剧》第2卷第198页。

斯大林传

《真理报》头版刊发了斯大林7月3日的演说

着严重的危险",要正视这种危险,把全国的一切转入战争轨道,"为保卫祖国的城市和乡村战斗到最后一滴血"。最后斯大林号召"全国人民团结在列宁—斯大林的党周围,团结在苏联政府的周围,以忘我的精神支援红军和红海军,粉碎敌人,争取胜利"。① 这是一次历史性的演讲,整个讲话没有华丽的词藻。它对于鼓舞苏联人民反法西斯的士气起了重要作用。

为了改善对军队的领导,斯大林决定按方向建立三个指挥部:西北方向指挥部由伏罗希洛夫任总司令,西方方向由铁木辛哥领导,西南方向由布琼尼领导。

大战初期(标语:"我们的事业是正确的""敌人将会灭亡""胜利属于我们!")

顿巴斯地区修建防坦克的战壕(1941年)

修建防坦克的战壕

被击落的德国飞机(南部战线,1941年)

---

① 参见《斯大林文集》第288—294页。

7月19日，为了战争的需要，斯大林亲自兼任了国防人民委员。8月8日，又亲自担任苏联武装部队最高统帅。从此，斯大林集党、政、军大权于一身，这在战争时期是可以理解的，也是必要的，但它也势必带来负效应，这在战后表现得尤为明显。

国防委员会发布的最早和最重要的命令之一是决定把工业向东转移。这个命令是7月4日发布的，根据这个命令，疏散了1500多个工业企业，其中包括1300多个规模庞大的军械厂。这是一项迫不得已的措施，因为德军仍在迅速向东推进。

西南方面军总司令布琼尼元帅

集体农庄的牛群正通过莫斯科往后方疏散

德军中央集团军群在完成了明斯克合围并取得胜利后，立即扑向斯摩棱斯克。以铁木辛哥为首的西方面军拼力奋战，顶住了中路德军的攻势，但斯摩棱斯克于16日失守。斯大林得知这一消息后，怒不可遏。7月下旬，斯大林在别墅里召见铁木辛哥和朱可夫，表示自己对铁木辛哥在西方面军的表现不满，建议由朱可夫去西方面军任司令员。朱可夫对此表示反对，说："斯大林同志，我认为更

斯大林传

工业设备往东部转移

换方面军司令员会严重影响到战役的进程。司令员还没有来得及熟悉情况,就不得不指挥困难的战役。铁木辛哥元帅指挥方面军还不到4个星期。在斯摩棱斯克会战过程中他熟悉了部队,了解了他们的能力。他做了处在他的地位所能做的一切,使敌人被阻在斯摩棱斯克地区将近一个月。我想,任何别人也无法做更多的事。部队信任铁木辛哥,而这是主要的一条。我认为,现在解除他的方面军指挥职务是不公正的,也是不适当的。"

当时在场的加里宁也支持朱可夫的看法。

斯大林缓缓地吸着烟斗,看了看其他的政治局委员,然后说:"也许,我们可以同意朱可夫的意见?"

就这样,铁木辛哥未被解职,并接受了立即返回前线的指示。

德国北方集团军群于7月12日开始沿列宁格勒公路挺进,并突破了苏军防线,直冲列宁格勒。8月29日,德军攻破了列宁格勒以东20公里的筑垒区。9月8日,又攻占了拉多加湖畔的什利谢利堡。列宁格勒被德军包围。列宁格

保卫列宁格勒的天空

孩子们在地下掩体躲避轰炸　　　　　　　　　列宁格勒街头的孩子们

勒居民开始了近 500 天的保卫战。

在西南方向，德军的南方集团军群从利沃夫出发，直逼基辅。7 月 29 日，朱可夫紧急求见斯大林，向斯大林汇报了总参谋部的作战方案，建议首先加强中央方面军。斯大林问他基辅怎么办。朱可夫说："基辅将不得不放弃。"

斯大林听了以后生气地说："真是胡说八道，把基辅交给敌人，亏你想得出来。"

朱可夫耐不住地说了一声："如果你认为总参谋长只会胡说八道，那么还要他干什么？我请求解除我的总参谋长职务并把我派到前线去。我在那里可能对祖国更有好处一些。"

"请你冷静一些。"斯大林说，"再说，如果这样提出问题，那么我们缺了你也能行。……你回去工作吧，我们研究一下，然后叫你来。"

大约半小时后，斯大林把朱可夫叫到办公室，宣布解除他的总参谋长职务，任命他为预备队方面军司令员，但仍保留他的副国防人民委员和最高统帅部成员的职务。总参谋长一职由沙波什尼科夫接任。

德军对基辅的进攻有增无减。斯大林打电话给西南方面军司令员基尔波诺斯，要他不惜一切守住基辅。经过一个多月的苦战，基辅还是于 9 月 19 日陷落。基尔波诺斯战死沙场，苏军被围歼 60 万—70 万人。

在苏联战线上，德军虽然取得了很大胜利，但并没有实现"巴巴罗萨计划"

诺沃罗西斯克战役

的预期目标。于是希特勒想集中德军主力，从中路向莫斯科挺进，占领苏联首都，迫使苏联投降。

1941年9月6日，希特勒发布第35号令，命令以中央集团军群为主，北方集团军群和南方集团军群配合，实施"台风"作战计划。希特勒为了攻占莫斯科，投入了80个师，其中包括14个坦克师和8个摩托化师。投入中路迎战的苏军只有80万人、782辆坦克、6808门火炮、545架飞机，这些兵力和装备都比德军少。

10月2日，希特勒对其指向莫斯科的军队发布命令："今天是今年最后一次伟大决战的开始。"实际上，德军直指莫斯科的战斗从9月底就已开始。德军的战术方案仍然是钳形突击，势不可当。而苏军由于兵力不足，加之在关键时候行动迟缓，又缺乏必要的预备队，根本抵挡不住德军的攻势。苏军筑起的防线很快被德军突破。10月6日，西方面军的第十九、二十集团军和鲍尔金集群，预备队方面军的第二十四、三十二集团军共约60万人，被德军围困在维亚济马地区。

就在这危急的时候，斯大林于10月5日给在列宁格勒方面军司令部的朱可夫打电话，要他立即回莫斯科。朱可夫答应第二天飞回去，但由于列宁格勒战事紧张，朱可夫推迟了一天才起飞。朱可夫于7日到莫斯科时，斯大林当时正患流

莫斯科布满了防坦克的路障

行性感冒,但斯大林还是在他的住所里接待了他。

斯大林说:"你看,这里的情况很严重。我无法从西方面军得到有关真实情况的详细报告。由于不了解敌人进攻的地点和部署以及我军的状况,我们不能下定决心。现在请你到西方面军司令部去一趟,详细弄清那里的情况,并随时给我来电话,我将等着。"①

朱可夫立即去了西方面军司令部。第二天凌晨2时30分,朱可夫给斯大林打电话,当时斯大林还在工作,朱可夫向他汇报了西部战线的情况。10日,斯大林给已到达位于克拉斯诺维多夫的西方面军司令部的朱可夫打电话,通知他已决定将西方面军和预备队方面合并为西方面军,并任命他为该方面军司令员,科涅夫做他的副手。

这时被围困在维亚济马地区的苏军经过几次突围,均告失败,于10日左右覆没。10月13日,德军已挺进到离莫斯科不到100公里的地区,通往莫斯科的所有主要方向,都在展开激烈战斗。17日早上,斯大林把国防委员会委员、政治局委员和军方人士都请到了办公室,他们是:莫洛托夫、马林科夫、米高扬、沃兹涅先斯基、谢尔巴科夫(苏军总政治部主任、副国防人民委员)等人。斯大林

---

① 参见朱可夫《回忆与思考》(上)第558页。

同大家打过招呼，然后开始发布命令：今天立即撤退主要的社会活动家和国务活动家，各大企业一律布雷，准备在莫斯科失守时炸毁。斯大林停了一会儿，补充说，他仍然希望会有良好的结局，因为西伯利亚和远东的援军很快就会到达。国防委员会决定，莫斯科从20日起实行戒严。

斯大林近郊别墅布置了几个高射炮连，加强了警卫。有一次斯大林清晨来到孔策沃别墅，一跨出汽车就目睹了敌人对莫斯科的空袭。震耳欲聋的高炮声，在头顶上转动的探照灯光，莫斯科上空成群结队的飞机的轰鸣……忽然一个东西掉在身旁，卫队长弗拉西克弯下腰一捡，发现是块弹片。卫队长请斯大林进屋，斯大林在外面又站了几分钟。大概在这个时候，斯大林产生了想到前线去看看的想法。

斯大林的私人卫队

10月底的一天夜里，由几辆汽车组成的一个车队沿着沃洛科拉姆斯基公路驶出莫斯科市区，再行驶几公里后转入了一条乡村小路。斯大林想看看已经进入阵地的火箭装置排射，但随行人员不同意继续前进。斯大林站了一会儿，听取了西方面军一位指挥员的汇报，然后只好掉头返回莫斯科。归途中，斯大林的重型装甲汽车陷入了泥泞，贝利亚让斯大林上了另一辆汽车，在黎明前结束了这次前线视察。

在这一段日子里，斯大林就像一个被逼到台角的拳击手，他不仅要应付德军对莫斯科的威胁,还要关照西南方面德军在克里木的进攻和对列宁格勒的围攻。斯大林要求死守克里木,但担任作战主力的第五十一集团军(司令是库兹涅佐夫)司令部担心敌海军陆战队登陆,把兵力分散在整个半岛,德军从北部攻入克里木。经过10天血战,敌军于10月初攻入了克里木。接着德军又扑向刻赤半岛。斯大林命令库利克"不准放弃刻赤!"但刻赤于11月中旬陷落。斯大林解除了库利克的职务,然后将其逮捕。后来,在1950—1951年,库利克受审并被处决。当然,在1957年就被恢复了名誉,并恢复了原有的军衔。

德军于9月中旬围困列宁格勒城以后,斯大林对能否守住列宁格勒没有把握。10月23日3时,斯大林亲自口授了一份电报,要求列宁格勒守军"在两三天内突破敌军防线,使我军在无法固守列宁格勒时有可能东撤"。1小时后,华西列夫斯基同第五十四集团军司令霍津中将(四天后他被任命为列宁格勒方面军司令)通了电话,告诉他:"第五十四集团军必须全力以赴支援列宁格勒方面军各部队向东突围。……请注意,现在的问题主要不是保住列宁格勒,而是救援和撤出列宁格勒方面军的部队。"华西列夫斯基在电话中特别强调,这些是斯大林的指示。[①]结果倒没有斯大林想象得那么糟。列宁格勒守军忍受了饥饿,顽强地坚持了近500天,守住了列宁格勒。

在10月至11月初,莫斯科城内一片恐慌,市内盛传斯大林本人已不在莫斯科。实际上,斯大林仍待在莫斯科,而且准备公开举行十月革命24周年的庆祝大会和阅兵式。

关于讲话和阅兵的事,早在11月7日的前几天斯大林就已同朱可夫、莫洛托夫、贝利亚等人商量过。斯大林在11月1日专门把朱可夫从前线召回,同他讨论按惯例在莫斯科举行十月革命庆祝活动的可能性,朱可夫对此作了肯定的回答。于是,斯大林问莫洛托夫、贝利亚:"我们怎么安排阅兵?比往常提前一两个小时行吗?"莫洛托夫、贝利亚感到很吃惊。未等他们想得太多,斯大林继续说道:"莫斯科的防空部队要再加强。主要将领都在前线,由布琼尼检阅部队,让阿

---

① 参见沃尔科戈诺夫《胜利与悲剧》第2卷第246—247页。

尔捷米耶夫将军指挥。阅兵时如有德国飞机冲过防线进行轰炸,要迅速清除死者和伤员,但阅兵必须进行到底。让新闻电影制片厂摄制纪录片,尽快复制后分送全国各地放映……报刊要更广泛地报道阅兵式。我将在庆祝大会上作报告,在阅兵式上讲话……你们有什么意见吗?"

"但这很冒险……很冒险!当然,在国内外将引起巨大的政治反响。"莫洛托夫若有所悟地说。

"那就这么决定了!"斯大林转身对贝利亚说,"您去作必要的安排吧,但是除了阿尔捷米耶夫、布琼尼和几个十分可靠的人外,不到最后时刻,不要让任何人知道阅兵的事。"①

从今天来看,斯大林决定举行十月革命庆祝活动和阅兵式,是有远见的,它对于鼓舞苏联人民的斗争士气、加强反对法西斯侵略的信心直至最后取得胜利都起了十分重要的作用。

11月6日,根据安排,斯大林在莫斯科马雅可夫斯基地铁站举行的十月革命庆祝会上作了报告。斯大林宣布说,苏联虽然暂时失利,但德国的闪电战已经在苏联失败。红军受挫的原因一方面在于希特勒对苏联互不侵犯的背信弃义和突然

1941年11月6日,斯大林在莫斯科马雅可夫斯基地铁站发表讲话

---

① 参见沃尔科戈诺夫《胜利与悲剧》第2卷第252—253页。

袭击，另一方面是红军缺乏坦克和飞机。红军受挫还有一个原因，"就在于欧洲没有一个反对德国法西斯军队的第二战场。问题在于，现在欧洲大陆上没有一支同德国法西斯军队作战的英国或美国的军队，因此德国人不必分散自己的力量，不必在东西两个战场上作战。……现在的情况是这样：我国是在没有任何军事外援的情况下，单独地进行解放战争，抗击德国人、芬兰人、罗马尼亚人、意大利人、匈牙利人的联合力量。"

斯大林在报告中谴责纳粹分子是帝国主义，愤怒奚落德国的狂妄自大、刺耳的"超人"宣传和对战俘及苏联人民惨无人道的待遇。他说，俄罗斯民族是个伟大的民族，是"普列汉诺夫和列宁、别林斯基和车尔尼雪夫斯基、普希金和托尔斯泰、格林卡和柴可夫斯基、高尔基和契诃夫、谢切诺夫和巴甫洛夫、列宾和苏里科夫、苏沃洛夫和库图佐夫的民族"。这一民族是消灭不了的，"德国侵略者想对苏联各族人民进行歼灭战。好吧，既然德国人想进行歼灭战，他们就一定会得到歼灭战"。

斯大林号召苏联人民大量增加军需物资尤其是飞机和大炮的生产，对德国占领军决不留情，干净彻底地把他们消灭掉。①

第二天上午，苏联政府在红场上举行传统的阅兵式和游行。斯大林在阅兵式上发表讲话，重申了党和政府一定要战胜侵略者的信心和决心，再次号召全体军民：

> 红军和红海军战士、指挥员和政治工作人员、男女游击队员同志们！全世界都注视着你们，把你们看作是能够消灭德国侵略者匪军的力量。处在德国侵略者压迫下的被奴役的欧洲各国人民都注视着你们，把你们看作是他们的解放者。伟大的解放使命已经落在你们的肩上。你们不要辜负这个使命！你们进行的战争是解放战争，正义战争。让我们伟大的先辈——亚历山大·涅夫斯基、季米特里·顿斯科伊、库兹马·米宁、季米特里·波扎尔斯

---

① 参见《斯大林文集》第296—310页。

斯大林传

基、亚历山大·苏沃洛夫、米哈伊尔·库图佐夫的英勇形象,在这次战争中鼓舞你们!让伟大的列宁的胜利旗帜引导你们!①

斯大林在红场列宁墓观礼台上(1941年11月7日)

部队在红场受检阅以后,直接开赴了前线。

受检部队直接开赴前线(1941年11月7日)

① 《斯大林文集》第313页。

斯大林在这两次演说中，都举出了苏沃洛夫、库图佐夫等人的名字，他们都曾是沙皇俄国时期对外战争中的著名统帅。斯大林在自己的办公室里，除挂上马克思、恩格斯、列宁的画像外，还挂上了苏沃洛夫、库图佐夫的像，并以他们的名字命名勋章，作为对苏联官兵的最高奖赏。斯大林紧紧抓住了苏联人民传统文化中的沙皇将帅崇拜心理，以此唤起苏联人民的爱国热情。

11月15日，德军再次向莫斯科发动进攻。16—18日，德军不顾一切、不惜一切代价，用坦克在前头开路，妄图冲进莫斯科。德军的先头部队已冲到离莫斯科20公里远的地方，指挥官用望远镜已能看到克里姆林宫顶端的红星了。

斯大林打电话给朱可夫："你坚信我们能够守住莫斯科吗？我怀着内心的痛苦在问你这个问题，希望你作为共产党员诚实地回答。"

"毫无疑问，我们能够守住莫斯科。但是至少还需要增加2个集团军和200辆坦克。"朱可夫回答说。

"你能有这样的信心，这不错。你打电话到总参谋部去接洽一下，看把你所要的2个预备队集团军集中到哪里。它们在11月底将准备好，但是坦克现在还不能给。"①

苏军的顽强抵抗迫使德军未能再前进一步。德国的进攻也就慢慢停了下来。敌人一停下来，斯大林、朱可夫和铁木辛哥就立即计划冬季的反攻。

11月29日，朱可夫给斯大林打电话，向他汇报了西线的局势，并请求拨给两个预备集团军，以使他能把敌人赶到离莫斯科更远的地方。斯大林问德军是否有新的重兵集团来防守前沿阵地，朱可夫向他保证说，"敌人已极端虚弱"，现在正是发动进攻的最好时机。斯大林说他同总参谋部商量一下这个建议再说。当天晚上，朱可夫得悉，统帅部给了他3个集团军，并要他汇报这些集团军的使用计划。

11月30日凌晨，斯大林打电话给朱可夫，提议整个西方面军转入反攻。朱可夫请求"得到最高统帅部预备队航空兵和国土防空军的支援。此外，还需要至

---

① 参见朱可夫《回忆与思考》（上）第597—598页。

保卫莫斯科

被炸毁的瓦赫坦戈夫剧院

少200辆配有乘员的坦克"。斯大林表示,现在没有坦克,但是可以安排空中支援。与此同时,铁木辛哥已发起进攻并收复了罗斯托夫,他准备进攻德国中央集团群的翼侧,斯大林表示同意。

12月5、6日,加里宁方面军、西方面军、西南方面军相继转入进攻,并取得了惊人的成功,把德军向西击退了100—150公里,解除了对莫斯科的包围,德国的"台风"作战计划宣告失败。

这时,斯大林对整个战线很乐观,认为德军在其他战线也将抵挡不住,因此要求苏军在全线转入总攻。

第六章 纵横捭阖

1942年1月5日,斯大林主持最高统帅部成员会议,商讨从拉多加湖到黑海的全线总攻计划草案。斯大林在会上说:"德军由于在莫斯科附近的失败而惊慌失措,而且他们过冬的准备很差。现在正是转入总攻的最好时机。"斯大林计划总攻的目标是消灭列宁格勒附近、莫斯科以西及苏联南部地区的德军,消除对列宁格勒的封锁。

在会上,朱可夫和沃兹涅先斯基等人表示有疑虑。

朱可夫说:"在西线,条件比较有利,敌人还未来得及恢复部队的战斗力,应当继续进攻。但是,为了取得进攻的胜利,必须补充人员和技术兵器,增加预备队首先是坦克部队。至于谈到在列宁格勒附近和西南方向上的进攻,我军将遇到敌人顽强的防御。没有强大的炮兵支援,他们不可能突破敌人防线,而本身会弄得疲惫不堪,遭受不应有的重大损失。我主张加强西线各方面军,在这里实施强大的进攻。"

沃兹涅先斯基接着说:"我们现在还没有掌握足以保障各个方面军同时进攻用的物资。"

铁木辛哥表示赞成斯大林的意见。于是斯大林总结道:就这么定了,"应当尽快消灭德寇,使之不能在春季进攻"。[①]

于是苏军从1942年1月8日起,开始在各条战线上进行反攻。经过3个多月的苦战,苏联军队又在西线重创了德军,使德军遭受了开战以来第一次惨重的失败。从此,莫斯科的威胁解除了,德军再也没能越过苏军筑起的防线。但在南部,苏军却在塞瓦斯托波尔、哈尔科夫等地遭到了失败。5月,苏军在刻赤、哈尔科夫相继兵败,7月塞瓦斯托波尔失守。苏军损失惨重。可见,斯大林关于全线总攻的战略低估了德军尚拥有的作战能力,忽视了苏军的兵力、武器的不足,雄心太大,犯了急性病。

---

① 参见朱可夫《回忆与思考》(上)第616—617页。

来自盟国的援助

希特勒在德国上台以后,苏联和英、美都感到了法西斯的威胁,于是,它们多次谈判过合作的事,但各自目的不同,直到希特勒发动了欧洲战争,它们还没有过真正实质性的合作。

希特勒横扫欧洲,然后又掉转枪口东进苏联。共同的利益迫使苏联和英、美在反对希特勒法西斯的侵略中携起手来,从相互猜疑走向合作。

德国进攻苏联的当天晚上,丘吉尔就发表广播演说,表示将援助苏联。6月23日,美国代理国务卿威尔斯也发表声明,表示支持苏联。第二天,罗斯福又亲自宣布,美国将尽一切可能援助苏联。

因此,斯大林在7月3日的广播演说中,满怀信心地说:"在这个解放战争中,我们不是孤立的。在这个伟大战争中,我们将获得可靠的同盟者,即欧洲和美洲各国人民,其中包括受希特勒头目们奴役的德国人民。我们为了保卫我们祖国的自由而进行的战争,将同欧洲和美洲各国人民为争取他们的独立、民主自由的斗争汇合在一起。这将是各国人民争取自由、反对希特勒法西斯军队的奴役和奴役威胁而结成的统一战线。"①

7月12日,斯大林、莫洛托夫在莫斯科与英国驻苏大使克里普斯及英国代表团的其他成员举行会谈。根据苏联建议,两国签署了对德作战中联合行动的协议。协议规定:两国政府在对希特勒德国作战中,彼此给予各种援助和支持;两国政府承认,除彼此同意外,既不同敌国谈判,也不缔结停战协定或和约。同年8月16日,苏联与英国还签订了贸易、贷款和支付协定,规定英国给予苏联1000

---

① 《斯大林文选》(上)第267页。

万英镑的贷款,并商定两国在伊朗采取共同行动,不使德国法西斯蹂躏这一地区。7月18日,斯大林亲自致信丘吉尔,要求英国在欧洲开辟第二战场。他在信中说:"我觉得……如果西方(法国北部)和北方(北极)能开辟反希特勒战场,那么苏联以及英国的军事状况就会得到很大的改善。"① 丘吉尔在回信中解释说,这一要求是不现实的,因为英国本身也面临着巨大的威胁。但丘吉尔在回信中提出了好几项具体建议,包括在摩尔曼斯克附近配置几个英国战斗机中队,在北冰洋开展海战,向俄国运送飞机、军火和其他物资。

为了争取英、美的援助,建立国际反法西斯统一战线,以斯大林为首的苏联政府采取了积极主动的立场。1941年7月,斯大林曾派以戈利科夫将军为首的特别使团到英国去。这个使团去英国有两大任务:促使英国人对在欧洲或北极登陆的战略感兴趣;促使英国人尽快给予军事技术援助。戈利科夫回到莫斯科并向斯大林作了半小时汇报后,又奉命立即前往美国,好争取美国能提供大量的军火。斯大林还指示驻英大使迈斯基,要他同流亡伦敦的捷克斯洛伐克政府和波兰政府就发展外交关系问题进行谈判。7月18日,与捷克斯洛伐克流亡政府签订了在反法西斯战争中一致行动的协定,双方同意在战争中彼此提供一切援助与支持。7月30日,苏联和波兰流亡政府签订了对德作战的互助协定。由于波方坚持,协定第1条款还规定:"苏联政府承认1939年苏联同德国签订的有关波兰领土变动的条约无效。"② 在苏捷和苏波协定中,还规定在苏联境内分别建立捷克斯洛伐克军队和波兰军队,以共同参加对德作战。

就在苏波协定签订的同一天,美国总统罗斯福的私人代表霍普金斯抵达莫斯科。霍普金斯向斯大林转达了罗斯福总统决心向苏联提供援助之意,斯大林对此表示感谢。斯大林简要地列出了苏联所需要的军需品:2000门高射炮,100万支或更多的步枪、大批机关炮、坦克、飞机燃料、钢和有色金属。"给我们高射炮和铝,我们就能打上三四年。"斯大林说。他表示希望罗斯福总统理解苏联的处

---

① 转引自沃尔科戈诺夫《胜利与悲剧》第2卷第399页。
② 参见《苏联对外政策(文件汇编)》第5卷莫斯科1947年版,第40页。转引自沃尔科戈诺夫《胜利与悲剧》第2卷第398页。

境,尽可能多给一些援助,因为"德国的力量非常强大,即使苏联能够保卫自己,但和英国联合起来要打垮德国的军事机器仍将是非常困难的"。[①]

7月31日晚上,斯大林和霍普金斯举行了第二次会谈。谈话持续了3个半小时。斯大林向霍普金斯描绘了一幅乐观的图景。他预言,莫斯科、列宁格勒和基辅各条战线将最迟于10月初稳定下来。斯大林向霍普金斯提出,为了尽快打败德国,希望美国参加对德作战,欢迎美国军队在美国军方的指挥下,随便在苏联前线哪一地区作战。对此,霍普金斯说,他的使命只是商讨有关供应问题,至于美国参战的事,取决于希特勒对美国根本利益的侵犯程度。

斯大林会见霍普金斯(1941年7月)

霍普金斯是希特勒入侵苏联后第一个与斯大林磋商的英美方面的官员。在他去莫斯科之前,美国国内孤立主义情绪占上风,认为苏联将抵不住德国的进攻,希特勒会在1个月至多3个月收拾掉苏联。他的莫斯科之行,取得了有关苏联实力和前途的大量情报,加深了对苏联的了解。他相信苏军能够顶住希特勒的进攻。他的结论无疑打击了美国国内的孤立主义情绪,揭开了苏联与英、美真正合作的序幕。

1941年8月12日,罗斯福和丘吉尔在大西洋纽芬兰海面美舰"奥古斯塔"号上就有关对德政策问题举行会谈,次日两国签署了一项联合声明,史称"大西洋宪章"。宪章规定:两国不追求领土或其他方面的扩张;不承认法西斯通过侵略所造成的领土变更;尊重各国人民选择其政府形式的权利,恢复其被剥夺的权利和自治权;努力促使所有国家取得世界贸易和原料的平等待遇;促进各国间的

[①] 参见路易斯·费希尔《斯大林的生与死》,中国政法大学出版社1989年版,第218—219页。

经济合作；保障国际和平与安全；公海航行自由；放弃使用武力等。这一宪章为团结和鼓舞世界人民进一步加强国际反法西斯统一战线，打败德、意、日法西斯侵略者，起了积极的推动作用。会谈期间，罗斯福和丘吉尔联名致函斯大林，建议在莫斯科举行苏、美、英三国会议，以便讨论共同对德作战和援助苏联的问题。斯大林表示同意。9月24日，在伦敦盟国会议上，苏联政府发表声明，表示同意大西洋宪章的基本原则。

8月的苏联战场形势极其严峻。斯大林于9月4日再次给丘吉尔写了一封私人信函。斯大林在信中讲述了苏德战场上在乌克兰和列宁格勒等地遭到重大战略失败后，自问道："怎样才能改变这种极为不利的处境呢？"接着他回答说："我认为，要改变这一处境，出路只有一条：今年就在巴尔干或法国的什么地方开辟第二战场，把德军30—40个师团从东线吸引过去；同时到今年10月初保证供给苏联3万吨铝材，每月至少支援400架飞机和500辆坦克（小型的或中型的）。没有这两种援助，苏联就会要么遭到失败，要么实力被大大地削弱，在很长时间内都无力支援自己的盟国。我知道，这封信会使阁下感到伤心。但是怎么办呢？经验已教会我正视现实，尽管它多么令人不愉快，还教会我不怕讲出真情，不管它多么不合人意。"[①]

丘吉尔立刻给斯大林写了复信，表示将尽一切努力满足苏联的要求。

9月28日，英国军需大臣比弗布鲁克、美国特使哈里曼率领英、美使团抵达莫斯科，同苏联就有关相互援助和物资分配问题举行会谈。斯大林与英、美代表团举行了三次会谈。经过谈判，苏、美、英最后签署了《秘密议定书》，规定：自1941年10月1日到1942年6月30日，美、英两国每月向苏联提供400架飞机、500辆坦克及其他各种武器和军需物质，并且协助苏联运输；苏联则向英、美提供原料。

10月30日，罗斯福写信给斯大林，向苏联提供10亿美元无息贷款用以购买军需物资。11月7日，罗斯福又宣布把租借法案扩大到苏联。租借法案亦称《美

---

① 《苏联部长会议主席同美国总统、英国首相通信集（1941—1945）》第1卷，莫斯科1976年版，第19页。中译文沃尔科戈诺夫《胜利与悲剧》第2卷第400页。

国国防法》或《援助民主国家法》，是美国国会于1941年3月11日通过的。该法授权总统在战时可向任何"对美国安全有关的国家"提供物资，包括租借或出租武器、弹药、战略原料、粮食及其他各种物资，战后进行清账。11月9日，斯大林复信罗斯福，对美国的这些支持表示感谢。

苏联通过同英、美的接触与合作，为国际反法西斯联盟的形成奠定了基础。1941年底，国际局势发生了重大变化。在苏德战场上，苏联挡住了德军对莫斯科的进犯，并把德军向西赶退了100—150公里。12月7日，日本偷袭珍珠港，发动了太平洋战争。4天后，德、意、日签订对英、美共同作战协定。美、英被迫对日宣战，德、美也相互宣战。从此，美国正式参加第二次世界大战。接着，澳大利亚、荷兰、加拿大、新西兰、古巴、哥斯达黎加、尼加拉瓜、巴拿马、萨尔瓦多、"自由法国"民族委员会、波兰等国相继对日宣战，中国也对德、意宣战。从此，第二次世界大战扩大到世界五分之四人口的广大地区。

1941年12月22日，美、英两国首脑在华盛顿举行会议，以商讨两国的整个作战计划。会议期间，罗斯福、丘吉尔与苏联政府经过磋商，起草了一个反法西斯各国的宣言草案，即《联合国家宣言》。1942年1月1日，美、英、苏、中等26个反法西斯国家的代表，在华盛顿签署了这一宣言。宣言的签订，表明不同社会制度的国家在反法西斯的共同目标下终于团结起来，在世界范围内建立了广泛的国际反法西斯同盟。

国际形势虽然已对法西斯极为不利，但在苏德战场上，德军仍占有较大优势。虽然1941年冬天苏军的反攻已解除了对莫斯科的威胁，并收复了许多失地，然而，1942年春，德军又发动了新一轮强大的攻势，刻赤、哈尔科夫、塞瓦斯托波尔相继失守。至1942年上半年，战前苏联人口的45%、工业产值的33%、耕地面积47%的领土仍在敌人手中。斯大林连续不停地给丘吉尔和罗斯福发出了一封封电报，坚决要求提供范围广泛的、源源不断的军需物资。

运送物资的事由英国承担。1942年2月以前，往苏联运送物资的船队沿途还算顺利，但3月份以后，希特勒加强了对船队的攻击。英国因此蒙受了沉重的损失，并且不愿再拿自己非常宝贵的船只去冒险，结果大量援苏物资堆放在冰岛、英国和美国的港口上。罗斯福急了，于1942年4月27日打电报催丘吉尔，让他迅速将货物运往苏联。罗斯福说："关于船运俄国的货物一事，你给哈里（霍普金斯）的海底电报使我非常心烦意乱，因为我不仅仅担心俄国方面的政治反应，而且更担心我们的供应品能否迅速地到达他们手中。"

斯大林也来催丘吉尔，他在1942年5月6日给丘吉尔的电报中说："我有一事请求您，大约有90艘载着各种重要战略物资运往苏联的船，目前正困在冰岛或者从美国到冰岛的入口处。……我完全了解这方面的困难和英国为此所作出的牺牲。但是，我觉得自己有责任向您提出我的请求，请采取一切可能的措施，以保证上述物资在5月间运达苏联，因为，这是我们前线极为需要的。"[①]

由于无法拒绝和反对斯大林的这个意见，所以丘吉尔授权一支由34艘船组成的船队开往俄国。不出所料，这支船队遭到了德军的攻击，有23艘被击沉。尽管代价巨大，但援苏行动并未停止。

盟国对苏联的援助是巨大的，它有力地支持了苏联的抗德斗争。据不完全统计，从1941年下半年到1942年4月，英、美、加拿大向苏联提供了1.2万架飞机、12艘大型驱逐舰、9000余辆装甲车、22万余辆卡车以及其他许多武器装备和战略物资。

但是，在关于开辟第二战场的问题上，苏联与英、美之间却存在着较大分歧。斯大林迫切希望英、美在欧洲开辟第二战场，以吸引一部分德军主力调往西线，减轻苏德战场的压力。但是，英、美对斯大林的要求却始终含糊其词。

为了敦促英、美加速开辟第二战场、保证不单独同德国媾和、承认苏联1941年的边界，斯大林于1942年5月派莫洛托夫访问了伦敦和华盛顿。5月26日，与英国签订了《对希特勒德国及其欧洲参与国作战的同盟及战后合作互助条约》，并同丘吉尔就第二战场问题进行了会谈，但丘吉尔对此未作任何肯定的承诺。5月29日，莫洛托夫抵达华盛顿，经过谈判，与美国于6月11日签订了《关于在进行反侵略战争中相互援助所适用原则的协定》，同时两国还发表了一项声

[①] 参见丘吉尔《第二次世界大战回忆录》第4卷上部第2分册，商务印书馆1975年版，第377页。

丘吉尔（右）会见来访的莫洛托夫（左）（1942年5月）

明，宣布已对1942年在欧洲开辟第二战场达成完全的协议。

莫洛托夫又从华盛顿返回伦敦，继续同英国商讨开辟第二战场的问题。随后英、苏两国也发表联合公报，宣布双方"在看法上达到了充分的一致，认为1942年在欧洲开辟第二战场是非常紧迫的任务。"①

但是，6月下旬，英、美两国首脑在华盛顿举行会晤后，罗斯福同意了丘吉尔的意见，即1942年不在欧洲开辟第二战场，而改在北非实行登陆作战。

斯大林得知盟国不打算履行自己的义务时，毫不掩饰自己的失望、愤怒和不满。他在7月23日给丘吉尔的信中说："根据苏德战场的目前情况来看，我应当严正声明：苏联政府不能同意把欧洲组织第二战场的问题拖到1943年来解决。"②

丘吉尔感到有必要亲自去一趟苏联，向斯大林当面解释1942年西边不能开辟第二战场的原因。斯大林和丘吉尔从未会过面。23年前，丘吉尔曾积极倡导协约国对苏俄进行武装干涉；现如今，反法西斯的共同目标使他们终于又走到了一起。

---

① 参见《苏联对外政策（文件汇编）》第5卷第206页。转引自沃尔科戈诺夫《胜利与悲剧》第2卷第402页。

② 《苏联部长会议主席同美国总统、英国首相通信集（1941—1945）》第1卷第69页。译文参见沃尔科戈诺夫《胜利与悲剧》第2卷第402页。

斯大林也很想见见丘吉尔,把需要开辟第二战场的必要性当面讲出来。所以当丘吉尔在开罗致电斯大林,表示将去莫斯科会谈时,斯大林立即同意了。

8月12日,丘吉尔在总参谋长布鲁克、副外交大臣卡多甘及其他官员陪同下抵达莫斯科,同机到达的还有美国总统罗斯福的私人代表哈里曼。斯大林当天就与丘吉尔一行人举行了近4个小时的会谈。

丘吉尔直言不讳地说,1942年不会开辟第二战场,如果盟国试图开辟第二战场,那么结果只能是盟国遭到惨重

斯大林(右)与访苏的英国首相丘吉尔在一起(1942年8月)

斯大林(中)与丘吉尔(左)、美国驻苏大使埃夫里尔·哈里曼举行会谈(1942年8月)

的失败,赢家只能是希特勒。斯大林眉头紧锁,显出不满的样子,对丘吉尔的说法进行了反驳。斯大林说:"谁不愿冒险,谁就永远不会赢得战争的胜利。不应当一味地害怕德国人。"丘吉尔也不服输,说:"但是,欧洲的第二战场并不是唯一的第二战场。"接着,丘吉尔向斯大林透露了"火炬"作战的计划,即北非登陆

计划。这项计划在当时还属绝密。丘吉尔请斯大林保守秘密。斯大林笑嘻嘻地打趣说,希望英国报纸上一点消息也不要走漏。这个计划似乎给了斯大林以莫大的安慰。当丘吉尔向他详细介绍"火炬"计划后,斯大林说:"愿上帝保佑这次创举成功。"

但斯大林心里却始终在想着第二战场。第二天,斯大林交给了丘吉尔一份备忘录,指出英国拒绝1942年在欧洲开辟第二战场,"对于指望开辟第二战场的苏联公众舆论是一个精神打击,它使前线红军的处境更困难并且损害了苏军统帅部的计划"。双方又就此展开了激烈的争论。丘吉尔强调了团结的重要性,说三大国现在既然已结成同盟,只要不发生对立分裂的情况,就一定能够取得胜利。此后气氛缓和了下来,斯大林也不得不接受英、美的决定。

8月14日,斯大林在克里姆林宫为丘吉尔一行举行了盛大的晚宴,第二天晚上7时,丘吉尔去向斯大林辞行。谈话结束后,丘吉尔起身准备告辞,斯大林诚挚地对丘吉尔说:"黎明时你才离开,为什么不到我家里喝杯酒呢?"丘吉尔同意了。

斯大林在前面带路,穿过几条走廊走到仍在克里姆林宫内的一条小路,进入另一座楼,就到了斯大林住的地方。斯大林的住处由一间餐室、一间办公室、一间卧室和一间大浴室组成,陈设很简单。斯大林的女儿斯维特兰娜走了进来,吻了吻父亲,然后开始摆桌子。不一会儿,一位上了年纪的女管家端上了几盘菜。这时斯大林取出各种瓶子,摆了一大桌。然后斯大林说:"我们为什么不把莫洛托夫请来呢?他正在为公报发愁,我们可在这里拟好它嘛。莫洛托夫有一个好本领——能喝酒。"

不一会儿,莫洛托夫来了。大家落坐开始喝酒、聊天,席间气氛友好热烈,无拘无束,什么都谈。丘吉尔像个好奇的淘气包,又像个喜欢刨根问底的记者,对斯大林个人非常感兴趣。午夜时分,丘吉尔突然问斯大林:"请你告诉我,对你个人来说,这次战争的紧张情况是否像集体化政策一样?"

斯大林兴奋地说:"啊,是的,集体化政策是一场可怕的斗争。"

"我认为你一定感到不好办,因为你要对付的不是几百万贵族或大地主,而是几百万小人物。"

斯大林举起双手说:"是1000万人,这是一种可怕的事情,持续四年之久。假如我们要避免周期性的饥荒,就必须用拖拉机耕地,就绝对需要执行这项政策。……我们不厌其烦地向农民做解释工作。同农民争辩,是毫无用处的。你把所有要说的话对一个农民谈了之后,他说,他必须回家去问问妻子,同大家商量商量。他同他们谈过之后,常常这样回答:他不要集体农庄,他宁愿不用拖拉机耕地。"

"这些人就是你们所说的富农吗?"

"是的。那时的情况是十分恶劣、十分困难的——但这是必要的。"

"结果怎样呢?"

"很好,他们中的许多人参加了进来。有些农民则在托木斯克省或伊尔库茨克省或更远的北方得到了土地,但他们大部分为农民所痛恨,被他们的雇农消灭了。"

不知不觉,时间已到了8月16日凌晨2点多,公报的草稿已改完,双方均无异议。2点半,丘吉尔起身再次向斯大林告辞。黎明时分,丘吉尔一行乘专机离开了莫斯科。①

渡过难关

1942年春末,苏德战场上相对沉寂,双方都转入了防御并加紧准备夏季进攻。

希特勒企图攻占莫斯科未果,于4月5日发布第41号训令,命令军队从南

---

① 关于丘吉尔访苏的细节,参阅丘吉尔《第二次世界大战回忆录》第4卷下部第3分册第695—738页。

路突进，攻占高加索地区，进到伏尔加河，夺取斯大林格勒和阿斯特拉罕，然后迂回莫斯科。为此，德军在南部集中了 97 个师共 90 万人，1200 辆坦克，1640 架飞机。

朝敌机射击（西南战线，1942 年 5 月）

1942 年 3 月底，斯大林主持召开国防委员会会议，讨论苏军夏季行动方案，参加会议的有朱可夫、伏罗希洛夫、铁木辛哥、沙波什尼科夫、华西列夫斯基。总参谋部认为，1942 年夏季可能有重大战事，苏军应采取积极防御的方针。铁木辛哥发言主张不仅在西线，而且在西南方向都应向德军展开进攻。伏罗希洛夫同意铁木辛哥的意见，而朱可夫则只主张在西面方向上展开进攻，在其他方向开展积极的防御。

斯大林对他们的看法作了总结，他指示要在最近时期内在克里木、哈尔科夫方向和其他地方准备并实施一系列局部进攻。

结果，5 月，刻赤、哈尔科夫相继失守。7 月，苏军被迫撤离塞瓦斯托波尔，克里木全部失守。德军又重新掌握了战略主动权，并调来大批预备队，开始向伏尔加河地区和高加索地区迅速推进。

南部苏军的连连失利，使斯大林怒不可遏。他曾要求苏军死守刻赤、哈尔科夫、塞瓦斯托波尔等地，但守军在强大的德军攻击面前不得不退却。

第六章　纵横捭阖

7月28日，华西列夫斯基向斯大林作完例行汇报后，斯大林突然说："各个部队把1941年8月16日大本营的第270号命令都忘记了，都给忘记了！特别是各司令部！您要起草一个给部队的新命令，基本思想是：未接到命令就退却是一种犯罪，它将受到战时最严厉的惩处。"

那个大本营的第270号命令是：

1. 凡在战斗中撕下肩章和投降者即为最可恶的逃兵，其家庭成员因其违背军人誓词、背叛祖国应予逮捕。此类逃兵应就地枪决。

2. 凡陷入包围者应战斗到底，冲出重围回到我方。凡宁愿屈膝投降者，应以一切手段予以消灭，对投降的红军战士之家属，应剥夺其享受的国家补贴和救济。

3. 凡英勇果敢之人员，应予积极提升。

此命令应在一切连队、航空兵分队、炮兵连队中宣读。[①]

这个命令颁布以后，各条战线上的许多苏联部队面对德军的强大攻势，也不得不边战边退，或者从德军的包围中突围出来，尽管有大本营第270号命令，也尽管对没接到上级命令就"擅自"撤退或突围放弃阵线的指挥员和士兵采取了严厉的惩罚措施（枪毙或关进内务人民委员部特种营），但部队中的这种情况仍然存在。因此，斯大林认为有必要重申并加强惩罚措施。

1942年7月28日晚上，斯大林以苏联国防人民名义签署了第227号命令，命令说：

敌人不断把新的兵力调往前线，不惜遭受巨大伤亡往前冲，冲向苏联腹地，侵占新的地区，毁灭和破坏我们的城市和乡村，强奸、掠夺和杀害苏联居民……南方面军的一部分部队跟着一些惊慌失措的人后面跑，未作认真抵

---

① 转引自沃尔科戈诺夫《胜利与悲剧》第2卷第213页。

抗，没有接到莫斯科的命令就放弃了罗斯托夫和新切尔卡斯克，使自己的旗帜蒙受了耻辱……

决不能容忍指挥员、政治委员、政工人员以及他们的部队擅自放弃作战阵地。决不能容忍指挥员、政治委员、政工人员看着一些惊慌失措的人左右战场形势，看着他们带动其他战士退却并把战场暴露给敌人而坐视不管。应该把惊慌失措者和胆小鬼就地处死。

（1）无条件地消除退却情绪……

（2）无条件地撤销听任部队擅自撤离所占阵地的集团军司令员职务并解送大本营交军事法庭审讯……

（3）在方面军中成立1—3个（视情况而定）惩戒营（每营800人），派中级和高级指挥员和相应的政工人员前去任职……在集团军中成立3—5个装备良好的阻截队（每队大约200人），把他们放在不坚定的师团后面很近的地方，责成他们在师团部队惊慌失措和慌乱撤退时把惊慌失措者和胆小鬼就地处死……①

斯大林希望以此严厉的惩罚措施来增强苏联红军官兵的斗志。也许，它在斯大林格勒保卫战中确实起了某种作用。

刻赤、哈尔科夫、塞瓦斯托波尔失守后，德军开始迅速向斯大林格勒、伏尔加河方向推进。为了加强这一线的力量，苏联最高统帅部于7月12日决定以西南方面军为基础建立斯大林格勒方面军，除原有的兵力外，大本营从其预备队中拨给了坦克第一和第四集团军。

7月17日，德军沿契尔河一线首先在斯大林格勒方向发起进攻。经过近一个月的防御，苏军被迫退守斯大林格勒外围。

为了有效地指挥部队作战，8月5日，苏军最高统帅部决定把斯大林格勒方面军分为斯大林格勒和东南两个方面军。斯大林格勒方面军由戈尔多夫中将任司

---

① 转引自沃尔科戈诺夫《胜利与悲剧》第2卷第324—326页。

令员，东南方面军由叶廖缅科上将任司令员。8月12日，斯大林决定调派华西列夫斯基去斯大林格勒战线，协调各部队的行动。

8月19日，德军第六集团军和第四坦克集群共16个师，组成南、北两个突击集群，对斯大林格勒实行集中突击。德军在进行地面进攻的同时，还动用整个第四航空队，出动飞机2000多架次，对斯大林格勒进行狂轰滥炸。8月23、25日，斯大林连续打电报给在斯大林格勒前线的华西列夫斯基、马林科夫，要求动用一切力量抗击德军的进犯。8月25日，苏联政府宣布，斯大林格勒实行特别戒严，要做好城市巷战的准备。

斯大林格勒保卫战

斯大林传

8月27日，斯大林给在西方面军司令部的朱可夫打电话，要他立即回莫斯科。朱可夫当天傍晚就赶回了莫斯科，斯大林在克里姆林宫自己的办公室里召见了他及其他几位国防委员会的委员。斯大林对他们说，南方战事吃紧，德军有可能占领斯大林格勒。在北高加索，形势也不太好。

斯大林接着对朱可夫说："国防委员会已决定任命你为副最高统帅，并派你去斯大林格勒地域。你何时可以启程？"

朱可夫回答说，他需要用一昼夜的时间研究情况，到29日才能飞往斯大林格勒。

29日，朱可夫乘飞机抵达斯大林格勒。这时，斯大林格勒已被德军炸得满地瓦砾，德军正一步步逼近城区。朱可夫把这一切立即报告给了斯大林。

斯大林得知情况，9月3日给朱可夫口授了一道命令：

> 斯大林格勒的情况恶化了，敌人距离斯大林格勒就3俄里。如果北方集团部队不立即援助，敌人可能在今天或明天就把斯大林格勒拿下来。请您要求斯大林格勒以北和西北各部队的司令员立即对敌人发起突击，支援斯大林格勒。不容许有丝毫延误，现在延误就等于犯罪。您要把全部飞机调去援助斯大林格勒，斯大林格勒本身剩下的飞机很少了。①

战时拖拉机都用在了前线，在集体农庄的妇女和未成年孩子就用人力拉犁

9月5—7日，朱可夫从北面组织了几次冲击，但是，由于没有得到炮兵和空军的有力增援，这几次冲击没有取得明显的效果。9月中旬，德军冲进了斯大林格勒市区。双方在市内的各条街道上，在各个工厂和各幢建筑物中进行

---

① 参见朱可夫、叶廖缅科等《斯大林格勒保卫战》，天津人民出版社1980年版，第13页。

激战，分不清哪是前方，哪是后方。战斗之惨烈，在世界大战史上罕见。

9月12日，斯大林电令朱可夫和华西列夫斯基回莫斯科讨论战局。当天他们回到莫斯科后就去了斯大林的办公室。朱可夫和华西列夫斯基向斯大林汇报了前线的情况后，斯大林问："要消除敌人的'走廊'并与东南方面军会师，斯大林格勒方面军需要些什么？"

朱可夫回答说："至少需要1个战斗力强的诸兵种合成集团军、1个坦克军、3个坦克旅和400门以上的榴弹炮。此外，在作战过程中必须补充集中至少1个空军集团军。"华西列夫斯基同意朱可夫的估计。

斯大林仔细地听着。对他们两个人的意见他是尊重的，他拿出了标明大本营预备队位置的地图，仔细地研究着。朱可夫和华西列夫斯基两人从桌子旁走开，轻声地交换意见，说要寻找别的解决办法。

"什么'别的'解决办法？"斯大林突然抬起头来问。

朱可夫吃了一惊，没想到斯大林耳朵这么尖。他们回到桌子旁，扼要地谈了大规模的作战计划。

"这样吧，"斯大林接着说，"你们到总参谋部去，好好想想在斯大林格勒地域应采取什么措施。可以由哪里调什么部队去加强斯大林格勒的部署。明晚9时在这里集合。"

朱可夫和华西列夫斯基研究了一整天，设想了各种可能的战略方案，最后选定了一个计划。这一计划是，在斯大林格勒实行积极防御，拖垮敌人，同时准备大规模的反攻。

第二天晚上，他们两人带着关于斯大林格勒反攻计划的初步草案来到斯大林办公室。斯大林听了他们的汇报后，认为"现在没有足够的力量实施这样大规模的战役"，"对计划需要再考虑一下，而且要计算我方资源。现在的主要任务是守住斯大林格勒和不让敌人向卡梅申方向推进。"

朱可夫和华西列夫斯基乘飞机在伏尔加—顿河地区与莫斯科来来去去，与斯大林讨论作战计划。9月底，计划终于制定出来。这一计划称作天王星作战计划。根据这一计划的设想，在大约60天的时间里，要在顿河—斯大林格勒地区

斯大林传

集中约 100 万军队，13500 门火炮和迫击炮、900 辆坦克、1000 多架飞机，由两支主力装甲部队采用钳形攻势向前突击，瓦图京的西南方面军和罗科索夫斯基的顿河方面军在北，叶廖缅科的斯大林格勒方面军在南，以此切断城内德军的补给和退路。

计划制订好以后，最高统帅部加紧按计划调兵遣将，到 11 月初，所需兵力基本到位。这时的斯大林，显得特别繁忙。他在忙于其他军事事务的同时，几乎每天要过问斯大林格勒方面军、西南方面军和顿河方面军即将开始的战役。他严格只让极少数人知道这次战役的构想、时间、性质和先后顺序。

斯大林指定华西列夫斯基负责协调各方面军行动的任务，全权授予朱可夫具体规定集团军的组成、战役开始的时间。他在 11 月 15 日给朱可夫的一封密码电报中说：

只限本人阅

致康斯坦丁诺夫（格·康·朱可夫）同志

费多罗夫（尼·费·瓦图京）和伊万诺夫（安·伊·叶廖缅科）迁居的日期，您可以自己斟酌决定，以后到了莫斯科再向我报告。如果您想让他们中某个人早一天晚一天开始迁居，也授权您自己斟酌决定这个问题。①

朱可夫充分利用了这个权利：11 月 19 日，他命令西南方面军和顿河方面军的部队转入反攻（开始"迁居"），20 日，命令斯大林格勒方面军开始"迁居"。11 月 23 日，完成了对斯大林格勒德军集群的合围，包围了德军第六集团军和第四坦克集群的一部分，共 22 个师计 33 万人。11 月底，苏军先对被围德军展开攻击，将其压缩到东西 30—40 公里、南北 70—80 公里的区域里。

为了解救被围德军，希特勒派去了一支强大的部队，在陆军元帅冯·曼施泰因率领下向斯大林格勒突击。苏军阻截了这支援军，挫败了德军的突围计划。在

---

① 转引自沃尔科戈诺夫《胜利与悲剧》第 2 卷第 336 页。

被围德军拒绝投降后，1943年1月，苏军两次向合围圈内的德军发动进攻，迫使保卢斯元帅（第六集团军司令员）别无选择。1月31日，他率领8万多部队投降。2月2日，战斗全部结束。

斯大林格勒保卫战后的德国战俘

整个斯大林格勒战役，德军共损失了约150万人、1万多门火炮和迫击炮、近3000架飞机和3000多辆坦克。与此同时，1943年1月，德军对列宁格勒的封锁也被解除。

斯大林格勒战役的胜利、列宁格勒的解围，使德军由进攻转为防御，苏军掌握了苏德战场的主动权。

难关已渡过，曙光就在眼前。

斯大林（右二）参观战利品展览（1943年）

历史的宠儿

1943年这一年，在世界反法西斯的斗争中，盟国逐渐掌握了战场的主动权。苏德战场上，苏军在斯大林格勒取得了辉煌的胜利，并继续向德军展开进攻。到11月初，苏军已解放了基辅等162座城市，把战线向西推进了400—450公里，苏军已取得了明显的战略优势。

英、美两国也在地中海和北非向德、意法西斯军队展开进攻并接连取得胜利。1942年11月4日，英国军队在埃及取得阿拉曼战役（北非战场上最大一次战役）的胜利；8日，英、美联军又在阿尔及利亚和摩洛哥登陆，形成对北非德、意军队的东西夹击。到1943

1943年4月，库尔斯克会战

年 5 月，在北非的 25 万德、意军队全部投降，北非战役取得了胜利。

斯大林热情洋溢地赞扬了盟军在北非的胜利，并为此向丘吉尔和罗斯福发去了贺电。为了进一步加强反法西斯盟国之间的统一战线，协同作战，考虑到各国实际情况存在着的巨大差异、由一个国际指导中心已不可能和没必要去解决每一个具体国家的革命运动，斯大林决定解散共产国际。1943 年 5 月 15 日，共产国际执委会主席团在莫斯科拟定了关于解散共产国际的提议书，31 个支部表示赞同。6 月 9 日，共产国际正式宣布解散。斯大林在 5 月 28 日回答路透社记者提问时阐述了解散共产国际的意义。他说，"解散共产国际是正确的和适时的，因为这便于一切爱好自由的国家组织共同进攻去反击共同的敌人——希特勒主义"，这会堵住纳粹宣传机器的嘴，不让他们"说什么'莫斯科'企图干预别国的生活，并使他们'布尔什维克化'"。①

1943 年 9 月，斯大林（左二）在克里木视察新技术

1943 年 7 月 25 日，意大利发生兵变，墨索里尼垮台，成立了巴多里奥政府；9 月 3 日，该政府向英、美联军投降，并于 10 月 13 日向德国宣战。在远东，中国和东南亚各国人民正在奋勇抗日，日本侵略者受到了沉重打击。

① 参见《斯大林文选》（下）第347页。

为了协调对法西斯国家的作战行动，商讨世界的战后安排问题，罗斯福和丘吉尔渴望同斯大林举行会晤。经过反复磋商，苏、美、英决定为结束战争和安排战后世界，先召开三国外长会议为首脑会议作准备。1943年10月18日至30日，三国外长会议在莫斯科举行，会议决定成立"欧洲咨询委员会"，研究有关战后世界的处理问题。会议还就首脑会议的地点进行了讨论。丘吉尔和罗斯福曾提议把开罗、巴格达、巴斯拉以及苏联以南的一些城市作为会晤地点。丘吉尔甚至提议在某个荒无人烟的地方举行会晤，用丘吉尔的话说，在那里可以支三个帐篷，在没有危险和与世隔绝的情况下进行商谈。斯大林表示不同意，坚持在德黑兰，因为他说他在那里可以对大本营继续进行"日常的领导"。10月的三国外长会议也讨论了首脑会议的地点，最后还是确定首脑会议在德黑兰举行。

临行前两天，斯大林给罗斯福和丘吉尔分别发了一封内容相似的电报："您从开罗的来信收到了，我准备于11月28日晚在德黑兰为您效劳。"

11月25日，斯大林在莫洛托夫、伏罗希洛夫及内务人民委员部警卫人员的陪同下，在孔策沃附近上了火车，到巴库后，换乘了飞机。到德黑兰后，斯大林住进了苏联驻德黑兰大使馆。安排斯大林下榻的小别墅原是沙俄使馆的房子。斯大林抵达后的当天晚上，斯大林看了看房间，觉得既小又黑，指示换一个地方。随同斯大林一起来的总参谋部军官什捷缅科随身带着作战地图，他的任务是同莫斯科的总参谋部保持联系，并随时把获悉的新情况标入地图中，每天早晨和晚上向斯大林汇报前线战况。什捷缅科和他的密码人员住的房子里紧挨着中心通讯室，他在这里用电话或电报接收机接收总参谋部起草的命令，让斯大林签署，然后把签署的文件，用电报发给莫斯科。在德黑兰期间，斯大林就这样照常保持着对苏联所有战场上行动的直接指挥。

德黑兰会议期间，斯大林下榻苏联驻德黑兰大使馆

第六章 纵横捭阖

苏联使馆紧挨着英国驻伊朗使馆,只要用几块高高的挡板截断两个使馆间的街道,再在中间开辟一个通道,两个使馆就可以连在一起。但美国使馆却离得较远。罗斯福到达德黑兰住进美国公使馆不久,莫洛托夫就告诉哈里曼说,苏联情报人员已经发现,在亲纳粹的伊朗人和纳粹的特务分子中间正在策划暗杀三巨头或其中一人的阴谋。所以斯大林建议罗斯福住进苏联使馆内的一所单独的楼房里,那里有苏联警卫人员严密保护,可以安全举行会议。罗斯福接受了斯大林的建议,于11月28日搬进了给他指定的那座楼房。

当地时间28日下午3点,斯大林和罗斯福单独举行了近1小时的会晤。罗斯福穿着一套蓝色便服,坐在轮椅里。为了赢得斯大林的信任,他没带自己的翻译,他们之间的谈话都由斯大林的翻译别列日科夫担任。斯大林身着元帅服,一见罗斯福不知为什么就很喜欢他。他们两人从苏德战场、苏联天气聊到黎巴嫩事件、蒋介石、戴高乐和印度的情况,甚至还扯到了印度未来的政治制度。罗斯福让斯大林不要和丘吉尔谈印度的问题,因为丘吉尔对印度问题还未作什么考虑,这个问题等到战争结束后再说。由于三国首脑会议即将开幕,谈话没再深入下去。

下午4点,三巨头首脑会议开幕。在三巨头当中,罗斯福最年轻,丘吉尔和斯大林一致推举他主持第一次正式会议。罗斯福第一个发言,他称会议的参加者

德黑兰会议上,斯大林与罗斯福在一起

是"新家庭的成员","我们彼此要像朋友一样开诚布公"地讨论所有的问题。丘吉尔插话说,几个领袖聚会在这里,"这是人类历史上空前的世界力量的最伟大的聚会"。

斯大林、罗斯福、丘吉尔在德黑兰会议上(1943年11月)

罗斯福请斯大林讲几句话,斯大林站起来说:"我想,我们是历史的宠儿,历史赋予我们极大的力量和极好的机会。我希望在这次会议上,我们要竭尽全力为了共同合作而很好地利用我们的人民授予我们的力量和权力,现在让我们开始工作吧!"[①]

会议进入正式议程,就第二战场、德国问题、波兰问题及战后维持和平的国际组织等问题交换了意见。三巨头的正式会议共开了4个下午。

在第二战场这个主要问题上,丘吉尔含糊其词,仍想搞他的巴尔干作战计划,即从地中海登陆进攻意大利,而推迟"霸王"战役(即横渡英吉利海峡在法国北部诺曼底登陆)开始的时间。对此,斯大林表示反对,坚持把"霸王"战役作为1944年一切战役的基础。罗斯福表示支持斯大林的看法,说:"如果进行地中海战役,那么将势必推迟'霸王'战役。我是不想推迟'霸王'战役的。"

丘吉尔满脸愠色,垂头丧气地抽着他的大雪茄烟。过了几分钟,他提议这个

---

① 《德黑兰、雅尔塔、波茨坦会议文件集》,三联书店1978年版,第40页。

问题由军事专家们去讨论。斯大林表示同意。第二天上午,召开了三国军事代表会议,英国三军参谋长布鲁克再一次重复了丘吉尔首相的论点,各方没有找到共同语言。

29日,罗斯福和斯大林单独举行了会谈,除讨论军事作战外,着重讨论了未来的世界体制问题。罗斯福谈了他想要建立一个总的世界组织而不是单纯建立一个欧洲组织的构想。他说,战争结束后,应该成立三个机构:一个是建立在联合国家基础之上的世界性组织,由35个或者50个联合国家组成,各国都可畅所欲言,提出建议;第二个是成立一个执行委员会,由苏联、英国、美国、中国、两个欧洲国家、一个南美国家、一个中东国家、一个亚洲国家(除中国外)和一个英属自治领地组成,这个委员会可以处理农业、粮食、经济、卫生等问题;第三个是由苏联、美国、英国、中国四大国组成的警察委员会,它将拥有实施各项决议的权力。斯大林不相信小国会喜欢这三个机构,建议设立一个欧洲委员会和一个远东委员会,或者是一个欧洲组织和一个世界组织,但他对罗斯福的总的设想没有表示反对。

在29日下午三巨头第二次会议开始前,举行了简短的赠授"斯大林格勒荣誉剑"的仪式。丘吉尔奉国王乔治六世之命把这把剑交给了斯大林,托他转赠给斯大林格勒,以表英国人民对斯大林格勒人民英勇抗敌的敬意。斯大林接过剑,心情很激动,他吻了吻这把宝剑,然后深情地对此表示感谢。

宝剑赠授仪式(1943年11月9日)

斯大林传

简短的仪式之后,三巨头接着开会,会议的主要议题还是"霸王"战役问题。丘吉尔发言举了一些理由,反对为"霸王"行动规定具体日期。斯大林仍然坚持要有一个准确的时间表,"最好在5月内实行'霸王'计划,譬如说5月10、15、20日"。丘吉尔仍然不同意。他点了一支雪茄,吸了几口,滔滔不绝地重复着他的理由。

罗斯福插话说:"'霸王'战役的日期已在魁北克[①]确定,只有形势发生重大变化才能改变这次战役的预定日期。"

丘吉尔仍在絮絮叨叨,说成立一个军事委员会可以解决这一问题。罗斯福也赞成成立这样一个机构。

斯大林似乎听得不耐烦了,说:"我们自己可以解决这些问题,因为我们比军事委员会权力更大。如果可以提一个冒昧的问题,那么我想问问英国人,他们对'霸王'战役究竟有没有信心?还是只不过是为了安慰俄国人说说而已。"

丘吉尔回答说:"如果莫斯科会议上提出的条件都具备,那我才坚信,我们应当在'霸王'战役开始实施时,投入一切可能的兵力来对德作战。"

双方唇枪舌剑,互不相让。罗斯福打趣地说:"现在我们都很饿了,所以我提议休会,去出席斯大林元帅招待我们的午宴。"[②]

斯大林准备的宴会很丰盛,开头是冷盘小吃,然后是热气腾腾的甜菜汤、鱼、各种肉类、凉拌菜、蜜饯、水果、伏特加酒和葡萄酒。大家一面品尝着这些美酒佳肴,一面继续讨论问题,对战争、对未来充满信心。

11月30日上午,斯大林和丘吉尔举行了一次单独会晤,深入讨论了"霸王"战役问题。丘吉尔说,他本人是完全支持这一战役的,至于具体时间,要等和罗斯福商量后才能决定。午餐时,罗斯福宣布:"霸王"战役定于1944年5月进行,并将得到在法国南部登陆作战的配合。斯大林听了后,对这个决定很满意。

11月30日的晚宴是为庆祝丘吉尔70大寿而举行的。斯大林、罗斯福及其代表都去了英国大使馆。由于"霸王"战役时间的敲定,使这个祝寿宴会开得既欢

[①] 指1943年8月罗斯福和丘吉尔在魁北克开会时,决定第二次战场于1944年5月开辟。
[②] 参见《德黑兰、雅尔塔、波茨坦会议文件集》,三联书店1978年版,第74—88页。

快又热闹。

12月1日的正式会议主要讨论德国问题和波兰问题。

关于德国问题，早在28日罗斯福总统举行的晚餐会上就谈起过。当时谈的是战后如何惩处德国人的问题。斯大林为此开了个不大不小的玩笑。

斯大林说，一定要消灭德国总参谋部，战后应该枪毙5万名德国军官。丘吉尔一下子反应很强烈，很认真地说："英国议会和英国公众决不容忍大规模的屠杀行为……苏联在这一点上不必抱什么幻想。"

斯大林故意还说："一定要枪毙5万人。"

丘吉尔非常生气。艾登忙作出种种姿势和暗示，要丘吉尔相信这都不过是笑话而已。但丘吉尔根本不听，喊道："我宁可此时此地让人把我押到花园里去枪毙掉，也不愿让这样的可耻行为玷污我和我国家的荣誉。"

在丘吉尔发怒的时候，罗斯福开了个玩笑。他说，不枪毙5万人，只枪毙4.9万人。丘吉尔起身离开桌子，走进了隔壁的一个房间。过了一会儿，有人在他的肩头拍了拍，他转过身来一看是斯大林和莫洛托夫。两人笑嘻嘻的，说刚才只是个玩笑而已。丘吉尔怒气未消，气吼吼地说："我刚才没有开玩笑，现在也没有。我完全相信这一切毫无价值，在这种'取笑'背后没有一点严肃的意图。"

在12月1日的会议上正式讨论了德国问题。罗斯福提出了一项计划，要把德国分成5个部分。斯大林和丘吉尔都赞成分割德国的计划，究竟如何进行，三巨头决定由"欧洲咨询委员会"进一步讨论，并制定出计划。

然后便是波兰问题。会前，罗斯福告诉斯大林，战争尚未结束他就将不得不参加1944年的总统竞选，美国有六七百万波兰血统美籍公民，为了赢得他们的选票，他将不能直接参加有关波兰问题的讨论。但他告诉斯大林，他本人是同意斯大林认为应把波兰的国境线向西移动的想法的。斯大林表示理解罗斯福的苦衷。因此，在讨论波兰问题时，只有丘吉尔和斯大林，罗斯福没有参加。

经过讨论，斯大林和丘吉尔实际上对波兰的未来国境取得了一致意见。波兰国境线东面为寇松线，西面大体上在奥得河，亦即重建后的新波兰得把其东部地区的部分土地割给苏联而取得德国东部的某些部分作为补偿。

当天，三巨头会谈全部结束，最后三方签署了苏、美、英三国《德黑兰宣言》《关于伊朗的宣言》和《苏美英三国德黑兰总协定》，宣布三大国"商定了消灭德国武装力量的计划"，"就从东、西、南三方面将发动的军事行动的规模和时间达成了完全的一致的协议"，并决心"在战时及战后的和平时期，都将进行合作"。①

德黑兰会议对于巩固反法西斯同盟的军事、政治合作，加速反法西斯战争的胜利起了重大作用。斯大林后来自己也对这次会议给予了高度的评价，他说："德黑兰会议关于对德共同行动的决议以及这个决议的光辉实现，是反希特勒联盟战线巩固的鲜明标志之一。历史上关于对共同敌人采取共同行动的大战役计划，很少有像德黑兰会议所拟定的共同打击德国的计划，实现得这样完满、这样准确。无可怀疑，如果没有三大国的意见一致和行动协调，德黑兰会议的决议便不能实现得这样完满和准确。而另一方面，德黑兰决议的顺利实现，不会不促进联合国战线的巩固，这也是不容置疑的。"②

挺进欧洲

德黑兰会议后，盟国军队各自加强了反法西斯的战略进攻。1944年初，英、美联军已经肃清了北非的德、意军队，控制了地中海和大西洋的局势，并在意大利南部登陆成功。6月6日，英、美联军强渡英吉利海峡，在诺曼底登陆，盼望已久的第二战场终于开辟。8月，巴黎解放之后，英、美联军迅速向东推进，逼近莱茵河。在太平洋战场上，英、美联军也使日军遭受了严重损失。同时，中国大陆的抗日战争也在紧张进行，在一些敌后战场已开始了局部反攻。

---

① 参见《德黑兰、雅尔塔、波茨坦会议文件集》第125页。
②《斯大林文选》（下）第397页。

第六章 纵横捭阖

斯大林自德黑兰返回莫斯科后，也着手制订战略大反攻计划。苏联最高统帅部总的想法是：在1944年把德军全部赶出苏联国土，并把战线推进到东欧各国，迫使德国的仆从国退出战争。为此，苏联军队从1944年1月开始，在北起巴伦支海、南到黑海的大约4500公里的战线上，连续对德军及其仆从国军进行了10次重大战役。1月间，红军摧毁了德军围攻列宁格勒的防线，把敌人赶到了波罗的海沿岸，解放了列宁格勒州。2—3月间，苏军又解放了第聂伯河以西的乌克兰地区，逼近罗马尼亚边界。4—5月间，又解放了克里木和敖德萨。

华西列夫斯基元帅（左）、托尔布欣元帅（右）在解放塞瓦斯托波尔的前线（1944年5月）

5月1日，斯大林发布《最高统帅命令》，命令红军乘胜"追击这只受了伤的德国野兽，并把它打死在自己的洞穴里"①。

苏联军队遵命越过国境，攻入德国法西斯盘据的其他欧洲国家。1944年6—7月间，苏联军队在击溃芬兰军队后，紧接着在明斯克附近围歼德军30个师，完全解放白俄罗斯，进入波兰的领土，并于7月23日占领了波兰的重要城市卢布林。与此同时，波兰成立了民族解放委员会（简称民解会），作为临时权力机构，行使波兰解放区的政权建设，得到苏联的支持。7月26日，苏联还与之签

---

① 《斯大林文选》（下）第384页。

斯大林传

订了"关于苏军驻扎波兰的决定",承认民解会在波兰有行使行政管理的权力。8月,以波兰工人党领导人贝鲁特任主席的波兰全国代表会议(临时最高立法机关)与民解会宣布卢布林为波兰临时首都。

7—8月间,苏军解放了西乌克兰,并强渡维斯瓦河,逼近喀尔巴阡山和捷克斯洛伐克边境。8月底,苏军深入罗马尼亚国土。与此同时,罗马尼亚人民在罗共领导下在布加勒斯特和其他各主要城市举行了武装起义,并推翻了安东尼斯库的法西斯政权,建立了罗马尼亚新政府。新政府一成立即于8月24日向德宣战。接着,罗军与苏军于30日占领了罗马尼亚最重要的石油工业城市普洛耶什蒂,31日兵不血刃进入布加勒斯特。9月12日,苏联与罗签订停战协定。过了5天,又与芬兰签订了停战协定。

9月8日,苏军进入保加利亚。保加利亚共产党领导人民于9月9日在索非亚和其他各大城市举行武装起义,一举推翻了亲法西斯的政府,建立了祖国战线民主政府。新政府一成立,马上宣布对德作战。至9月底,苏军与保军解放了保加利亚的全部国土。10月20日,以铁托领导的南共人民军为主力,会同苏军和保军解放了首都贝尔格莱德,之后,迅速把德国侵略者赶出了南斯拉夫。

9—10月,苏军还在波罗的海沿岸地区发动了大规模的进攻,解放了爱沙尼亚和拉脱维亚的大部分领土。10月初,苏军以匈牙利为主战场,对德军展开了攻势,年底包围了布达佩斯。10月中旬,苏军还进入了捷克斯洛伐克境内作战。

斯大林(后排右一)出席《苏捷友好、互助和战后合作条约》签字仪式(1943年12月12日)

第六章 纵横捭阖

通过1944年对德军的连续进攻，一举收复了全部被德军侵占的国土，共歼灭德军260多万人，摧毁或缴获了德军大量的武器装备。与此同时，苏联也效仿英、美在意大利的做法，在被解放的罗马尼亚、保加利亚国土上成立了苏方任主席的盟国管制委员会，并承认波兰民解会为波兰临时权力机构。

丘吉尔对苏联在东欧的影响越来越扩大深感不安，罗马尼亚和保加利亚已在苏联的控制之下，其他国家如波兰、南斯拉夫和希腊等国的前途尚未明朗。他觉得应趁此机会，与斯大林好好谈谈英、美在这些国家的利益。他提出于1944年10月访问莫斯科，斯大林立即热情地答应了。

10月9日，丘吉尔、外交大臣艾登及其三军首脑抵达莫斯科，受到了斯大林、莫洛托夫等人的热烈欢迎。当天晚上，斯大林、莫洛托夫与丘吉尔举行了会谈。当提到波兰问题时，丘吉尔表示同意承认现卢布林临时政府，但在伦敦的波兰流亡政府（受英、美支持）的代表应在人民政权中占有一定席位。斯大林表示，苏联政府不能容忍波兰有一个积极仇视苏联的政府，不过波兰流亡政府在人民政权中的席位可以谈。于是，斯大林答应立刻邀请伦敦波兰流亡政府领袖米科拉伊奇克和他的两名部长来莫斯科进行磋商。

13日，斯大林和莫洛托夫，丘吉尔和艾登、米科拉伊奇克和卢布林临时政府

丘吉尔一行访问莫斯科，受到斯大林热烈欢迎（1944年10月9日）

代表贝鲁特等人举行关于波兰问题的会谈，美国驻苏大使哈里曼以观察员身份列席会议。会上对波兰的东部边界和政府组成问题进行了激烈的争论。斯大林发言时，要求米科拉伊奇克不能"无视民族解放委员会的存在"，重申"必须接受寇松线作为将来的波苏边界"。丘吉尔意欲让米科拉伊奇克接受寇松线，以换取流亡政府在未来波兰政府中的席位。米科拉伊奇克要求利沃夫及其附近油田保留给波兰，流亡政府得到半数席位并加上他本人任总理。他表示，对于寇松线问题，他无权在莫斯科作出决定。贝鲁特则坚持，如果米科拉伊奇克任总理，则民解会与流亡政府在内阁中的成员比例应为 75∶25。各方意见多有不同，波兰问题谈判没有取得任何进展。

丘吉尔此次莫斯科之行要解决的另一个重大问题，是英、美和苏联在巴尔干地区的利益问题。在10月9日与斯大林等人的第一次会谈中，他就迫不及待地在半张纸上写出了双方在这一地区的利益百分比：

罗马尼亚：苏联90%，其他国家10%；
希腊：苏联10%，英国（与美国一致）90%；
南斯拉夫：苏联50%，英、美50%；
匈牙利：50%对50%；
保加利亚：苏联75%，其他国家25%。

经过讨价还价，双方最终达成的协议为：

罗马尼亚：苏联90%，其他国家10%；
希腊：苏联10%，英国90%；
南斯拉夫：苏联50%，英、美50%；
匈牙利：苏联80%，英国20%；
保加利亚：苏联80%，其他国家20%。

丘吉尔和斯大林还讨论了军事问题。当丘吉尔和哈里曼提出希望苏联尽早参加对日作战问题时，斯大林表示，在打败德军3个月内，苏联就对日本开战，把远东的苏军由现在的30个师增加到60个师，但条件是美国必须为此提供所需的军需品。

丘吉尔一行于19日离开莫斯科，他感到此行是值得的，尽管有一些问题未能解决，但他和斯大林之间已达成了全面的谅解。

这时，尽管德国法西斯力量遭受了巨大损失，但它仍有540万军队。为了支撑摇摇欲坠的战争，10月18日，德国政府发布了组织"民军"的命令，把18—60岁的德国人都应征为"民军"，由希姆莱领导作为预备队使用。希特勒仍将主战场放在东线，在这里集中了370万人，5.6万门大炮，8000辆坦克和近4100架飞机。

而这时盟国军队的战斗力已大大提高，无论从军队人数还是从武器装备方面都超过了敌军。1944年底，苏军人数为670多万人，各种大炮10万余门，坦克1.18万辆，作战飞机1.47万架，英、美、法联军共有76个满员的装备优良的师和15个独立旅，6500辆坦克，1万余架飞机。因此，斯大林决定1945年初在各个方向实施强大的进攻，以彻底粉碎东普鲁士集团并攻占东普鲁士，粉碎波兰、捷克斯洛伐克、匈牙利和奥地利境内的德军，并通过华沙这条捷径直指柏林，"把法西斯野兽打死在它自己的洞里，在柏林上空升起胜利的旗帜"[①]。

苏军总参谋部根据斯大林的指示，拟定了旨在夺取柏林的整个战局计划。11月16日，斯大林在最高统帅部会议上表示基本同意总参谋部的构想，并决定，夺取柏林的苏军由朱可夫指挥。斯大林还改组了西进的主要方面军：乌克兰第1方面军由科涅夫指挥，从柏林东南方向进攻；白俄罗斯第1方面军由朱可夫任司令员，从柏林正东面进攻；白俄罗斯第2方面军由罗科索夫斯基指挥，负责柏林北面的进攻；白俄罗斯第3方面军由切尔尼亚霍夫斯基指挥，负责夺取东普鲁士。

1944年底，德军在西线集中了34个师，配备了2500辆坦克和近3000架飞

[①] 参见《斯大林文选》（下）第401页。

机,在阿登地区进行了孤注一掷的突然反击。反扑从12月16日开始,在第一个星期突入盟军防线80公里。英、美军队受到了严重威胁。1945年1月6日,丘吉尔致电斯大林,询问盟军是否可以指望"俄国部队在1月份内在维斯瓦河一线或其他地方发动大规模的攻势"。1月7日,斯大林立即作了答复,决定比预定计划提前8天即1月12日从东线发动一次规模空前的攻势来支援西线盟军。

苏联军队的进攻于1月12日上午10时开始。科涅夫的10个集团军势如破竹,不到10天就横扫了上西里西亚、打到奥得河畔。朱可夫指挥的白俄罗斯第1方面军进攻于14日开始,17日就解放了华沙。到1月29日,他的军队合围了波兹南并直抵法兰克福市郊。罗科索夫斯基的部队扫荡了波兰北部,切尔尼亚霍夫斯基的方面军则深深地插进了东普鲁士。到3月初,苏军战线全线推进到奥得河和尼斯河,在不到40天的时间里歼敌115万人。西线盟军也于1月16日击退了德军的反攻,乘胜前进,并于3月23日进抵莱茵河。

从雅尔塔到波茨坦

1945年初,由于欧战即将结束,盟国之间迫切需要对战后德国的处置问题及其他欧洲事务进行协商。而在亚洲,日本法西斯虽已日暮途穷,但仍负隅顽抗。当时,英、美估计,在欧战结束以后,还得花一年半左右的时间,才能打败日本。因此,英、美迫切期望苏联早日参加对日作战。为了解决这些重大问题,经过反复磋商,苏、美、英三大国首脑同意在苏联克里木半岛的雅尔塔举行会谈。

雅尔塔会议于1945年2月4—11日举行,共开了8天。除开正式会议外,罗斯福、丘吉尔和斯大林还举行了秘密会谈,另外还按常规举行正式或非正式的午宴和晚宴,就德国问题、波兰问题、联合国安理会否决权问题和苏联对日作战问题进行了广泛的讨论。

雅尔塔会议上的三巨头：丘吉尔、罗斯福、斯大林

雅尔塔会议。坐者左起：丘吉尔、罗斯福、斯大林；立者左起：英国外交部长艾登、美国国务卿斯退丁纽斯、英国外交部副部长A.贾德干、莫洛托夫

会议首先讨论了战后对德国的处置问题。三国首脑都同意在德国无条件投降后应予肢解，对德国实行分区占领，成立盟国对德管制委员会，该委员会由英、美、苏三国总司令组成，地点设在柏林。在会上，罗斯福提议法国可以有一个占领区，得到丘吉尔的支持。丘吉尔还提议让法国参加盟国对德管制委员会。斯大林对此表示拒绝接受，他说，他"不愿看到法国成为对德管制机构中的一个成员"，但"不反对从美国和英国的占领区中，划给法国一个占领区"。直到2月10日第七次会议，三国首脑才就这个问题取得一致意见，同意让法国管辖一块占领区并参加盟国对德管制委员会。

雅尔塔会议期间的休息时刻

关于德国赔偿问题，首先由苏联驻英大使迈斯基在2月5日第二次全体会议上提出了苏联的赔偿方案，其主要内容是：拆迁工厂和设备等，两年内完成；从当年生产提取产品作为赔偿，这种赔偿要持续10年；德国重工业拆迁80%，其余20%可用于德国国内经济需要，至于军火工业应100%拆走；德国赔偿应在战胜国之间按战争大小和所受物质损失的程度进行分配；在莫斯科成立一个专门的赔偿委员会，由三国组成；苏联的赔偿要求是100亿美元。丘吉尔认为苏联不可能得到迈斯基提到的那笔数目。上次大战结束时，协约国也想索取一大笔赔款，但实际上德国只赔偿了20亿英镑（80亿美元），而且如果没有美国的贷款，德国连这个数字也付不出。因此，苏联的这个数目是异想天开。罗斯福说，美国在上次大战结束后曾给德国100多亿美元贷款，致使美国损失了大量资财，这次美国无论如何也不会重犯过去的错误。但不管怎样，他愿支持苏联赔偿的任何要求。

最后，三国首脑同意在莫斯科成立一个赔偿委员会专门研究赔偿问题，并就德国赔偿问题达成了原则性的协定：

1. 德国必须以实物偿付它在战争中给盟国造成的损失。

2. 实物偿付将采取以下三种方式：

（甲）在德国投降或停止有组织抵抗两年内对德国本土上及国外的德国国民财富（设备、机床、船舶、机车车辆、德国在国外的投资以及德国工业、运输业、航运业和其他企业的股票等）进行一次性没收，其主要目的在于摧毁德国的战争潜力；

（乙）在规定的时期（即战后10年内），每年交付当年产品；

(丙)使用德国劳动力。

3. 实物赔偿总额为200亿美元,其中50%归苏联。但丘吉尔不赞成,认为"在莫斯科赔偿委员会研究赔偿问题之前,不能提出任何赔偿数字"。①

关于联合国问题,原来在1944年8—10月的敦巴顿橡树园会议上,苏联政府要求苏联的加盟共和国成为创始会员国,每个加盟共和国都应有一票。英、美认为这个要求太过分,表示异议。这次在雅尔塔会议上,斯大林主动作出了妥协,只要求苏联的两个加盟共和国(白俄罗斯和乌克兰)作为联合国创始成员国就可以了。罗斯福和丘吉尔表示对此"将予以支持"。在关于联合国安理会否决权问题上,在敦巴顿橡树园会议上也未取得一致意见。在这次雅尔塔会议上,罗斯福提出由苏、美、英、法、中为5个常任理事国,每个常任理事国都应有"否决权",一切重大问题的决定均应取得一致同意才能通过。斯大林和丘吉尔表示同意。这样,三国首脑在上述问题上取得了一致意见,决定于1945年4月25日在旧金山召开联合国成立大会,邀请1945年2月8日实有的联合国家和1945年3月1日前对共同敌人宣战的协同国家出席大会。

敦巴顿橡树园

---

① 参见《德黑兰、雅尔塔、波茨坦会议文件集》第157—165、254页。

波兰问题是会议争论最大的议题。斯大林、罗斯福、丘吉尔及其他们的外长，用会议的大部分时间来讨论这个问题。

在会上，斯大林清楚地解释了他对波兰的政策。斯大林说，在历史上，波兰既自己进攻过俄国，又充当过其他敌人进犯俄国的走廊。在过去30年中，德国人曾两次取道这条走廊。为什么敌人至今能如此轻而易举地通过波兰呢？这就是因为波兰是一个弱国。因此，苏联愿意有一个强大、自由和独立的波兰，能用自己的力量捍卫这条走廊。现在在华沙的波兰临时政府在保卫红军后方的秩序与安定方面是相当称职的，而在伦敦流亡政府及其在波兰国内的"内部反抗力量"则专搞破坏活动，杀害红军，袭击红军的仓库，夺取武器。"总之，从纯粹的军事观点来看，华沙政府是有益的，而设在伦敦的流亡政府及其在波兰国内的代理人是有害的。不言而喻，军人总是支持能保证他们后方秩序和安定的政府"。至于边界问题，寇松线是不可改变的，"列宁不同意这条线。他不想把按寇松线应归属波兰的比亚威斯托克和比亚威斯托克州划给波兰。苏联政府已经从列宁的立场后退了。你们还希望什么呢？是要我们还不如寇松和克里孟梭那样替俄国着想吗？这样你们要使我们大为丢脸的。"①

罗斯福、丘吉尔和斯大林经过反复讨论，斯大林也作了些让步，终于在组成波兰临时政府问题上达成了协议，规定"目前在波兰行使职权的临时政府，应该在更广泛的基础上进行改组，吸收波兰国内外的民主人士参加。这个新政府应称作波兰临时民族统一政府"，这个政府"应保证尽速根据普选与无记名投票的方式举行自由和不受限制的选举"。

关于波兰的边界问题，"三国首脑认为，波兰的东部边界应以寇松线为准，而在若干地区作出有利于波兰的五至八公里的外移。三国首脑承认，波兰北部和西部的领土应有较多的扩增"，亦即以德国东部领土作为"补偿"，但至于如何划定波兰西部边界，则没有取得一致意见，他们觉得这个问题"应留待和会解决"。②

在远东战争问题上，美国人担心这场战争还会打上两年，所以迫切希望苏联

---

① 参见《德黑兰、雅尔塔、波茨坦会议文件集》第180—184页。

② 同上，第247—248页。

参加对日作战。2月8日和10日,罗斯福和斯大林举行了两次私下会晤。斯大林保证在欧战结束的2—3个月内参加对日作战,但条件是维持外蒙现状、库页岛南部及千岛群岛归还给苏联、在远东取得一个不冻港(如满洲铁路的终点大连)、使用属于中国的满洲铁路等。斯大林进一步解释说,如果这些条件得不到满足,他和莫洛托夫就难以向人民说明苏联为什么参加对日战争,如果人民知道这与国家利益有关,那人民就会容易理解对一个未曾攻击过他们的国家作战的必要性,同时也比较容易去向最高苏维埃解释这项决定。

罗斯福基本同意斯大林提出的要求,并答应去尽量取得蒋介石的同意。① 2月11日,苏、美、英签订了《三大国关于远东问题的协定》(即《雅尔塔协定》)。协定规定:

(三国首脑同意)在德国投降及欧洲战争结束2—3月内,苏联将参加盟国方面对日作战,其条件是:

1. 维持外蒙古(蒙古人民共和国)的现状。

2. 恢复1904年日本背信弃义的进攻所破坏的原属俄国的各项权利,即

(甲)将库页岛南部及其全部毗连岛屿归还苏联;

(乙)大连商港国际化,并保证苏联在这个港口的优惠权益,恢复租借旅顺港为苏联海军基地;

(丙)设立中苏合营公司,对通往大连的中东铁路及南满铁路进行共管,并保证苏联的优惠权益,而中国保持在满洲的全部主权。

3. 千岛群岛交给苏联。

经谅解,有关外蒙古及上述港口与铁路的协议尚需得到蒋介石委员长的同意,根据斯大林元帅的建议,总统将采取步骤以取得该项同意。

三大国政府首脑同意,苏联的这些要求应在战败日本后毫无条件地予以满足。

---

① 参见查尔斯·波伦《历史的见证》,商务印书馆1975年版,第243—246页。

斯大林传

苏联方面表示准备和中国国民党政府签订一项苏中友好同盟协定,以期用武力帮助中国达到从日本枷锁下获得解放的目的。①

《雅尔塔协定》是英、美、苏背着盟国中国作出的,严重损害了中国的主权和利益,给反法西斯盟国的合作打上了明显的大国强权政治的烙印。当时在雅尔塔会议上,罗斯福和斯大林共同商定,有关这些决定没有必要去告诉中国人。所以,中国很长时间不知道协定的具体内容。直到1945年5月间,美国总统杜鲁门(罗斯福已于4月12日去世)才将协定全部内容告诉当时的国民党政府。

雅尔塔会议后,苏联红军正在继续向西推进。2月13日,拿下了布达佩斯,随后向北直插奥地利,开展了维也纳进攻战役,于4月中旬解放了维也纳,从而打开了向捷克斯洛伐克中心地域进攻的道路。在西线战场上,英、美等盟国军队于2月和3月份强渡莱茵河,于4月1日包围了鲁尔地区的德军18个师计32.5万人,并立即组织力量,继续快速向东推进,以攻克柏林。

抢先一步攻克柏林,这当然也是斯大林梦寐以求的。3—4月间,苏联最高统帅部也抓紧了研究攻克柏林的计划。3月8日,斯大林召集朱可夫和总参谋长安东诺夫等人开会,共同讨论柏林战役问题。安东诺夫作报告,汇报了总参谋部拟订的进攻柏林的计划。斯大林批准了所有建议,并命令下达对柏林战略方向上的决定性战役进行全面准备的指示。

3月29日,斯大林刚刚开完国防委员会会议,就把朱可夫叫到他在克里姆林宫的办公室里,对朱可夫说:

苏联歼击机飞向柏林(1945年)

---

① 《德黑兰、雅尔塔、波茨坦会议文件集》第257—258页。

第六章　纵横捭阖

"德国的西方战线已彻底崩溃了，看来希特勒军队并不想设法阻止盟军的推进。然而，在同我们作战的各个重要方向上，他们却在加紧部署兵力。你瞧瞧这张图上的关于德军的最新情况。"斯大林手握烟斗，继续说道："我看，将会有一场恶战。"接着，斯大林问了朱可夫对柏林方向敌人的估计情况，指示朱可夫要加紧作好进攻柏林的准备。过了一会儿，又亲自打电话把安东诺夫叫了来，询问前线情况，并指示安东诺夫给乌克兰第1方面军司令员科涅夫打个电话，让他于4月1日带上柏林战役计划来莫斯科。

苏联士兵在德国进行街垒战（1945年）

4月1日，斯大林在自己的办公室里接见了朱可夫、科涅夫、安东诺夫和作战部部长什捷缅科。斯大林请什捷缅科宣读一份电报。电报说，英、美盟军指挥部正准备柏林战役，盟军司令部认为，先于苏军攻占柏林是完全可以实现的。在什捷缅科读完电报后，斯大林要朱可夫和科涅夫直接在莫斯科准备好各自攻占柏林的计划。

4月2日早上，朱可夫和科涅夫带着自己准备好的计划来到大本营。朱可夫主张集中自己率领的白俄罗斯第1方面军，正面进攻柏林。科涅夫则建议两路协同作战，共同攻占柏林。斯大林对他们两人呈报的计划没有发表实质性意

易北河会师

· 475 ·

见，只批准柏林战役开始时间为4月16日。当天，斯大林和安东诺夫签署最高统帅部大本营命令，命令白俄罗斯第1方面军准备并实施攻占柏林的进攻战役，要求最迟于战役开始后12—15天到达易北河。

4月16日拂晓前，朱可夫和科涅夫的两个方面军开始进攻，随后白俄罗斯第2方面军也加入了战斗。25日，苏军已完成对柏林的包围，并在易北河上与美军第一集团军会师。尽管守城的德军拼命抵抗，但已抵挡不住盟军的强大攻势。27日，苏军突入市中心区。28日，希特勒眼看末日已到，即口授了"政治遗嘱"：号召德国人"决不放弃斗争"，要"无情地打击一切民族的毒害者和国际犹太人"；指定海军上将邓尼茨担任德国总统兼武装部队最高统帅，戈培尔担任总理。30日，希特勒在帝国办公厅地下室大本营中开枪自杀。

4月30日下午，苏军白俄罗斯第一方面第七十九军的部队，经过激烈争夺之后，终于把胜利的红旗插上了德国国会大厦的屋顶。5月2日，市内的一切抵抗停止了。8日，德国最高统帅部长官威廉·凯特尔元帅代表德国政府向苏、美、英、法四国签署了无条件投降书。苏德战争、二战的欧洲战场终于以盟国胜利而告结束。

攻克柏林，在德国国会大厦插上了苏联旗帜

1945年5月8日，苏联朱可夫元帅（中）在德国无条件投降书上签字

苏军从柏林凯旋（1945年）

"二战"胜利后纳粹旗帜被戳倒　　1945年纽伦堡庭审现场

但在亚洲，日本法西斯仍没有消灭，战争仍在继续。欧战结束后的一系列问题及对日作战问题，便提上了首要的议事日程。经过反复协商，斯大林、丘吉尔、杜鲁门同意再次举行首脑会晤。这次会晤于1945年7月17日至8月2日在柏林西南的波茨坦举行。7月26日和27日，丘吉尔回国参加英国下院议会选举，休会两天。结果丘吉尔领导的保守党在选举中失败，英国工党获胜，艾德礼继任首相。28日，艾德礼代表英国政府出席波茨坦会议。

这次会议讨论了关于管制德国的政治经济原则、德国赔偿、波兰问题及对日

斯大林和杜鲁门、丘吉尔在波茨坦会议上（1945年7月）

· 477 ·

三巨头:(从左至右)丘吉尔、杜鲁门、斯大林

波茨坦会议会场(1945年)

波茨坦会议休息期间

作战等问题。经过协商，会议在一系列重大问题上取得了共识。

三国首脑在讨论战后初期管制德国的政治和经济原则时，一致同意：德国由苏、美、英、法四国共同占领和管制，解除德国全部武装，使之非军事化，逮捕战争罪犯，包括纳粹领袖、支持纳粹的头面人物、纳粹机构和组织中的高级官员等人。

波茨坦会议上的斯大林　　斯大林回到苏联代表团在巴伯尔斯贝格的驻地（1945年波茨坦会议）

在关于德国赔偿问题上，斯大林、杜鲁门、丘吉尔（后为艾德礼）争论较为激烈。最后双方妥协达成协议：苏联所提的赔偿要求，将以没收德国境内苏占区内的资产及相应的德国国外投资予以满足，苏联将从其所得的赔偿额中，解决波兰的赔偿要求；美、英及其他有权获得赔偿的国家的赔偿要求，将从西部各占领区及相应的德国国外投资予以满足。另外，英、美将从西占区拆迁的工业设备中，抽取25%给苏联，其中15%换取苏占区同等价值的粮食、煤、锌、木材、石油等产品。

德国的商船舰艇，均由苏、美、英三国平分，东普鲁士的哥尼斯堡及其附近地区割给苏联。三国首脑还同意，成立苏、美、英、法、中五国外长会议，以拟定对意、罗、保、匈和芬兰及对德和约，筹备和会。

关于波兰问题，三国首脑经过多次讨论，同意承认波兰临时民族政府，但对于波兰西部边界却没有最后划定，只说"应由和会解决"。在波兰西部边界最后划定之前，原德国的东部领土，即自施维纳明德（史温曼德）稍西的波罗的海起，沿奥得河至与尼斯河西段会合处，再沿尼斯河西段到捷克斯洛伐克边界，包括经本会议决定不归苏联管辖的部分东普鲁士和以前的但泽自由市，均由波兰政府管辖。①

会议期间，苏、美、英三国首脑经过协商，于7月26日发表了促令日本投降的《波茨坦公告》。因为当时苏联尚未参加对日作战，故没有在公告上签字。事后，这项公告是以中、美、英三国共同宣言的形式公布的。当时，中国政府虽然没有参加讨论，但公告发表之前征得了中国政府的同意。后来苏联在8月8日决定出兵对日作战时，也在该公告上签了字。《波茨坦公告》要求日本政府无条件投降，实施《开罗宣言》的条件，铲除日本的军国主义，解除日军武装，惩办战犯，禁止日本发展军需工业等。

波茨坦会议闭幕于8月2日。3日，斯大林就从波茨坦返回了莫斯科。当天，他就听取了华西列夫斯基元帅关于对日作战准备情况的汇报。但苏联此时尚未准备急于对日作战。波茨坦会议期间，安东诺夫大将曾说，苏联将于8月下旬完成对日作战的准备，至于具体日期，则要取决于正在莫斯科进行的中、苏谈判的结果。罗斯福在雅尔塔会议期间，曾有过争取蒋介石同意斯大林提出的苏联对日作战的条件的许诺。苏联和中国在莫斯科举行的谈判正是围绕这些条件展开的。中、苏谈判从波茨坦会议开始前两周（6月30日）就已开始了，但始终未取得一致意见。波茨坦会议结束后的8月7—14日仍在继续进行，显然蒋介石是根据美国的指示在拖延会谈，以使美国在远东反法西斯战争中掌握更多的主动权。

8月6日，美国在广岛投下了第一颗原子弹。斯大林和大多数苏联人马上意识到了这一事件的可怕意义。在波茨坦会议期间，杜鲁门只跟斯大林说过，西方盟国已制造出了"超级炸弹"，但没有把任何细节告诉他。据莫洛托夫说，根本没有提到过"原子"这个词儿。当杜鲁门把"超级炸弹"的情况告诉斯大林时，斯大林只是显得很高兴，没有提任何问题，看来，他对这个新式武器的威力还没

---

① 参见《德黑兰、雅尔塔、波茨坦会议文件集》第505—529页。

有什么概念。但8月6日原子弹一爆炸所产生的杀伤力,却使他目瞪口呆。看来苏军不能再等下去了,不然势必将影响苏联在战胜日本法西斯中的地位。

8月7日下午4时30分,斯大林签署了给远东苏军总司令华西列夫斯基的指令,命令各方面军航空兵的战斗行动从8月9日凌晨开始。

8月9日当地时间零时10分,苏军兵分三路开始对日进攻。马利诺夫斯基元帅指挥的外贝加尔方面军穿越内蒙古草原,攻占海拉尔、张家口方向的筑垒地域,向沈阳、长春、齐齐哈尔方向进击;梅列茨科夫元帅指挥的远东第1方面军向哈尔滨方向进击;普尔卡耶夫大将指挥的远东第2方面军出击库页岛和松花江一线。攻入东北关东军腹地的还有苏、蒙联军。与此同时,8月9日,毛泽东同志也向中国人民发出了《对日寇的最后一战》的号召,各解放区的武装部队向日本侵略军展开了全线总反攻。这一天,美国又在长崎投下了第二颗原子弹。

苏军进军中国东北,使战局迅速发生了变化。原来日本政府公开拒绝《波茨坦公告》,认为这一公告是"不值得考虑""荒唐"和"无礼"的,企图依借中国东北和朝鲜的土地负隅顽抗,现在这一计划破产了。日军看到大势已去,于是,就在苏军出兵的第二天,日本外相亲访了苏联驻日大使,表示日本政府已准备无条件投降。8月14日,日本裕仁天皇在防空洞中召开"御前会议",同时颁发了"停战诏书"。第二天,裕仁天皇正式宣布接受无条件投降。

但是,日军并未最后放下武器,因此,苏军仍按原计划继续进攻。17日,苏军向日本关东军司令部发出通牒,限令日军在8月20日下午12时以前全部放下武器,向苏军投降。在苏军的沉重打击下,日军开始陆续缴械。8月20日,苏军空降部队解放了长春、沈阳和哈尔滨,并占领了设在长春的日本关东军司令部。伪满洲国傀儡皇帝溥仪仓皇逃跑,在通化被捕。8月22日,苏军空降部队解放了旅顺、大连,并且进入了朝鲜北部。25日,苏、蒙联军也解放了锦州、承德等地。与此同时,苏联太平洋舰队占领了库页岛和千岛群岛。在东北的中共领导的抗日联军也积极配合苏军作战,发挥了重要作用。在20多天的战斗中,共击毙和俘虏日军67万多人。

同时,美军先遣队于8月26日在日本本土登陆,开始占领日本。30日,美国麦克阿瑟将军作为盟军最高统帅抵达日本。9月2日上午，日本外相重光葵代表政府、总参谋长梅津美治郎代表大本营，在停泊在东京湾的美国巡洋舰"密苏里"号上，向中、美、苏等同盟国正式签署无条件投降书。第二次世界大战以反法西斯同盟国的胜利而结束。

在日本签署无条件投降书的这一天，斯大林发表了《告人民书》，宣布第二次世界大战终于结束。他在回顾了日本的侵略历程后，满怀喜悦地说："1904年日俄战争时期俄军的失败，给人民留下了沉痛的回忆。那次失败是我国的一个污点。我国人民相信，总有一天日本会被打败，污点会被洗清，并且等待着这一天的到来。我们这些老一辈的人等待这一天，已经等了40年。而这一天终于来到了。"①9月3日，他又签署了《最高统帅部给红军和海军部队的命令》。命令说："为了庆祝战胜日本，在今天，9月3日，对日胜利节，21时，我们祖国首都莫斯科，以祖国的名义，用324门火炮齐鸣礼炮24响，向赢得这一胜利的英勇红军部队和海军舰艇和部队致敬。"②

斯大林（左）与朱可夫在胜利阅兵式上（1945年）

第二次世界大战的胜利结束，给全世界人民带来了无限欢乐，但战争留下的创伤却在等待着人们去医治。和平的环境给每一个国家的发展带来了机遇。人们都在憧憬未来。

① 参见《斯大林文集》第469—470页。
② 参见《斯大林文集》第471页。

第七章

斯大林晚年

斯大林传

恢复与重建

第二次世界大战虽然结束了，但苏联大地满目疮痍。全国有1710个城市和市镇被破坏，有7万多个村庄被烧毁，有3.2万个工业企业、6.5万公里的铁路被炸毁，近10万个集体农庄和国营农场、2890个机器拖拉机站成为一片废墟。据沃兹涅先斯基的粗略估计，入侵带来的直接经济损失，数额高达7000亿卢布（按战前价格计算），换句话说，国家损失了国民财富的30%。人员的损失更惨，有2000多万人死于战争，2500万人无家可归，挤在土窑、板棚或地下室里。还有，战争结束后，有近800万人复员，450万人从德国苦力营和其他集中营回到祖国，有被疏散到乌拉尔以东的800万人正向西拥来寻找自己的家园。饱经战争磨难的

纳粹建立的奥斯威辛集中营，1947在其基础上建立了纪念纳粹大屠杀死难者的国家博物馆

第七章 斯大林晚年

人们渴望和平和宁静，渴望过上好日子。

斯大林也深知这一点。紧张的战争耗费了他大量的精力，他感到很累，在波茨坦，他就已显得有点老态龙钟。据他女儿斯维特兰娜说，对日战争结束后，他病得很厉害。像整个国家一样，他也需要休息一段时间。但是，他没有时间休息。

战后的斯大林被授予大元帅称号

1945年8月19日，对日战争还没有结束，斯大林就命令国家计划委员会着手编制恢复和发展国民经济的第四个五年计划（1946—1950）。这个计划的制订工作到11月就完成了，并于次年3月获得苏联最高苏维埃通过。1946年2月9日，斯大林在莫斯科市斯大林选区选举前的选民大会上解释这一新计划时说，苏联之所以能打败法西斯侵略，能在短时间内创造雄厚物质条件的原因是：第一，靠的是国家工业化政策。而且苏联的工业化方法与资本主义国家工业化的方法根本不同，不是首先从轻工业开始，而是从重工业的发展入手的，事实证明，这条路线是绝对正确的。第二，靠的是农业集体化的政策。"结果表明，集体化的方法是最进步的方法"，它保证了"消灭我国农业方面的落后状况，并向国家提供更多的商品粮、更多的棉花等等"。因此，这条路线是不能动摇的，必须坚持。而"新五年计划的基本任务，就是要使我国遭受战祸的区域恢复起来，使工农业恢复到战前水平，然后较大地超过这个水平"。并用三个五年计划或更长一点的时间，使苏联工业水平提高到战前的3倍，即每年生产生铁5000万吨，钢达6000万吨，煤达5亿吨，石油达6000万吨。①

这就是说，从战时生产体制转向和平生产体制，原有的工业化和农业集体化政策必须坚持，现在首要的只是恢复和发展而已。但是，从20世纪30年代确立

---

① 参见《斯大林文集》第479—483页。

起来的斯大林模式，到战后已显露出其严重的弊端。那种高度集中的管理模式，强制性的指令计划经济，已使企业和地方缺乏主动性，缺乏活力，生产效率极其低下。为了完成新的五年计划，在原有体制不变的前提下，只有发挥那台高度集中的国家机器的直接指挥作用。战后苏联政府在恢复和重建国民经济时，所依靠的正是这台机器。表现在：一方面用行政手段在全国强行开展所谓的"斯达汉诺夫运动"，希望以此激发劳动者的热情，提高生产效率。另一方面，便是实行币制改革。1946年12月14日，苏联部长会议（1946年3月15日由苏联人民委员会改名，原人民委员会之下设各人民委员部改组为部）和联共（布）中央通过《关于实行币制改革和取消粮食、日用必需品配给制》的决议，决定自1947年12月16日发行新币，旧币以10∶1比例兑换成新币。凡市场流通及个人手中拥有的旧币必须在12月16—22日内换成新币，边远地区可延至29日。同时，决议还规定，取消原有的国家配给价格和市场流通价格双轨体系，一切食品和日用必需品由政府统一规定零售价格，在市场上公开出售。国家采用这一强制手段，一下子就压缩了市场货币的流通量，抑制了人们对商品的购买力。这对于金融市场和经济的平稳发展起了积极作用。

到1950年时，苏联的工业产值比1940年增长了73%，生铁产量为1920万吨，钢1920万吨，采煤量为2.61亿吨，石油3800万吨，这些指标已经超过了第二次世界大战前的水平。

但是农业的发展却不尽如人意。战争破坏了大量的集体农庄和国营农场，也使大量的男劳动力应征入伍或转入军事工业部门，农村的劳动力锐减。全国不少地区的集体农庄处于半瘫痪状态。1945年的农业总收获量只有4730万吨，不到战前产量的一半。

斯大林认为，要摆脱目前农业生产中的困境，唯一的办法是用事实证明"最进步的"集体化方法，恢复并加强集体农庄的管理体制。因此，1946年9月19日，苏联部长会议和联共（布）中央通过《关于消灭集体农庄中违反农业劳动组合标准章程的现象的办法》的决议，决定采取强硬措施加强集体农庄。从1947年1月1日开始，对当时全部22.2万个集体农庄中的19.8万个农庄的公有土地和宅

第七章 斯大林晚年

旁园地进行了重新丈量，把查出来的已被人转作宅旁园地的公有土地或集体农庄土地重新归还给集体农庄，没收与集体农庄没有什么生产联系的人的牲畜和其他财产，把它也划归给集体农庄。

但是，自20世纪20年代末30年代初开始的强行把农民赶进集体农庄的做法，农民本来就很反对。斯大林自己在1942年8月与丘吉尔谈起这种做法时也承认，实行"集体农庄政策是一场可怕的斗争"，尽管不断向农民解释搞集体农庄的好处，但农民"常常这样回答：他不要集体农庄，他宁愿不用拖拉机耕地"①。这是农民心灵深处某种天然的抗体。

1946年，苏联农业又雪上加霜，遭遇了严重的干旱天气，这一年的粮食产量比1945年还少，只有3960万吨，农村出现了严重的饥荒。被誉为苏联"粮仓"的乌克兰也不例外。斯大林规定，1946年，乌克兰必须向国家交售4亿普特粮食。当时，担任乌克兰部长会议主席和乌克兰共产党中央委员会第一书记的赫鲁晓夫费了好大劲，也只完成了一半的征购任务，遭到斯大林的严厉批评。赫鲁晓夫因此被解除了乌共中央第一书记的职务，只担任乌克兰部长会议主席。大家都在挨饿，规定的征购任务又完不成，怎么办？乌克兰的库尔斯克州一些地方率先想出了承包到组的办法，即把集体农庄的耕地、农具和牲畜，在一年或一个轮作期内，固定承包给劳动小组，而劳动小组单独向国家采购站交售粮食，独立核算、自负盈亏。赫鲁晓夫暗中支持这一做法，但他怕担政治风险，于是就让库尔斯克州去总结、宣传和推广。赫鲁晓夫的得力助手、乌克兰农业部部长马茨凯维奇及时总结并在乌克兰推行承包到组的做法。承包到组的做法大大激发了农民对土地的热爱和生产积极性，产生了奇迹般的效果，1947—1948年农业连连丰收，1948年上交的粮食比战前的1940年还多3300万普特。

这一做法也得到了当时联共（布）中央政治局委员、中央书记（主管农业）安德列耶夫的支持，《真理报》也发表文章赞扬这一做法。很快，这一做法在全国农村许多地方开始推广起来。但是，这与集体农庄的经济体制和集体化程度越

---

① 参见丘吉尔《第二次世界大战回忆录》第4卷下部第3分册第733—734页。

大越好显然是相矛盾，而且还有可能触及集体农庄所有制的地位。因此，斯大林明确反对这种做法。于是，承包到组的做法被强行禁止。库尔斯克州委因此改组，安德列耶夫也被免职。

赫鲁晓夫倒没有受到冲击，而且升了官，调任联共（布）中央书记兼莫斯科市和州委第一书记，主管农业。他又想出了一新花样，在全国合并集体农庄，建成农业城镇。这一工作从1949年底开始，1950年便在全国大规模展开。经过合并，全国集体农庄数从1950年的25万多个减少到1952年9月的9.7万多个。赫鲁晓夫自己在1951年3月4日的《真理报》上撰文说，合并集体农庄能充分利用农业机器和科学技术，为社会主义农业的更加巨大的高涨创造有利条件，可以减少行政机关的管理层次，精减人员，加强领导，调动农民的生产积极性。因此，目前"最重要的一个是把小村庄迁到一起，建设新的集体农庄村镇，建立这些村镇的公共设施"。①

斯大林看了这篇文章后，很气愤，表示不同意迁并小村庄，搞所谓的集体农庄村镇，《真理报》编辑部因此挨了批评。

赫鲁晓夫这次是费力不讨好。本来他想在斯大林追求公有制大而纯的框子里，去极力迎合农民要求个体自由发展的愿望，但要农民大批拆迁并入村镇，放弃原有的宅旁园地，这与农民本身恋土情结相矛盾。另一方面，建成大规模的村镇后，按照计划，还要建造与之相配套的居民生活设施，如幼儿园、医院、邮局、商店、疗养院及十年制学校等，这需要大量的经费。大量的经费用于这些生活设施的建设，这无疑为本来就很困难的国家财政增加额外负担。因此，它也不符合斯大林要求缩减农民消费、支援国家工业建设的想法。所以，搞的合并集体农庄运动，很快就受到公开批判，并被紧急刹车。

这样，农业集体化的管理体制就被不折不扣地得到恢复和巩固。这种强行把农民捆绑在集体农庄内、强行农民接受集体农庄的耕作制度和分配制度的做法，虽然可以稳固集体农庄本身，但它终究激发不起农民的劳动热情。可想而知，缺

---

① 参见《赫鲁晓夫言论》第2集，世界知识出版社1964年版，第269—270页。

乏了人的奋斗，集体农庄的劳动生产率是高不了的。因此，战后苏联农业的恢复和发展非常缓慢。据统计，到 1950 年时，集体农庄的劳动生产率只相当于战前 1940 年的 99%，直到斯大林逝世时的 1953 年，苏联全国的粮食总产量还低于第一次世界大战前 1913 年的水平。① 因此，战后斯大林尽管采取了许多措施来恢复和发展苏联的国民经济，并且也取得了一定成效，但他为此所采取的政策、他的思维模式并没有改变。自 20 世纪 30 年代以来确立的斯大林模式不仅没有改变，反而在战后得到了巩固和加强。

"日丹诺夫消毒水"

战争结束后，斯大林在原有模式基础上着手恢复和发展苏联国民经济的同时，仍旧按照阶级斗争尖锐化的理论，在意识形态领域中又开始拧紧阶级斗争的"螺丝钉"，开展了一系列批判运动。这一批判运动既是斯大林在 20 世纪 30 年代开展的批判运动的继续，是对 20 世纪 30 年代形成的文化体制的确认和巩固，又具有战后时期的鲜明特点。战后意识形态领域里的一系列批判运动，是由斯大林亲自发动的，但又是由当时地位仅次于斯大林、在党内主管意识形态的联共（布）中央书记日丹诺夫亲自贯彻的，所以明显带有日丹诺夫主义的色彩。苏联学术界因此戏称此为"日丹诺夫消毒水"②。

战后意识形态领域里的一系列批判运动，首先是从文学艺术领域里开始的。

早在 1925 年，俄共（布）中央就曾通过了《关于党在文学方面的政策》的决议，规定：党对科学文化事业，特别是文艺事业只"进行一般的领导"，而不作具体繁琐的管束；要团结"同路人"，"对于一切可能而且一定会同无产阶级一

---

① 参见《苏联社会主义经济史》第6卷，东方出版社1986年版，第146—148页。
② 参见尤里·阿法纳西耶夫《别无选择》，辽宁大学出版社1989年版，第559—580页。

道前进的文学团体"和思想文化力量,应做到"最大的周到、慎重和忍耐","避免使用命令的语气";应让各文艺团体和流派展开"自由竞赛","党不偏袒",也不应支持文学形式方面的某一派别;领导文学要靠马克思主义的文学批评,反对"对文学事业专横的和外行的行政干涉"。[①] 但是,这一决议到20世纪30年代就实际上被破坏了:各种各样的文学艺术团体和流派不复存在,在组织上都统一到了在全苏范围具有行政职能的苏联作家协会中;各种各样的文艺纲领和主张也归于统一,被纳入了社会主义现实主义文艺理论和创作方法的轨道;原有各流派和团体的刊物在联共(布)中央1932年4月通过的《关于改组文学团体》的决议后也都相继停刊。从此,苏联文学艺术从20世纪20年代的活跃繁荣走上了20世纪30年代的单一模式化的道路:题材上只准写生产建设方面的,而对于社会生活的其他方面则多有禁忌,稍有不慎,就会被扣上脱离现实生活、离开"火热斗争"的帽子;人物描写只准写人在生产建设中的表现,至于人性格中的喜怒哀乐、人性中的友谊爱情则有种种清规戒律;体裁只能选择正剧和喜剧,讽刺幽默亦有诸多大忌,悲剧则完全不能写。凡此等等,归结为一句话,就是将社会主义现实主义文艺理论简单片面地强调为文艺的纯教育功能,而对文艺本身的多功能性、多样性及其客观性则人为地予以强行禁止。

在二战时,联共(布)未顾上对文艺领域的强有力的领导,对文艺创作领域里的行政干预有所放松,于是在缝隙中,长出了一些小花。其中最为著名的有擅长写讽刺幽默作品的左琴科和女诗人阿赫玛托娃。左琴科早在20世纪30年代就蜚声文坛。他的讽刺幽默作品,以民间传说讲故事的形式,形象生动地把一个个小故事加以放大,引起读者的思考。他的《猴子奇遇记》,讲述的是一群猴子在苏联各地旅行、看到苏联各城市里生活那么困难、决定回到原来生活的森林中去的故事,通过这个故事对苏联社会的一些丑陋现象进行了评议和讽刺。阿赫玛托娃早在十月革命前就出版了《黄昏》《白色的云朵》等诗集。20世纪30年代觉得写抒情诗不行了,就潜心于古典诗歌的研究。卫国战争期间和结束后,她又写了

---

① 参见《"拉普"资料汇编》上册,中国社会科学出版社1981年版,第317—321页。

许多抒情诗,沉浸于对祖国、对历史、对个人命运的思考。

他们的作品很多发表在《星》和《列宁格勒》两家杂志上(如《猴子奇遇记》载于1946年第5—6期《星》杂志)。显然,他们的作品与党现行的文艺政策是不合拍的。

于是,斯大林便指示日丹诺夫:"对缺乏思想性的东西必须进行打击……文学作品中明显存在背离创作的阶级原则的倾向。请您查一两种杂志。最好是在列宁格勒……"① 日丹诺夫行动很迅速,很快在列宁格勒找出了《星》和《列宁格勒》两家杂志。

1946年8月9日,由联共(布)中央组织局召集苏联作协领导人吉洪诺夫、阿·苏尔科夫以及列宁格勒市委主管部门负责人、《星》和《列宁格勒》杂志主编等人开会,斯大林亲自出席了这次会议。会议由日丹诺夫作主题讲话,指出两杂志的错误,痛斥了左琴科和阿赫玛托娃等作家的"错误",其间斯大林多次插话,定下了批判他们的调子。② 会后由日丹诺夫主笔,起草决议文本。

8月14日,联共(布)中央通过了日丹诺夫起草的《关于〈星〉和〈列宁格勒〉两杂志》的决议。决议批评联共(布)中央宣传鼓动部部长亚历山德洛夫有"失职行为"、列宁格勒市委对两杂志的错误包庇纵容,指责以吉洪诺夫为首的苏联作家协会理事会有"自由主义"的错误,而《星》和《列宁格勒》两杂志则没有"责任感",发表的作品渗透着"对现代西欧资产阶级文化俯首崇拜的精神"。决议对左琴科和阿赫玛托娃等人进行了极其粗暴的谩骂和讨伐。称左琴科为"文学的无赖和渣滓",斥责他的作品"专门鼓吹腐败的无思想性、低级趣味和不问政治的习气",是些"空洞的、无内容的和庸俗的东西"。而阿赫玛托娃则被日丹诺夫痛骂为"并不完全是尼姑,并不完全是荡妇,说得确切些,而是混含着淫秽和祷告的荡妇和尼姑",是"与我国人民背道而驰的空洞的无思想的诗歌的典型代表"。③

---

① 参见沃尔科戈诺夫《胜利与悲剧》第2卷第454页。
② 参见陈启能主编《苏联"大清洗"内幕》,社会科学文献出版社1988年版,第377—386页。
③ 参见《苏联文学艺术问题》,人民文学出版社1953年版,第33—69页。

斯大林传

决议责令停办《列宁格勒》杂志，改组《星》杂志编辑部，任命中央宣传鼓动部副部长耶哥林为该杂志主编。不久，又假借苏联作协名义，把左琴科和阿赫玛托娃开除出了苏联作协，禁止他们发表作品。

接着又对戏剧界开了刀。8月26日，联共（布）中央又通过了《关于剧场上演剧目及其改进办法》的决议，指责1945—1946年间上演的戏剧，"过分热衷于上演历史题材"和"外国资产阶级剧作家"的剧本，许多剧作家对现代生活的一些根本问题无动于衷，沉湎于描绘一些落后、消极的现象，丑化了苏维埃人的形象。9月4日，又通过了《关于电影〈灿烂的生活〉》的决议，谴责这一电影剧本的作者和导演"丑化"苏联社会，对自己的职责采取"不负责任的态度"，决定禁映《灿烂的生活》第2集。

1948年1月，日丹诺夫又对音乐领域进行了批判。他召集苏联音乐工作者开会，并在会上作了发言，对苏联音乐界进行了无情的批判，指责苏联音乐工作者、作曲家沉醉于资产阶级的腐朽文化。2月，联共（布）中央通过了《关于穆拉杰里的歌剧〈伟大的友谊〉》的决议，对苏联部长会议艺术工作委员会、作曲家协会组织委员会及包括后来被公认为"苏联音乐一代典范"的音乐家肖斯塔科维奇在内的一大批作曲家和音乐家进行了无情的批判。指责他们追捧"颓废的形式主义音乐"，他们的音乐"强烈地散发着当代欧美现代派资产阶级音乐的气息"，并把他们的这种所谓"形式主义倾向"斥为"反民主的""反人民的倾向"。①

除了文学艺术领域外，在哲学、经济学以及自然科学等领域也开展了一系列的批判运动。自从20世纪30年代斯大林领导对德波林学派的政治批判和强制镇压以后，苏联基本上没有出版什么有独立见解的哲学论著，哲学界的主要注意力都放在了注释斯大林的著作方面。高校也停止了开设哲学课（人文学科除外），全国自1944年《在马克思主义旗帜下》杂志停刊后到1947年《哲学问题》创刊前，连一本哲学期刊也没有。

---

① 参见《苏联文学艺术问题》第125—132页。

战争期间，联共（布）中央宣传鼓动部部长亚历山德洛夫写了一本《西欧哲学史》教科书，作者在叙述西欧哲学发展的历史时，对不同时期有代表的哲学家的思想和历史地位进行了应有的肯定。这是作者长期研究哲学史的成果，是一本有价值的书，被哲学界推荐为高校教材，并被推荐给斯大林奖金委员会，参加1947年斯大林科学奖金的评选。

斯大林立即召见日丹诺夫、米丁、尤金、波斯佩洛夫和亚历山德洛夫等人，对《西欧哲学史》和当时一些哲学问题发表了一系列意见，指责亚历山德洛夫的书存在"资产阶级客观主义"，背离了党性原则。

经斯大林提议，1947年6月，联共（布）中央召开了大型哲学讨论会，有100多名哲学家参加，对亚历山德洛夫的错误展开了批判。日丹诺夫在会上作了总结发言，指责亚历山德洛夫"把资产阶级哲学家捧上了天"，成了"资产阶级哲学家的俘虏"。日丹诺夫说，由于亚历山德洛夫本人的严重错误，把整个哲学界变成了一潭死水，变成了一个远离战场的、无声无息的宿营地。日丹诺夫要求彻底改变哲学界的现状，坚持党性原则，去掉"工作中非战斗性的速度，去掉衰颓的作风……要像马克思、恩格斯、列宁那样工作，像斯大林那样工作"。[①]

会后，亚历山德洛夫被免去中央宣传鼓动部部长职务，米·安·苏斯洛夫被任命担任此职。

在经济学界的批判运动，主要围绕对苏联科学院世界经济和政治研究所所长瓦尔加的批判而展开的。瓦尔加是苏联著名经济学家，自20世纪20年代起就专门研究资本主义经济和国家垄断资本主义的作用和影响，并因此在苏联国内外的经济学界享有较高的声誉。1946年他出版了《第二次世界大战后资本主义经济的变化》一书。瓦尔加在书中认为，当代资本主义正在发生一系列显著的变化：垄断资本主义国家为了自身的生存和全体垄断资本家的利益，也有可能采取措施进行调整，限制某些垄断资本的利益；资本主义国家，也会在一定条件下实行某种

---

① 参见日丹诺夫《在关于亚历山德洛夫著〈西欧哲学史〉一书讨论会上的发言》，人民出版社1954年版，第2—40页。

类型的计划经济。

瓦尔加的观点言之有理，持之有据，是他经过几十年的精心研究得出来的，但它却不符合斯大林关于资本主义总危机的理论。所以，他的书出版后，很快受到了批判，称他"犯了资产阶级改良主义性质的严重错误"，1947年被撤销世界经济和政治研究所所长、苏联科学院主席团委员和《世界经济和世界政治》杂志主编职务，《世界经济和世界政治》杂志被勒令停刊。

战后的批判运动还扩及到了人文科学和自然科学的各个领域，其中最为典型的是在生物遗传领域中展开的批判斗争。

早在20世纪30年代，在斯大林支持下，就展开了对摩尔根遗传学的批判，李森科等人对摩尔根遗传学理论持全盘否定的态度，把它斥之为资产阶级学说，把生物学界持不同观点的学派一概斥之为唯心主义的、"反动的""反民族的""伪科学"。在李森科等人的围攻、打击下，包括瓦维洛夫在内的一大批生物学家遭到批判、撤职、逮捕甚至杀害。从此，李森科派在苏联鸡犬升天。1938年，李森科取代瓦维洛夫担任了全苏农业科学院院长，并于1940年兼任了苏联科学院遗传研究所所长职务。1939年，李森科还与斯大林、维辛斯基一起当选为苏联科学院院士。李森科本人还前后8次获得列宁勋章、3次获得斯大林奖金并被授予社会主义劳动英雄称号。

1945年11月5日，李森科在全苏各地育种站的工作人员会议上作了题为《自然选择与物种内部竞争》的报告，公然否定达尔文主义的进化论，宣称"物种内部的竞争是不存在的"。

苏联许多生物学家们对李森科的观点强烈地表示反对，并在联共（布）中央科学处处长尤里·日丹诺夫（安·日丹诺夫的儿子）的支持下，在一些刊物上和大学讲堂上公开对李森科的观点进行了批判。1948年4月10日，尤里·日丹诺夫还亲自在莫斯科定期举行的一个讲习班上作了《关于当代达尔文主义的争论问题》的报告，讲了生物学的现状和李森科的错误。

李森科对此非常气愤，于4月17日立即致信斯大林和安·日丹诺夫，以一副遭到狼威胁的不幸羔羊的样子，请求他们俩对他给予帮助并对诋毁他的人进行惩治。①

于是，斯大林于1948年7月召见了李森科。李森科向斯大林保证尽快改善农业战线的状况，但请求领导人能帮帮他，而不要使他的名誉受到损害，使他的工作受到干扰。李森科还信誓旦旦地说，如果取缔摩尔根、魏斯曼、孟德尔等人始创的对社会主义事业极为有害的资产阶级唯心主义遗传学，米丘林派学者就会精神振奋，尽快开展自己的工作并全力以赴去提高农业的产量。斯大林听了李森科的一番表白之后，觉得李森科这样看问题是正确的，表示将支持他，并指示召开全苏农业科学院会议（8月会议），在会上以党的名义宣布禁止遗传学的研究。

李森科立即准备了一个《论生物学现状》的报告，送交斯大林审阅。斯大林亲自修改了这份报告，删掉了其中的第二部分，标题为《资产阶级生物学基本理论的虚伪性》。针对李森科提出的"任何科学都具有阶级性"这种观点，斯大林在旁边写道："哈—哈—哈……那么数学呢？那么达尔文主义呢？"李森科在报告中的一部分还批判了摩尔根和约翰森（丹麦植物学家和遗传学家），斯大林对这个地方也作了反驳，他写道："那么魏斯曼呢？"在斯大林作了这个标记之后，李森科和他的助手们又往报告里补充了12段批评魏斯曼的文字。斯大林把各处的"资产阶级"字眼儿都划掉了。比如，李森科报告中的"资产阶级世界观"被替换成了"唯心主义世界观"，"资产阶级遗传学"变成了"反动的遗传学"。这表明，斯大林放弃了20世纪20—30年代坚持的任何科学都具有阶级性的观点。②看来，美国和英国物理学的发展和原子弹的制造成功，大大影响了斯大林的世界观。7月29日，全苏农业科学院会议开幕，李森科作了报告，有恃无恐地对坚持摩尔根遗传学观点的学者发动了猛烈攻击。会议之后，李森科进一步对摩尔根遗传学派采取了一系列行动：禁止各学校讲授摩尔根遗传学说，封闭该学派的实验室，撤销该学派学者担任的一切行政职务，并将这一学派定性为"反动的""资

---

① 信的全文载于苏联《星火》杂志1988年第1期和第2期，中译文参见陈启能主编《苏联"大清洗"内幕》第262—264页。

② 参见罗伊·麦德维杰夫、若列斯·麦德维杰夫《斯大林鲜为人知的剖面》，新华出版社2004年版，第231页。

产阶级伪科学"，甚至把这一学派的学者称之为"人民的敌人"。

1948年8月31日，日丹诺夫猝然去世，但意识形态里的批判运动并未停止，比如在语言学领域中对马尔学派的批判。对马尔语言学派观点是是非非的讨论，本来也完全可以作为一个具体的学术问题来对待，但斯大林还是以一个最终裁判官的身份，自1950年6月20日至8月2日，在《真理报》上接连发表了《论语言学中的马克思主义》《论语言学的几个问题》和《答同志们》三篇文章（后来结集名为《马克思主义和语言学问题》），对马尔的语言学理论进行了批判。斯大林在正确地批评了马尔语言学说中的错误的同时，也表述了自己固有的形而上学的观点，否定了马尔在语言学上有价值的东西，并把马尔学派一棍子打死。由于斯大林的表态，苏联语言学领域由原来的马尔学派的独家统治倒向了另一极端，即由斯大林语言学派对其他不同学派的独家统治，结果是语言学家们按照斯大林的思想，踩着斯大林的脚印，认真细致地做着注释工作。

战后苏联在意识形态领域里的一系列批判运动，实际上是有其理论根源的。斯大林和日丹诺夫等人认为，资产阶级世界的文化正在由于资本主义制度的衰颓和腐朽而日益走向没落，现在已进入了"资产阶级文化腐朽和瓦解的时代"。现在苏联已建成了社会主义，并在逐渐向共产主义时代过渡。因此，人们必须全盘抛弃那种已经腐朽没落的资产阶级文化，在纯而又纯的意识形态环境中建立起社会主义文化。这也是关乎社会主义能否战胜资本主义的生死存亡的问题。但是，现在西方的腐朽思想和文化远未在人们头脑中肃清，因此，必须拧紧阶级斗争这根弦，用强制手段肃清人们头脑中的毒素，刨掉其祸根。

全盘否定西方资本主义的文化遗产，甚至连战后西方新出现的诸如系统控制论、量子力学等也在苏联遭到批判和排斥，这实际上是将社会主义文化简单化、庸俗化。用事先设定的框框、用僵化的教条主义理论、以粗暴的行政干预和领袖出面最终作出裁决的方式苛责于学术界，它既不会促使学术繁荣，也不会创作出完美无缺的作品，相反，它只会使学术研究千人一面或者一片荒芜，只会使20世纪30年代就已形成的高度集中的文化体制得到进一步巩固和发展。

第七章　斯大林晚年

列宁格勒案件

1948年12月25日,联共(布)列宁格勒州委第十次代表大会和列宁格勒市委第八次代表会议举行联席会议,对列宁格勒8年来的工作进行总结,拟定新任务和选举党组织的领导机构。波普科夫再次当选州委和市委第一书记,巴达耶夫和卡普斯京都当选为第二书记。但他们都不是全票当选,波普科夫得了四张反对票,巴达耶夫和卡普斯京分别得了两张和十五张反对票,只是当计票委员会主席吉洪诺夫在报告选举结果时却仍然宣布所有这些人都是全票当选。

会议结束后,一个计票委员会的委员向联共(布)中央写了一封匿名信,称列宁格勒市委和州委领导班子选举时在计票上弄虚作假,愚弄会议代表。

斯大林收到匿名信后很气愤,立即责成马林科夫处理这件事。1949年2月初,马林科夫相继召见了吉洪诺夫(当时任列宁格勒市重工业部部长)、波普科夫等人。2月15日,联共(布)中央政治局召开会议,作出了关于阿·亚·库兹涅佐夫、米·伊·罗季昂诺夫和波普科夫反党活动的决定。库兹涅佐夫原是列宁格勒州委和市委第一书记,离任后调升为联共(布)中央书记兼中央组织局委员;罗季昂诺夫是俄罗斯联邦部长会议主席。决定指责他们三人反对列宁主义的工作方法,走上了对抗党中央的派别活动的道路,并擅自非法在列宁格勒举办全苏批发交易会,挥霍商品储备,给国家造成了物质损失。

联共(布)中央政治局会议后,斯大林又

马林科夫

召见了马林科夫，要他立即去列宁格勒，并指示道，列宁格勒一连串的事态表明，"列宁格勒领导人活动的危险信号已经够多的了，再也不能不作出反应。马林科夫同志，您去走一趟，把一切情况了解清楚。贝利亚同志那里还有些材料……"①

  马林科夫接受指示，立即启程奔赴列宁格勒。2月22日，马林科夫在列宁格勒州委和市委联席会议上作报告时，宣布了联共（布）中央关于库兹涅佐夫、罗季昂诺夫和波普科夫反党活动的决定，并给列宁格勒领导人罗织了一长串罪名，对他们提出了一个又一个指控。其中最为致命的是马林科夫对全苏批发交易会一事的指责。这次交易会举办于1949年1月10—20日，是由俄罗斯联邦部长会议批准并由俄罗斯联邦商业部组织的，事先也征得了列宁格勒市苏维埃执委会的同意。其他各加盟共和国的代表也应邀出席了这次交易会。这样，交易会就从区域性变为全苏性，而全苏性的活动是要经中央批准才可以举办的。马林科夫抓住了这次交易会未经中央批准这一点，认为这是反党小集团的行为，是列宁格勒党组织与中央分庭抗礼的表现。库兹涅佐夫、波普科夫等人企图阴谋建立一个俄罗斯共产党，步季诺维也夫的后尘，以列宁格勒党组织的力量与中央相对抗。

  会议决定撤销波普科夫的列宁州委和市委第一书记职务，并给予党内警告处分；卡普斯京、吉洪诺夫等人也都被统统撤职。最后，马林科夫以党中央的名义推荐联共（布）中央组织局委员安德里阿诺夫担任列宁格勒州委和市委第一书记。

  安德里阿诺夫上任后，把一大批亲信调到了列宁格勒，安插在关键的岗位上，并对列宁格勒从上至州委，下至许多企业、高等院校的领导人进行了大换血。据统计，仅1949—1951年，列宁格勒州和列宁格勒市就撤换了2000多名领导干部。

  1949年3月，曾经在列宁格勒工作过的沃兹涅先斯基被撤销政治局委员、苏联部长会议第一副主席、国家计划委员会主席职务。沃兹涅先斯基是个著名的经

---

① 转引自沃尔科戈诺夫《胜利与悲剧》第2卷第488页。

济学家和联共（布）党的领导人，曾于1935—1937年担任过列宁格勒市计划委员会主席和市苏维埃副主席。1938年起，沃兹涅先斯基就任苏联国家计划委员会主席，次年当选为中央委员和苏联人民委员会副主席，1941年2月起任职共（布）中央政治局候补委员和苏联人民委员会第一副主席。卫国战争爆发后，他领导苏联人民为扩大工农业生产、保证苏联军民供应、打败法西斯侵略作出了杰出贡献。斯大林很欣赏沃兹涅先斯基的学识和才干，战后仍让他担任苏联部长会议第一副主席并提升他为中央政治局委员。

但是，沃兹涅先斯基是较少几个有独立见解的人。战后，在制订国民经济发展计划时，认为指令性计划已不能适应战后和平经济建设工作的需要，要求调整计划工作，反对再向集体农庄庄员征收新税。他也曾经好几次要求削减军事工业和特种重工业部门（由贝利亚把持）的拨款，压缩这些部门的原材料供应，使国民经济能够综合平衡地发展。他甚至敢于书面顶撞贝利亚，直截了当地申述自己的理由。本来贝利亚、马林科夫等人就把沃兹涅先斯基看作自己政治舞台上的竞争对手，千方百计地想搞掉他。这次看来是一个机会，于是贝利亚和马林科夫不断在斯大林耳边"吹风"。开始时，斯大林犹豫不决，没有听信他们两人对沃兹涅先斯基的诽谤。库兹涅佐夫、罗季昂诺夫和波普科夫三人被"揪"出来后，斯大林最终下定了决心，并指示由贝利亚、阿巴库莫夫（国家安全部部长）和马林科夫调查处理沃兹涅先斯基的问题。

贝利亚、阿巴库莫夫很快整理出了一大摞材料，称凡是在列宁格勒工作过、后来调到全国各地担任领导工作的人，都是库兹涅佐夫安插的亲信，他们阴谋结成反党集团，在党内进行破坏活动，使列宁格勒党组织脱离联共（布）中央。斯大林看了他们两人送来的材料后，没有征询其他政治局委员的意见，也没有通过正常的司法程序，就下令逮捕"人犯"。于是便诞生了"列宁格勒案件"。

逮捕浪潮是1949年夏天开始的。第一个（7月23日）被捕的是卡普斯京，他被指控为英国情报机关的间谍，依据是他于1935—1936年在基洛夫工厂当工长时，曾作为进修人员到英国学习蒸汽涡轮机的生产技术。8月，库兹涅佐夫和波普科夫也被捕入狱。9月12—13日召开的中央全会又以沃兹涅先斯基擅自降低

斯大林传

1949年第一季度工业生产指标、丢失国家计委文件、同列宁格勒反党集团有联系等罪名，决定把他开除出中央委员会，并追究其法律责任。沃兹涅先斯基于10月27日被捕。在被捕前，他和另外几位列宁格勒人给斯大林写了一份报告，说明他们完全无辜，但这也没用。沃兹涅先斯基利用被捕前的剩余时间写完了自己的主要著作《共产主义政治经济学》，但没有来得及出版。之后，罗季昂诺夫、拉祖京（列宁格勒市执委会主席）等人也相继被关入铁窗。

贝利亚、阿巴库莫夫对被捕的人进行了残忍的刑讯逼供，迫使他们在指控的"罪状"供词上签字画押。本来1947年5月26日，苏联最高苏维埃主席团已发布了废除死刑的命令，但时隔不到3年，苏联最高苏维埃主席团又于1950年1月12日颁布了《关于对祖国叛徒、间谍和怠工破坏者施用死刑》的命令。

1950年9月29—30日，苏联最高法院军事法庭在"军官之家"大厦对列宁格勒案件进行了公开审理。几乎所有的人都没有为自己作什么辩解，默默地承认了对他们的指控，只有库兹涅佐夫在最后一次发言中说："我过去是布尔什维克，今后也还是布尔什维克。无论给我什么判决，历史将宣布我们无罪……"

法院在最终判决时宣布："库兹涅佐夫、波普科夫、沃兹涅先斯基、卡普斯京、拉祖京、罗季昂诺夫……承认犯有以下罪行：1938年结成反苏集团后，在党内进行破坏活动，其目的是使列宁格勒党组织脱离联共（布）中央委员会，使之成为与党和党中央委员会作斗争的支柱……为了达到这一目的，他们在列宁格勒组织的党员中煽起对联共（布）中央采取的各项措施的不满情绪，散布诽谤性的言论，暴露出叛卖性的意图……同时大量挥霍国家资金。从案件的材料中可以看到，所有被告在预审时以及在庭审时都承认了自己的全部罪行。"[①]

10月1日零时59分，法庭宣布了早就拟定好了的判决书，沃兹涅先斯基、库兹涅佐夫、罗季昂诺夫、波普科夫、卡普斯京、拉祖京被判处枪决，并于凌晨2时执行。接着各地区也举行审判，列宁格勒州和市的大批党政领导干部被判死刑。在其他市和州工作的一些列宁格勒人也被判枪决，如俄罗斯联邦国家计委主

---

① 转引自沃尔科戈诺夫《胜利与悲剧》第2卷第491页。

席巴索夫、克里木州州委第一书记索洛维约夫、雅罗斯拉夫尔州州委第一书记图尔科、摩尔曼斯克州州委第二书记韦尔比茨基、斯大林格勒州州委第一书记斯莫罗金等人。因"列宁格勒案件"被判刑和枪决的人有200余人。

这也是一起大冤案。斯大林逝世后的1954年4月，苏联最高法院就推翻了此案，为受害者平了反，并于同年12月将制造该案的阿巴库莫夫判处了死刑。1988年3月，苏共为该案的所有受害者恢复了党籍。

从"蜜月"到对峙

在第二次世界大战中，由于反法西斯斗争的共同需要，苏联与西方盟国结成了同盟。斯大林在德黑兰、雅尔塔和波茨坦三次与英、美首脑坐在一起，共同友好地商讨战事和战后世界事务的安排。在这一"蜜月"时期，斯大林与英、美首脑秘密商定了各自的势力范围。最早的一次是1944年10月丘吉尔访苏时曾与斯大林达成的战后西方国家和苏联对巴尔干各国影响的百分比协议。后来又在雅尔塔会议上秘密决定诸多小国和战败国的命运，战后新的世界格局便在此基础上形成了，因此，人们称之为雅尔塔格局或雅尔塔体系。这个体系一直延续了40多年。

战争结束后的初期，斯大林一方面仍想维护战时同盟，竭力维护在雅尔塔等会议上同英、美达成的战后处理德国、波兰及划分欧洲和远东势力范围的协议，保护自己已经获得的各种既得利益和势力范围。另一方面，斯大林根据大国间已达成的秘密协定，开始把东欧各国纳入其势力范围，并对东欧各国的政府组成及其内外政策施加程度不同的影响，大有把西方对东欧各国的影响完全消除、由自己完全控制东欧各国的势头。而按照丘吉尔和斯大林1944年10月达成的秘密协定，英国和西方其他国家将在巴尔干国家保留不同程度的影响：罗马尼亚10%，南斯拉夫50%，匈牙利和保加利亚各20%。但是，在二战后期，苏联凭借其强大的红军，在这些国家内（除南斯拉夫外）横扫了法西斯势力，解放了这些国家的国土。由于罗马尼亚、保加利亚和匈牙利是战败国，盟国在这些国家内成立了军事管制委员会，委员会主席都由苏方代表担任，对国家政府组成及内外政策有最后决定权。南斯拉夫基本上是依靠铁托领导的人民军取得解放的，苏联对它的影响相对小一些，但南斯拉夫共产党已是国内的领导力量，苏联可以通过党的关系进行控制。阿尔巴尼亚的情况与南斯拉夫基本相同。波兰问题是战争期间盟国争论最多的问题。它自身就存在两个政府：一个是受苏联支持的波兰国内的临时政府，另一个是受英、美支持的在伦敦的波兰流亡政府。波兰临时政府和伦敦流亡政府之间，苏联和英、美经过反复磋商，最后才于1945年6月在波兰政府组成上达成协议，决定在临时政府基础上成立波兰民族统一临时政府。在21名内阁成员中，16名是原华沙临时政府成员，只有3名来自伦敦流亡政府，2名来自波兰国内其他政治组织。捷克斯洛伐克也是由苏军和在苏组建的捷军解放的。在捷政府组成问题上，斯大林还专门把流亡政府领导人贝奈斯、捷共及捷的其他党派领导人召到莫斯科，讨论成立了以工农联盟为基础的民族阵线联合政府。在25名政府成员中，捷共占了8名（其中包括内务、新闻等关键部门和两个副总理职务），国防部长则由同共产党合作的无党派人士斯沃博达（后来加入了捷共）担任，总理则由捷共提名的候选人、捷社会民主党左翼领导人费林格担任。新政府宣布以共产党拟定的民族阵线纲领作为施政纲领。而德国东部的苏占区，则完全由苏联控制。

上述东欧诸国的形势，已足以保证苏联能在这些国家施加足够的影响，达到控制东欧诸国的目的。更何况，随着东欧各国的相继解放和新政府的组成，苏联已派出了大量人员充当各国政府部门和军队的顾问，又在各国布下了克格勃的网点。所有这些都为苏联控制东欧提供了可靠保障，而西方对苏联有可能独霸东欧的情况深感不安。

1946年2月9日，斯大林在莫斯科市斯大林选区选举前的选民大会上发表演说，指出二战的发生"是世界各种经济和政治势力在现代垄断资本主义基础上发展的必然产物",是资本主义危机的结果。如果资本主义国家"能根据它们的经济实力用和平协商的办法来定期重分原料产地和销售市场,那也许能避免战祸。但是这在现今资本主义世界经济发展的条件下,是无法实现的"。因此,斯大林号召苏联人民要共同努力,恢复经济,特别是要发展重工业,增强国防力量,用三个五年计划左右的时间,使苏联拥有"足以应付各种意外事件的保障"。[①]

斯大林(前排中)与最高苏维埃军队代表团合影(1946年3月)

苏联和西方本来在意识形态方面就存在难以弥合的差异,这种差异即使在战时的"蜜月"时期也存在,只不过为更大、更迫切的需要掩盖了而已。在战争后期及战后初期,英、美看到苏联在东欧势力大增、有可能损害它们在东欧各国的利益时,忧心忡忡。早在1945年5月12日,丘吉尔在写给杜鲁门的一封信中就表露了这种心情。他在信中说:"我深切关注欧洲局势……任何人都能看到,在短期内,除驻在德国的一支适中的军队外,我们在欧洲大陆的武装力量将消失一空。而俄国人又怎样呢?……他们歪曲雅尔塔决议,他们在波兰问题上的态度,他们在巴尔干(除希腊外)的压倒优势,他们在维也纳制造的困难,他们和受他们控制与占领的国家合在一起的力量,以及共产党在其他如此众多国家所施展的手段,而首先是他们有力量在一个长时间内在战场上保持非常强大的军队,这一切都将引起我深切的关注。"

[①] 参见《斯大林文集》第472—483页。

斯大林传

斯大林1946年2月9日的讲话在西方引起了强烈反响。3月5日,正在美国访问的丘吉尔在杜鲁门总统陪同下,到杜鲁门的母校——密苏里州富尔敦城的威斯敏斯特学院(新闻学院)——发表了有关国际局势的演说,声称"不久刚被盟国的胜利所照亮的大地,已经罩上了阴影。没有人知道,苏俄和它的共产主义国际组织打算在最近的将来干些什么,以及它们扩张和传教倾向的止境在哪里。如果还有止境的话",现在"从波罗的海的斯德丁(什切青)到亚得里亚海边的的里雅斯特,一幅横贯欧洲大陆的铁幕已经降落下来。在这条线的后面,坐落着中欧和东欧古国的都城。华沙、柏林、布拉格、维也纳、布达佩斯、贝尔格莱德、布加勒斯特和索非亚——所有这些名城及其居民无一不处在苏联的势力范围之内,不仅以这种或那种形式屈服于苏联的势力影响,而且还受到莫斯科日益增强的高压控制"。丘吉尔在演说中呼吁加强英、美间的军事合作,以对付苏联的"权力和主义的无限扩张"。丘吉尔在演说过程中,杜鲁门多次带头为他鼓掌喝彩。

3月13日,斯大林对丘吉尔的富尔敦演说作出了反应,他说:"这个演说是危险的行动,其目的是要在盟国中间散播纠纷的种子,使它们难于合作。"斯大林批驳了丘吉尔对苏联控制东欧及柏林、维也纳的种种指责,指出苏联根据大国间战时达成的协议,占有德国东部、力求在东欧国家中建立"对苏联抱友善态度的政府,试问,这有什么奇怪呢?"斯大林谴责丘吉尔的演说是在进行反苏战争的宣传,"掩盖和粉饰他自己的反苏方针"。[①]

尽管丘吉尔的富尔敦演说发出了"冷战"的讯号,但斯大林仍想维持战时盟国之间已有的关系。1946年12月21日他在会见富兰克林·罗斯福的儿子埃利奥特·罗斯福时,仍然表示,美苏两国和平共处"不仅是可能的,而且是合理的、完全可以实现的。在战时最紧张的时候,政体的不同并没有妨碍我们两国联合起来并战胜我们的敌人。在和平时期,维持这种关系就更加可能了"。[②]

然而,美国总统杜鲁门于1947年3月12日在国会两院联席会议上发表后来被称为"杜鲁门主义"的咨文,阐述了美国政府对当时国际局势的估计和准备采

---

① 参见《斯大林文选》(下)第497—502页。
② 参见《斯大林文选》(下)第516页。

取的对策。他以防止"极权主义制度"蔓延为名,要求国会批准向希腊、土耳其提供4亿美元援助,并向希、土派遣文职和军事人员。他后来在自己的回忆录中说:"这是美国外交政策的转折点,它现在宣布,不论在什么地方,不论直接或间接侵略威胁了和平,都与美国的安全有关",这项政策"是美国对共产主义暴君扩张浪潮的回答"。杜鲁门这一遏制苏联的政策第一次郑重其事地公之于众,这就标志着苏联和西方的战时"蜜月"时期业已结束,"冷战"全面展开。

1947年6月,美国国务卿马歇尔又抛出了他的《欧洲复兴方案》,即"马歇尔计划"。他宣称,鉴于欧洲经济十分困难,美国有责任给予援助,以"恢复世界上行之有效的经济制度,从而使自由制度赖以存在的政治和社会条件能够出现"。马歇尔计划的目的是想通过援助的途径达到西方国家保留并加强对欧洲国家特别是东欧国家影响的目的,以遏制苏联势力在东欧各国的扩张。

"马歇尔计划"抛出后,东欧一些国家如捷、波、匈、罗、南等国表示对此感兴趣,有意接受援助来恢复本国的经济,并决定派代表出席7月12日在巴黎召开的欧洲国家讨论"马歇尔计划"的会议。苏联政府不能坐等西方借助经济手段打入东欧,渗入自己的势力范围,于是采取了措施迫使波兰、罗马尼亚和南斯拉夫在7月初就放弃了参加巴黎会议的打算,并于7月9日把最积极的捷政府领导人哥德瓦尔特和两名部长召到莫斯科。斯大林在接见他们时怒气冲冲地说,"马歇尔计划"是直接针对苏联的,如果捷政府参加这一计划,就是对苏联的敌对行为。会见后,哥德瓦尔特回到自己的下榻处,立即电告布拉格,要求政府赶快撤销出席巴黎会议的决定。所以,7月12日巴黎会议开幕后,东欧各国均未派代表出席。

为了与"马歇尔计划"相抗衡,苏联立即与东欧各国签订了一系列贸易协定,在1947年7—8月短短的一个多月间,苏联先后和保、捷、匈、波、罗等国签订贸易协定,向这些国家提供贷款,帮助它们恢复经济,以替代"马歇尔计划"可能提供的援助。西方国家把这些协定讽刺地称为"莫洛托夫计划"。

从此,苏联与西方的对峙在一步步升级。1948年1月,英、美、法在德国的占领区合并为一个统一的西占区,并于6月18日宣布在西占区实行单独的币制改革。第二天，斯大林授权德国苏占区苏联军政府发表声明，禁止把西占区发行的新货币带进苏占区和大柏林区，并决定对西方国家进入柏林的通路实行交通管制，即中断西占区和苏占区、柏林之间的水陆交通运输。于是西方（主要是美国）从6月25日起不得不开辟大规模的所谓"空中走廊"，向250万西柏林居民运送粮食、煤炭等生活必需品。

在柏林危机期间，西占区也对苏占区实行了反封锁。美、英、法在西占区加紧筹建西德国家，而苏占区也在加紧酝酿成立德意志民主共和国。双方关系都很紧张。美国还借口"柏林危机"，从本土派出了两个B—29型轰炸机大队（共60架，携带原子弹）进驻英格兰，对苏联进行核威胁。但西方的真正目的也不在战争，而是在于从中捞取其利益，因而不久便开始同苏联举行了谈判。8月2日和23日，斯大林两次会见美、英、法三国驻莫斯科大使，建议用柏林苏占区的德国马克取代西占区新发行的货币，同时解除所有对柏林的交通限制。双方就斯大林的建议多次进行了会谈，但毫无结果。1949年1月，斯大林在接见美国国际新闻社欧洲分社社长金·斯密斯时表示，如果美、英、法同意把建立单独的西德国家推迟到研究整个德国问题的外长会议召开的时候，苏联可考虑取消交通限制，但同时要取消美、英、法三大国所实施的运输和贸易的限制。[①] 这表明斯大林的态度已发生变化，不再把柏林问题和币制改革问题联系在一起。美国趁机指示其驻联合国代表，秘密同苏联代表进行接触和会谈，最后终于达成了谅解。5月4日，苏、美、英、法签订了"纽约协定"，宣布自5月12日起结束柏林封锁。但是，德国分裂已不可避免，1949年9月，西占区宣布成立德意志联邦共和国，10月，苏占区宣布成立德意志民主共和国。

在柏林危机期间、美、英、法、荷、比、卢、加决定建立大西洋安全体系，并于1948年3月起开始就这一问题举行讨论。1949年4月4日，上述7国加上意大利、葡萄牙、挪威、丹麦、冰岛共12个国家，在华盛顿签署了北大西洋公约，后来，土耳其、希腊、联邦德国等国也相继加入了这一组织。大体上与此同

---

① 参见《斯大林文选》（下）第514页。

时，苏联也在与东欧各国签订贸易协定的基础上，开始筹建地区性经济组织。1949年1月，苏、波、捷、保、匈、罗宣布成立经济互助委员会。不久，阿尔巴尼亚、民主德国等国也加入了经互会。于是，两个阵营形成了两个世界市场。经互会执委会设在莫斯科，其主席、秘书长及其他主要负责人都由苏联人担任。它既是与西方抗衡的结果，又是苏联控制东欧各国的工具。

苏联对东欧的控制是在冷战不断升级的过程中逐步加强的。为了不让西方渗入自己的势力范围，苏联不仅在经济上采取了控制东欧的措施，而且在政治上也采取了相应的措施。

政治上的措施除派出大批苏联专家帮助东欧各国的政权建设、支持东欧各国排挤政府中的亲西方势力，让共产党独掌政权外，一个重要的措施就是决定成立欧洲共产党情报局。

1947年夏，斯大林在同日丹诺夫、莫洛托夫商量后，决定由波兰工人党出面发起召开一次欧洲9国共产党的会议，讨论合办一份情报通报性质的刊物。波兰统一工人党第一书记哥穆尔卡访苏时，斯大林把这一想法告诉了他。波兰工人党经过讨论，同意接受这一要求。

1947年9月22—27日，在波兰西南部什克拉尔斯卡—波伦巴市的小温泉场召开了欧洲9国共产党代表会议，参加会议的是：苏联共产党（布）、南斯拉夫共产党、波兰工人党、罗马尼亚共产党、保加利亚工人党、匈牙利共产党、捷克斯洛伐克共产党、法国共产党和意大利共产党。

会议召开前夕，受斯大林委托，代表联共（布）出席会议的日丹诺夫给斯大林发了一份密电，报告了会议工作组拟定的初步方案：

> 会议的工作可以从与会各国共产党的情况报告开始，然后安排会议日程。我们将提出这样几个问题：
> 1. 国际形势——我们发言。
> 2. 协调各国共产党的活动。
> 建议由波兰同志作报告。结果应当是建立一个协调中心，驻地设在华

沙。我认为在这个问题上应当特别强调自愿原则。

请指示。

安·日丹诺夫[①]

斯大林对此表示赞同。会议开幕后,日丹诺夫在会上作了《论国际形势》的报告。他在报告中,宣称世界已划分为两大敌对阵营:一是帝国主义反民主阵营,另一个是以苏联为首包括东欧国家在内的反帝国主义民主阵营。日丹诺夫号召反帝国主义民主阵营团结起来,积极投身于反帝、反右翼社会民主党、反对马歇尔计划、保卫世界和平的斗争中去。当会议讨论建立一个由到会各党组成的协调中心即情报局机构时,波、南、捷、法、意等国党表示反对。据卡德尔回忆,只有匈牙利和保加利亚的代表没有提出异议。尽管如此,会议还是成立了欧洲共产党情报局。

1948年1月中旬,共产党情报局在贝尔格莱德召开了第二次会议,会议决定成立情报局机关刊物《争取持久和平,争取人民民主!》常设编委会,由各国党各派一名代表组成,由苏共代表帕·尤金任主编。虽然参加情报局的各国党有一名代表参加编辑部,但实际上杂志的全部事务都由苏联党决定。刊物的每一期清样都由专机送往莫斯科,由联共(布)领导人亲自审阅,同意后才去付印。

情报局的后两次会议主题是批判南共。事由是由苏南冲突引起的。

南斯拉夫在二战中为粉碎法西斯作出了杰出贡献,其国土的全部解放基本上依靠的是铁托领导的南人民军。战后,铁托也奉行了与苏友好的方针,并于1945年4月率先与苏联签订了友好互助条约。斯大林曾同铁托会见过多次,并且和他进行过热情洋溢的交谈,双方关系不错。有一大批苏联军事专家和文职官员被派往南斯拉夫工作,也有许多南斯拉夫军官到苏联进修。但从那时开始,双方在一系列问题上已存在明显分歧,表现在:

第一,当得知斯大林与丘吉尔、罗斯福背着小国秘密划分势力范围、不尊

[①] 转引自沃尔科戈诺夫《胜利与悲剧》第2卷第527页。

斯大林（后排中）出席苏南友好、互助和战后合作条约签字仪式（1945年4月11日）

重小国主权的事情后，铁托对此大为不满。即使事情过去了好几年，铁托在南共"六大"提起这事时还耿耿于怀。他说，西方大国的代表"按照自己老的、司空见惯的解决世界问题的帝国主义方式"行事，是不足为怪的，但是对于一切"认为苏联是无私的，相信苏联是小国人民的保护者这种说法的人来说，这不啻是第一次道义上的打击，对苏联、对苏联政策的正确性第一次产生了强烈的怀疑感"。①

第二，的里雅斯特的归属问题。的里雅斯特地处南斯拉夫和意大利交界处，其领土归属长期以来就存在争议。大战末期南人民军解放了该地区，要求把它归属南斯拉夫。而英、美则主张该地区归属意大利。杜鲁门于1945年5月致电斯大林，希望斯大林向铁托施加压力。结果，苏联未同南斯拉夫商量，擅自同意了法国提出的南、意分界线，把的里雅斯特划分为甲乙两区，包括的里雅斯特市在内的甲区归英、美两国管辖，乙区归南斯拉夫管辖。铁托知道后极为不满，严厉批评了这种大国决定小国命运的做法。苏联政府得知铁托的批评后，不但没有接受批评，反而向南斯拉夫政府提交了一份声明。声明说："我们认为铁托同志的演说是对苏联不友好的攻击，卡德尔同志的解释不能令人满意。我国领导人对铁托

---

① 弗拉迪米尔·德迪耶尔《苏南冲突经历》，三联书店1977年版，第459页。

同志的演说是这样理解的，它不可能有其他的理解。告诉铁托同志，如果他再次容许对苏联进行这种攻击的话，我们将被迫在报纸上用公开的批评和否认来回答。"

第三，战后，南斯拉夫在经受了战争的严重破坏后急需医治创伤，恢复和发展国民经济，因此期望得到苏联的援助，而苏联也期望密切与东欧各国的经济联系。从1946年8月起，两国开始就建立合营公司问题进行谈判。在谈判中，苏联提出了种种不平等条款，并企图控制南斯拉夫的原料生产和经济命脉，遭到南斯拉夫拒绝。谈判进行到1947年2月，南斯拉夫除同意设立空运公司和多瑙河航运公司外，拒绝成立其他合营公司。

第四，巴尔干联邦问题。早在1944年11月，铁托就向保加利亚提出了建立南保联邦的倡议，并派卡德尔到索非亚去商量此事。斯大林当时原则上对此表示过同意，但英、美表示坚决反对。由于南、保在联邦的组成问题上存在分歧，双方没有达成协议。1947年谈判恢复。7月底，铁托和季米特洛夫达成了一系列协议（其中之一是关税联盟），但双方在联邦是根据南斯拉夫人意见由8个平等的共和国（其中7个是组成南联邦的共和国，另1个是保加利亚）组成呢，还是根据保加利亚人的意见由两个国家（保加利亚和南斯拉夫）组成问题上存在分歧，因此，就联邦成立一事未能达成一致意见。

1948年1月21日，季米特洛夫访问罗马尼亚。他在记者招待会上发表谈话时表示，巴尔干和多瑙河国家有必要建立一个联邦（或邦联）和关税同盟，这个问题目前还不成熟，还没有列入议事日程。等到条件成熟时（成熟是不可避免的），"我们这些国家的人民，即罗马尼亚、保加利亚、南斯拉夫、阿尔巴尼亚、捷克斯洛伐克、波兰和匈牙利等人民民主国家的人民将和希腊一起解决它"。

季米特洛夫的这一谈话在国际上引起了纷纷议论。西方国家称季米特洛夫的巴尔干联邦计划把东欧诸国和希腊都包括在内，而又几乎没有顾及苏联，这是胆大妄为之举。而苏联领导人听到他的讲话后则非常愤怒，表示坚决反对成立诸如此类的联邦。

2月8日，苏联把南斯拉夫、保加利亚领导人召到莫斯科。铁托借故身体不适，没有去，派了卡德尔、德热拉斯和巴卡里奇。保加利亚的季米特洛夫去了，还带了两位著名活动家科斯托夫和科拉罗夫。南、保代表团到了莫斯科后，苏联领导人两三天都没有理他们。会谈到2月10日晚上才开始，苏方参加会谈的是斯大林、日丹诺夫、马林科夫、莫洛托夫和苏斯洛夫。

在会谈中，斯大林批评了季米特洛夫关于成立巴尔干联邦的声明，指责南、保在外交政策上事先不和苏联商量就擅自行事。季米特洛夫申述了自己的理由，并用一种和解和近乎屈服的口气说："我们的确是错了。但是通过这些错误，我们在学习外交政策上的做法。"

斯大林接着说："学习！你在政治上已混了50年了，而现在才来纠正错误！你的问题不是错误问题，而是立场和我们不同。"

季米特洛夫被说得两耳通红，待在一旁显得垂头丧气。

斯大林接着说："什么罗马尼亚和保加利亚之间的关税同盟和联邦——这简直是胡闹！"

一提起保罗关税同盟，科拉罗夫好像想起了什么重要的事似的，他说："我看不出季米特洛夫同志有什么错误，因为我们事先曾将我国同罗马尼亚订立的条约草案送给苏联政府，而苏联政府除了关于'侵略者'的定义之外，对于关税同盟没有提出什么意见。"

斯大林转向莫洛托夫问："他们曾把条约草案送给我们吗？"

莫洛托夫不慌不忙地说："嗯，是的。"

斯大林生气而又无可奈何地说："我们也做了蠢事。"

季米特洛夫赶紧插话说："这正是我发表谈话的原因。条约草案已经送莫斯科了，我猜想你们是不会反对它的。"

斯大林生气地说："胡说！你就像一个共青团的青年那样横冲直撞。你想震惊世界，好像你还在当共产国际的书记。你们和南斯拉夫人不让任何人知道你们在干什么，什么事我们都得靠外边的传闻才知道。你们让我们面对既成的事实！"

卡德尔发言时说，南斯拉夫和保加利亚在布莱德签订的条约，事先也提交给了苏联政府，但苏联政府除了对条约规定期限外，没有提出任何意见。南已根据苏联政府的要求把原条约规定的"无限期"改为了"20年"。除此之外，苏、南没有什么分歧。

斯大林打断他的话说："胡说！有分歧，而且是严重的分歧！阿尔巴尼亚的事怎么样？你们的军队开进了阿尔巴尼亚，却根本没有和我们商量。"

卡德尔反驳说，这是阿尔巴尼亚政府同意的，并说他不记得有哪一个外交问题南斯拉夫政府没有同苏联商量过。

斯大林大喊道："不是这样的！你们根本就没有商量。这不是你们的错，而是你们的政策错了——是的，是你们的政策错了！"①

最后，苏联政府要求南斯拉夫以政府名义同苏联签订一项关于相互就外交政策进行磋商的协定，并要南斯拉夫代表在没有他们参与起草的协定上签字。南斯拉夫代表经过犹豫，最后还是不得不签了。

1948年2月底，苏联通知南斯拉夫取消贸易谈判，这实际上意味着两国贸易中断。3月18日和19日，苏联决定从南斯拉夫撤走全部军事顾问、教官和文职官员。自3月20日至5月22日，苏、南两国最高领导人交换了7次信件，斯大林站到了这场冲突的第一线，把南斯拉夫维护主权、抵制苏联干预内政的所有做法都指责为反苏行动和对苏联及各人民民主国家社会主义联合阵线的背叛。在最后一封信中，斯大林、莫洛托夫向铁托和南共中央其他领导人提出，不管南共代表出席与否，共产党情报局的下次会议将讨论南共问题。

6月15日，情报局向南共中央发出了出席在布加勒斯特会议的邀请。南斯拉夫领导人很有礼貌地拒绝了，认为这是对他们内政的干预。同一天，斯大林审阅了日丹诺夫将要在大会上作的《关于南斯拉夫共产党的现状》的报告草稿，并亲自对一些地方作了修改。

布加勒斯特会议（情报局第三次会议）于6月20—28日举行，会议讨论并通过了《关于南斯拉夫共产党情况的决议》。决议指出："南斯拉夫共产党的领导机关，最近在内政、外交的基本问题上，执行了一种不正确的路线，一种脱离马

---

① 参见密洛凡·德热拉斯《同斯大林谈话》，世界知识出版社1963年版，第122—132页。

克思列宁主义的路线。因此,情报局批准了苏联共产党(布)中央委员会的行动,即主动揭露南斯拉夫共产党中央委员会的不正确的政策,尤其是铁托、卡德尔、德热拉斯和兰科维奇的不正确的政策。"

决议罗列了南共中央的一系列罪名:执行了一条对苏联和联共(布)不友好的政策;在对内政策上离开了工人阶级的立场,背离了马克思主义关于阶级和阶级斗争的理论,否认阶级斗争在农村中的加剧;修改了马克思列宁主义关于党的学说,把党溶解在非党的人民阵线之中;南共中央党内没有民主,没有批评和自我批评,在党内造成了官僚主义的统治。因此,决议得出结论说:"南斯拉夫共产党的领导者,由于他们违反马克思列宁主义的反党、反苏的观点,由于他们的整个态度和他们之拒绝出席情报局会议,已使他们自己处于和参加情报局的各国共产党相对立的地位,走上了脱离反帝国主义的统一的社会主义阵线的道路,走上了叛卖劳动人民国际团结的事业的道路,采取了民族主义的立场。"①

在决议讨论过程中,日丹诺夫还宣布说:"我们已掌握情报,铁托是帝国主义的一名间谍。"情报局与南斯拉夫,更确切地说是苏联与南斯拉夫之间的冲突,从根本上说是控制与反控制的斗争。苏联和斯大林想控制南斯拉夫,让南斯拉夫的政策符合苏联的利益,无奈铁托和南斯拉夫政府就是不同意。在冲突中,斯大林和联共(布)中央以为,通过这种高压的办法会使铁托和南共中央屈服,但是,南斯拉夫并没有乞降。在情报局决议通过的第二天,即6月29日,南共中央召开全会,通过了对情报局决议的答复,指出情报局的指控是"不公正"的,并逐条反驳了情报局的指控,宣布南共中央决不同意在缺乏互信的非同志态度和不平等的基础上讨论问题。会议决定,6月30日在报纸上全文发表情报局的决议和南共中央对决议的答复。会议号召全党团结一致,更加坚决地工作,建设社会主义,用行动来证明情报局对南共的指责的不公正。

南共这样不服,那就必须再进一步采取措施。情报局的第四次会议又主要讨论了南共的问题。这回更狠,通过的决议是《南斯拉夫共产党在杀人犯和间谍掌

---

① 《共产党情报局会议文件集》,人民出版社1954年版,第40—49页。

握中》，指责南共已使南斯拉夫政府处在完全依赖外国帝国主义者的地位，变成了后者侵略政策的工具，使南斯拉夫共和国丧失了独立和自主，南共中央与南斯拉夫政府已成了新战争挑拨者的直接帮凶。在对内政策方面，决议指责南共消灭了人民民主制度，建立了法西斯式的警察国家制度，为外资侵入大开方便之门，把南斯拉夫经济置于资本主义垄断组织的控制之下，"南斯拉夫共产党领导机关，已完全落到一群间谍、杀人犯即帝国主义仆从掌握中了"，"它已丧失了命名为共产党的权利，它现今不过是执行铁托—卡德尔—兰科维奇—德热拉斯集团间谍任务的机关而已"。因此，南共领导人已成为"工人阶级和农民的公敌"。决议最后动员各国共产党反对南共，号召南共党员以非法手段反对南共领导。[1]

在苏、南冲突中，东欧各国领导人起初对苏联这么严厉地对待南共有些意见，但他们不知道事情会怎样发展，面对苏联的强大压力，他们也只好紧跟苏联反对南共。但毕竟东欧各国共产党人中，还有些人不听话，在喊根据自己的国情走自己的社会主义道路，或者在反对南共时举棋不定。于是，苏联党又在东欧各国党内开展了一场所谓"反对铁托分子"的运动，对这些党内具有某种独立倾向的领导人进行了清洗。此项运动历时数年之久，其中有些是斯大林亲自参与了的。在阿尔巴尼亚，1948年11月，阿共中央政治局委员、部长会议副主席兼内务部长科奇·佐治以在党内进行托洛茨基派别活动、南共代理人的罪名被开除出党。第二年5月被送交法庭审判，6月被判处死刑。

保加利亚的科斯托夫是保共中央政治局委员、部长会议副主席，主管经济工作。曾在与苏谈判贸易协定时注意维护保自身的利益，遭到苏联领导人的批评。1948年12月，他与季米特洛夫访苏，向斯大林汇报保工人党"五大"将涉及的理论问题。在会谈时，斯大林突然走到他面前，指责科斯托夫有"民族主义"和"反苏"情绪，说科曾指示不向苏代表机构通报保的经济数字，威胁说要查清他的"底细"。1949年3月，在保共（1948年12月召开的"五大"改党名为保加利亚共产党）中央全会上，科斯托夫以对苏采取不诚实、不友好的政策，破坏集

---

[1] 参见《共产党情报局会议文件集》第68—73页。

体领导原则、搞宗派活动为由，被解除了一切职务，并遭到清查。4月，在苏联顾问的指挥下，科斯托夫被作为民族主义者、苏联的敌人、英国间谍、铁托分子的代理人逮捕，同年12月被处决。

1949年5月30日，匈牙利保安局逮捕了匈党中央书记、人民阵线总书记、匈南友协主席、外交部长拉伊克，被当作同案犯逮捕的还有一大批高级党政干部。9月开庭审理了拉伊克案，拉伊克等人被控为"共产党的叛徒""霍尔蒂的密探"和南斯拉夫的间谍等罪行。起诉书曾专机送到莫斯科由斯大林审核过。结果，拉伊克等人被处死，因此案匈全国有20万人被当作"拉伊克分子"或"铁托分子"而开除党籍或被捕入狱。

在波兰清洗的是波兰统一工人党中央总书记哥穆尔卡及他的支持者。他曾于1948年6月发表声明，反对情报局对南共的批评。9月就被解除总书记职务，理由是他犯有"右倾民族主义倾向"。1949年11月被开除出党，1951年被捕入狱。1954年获释。

罗马尼亚军事法庭1948年8月也以充当"铁托集团"的"间谍"为名判处了12名被告死刑或无期徒刑和有期徒刑。到1950年7月，有19.2万人被清除出党。

捷克斯洛伐克共产党总书记斯兰斯基独立心也很强，不太听苏联使唤。他不仅在国内主张捷走自己的路，而且对情报局这么一个机构也并不热心，特别反对情报局作为一个国际领导中心，反对情报局对南共的批评。斯大林早就记住他了，但没有立即下手。直到1951年7月24日才给捷党中央主席、政府总理哥特瓦尔德写信，要求解除斯兰斯基总书记的职务。9月，捷党中央遵命解除了斯兰斯基的职务。11月初，斯大林让米高扬捎信给哥特瓦尔德，要求立即逮捕斯兰斯基。11月11日，米高扬抵达布拉格，把信交给了哥特瓦尔德。24日，斯兰斯基以叛国罪被捕。第二年12月3日被处死。

通过这一系列的措施，斯大林牢牢地控制住了东欧，把听话的国家变成了没有独立处理内政外交权力的仆从国。南斯拉夫没有控制住，但它也因此获得了发展的契机，率先在国内突破斯大林模式，搞起了改革，并取得了举世瞩目的成就。斯大林通过对东欧的控制，也加强了同西方对峙的筹码，特别是苏联1949年9月第一次核爆炸成功以后，苏联与西方在冷战中取得了某种均势。这大概也是苏联在斯大林逝世后仍能与西方冷战几十年的基本原因。

"一边倒"的前前后后

正当苏联与西方战后怒目相视的时候，中国人民正在进行解放战争，并在取得了辽沈、平津、淮海三大战役的胜利后，于1949年4月23日占领了国民党的统治中心南京，宣告了延续22年的国民党在大陆统治的结束。

6月30日，毛泽东发表著名的《论人民民主专政》一文，宣布中共要实行"一边倒"的政策，即倒向以苏联为首的社会主义阵营一边。毛泽东说："一边倒，是孙中山四十年经验和共产党二十八年经验教给我们的，深知欲达胜利和巩固胜利，必须一边倒。积四十年和二十八年的经验，中国人民不是倒向帝国主义一边，就是倒向社会主义一边，绝无例外。骑墙是不行的，第三条道路是没有的。我们反对倒向帝国主义一边的蒋介石反动派，我们也反对第三条道路的幻想。"中共虽然愿意在互相尊重领土和主权、平等互利的基础上，与其他资本主义国家建立关系，开展贸易和得到援助，但现在希望得到英美政府援助的想法是幼稚的，因为现时英美的统治者还是帝国主义，因此，我们在国际上"是属于以苏联为首的反帝国主义战线一方面的，真正的友谊的援助只能向这一方面去找，而不能向帝国主义战线一方面去找"。[①]

中共打败了蒋介石后，建国问题已迫在眉睫。既然要实行"一边倒"的政策，那斯大林的态度对新中国来说是很重要的。为了摸摸斯大林的底细，毛泽东

---

① 参见《毛泽东选集》第4卷，人民出版社1991年版，第1472—1475页。

准备派以刘少奇为首的中共代表团秘密访苏。

刘少奇访苏的主要任务是:(1)介绍中国革命的进程、性质、任务及其发展前景,中国革命的现阶段状况、特点、历史经验,尤其是武装斗争的重要意义和实践经验等;(2)中国革命与世界革命的关系及其对世界革命的影响,尤其是对殖民地、附属国的影响等;(3)最迫切、最关键的问题是取得苏联对我国革命的理解以及在各方面的支持和援助。①

代表团于6月21日离开北平赴苏联访问,代表团乘火车先到旅顺,然后乘苏联飞机经朝鲜上空,于6月26日到了莫斯科。斯大林对中共代表团的来访给予了热烈的欢迎和隆重的接待。代表团稍事休息后,6月28日晚上23—24点,斯大林就会见了他们,进行了短暂的会谈。7月10日下午,再次就被邀请到斯大林的孔策沃别墅。斯大林、伏罗希洛夫、莫洛托夫、马林科夫、布尔加宁、贝利亚、卡冈诺维奇、米高扬等都站在门前迎接。宾主相互握手问候以后,斯大林设宴招待了刘少奇一行。双方边吃边谈,热情友好。这次宴会持续了将近4个小时。

为了使会谈有计划地进行,王稼祥建议刘少奇就中国问题写一个书面报告,以这个报告作基础,这样可以把问题谈得更系统、更透彻,使苏方对问题有个较全面、较正确的理解。刘少奇对此表示同意,立即组织力量赶写报告。报告很快写了出来,并打印好后交给了斯大林。共分以下几大部分:一、关于中国目前形势;二、关于新的政治协商会议与中央政府;三、关于新中国的外交问题;四、关于中苏关系问题。

7月11日晚10时,斯大林邀请以刘少奇为首的代表团到联共(布)中央政治局会议室会谈。苏方出席的人员有斯大林、莫洛托夫、马林科夫、布尔加宁、贝利亚、卡冈诺维奇、米高扬、什维尔尼克,列席的有索科洛夫斯基和苏联总参谋长、海军元帅等人。

斯大林亲自主持了这次会议。他首先说明,这次会议是按照中共代表团的愿望召开的,由于中共代表团的报告涉及战争和军事部分的问题较多,所以邀请元

---

① 参见师哲《在历史巨人身边》,中央文献出版社1991年版,第395页。

帅们列席，也让他们了解一下情况。接着，斯大林说：少奇同志的报告写得十分清楚、准确，苏方的同志看了，没有什么意见。然后，斯大林进一步肯定了报告中提出的与民族资产阶级合作的政策、人民民主专政的政体及各项外交原则。对有些方面的情况，斯大林也提出了一些建议。如，斯大林建议不急于没收各帝国主义国家在中国投资的企业，采取要各国企业严格实行劳动法的办法来和他们斗争，可以先和各帝国主义国家做买卖，再谈承认新中国的问题。

在谈到苏中关系问题时，斯大林说：新中国政府一成立，苏联立即就承认，至于1945年与国民党政府签订的中苏条约，等毛泽东来莫斯科后再解决这个问题。对于旅顺问题，斯大林解释说，苏联在旅顺的驻兵是抵制美蒋武装力量的自由力量，既保护苏联，同时也保护中国革命的利益。当时联共（布）中央已内部决定，一旦对日和约签订后，美国从日本撤军，苏联可以考虑从旅顺撤兵。如果中国同志要求，苏军现在就可以撤兵。大连政权应与东北政权统一。斯大林还对刘少奇提出的有关会不会爆发第三次世界大战、国际局势的前景及国际共运和工运的形势等问题当面作了解答。①

斯大林后来又与中共代表团进行了几次会谈。在会谈中，双方就某些具体问题达成了口头的、初步的协定。如聘请苏联专家来中国帮助经济建设、派中国留学生到苏联学习等问题上，双方都取得了一致意见。根据双方协商，签订了关于苏联专家到中国工作的待遇条件的协定，初步议定选派各行业专门人才，分期分批到中国工作。

刘少奇这次访苏，是中苏两党第一次高级会谈，所以会谈中，双方谈的问题很多，其中也涉及了两党过去交往的情况。刘少奇特别谈到了打倒国民党的问题。刘少奇说：第一次国共合作时，国民党叛变，我们毫无准备，受了很大的挫折、失败。第二次国共合作时，我们的头脑清醒了。所以抗日战争结束后，蒋介石叛变，我们是有准备的。

斯大林若有所思地说：这是敌人教训了我们。接着他突然问："在你们进行斗

---

① 参见师哲《在历史巨人身边》，中央文献出版社1991年版，第396—408页。

争中，我们是不是扰乱过或妨碍了你们呢？"

刘少奇回答说："没有。"

斯大林说："中国同志总是客气的、讲礼貌的。我们觉得我们是妨碍过你们的，你们也有意见，不过不肯说出来就是了。你们当然应该注意我们讲的话正确与否，因为我们常常是不够了解你们事情的实质，可能讲错话。不过，如果我们讲错了，你们还是说出来好，我们会注意到的。"①

斯大林说这番话时，心里感到深深的内疚和不安。

的确，在过去的岁月里，斯大林尽管在中国革命问题有过一些正确的指示，对中国共产党也提供过不少帮助，但他出于大国大党主义的立场，或出于本国民族利己主义的考虑，也做过不少错事，有过许多不切实际的指示，对中国共产党和毛泽东不太信任，甚至做过有损中国人民民族感情的事。

早在中国大革命时期，斯大林一再夸大国民党的革命性，把国民党当作中国的主要革命力量，称国民党是"工农政党"，指示中国共产党人要向国民党看齐，服从国民党的领导。即使在国民党政府日益反动以后，仍认为国民党是可以信赖的，说中国共产党绝对不能退出国民党，"中国共产党人现在退出国民党将是极严重的错误。中国革命的全部进程，它的性质、它的前途都毫无疑问地说明中国共产党人应当留在国民党内，并且在那里加紧自己的工作"②。1927年4月12日蒋介石发动反革命政变后，斯大林于4月21日发表的《中国革命问题》（联共[布]中央批准的给宣传员的提纲）还说，蒋介石叛变，但还有武汉的国民党左派，"武汉的革命的国民党既然与军阀制度和帝国主义作坚决斗争，事实上将逐渐变成无产阶级和农民的革命民主专政机关"，因此，共产党必须与武汉的这个国民党政府通力合作。③ 事实上，汪精卫也不比蒋介石强，他也很快叛变革命。

大革命失败后，斯大林和苏联共产党实行了以支持中国共产党领导的革命斗争为主的对华政策，但他的诸如资本主义总危机（"第三时期理论"）等一些理论

---

① 参见师哲《在历史巨人身边》，中央文献出版社1991年版，第414页。

② 参见《斯大林全集》第8卷第329页。

③ 参见《斯大林全集》第9卷第199—207页。

通过共产国际驻中国代表之口在中国共产党的一些领导人中得以广泛传播和贯彻实施，导致我党历史上出现了"左"的立三路线和王明路线，给我党造成了严重损失。另一方面，以斯大林为首的苏联政府仍在试探和摸索着与蒋介石国民党政府恢复自四一二反革命政变后已中断的外交关系的可能性。1931年日本侵略中国东北，继而又在中国广大地区发动了侵略战争。日本的侵略给苏联和中国带来了共同威胁。1932年底，苏联与蒋介石国民党政府正式宣布恢复外交关系。1937年8月2日，苏联与国民党政府正式签订了《中苏互不侵犯条约》，从此，苏联又开始实行以支持蒋介石政府为主的政策，不再支持共产党以推翻蒋介石政府为目标的革命运动。苏联政府向国民党提供了大量的军事援助，为打败日本帝国主义的侵略作出了重要贡献。

大敌当前，如果说这一时期斯大林实行支持中国国民党政府的方针基本是正确的话，那么在抗战后期，斯大林把国民党看成唯一能统一中国的力量，否定中共的无产阶级性质，与英、美共同签订《雅尔塔协定》则是完全错误的。

1944年6月，为了摸准苏联对华政策的态度，美国驻苏大使哈里曼会见了斯大林和莫洛托夫。谈话一开始，哈里曼回顾说，罗斯福总统在德黑兰会议期间说过，蒋介石是唯一能把中国团结在一起的人。斯大林同意这种说法。

哈里曼接着说，总统认为：应当首先鼓励蒋介石同在北方的共产党和解，以便团结起来抗日；其次是使蒋介石在对内政策上更开明一些。

斯大林就此评论道，这说起来容易做起来难，但是，在目前情况下，蒋介石是最恰当的人选，因此必须予以支持。斯大林同时还说，蒋介石未能利用中国共产党抗日，反而在意识形态上与他们争吵不休，这是愚蠢的，因为中国共产党并非真正的共产党，他们是冒牌的共产党，就像人造黄油与真正的黄油那样。不过，斯大林又强调说，中共是真正的爱国者，他们是要抗日的。[1]

斯大林的上述看法，莫洛托夫也同样表述过。1944年8月，他在与美国总统特使赫尔利的谈话时说，中国共产党虽然自称为共产党，但它与真正的共产党完

---

[1] 参见赫伯特·菲斯《中国的纠葛》，北京大学出版社1989年版，第159页。

全不相称，一旦经济状况好转，他们便会忘记自己是共产党，因此，苏联并不支持中国共产党。同年12月，赫尔利把自己所获得的有关苏联对中国国共两党的态度的情况向华盛顿作了汇报，结论如下：（1）苏联不支持中国共产党；（2）苏联不希望中国发生纠纷和内战；（3）苏联希望和中国政府保持更为和睦的关系。①

1945年2月，苏、美、英在雅尔塔开会，莫洛托夫递交了一份《斯大林元帅关于苏联参加对日作战政治条件草案》。经斯大林、罗斯福等人修改后，就成了一项严重损害中国主权的《雅尔塔协定》。当然，关于这一协定，斯大林到死也未必觉得这有什么对不起中国人。

从那以后，斯大林更在许多公开场合称颂国民党蒋介石，一再表示苏联将支持蒋介石统一中国。

1945年4月，斯大林、莫洛托夫与美国特使赫尔利举行会晤。赫尔利说，美国和英国都将赞同中国建立一个统一的由蒋介石领导下的中国国民政府，并支持蒋介石统一中国国内的一切军事力量。斯大林说，苏联政府支持这个政策，并愿与英、美合作，完成中国军队的统一。并称蒋介石是"不自私"的、是"一个爱国志士"。②

同年5月底，斯大林又与美国总统外交首席顾问霍普金斯再一次就中国问题举行会谈。当霍普金斯问及斯大林对中国统一的前景和途径有何看法时，斯大林回答说，自己倒没有什么具体计划，不过，苏联将帮助中国统一。他对中国领导人不太了解，但他认为蒋介石是中国领导人中最好的一个，只有蒋介石才能统一中国。斯大林说他看不出有其他可能的领袖，而且也不相信中国共产党的领袖有能力当此重任。所以，当苏联军队开入中国以后，"满洲也好，中国其他地方也好，中国行政机构都将由蒋介石建立"。③

但斯大林支持蒋介石，却不是没有条件的。蒋介石政府是当时中国的合法政

---

① 参见《中美关系资料汇编》第1辑，世界知识出版社1957年版，第140—141页。
② 参见《中美关系资料汇编》第1辑第160—161页。
③ 参见张月明、姜琦《国际共产主义运动历史长编》第4卷，吉林人民出版社1987年版，第359—361页。

府,苏联支持它,是想让中国政府同意《雅尔塔协定》。从后来1945年6月30日至8月14日苏联政府与国民党政府历时45天的谈判中可以清楚地反映出来。斯大林处心积虑运用各种手段,软硬兼施,终于在懦弱无能的国民党代表面前实现了他的愿望,与国民党政府签订了为期30年的《中苏友好同盟条约》和《关于中国长春铁路之协定》《关于大连之协定》、《关于旅顺口之协定》以及《关于中苏此次共同对日作战苏联军队进入东三省后苏军总司令与中国行政当局关系之协定》。根据这些协定,苏联在中国取得了如下权益:让中国承认了外蒙独立;中东铁路及南满铁路更名为长春铁路,由中苏共同经营,共同所有;大连港国际化,该自由港所有港口工事及设备的一半无偿租与苏联30年;中苏共同使用旅顺口为海军基地,苏联有权在该地区驻扎陆海空军等。

通过《中苏友好同盟条约》的签署,苏联已正式向国民党政府作出了不支持中共的保证,并承诺苏军所收复的地区包括东三省的行政权,都将直接转交给国民党政府。蒋介石对此感到很满意,因为他觉得国民党政府在得到美、苏等大国支持后,就可以堂而皇之地由他担负起统一中国的"重任"了。他一方面在抓紧准备内战,企图彻底消灭共产党;另一方面,自恃有美、苏的支持,接受了赫尔利的建议,打出了与中共和谈的幌子。

就在中苏条约签字的当天,即8月14日,蒋介石就向毛泽东发出了和谈邀请,遭到中共间接的拒绝。20日,蒋介石再一次邀请毛泽东去重庆谈判,中共还是不打算派人去。这时斯大林通过苏军驻延安情报组转给中共一份电报,要毛泽东去重庆和蒋介石谈判,说中国不能再打内战,要再打内战,就有可能把民族引向灭亡的危险。毛泽东看了电报后,很气愤,说:"我就不信,人民为了翻身搞斗争,民族就会灭亡。"① 但毛泽东对斯大林还是尊重的。接到电报,中共中央经过考虑,于8月22日复电蒋介石,宣布派周恩来去重庆和谈。这无异于对蒋介石邀请的拒绝。

蒋介石估计毛泽东不会亲自到重庆来,于是又以目前问题重要、时机迫切

---

① 参见师哲《在历史巨人身边》,中央文献出版社1991年版,第308页。

和国家前途重要为由,于8月23日第三次致电毛泽东,要他和周恩来一同前往重庆,并称已准备好了迎接的飞机。恰在这时,斯大林又给毛泽东发来了一封电报,说世界要和平,中国也要和平,尽管蒋介石挑衅想打内战消灭你们,但是蒋介石已再三邀请你去重庆协商国是,在此情况下,如果一味拒绝,国内、国际各方面就不能理解了。如果打起内战,战争的责任由谁负担?你到重庆去同蒋会谈,你的安全由美、苏两家负责。①

8月24日,毛泽东回电蒋介石,同意与周恩来一同去重庆"共商和平建国之大计"。28日,毛泽东、周恩来、王若飞为首的中共代表团,在赫尔利和张治中的陪同下,同机飞离延安到达重庆。

斯大林要中共参加重庆谈判,是想按二战后期法国、意大利共产党处理与本国资产阶级政府关系的模式来解决中国问题,即共产党以解除武装交出军队换取合法地位和资产阶级政府中的一官半职。斯大林同时也认为,这是避免中国内战、巩固战后大国间国际合作的一个必要环节。但是,中共虽然接受了斯大林要毛泽东亲自去重庆的建议,却没有接受斯大林所希望的那种模式。中共根据实际情况,制定了自己的斗争策略,这就是以革命的两手对付反革命的两手。经过边打边谈43天的较量,国共双方签订了《会谈纪要》(即双十协定)。蒋介石没有从中捞到什么便宜,反倒被迫承认了中共提出的和平建国的基本方针;承认要避免内战,给人民某些民主权利,提高各民主党的地位;承认中共领导的抗日军队可以编为20个师等。

但是,这个双十协定很快也就变为了一纸空文,蒋介石在全国发动了内战。中国共产党顶住了斯大林不准革命的压力,毅然领导中国人民奋勇抵抗国民党蒋介石的进攻。1947年8月以后,中国革命战争进入了战略反攻阶段,在短短几个月时间里,人民解放军在各个战场上接连取得了重大胜利。

1947年10月上旬,毛泽东在陕北佳县神泉堡给斯大林写了一封很长的信,对中国解放战争总的形势及陕北、山东的战况作了总的描述和初步估计。毛泽东

---

① 参见师哲《在历史巨人身边》,中央文献出版社1991年版,第308页。

在信中说，现在已形成了对我比较有利的局面，我军的军事力量在不断扩大和加强，解放战争已有了很大转折，已进入了一个新的阶段。12月下旬，中共中央在陕北召开会议，毛泽东在会上作了《目前形势和我们的任务》的报告。会议期间，毛泽东又将报告的内容电告了斯大林，强调说明中国的革命战争已达到了一个转折点，进入了反攻阶段。[①] 毛泽东给斯大林写信和发电报的用意，是想让斯大林改变对中国共产党的看法。

与此同时，苏联与西方的关系在逐渐恶化，由战时形成的友好合作变成了相互对峙，冷战已经开始。蒋介石与美国的关系更深厚，更愿追随美国，而不愿在美、苏之间采取中立立场。他认为在美、苏两强中间，只有依靠美国，取得美国政府的全力支持，才能战胜毛泽东和中国共产党。对苏联，蒋介石怀有戒心，他认为苏联是中共的后台，都是搞"赤化运动"的。他与苏联签订《中苏友好同盟条约》，也只是出于策略上的考虑，是想取得苏联的援助，打击中共。因此，尽管斯大林一再表示要信任国民党，和国民党友好，支持与援助国民党，但蒋介石也不买斯大林的账，对斯大林一再要国民党"决不能让美国有一个兵到中国来"的要求更是不予理睬。蒋介石以"受降""遣俘"为由，让大批美国兵登陆中国本土，替国民党抢占铁路和城市，而且还接受了美国的驻华军事顾问团，帮助他打内战。

中共的节节胜利和国民党的连连惨败、毛泽东的友好表示和蒋介石的"背信弃义"形成了鲜明的对比，上述这些情况，使斯大林不得不在对华政策上改变决策，由原来支持国民党，逐渐改为支持中国共产党人及其领导的军队。从1947年12月起，苏联的报刊与广播关于中国革命的报道和评论逐渐增多，并对中国共产党、中国人民解放军和解放区给予了积极的声援。最有代表性的是斯大林1948年2月在对中国革命认识上所作的自我批评。斯大林当着南斯拉夫领导人的面说："在战后，我们曾经邀请中国同志来莫斯科讨论中国的形势。那时我们坦率地告诉他们，我们认为中国发展起义是没有前途的，中国同志应同蒋介石寻求暂时的

---

① 参见师哲《在历史巨人身边》，中央文献出版社1991年版，第348、351页。

第七章 斯大林晚年

妥协，他们应当参加蒋介石的政府，并解散他们的军队。当时，中国同志在这里同意了苏联同志的观点，但是，他们回到中国后的行动则是另一回事。他们控制并组织自己的军队，就像我们所看到的，他们在打蒋介石的军队。根据中国现在的情况，我们承认是我们错了。"①

要说斯大林自己真正承认有愧于中共及毛泽东，恐怕也就算数不准中共革命、要毛泽东亲赴重庆与蒋和谈、解散军队参加国民党政府这一点了。1949年7月刘少奇在与斯大林会谈时，斯大林也亲自为此作了自我批评。②

随着斯大林及东欧各国共产党对中国革命的积极声援，中共也密切了与以苏联为首的社会主义阵营的联系。1947年9月，欧洲共产党情报局成立后，中共表示了欢迎和支持，并在自己不是情报局成员的情况下，参加了情报局对南斯拉夫共产党的批判。

1948年春天，解放军收复延安后，毛泽东萌生了访苏的念头，并去电征询斯大林的意见。斯大林很快回了电。电文说：我们欢迎毛泽东同志来访，但是，目前中国革命发展迅猛、进展顺利、解放战争正处在紧要关头，战争还很激烈，形势发展变化很快。在这个时候，你离开指挥岗位，恐对全局有不利影响，是否还是留在国内指挥战争为宜。如果你有重大问题需要商谈，我们准备派遣一位相当有经验的、老练的、信得过的中央政治局委员来听取你的意见，你以为如何？③毛泽东同意了斯大林的建议，于1948年5月27日到了西柏坡。

经过1948年秋至1949年1月的三大战役，国民党的统治摇摇欲坠。于是，蒋介石又玩起了"和谈"的阴谋。1949年1月1日，蒋介石发出了求和的声明，中共没有理睬。1月8日，他又向英、美、苏、法四国发出了备忘录，希望他们充当停战和签订和约的调停人。

斯大林收到备忘录后，这回倒谨慎多了，没有立即就自行其是，而是于1月10日把备忘录和苏联草拟的复文电告了中共中央，以征询中共中央和毛泽东的意

---

① 参见弗拉基米尔·杰吉耶尔《铁托传》（下），三联书店1963年版，第118页。

② 参见师哲《在历史巨人身边》，中央文献出版社1991年版，第414页。

③ 同上，第366—367页。

见。复文说:"苏联政府过去赞成,现在仍然赞成在中国结束战争,实现和平,但在同意担当调停人之前,苏联政府希望了解另一方,即中国共产党方面是否同意接受苏联的调停。因此,苏联希望另一方——中国共产党——也能被告知中国政府的这一和平之举,希望能就苏联充当调停人一事征得另一方的意见。"斯大林在电报中说,"你们是否同意此议,请告。如不同意,请秘示更为妥帖的答复"。如果其他国家"征询你们的意见,你们似应大致作如下答复:中国共产党一贯主张中国和平,首先挑起中国内战的不是中国共产党,而是南京政府,所以应当由南京政府来对战争后果承担责任。中国共产党同意与国民党进行谈判,但是不能容许那些发动中国内战的战争罪犯参加谈判。中国共产党愿在在没有任何外国调停人参加的情况下与国民党进行直接谈判"[①]。

斯大林的电报表明,苏联赞成国共停止内战进行和谈,由苏联独自作为调停人,以能施加苏联对中国事务的影响力。在当时中国共产党完全有能力打败蒋介石、取得革命彻底胜利的条件下,斯大林的想法无异于对中国革命胜利的阻挠。因此,毛泽东于1月13日回电斯大林说,中共拒绝任何国际调停,也不准备谈判,因此,"我们认为,苏联政府对南京政府要求苏联调停中国内战的照会应作如下之答复:苏联政府自来是、现在仍然愿意看见一个和平的、民主的和统一的中国,但是用何种方法达到中国的和平、民主与统一,这是中国人民自己的事,苏联政府根据不干涉他国内政的原则,不便参加中国内战双方之间的调停工作"。毛泽东还告诉斯大林:中共倾向于南京政府无条件投降,并充分揭露敌人的和谈骗局;中共已胜利在握,没有必要采取迂回战术,浪费时间。[②]

第二天,斯大林回电毛泽东,指出面对南京政府的和谈花招,中共有两种选择:一是公开地、毫不掩饰地拒绝和谈,这会给敌人以口实,让敌人"诬蔑共产党是继续打内战的好战分子";第二种选择是同意和谈,但条件是:没有外国调停人参与、与国民党而不是与失去民心的南京政府和谈。一旦达成协议,军事行

---

① 参见苏联《近现代史》杂志1994年第4—5期第133—134页,中译文见《斯大林研究》1995年第4辑第276—277页。

② 参见《党的文献》1989年第1期第58页,《近现代史》杂志1994年第4—5期第135—136页。

动就应当立即停止。如果国民党不接受这些条件，那"继续打内战的罪人是国民党而不是共产党。这样，和平的旗帜就落在了共产党手里"。斯大林在电报中，还表示同意按中共草拟的内容答复南京政府。①

中共中央经过考虑，决定部分采纳斯大林的建议，与国民党政府进行谈判，公布了同意与国民党谈判的八项条件，坚决反对蒋介石提出的和谈条件。1月17日，苏联政府按照中共的意见复函南京政府，表示"为始终不渝地遵守不干涉别国内部事务的原则，苏联政府认为担当上述备忘录中所要求的调停工作是不合适的"，"使中国作为一个民主的、爱好和平的国家恢复统一，那是中国人民自己的事情，这种统一只能通过中国内部的力量，首先是双方在没有外来干涉的情况下通过直接谈判来取得"②。

1949年1月下旬，在中国战局稳定下来以后，斯大林兑现了半年多前答应的诺言，派了米高扬秘密来华，听取中共中央的意见。米高扬当时任联共（布）中央政治局委员、苏联部长会议副主席。1月31日，他从大连苏军基地乘飞机直抵石家庄，然后乘车到了西柏坡。随同他来的还有苏联铁道部副部长柯瓦廖夫及其警卫人员。米高扬在西柏坡停留了一个星期，同中共中央书记处毛泽东、刘少奇、周恩来、朱德、任弼时一共会谈了三个整天。起初，米高扬神气十足，摆架子，问这问那，问过蒙古问题，还问过中共为什么要成立青年团、学生会、青年联合会等那么多的青年组织。毛泽东当即毫不客气地顶了他一句，"你知道我们中国有多少万万青年？"中国青年人口总数有两亿多，怎么可以用一个组织把他们圈起来？圈起来怎么做工作？米高扬急忙声明，他是带着耳朵来的，没有权利发表意见。从此以后，米高扬再也没有插过话，也没有提出过什么新的问题，只是默默地坐着静听而已③。2月7日，米高扬启程返回了苏联。

尽管苏联和斯大林已非常清楚中国战场的形势，承认在对中共及中国革命的

---

① 参见《近现代史》杂志1994年第4—5期第136—138页，中译文见《斯大林研究》1995年第4辑第281—284页。

② 参见《近现代史》杂志1994年第4—5期第139—140页，中译文见《斯大林研究》1995年第4辑等286页。

③ 参见师哲《在历史巨人身边》第378页。

态度上犯了错误，并逐步采取了对中共积极声援和支持的立场，在处理中国事务的一些问题上，也主动征求中国共产党的意见，但仍然在怀疑中共领导人是不是真正的马克思主义者，怀疑中国是不是第二个南斯拉夫、毛泽东会不会是第二个铁托。

与此同时，斯大林和苏联政府也仍在谋求同蒋介石国民党政府保持关系，希图在国共两党中找到自己的感觉。1949年1月，当斯大林就国共和谈问题与毛泽东进行电报磋商、准备派米高扬到西柏坡听取中共中央意见时，苏联驻华大使罗申和国民党临时代总统李宗仁起草了一份两国关系的协定草案，表示苏联和国民党中国要"真正合作"，条件是国民党中国在未来的任何冲突中保持中立并消除美国对中国的影响。1949年4月，当人民解放军要占领南京时，各国在南京的使馆人员纷纷撤离，罗申是唯一陪同国民党政府迁往广州的外交代表。5月，当国民党政权大势已去的时候，苏联仍在和国民党代表谈判新疆的经商权。这从另一个角度说明了斯大林和苏联政府对中共的不完全信任，所以毛泽东后来说，斯大林和苏联"1949年、1950年两年对我们的压力很大"①。

为了取得苏联政府和斯大林对中国革命的理解与支持，把中国革命的进程、性质、任务及其发展前景如实当面告诉斯大林及联共（布）其他领导人，消除对中共的不信任，中共中央于1949年5月决定派以刘少奇为首的代表团秘密访苏。与此同时，毛泽东又宣布了中共将一边倒倒向苏联的方针。刘少奇为首的代表团于7月初成行，在苏联待了一个多月，经过与斯大林的一系列会谈，主要目的还是达到了，斯大林又一次当着刘少奇的面作了自我批评，并表示一俟新中国成立，苏联就率先承认。

1949年10月1日，中华人民共和国庄严地宣告成立。2日，苏联政府宣布承认中国，表示愿意立即与中国建立外交关系，并互派全权大使。建国伊始，中国人民投入了紧张而热烈的建国工作。与此同时，中共中央决定毛泽东出访苏联，其主要任务是：参加斯大林70寿辰庆祝活动；商谈和签订两国之间的有关条约、

---

① 见《毛泽东著作选读》下册，人民出版社1986年版，第741页。

协定等；就两党两国所关心的问题交换意见。

开国大典后不久，毛泽东即着手进行出国的准备工作。12月6日，毛泽东一行乘专列从北京出发，苏联驻华大使罗申、苏联专家总负责人柯瓦廖夫也陪同前往。专列途经天津到满洲里后，换乘了苏联的宽轨火车，沿着漫长的西伯利亚铁路，于12月16日清晨抵达莫斯科。

当天下午6时，斯大林在他克里姆林宫办公室的小会客厅会见了毛泽东。斯大林、莫洛托夫、马林科夫、贝利亚、布尔加宁、卡冈诺维奇、维辛斯基等站成一排迎接毛泽东。斯大林作出这种安排是破例的，显然是为了表示对中国人民及其领袖的尊重、信任和特殊的礼遇。毛泽东一走进会客厅，斯大林就双手握着毛泽东的手，注视端详了好一阵，说："你还很年轻嘛！很健康嘛！红光满面，容光焕发，很了不起！"接着又把莫洛托夫等人一一介绍给了毛泽东。斯大林很激动，对毛泽东赞不绝口："伟大，真伟大！你对中国人民的贡献很大，你是中国人民的好儿子！我们祝愿你健康！"

毛泽东听了以后，没有趁机对斯大林进行恭维，只淡淡地说了一句："我是长期受排挤打击的人，有话无处说……"

毛泽东言犹未尽，斯大林立即把话接了过去，说："胜利者是不受谴责的。不能谴责胜利者，这是一般的公理。"

大家边谈边坐，开始了正式会谈。双方的谈话海阔天空，从战争与和平问题谈到1945年苏中友好同盟条约、旅顺和大连问题以及苏联向中国提供贷款的问题。

毛泽东说，中国一些重大问题的解决取决于和平的前景，因此中国关心如何才能使国际和平有保障和能保障到何种程度。

斯大林回答说：现在中国的四周已不存在战争的威胁，"和平取决于我们的努力。如果我们和睦相处，和平就会有保障"。

至于1945年的中苏友好同盟条约，斯大林说：这个条约是继《雅尔塔协定》之后签订的，《雅尔塔协定》规定了这个条约的最主要条款（即关于库页岛、南萨哈林、旅顺口等问题的条款）。这就是说，这个条约的签订，可以说是取得了美、英同意的。因此，我们在内部决定，暂不修改这个条约的任何条款，因为哪怕修改一个条款，也会给美、英提供法律上的口实，进而提出有关库页岛、南萨哈林的条款问题。因此，我们想出一个办法，可以表面上保留现有条约，而实际上作出修改，即表面上保留苏联在旅顺口的驻军权利，但根据中国政府的建议，将撤出驻扎在那里的苏军部队。这样的行动可根据中方的要求来完成。至于中长铁路，也可以表面上保留协定的有关条款，而实际上根据中方的愿望作出修改。

毛泽东回答说，中长铁路和旅顺口的目前状况符合中国的利益，因为要有效地反对帝国主义的侵略，一个中国的力量是不够的。此外，中长铁路也是培训中国铁路干部和工业干部的学校。目前不该修改条约，不该从旅顺口撤军。

在会谈中，斯大林还答应可以立即完成苏联向中国提供3亿美元贷款协定的手续，向中国提供航空、培训海军等方面的帮助。①

毛泽东建议周恩来到莫斯科来，以解决条约的具体问题。斯大林听了以后很惊讶，他不知道要周恩来来干什么。在斯大林看来，不管中苏之间搞一个什么条约或协定，都得由他和毛泽东签署，这样才能对等。而毛泽东则不想自己亲自去谈具体问题，认为这些具体问题该让政务院总理兼外交部部长的周恩来去办。双方因此也出现了一点不愉快。

一连几天，毛泽东待在莫斯科无所事事，斯大林也没有找他。12月21日，是斯大林70寿辰，苏联政治局决定大规模庆祝，成立了由什维尔尼克为首的筹备委员会，决定用约600万卢布作为庆祝斯大林生日的费用。苏联全国各地、东欧各国以及其他兄弟党给斯大林送来了大量礼品。报刊杂志、电台广播充满了"天才""天才的思想家和领袖""天才的导师""天才的统帅"……的颂扬。

12月21日这一天，在苏联莫斯科大剧院举行了斯大林70寿辰庆祝大会，到会的都是苏联党政军的领导干部，各兄弟党的代表陶里亚蒂、毛泽东、乌布利希、泽登巴尔、伊巴露丽、乔治乌－德治、契尔文科夫、拉科西、西罗基、金科奉等出席了庆祝会。当大元帅斯大林走上舞台时，大厅里响起了经久不息的暴风

---

① 俄罗斯联邦总统档案馆，全宗45，目录1，卷宗329，第9—17页。中译文见马贵凡译《斯大林同中国领导人的会谈》，载于《党史研究资料》1997年第3期第28—31页。

第七章 斯大林晚年

斯大林70寿辰庆祝会，（右图前排从左至右）马林科夫、贝利亚、伏罗希洛夫就座于会议主席台

雨般的鼓掌和欢呼。各兄弟党在庆祝会上相继发表了祝词。毛泽东的祝词是费德林代读的，高度评价了斯大林对国际共运的贡献。

莫斯科少先队员给斯大林70寿辰献花

在庆祝会上，斯大林的右边坐着毛泽东，左边是赫鲁晓夫。斯大林一再侧过脸来同毛泽东说话，但无论斯大林说什么，毛泽东都似乎没兴趣，一直沉着脸。庆祝会后，欧洲各国党的代表团都回去了。毛泽东仍留在莫斯科，他想要办的事还没办完，但斯大林仍旧没有要和毛泽东会谈的打算，只时常派莫洛托夫、罗申、柯瓦廖夫及苏方的中文翻译费德林到毛泽东住处访问，想摸清毛泽东内心的想法和愿望。为此，毛泽东心里不大高兴。有一次，柯瓦廖夫和费德林到代表团

· 531 ·

斯大林传

斯大林与毛泽东、赫鲁晓夫、布尔加宁在其70寿辰庆祝会的主席台上（1949年）

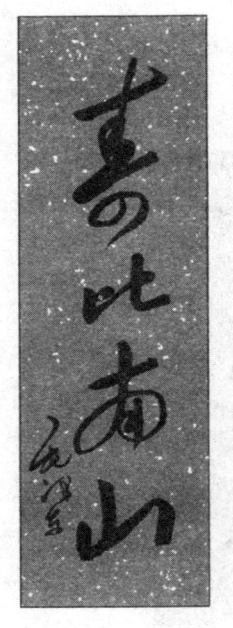

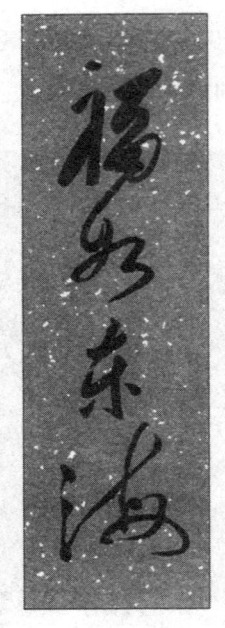

毛泽东送给斯大林70寿辰的对联

驻地来看望毛泽东，毛泽东对柯瓦廖夫发了通脾气："你们把我叫到莫斯科来，什么事也不办，干什么！我是来干什么的？难道我在这里就是为了天天吃饭、拉屎、睡觉吗？！"

柯瓦廖夫十分紧张，连头也不敢抬，只是嗫嚅地说："斯大林同志要我来看看你，看你有什么事要办……"

没等柯瓦廖夫说完，毛泽东接过话茬，说："我有什么事？我一天就是三件事，吃饭、拉屎、睡觉……我毛泽东来莫斯科，就是为给斯大林祝寿吗？"①

柯瓦廖夫走后，毛泽东对师哲说：对这种人就得好好地教训一番，这样他才会向斯大林反映我们的不满。师哲向主席解释说："柯瓦廖夫不会见到斯大林的，也不会反映他受到的训斥。他不能这样说，也不敢这样说。如果他这样说了，他就会受到指斥或处分的。"

毛泽东淡淡一笑，未置可否。

由于举世瞩目的毛泽东访苏，一时间在报刊上报道的少了，西方报纸乘机

---

① 参见《新中国外交风云》，世界知识出版社1990年版，第11页。

大造谣言,说毛泽东被斯大林软禁起来了。消息传出后,苏联领导人有些发慌。一时大家不知如何是好。中国驻苏大使王稼祥想了个主意,让毛泽东以答塔斯社记者的形式公布访苏目的。斯大林同意了,并签署了答记者问的草稿。这个文件说,莫斯科正在进行签订中苏条约的谈判,同时谈判的还有苏联对中国的贷款问题、苏中贸易等问题。①1月1日,毛泽东发表了《答记者问》。《答记者问》发表后,谣言不攻自破,双方的气氛也轻松了许多。此时,斯大林也不再坚持原来的想法,同意周恩来到莫斯科来。

1月20日,周恩来抵达莫斯科。22日,毛泽东、周恩来等人就和斯大林、莫洛托夫、维辛斯基等苏方代表举行了实质性的会谈,平等友好地商谈了两国友好条约的原则和主要内容。

斯大林、米高扬、赫鲁晓夫、马林科夫、贝利亚、莫洛托夫迎候周恩来

毛泽东首先发言,他分析了国际形势,认为在新情况下中苏两国的合作关系应以条约和协定的形式固定下来,友好条约的内容应加强两国的政治、军事、经济、文化、外交的合作,还要含有必须防止日本侵略行动重演的规定。

斯大林当即表示同意,并谈了友好同盟条约、旅顺、大连、中长铁路等问题。

毛泽东提议将中长铁路、旅顺、大连三个问题写在一个协定上。斯大林表示赞同,并说,苏中条约是一个新的条约,对《雅尔塔协定》"不去管它了!既然我们主张修改协定,那就要改得彻底"。关于旅顺口问题,可以有两种方案:"宣

---

① 参见《人民日报》1950年1月3日;《同毛泽东的谈话笔记》(尤金日记,1956年3月21日),载于(俄)《远东问题》1994年第5期,中译文见《斯大林研究》1995年第4辑第293页。

布在同日本签订和约以前旅顺口协定仍然有效，签订和约后，俄国军队将撤出旅顺口。或者可以提出另一方案：宣布保留现有协定，而实际上要从旅顺口撤军。这两个方案哪一个更合适，就采用哪一个。我们同意任一方案。"

毛泽东同意前一种方案，但表示中苏能在旅顺口进行军事合作，训练海军。

关于大连问题，斯大林表示"苏联不打算保留在大连的任何权益"，这个问题可由中国自己处理。关于中长铁路，中方事先就没有打算想改变中苏共同经营之意，所以，毛泽东只谈到需要缩短协定的有效期限和双方的投资规模。周恩来提出将中苏双方的投资比例改为51∶49，铁路局局长由中国人担任。斯大林和莫洛托夫只同意缩短期限，仍主张双方的投资规模为50∶50，铁路局局长由双方轮流担任。

此外，双方还就贸易和贸易协定、苏联对中国贷款、民航合作等问题交换了意见，并达成了协议。①

这次会谈就中苏友好同盟条约的原则性问题达成协议后，条约的具体内容和文字表述则主要交由周恩来和莫洛托夫、米高扬去谈判处理了。

经过20余天的艰苦努力，中苏两国终于在2月14日举行了中苏条约的签字仪式，这一天签署的条约有《中苏友好同盟互助条约》《关于中国长春铁路、旅顺口及大连的协定》《关于贷款给中华人民共和国的协定》。本来这天还打算签订中苏贸易协定，但由于苏方粗心，协定的中文本没有打印出来。这些条约和协定的签订，标志着毛泽东访苏获得了巨大成功，也标志着中苏关系进入了一个新的时代，即所谓"同志加兄弟""牢不可破的友谊"的阶段。斯大林和毛泽东的个人关系也发展到了相互尊重、相互信任、及时协商的地步。这种关系在朝鲜战争期间表现得尤为明显。

1950年6月25日，朝鲜战争爆发。朝鲜人民军进展神速，很快越过三八线，将南朝鲜军队和驻韩美军压到朝鲜半岛最南端洛东江东南的一小块地区。南北朝鲜的分裂是第二次世界大战结束时美军和苏军在朝鲜以北纬38°线为界分别接受

---

① 参见师哲《在历史巨人身边》第444—446页；俄罗斯总统档案馆，全宗45，目录1，卷宗329，第29—38页，中译文见《党史研究资料》1997年第3期。

斯大林（左一）和毛泽东（左二）共同出席中苏条约的签字仪式（1950年2月14日）

日军投降的结果。朝鲜战争爆发后的第三天，即6月27日，美国宣布武装援助南朝鲜，干涉朝鲜内政，同时命令其海军第7舰队开入台湾海峡，"阻止对台湾的任何进攻"，干涉中国内政，并操纵联合国安理会通过决议，决定以"联合国军"的名义对南朝鲜提供军事支援。

9月15日，"联合国军"在美军上将麦克阿瑟率领下，在朝鲜中部的仁川登陆，截断了朝鲜人民军的给养线和退路。美韩军队展开反攻，南北夹击，攻入南朝鲜的朝鲜人民军被分割包围，处境险恶。很快，朝鲜半岛南部被美韩军队占领，陈重兵于三八线附近，并直逼朝鲜北方。

在这种万分危急的形势下，9月29日，金日成和朴宪永（外务相）致函斯大林，请求苏联"在敌军北进时""提供直接军事援助"，"如果由于某种原因办不到这一点，那么请中国和其他人民民主共和国建立国际志愿军，以这种方式对我们的斗争给予军事援助"。同时，金日成、朴宪永还向毛泽东发了信，信中含蓄地请求中国给予援助。[①]

[①] 参见俄罗斯《史料》杂志1996年第1期，中译文见刘淑春译《斯大林就中国出兵朝鲜问题与毛泽东、金日成的往来函电》（1950年9月27日—10月14日），载于《马克思恩格斯列宁斯大林研究》1997年第1辑第225、228页。

斯大林传

10月1日,"联合国军"越过三八线向北进攻,正在高加索黑海边阿德列尔休养所疗养的斯大林致电毛泽东。电报称:朝鲜的情况已变得极为糟糕,北朝鲜的第1和第2军团已被敌军分割包围,在汉城地区又没有阻击敌人的部队,通往三八线的道路可以说是敞开着的。因此,"我考虑,如果你们根据上述形势认为有可能出兵援助朝鲜同志,那么请最好立即向三八线推进,哪怕只有五六个师也好,以便朝鲜同志能够在你们军队的掩护下,在三八线以北组建预备队。中国的军队可以志愿军的名义出师,当然是接受中国指挥员的调遣。"①

中国与朝鲜毗邻,朝鲜战争爆发后,中国政府就在密切关注事态的发展。当美国宣布出兵援助南朝鲜时,毛泽东于6月28日发表讲话,严正指出:"全世界各国的事务应由各国人民自己来管,亚洲的事务应由亚洲人民自己来管,而不应由美国来管。"7月13日,中央军委作出了《关于保卫东北边防的决定》,组成东北边防军。9月30日,周恩来严正警告说:"中国人民决不能容忍外国的侵略,也不能听任帝国主义者对自己的邻人肆行侵略而置之不理。"但对于出不出兵援助北朝鲜,中国的最高统帅部面临极其艰难的选择。恰在这时,斯大林又来了封电报,建议中国出兵。

中共中央经过慎重研究,10月2日,毛泽东给斯大林回了封电报。电报说:

起初我们曾打算在敌人向三八线以北发动进攻时出动几个师的志愿军去北朝鲜,以便帮助朝鲜同志。

然而经过慎重的考虑,我们现在认为这一举动会造成极为严重的后果。

首先,派遣几个师过去,是很难解决朝鲜问题的(我们的军队装备很差,与美国军队作战并没有克敌制胜的把握),敌人有可能迫使我们后撤。

其次,这样做极有可能引起美国与中国的公开对抗,其后果是把苏联也卷入到战争中来,如此,问题就会变得更为严重。

中共中央的许多同志认为,对待这一问题必须谨慎行事。

---

① 俄罗斯《史料》杂志1996年第1期,中译文见《马克思恩格斯列宁斯大林研究》1997年第1辑第230页。

当然,我们不派军队前去援助,这对目前处于如此艰难境地的朝鲜同志来说是非常不利的,我们自己也于心不忍;然而如果我们开几个师过去,随后又被敌人驱赶回来,并由此引起美国与中国的公开对抗,则我们的整个和平建设计划就会完全落空,国内的许多人就会对我们不满(战争给人民造成的创伤尚未痊愈,人民需要和平)。

有鉴于此,目前最好还是保持克制,暂不出兵,养精蓄锐,这样在与敌人作战时将处于有利地位。

朝鲜在暂时失利的情况下,可将斗争方式转变为游击战争。

我们将要召开有各中央局的负责同志参加的中央会议。对这个问题我们还没有作出最后决定。这份电报仅是我们的初步意见,与您商议。如您同意,我们准备马上派周恩来同志和林彪同志乘飞机前往您的疗养地,与您商讨此事并向您报告中国及朝鲜的局势。①

接到毛泽东的电报,斯大林立即给毛泽东写了复信,力陈出兵之理由:

我之所以向您提出派兵去朝鲜的问题,而且至少而不是至多派五六个师,是基于以下几点国际方面的考虑:

1. 如朝鲜事件所表现出来的那样,美国目前还没有为发动一场大规模战争作好准备;

2. 军国主义势力尚未在日本死灰复燃,它没有能力向美国人提供军事援助;

3. 有鉴于此,美国将不得不在朝鲜问题上向有盟友苏联为后盾的中国作出让步,将不得不接受就朝鲜问题进行调停的条件,这些条件会对朝鲜有利而不致于使敌人把朝鲜变成它的军事基地;

4. 由于相同的原因,美国将被迫放弃台湾,被迫放弃与日本反动派的单

---

① 参见《史料》杂志1996年第1期,中译文见《马克思恩格斯列宁斯大林研究》1997年第1辑第231—232页。本书毛泽东与斯大林的往来电报和信函是从俄文转译的。

方面和约,放弃复活日本军国主义的活动,放弃其欲变日本为它在远东的军事基地的企图。

斯大林在信中进一步指出,如果中国消极地等待,那中国就不仅得不到这些让步,甚至连台湾也得不到,美国人会把台湾作为它的一个基地。"如果战争是不可避免的话,那就让它现在来吧,而不是拖到几年之后,因为到那时,作为美国的盟友的日本军国主义将会复活,美国和日本将会在亚洲大陆上得到李承晚的朝鲜这样一个现成的基地"。[①]

10月7日,斯大林收到毛泽东的复信。毛泽东在信中表示赞同斯大林阐述的主要观点,并承诺将派9个师而不是6个师去朝鲜,但并不是马上出兵,而要等一些时候。

10月8日,毛泽东发布命令,将东北边防军组成中国人民志愿军,任命彭德怀为志愿军司令员兼政治委员,待令出动,赴朝作战。也就在这一天,斯大林致电金日成,将10月1日以来中苏领导人就出兵朝鲜问题的磋商情况向金日成作了通报,并要朝鲜人民军"坚守自己的每一寸土地,对侵朝美军必须加强反击并筹建预备队"。

此时,周恩来等人已去了苏联,准备与斯大林讨论朝鲜问题。周恩来走时,中共中央还未最后就出兵朝鲜作出决定。所以周恩来到斯大林疗养地与他第一次会谈时,力陈了中国暂不出兵朝鲜的理由。但当周恩来第一次会谈回到莫斯科后,就收到了毛泽东的电报。电报说:你们走后,我们继续开会,政治局同志多数人主张出兵。所以周恩来后来与斯大林、莫洛托夫等人的会谈则转为中国出兵朝鲜及苏联给予援助的具体问题的讨论。[②]

据苏联驻中国大使罗申1950年10月13日给斯大林的电报说,毛泽东在10月7日以后又进一步作出决定,承诺暂时派出9个师组成第一梯队去朝鲜,尽管

[①] 参见《史料》杂志1996年第1期,中译文见《马克思恩格斯列宁斯大林研究》1997年第1辑第233、235页。

[②] 参见师哲《在历史巨人身边》第495—502页。

装备很差，但仍能够与李承晚的军队展开一搏。而在这段时间里，中国将努力准备第二梯队。为减少中国人民志愿军入朝作战后的损失，改善装备，毛泽东要求苏联给予志愿军以空军支援和以贷款方式提供武器装备。①

10月13日，斯大林再次致电金日成，把刚刚收到的毛泽东给他的电报内容向朝方作了通报。毛泽东在电报中说，中共中央重新讨论了局势，决定尽管中国军队的武器装备不足，但还是要向朝鲜同志提供军事援助。14日，斯大林第三次致电金日成，肯定地告诉他："在经过一番动摇和一系列临时决定之后，中国同志终于通过了关于出兵援助朝鲜的最后决定。"并说："有关中国军队行动的具体事宜，将由您与中国同志协商解决。中国军队所需的技术装备将由苏联解决。"②

10月19日黄昏，中国人民志愿军跨过鸭绿江，赴朝作战。10月25日第一次战役打响并初战告捷。11月，苏联如约向中方交付了第一批军火。此后，志愿军会同朝鲜人民军连连取胜，到1951年6月10日止，五战五捷，共歼敌23万人，把战线稳定在三八线附近。

在这种情况下，从1951年7月开始，双方举行了停战谈判。谈判断断续续进行了两年之久，其间停停打打，直到1953年7月27日美国才被迫签订停战协定。战争的结局倒确实如斯大林所预计的那样，只可惜停战协定签订时，斯大林已不在人世了。

晚年的"发现"

1952年，斯大林已73岁高龄，身体很不好，高血压病时常折磨着他。他似

---

① 参见《史料》杂志1996年第1期，中译文见《马克思恩格斯列宁斯大林研究》1997年第1辑第237—238页。

② 参见《史料》杂志1996年第1期，中译文见《马克思恩格斯列宁斯大林研究》1997年第1辑第239页。

乎觉得该什么也不干了，毕竟力不能支，但又觉得还有一件重要的事需要澄清。是啊，自列宁以来，苏联社会主义经济已搞了35年了，即使自己执政搞集体化和工业化也有20余年的历史，关于社会主义条件下生产力与生产关系，商品、价值、市场以及社会主义与资本主义的关系等等问题，虽然自己在各种讲话、文章中有过论述，但毕竟很零乱，而且自二战后，国际国内的形势也确实发生了不少变化，老百姓对这些问题的认识还很模糊，又没有一本有权威的社会主义政治经济学教材来统一人们的思想。一想起这些，斯大林心里就很着急。

斯大林决定亲自以书面形式就各种经济问题发表他的看法，以裁定社会各界对这些问题的争论。1952年2月1日，他写了《对于和1951年11月讨论会有关的经济问题的意见》，分发给了联共（布）中央委员和1951年11月讨论会的参加者，让他们学习、领会。

1951年11月，讨论会是按照斯大林和联共（布）中央的部署，由250名左右的科学工作者、高等院校师生、党和经济工作领导者为讨论政治经济学教材而举行的。这本教材早在20世纪30年代就开始编写了，二战前曾三易其稿，每一稿交给斯大林后，他都觉得不满意。战后又组织了一个庞大的写作班子，不仅有经济学家，也有历史学家和哲学家。经过几年的努力，终于在1951年4月写出了一部厚厚的书稿，并把它交给了斯大林。斯大林收到书稿后，指示准备召开讨论会讨论。这就是1951年11月讨论会的由来。这次讨论会原本只准备讨论两周，然后由斯大林发表讲话结束。但是，讨论会从11月10日开始，一直开到12月8日，一共开了21次会，也不见斯大林来会上讲话。最后通知说，斯大林不发表讲话了。

斯大林要了份这次讨论会的材料，仔细琢磨了好一阵，于1952年2月1日写了那份《意见》。联共（布）中央政治局把它分发给中央委员和11月讨论会的参加者后，陆陆续续收到了不少信件和报告，有些信直接寄给了斯大林本人，要求对《意见》中涉及的论点作确切说明。于是，斯大林又于4月21日、5月22日和9月28日分别写了《答亚历山大·伊里奇·诺特金同志》《关于尔·德·雅罗申柯同志的错误》和《答阿·弗·萨宁娜和弗·格·文热尔两同志》三个材料。同年10月，上述四篇文章汇编为《苏联社会主义经济问题》出版。

《苏联社会主义经济问题》是斯大林的最后一部著作。斯大林在这本著作中提出了一些新的观点,同时也有许多错误认识。

苏联自20世纪20年代末以来,实行的是强制性的计划经济体制,经济学界的研究也仅限于对这种体制的诠释。所以一些经济学家就极端地以为,在社会主义条件下,已不存在客观的经济规律,社会主义的经济规律可以由社会主义国家创造,甚至认为,"国家的国民经济计划是社会主义经济的发展规律,是间接由法律制定的"。斯大林严厉地批评了这些论点,认为社会主义制度下的经济规律也是客观存在的,是不以人的意志为转移的,人们不能制定、创造、消灭、废除和改造规律。决不能把客观存在的规律和依据人们的意志创造出来的政治法律混为一谈。

在社会主义制度下,也存在着其基本经济规律,这个规律就是"用在高度技术基础上使社会主义生产不断增长和不断完善的办法,来保证最大限度地满足整个社会经常增长的物质和文化的需要"[①]。

对于在社会主义条件下是否还会存在商品生产和价值规律的问题,苏联自1917年以来基本上是否定的。列宁在"军事共产主义"时期就明确讲过社会主义就是要消灭商品经济,消灭货币,用产品交换代替商品交换。"退却"到新经济政策后,也来不及从理论上论述商品生产和价值规律的问题。斯大林搞全盘集体化和大规模工业化以后,一系列论述实际上回归到了"军事共产主义"时期。

斯大林在《苏联社会主义经济问题》一书中,严厉批评了"商品生产不论在什么条件下都要引导到而且一定会引导到资本主义的错误观念",认为在社会主义条件下也存在商品生产。既然存在商品生产,那么价值规律就肯定会起作用。

但是,斯大林对社会主义条件下的商品生产和价值规律作了许多限制。他认为:"我国的商品生产并不是通常的商品生产,而是特种的商品生产,它所涉及的基本上都是联合起来的社会主义生产者(国家、集体农庄、合作社)所生产的商品。它的活动范围只限于个人消费品。"生产资料不能作为商品进入市场交换,

---

[①]《斯大林文选》(下)第602页。

斯大林传

无论如何也不可以把社会主义制度下的生产资料看作商品,国家企业的生产资料只在对外贸易领域内保持着商品的属性,"可是在国内经济流通领域内,生产资料却失去商品的属性,不再是商品,并且脱出了价值规律发挥作用的范围,仅仅保持着商品的外壳(计价等等)"。斯大林还认为,机器拖拉机站必须保留,不能把它卖给集体农庄,否则就会扩大商品流通的范围,阻碍集体农庄提高到全民所有制的水平;同时,必须把集体农庄多余的农产品纳入国家工业品和集体农庄产品的直接交换系统。在斯大林看来,这是把集体农庄所有制提高到全民所有制水平的"实际的和有决定意义的办法",以达到限制并逐渐缩小商品流通的范围,进入"发达的产品交换制度","加快我们的社会从社会主义过渡到共产主义"①。这显然是一种带有空想色彩的超越社会发展阶段的"左"的理论。

斯大林认为:在社会主义制度下,价值规律无疑是起作用的,但它的作用只表现在流通领域,只起商品流通调节者的作用,在生产领域中则不能起调节者的作用;"价值规律只是在资本主义制度下,在存在着生产资料私有制的情况下,在存在竞争、生产无政府状态、生产过剩危机的情况下,才能是生产的调节者";在苏联,由于国民经济有计划(按比例)发展的规律和年度计划、五年计划以及整个经济政策,"使得价值规律在我国发生作用的范围受到了严格的限制,使得价值规律在我国的制度下不能起生产调节者的作用"。②

斯大林承认社会主义制度下也存在商品生产和价值规律,这无疑比20世纪30年代进了一步,但他对此加的种种限制,却是完全错误的。众所周知,只要存在商品生产和交换,价值规律就必然在整个生产领域和消费领域中起调节作用。随着生产的不断发展和扩大,价值规律发挥作用的范围和影响力也将不断扩大,任何一个国家都很难用一个统一的无所不包的计划来决定社会资源的合理配置和商品的合理生产。在商品生产中,生产资料的生产和消费资料的生产是相互联系的一个整体。如果商品生产只限制在个人消费品的范围,生产资料不能进入市场进行交换,那国家势必只能靠斯大林所说的年度计划、五年计划诸如此类的经济

---

① 参见《斯大林文选》(下)第583、612—613、642—648页。
② 参见《斯大林文选》(下)第585—589页。

政策来规定生产资料部门再生产的要求；如果生产资料不能作为商品进入市场交换，那消费资料也就不能真正作为商品进入市场，只能靠计划来规定消费品生产。这就势必夸大计划的作用，把计划与市场对立起来。结果便是，在苏联社会生活中，老百姓真正需要的东西买不到，不需要的东西仍在按计划成批生产。

对于生产力与生产关系的关系，斯大林在20世纪30年代认为，在社会主义的苏联，生产力与生产关系完全相适应。[①]但在《苏联社会主义经济问题》一书中，他却严厉批驳了诺特京和雅罗申柯关于社会主义制度下生产力和生产关系之间没有任何矛盾的论点，指出在社会主义条件下，生产关系不可能永远是新的，它也会变旧，并和生产力的发展发生矛盾，变成生产力的阻碍者——生产力和生产关系的"矛盾无疑是有的，而且将来也会有的"，因此必须不断用新的生产关系来代替旧的生产关系，一旦新的生产关系形成，它就变成了"一种主要的和有决定性的力量，正是它决定生产力进一步的而且是强大的发展"。[②]

斯大林认为在社会主义条件下，生产力和生产关系也会有矛盾、也会不相适应的观点，无疑比20世纪30年代进了一大步，但他过分片面强调生产关系与生产力的不相适应性，强调新生产关系在生产力和生产关系中的决定性作用，造成他在实践中不顾生产力的水平，不顾客观条件是否成熟，就一味急于变革生产关系，急于向共产主义过渡，从而陷入了空想主义。

另外，斯大林在书中还进一步论述了战后的国际经济格局，认为一个统一的无所不包的世界市场已经瓦解，世界资本主义体系总危机在进一步加深，世界已分割成"两个平行的也是互相对立的世界市场"。他还认为自己在二战前提出的关于资本主义总危机时期市场相对稳定的论点和列宁在1916年在《帝国主义是资本主义的最高阶段》中提出的资本主义虽然腐朽，但"整个说来，资本主义的发展比以前要快得多"[③]的论点均"已经失效了"。[④]

---

① 参见《斯大林文选》（上）第202页。
②《斯大林文选》（下）第620、625页。
③《列宁全集》第2版第27卷第436页。
④ 参见《斯大林文选》（下）第593—595页。

斯大林传

实践证明，斯大林关于两个平行的市场理论是不正确的，它导致了苏联社会长期以来的自我封闭，人为割断苏联国内市场与世界市场之间的联系，排斥资本主义国家所取得的一切科技成果和先进的现代化的管理方法，从而使苏联与资本主义国家之间的差距越拉越大。而他关于资本主义体系总危机的理论更为主观臆断，忽视了资本主义国家内部的自我调节功能和当时资本主义国家正在发生的客观变化。二战后世界历史表明，斯大林的上述看法是站不住脚的。

斯大林的这本书公开发表时，正值苏共第十九次代表大会召开之际，所以书中的主要论点和结论对十九大具有决定性的影响。

大会开幕于10月5日，此时距上一次代表大会闭幕已整整13年了。斯大林是漠视党代会权威的，他认为党的最高机关是全会，除全会外，政治局是高于一切中央机关的拥有全权的机关。[①]但实际上全会召开的次数也越来越少。据统计，1923—1929年平均每年还开3次以上全会，1930—1936年则只有约两次，1937—1952年，平均每年连一次也不到，如1947年开过一次讨论提高农业问题的二月全会后，下一次全会直到1952年8月才开，其间相隔5年有余。这就使许多本应由党代会或中央全会决定的重大问题都由政治局或书记处决定了。在实际生活中，书记处的权力比政治局要大，而书记处的权力又实际上掌握在拥有全套机构的斯大林的办公室手中。政治局或书记处的会议往往是在斯大林餐桌上召开的，大家边吃边谈，斯大林听着，大家谈完了，斯大林根据自己的意志作出总结。这样，党的领导体制是一个与党章相违背的金字塔，自下而上依次是：全党组织和党代会—中央委员会全会—政治局和书记处—总书记。权力的顶端是拥有裁决一切全权的总书记斯大林。所以，这次大会距上次大会已相隔13年，在斯大林看来是很正常的。

斯大林喜欢夜里工作，所以这次大会的开幕时间也定在了晚上7时。大会由莫洛托夫主持，马林科夫作了《关于苏联共产党（布）中央委员会工作的总结报告》，国家计划委员会主席萨布罗夫作《关于1951—1955年苏联发展五年计

---

① 参见《斯大林全集》第7卷第328页。

第七章 斯大林晚年

斯大林在苏联共产党第十九次代表大会上

划（第五个五年计划）的指示》的报告，中央委员会书记赫鲁晓夫作了《对苏联共产党（布）党章的修正案》的报告，伏罗希洛夫致闭幕词。斯大林参加了开幕式，但没有坚持到最后，在大会中间休息时就离开了会场，并且好久没有露面，直到14日大会最后一次会议时才重新坐在了主席台上。对于斯大林是否会在大会上发表讲话，代表们直到大会最后一天时心里还没有数，但代表们确实在热切地期盼着他走上讲台。在闭幕会上，当斯大林从主席团桌旁站起，沿地毯铺的小道走上讲台时，代表们兴奋不已，全体起立，响起了经久不息的欢呼声，高呼"斯大林同志乌拉！""斯大林同志万岁！""光荣属于伟大的斯大林！"

斯大林的讲话很简短，全场鼓掌起立欢呼的次数就达15次之多，对斯大林的崇拜已达到狂热的程度。

大会通过决议，决定把苏联共产党（布）改名为苏联共产党，并将政治局改称为主席团。大会通过了《关于修改苏联共产党纲领》的决议，指出"修改党纲应当以斯大林同志的著作《苏联社会主义经济问题》中的基本原理为指导原则"。①

大会后，新选出的中央委员会于10月16日开了一次全会。斯大林在会上作了长篇发言，讲话时措辞严厉，狠狠地谈到了他的两位主要战友莫洛托夫和米高

---

① 参见《苏联共产党代表大会、代表会议和中央全会决议汇编》第5分册，人民出版社1958年版，第316页。

扬,说莫洛托夫是软骨头,立场不坚定,怀疑他胆小怕死,会屈膝投降。在全会选举中央执行机构前,斯大林又作了简短的讲话。斯大林说自己年老了,力不从心,已不能担当起托付给他全部职务了。他表示可以继续担任部长会议主席的职务,并可以像过去那样主持中央政治局的会议,但不能再作为中央总书记主持书记处的会议了,他请求解除他的总书记职务。全会部分尊重了他的愿望,总书记一职空缺,但仍让他任中央委员会书记。

斯大林逝世

斯大林晚年,一直住在莫斯科西北 30 公里的孔策沃别墅。他的生活习惯还是老样子,夜里很晚才睡,上午 11 点左右起床,叫服务人员送来茶和点心,用过早餐后便开始工作。

孔策沃别墅戒备森严,家里除了用人和在身边工作的弗拉西克、波斯克列贝

孔策沃别墅

舍夫外,斯大林平时也没有说话的人。他的亲人都不在身边,大儿子早在二战期间就牺牲了。小儿子瓦西里不争气,尽管他周围的人极尽谄媚之能事,年纪轻轻

寸步不离斯大林的卫队长弗拉西克(右)

就让他当上了莫斯科军区司令员,但他是一个酒鬼,不学无术。斯大林于1952年亲自撤了他的职,让他到总参学院去学习。女儿斯维特兰娜他倒很喜欢,但很少见面,她既是有两个孩子的母亲,又在社会科学院做研究生,很少回家。斯大林心里感到很孤独。斯大林唯一的社交方式便是晚餐。贝利亚、马林科夫、布尔加宁、赫鲁晓夫、伏罗希洛夫等人是餐桌上的常客。此时莫洛托夫、卡冈诺维奇等人已逐渐失宠。晚餐吃的时间很长,他们边吃边谈,在餐桌上就党和国家的重大事情作出决定。

晚年的斯大林,身体越来越差了,他患有高血压病、动脉粥样硬化和风湿性肌肉痛等疾病。风湿性肌肉痛,已经

孔策沃别墅里的会议室

是老毛病了,斯大林自己认为是在流放西伯利亚时造成的。早在20世纪20年代就老觉得手痛,为此,他听了医生的建议,每年都去索契的马采斯塔进行温泉治疗。但这一疾病始终没有治好。

斯大林传

斯大林用过的茶具、眼镜等器物

尽管血压很高，他还是继续按照西伯利亚的老习惯去浴池洗澡。吃午餐时，也和往常一样，小量喝点芬香的格鲁吉亚葡萄酒，但不肯吃药。早先他还很信任给他治病的维诺格拉多夫院士，采用他的处方吃些药，但慢慢地贝利亚向斯大林暗示"老头儿可疑"，于是，斯大林开始怀疑起身边的医务人员，并拒绝使用任何药物。不久，他下决心戒了烟。

1952年11月前后的一天，维诺格拉多夫院士去给斯大林看病，发现斯大林的健康状况已急剧恶化，就在病历上作了记录，要求斯大林严格作息制度，完全停止一切活动。当贝利亚把维诺格拉多夫的意见告诉斯大林时，斯大林表示出了极度的不满和猜疑，大喊道："给他戴上镣铐！戴上镣铐！"很快，维诺格拉多夫被捕了。接着，在克里姆林宫中服务的医生：米·谢·沃夫西、鲍·科甘、费尔德曼、格林施泰因、埃廷格尔、M.科甘、叶戈罗夫、弗·瓦西连科、泽列宁、普列奥布拉任斯基、波波娃、扎库索夫、舍列舍夫斯基、马约罗夫等人相继被捕。

1953年1月13日，塔斯社报道说，苏联破获了一个医生暗杀集团，一批医生被捕。这个医生暗杀集团为外国情报机关所收买，用有害的医疗方法缩短苏联党和国家领导人的寿命，暗杀安·安·日丹诺夫和亚·谢·谢尔巴科夫，还企图暗杀苏军高级将领亚·米·华西列夫斯基、列·亚·戈沃罗夫、伊·斯·科涅夫、谢·马·什捷缅科。当天，《真理报》发表社论《披着教授和医生外衣的卑鄙的间谍和杀人犯》，指出他们是英、美情报机关的间谍，是国际犹太资产阶级民族主义组织"犹太联合救济委员会"的成员，专门从事恐怖活动。社论再次强调了阶级斗争会越来越尖锐的论点，说："一些人得出的结论是：现在暗害和间谍活动的危险已经不存在了。只有右倾机会主义者才可能这样想和这样议论，因为他们站在阶级斗争熄灭论的反马克思主义立场上。他们不懂得，也不可能懂得，我们的成绩不是导致斗争的熄灭，而是导致斗争的尖锐化，我们推向前进的运动越顺利,人民的敌人的斗争就越激烈。"①

尽管公布破获了这一"恐怖集团",但未找到有关他们犯罪的任何直接的证据。上述指控仅仅根据的是在克里姆林宫医院工作的一名犹太女医生季马舒克的一封揭发信。1月20日,由于她揭发有功,苏联最高苏维埃决定授予她列宁勋章。给告密者授勋,这在苏联还是头一次。

这些医生被逮捕后,接受了突击审讯。审讯一般是在夜间进行的,与20世纪30年代大清洗时所采用的方法差不多。目的只有一个,就是从医生们嘴里逼出承认指控他们的"口供"来。

苏联党的领导人非常关心"医生阴谋案件"的侦讯过程。斯大林准备找几个人到他别墅来谈谈这个案件的情况。1953年2月28日,斯大林比往常起得晚了一些,稍事休息后,他觉得精神好了许多。于是他开始看文件,阅读来自朝鲜的情况报道,朝鲜战场上双方都停了火,正在谈判停战协定的问题。之后又阅览了关于"医生阴谋案件"的审讯记录。晚上,按他的吩咐,马林科夫、贝利亚、赫鲁晓夫和布尔加宁来到了他的别墅。

几个人一起吃晚饭,像往常一样讨论并决定着很多问题。布尔加宁首先详细说明了朝鲜的军事形势。斯大林再次表示,朝鲜的形势已是和局,决定第二天由莫洛托夫向中国和朝鲜领导人建议在谈判中争到底,但最终要停止军事行动。

贝利亚说的时间很长。他絮絮叨叨地谈了"医生阴谋案件"的情况。他说:"柳明②不容置辩地证明,这伙人(沃夫西、科甘、费尔德曼、格林施泰因、埃廷格尔、叶戈罗夫、瓦西连科、舍列舍夫斯基等)早就在暗暗地缩短高级领导人的寿命。日丹诺夫、季米特洛夫、谢尔巴科夫(受害者名单我们正在进一步弄清)都是这伙人害死的。例如,日丹诺夫的心电图被偷换……隐瞒他患有心肌梗塞,让他行走、工作,结果很快把他引上了绝路……而最主要的,这全是犹太资产阶级民族主义组织'犹太联合救济委员会'的间谍活动。线索已伸向深处:涉及党和军队的工作人员。大部分被告已招认……"

---

① 参见《真理报》1953年1月13日,中译文参见麦德维杰夫《让历史来审判》(下),第952页。
② 柳明,当时任苏联国家安全部特别重要案件侦讯局局长。

斯大林传

"维诺格拉多夫的情况如何？"斯大林问贝利亚。

"这个教授不仅不可靠，而且舌头长。他在自己的诊所对一位医生说，斯大林同志的高血压犯了好几次，每次都很危险……"

"好吧，"斯大林打断了贝利亚的话，说，"您打算下一步怎么办？医生们都招认了吗？告诉伊格纳季耶夫①：如果取不到医生的全部口供，我们就要砍下他的脑袋……"

"都招认了。在季马舒克和其他爱国者的帮助下，我们正在完成侦查并将请您批准进行公审……"②

然后，他们的谈话开始转向别的话题。他们几个人一直聊到3月1日凌晨4时。据赫鲁晓夫回忆说，那天斯大林喝了不少酒，喝得相当醉，但兴致很高。大家分别时，斯大林还将他们送到走廊上。

3月1日是星期天，到了11点左右，斯大林睡的房间还没有动静，也没有叫人送茶和点心。斯大林身边的服务人员开始不安起来，但没有斯大林的传唤，其他人员是不能随便进他的房间的。怎么办？服务人员也想不出什么招来，只好等着斯大林的传唤。直到夜里10时，斯大林的房间里仍然寂静无声。工作人员开始紧张起来，决定去斯大林房间里看一看。当服务人员走进卧室时，发现斯大林穿着睡裤和衬衣躺在地板上。显然，斯大林是从床上起来，跌倒了。工作人员把他从地板上抱起来，放到了隔壁小餐室的沙发上。斯大林好几次想说点什么，但是只能发出某些不清楚的声音。脑溢血使他丧失了说话能力，而且也使他后来失去了知觉。

警卫和工作人员打电话给国家安全部部长伊格纳季耶夫，他建议给马林科夫和贝利亚打电话，可是哪里也找不到贝利亚。贝利亚是负责斯大林健康和安全的，没有贝利亚的允许，马林科夫也不敢采取任何措施。最后在政府的一幢别墅里找到了正在同一个女人鬼混的贝利亚。马林科夫又打电话通知了赫鲁晓夫和布

---

① 伊格纳季耶夫，当时任苏联国家安全部部长。

② 参见沃尔科戈诺夫《胜利与悲剧》第2卷第632—633页。因为斯大林很快就逝世了，这一案件没有进行公审。1953年4月4日，苏联报纸发表消息称：核查表明，对他们的指控是伪造的，而侦查人员所依据的文件资料是不能成立的。被捕者被释放并恢复名誉，但有两人已在狱中死去。

尔加宁，让他们立即到斯大林别墅去一下。

夜里3时，他们来到了斯大林的病榻前。当值班军官向他们汇报情况时，贝利亚说："慌什么！没有看见斯大林同志正在酣睡！全体人员都出去，不要打搅他的睡梦！"于是他们都分手回家了。

回家不久，马林科夫又给赫鲁晓夫打去电话，说：契卡成员又从斯大林同志那里打电话来，他们说斯大林同志肯定是有什么毛病了，建议大家再去一趟斯大林的别墅。赫鲁晓夫请马林科夫通知伏罗希洛夫、卡冈诺维奇也去。马林科夫还通知了斯大林的女儿斯维特兰娜和次子瓦西里。

3月2日早上7时左右，赫鲁晓夫、马林科夫、贝利亚再一次来到了斯大林的别墅，随后布尔加宁、伏罗希洛夫、卡冈诺维奇和医生都来了。当斯维特兰娜和瓦西里回到家时，房子里已挤满了人。斯维特兰娜描述说："我从来不认识的、初次为他治病的医生们（许多年来一直照料我父亲的维诺格拉多夫院士正关在狱中）在他周围正忙得不可开交。他们把蚂蟥放在他的颈上和脑后，作心电图，透视肺部。一个护士不断地给他注射，一个医生不停地把病情记在本子上。一切的一切都照该做的那样做着。人人都在忙于试图拯救一个再也不能挽回的生命。

"医学科学院正在某处召开一次特别会议商量进一步措施。隔壁的小厅里不停地开着另一个医疗会议，也是决定该怎么办。从某一个科学研究所取来了一套人工呼吸设备，几个年轻的专家跟来了，看来除了他们，别的人都不会使用它。"①

贝利亚不时地走近医生，大声嚷嚷："你们能保证斯大林同志的生命吗？你们懂得你们对斯大林同志的健康所负的全部责任吗？我要警告你们……"

斯大林躺在长沙发上处于一种无知觉的状态，他穿着衣服，衣服浸了尿，这表明发生过大小便失禁。医生的诊断是无情的：斯大林的右臂不能动，右腿也瘫痪了。他甚至不能讲话了。得了这样严重的病，再要恢复工作是完全不可能的，通常得了这种病的人不会活得很久，结局往往是致命的。贝利亚、马林科夫、赫

---

① 参见斯维特兰娜·阿利卢耶娃《致友人的二十封信》第7—8页。

斯大林传

鲁晓夫等人决定发布斯大林病情的通报。通报说:"3月1日夜间斯大林同志在莫斯科他的住宅里患脑溢血,溢血侵蚀了对生命起着重要作用的脑区。斯大林同志失去知觉,右臂和右腿瘫痪,丧失说话能力,心脏活动和呼吸严重失调……对斯大林同志的治疗始终是在苏共中央委员会和苏联政府的监督下进行的……斯大林同志的重病将使他在相当长时间内不能参加领导工作。"① 第二天,即3月5日,2时和16时又发过两次政府通报。

3月5日,斯大林的病情恶化了,医生不断地诊断说,"心脏冠状动脉的血液循环急剧紊乱,心脏后壁发生病灶变化","严重虚脱","状况继续恶化"……瓦西里好几次跑进大厅,醉醺醺地喊道:"混蛋们,父亲是被害死的!"斯维特兰娜像木头人似的站在一边,由于睡眠不足和不知所措而疲倦的苏共中央主席团委员们坐在圈椅和沙发上。这一天,斯大林脸色灰暗,嘴唇青紫,呼吸十分微弱,看上去感觉很痛苦。在弥留之际,他突然睁开了眼睛,扫视了一下所有站在他周围的人,接着又抬起了左手,指向天空,似乎想要说点什么。但是,他什么也没有说(已说不出话来了),重重地把手放了下来,像睡熟了似的,安详地闭上眼睛,停止了呼吸。时间正好是3月5日9时50分。②

第二天,苏共中央、苏联部长会议和最高苏维埃主席团举行联席会议,决定任命马林科夫为苏联部长会议主席,贝利亚、莫洛托夫、布尔加宁、卡冈诺维奇为部长会议第一副主席,伏罗希洛夫为苏联最高苏维埃主席团主席。并决定将苏联国家安全部和内务部合并为内务部,由贝利亚任部长。撤销原来的苏共中央主席团和主席团常务局,成立新的主席团。新的主席团委员由原来的25名减为10名,他们是马林科夫、贝利亚、莫洛托夫、伏罗希洛夫、赫鲁晓夫、布尔加宁、

---

① 转引自沃尔科戈诺夫《胜利与悲剧》第2卷第636页。
② 关于斯大林的死因,至今仍有各种说法。阿·阿夫托尔哈诺夫在《斯大林死之谜》一书中说,斯大林并非自然死亡,而是被人谋杀的(见新华出版社1981年版,第157—214页)。莫洛托夫后来在回答苏联著名诗人丘耶夫"斯大林不会是被人毒死的吧?"这一问题时说:"有这个可能。但又有谁现在能作证呢?"(见《莫洛托夫秘密录》,社会科学文献出版社1992年版,第334页)。俄罗斯作家爱德华·拉津斯基在1997年出版的《斯大林秘闻》中说,斯大林很可能是被其卫士下毒毒死的,而下令毒死斯大林的人正是贝利亚。拉津斯基说,他是在写作本书搜集素材对一些斯大林卫士进行采访时发现这一线索的,此外,还参考了原属苏联政府的秘密文件和部分克格勃的档案。关于斯大林的死因,还有一些别的说法。这样,斯大林死因,目前仍众说纷纭,莫衷一是。

第七章　斯大林晚年

斯大林遗容

苏联党和国家领导人抬着斯大林的棺木

卡冈诺维奇、米高扬、萨布罗夫、别尔乌辛。书记处由原来的 10 名成员减为 3 名,伊格纳季耶夫、波斯别洛夫、沙塔林当选为苏共中央书记。

在斯大林灵柩旁。左起:莫洛托夫、赫鲁晓夫、卡冈诺维奇、米高扬、布尔加宁、朱可夫、索科洛夫斯基、伏罗希洛夫、铁木辛哥、贝利亚、库兹涅佐夫、马林科夫

3月9日,新选出的苏联领导班子为斯大林举行了隆重的追悼大会和葬礼。大会由治丧委员会主席赫鲁晓夫主持,苏联党政军领导人和各国共产党、工人党的领导人,各国政府代表以及莫斯科上百万人参加了大会。马林科夫、贝利亚和莫洛托夫在追悼会上发表了讲话。追悼仪式之后,斯大林的遗体被移入陵墓,与列宁合葬在一起。直到 1961 年,根据苏共第二十二次代表大会的决定,斯大林的遗体被移出,葬于红场。

高尔基大街上的送葬人群

斯大林的遗体被移入陵墓

附录一

斯大林年谱

1879 年

12月9日（21日）①：生于格鲁吉亚第比利斯省哥里城。父亲维萨里昂·伊万诺维奇·朱加施维里，小鞋匠。母亲叶卡捷琳娜·格奥尔吉耶夫娜·格拉泽，农奴的女儿。斯大林是他们的第四个孩子（前三个孩子出生后都先后夭折）。

1886 年

染上天花，康复后面部留下了一些痕迹。

1888 年

9月：进哥里正教小学读书。

1890 年

父亲去世。全部家庭生活重担都落到母亲一人身上。母亲继续供儿子上学，

---

① 一说为1878年12月6日（18日），参见本书正文第1页注①。

斯大林传

希望儿子成为一个受人尊敬的教区神父。

1891 年

在一次意外事故中左臂受伤，伤口感染。愈后，左臂肌肉有些萎缩，不易弯曲。为此 1917 年 2 月初被免除兵役。

1894 年

6 月：毕业于哥里正教小学。

9 月 2 日（14 日）：进第比利斯正教中学学习。

1895 年

在格鲁吉亚爱国者伊·恰夫恰瓦泽主编的格鲁吉亚刊物《伊维利亚》上发表诗歌。

1898 年

1 月：参加第比利斯铁路工人马克思主义小组。

8 月：加入格鲁吉亚社会民主主义组织"麦撒墨达西社"（"第三社"），为该组织的左翼少数派成员。

1899 年

5 月 29 日（6 月 10 日）：离开正教中学。6—7 月间被学校开除学籍。

12 月 28 日（1900 年 1 月 9 日）：就职于第比利斯观象台，任测量员。

1900 年

4 月 23 日（5 月 6 日）：参加在第比利斯城郊盐湖举行的纪念"五一"的集会，并在会上发表演说。

夏季：同来到第比利斯的维·康·库尔纳托夫斯基建立联系，库尔纳托夫斯基是列宁《火星报》的拥护者。

8月：第比利斯铁路修理厂和停车厂工人大罢工，斯大林参与讨论罢工策略和帮助印制传单。

1901年

3月21日（4月3日）：在第比利斯观象台的住所遭搜查。

3月28日（4月10日）：离开观象台，从此转入秘密状态。

4月22日（5月5日）：参与领导第比利斯中心区士兵广场"五一"工人游行示威。

9月：和克茨霍韦利、楚卢基泽发起创办的《斗争报》创刊号在巴库出版，上面载有他参与写作的一篇未署名文章《编辑部的话》。

11月11日（24日）：当选为俄国社会民主工党第比利斯第一届委员会委员。

11月底：被第比利斯委员会派往巴统组建社会民主党组织。

12月31日（1902年1月13日）：以组织新年舞会名义在巴统召开社会民主党小组秘密会议。会上选出了巴统社会民主党委员会。

12月：在《斗争报》第2、3号合刊上发表其参与写作的未署名文章《俄国社会民主党及其当前任务》。斯大林与巴统先进工人建立联系，在路特希尔德、曼塔舍夫等工厂建立社会民主党小组。

1902年

1月：在巴统设立秘密印刷所。

1月31日—2月18日（2月13日—3月3日）：组织曼塔舍夫工厂工人的罢工，并取得胜利。

2月27日（3月12日）—3月初：领导路特希尔德工厂罢工委员会工作。

3月8日（21日）：领导和组织巴统各工厂工人举行大规模游行示威。示威者要求释放被警察逮捕的32名罢工工人。

3月9日（22日）：组织并领导巴统各业工人6000余人进行了盛大的游行示

威。示威群众遭到军队的枪击，15人被打死，54人受伤，约500人被捕。当夜斯大林起草抗议枪杀示威群众的传单。

4月5日（18日）：在社会民主党巴统委员会的一次会议上被捕。

4月6日（19日）：被囚禁于巴统监狱。在狱中，他还设法与巴统社会民主党组织建立联系，帮助起草传单，指导工作。

6月10日（23日）：起草传单《工人同志们！》，由"巴统社会民主党小组"签署。传单发出了罢工的号召。

6月29日（7月12日）：起草传单《工人同志们！》，宣传罢工取得的胜利。由"巴统社会民主党小组"签署。

1903年

3月：缺席当选为俄国社会民主工党高加索联合会委员会委员。

4月19日（5月2日）：从巴统监狱被解到库塔伊西监狱，是年秋又被解回巴统监狱。

7月15日（28日）：被宣布判处流放西伯利亚3年。

11月27日（12月10日）：到达伊尔库茨克省巴拉甘斯克县新乌达村流放地。

1904年

1月5日（18日）：从流放地逃走。

2月：先到巴统，后到第比利斯并参加俄国社会民主工党高加索联合会委员会的工作。

6月：受高加索联合会委员会委托到巴库解散孟什维克的委员会，成立布尔什维克委员会。

夏季：去外高加索各主要地区，在各种辩论会上发言反对孟什维克、联邦主义者和无政府主义者等，并在库塔伊西建立布尔什维克的依麦列梯亚—明格列里亚委员会。

9月1日（14日）：在《无产阶级斗争报》第7号上发表《社会民主党怎样

理解民族问题?》。

9—10月：给米·尼·达维塔什维里写信两封，主要谈列宁关于社会主义同工人运动结合的思想。

是年：与叶·斯瓦尼泽结婚。

1905年

1月1日（14日）：在《无产阶级斗争报》第8号上发表《无产阶级和无产阶级政党（论党章第一条）》。文章发挥了列宁在党章第一条中阐述的布尔什维克的组织路线，并提出了纲领观点、策略观点和组织观点要一致的思想，认为这是党的基础。

1月初：就沙皇政府在远东遭失败事为俄国社会民主工党高加索联合会委员会起草传单《高加索的工人们，是复仇的时候了!》。

2月13日（26日）：针对沙皇政府在巴库挑起的鞑靼人和亚美尼亚人之间的互相残杀，为第比利斯委员会起草传单《各民族友爱万岁!》。

2月15日（28日）：为第比利斯委员会起草传单《告公民书：红旗万岁!》。

3月26日（4月8日）：撰写《查明了什么?（告高加索全体工人书）》一文。

4月：在巴统的大辩论会上发言，反对孟什维克的领袖拉米施维里、阿尔谢尼则等人。

5月：小册子《略论党内意见分歧》出版。

7月15日（28日）：在《无产阶级斗争报》第10号上发表《武装起义和我们的策略》一文。

8月15日（28日）：在《无产阶级斗争报》第11号发表批驳饶尔丹尼亚的两篇文章：《临时革命政府和社会民主党》《答〈社会民主党人报〉》。

10月15日（28日）：在《无产阶级斗争报》第12号上发表两篇未署名文章：《反动加紧起来了》和《资产阶级在布置圈套》，提出了"积极抵制杜马"（布里根杜马）的主张。

10月：就10月发生的全俄政治总罢工写了两个传单《公民们!》和《告全体

工人书》。

11月20日（12月3日）：同斯·格·邵武勉一起创办的高加索第一个公开的布尔什维克报纸《高加索工人小报》出版，并在创刊号发表《第比利斯，1905年11月20日》（社论）。

11月底：筹备高加索布尔什维克第四次代表大会，斯大林在会上被选为出席全国代表会议的代表。

12月12—17日（25—30日）：代表俄国社会民主工党高加索联合会出席布尔什维克召开的俄国社会民主工党第一次代表会议。

1906年

1月7日（20日）：出版《两次搏斗（论1月9日事变）》小册子。

3月8日（21日）：在《黎明报》发表《国家杜马和社会民主党的策略》一文。

3月17、22、23日（3月30日，4月4、5日）：在《闪电报》第5、9、10号上发表《土地问题》。

3月底：当选为第比利斯组织出席俄国社会民主工党第四次（统一）代表大会的代表。

4月10—25日（4月23日—5月8日）：化名伊万诺维奇出席在斯德哥尔摩举行的俄国社会民主工党第四次（统一）代表大会。

6月20日（7月3日）：斯大林领导的《新生活报》在第比利斯出版。

6月21、24、28日和7月9日（7月4、7、11和22日）：在《新生活报》第2、4、7、16号上发表《无政府主义还是社会主义》一文。

6月25日（7月8日）：在《新生活报》第5号发表《第比利斯的改组》一文，论述了党内民主问题。

7月5日（18日）：在《新生活报》第12号上发表《第比利斯的工会》一文，论述"党的工会"的口号。

7月11日（24日）：在《新生活报》第17号上发表《反动派日益猖獗，更紧密地联合起来》一文。

7月12日（25日）：在《新生活报》第18号上发表《被解散的杜马和联合起来的街头运动》一文。

7月13日（26日）：在《新生活报》第19号上发表《马克思恩格斯论起义》一文。

7月14日（27日）：在《新生活报》第20号上发表《国际反革命》一文。

7—8月：《目前形势和工人党统一代表大会》小册子在第比利斯由"无产阶级报社"用格鲁吉亚文出版。

9月：出席俄国社会民主工党高加索党组织全区代表大会。

11月14日（27日）：与茨哈卡雅、达维塔什维里共同主持的工会的公开报纸《新时代报》创刊。并在该报创刊号上发表《阶级斗争》一文。

12月4日（17日）：在《新时代报》第4号上发表《〈工厂立法〉和无产阶级斗争（关于11月15日颁布的两项法令）》一文。

是年：发起成立石油工人联合会。

1907年

1月1日（14日）：斯大林领导的格鲁吉亚文报纸《火炬报》出版。

2月10日（23日）：为考茨基《俄国革命的动力和前途》一书格鲁吉亚文版作序言。

2月18日（3月3日）：领导创办的布尔什维克合法日报《我们的生活报》在第比利斯用格鲁吉亚文出版，并在该报创刊号上发表《彼得堡的竞选和孟什维克》一文。

3月5日（3月18日）：长子雅科夫出生。

3月11日（24日）：领导的格鲁吉亚文日报《时报》在第比利斯出版。

3月13日（3月26日）：在《时报》第2号上发表《立宪民主党人专制还是人民专制？》一文，批评孟什维克"立宪民主党人专制"的主张。

3月17日（30日）：为《时报》第6号撰写题为《无产阶级在斗争，资产阶级在和政府缔结联盟》的社论。

4月8日（21日）：在《时报》第25号上发表《先进的无产阶级和党的第五次代表大会》（社论）一文。

4月10日（23日）：在《时报》第26号上发表《一塌糊涂……》一文。

4月13日（26日）：在《时报》第29号上发表《我们高加索的小丑们》一文。

4月30日—5月19日（5月13日—6月1日）：化名伊万诺维奇作为有发言权的代表出席在伦敦召开的俄国社会民主工党第五次代表大会。

6月20日（7月3日）：主编的布尔什维克秘密报纸《巴库无产者报》出版，并在创刊号发表《杜马的解散和无产阶级的任务》（社论）一文。

7月底：领导巴库布尔什维克举行石油区党的代表会议。

8月12日（25日）：发起创办的巴库石油工会布尔什维克的公开机关报《汽笛报》出版。

8月24日（9月6日）：在巴库5个区的社会民主党组织和社会民主党穆斯林小组"古墨特"的联席代表会议上，被选为党的全市代表会议筹备委员会委员。

9月22日（10月5日）：起草的《给第三届国家杜马社会民主党代表的委托书》由巴库市工人选民团初选人大会通过。

9月29日（10月12日）：在《汽笛报》第4号上发表《应当抵制协商会议！》一文。

10月25日（11月7日）：在布尔什维克巴库全市代表会议上当选为俄国社会民主工党巴库委员会委员。

11月：妻子叶·斯瓦尼泽病逝。

1908年

1月13日（26日）：在《汽笛报》第14号上发表《选举以前》（社论）一文。

1—2月：领导组织巴库工人多次罢工。

2月3日（16日）：在《汽笛报》第17号上发表《再论有保障的协商会议》（社论）一文。

3月2日（15日）：在《汽笛报》第21号上发表《我们最近时期的罢工说明

了什么？》一文。

3月9日（22日）：在《汽笛报》第22号上发表《石油业主在策略上的转变》一文。

3月16日（29日）：在《汽笛报》第23号上发表《必须作好准备！》（社论）一文。

3月25日（4月7日）：被捕，囚禁于巴库的拜洛夫监狱。被捕时化名为盖奥兹·尼扎拉泽。在狱中，继续为《巴库无产者报》《汽笛报》撰写文章。

3月30日（4月12日）：在《汽笛报》第25号上发表《经济恐怖和工人运动》（社论）。

4月21日—5月18日（5月4—31日） 在《汽笛报》第28、30、32号上发表《石油业主对经济恐怖的看法》一文。

7月20日（8月1日）：在《巴库无产者报》第5号上发表《报刊评论》一文，指出孟什维克是"无产阶级内部的因而也是最危险的敌人"。

11月9日（22日）：被判流放沃洛格达省，由警察公开监视，期限2年。

1909 年

1月：被解到沃洛格达后，关进沃洛格达监狱。

2月27日（3月12日）：到达沃洛格达省索利维切戈茨克流放地。

6月24日（7月7日）：从索利维切戈茨克流放地逃走。

7月上半月：先到彼得堡，后又秘密到达巴库。

8月1日和27日（8月14日和9月9日）：在《巴库无产者报》第6、7号上发表《党内危机和我们的任务》（社论）一文。

8月2日（15日）：俄国社会民生工党巴库委员会通过由斯大林起草的关于《无产者报》编辑部内部情况的决议。

8月27日（9月9日）：在《巴库无产者报》第7号上刊载《关于即将到来的总罢工》一文。

11—12月：给党中央机关报写《高加索来信》，共2封。

斯大林传

1910 年

1月5日（18日）：参与创办的《第比利斯无产者报》创刊号出版，并为该报创刊撰写《发刊词》。

3月23日（4月5日）：被捕。

3月26日（4月8日）：被囚禁于巴库拜洛夫监狱。

9月7日（20日）：在狱中接到高加索总督关于5年内禁止他在高加索居住，并令他回到索利维切戈茨克继续完成流放期限的决定。

9月23日（10月5日）：被解往索利维切戈茨克。

10月29日（11月11日）：到达索利维切戈茨克流放地。

1911 年

6月1日（14日）：在俄国社会民主工党中央委员会在巴黎举行的会议上被缺席任命为召开党代表会议筹备委员会候补委员。

6月27日（7月10日）：流放期满。之后选择靠近莫斯科和彼得堡的沃洛格达作为居住地。

9月6日（19日）：从沃洛格达秘密前往彼得堡，化名契日科夫。7日（20日）到达彼得堡。

9月9日（22日）：被捕，被关押在彼得堡拘留所。

12月14日（27日）：被逐回沃洛格达，受警察公开监视，期限3年。

12月25日（1912年1月7日）：到达沃洛格达。

1912 年

1月5—17日（18—30日）：在俄国社会民主工党第六次（布拉格）代表会议结束后召开的中央委员会全会上，斯大林被缺席增补为中央委员，并被任命为中央委员会俄国局的成员。

2月29日（3月13日）：从沃洛格达流放地逃走。

3月上半月：到达巴库和第比利斯，组建外高加索布尔什维克组织。

3月29—30日（4月11—12日）：召开巴库布尔什维克区组织的工作人员会议。会议表示拥护布拉格代表会议的决议。

4月1—10日（14—23日）：从巴库前往彼得堡。

4月10—22日（4月23日—5月5日）：主编布尔什维克的报纸《明星报》，并在其上发表《新的时期》（社论）、《自由派的伪君子们》等多篇文章。

4月22日（5月5日）：在《真理报》创刊号上发表《我们的目的》（社论）。同日，又一次被捕，监禁于彼得堡拘留所。

7月2—18日（15—31日）：被判流放纳雷姆边区3年，并被解往流放地。18日。乘"柯尔巴什维茨号"轮船从托姆斯克到达纳雷姆流放地。

9月1—12日（14—25日）：从流放地逃走，12日到达彼得堡。

9—10月：主编《真理报》，并领导第四届国家杜马竞选运动。

11月上半月：应邀秘密去克拉科夫会见列宁，并参加在克拉科夫举行的俄国社会民主工党中央委员会会议。

11月底—12月初：从克拉科夫回到彼得堡后，领导第四届国家杜马社会民主党党团的工作。

12月26日（1913年1月8日）：以前 秘密赴克拉科夫。

12月26日—1918年1月1日（1918年1月8—14日）：参加列宁主持的俄国社会民主工党中央委员会、党的工作者和社会民主党杜马党团（布尔什维克）成员的联席会议。

1913年

1月12日（25日）：在《社会民主党人报》第30号上发表《彼得堡的选举（圣彼得堡来信）》和《在走向民族主义的道路上（高加索来信）》，第一次署名斯大林。

1月下半月：从克拉科夫来到维也纳。

1—2月：写《马克思主义和民族问题》。在维也纳期间，会见了布哈林、托洛茨基等人。在他写作过程中，布哈林给了不懂德文的斯大林不少帮助。写传单《连纳惨案一周年》。

  2月中旬：从国外回到彼得堡。

  2月23日（3月8日）：被捕。

  2月26日（3月11日）：在《真理报》第47号上发表《社会民主党党团状况》一文，驳斥了社会民主党党团孟什维克"七人团"的分裂活动。

  7月2日（15日）：被判流放图鲁汉斯克边区，由警察公开监视，期限4年。

  7月11日（24日）：到达克拉斯诺亚尔斯克。

  8月10日（23日）：到达流放地图鲁汉斯克的小村科斯季诺村。

1914年

  3月上半月：被转解到叶尼塞河下游的库列伊卡村（地处北极圈内）。

1915年

  2月27日（3月12日）：写信给列宁，批判普列汉诺夫采取机会主义立场和国际社会民主党的护国主义路线。

  7月：与流放地的布尔什维克（包括4名中央委员）在修道院村开会，讨论党团审判案问题。

1916年

  2月5日（18日）：写信给在国外的党中央，报告他在撰写有关民族问题的文章。

  12月14日（27日）：奉命到克拉斯诺亚尔斯克报到，接受当局征召政治流放犯入伍的体格检查。

1917年

  2月初：因左臂有残疾和当局认为他在军队中会是个"不良分子"而免服

兵役。

3月8日（21日）：俄国二月革命爆发后，和加米涅夫、穆拉诺夫等一批流放者离开流放地。

3月12日（25日）：回到彼得格勒，并被确定为中央委员会俄国局成员，但只有发言权。

3月13日（26日）：出席中央委员会俄国局会议，并被确定为《真理报》编委。

3月14日（27日）：在《真理报》第8号上发表《论工兵代表苏维埃》一文。

3月16日（29日）：在《真理报》第10号上发表《论战争》一文。

3月17日（30日）：在《真理报》第11号上发表《在取得部长职位的道路上》一文，批判普列汉诺夫—布里扬诺夫的护国主义和参加临时政府的立场。

3月18日（31日）：受中央委员会俄国局委派参加彼得格勒工兵代表苏维埃执行委员会。同日，在《真理报》第12号上发表《论俄国革命胜利的条件》。

3月25日（4月7日）：在《真理报》第17号上发表《论取消民族限制》一文。

3月27日—4月2日（4月9—15日）：参加全俄布尔什维克党的工作者会议，并作了《关于对临时政府的态度》的报告。

3月28日（4月10日）：在《真理报》第19号上发表《反对联邦制》一文。

4月4日（17日）：出席布尔什维克党领导人会议，后又出席布尔什维克苏维埃代表与孟什维克苏维埃代表联席会议。

4月6日（19日）：出席俄国社会民主工党中央委员会俄国局会议，讨论列宁的"四月提纲"。

4月15日（28日）：在《真理报》第32号上发表《给农民土地》一文。

4月14—22日（4月27日—5月5日）：出席俄国社会民主工党（布）彼得格勒市代表会议。

4月18日（5月1日）：《真理报》第35号刊载斯大林代表中央委员会写的"五一节"宣言——《五一》一文。

4月24—29日（5月7—12日）：出席俄国社会民主工党（布）第七次全国

代表会议，在会上作了捍卫列宁关于目前形势问题决议案的演说和关于民族问题的报告，并被选为新的中央委员会委员。

5月4、5日（17、18日）：在《真理报》第48号上发表《革命的落伍者》一文。

5月6日（19日）：在《士兵真理报》第16号上刊载《我们期待于代表会议的是什么？》（社论）一文，提出党的代表会议的目的是要"达到统一和团结"，"只有团结一致的党才能引导人民走向胜利"。

5月10日（23日）：出席俄国社会民主工党（布）彼得格勒委员会会议，并就彼得格勒委员会的组织机构问题和地方自治机关的选举问题发言。

5月21、24、26日（6月3、6、8日）：在《真理报》第63、64、66号上连续发表《地方自治机关选举运动》一文。

6月3—24日（6月16日—7月7日）：出席全俄工兵代表苏维埃第一次代表大会，并被选为中央执行委员会委员。

6月6日（19日）：出席布尔什维克党中央委员会扩大会议，会上，他支持列宁关于组织工人和士兵和平游行示威的提议。

6月9日（22日）：出席全俄工兵代表苏维埃第一次代表大会布尔什维克党团会议，接着又出席俄国社会民主工党（布）中央委员会会议。会议决定取消6月10日（23日）游行示威。

6月12日（25日）：因不同意取消游行示威，提出退出中央委员会，但未被中央接受。

6月13日（26日）：在《士兵真理报》第42号上发表《昨天和今天（革命危机）》一文，批判了临时政府新任的"社会主义者"部长们。

6月14日（27日）：在《真理报》第81号上发表《反对分散的游行示威》一文。

6月15日（28日）：在《俄国社会民主工党中央委员出版局公报》创刊号上发表《关于彼得格勒地方自治机关选举的总结》一文。

6月17日（30日）：在《真理报》第84号发表为俄国社会民生工党（布）中

央委员会和彼得格勒委员会写的传单《告彼得格勒全体劳动者、全体工人和士兵书》，迎接定于 6 月 18 日举行的游行示威。

6 月 20 日（7 月 3 日）：在《真理报》第 86 号上发表《游行示威》一文。

6 月 22 日（7 月 5 日）：在俄国社会民主工党（布）中央委员会委员、彼得格勒委员会委员和军事局委员的非正式会议上，宣读布尔什维克党团提交中央执行委员会的关于要求采取坚决办法以对付日益增长的反革命的声明。

7 月 1—3 日、16—20 日（7 月 14—16 日，7 月 29 日—8 月 2 日）：和斯维尔德洛夫主持和领导了布什维克彼得格勒第二次代表会议（紧急代表会议）。

7 月 7 日（20 日）晚上：与奥尔忠尼启则等人到阿利卢耶夫家见列宁，开会讨论列宁和季诺维也夫是否出庭受审的问题。当时，大家决定：不出庭受审，要躲到芬兰去。

7 月 9 日夜—10 日凌晨（7 月 22 日夜—23 日凌晨）：与阿利卢耶夫等人陪同化好装的列宁，离开阿利卢耶夫住宅，到滨海车站。然后，列宁乘车去拉兹利夫车站。

7 月 15 日（28 日）：在《无产阶级事业报》（喀琅施塔得）第 2 号上发表《更紧密地团结起来》一文。

7 月 16 日（29 日）：在俄国社会民主工党（布）彼得格勒组织第二次代表会议（紧急代表会议）上分别作《中央委员会关于七月事变的总结报告》和《关于目前形势的报告》。

7 月 23 日（8 月 5 日）：在《工人和士兵报》创刊号上发表《我们的力量在哪里？》《发生了什么事情？》和《反革命的胜利》等文章。

7 月 24 日（8 月 6 日）：在《工人和士兵报》第 2 号上发表《立宪民主党人的胜利》《告彼得格勒全体劳动者、全体工人和士兵书》和《两个代表会议》三篇文章。

7 月 26 日（8 月 8 日）：在《工人和士兵报》第 3 号上发表《新政府》（社论）一文。

7 月 26 日—8 月 3 日（8 月 8—16 日）：与斯维尔德洛夫领导俄国社会民主

工党（布）第六次代表大会的工作，并在会上分别作《中央委员会总结报告》和《关于政治形势的报告》。

8月5日（18日）：被党中央全会选为中央委员会核心组的成员。

8月12日（25日）：在《工人和士兵报》第17号上发表《反革命在冲击，护国派在埋葬革命》一文。

8月13日（26日）：受中央委员会委托，负责组织《无产者报》创刊号出版。在该号上刊载《莫斯科会议把俄国引向何处？》（社论）、《关于对加米涅夫的诽谤》和《反革命和俄国各民族》等三篇文章。

8月15日（28日）：在《无产者报》第2号上发表《两条道路》一文。

8月16日（29日）：被党中央委员会选为关于斯德哥尔摩代表会议的决议起草委员会委员。

8月17日（30日）：在《无产者报》第4号上发表《莫斯科会议的总结》一文。

8月18日（31日）：在《无产者报》第5号上发表《前线我军失败的真相》和《论前线七月失败的原因》两篇文章。

8月20日（9月2日）：在《无产者报》第7号上发表《今天选举》（社论）一文。

8月22日（9月4日）：在《无产者报》第8号上发表《挑衅时期》（社论）一文。

8月25日（9月7日）：在《工人日报》创刊号上发表《黄色联盟》（社论）和《二者必居其一》两篇文章。

8月27日（9月9日）：在中央执行委员会会议上宣读由他起草的布尔什维克党团关于政治形势的决议案。

8月28日（9月10日）：在《工人自报》第4号上发表《我们的要求》（社论）一文。

8月30日（9月12日）：出席俄国社会民主工党（布）中央委员会会议，讨论与科尔尼洛夫叛乱作斗争的问题。

8月—10月：主编《无产者报》《工人日报》《工人之路报》等俄国社会民主工党（布）的中央机关报。

9月3日（16日）：在《工人之路报》创刊号上发表《危机和执政内阁》一文。

9月6日（19日）：在《工人之路报》第3号上发表《走自己的路》和《论和立宪民主党人决裂》两篇文章。

9月9日（22日）：在《真理之路报》上发表《第二次浪潮》一文。

9月14日（27日）：在《工人之路报》上发表《论民主会议》（社论）一文。

9月16日（29日）：在《工人之路报》第12号上发表《两条路线》一文。

9月17日（30日）：在《工人之路报》第13号上发表《全部政权归苏维埃！》（社论）一文。

9月21日（10月4日）：出席民主会议布尔什维克党团会议。

9月24日（10月7日）：在《工人之路报》第19号上发表《他们在制造镣铐》（社论）一文。

9月27日（10月10日）：在《工人之路报》第21号上发表《资产阶级专政的政府》一文和《评论》二则：《铁路罢工和民主主义的破产》《俄国的农民和蠢才们的党》。

9月28日（10月11日）：在瓦西里岛区布尔什维克会议上作关于民主会议的报告。在《工人之路报》第22号上发表《向工人的进攻》一文

10月4日、5日、7日（17日、18日、20日）：在《工人之路报》第27、28、30号上发表《反革命的阴谋》一文。

10月5日（18日）：在《工人之路报》第28号上发表《谁在破坏立宪会议？》一文。

10月10日（23日）：出席俄国社会民主工党（布）中央委员会会议，并被选为对起义进行政治领导的中央政治局成员。

10月13日（26日）：在《工人之路报》第35号上发表《苏维埃政权》一文。

10月16日（29日）：出席俄国社会民主工党（布）中央委员会扩大会

议。在随后举行的中央委员会秘密会议上被选为起义领导机构——军事革命总部——的成员。

10月20日（11月2日）：在《工人之路报》发表为季诺维也夫企图拒绝列宁的谴责而致《工人之路报》的信所写的《编辑部按语》和《"有许多公牛围绕我"》一文，为季诺维也夫的泄密行为辩护。

10月24日（11月6日）：在全俄苏维埃第二次代表大会布尔什维克党团会议上作关于政治形势的报告。

10月25—26日（11月7—8日）：出席全俄工兵代表苏维埃第二次代表大会，在会上被选为全俄中央执行委员会委员，并任民族事务人民委员。

11月2日（15日）：与列宁共同签署由斯大林起草的《俄国各民族权利宣言》。

11月14日（27日）：在赫尔辛基举行的芬兰社会民主工党代表大会上发表演说。

11月16日（29日）：出席人民委员会会议，被选为革命法庭法令起草委员会委员。

11月27日（12月10日）：与列宁起草苏维埃代表团同德国进行谈判的和平谈判纲要。

11月29日（12月12日）：出席俄国社会民主工党（布）中央委员会会议，并被任命为有权决定一切非常事务的中央常务局成员。

12月18日（31日）：与列宁共同签署关于芬兰国家独立的法令。

12月23日（1918年1月5日）：出席人民委员会会议，会议决定在列宁休假期间由斯大林代理人民委员会主席职务。

12月24日（1918年1月6日）：主持人民委员会会议。会上，他作了关于顿河情况、哥萨克劳动人民代表大会和革命部队准备进攻奥连堡等报告。

12月27日（1918年1月9日）：主持人民委员会会议。会议通过普梯洛夫各工厂国有化的决议和关于没收辛弗罗波尔的阿纳特尔飞机工厂的法令。

1918 年

1月3日（16日）：与布哈林一起参与列宁关于《被剥削劳动人民权利宣言》的起草工作。

1月10日—18日（23日—31日）：参加全俄工兵农代表苏维埃第三次代表大会，在会上作《关于民族问题的报告》及《关于民族问题报告的结论》。

1月11日（24日）：出席俄国社会民主工党（布）中央委员会会议，讨论战争与和平问题。

1月19日（2月1日）：出席俄国社会民主工党（布）中央委员会会议，讨论同德国缔结和约问题。

1月24日（2月6日）：出席为筹备党的第七次代表大会而举行的中央委员会会议，并主张修改党纲。

2月23日：出席俄国社会民主工党（布）中央委员会会议，在会上投票支持列宁提出的立即签订《布列斯特－里托夫斯克和约》的立场。

2月24日：出席全俄中央执行委员会会议，会议通过布尔什维克提出的关于签订对德和约的决议。

3月6日—8日：出席俄国社会民主工党（布）第七次（紧急）代表大会，被大会选入党纲修改委员会和俄共（布）中央委员会。

3月14日—16日：出席全俄苏维埃第四次非常代表大会，并于3月16日被选为全俄中央执行委员会委员。

3月19日：给邵武勉和查帕里泽写信，指示必须加强巴库的军事防卫。

3月23日：以民族事务人民委员的身份在《真理报》第53号上公布《鞑靼－巴什基尔苏维埃共和国条例》。

3月26日、27日：在《真理报》第55、56号上发表《戴着社会主义假面具的外高加索反革命分子》一文。

4月1日：被全俄中央执行委员会布尔什维克党团选为俄罗斯苏维埃共和国第一个宪法草案起草委员会委员。

4月19日：由斯大林起草的《俄罗斯苏维埃联邦社会主义共和国宪法总纲（草案）》获全俄中央执行委员会苏维埃共和国宪法起草委员会通过。

4月27日：被人民委员会任命为俄罗斯苏维埃联邦社会主义共和国同乌克兰中央拉达进行缔结和约谈判的全权代表。

5月10日—16日：主持鞑靼—巴什基尔苏维埃共和国成立大会筹备会议并致开幕词和闭幕词。

5月29日：人民委员会任命斯大林为南俄粮食总领导者。

6月4日：受命从莫斯科前往察里津，负责俄国南方粮食工作。

上半年：与娜捷施达·阿利卢耶娃结婚。

7月19日：被全俄最高军事委员会任命为新成立的北高加索军区军事委员会主席。

8月13日：签署察里津和全省戒严的命令。

8月24日：斯大林、伏罗希洛夫签署军事委员会给中段指挥员的命令，指示在察里津战线上展开攻势。

9月17日：被共和国革命军事委员会任命为新组建的南方面军革命军事委员会委员。

10月8日：被人民委员会任命为共和国革命军事委员会委员。

10月19日：从察里津回到莫斯科。

11月6日：在《真理报》第241号上发表《十月革命（1917年10月24日和25日在彼得格勒）》一文，高度评价托洛茨基在十月武装起义中的作用。

11月6日、19日：在《真理报》第241、250号上发表《十月革命和民族问题》一文。

11月24日：在《民族生活报》第3号上发表《不要忘记东方》一文。

11月30日：被全俄中央执行委员会任命为工农国防委员会委员。

12月15日：在《民族生活报》第6号上发表《光明来自东方》一文。

1919 年

1 月 3 日：受命与捷尔任斯基前往东方战线，调查彼尔姆失陷的原因。

1 月 27 日：返回莫斯科。

1 月 31 日：和捷尔任斯基将党中央委员会和国防委员会联合调查委员会关于 1918 年 12 月彼尔姆陷落原因的报告提交给列宁。

2 月 9 日：在《消息报》第 30 号上发表《政府对民族问题的政策》一文。

2 月 22 日：在《消息报》第 41 号上发表《两个阵营》一文。

3 月 2 日—6 日：以俄国共产党（布）代表团成员的身份参加共产国际第一次代表大会。

3 月 18 日—23 日：出席俄共（布）第八次代表大会。被选为党纲最后修订委员会委员，并作为多数派代表被代表大会选入起草军事问题决议的协商委员会。

3 月 25 日：在俄共（布）中央委员会会议上被选为中央政治局委员和组织局委员。

3 月 30 日：被全俄中央执行委员会批准为国家监察人民委员部监察人民委员。

4 月 3 日：出席人民委员会会议，并作关于改组国家监察人民委员部的法令草案的报告。

5 月 17 日：奉命以国防委员会特派员身份前往彼得格勒前线，以便采取一切必要措施消除尤登尼奇对彼得格勒的威胁。

8 月 26 日：电告列宁：红军占领普斯科夫。

9 月 26 日：出席俄共（布）中央委员会全会，全会决定任命斯大林为南方面军革命军事委员会委员去南方战线，组织反邓尼金的斗争。

11 月 27 日：因保卫彼得格勒有功及在南方战线的忘我工作而被授予红旗勋章。

1920 年

3 月 17 日—23 日：在哈尔科夫主持乌克兰共产党（布）全乌第四次代表会

议，并在会上致开幕词、闭幕词和作关于经济政策的报告。

3月29日—4月5日：参加俄共（布）第九次代表大会。

4月5日：在俄共（布）中央全会会议上被批准为俄共（布）中央政治局委员和中央组织局委员。

4月16日：出席劳动国防委员会会议，并作关于顿巴斯煤炭工业情况的报告。

4月23日：在《真理报》第86号上发表《列宁是俄国共产党的组织者和领袖》一文。

5月4日：在人民委员会会议上被任命为关于成立鞑靼苏维埃自治共和国问题委员会主席。

5月10日：被劳动国防委员会任命为西南方面军军队服装供给委员会主席。

5月15日：出席俄共（布）中央政治局会议。会议决定派斯大林对西南战线和西方战线进行视察。

5月26日：离开莫斯科前往西南战线。

8月19日：出席俄共（布）中央政治局会议，同托洛茨基作关于波兰战线和弗兰格尔战线军事形势的报告。

9月1日：俄共（布）中央政治局满足斯大林关于解除其西南方面革命军事委员会委员职务的要求，但仍保留其共和国革命军事委员会委员的身份。

9月22日—25日：出席俄共（布）第九次全国代表会议。

10月15日：出席全俄工农检查院负责人第一次会议，并致开幕词。

10月16日：受俄共（布）中央委托，前往北高加索和阿塞拜疆。

10月27日—29日：在弗拉基高加索主持顿河和高加索共产党组织边区会议。

11月9日：出席阿塞拜疆共产党（布）中央委员会、俄共（布）中央委员会高加索局、阿塞拜疆苏维埃共和国革命委员会和党的巴库委员会联席会议并在会上作关于阿塞拜疆的党和苏维埃的工作任务的报告。

11月20日：从弗拉基高加索前往莫斯科。

12月22日—29日：出席全俄苏维埃第八次代表大会。大会主要讨论了农业危机。在会上被选为全俄中央执行委员会委员和为全俄中央执行委员会主席团委员。

1921 年

1月1日、2日：主持俄罗斯苏维埃联邦社会主义共和国突厥语系民族共产党会议，并在会上致开幕词和作关于组织问题的报告。

1月5日：写成《我们的意见分歧》一文，就俄共（布）党内关于工会问题的争论发表看法。

1月17日：出席俄共（布）莫斯科委员会扩大会议，并就工会在生产中的作用问题发表演说，反对托洛茨基和布哈林的提纲，捍卫列宁的"十人提纲"。

2月5日前：写作《论党在民族问题方面的当前任务》提纲。

2月5日：俄共（布）中央政治局会议讨论斯大林的《论党在民族问题方面的当前任务》提纲，会议决定成立列宁、斯大林和布哈林组成的专门委员会来审定提纲。

3月8日—16日：参加俄共（布）第十次代表大会，被选入大会主席团，并作了《关于党在民族问题方面的当前任务的报告》，又在讨论后作了《结论》。

3月16日：被俄共（布）中央全会选为中央政治局委员和组织局委员。

3月：写信给列宁，赞扬俄罗斯电器化计划。

5月2日：写成《论民族问题的提法》一文。

5月18日：受俄共（布）中央委托，在全俄工会第四次代表大会共产党党团会议上发言，反对无政府主义工团主义集团根据全俄工会中央理事会主席团在代表大会上的总结报告提出的决议案。

5月底：去北高加索纳尔奇克就医。

7月2日—7日：参加俄共（布）高加索局全体会议的工作，主持拟定关于政治形势的报告的决议，决议中规定了外高加索共产党员的任务，并批评民族主义倾向。

7月6日：在格鲁吉亚共产党第比利斯党组织全体党员大会上作《关于共产主义在格鲁吉亚和外高加索的当前任务》的报告。

7月：写成《论俄国共产党人的政治战略和策略》一文。

8月22日：俄共（布）中央委托斯大林对党中央委员会宣传鼓动部的工作进行总领导。

8月28日：在《真理报》第190号上发表《党在取得政权以前和以后》一文。

11月5日：在《民族生活报》第24号（总122号）（之后又在11月6、7日《真理报》第251号）刊载《十月革命和俄国共产党人的民族政策》一文。

12月23日—28日：参加全俄苏维埃第九次代表大会，被选入大会主席团。

1922年

1月11日：代表俄共（布）中央起草《俄共中央央给土耳其斯坦共产党的通告信》。

2月24日和28日之间：对列宁起草的《俄共（布）中央关于出席热那亚会议的苏维埃代表团的任务的决定草案》提出补充意见。2月28日，列宁的决定草案连同斯大林的补充意见由俄共（布）中央政治局通过。

3月27日—4月2日：参加俄共（布）第十一次代表大会的工作。被选入代表大会主席团。并被选入22人（前"工人反对派"集团）案件调查委员会和关于党的财政政策的决议最后修订委员会。

4月3日：出席俄共（布）中央全会，并被选举为俄共（布）中央总书记。

4月25日：鉴于斯大林被任命为俄共（布）中央总书记，人民委员会决定免去其工农检查人民委员的职务。

5月12日—17日：参加俄共（布）中央关于乌克兰苏维埃社会主义共和国和俄罗斯苏维埃联邦社会主义共和国中央机关相互关系条例的起草委员会。

6月7日：参加共产国际执行委员会第二次扩大全会会议。

8月3日：主持俄共（布）中央全会关于党的第十二次全国代表会议各项工作组织委员会会议。

8月4日—7日：参加俄共（布）第十二次代表会议的工作。

8月11日：参加由中央组织局建立的为制定各共和国联合的原则和方案的专

门委员会。

9月22日：写信给列宁，阐明自己关于各民族共和国与苏维埃俄国之间相互关系问题的观点。

9月23日、24日 参加俄共（布）中央关于俄罗斯联邦、乌克兰、白俄罗斯和外高加索联邦之间的相互关系问题委员会的工作，斯大林拟定的"自治化"方案被该委员会作为基础通过。

9月27日：答复列宁给加米涅夫并转俄共（布）中央政治局委员的信，同意列宁提出的修改"自治化"方案的建议。

10月6日：参加俄共（布）中央全会，会议讨论并通过了有关对外贸易垄断制问题的决议。

11月21日—28日：领导俄共（布）中央全会专门委员会起草《苏维埃社会主义共和国联盟宪法基本条例》。

11月30日：在俄共（布）中央政治局会议上作关于共和国联盟的报告，政治局批准了斯大林领导起草的《苏维埃社会主义共和国联盟宪法基本条例》。

12月5日—16日：起草《苏维埃社会主义共和国联盟成立宣言》草案。

12月15日：写信给中央委员们，表示放弃自己原先的观点，拥护列宁等人坚持的对外贸易垄断制。

12月16日：主持俄共（布）中央全会委员会，委员会通过苏维埃社会主义共和国联盟成立条约草案和斯大林提出的宣言草案。

12月18日：出席俄共（布）中央全会，并作关于各苏维埃共和国联盟条约草案的报告。全会决定成立以斯大林为首的委员会来筹备苏维埃社会主义共和国联盟苏维埃第一次代表大会。

12月20日：出席苏维埃社会主义共和国联盟苏维埃第一次代表大会筹备委员会会议。

12月22日：为克鲁普斯卡娅记录列宁口授给托洛茨基的信而打电话给她，责备她，并以向中央监察委员会投诉相威胁。

12月23日—27日：参加全俄苏维埃第十次代表大会的工作，并在会上作

《论各苏维埃共和国的联合》的报告。

12月24日：与加米涅夫、布哈林一起同医生会商后，就列宁的治疗和作息时间作出规定。

12月30日：在苏维埃社会主义共和国联盟苏维埃第一次代表大会上作《关于苏维埃社会主义共和国联盟的成立》的报告。

1923年

1月23日：在雅·米·斯维尔德洛夫共产主义大学作《论党的战略和策略》的讲演。

2月4日：向俄共（布）中央政治局提出关于在苏联中央执行委员会内成立代表苏联各民族利益的机关——第二院——的建议。

2月24日：俄共（布）中央全会成立以斯大林为首的委员会来领导苏联宪法草案的起草工作。

3月22日：在俄共（布）中央政治局会议上报告提交党的第十三次代表大会的民族问题提纲。政治局决定把这个提纲作为俄共（布）中央批准的提纲发表。

3月24日：在《真理报》第65号上发表《在党和国家建设中的民族问题》（提纲）。

4月17日—25日：参加俄共（布）第十二次代表大会的工作，并在会上作关于俄共（布）中央委员会的组织报告、《关于党和国家建设中的民族问题》的报告。

6月26日：在俄共（布）中央全会上作关于苏联宪法的报告。

10月25日—27日：与加米涅夫、季诺维也夫等人领导主持俄共（布）中央委员会和中央监察委员会联席会议，讨论托洛茨基给中央的信和"四十六人声明"。

12月5日：参加俄共（布）中央政治局和中央监察委员会主席团联席会议，会议通过斯大林、托洛茨基和加米涅夫起草的《关于党的建设》的决议。

1924 年

1月16日—18日：主持俄共（布）第十三次代表会议的工作，并在会上作《关于党的建设的当前任务》的报告。

1月21日：列宁逝世。自21日至27日，斯大林参加为列宁守灵等丧礼活动。

1月21日、22日 出席俄共（布）中央紧急全会，为列宁逝世，全会通过了《告全党和全体劳动人民书》。

1月26日：在苏联苏维埃第二次代表大会的追悼会上发表《悼列宁》的演说。

2月3日：在俄共（布）中央全会会议上就红军状况调查委员会的报告发言。

4月初：在斯维尔德洛夫大学发表总题为《论列宁主义的基础》的系列演讲。

5月23日—31日：与季诺维也夫、加米涅夫共同主持俄共（布）第十三次代表大会的工作，并在会上作中央委员会的组织报告及关于中央委员会组织报告的结论。

6月17日—7月8日：参加共产国际第五次代表大会，被选为大会主席团委员和共产国际执行委员会主席团委员。

10月25日—27日：主持俄共（布）中央全会的工作，并发表《关于党在农村中的任务》的演说。

11月19日：在全苏工会中央理事会共产党党团全会上发表《托洛茨基主义还是列宁主义》的演说。

12月17日：写完《走向十月革命的道路》一书的序言。

1925 年

1月17日—20日：主持俄共（布）中央全会的工作，讨论托洛茨基问题。

1月27日：出席俄共（布）莫斯科省第十三次代表会议，并发表题为《论无产阶级和农民问题》的演说。

3月21日—4月6日：参加共产国际执行委员会第五次扩大全会，在会上发表《关于捷克斯洛伐克共产党》和《论南斯拉夫的民族问题》的演说。

3月22日：在《真理报》第66号上发表《论国际形势和共产党的任务》一文。

4月27日—29日：主持俄共（布）第十四次代表会议的工作。

5月7日—11日、16日：参加全俄苏维埃第十二次代表大会的工作。

5月13日—20日：参加全苏苏维埃第三次代表大会的工作。

6月25日：出席俄共（布）中央政治局会议并作关于中国问题的报告。

7月4日：在共产国际执行委员会波兰委员会会议上就波兰共产党党内状况问题发言。

9月12日：写信给莫洛托夫，谈对季诺维也夫《时代哲学》一文已提出了严厉批评。

10月3日—10日：主持俄共（布）中央全会工作。

10月10日：写信给克拉拉·蔡特金，谈德国共产党内的状况。

11月3日：参加在红场举行的伏龙芝葬礼并发表演说。

11月7日：在《真理报》第255号上发表《十月革命、列宁和我们的发展前途》一文，以纪念十月革命8周年。

12月18日—31日：主持联共（布）第十四次代表大会的工作，并在会上作关于中央委员会的政治报告和政治报告的结论。

12月28日：主持联共（布）中央紧急全会，并就《列宁格勒真理报》问题作了发言，批评该报立场。

1926年

1月1日：主持联共（布）中央全会工作，并就组织问题发言。

1月8日：主持联共（布）驻共产国际执行委员会代表团的会议。

1月16日：与出席共产国际执行委员会第六次扩大全会的美国共产党代表团的代表谈话。

1月22日：在共产国际执行委员会主席团会议就关于反对右倾和"极左"倾的斗争问题发言。

1月25日：写完《论列宁主义的几个问题》。

2月5日：与出席共产国际执行委员会第六次扩大全会的中国共产党代表团的代表谈话。

2月9日：写作《关于工人阶级的同盟者农民》一文。

2月10日：在《列宁格勒真理报》第33号发表《论列宁主义的几个问题》一文的第六章《关于社会主义在一个国家内胜利的问题》。同日，写作《关于我国建成社会主义的可能性》一文。

2月17日—3月15日：参加共产国际执行委员会第六次扩大全会，并就德国共产党内反对"极左派"问题和法国共产党反对右派问题发言。

2月19日：写信给联共（布）驻共产国际执行委员会的代表团成员，指责季诺维也夫采取错误立场。

2月27日：斯大林的《列宁主义问题》文集出版。

4月6日—9日：主持联共（布）中央全会的工作，并就经济状况和经济政策问题发表了演说。

4月30日：写信给联共（布）中央委员，指责季诺维也夫进行派别活动。

5月15日：再次写信给联共（布）驻共产国际执行委员会代表团成员，指责季诺维也夫在共产国际中搞派别活动。

6月3日：写信给莫洛托夫，指责托洛茨基和季诺维也夫推行分裂政策和投降政策。

6月：被选为共产主义科学院院士。

7月14日—23日：主持联共（布）中央委员会和中央监察委员会联席全会，审查"拉舍维奇事件"。

8月13日：写信给联共（布）中央委员会和中央监察委员会的委员，指责托洛茨基、季诺维也夫在七月联席全会上有反党行为。

10月11日：在联共（布）中央政治局会议上发表《关于缓和党内斗争的办法》的演说。

10月21日—25日之间：受联共（布）中央政治局的委托起草《关于联共

（布）党内的反对派联盟》的提纲。

10月23日：出席联共（布）中央委员会和中央监察委员会联席全会，并在会上作关于反对派和党内情况的报告。

10月26日—11月3日：主持联共（布）第十五次代表会议的工作，并在会上作关于反对派和党内情况的报告。

11月22日—12月16日：参加共产国际执行委员会第七次扩大全会，并在会上发表《论中国革命的前途》的演说和《关于联共（布）党内问题》的报告。

1927年

1月28日：写信给扎依采夫，评论日罗夫关于资本主义国家发展不平衡的文章。

2月23日：在共产国际执行委员会主席团法国委员会会议上就法国共产党策略问题发言。

4月15日：在《布尔什维克》杂志1927年第7、8期合刊上发表《论党在农民问题上的三个基本口号：答杨－斯基》一文。

4月19日、20日：撰写《中国革命问题（联共〔布〕中央批准的给宣传员的提纲）》。

5月9日：写作《论中国革命的几个问题（答马尔秋林同志）》一文。

5月13日：和莫斯科中山大学学生谈中国革命问题。

5月18日—30日：参加共产国际执行委员会第八次扩大全会，并在会上作《中国革命和共产国际的任务》的报告。

7月29日—8月9日：主持联共（布）中央委员会和中央监察委员会联席全会的工作，在会上发表《国际形势和保卫苏联》的演说和《关于反对派1927年8月8日的"声明"》的演说，并参加全会关于季诺维也夫和托洛茨基违反党纪的决议起草委员会的工作。

9月27日：在共产国际执行委员会主席团和共产国际监察委员会联席会议上发表《俄国反对派的政治面貌》的演说。

10月21日—23日：主持联共（布）中央委员会和中央监察委员会联席全会的工作，并在会上发表《托洛茨基反对派的过去和现在》的演说。

11月7日：参加在莫斯科红场举行的十月革命10周年庆典，检阅部队和群众游行队伍。

11月23日：在联共（布）莫斯科省第十六次代表会议上发表《党和反对派》的演说。

12月2日—19日：主持联共（布）第十五次代表大会的工作，并在会上作中央委员会的政治报告及其结论。

1928年

1月15日：因粮食收购危机秘密赴西伯利亚。

2月6日：自西伯利亚返回莫斯科。

2月13日：受联共（布）中央委托草拟给联共（布）各级组织的信《收购运动的初步总结和今后党的任务》。

4月6日—11日：出席并主持联共（布）中央委员会和中央监察委员会联席全会，并就政治局关于消除因沙赫特事件而暴露的缺点的实际措施的报告发表意见。

6月9日：会见中共领导人瞿秋白、周恩来、李立三、向忠发等人，请他们介绍中国革命的形势和任务，并对中国革命问题发表意见。

7月4日—12日：出席并主持联共（布）中央全会，并在会上发表了《论共产国际纲领》《论工业化和粮食问题》和《论工农结合和国营农场》的演说。

7月17日—9月1日：出席并实际领导共产国际第六次代表大会的工作。

10月18日、19日：出席联共（布）莫斯科委员会和莫斯科监察委员会非常联席全会，并在会上作《论联共（布）党内的右倾危险》的讲话。

11月16日—24日：出席并主持联共（布）中央全会，并在会上发表《论国家工业化和联共（布）党内右倾》的演说。

12月19日：在共产国际执行委员会主席团会议上发表《论德国共产党内的

右倾危险》的演说。

1929 年

1月30日：在联共（布）中央政治局和中央监察委员会主席团联席会议上作《布哈林集团和我们党内的右倾》的发言。

2月9日：主持联共（布）中央政治局和中央监察委员会主席团会议，会议通过了关于党内事件的决议，谴责布哈林、李可夫、托姆斯基搞派别活动。

2月9日—25日：参加共产国际执行委员会第九次全会工作。

4月16日—23日：主持联共（布）中央委员会和中央监察委员会联席全会，并在会上发表《论联共（布）党内的右倾》的演说。

4月23日—29日：出席并主持联共（布）第十六次代表会议的工作，会议通过了第一个五年计划的"最佳"方案。

11月3日：写成《大转变的一年年（为纪念十月革命十二周年而作）》一文。

11月10日—17日：主持联共（布）中央会全的工作，并在会上发表了演说，指责布哈林等人进行派别活动。

12月21日：写信答谢祝贺他50寿辰的一切组织和同志。

12月27日：在马克思主义者土地问题专家代表会议的最后一次会议上发表《论苏联土地政策的几个问题》的演说。

1930 年

1月5日：联共（布）中央通过经斯大林亲自修改的《关于集体化的速度和国家帮助集体农庄建设的办法》的决议。

1月19日：撰写《论消灭富农阶级的政策问题》一文。

3月2日：在《真理报》第60号上发表《胜利冲昏头脑》一文。

6月26日—7月13日：出席并主持联共（布）第十六次代表大会，并在会上作中央委员会政治报告及其结论。

8月2日：写信给莫洛托夫，认为应将格罗曼、康德拉季耶夫和马卡罗夫等因"劳动农民党"案件而被捕的人的供词分发给全体中央委员和中央监察委员，以及那些最活跃的经济部门负责人。

8月6日以后：答复莫洛托夫8月6日的来信，指示要彻底清洗财政人民委员部机关和国家银行的工作人员，一定要把这些机构中的破坏分子枪毙掉20—30个。

12月9日：对红色教授学院支部委员会成员发表谈话，重点讲述了在哲学方面进行两条战线斗争的任务。

12月17日—21日：出席并主持联共（布）中央委员会和中央监察委员会联席全会，全会讨论并通过了关于1931年国民经济计划和将李可夫开除出联共（布）中央政治局问题。

1931年

2月4日：在全苏社会主义工业工作人员第一次代表会议上发表《论经济工作人员的任务》的演说，提出"技术决定一切"的口号。

6月22日、23日：出席由联共（布）中央召开的经济工作人员会议，并在会上发表了《新的环境和新的经济建设任务》的演说。

10月28日—31日：主持联共（布）中央全会，讨论铁路运输等问题。

10月底：在《无产阶级革命》杂志第6期上发表给该杂志编辑部的信《论布尔什维主义历史中的几个问题》。

11月25日：经联共（布）中央政治局批准为联共（布）第十七次代表会议《关于制定苏联国民经济第二个五年计划（1933—1937年）的指示》的决议起草委员会委员。

1932年

1月30日—2月4日：主持联共（布）第十七次代表会议的工作，会议通过了联共（布）中央《关于制定苏联国民经济第二个五年计划（1933—1937年）的指示》。

2月4日：主持联共（布）中央全会，批准联共（布）第十七次代表会议通过的关于制定"二五"计划指示的决议。

8月7日：由斯大林亲自起草的《关于保护国营企业、集体农庄和合作社的财产以及巩固公共（社会主义）所有制》的法律获苏联中央执行委员会和人民委员会通过。

10月26日：参加在高尔基寓所举行的由部分文学理论家和作家举行的座谈，并就社会主义现实主义等问题发表了谈话。

11月9日晚：妻子娜·谢·阿利卢耶娃突然逝世。

11月11日：参加阿利卢耶娃的遗体告别仪式，但没有去墓地参加葬礼。

11月27日：出席联共（布）中央政治局和中央监察委员会联席会议，并在会上发表《论农村中的工作任务》的演说。

1933 年

1月7日—12日：出席并主持联共（布）中央委员会和中央监察委员会联席全会，并在会上作《第一个五年计划的总结》的报告和《关于农村工作》的演说。

2月15日—19日：出席全苏集体农庄突击队员第一次代表大会，并在会上就集体农庄问题发表了演说。

1934 年

1月26日—2月10日：出席并主持联共（布）第十七次代表大会，并在会上作关于联共（布）中央工作的总结报告。

4月7日：与联共（布）中央政治局委员一起同季米特洛夫谈话。

6月2日：出席并主持联共（布）中央讨论集体化问题的会议。

7月19日：给联共（布）中央政治局委员写信，评述恩格斯《俄国沙皇政府的对外政策》一文。

8月8日：和日丹诺夫、基洛夫一起共同撰写《关于"苏联历史"教科书提纲的意见》。

8月9日：与日丹诺夫、基洛夫一起共同撰写《关于"近代史"教科书的意见》。

10月25日：致信季米特洛夫，表示同意季米特洛夫提出的关于改变共产国际机关的工作方法、关于因制定了新方针而需逐步改组共产国际等一系列建议。

11月25日—28日：主持召开联共（布）中央全会。全会审议了《关于废除面包和其他食品的配给制》《关于农业中的政治部》等问题。

12月1日：基洛夫在列宁格勒遇刺身亡。2日晨，斯大林与莫洛托夫、伏罗希洛夫等人从莫斯科赶赴列宁格勒调查处理此事。当天晚上，根据斯大林提议，未经政治局讨论和苏联中央执行委员会主席（国家元首）签署，苏联中央执行委员会就颁布了一项对现行刑事诉讼法作重大修改的决定。

12月26日：接见冶金工作者代表团并发表讲话，提出"技术决定一切"的口号。

1935年

1月18日：以联共（布）中央政治局名义向各级党组织下发他本人起草的内部信件《与基洛夫同志遇害有关的事态的教训》。

1月28日—2月6日：参加苏联苏维埃第七次代表大会的工作。

2月7日：出席第七届苏联中央执行委员会第一次会议，并在会上当选为宪法修订委员会主席。

5月4日：在红军高等学院学员毕业典礼上发表讲话，提出"干部决定一切"的口号。

6月28日：在克里姆林宫办公室接见法国作家罗曼·罗兰夫妇。

7月25日—8月20日：出席共产国际第七次代表大会。

11月14日—17日：出席在莫斯科克里姆林宫举行的全苏斯达汉诺夫工作者第一次会议，并在会上发表了演说。

1936 年

6月1日—4日：出席联共（布）中央全会，并在会上作关于苏联宪法草案的报告。

7月29日：联共（布）中央向各级党组织发出《关于托洛茨基—季诺维也夫联盟的间谍恐怖活动》的秘密指示。

8月19日—24日：苏联最高法院军事审判庭对"托洛茨基—季诺维也夫恐怖中心案"进行公开审判，季诺维也夫、加米涅夫等16人被判处死刑。

9月1日：召见亚戈达，命令他和叶若夫把监狱和集中营里的50名参加托派最积极的布尔什维克党员秘密处决。

9月25日：与日丹诺夫联名自索契发电报给莫洛托夫、卡冈诺维奇及其他政治局委员，指示撤销亚戈达内务人民委员职务，以叶若夫代之，因为亚戈达明显不胜任揭穿托洛茨基—季诺维也夫集团的工作。

11月25日—12月5日：出席全苏苏维埃第八次（非常）代表大会，并向大会作《关于苏联宪法草案》的报告。

12月13日：就西安事变致电中共中央，指示中共应争取西安事变的和平解决。

1937 年

1月13日：令布哈林和拉狄克在联共（布）中央委员会驻地当面对质。

1月23日—30日：苏联最高法院军事审判庭对"托洛茨基平行中心案"成员皮达可夫、拉狄克等17人进行公开审判，皮达可夫等13人被判处死刑。

2月23日—3月5日：主持召开联共（布）中央全会，主要讨论布哈林、李可夫案件，并在会上作了《论党的工作缺点和消灭托洛茨基两面派及其他两面派的办法》的报告。

4月：写信给联共（布）历史教科书的编者，指出历史教科书不能令人满意的原因。

6月2日：出席在克里姆林宫举行的有联共（布）中央政治局委员参加的苏联国防人民委员部军事委员会扩大会议，并发表讲话，号召揭发"反革命军事组织"，称国内揭露出一个由德国法西斯支持并提供资助的反对苏维埃政权的军事政治阴谋，鲁祖塔克是其领导人之一。

6月11日：苏联最高法院特别法庭对"反苏托派军事组织案"进行秘密审判，图哈切夫斯基等8名高级将领被判死刑。

6月：将苏联共青团中央总书记A.B.科萨列夫等叫到办公室，叶若夫也在场。斯大林指责科萨列夫等，说共青团中央没有帮助内务人民委员部机关揭露"人民的敌人"。

8月：参加集团军政治工作人员会议，并发表讲话，要求在军队中进一步根除"人民的敌人"。

9月8日：亲自写信指示要进一步加强在亚美尼亚的镇压。

12月20日：出席莫斯科党、苏维埃和社会团体的积极分子纪念全俄肃反委员会——国家政治保卫总局——内务人民委员部成立20周年大会。

12月：与伏罗希洛夫联名打电话给蒋介石，解释苏联不能派兵到中国抗日的理由。

1938年

1月中旬：主持联共（布）中央全会，讨论"关于党组织在开除党员方面的错误、对待被开除联共（布）党籍者的申诉的形式主义和官僚主义态度以及克服这些缺点的办法"的问题。

2月12日：复信伊万·菲力波维奇·伊万诺夫，对关于社会主义在一国即苏联胜利的问题作出解释。

2月16日：写信给苏联列宁共产主义青年团中央委员会儿童读物出版社，表示反对出版《斯大林童年时代的故事》一书。

2月28日—3月2日：草拟关于取消工农红军总参谋长、副国防人民委员叶戈罗夫元帅联共（布）中央候补委员的决定。

3月2日—13日：苏联最高法院军事审判庭对"右派和托派联盟案"进行公开审判，布哈林、李可夫等17人被判处死刑。

8月20日：接到叶若夫送来的报告，报告中请求批准处决一批所谓"人民的敌人"及其家属。斯大林和莫洛托夫在报告上批示"同意"。

8月25日：在苏联最高苏维埃主席团会议上发表讲话，鼓励利用犯人劳动甚至允许将服刑期满的犯人留在劳改营里不释放。会议根据斯大林的讲话形成相应的法律文件。

9月9日—19日：由斯大林领导编撰的《联共（布）党史简明教程》一书在《真理报》上连载。

9月27日—29日：主持与《联共（布）党史简明教程》一书出版有关的宣传员会议。

10月1日：就《联共（布）党史简明教程》出版向莫斯科和列宁格勒宣传工作者发表讲话。

12月20日：批准枪决一批军事干部及其家属。

1939年

1月20日：给各州党委和地方党委书记、加盟共和国中央委员会、内务人民委员部及其各级组织负责人发出密码电报。

3月10日—21日：出席并主持联共（布）第十八次代表大会，被大会选为联共（布）党纲修改委员会主席，并在会上作《关于联共（布）中央工作的总结报告》。

5月11日：诺门坎事件爆发，日苏交战，斯大林派朱可夫指挥这一战役。

8月23日：出席在克里姆林宫举行的苏德两国会谈，双方签署了互不侵犯条约和"秘密补充议定书"。

9月10日：发布局部动员令，同时开始同日本谈判，以解决自1938年以来一直在蒙古人民共和国和中国东北边界的战斗。

9月17日：接见德国驻苏联大使舒伦堡，宣布红军将于早晨6时越过波兰边界并轰炸伦堡（今利沃夫）以东地区。

9月28日：出席《苏德友好和边界条约》签字仪式，同时授权莫洛托夫代表苏联政府与德国签订《机密议定书》和两份《秘密补充议定书》。同日，出席苏联与爱沙尼亚互助条约签字仪式。

9月底至10月初：指示莫洛托夫同立陶宛、拉脱维亚和爱沙尼亚提出签订互助条约的建议。

10月5日：出席苏联与拉脱维亚互助条约签字仪式。

10月10日：出席苏联与立陶宛互助条约签字仪式。

12月2日：与伏罗希洛夫、日丹诺夫一起出席苏联与芬兰民主共和国互助友好条约的谈判和签字仪式。

12月20日：在斯大林60寿辰之际，苏联最高苏维埃主席团授予他社会主义劳动英雄称号，《真理报》在2、3、4、5、6版发表《斯大林传略》，为纪念斯大林的寿辰而设立斯大林奖金。

12月21日：被选为全苏联列宁农业科学院荣誉院士。

12月22日：当选为苏联科学院荣誉院士。

12月25日：分别致电希特勒、里宾特洛甫、乔巴山、蒋介石等人，感谢他们对他60寿辰的祝贺。

1940年

2月11日：苏联开始对芬兰大举进攻。

3月5日：参加联共（布）中央政治局会议，并签发对被俘波兰军官和波兰公民实行枪决的决定。

5月初：接见被授予大将军衔的朱可夫并任命他为基辅军区司令员。

8月初：立陶宛、拉脱维亚、爱沙尼亚被并入苏联。

8月10日：与其他领导人一起，在克里姆林宫接见比萨拉比亚和布科维纳北部各民族的代表，以及立陶宛、拉脱维亚国会与爱沙尼亚国家杜马的全权委员会委员。

10月5日：收到苏军总参谋部从1939年秋起就着手制定的国家防御和武装力量动员部署的计划，看后命令总参谋部进行修订。

10月13日或以后：收到德国外长里宾特洛甫的来信。

10月14日：收到总参谋部根据他的意见修改好的防御计划。

10月16日：写信给蒋介石，答复蒋介石请教的有关德、意、日三国同盟协定后的国际局势和抗日的策略。

10月21日：复信里宾特洛甫，表示有条件同意里宾特洛甫提出的看法。

12月：派崔可夫到中国担任苏联驻华使馆武官和国民党政府军事委员会总顾问。崔可夫行前，斯大林就苏联对华政策作了指示。

1941年

年初：给希特勒发去一封私人信函，就德军在波兰集结大量兵力事提出质询。

1月17日：主持联共（布）中央政治局会议。会议讨论了1941年国民经济发展计划。

1月29日：会见《政治经济教科书》写作集体，就政治经济学基本问题发表自己的看法。

2月15日—20日：出席并主持联共（布）第十八次代表会议，专门讨论国防问题。

4月13日：出席苏日中立条约签字仪式。

4月18日：与莫洛托夫一起到火车站为日本外相松冈洋右送行。

4月23日：与美国驻莫斯科大使斯坦德利海军上将会谈，表示将重视发展同美国的关系。

4月：收到英国首相丘吉尔来信，丘吉尔在信中告知德国军队正大批调往东部。

5月5日：在红军学院毕业招待会上发表演说，谈红军近年来发生的变化。

5月6日：被苏联最高苏维埃主席团任命为苏联人民委员会（1946年改为部长会议）主席。

5月6日或以后：收到苏联驻德国使馆海军武官沃龙佐夫上校寄自柏林的有关德国将进攻苏联的情报。

5月22日或以后：收到苏联驻德国使馆武官助理赫洛波夫从柏林发来的有关德军准备对苏联发动进攻的情报。

5月30日：被联共（布）中央政治局任命为新组建的人民委员会常务局所属陆海军常务委员会主席。

5月底或6月初：同季米特洛夫谈话，认为奥地利共产党关于德国正在苏联边境进行大规模战争准备的消息不是这类信息中的第一个，不值得大惊小怪。

6月14日：会见铁木辛哥和朱可夫，不同意他们两人提出的使部队进入一级战备状态的请求。

6月18日：英国方面向苏联驻伦敦大使发出紧急警报。警报告知德国入侵苏联的确切日期。斯大林对此表示怀疑。

6月22日：在接到朱可夫关于德军将在22日晨进攻苏联的报告后，令朱可夫和铁木辛哥立即到克里姆林宫，同意由国防人民委员和总参谋长签发让军队进入警戒的命令。

6月22日：希特勒撕毁《苏德互不侵犯条约》，于凌晨3时30分进攻苏联。斯大林立即召集全体政治局委员到克里姆林宫商量对策。

6月23日：苏联宣布全国动员。斯大林签署关于建立苏联统帅部的命令。

6月30日：参加联共（布）中央政治局会议，会议决定建立国防委员会，任命斯大林为该委员会主席。

7月2日：签署苏联政府关于把列宁的遗体迁往秋明的决定。

7月3日：向苏联人民发表广播演说。

7月4日：接见撤退委员会主席什维尔尼克和苏联人民委员会第一副主席沃兹涅先斯基，指示把苏联工业向东迁移事宜。

7月8日：接见英国驻苏大使克里普斯，希望苏英缔结关于在对德战争中共同行动的协定。

7月12日：在克里姆林宫会见克里普斯和英国代表团其他成员。苏英两国签署共同行动协议。

7月18日：致信英国首相丘吉尔，对丘吉尔7月8日和10日两封私人来信表示感谢，同时表达了请英国在西方（法国北部）和北方（北极地带）开辟反对希特勒战场的愿望。

7月19日：被苏联最高苏维埃主席团任命为苏联国防人民委员。

7月22日：批准苏联最高法院军事审判庭对原西方面军司令员巴甫洛夫大将等4名高级将领死刑的判决。

7月28日：会见美国总统罗斯福的私人代表霍普金斯，双方讨论了苏联急需物资和武器的项目。

7月31日：晚上，再次接见霍普金斯，进行了三个小时的会谈。斯大林介绍了美国方面想了解的俄国的战况和军备情况，并要求尽快召开苏美英三方首脑会议讨论对苏的援助问题。

8月8日：总统帅部改组为最高统帅部，斯大林出任最高统帅。

9月3日：致信丘吉尔，说苏联面临致命的危险，要求西方盟国开辟第二战场。

9月28日—10月1日：与英、美使团举行会谈，苏、美、英三国就加强军事联系和援助苏联军用物资达成协议。

10月19日：签署保卫莫斯科的命令。

11月6日：在莫斯科"马雅可夫斯基"地铁车站举行的纪念十月革命24周年庆祝大会上作报告。

11月7日：在莫斯科红场检阅红军部队并发表演说。

1942年

1月5日：召集最高统帅部成员开会，商讨从拉多加湖到黑海的全线总攻计划草案。

3月10日：听取贝利亚报告西方国家正全力研制原子弹的消息，斯大林同意扩大与西方科学家接触，设法要求英美政府让苏联分享技术情报。

3月18日：接见波兰将军安德尔斯和奥库里茨基，后者再次向斯大林提出波兰战俘问题，斯大林说："他们可能在德国占领区。"

3月底：主持国防委员会会议，讨论红军1942年夏季可能采取的行动。

5月6日：致信丘吉尔，请求英国急运军需物资。

6月12日：致信罗斯福，肯定莫洛托夫访美期间苏美在华盛顿签订的《反侵略作战中实行互助的诸原则协定》。协定就经济和财政问题作出规定，确定美国有义务向苏联提供军需品。

7月17日：斯大林格勒战役开始，战争一直延续到次年2月2日。

8月12日—16日：与到访的英国首相丘吉尔和美国总统罗斯福的私人代表哈里曼就开辟第二战场和加强军事经济合作问题举行多次会谈。

8月26日：主持召开国防委员会会议，会上研究了南部战线的局势，决定任命朱可夫为副最高统帅。

10月5日：签署给斯大林格勒战线司令的命令，要求坚守斯大林格勒。

1943年

1月25日：发布最高统帅给西南、南方、顿河、北高加索、沃罗涅日、加里宁、沃尔霍夫、列宁格勒各方面军部队的命令，向取得胜利的部队祝捷。

3月6日：苏联最高苏维埃主席团授予苏联武装力量最高总司令斯大林苏联元帅军衔。

5月28日：函复英国路透社驻莫斯科记者关于解散共产国际的提问，指出解散共产国际是正确的和适时的。

6月9日：共产国际发布公告，宣布解散。

10月21日：晚上，会见前来参加苏、美、英三国外长会议的英国外交大臣艾登和英国大使克尔。

10月25日：接见来莫斯科参加苏、美、英外长会议的美国国务卿赫尔和美国大使哈里曼，就尽早实现罗斯福和斯大林会晤或罗斯福、斯大林和丘吉尔三首脑会晤问题进行讨论。

10月30日：为庆祝莫斯科三国外长会议闭幕，在叶卡捷琳娜大厅举行宴会招待英、美代表团成员。

11月6日：苏联最高苏维埃主席团授予苏联元帅斯大林一等苏沃洛夫勋章，表彰他正确领导红军进行抗德卫国战争和取得多次胜利的功绩。

11月16日：出席莫斯科市劳动者代表苏维埃、党组织和社会团体庆祝十月革命26周年大会并作报告。

11月28日—12月1日：出席德黑兰会议，与英国首相丘吉尔和美国总统罗斯福讨论战时同盟国的合作与开辟第二战场等问题。

1944年

2月4日：致密信给丘吉尔，谈波兰问题。

3月3日：分别致密信给丘吉尔和罗斯福，谈波兰流亡政府问题。

6月6日：致密信给丘吉尔，祝贺"霸王战役"开始，通报苏军的夏季攻势计划。

6月10日：接见美国大使哈里曼，双方就中国问题交换了意见。

6月13日：就盟国在法国北部登陆一事答《真理报》记者问。

7月27日：主持最高统帅部会议，讨论从波罗的海沿岸到喀尔巴阡山的所有方面军的当前作战问题。

8月3日：接见波兰流亡政府总理米科拉伊奇克，谈波兰边界与波兰新政府组成问题。

8月9日左右：接见波兰全国人民代表会议主席贝鲁特和波兰民族解放委员会主席奥苏布卡－莫拉夫斯基，讨论波兰解放、建立联合政府等问题。

9月下旬：与到莫斯科访问的铁托举行数次会谈，双方就苏联武装力量进入南斯拉夫一事发表了联合公报。

10月9日—19日：与到莫斯科访问的丘吉尔、艾登举行多次会谈，双方就巴尔干问题、波兰问题、对日作战问题进行了讨论。

10月29日：致密信给罗斯福，认为三国首脑在黑海边会晤是合适的。

11月6日：出席莫斯科市劳动者代表苏维埃、党组织和社会团体庆祝十月革命27周年大会并作报告。

11月14日：国防委员会根据斯大林的指示把10多万土耳其人迁至中亚。

11月：斯大林决定夺取柏林的苏军由朱可夫指挥。

12月2日—10日：同法兰西共和国临时政府主席戴高乐会谈，双方就波兰问题、苏法同盟问题等进行了讨论，并签订了苏法同盟互助条约。

12月14日：会见美国驻苏大使哈里曼，明确阐述了苏联要在远东捍卫的利益。

1945年

2月4日—11日：出席苏、美、英三国首脑在雅尔塔举行的会议，与丘吉尔、罗斯福就分割德国、战争赔偿、对日作战、联合国组成等问题进行了讨论。

3月29日：主持国防委员会会议，听取柏林战役计划的汇报。

4月2日：阅读朱可夫、科涅夫呈送的柏林战役计划后，批准柏林战役开始日期是4月16日。

4月11日：出席苏南签署友好互助和战后相互合作条约的签字仪式并设宴招待以铁托为首的南斯拉夫政府代表团。

4月15日：会见顺访莫斯科的美国驻华大使赫尔利，表示苏联政府支持美国的对华政策。

4月21日：出席苏波友好、互助和战后合作条约签字仪式并发表讲话。

5月9日：发布最高统帅部给红军和海军部队命令，庆祝攻克柏林、彻底战胜德国。

5月24日：在克里姆林宫招待红军将领并发表讲话。

5月26日—6月7日：与到莫斯科访问的美国总统杜鲁门的代表霍普金斯举

行多次会谈，双方就波兰问题、对华关系问题进行了讨论。

6月24日：参加胜利阅兵式。

6月27日：被授予苏联大元帅称号。

6月30日—7月12日：与到苏联访问的中华民国政府代理行政院院长兼外交部部长宋子文举行多次会谈，就苏联在中国东北的特殊利益、外蒙古问题等交换意见。

7月17日—8月2日：与美国总统杜鲁门、英国首相丘吉尔（7月28日起为艾德礼）在波茨坦举行首脑会议，讨论并确定了德国赔款方案、盟国对德国的管制、联合国、对日作战等问题的立场和原则。

8月3日：自波茨坦回到莫斯科，听取华西列夫斯基元帅关于对日作战进攻准备情况的汇报。

8月7日：签署给远东苏军总司令华西列夫斯基的指令，建议对日作战行动从8月9日晨开始。

9月2日：发布《告人民书》，宣布日本无条件投降，第二次世界大战已经结束。

9月4日—13日：同以罗马尼亚总理格罗查和副总理兼外长塔塔列斯库为首的罗马尼亚政府代表团举行会谈，双方讨论了苏罗经济、文化与政治合作等问题。

12月19日：分别接见来莫斯科参加苏、美、英三国外长会议的美国国务卿贝尔纳斯和英国外交大臣贝文。

12月30日：晚9时，接见蒋介石私人代表蒋经国，谈苏中关系问题。

1946年

1月19日：联共（布）中央决定出版《斯大林全集》。

2月9日：出席莫斯科市斯大林选区选举前的选民大会并发表演说。

2月25日：被苏联最高苏维埃主席团任命为苏联武装力量人民委员、苏联全军最高总司令。

3月13日：就丘吉尔3月5日在美国富尔敦威斯敏斯特学院的演说发表评论。

3月18日：苏联最高苏维埃批准斯大林主持制定的第四个五年计划。

3月19日：经苏联最高苏维埃第一次会议批准，任苏联部长会议主席、苏联武装力量部部长。

5月23日：同莫洛托夫一起接见波兰政府代表团成员贝鲁特、奥苏布卡－莫拉夫斯基、罗利亚－日梅尔斯基元帅等。

6月7日：同以季米特洛夫为首的保加利亚代表团和以铁托为首的南斯拉夫代表团会晤，谈保加利亚和南斯拉夫实行紧密合作问题。

7月25日：同莫洛托夫一起接见以哥特瓦尔德总统为首的捷克斯洛伐克政府代表团。

8月9日：主持联共（布）中央政治局会议，讨论了《星》和《列宁格勒》杂志、关于影片《伟大的生活》第二集和改进话剧院的措施等问题。

8月14日：参加联共（布）中央委员会会议，根据斯大林的倡议，会议作出了对《星》和《列宁格勒》两杂志的处理决定。

8月20日—23日：斯大林两次致电中共中央，要中共必须与国民党政府举行和平谈判。

8月26日：参加联共（布）中央委员会会议，会议通过了《关于话剧剧院剧目及其改进办法》的决议。

9月25日：《真理报》发表斯大林对《星期日泰晤士报》驻莫斯科记者亚历山大·沃斯9月17日致斯大林函中所提问题的答复。

12月31日：主持召开中断5年的部长会议，并作《关于1947年计划草案》的报告。

1947年

1月30日—4月7日：同来访的德国统一社会党领导人皮克、格罗提渥、乌布利希、费希纳、埃斯讷会晤。

2月10日：接见罗共中央总书记乔治乌－德治，谈罗马尼亚政府的经济政策问题。

2月25日：与莫洛托夫、日丹诺夫一起与电影《伊凡雷帝》创作人员谈话。

2月：参加联共（布）中央委员会全会，会议通过了《关于战后时期发展农业的措施》的决议。

7月11日：会见以霍查为首的阿尔巴尼亚人民共和国和阿尔巴尼亚共产党代表团。

9月22日—27日：共产党情报局成立大会在波兰西部斯克利亚斯卡波伦巴小温泉场举行，日丹诺夫受斯大林委托在大会上作关于国际形势的报告。

11月18日：与前来莫斯科进行秘密访问的法国共产党总书记多列士举行会谈。

1948年

2月4日：出席苏罗友好合作互助条约签字仪式。

2月10日：与苏共其他领导人一起，会见保加利亚共产党和南斯拉夫共产党的代表，斯大林在会见时对保、南两党大加指责。

2月18日：出席苏匈友好合作互助条约签字仪式。

3月18日：出席苏保友好合作互助条约签字仪式。

3月27日：与莫洛托夫共同签署联共（布）中央给铁托及南共中央的复信，信中对南共提出了种种指责。

4月6日：出席苏芬友好互助合作条约签字仪式。

4月20日：签署联共（布）中央给毛泽东的电报，对中国革命问题发表意见。

5月4日：与莫洛托夫共同签署联共（布）中央致南共中央的信，对南共4月13日来信作出全面批驳。

5月22日：与莫洛托夫共同签署联共（布）中央致南共中央的信，对南共5月17日来信作答。

6月15日：亲自审阅日丹诺夫准备在布加勒斯特作的《关于南斯拉夫共产党的现状》的报告草稿。

6月20日—28日：共产党情报局第三次会议在布加勒斯特举行，会议通过了

《情报局关于南斯拉夫共产党情况的决议》。

7月：与李森科谈话，表示支持李森科以米丘林学说为依据来进行生物学研究，同时在全苏农业科学院会议上，代表党宣布禁止遗传学的研究。

8月2日：在克里姆林宫会见美、法、英驻苏大使，谈战后的德国问题。

9月11日：与来访的捷克斯洛伐克政府总理哥特瓦尔德举行会谈。

12月6日：与莫洛托夫一起与以季米特洛夫为首的保加利亚工人党（共产主义者）代表团举行会谈。

1949年

1月10日：以菲利波夫的化名打电报给毛泽东，就国共谈判问题发表看法。

1月14日：出席联共（布）中央政治局会议，讨论毛泽东访苏问题。

1月15日：化名菲利波夫复毛泽东1月14日电，谈国共谈判问题。

1月30日—2月8日：派米高扬秘密来华商谈新中国成立的有关问题。

2月5日：致电毛泽东，谈旅顺口苏联基地问题。

3月23日：会见霍查，谈关于阿尔巴尼亚党中央同南斯拉夫和阿党内"铁托分子"进行斗争等问题。

6月28日—8月14日：与到莫斯科访问的以刘少奇为首的中共代表团举行多次会谈。

9月24日：联共（布）中央政治局召开会议，讨论朝鲜局势，拒绝驻朝大使什特科夫9月15日给斯大林电报中提出的在朝鲜采取军事行动的建议。

10月5日：《真理报》根据斯大林的指示发表题为《中国人民的历史性胜利》的社论。

10月13日：撰写致德意志民主共和国总统威廉·皮克和政府总理奥托格罗提渥的贺词，祝贺德意志民主共和国成立。

11月29日：根据斯大林的意见，共产党情报局第四次会议作出《南斯拉夫共产党在杀人犯和间谍掌握中》的决议。

12月16日：与到访的毛泽东举行会谈。

12月21日：出席在莫斯科大剧院举行的庆祝他70寿辰的大会。

1950年

1月初：与莫洛托夫、马林科夫同阿尔巴尼亚劳动党领导人霍查等人和希腊共产党领导人尼果斯·萨查利阿迪斯、米佐斯·帕察利迪斯就阿希两党领导间的原则分歧举行会谈。

1月8日：致电苏驻朝鲜大使什特科夫，让他把准备援助金日成统一朝鲜的意见转告金日成。

1月22日：同毛泽东、周恩来举行会谈。

2月14日：出席《中苏友好同盟互助条约》签字仪式。

2月16日：在克里姆林宫宴请毛泽东、周恩来、李富春等中国领导人，为他们饯行。

2月22日：接见编写《政治经济学教科书》的学者并发表讲话。

3月30日—4月25日：在金日成秘密访苏期间多次与他交谈，对金日成统一朝鲜的计划表示了肯定的态度。

4月24日：召集政治经济学教科书编撰工作会议。

5月14日：化名菲利波夫致电苏联驻华大使罗申并转毛泽东，谈苏联对朝鲜半岛局势的看法。

6月—7月 撰写《论语言学中的马克思主义》《论语言学的几个问题》等几篇文章，8月以《马克思主义和语言学问题》为书名由真理报出版社出版。

7月1日：致电什特科夫，让他转告金日成，表示十分关心朝鲜战局的发展，并表示苏联将坚决支持朝鲜。

8月28日：致电金日成，表示苏联将增援朝鲜空军飞机。

9月18日：命令苏联国防部长华西列夫斯基紧急制定一项苏联空军为平壤提供空防的计划。

10月1日：收到金日成于9月29日发出的求救信。同日，以菲利波夫化名致电苏驻华大使罗申，要他转呈毛泽东或周恩来，建议中国出兵朝鲜。

10月2日—7日：与毛泽东多次往来函电，起初中国拒绝出兵，斯大林力陈出兵之理由。7日，收到毛泽东答复，中国决定出兵朝鲜。

10月8日：化名芬－西致电什特科夫转金日成，通报苏中领导人就出兵朝鲜的讨论情况。

10月11日：与到莫斯科秘密访问的周恩来、林彪等人举行会谈，磋商关于朝鲜战局问题。

1951年

6月中旬：接见金日成和陪同金日成的中方代表高岗，商谈确定朝鲜战争的停战方针，并计划开始与美国进行和谈。

7月20日：给捷共中央主席哥特瓦尔德密码信，称已收到揭发斯兰斯基和盖明德尔的材料。

8月：出席在莫斯科召开的讨论日共问题的会议。

10月6日：就苏联试验原子弹事答《真理报》记者问。

11月11日：派米高扬去布拉格并向哥特瓦尔德转交一份亲笔信，坚决主张尽快逮捕斯兰斯基。

1952年

2月1日：1951年11—12月，联共（布）中央根据斯大林的建议，就"政治经济学教科书"未定稿举行了多次讨论会。斯大林在看了讨论会的有关材料后，发表《对于和1951年11月讨论会有关的经济问题的意见》。

2月15日：接见政治经济学教科书讨论会的部分学者。

4月21日：答亚历山大·伊里奇·诺特金提出的有关经济问题。

5月22日：撰写《关于尔·德·雅罗申柯同志的错误》一文。

8月20日：与到莫斯科访问的周恩来率领的中国政府代表团举行会谈，着重讨论关于对中国"一五"计划提供援助的问题。

9月15日：出席在克里姆林宫举行的中苏《关于橡胶技术合作协定》，中、蒙、苏《关于组织铁路联运的协定》等签字仪式。

9月28日：答阿·弗·萨宁娜和弗·格·文热尔提出的问题，进一步阐述社会主义条件下的经济规律。

10月5日—14日：参加苏联共产党第十九次代表大会，并在大会最后一次会议上讲了话。

10月16日：出席苏共中央全会并发表讲话。

本年：将2月—9月写的《对于和1951年11月讨论会有关的经济问题的意见》等两篇论文和两篇书信以《苏联社会主义经济问题》为题出版单行本。

1953 年

2月28日—3月1日：与马林科夫、贝利亚、赫鲁晓夫、布尔加宁在孔策沃别墅讨论"医生案件"等问题。

3月1日：突发脑溢血。

3月5日：逝世。

附录二

文献举要

《斯大林全集》1—13卷，人民出版社版。

《斯大林选集》上、下卷，人民出版社版。

《斯大林文选》上、下册，人民出版社版。

《斯大林文集》，人民出版社版。

《列宁全集》第1—60卷，人民出版社中文第2版。

《毛泽东选集》第1—4卷，人民出版社1991年版。

《毛泽东著作选读》上、下册，人民出版社1986年版。

《苏联历史档案选编》第1—32卷，社会科学文献出版社2002年版。

《苏联共产党代表大会、代表会议和中央全会决议汇编》第1—5分册，人民出版社1957—1964年版。

《苏联历史百科全书》第3卷，莫斯科1963年版。

尤里·阿法纳西耶夫《别无选择》，辽宁大学出版社1989年版。

阿夫托尔哈诺夫《苏共野史》，湖北人民出版社1982年版。

斯·阿利卢耶娃《仅仅一年》，北京出版社1980年版。

斯·阿利卢耶娃《致友人的二十封信》，中国社会科学出版社1979年版。

让·艾伦斯坦《斯大林现象史》，时事出版社1986年版。

《安娜·阿利卢耶娃回忆录》，莫斯科1946年版。

安·弗·安东诺夫－奥费申柯《斯大林时代的谜案》，红旗出版社1992年版。

亚·奥库洛夫《震惊世界的莫斯科三次大审判》，红旗出版社1992年版。

波·巴让诺夫《斯大林秘书回忆录》，知识出版社1982年版。

谢尔戈·贝利亚《我的父亲贝利亚》，新华出版社2001年版。

瓦列金·别列什科夫《斯大林私人翻译回忆录》，湖南出版社2004年版。

查尔斯·波伦《历史的见证》，商务印书馆1975年版。

《布哈林——人、政治家、学者》，东方出版社1992年版。

《布哈林文选》（上、中、下），人民出版社1981—1983年版。

乔纳森·布伦特、弗拉基米尔·诺莫夫《斯大林晚年的离奇事件》，新华出版社2005年版。

陈启能主编《苏联"大清洗"内幕》，社会科学文献出版社1988年版。

罗·文·丹尼尔斯《革命的良心——苏联党内反对派》，北京出版社1985年版。

弗拉迪米尔·德迪耶尔《苏南冲突经历》，三联书店1977年版。

《德黑兰、雅尔塔、波茨坦会议文件集》，三联书店1978年版。

密洛凡·德热拉斯《同斯大林谈话》，世界知识出版社1963年版。

《第一次俄国革命的开始（1905年1—3月）》，莫斯科1955年版。

伊·莫·杜宾斯基－穆哈泽《奥尔忠尼启则传》，莫斯科1963年版。

艾·多依彻《斯大林政治传记》，四川人民出版社1982年版。

《俄共（布）第十三次代表大会（速记记录）》，人民出版社1987年版。

赫伯特·菲斯《中国的纠葛》，北京大学出版社1989年版。

路·费希尔《斯大林的生与死》，中国政法大学出版社1989年版。

伏罗希洛夫《斯大林与苏联武装力量》，莫斯科1951年版。

伊恩·格雷《斯大林——历史人物》，新华出版社1981年版。

《共产党情报局会议文件集》，人民出版社 1954 年版。

《共产国际文件汇编》第 2 册，三联书店 1965 年版。

哈尔曼·达梁《列宁和外高加索联邦的形成》，埃里温 1969 年版。

《回忆列宁》第 1 卷，人民出版社 1982 年版。

季诺维也夫《列宁主义》，东方出版社 1989 年版。

姜长斌《历史的孤独》，中共中央党校出版社 1994 年版。

弗拉基米尔·杰吉耶尔《铁托传》（上、下），三联书店 1963 年版。

《"拉普"资料汇编》上册，中国社会科学出版社 1981 年版。

《李可夫文选》，人民出版社 1986 年版。

李显荣《托洛茨基评传》，中国社会科学出版社 1986 年版。

李宗禹主编《国外学者论斯大林模式》（上、下），中央编译出版社 1995 年版。

李宗禹主编《欧美共运风云录（1945—1991）》，人民出版社 1994 年版。

《联共（布）党史简明教程》，人民出版社 1975 年版。

《联共（布）第十五次代表大会速记记录》第 1 卷，莫斯科 1961 年版。

《联共（布）第十七次代表大会速记记录》，莫斯科 1934 年版。

《列宁主义还是托洛茨基主义？》，三联书店 1964 年版。

林立等编《在改革浪潮中重评斯大林》，求实出版社 1989 年版。

刘立凯、杨进保编《红都见闻录》（上、中、下），经济日报出版社 1991 年版。

《论布哈林和布哈林思想》，贵州人民出版社 1982 年版。

罗·麦德维杰夫《让历史来审判》（上、下），人民出版社 1983 年版。

罗·麦德维杰夫《斯大林和斯大林主义》，中国社会科学出版社 1989 年版。

罗·麦德维杰夫、若·麦德维杰夫《斯大林鲜为人知的剖面》，新华出版社 2004 年版。

普列奥布拉任斯基《新经济学》，三联书店 1984 年版。

秦永立《斯大林年谱》，中央编译出版社 1999 年版。

《庆祝斯大林诞辰 60 周年》，莫斯科 1940 年版。

丘吉尔《第二次世界大战回忆录》，商务印书馆 1975 年版。

费·丘耶夫《莫洛托夫秘谈录——与莫洛托夫 140 次谈话》，社会科学文献出版社 1992 年版。

安·安·日丹诺夫《在关于亚历山德洛夫著〈西欧哲学史〉一书讨论会上的发言》，人民出版社 1954 年版。

《邵武勉全集》第 1 卷，莫斯科 1957 年版。

师哲《在历史巨人身边》，中央文献出版社 1991 年版。

《斯大林传略》，人民出版社 1953 年版。

罗伯特·斯拉塞《斯大林在 1917 年》，莫斯科进步出版社 1989 年版。

《斯维尔德洛夫选集》第 1—3 卷，莫斯科 1957—1960 年版。

克·季·斯维尔德洛娃《斯维尔德洛夫》，莫斯科 1960 年版。

安德烈·苏霍姆利诺夫《斯大林的儿子瓦西里》，新华出版社 2002 年版。

《苏联部长会议主席同美国总统、英国首相通信集（1941—1945）》第 1 卷，莫斯科 1976 年版。

《苏联社会主义经济史》第 6 卷，东方出版社 1986 年版。

《苏联文学艺术问题》，人民文学出版社 1953 年版。

苏绍智主编《布哈林思想研究》，人民出版社 1983 年版。

《苏维埃武装力量：问题与答复》，莫斯科 1987 年版。

孙成木、刘祖熙、李建主编《俄国通史简编》（上、下），人民出版社 1986 年版。

托洛茨基《斯大林评传》（上、下），北京 1963 年版.

《托洛茨基言论》，三联书店 1979 年版。

《托洛茨基自传》，国际文化出版公司 1996 年版。

德·安·沃尔科戈诺夫《胜利与悲剧》第 1、2 卷，世界知识出版社 1990 年版。

《赫鲁晓夫的秘密报告·苏共"二十大"日记》，华夏出版社 1989 年版。

《赫鲁晓夫言论》第 2 集，世界知识出版社 1964 年版。

《现代国际关系史参考资料》(1933—1939),高等教育出版社 1958 年版。

《新中国外交风云》,世界知识出版社 1990 年版。

《一国社会主义论争资料》,东方出版社 1986 年版。

张月明、姜琦《国际共产主义运动历史长编》第 1—4 卷,吉林人民出版社 1987 年版。

郑异凡《布哈林论稿》,中央编译出版社 1997 年版。

《中美关系资料汇编》第 1 辑,世界知识出版社 1957 年版。

朱可夫《回忆与思考》(上、下),三联书店 1972 年版。

朱可夫、叶廖缅科等《斯大林格勒保卫战》,天津人民出版社 1980 年版。

(苏)《苏共历史问题》1989 年第 4 期。

(苏)《旗帜》1988 年第 11、12 期。

(苏)《新世界》1988 年第 5 期。

(苏)《真理报》相关各期。

(苏)《苏共中央通报》1989 年第 7 期。

(苏)《星火》杂志 1987 年第 48 期、1988 年第 1 期和第 2 期。

(苏)《莫斯科新闻》周刊 1988 年第 48 期。

(苏)《对话》杂志 1987 年第 11—12 期。

(苏)《近现代史》杂志 1994 年第 4—5 期。

(俄)《历史问题》1992 年第 4—5 期、1993 年第 1 期、1993 年第 2 期、1994 年第 3 期。

(俄)《史料》杂志 1993 年第 8 期、1996 年第 1 期。

(俄)《消息报》1992 年 10 月 13 日。

(俄)《半人半马》杂志 1992 年。

(俄)《远东问题》1994 年第 5 期。

中共中央编译局列宁斯大林著作编译室《斯大林研究》第 1—5 辑。

中共中央编译局列宁斯大林著作编译室《列宁研究》第 1—5 辑。

中共中央编译局《马列主义研究资料》1982年第3、4辑。

中共中央编译局《马克思恩格斯列宁斯大林研究》。

中共中央编译局《国际共运史研究》(《当代世界与社会主义》)。

《苏联文学》1980年第2期。

《党的文献》1989年第1期。

《党史研究资料》1997年第3期。

《人民日报》1950年1月3日。

后　记

　　我的《斯大林传》首次出版至今有将近 20 年了，先由中共中央党校出版社出版，后来人民日报出版社又出版了一个修订本。这一次的这个本子，是在人民日报出版社版本的基础上修订的。这次修订，订正了书中一些不准确的地方，增加了部分内容，补充了不少图片，将《斯大林年谱》作为附录置于书后，以方便读者查阅。所以相比以前，书的字数略有增加。

　　斯大林是 20 世纪的一个风云人物，他对苏联及世界社会主义的革命与建设乃至整个西方世界都有巨大的影响，要准确、全面地写好斯大林这个人物，委实不容易。从赫鲁晓夫在苏共二十大批判斯大林的个人崇拜以后，斯大林在国际上就是一个颇具争议的人物，对他的功过是非评价不一，有的甚至截然相反。斯大林在历史上的所作所为，有的可能是对的，是功绩；有的可能是错的，甚至是犯罪；有的可能既有对的成分又有错的成分。这些需要我们予以客观的介绍和评价。我以为，对历史人物，尤其是领袖人物，用所谓的"功大于过"还是"过大于功"、定量评价（诸如三七开、四六开之类）等标准来评价是不恰当的。本书中我采取的是分阶段的事件评价法。我努力将斯大林在各个历史阶段所经历事件的来龙去脉、前因后果弄清楚，呈现在读者面前，然后用马克思主义的观点、方法给予实事求是的定位评述。这种研究方法，得益于我们中央编译局当代世界与社会主义研究所老先生们的教诲和指点。他们是李宗禹（中央编译局研究员）、李兴耕（中央编译局研究员，原副局长）、殷叙彝（中央编译局研究员、原全国政协委员）、郑异凡（中央编译局研究员）、胡文建（中央编译局研究员）、顾家庆（中央编译局编审）等人。在此，我对他们表示深深的谢意。只可惜，李宗禹先生、殷叙彝先生已驾鹤西去，再也听不到他们的教诲，在此对他们深表怀念。

我的这本传记，我自己觉得还是一个比较严谨的东西。写作这本书，我当时阅读了国内外出版的有关斯大林问题的大量著作，取材时反复甄别，尽量做到客观真实。值得欣慰的是，从现在来看，基本上没有偏离我的初衷。这本书的特点是：第一，它首先是一本学术著作。全书是以斯大林模式的形成、发展及其巩固为主线展开的，旁及斯大林的个人性格、家庭、爱情生活。第二，为了照顾一般读者的阅读习惯，我尽量做到通俗易懂。第三，尽量不添加个人的主观评判，只把历史事实讲清楚，让读者自己去研判。通读完本书，读者对斯大林、斯大林模式会有一个完整的印象和看法。

需要强调的一点是，斯大林问题的研究还远未结束，还有进一步深化之必要。近年来曾出现过有关斯大林问题的热烈争论。其中一派断言，当今的俄罗斯出现了"斯大林热"。在他们看来，似乎今日俄罗斯大部分人依然向往斯大林，向往斯大林时代。他们的论据是近年来俄罗斯报刊上有不少涉及怀念斯大林及斯大林时代的文章和言论。实际上这是不足为据的，因为转轨以后，俄罗斯的整个社会、政治、经济乃至文化都是多元的，各种声音、各种意见可以自由表达。自然，对斯大林及斯大林时代向往者有之，鄙弃者亦有之。我们不能择取其一就下结论，必须看其整个社会的全貌，观察其社会的主流思想和心理。如果择取其一，特别是把社会非主流的思想和心理说成是主流思想和心理，只会误导民众，误导决策层，是不负责任的。这同时也说明，斯大林仍然是个有争议的人物，对他的评价远没有盖棺论定。当然，斯大林问题本身也还有一些问题有待于弄清楚。

在本书写作过程中，参考了国内已出版、发表的有关斯大林问题的大量论

后 记

著和译著。在修订过程中，我尽可能使用了最新的档案材料。我在引用他们的材料时尽可能加了脚注予以说明，在此我向这些著作、档案材料的著作者们深表谢意。由于篇幅等原因，有些脚注加了后又删去了，在此，我只能向他们深表歉意。

本书的修订出版，要特别感谢天地出版社的杨忠诚编审，是在他的积极推动下才使本书得以再版。同时，也要感谢我的夫人陈秋霞女士，她在辛勤工作之余，几乎承担了所有的家务，让我有充足的时间进行工作。

本人虽然多年来一直致力于斯大林问题的研究，也编译出版过不少这方面的图书，但毕竟才疏学浅，书中难免挂一漏万，希望读者提出批评意见。

戴隆斌

2017 年 3 月 15 日于北京